GZC 高校主题出版
2016 GAOXIAO ZHUTI CHUBAN

金融普及教育丛书

Springer

International Handbook of Financial Literacy

金融普及教育
国际手册

Carmela Aprea
Eveline Wuttke
Klaus Breuer et al.

[德]卡美拉·阿普利亚　　艾芙琳·伍特克　克劳斯·布鲁尔 等 著

张伟　刘婧　曲悦 等 译

东北财经大学出版社　大连
Dongbei University of Finance & Economics Press

辽宁省版权局著作权合同登记号：06-2019-163

First published in English under the title: International Handbook of Financial Literacy.
Edited by Carmela Aprea, Eveline Wuttke, Klaus Breuer, Noi Keng Koh, Peter Davies, Bettina Greimel-Fuhrmann and Jane S.Lopus.
Copyright©Springer Science+ Business Media Singapore, 2016.
This edition has been translated and published under licence from Springer Nature Singapore Pte Ltd.

图书在版编目（CIP）数据

金融普及教育国际手册 ／ （德）卡美拉·阿普利亚等著；张伟等译 . 一大连：东北财经大学出版社，2019.12
（金融普及教育丛书）
ISBN 978-7-5654-3502-7

Ⅰ. 金… Ⅱ. ①卡… ②张… Ⅲ. 金融学－手册 Ⅳ. F830-62

中国版本图书馆CIP数据核字（2019）第 067369 号

东北财经大学出版社出版发行
　　大连市黑石礁尖山街217号　邮政编码　116025
　　网　　址：http：／／www．dufep．cn
　　读者信箱：dufep @ dufe．edu．cn
大连图腾彩色印刷有限公司印刷

幅面尺寸：185mm×260mm　字数：790千字　印张：35.5
2019年12月第1版　　　　　　　　2019年12月第1次印刷
责任编辑：李　季　刘　佳　刘东威　责任校对：春　晓
　　　　　郭海雷　周　慧　高　铭
封面设计：原　皓　　　　　　　　版式设计：原　皓
定价：108.00元

教学支持　售后服务　　联系电话：（0411）84710309
版权所有　侵权必究　　举报电话：（0411）84710523
如有印装质量问题，请联系营销部：（0411）84710711

"金融普及教育丛书"编委会
（以姓氏拼音排序）

主　　编：焦瑾璞

编　　委：陈福中　　霍睿戎　　焦瑾璞　　纪　敏　　李建军

　　　　　李靖野　　李青川　　刘喜元　　石　岚　　宋芳秀

　　　　　苏　凇　　孙国友　　谭　震　　王　东　　王靖国

　　　　　王　萍　　吴先红　　肖经建　　邢天才　　杨燕青

　　　　　尹志超　　赵桂萍　　赵锡军　　张良勇　　张男星

　　　　　张韶辉　　张　伟　　张学文

前　言

　　金融教育是当今国际的热点话题，大多数国家都制定了金融教育战略，组织并协调金融教育领域内的活动。其中，参与这些活动的组织协调者包括国际组织、政府机构、商业协会、贸易联盟、非政府机构、金融监管机构和中央银行，其目的是确保众多的金融教育项目在长期都是有效的、相互关联的和有效率的。

　　中央银行在国家战略中往往扮演着推进者、开拓者和联系人等角色，很多国家的中央银行也作为项目的策划者，比如瑞士央行。中央银行已经做好了这样做的准备，作为国家机构，其服务于国家整体利益，拥有必要的经济智库和经济资源，而且不以营利为目的。

　　如同上述其他金融教育相关机构一样，中央银行有意于完善金融普及教育参考书目的编制工作。金融普及教育至今仍是一个未被系统性研究过的新研究领域，很难获得普及教育的概览。许多问题，尤其是其框架，仅限于阶段性研究。年轻人想要从社会和工作中脱颖而出必须掌握哪些知识呢？答案可能不是财务技能，而是能够巧妙处理日常事务的能力以及随之而带来的成就感。

　　人除了受到现实、知识和能力的左右之外，还受到情感、态度和价值观的约束。这其中的关键在于自我的认知控制。认知控制是指人能够有规划性地处理自身日常事务，同时能够化解困难、直面挫折、不怕失败、控制冲动并且勤于反思。简而言之，认知控制就是自我完善、自我发展的过程。

　　人们也许认为上述这种教育应当由家庭来负责，但是如果家庭并没有很好地履行这一责任又该采取什么样的办法呢？社会机构和公共部门是否能够或是否应该发挥一定的作用呢？比如，如何将价值观这样的问题在课堂上有效地普及给学生，而不会让学生及其家长产生反感，认为这种普及教育是无用的洗脑呢？

　　所有为金融普及教育投入资源的人都关注一个更深入的问题，那就是，如何对金融普及教育进行质量控制和结果评估呢？怎样的产品才能称为好的金融普及教育产品？这在一定程度上取决于金融普及教育的内容，但这绝不是答案的全部。实际上问题的关键是金融普及教育在课堂上的实施方法。哪种教学方法是有效的，哪种是无效的？也许有两点是可以保证金融普及教育资源和学习资源的质量的：一是内容和方式长期的灵活性和适应性；二是学生和教师在普及教育中的参与度。不过，这只是大胆的猜测，还需要理论和实践的检验。

上述的问题都在《金融普及教育国际手册》中得到了解答。它既是广受大众欢迎的指南，也是专业人员的宝贵工具：从业人员可以从本书中查阅学术研究成果；研究人员可以通过本书了解金融普及教育的前沿内容；政策制定人员可以借鉴本书制定政策和评估政策。我们希望这本手册能够在实践、研究和政策咨询等领域内得以广泛应用，从而最大限度地促进金融普及教育。

Dr. Manuel Wälti

瑞士国家银行　助理总监

协调与经济教育研究部　副部长

iconomix.ch　负责人

著作主要贡献者

Nicole Ackermann Universität Zürich, Institut für Erziehungswissenschaft, Zurich, Switzerland

Dwi Sulistyorini Amidjono Universitas Indonesia and Indonesian Council for Economic and Financial Education (ICEFE), Depok, Indonesia

David Ansong University of North Carolina, Chapel Hill, USA

Alessandro Antonietti Department of Psychology, Università Cattolica del Sacro Cuore, Milan, Italy

Carmela Aprea Chair of Business and Economics Education, Friedrich Schiller University Jena, Jena, Germany

Chris Arthur Faculty of Education, York University, Toronto, ON, Canada

Carlos J. Asarta Department of Economics, University of Delaware, Newark, USA

Daniela Barry Konrad-Adenauer-Schule Kriftel, Kriftel, Germany

Anna Emilia Berti Department of Philosophy, Sociology, Pedagogy, and Applied Psychology, University of Padua, Padua, Italy

Andrea Borsetto Department of Psychology, Università Cattolica del Sacro Cuore, Milan, Italy

William Bosshardt Department of Economics, Florida Atlantic University, Boca Raton, FL, USA

Klaus Breuer Johannes Gutenberg University Mainz, Mainz, Germany

John Brock Center for Economic Education, University of Colorado, Colorado Springs and Global Economic Education Alliance (GEEA), Colorado Springs, USA

Michael P. Cameron Department of Economics, University of Waikato, Hamilton, New Zealand

Ilaria Castelli Department of Humanities and Social Science, Università degli Studi di Bergamo, Bergamo, Italy

Zeynep Copur Faculty of Economics & Administrative Science, Hacettepe University,

Ankara, Turkey

Sharon M. Danes Family Social Science Department, University of Minnesota, St. Paul, MN, USA

Peter Davies University of Birmingham, Birmingham, UK

Veronica Deenanath Family Social Science Department, University of Minnesota, St. Paul, MN, USA

Franz Eberle Universität Zürich, Institut für Erziehungswissenschaft, Zurich, Switzerland

Valerie Farnsworth School of Education, University of Leeds, Leeds, UK

Stefania Farsagli Forma Scienza—IFEL, Rome, Italy

Umberto Filotto Università di Roma, "Tor Vergata", Rome, Italy

Felix Frühauf Chair of Economics and Economic Education, Campus Essen, University of Duisburg-Essen, Essen, Germany

Selena Garrison University of Florida, Gainesville, USA

Bettina Greimel-Fuhrmann Vienna University of Economics and Business, Vienna, Austria

Michael S. Gutter University of Florida, Gainesville, FL, USA

Roman Haek Faculty of Education, University of South Bohemia, eské Budějovice, Czech Republic

Julia A. Heath Economics Center, University of Cincinnati, Cincinnati, OH, USA

Caroline Henchoz Domaine Sciences des sociétés, des cultures et des religions, Département des sciences sociales, Université de Fribourg, Fribourg, Switzerland

Billy J. Hensley National Endowment for Financial Education, Denver, USA

Andrew T. Hill Federal Reserve Bank of Philadelphia, Philadelphia, USA

Doreen Holtsch Institut für Erziehungswissenschaft, University of Zurich, Zurich, Switzerland

Christopher Houghton Budd Department of Technology, Policy and Management, Technology University, Delft, The Netherlands; Chartham, Canterbury, England

Paola Iannello Department of Psychology, Università Cattolica del Sacro Cuore, Milan, Italy

Ebi Junaidi Faculty of Economic and Business, The University of Indonesia, Depok, Indonesia

Floor Elize Knoote Independent Consultant for DIMES Consultancy, Amsterdam, The Netherlands

Noi Keng Koh National Institute of Education, Nanyang Technological University, Singapore, Singapore

Maria Liana Lacatus Bucharest University of Economic Studies and Romanian Center for Economic Education, Bucharest, Romania

Chwee Beng Lee University of Western Sydney, Penrith, NSW, Australia

Dirk Loerwald Carl von Ossietzky Universität Oldenburg, Oldenburg, Germany Jane S.

Lopus California State University, Long Beach, CA, USA

Thomas A. Lucey School of Teaching and Learning, Illinois State University, Normal, IL, USA

Antonella Marchetti Department of Psychology, Università Cattolica del Sacro Cuore, Milano, Italy

Davide Massaro Department of Psychology, Università Cattolica del Sacro Cuore, Milano, Italy

Barbara M. O' Neill Department of Agricultural, Food and Resource Economics, Rutgers University, New Brunswick, NJ, USA

Ming Fai Pang Faculty of Education, The University of Hong Kong, Hong Kong, SAR, China

Genevieve Partington Independent Consultant for DIMES Consultancy, Amsterdam, The Netherlands

Jared Penner Independent Consultant for DIMES Consultancy, Amsterdam, The Netherlands

Vladimíra Petrášková Faculty of Education, University of South Bohemia, České Budějovice, Czech Republic

Pablo A. Peña Microanalitica, Chicago, USA

Laura Elizabeth Pinto University of Ontario Institute of Technology (UOIT), Faculty of Education, Oshawa, ON, Canada

Bernd Remmele University of Education Freiburg, Freiburg, Germany

Thomas Retzmann Chair of Economics and Economic Education, Campus Essen, University of Duisburg-Essen, Essen, Germany

Clemente Ruiz - Durán Universidad Nacional Autónoma de México, Facultad de Economía, Mexico City, Mexico

Michael Schuhen Universität Siegen, Zentrum für ökonomische Bildung in Siegen (ZöBiS), Siegen, Germany

Susanne Schürkmann Universität Siegen, Zentrum für ökonomische Bildung in Siegen (ZöBiS), Siegen, Germany

Günther Seeber Institute for Social Sciences, Department of Economics, Universität Koblenz-Landau, 76829 Landau, Germany

Margaret S. Sherraden School of Social Work, University of Missouri-St. Louis, St. Louis, MO, USA

Maria Silgoner Oesterreichische Nationalbank, OeNB, Vienna, Austria

Olaf Simonse Ministry of Finance, Den Haag, Netherlands

Ella Y.N. Siu Republic Polytechnic, Singapore, Singapore

Arne Stemmann Carl von Ossietzky Universität Oldenburg, Oldenburg, Germany Steve

Stillwell Young Enterprise, London, UK

Martin Taborsky Oesterreichische Nationalbank, OeNB, Vienna, Austria Francesca Traclò Associazione Rosselli, Torino, Italy

Annalisa Valle Department of Psychology, Università Cattolica del Sacro Cuore, Milano, Italy

Anna van der Schors National Institute Voor Budgetvoorlichting, Utrecht, Netherlands

Rosa Weber Oesterreichische Nationalbank, OeNB, Vienna, Austria

Arnold Wentzel Department of Economics and Econometrics, University of Johannesburg, Auckland Park, South Africa

Pushpa Wood Financial Education and Research Centre, Massey University, Auckland, New Zealand

Eveline Wuttke Chair of Business and Economics Education, Goethe University Frankfurt, Frankfurt, Germany

Yunxi Yang Sichuan Expanded Mental Health Network, Hong Kong Polytechnic University, Hong Kong, China

Joseph Kai Kow Yeo National Institute of Education, Nanyang Technological University, Singapore, Singapore

目　录

第1章 21世纪金融普及教育:《金融普及教育国际手册》简介[①]

Carmela Aprea,*Eveline Wuttke*,*Klaus Breuer*,*Noi Keng Koh*,
Peter Davies,*Bettina Greimel-Fuhrmann and Jane S.Lopus*

跨入21世纪后,高效解决资金管理与金融问题的能力显得日益重要,不管对投资和银行领域的专业从业人员来说,还是对每一个需要处理日常理财问题的普通人来说,获得这种能力都很重要,而这种能力可以通过金融普及教育来培养。金融普及教育与日俱增的重要性源于人口特征、社会因素和经济趋势(诸如婴儿潮、人口寿命延长等)、养老金及收入政策改革、金融市场参与度提高、金融产品数量和复杂度的增加等因素(OECD,2005)。在这样的大背景下,众多行业领域出现了风险转移现象:风险由政府和企业雇主向企业雇员和消费者方面转移(例如,削减州政府支持的养老金和医疗福利)。如此一来,一旦个人健康出现问题或者退休,其就会更加重视自身财务安全。不仅如此,当个人使用金融中介/咨询服务时还需要了解这些机构能够为他们提供什么帮助。即使以后会推行标准化流程,比如现在已经取代面对面支付的电子支付,但仍然需要个人掌握一定的资金管理和金融等相关知识。以上这些问题对于青少年而言更加重要,作为从儿童时期就开

① C.Aprea
Chair of Business and Economics Education,Friedrich Schiller University Jena,
Carl-Zeiss-Strasse 3,07743 Jena,Germany
e-mail:carmela.aprea@uni-jena.de
E.Wuttke
Goethe University Frankfurt,Frankfurt,Germany
K.Breuer
Johannes Gutenberg University Mainz,Mainz,Germany
N.K.Koh
Nanyang Technological University,Singapore,Singapore
P.Davies
University of Birmingham,Birmingham,UK
B.Greimel-Fuhrmann
Vienna University of Economics and Business,Vienna,Austria
J.S.Lopus
California State University,Long Beach,CA,USA
© Springer Science+Business Media Singapore 2016
C.Aprea et al.(eds.),International Handbook of Financial Literacy,
DOI 10.1007/978-981-10-0360-8_1

始使用网络金融服务消费（线上支付、智能手机等）的年轻一代，他们相较于其父辈在步入成年后更容易遭遇金融风险。最后还要提及的一点是，金融问题在当今国民教育理念中有着至关重要的地位。特别是在经济危机爆发和金融领域弊病丛生（违规销售、市场不当行为、低估金融风险）时期，年轻人应该有能力在金融界发挥积极的民主作用（Davies，2015）。这些趋势日益重要并复杂，而随之产生的消费者和公民需求，对金融普及教育提出了更大的挑战，而这一挑战仅仅靠家庭教育和日常经验是不足以应对的。因此，金融普及教育应成为每个国家教育行动的核心关注点，在此基础上，每个国家应逐步建立起制度化的学习和教育方法。

当务之急是研发大量相关的金融普及教学材料（例如，经济教育委员会出版的《生活中的金融健康》）。这种趋势逐渐得到了像中央银行（Bernanke，2011）、世界银行（Xu和Lia，2012）和国际货币基金组织（Lagarde，2014）等国家机构和国际组织的认同。经济合作与发展组织（以下简称"经合组织"，OECD）通过各种行动积极促进金融普及教育的推广：通过国际金融教育网（INFE），经合组织为政府特别举办了一个政策论坛以便各国互相交流金融普及和金融教育的观点与经验；同时，经合组织还于2015年出台了《国际学生金融素养评估方案》，为国际化金融素质评估方法做出了努力。

虽然金融普及教育在政策和实践层面已经起步，但迄今为止还没有针对这一领域研究成果的汇总。《金融普及教育国际手册》这本书旨在弥补这一缺憾，其独到之处在于汇总了各种方法、各门学科、各个国家、各种文化的原创性研究成果。正因如此，本书包含了各种新颖的、多角度的、发人深思的观点。

本手册涵盖了金融素养和金融普及教育的6个部分。

第一部分　金融普及教育的含义　本部分考察了人们所说的金融素养的真正含义并从理论视角在更大范围内进行了准确的解答。第一部分的内容是从不同金融学派的视角对该问题进行分析（例如，新制度主义理论和行为经济学），同时也涵盖了教育学、心理学、社会学、哲学以及文化科学等不同学科对于该问题的解读。

第二部分　金融普及教育的政策背景　本部分对比了全球不同国家所实施的金融普及教育政策。其中重点介绍了两点：一、政府组织和非政府组织在金融普及教育进程中发挥的作用。二、金融普及教育政策制定和评估的依据。

第三部分　国家的金融普及教育情况介绍　本部分概述了四大洲十个不同国家金融普及教育的政策措施。本部分各章节内容的重点是不同国家政策倡议的共性和差异，以便于读者对不同国家的教育政策进行比较和学习。

第四部分　金融普及教育的评估　为契合本书的创新性和包容性，本部分主要关注两点：一、金融普及教育评估建模和测量的最新框架与方法。二、各种不同评估工具的心理测量质量。

第五部分　教育政策促进金融普及教育　本部分内容涉及金融普及教育教学方案的设计、实施和评估，总结了金融普及教育各方面的重要研究成果，包含项目实施和教学成果测评、性别和性格在金融普及教育中的作用等研究成果。

第六部分　金融普及教育的教师教育与培训　有关金融普及教育中教师教育和教师同侪竞争的文献在此之前一直被忽视。但是，研究表明教师的培训和提升与学生的金融素养水平提高显著正相关。

鉴于研究对象的多面性以及跨地区、跨文化、跨学科的研究方法，本书在金融普及教育方面虽然不能达到专业术语和研究观点的统一，但本书能为读者呈现出不同的观点和论据。我们希望读者能够对这些不同观点和论据进行批判性思考与讨论，以促进金融普及教育领域的发展。总体来讲，本书描绘了当前金融普及教育研究领域的全景图：不仅从不同角度分析该领域，同时也呈现了其中互补和对立的观点。本书同时还单独附录一章资料，对各种不同观点进行整理以供读者进行学术讨论、研究工作和学院讲座；同时，也期望在更广的范围助推金融普及教育。本书勾勒了一个多姿多彩的金融普及教育领域，并希望借此提供更多的学习机会来共同促进21世纪人类生活的进步。

参考文献

Bernanke, B.S. (2011). Testimony. Subcommittee on oversight of government management, the federal workforce, and the district of Columbia, Committee on Homeland Security and Governmental Affairs, U.S.Senate. April 12. http://www.federalreserve.gov/newsevents/ testimony/bernanke20110420a.htm. Accessed March 15, 2014.

Davies, P. (2015). Towards a framework for financial literacy in the context of democracy. *Journal of Curriculum Studies*, 47(2), 300–316.

Lagarde, C. (2014). Empowerment through Financial Inclusion. Address to the International Forum for Financial Inclusion, Mexico, June 26, 2014, https://www.imf.org/external/np/ speeches/2014/062614a.htm. Accessed September 29, 2015.

OECD. (2005). *Improving financial literacy*. Paris: OECD Publishing.

OECD Programme for International Student Assessment (2015). PISA 2015 Integrated Design. http://www.oecd.org/pisa/pisaproducts/2015-Integrated-Design.pdf. Accessed November 2015.

Xu, L., & Zia, B. (2012). Financial literacy around the world. An overview of the evidence with practical suggestions for the way forward. The World Bank, Development Research Group, Finance and Private Sector Development Team.

第一部分 金融普及教育的含义

Carmela Aprea

正如本书的简介所说，金融普及教育的提出对于21世纪的民生改善有着非比寻常的重要意义。鉴于当下经济形势、政治形势以及社会发展的复杂性，金融普及教育不能单单依靠家庭教育和同侪教育，而应当借助全球各国在政治和教育领域的通力合作共同应对。这一合作的前提是要建立一个经过多方商定的完备框架体系来指导各国的行动，而这一框架的建立有赖于对金融普及教育概念进行多元化的批判性讨论。这样的讨论也许会达成关于金融普及教育概念的共识，即使不能达成共识也可以让更多人认清金融普及教育这一领域在定义上可能存在的分歧（Remund，2010）。建立这样一个框架是因为明确金融普及教育的范围、目标、内容和安排有助于定义优质生活的地方性标准和全球标准（Lucey 和 Bates，2012）。特别是，这样就可以扫除意识形态限制对可持续性学习和责任制教学造成的障碍（Willis，2008）。

基于上述考虑，本部分重点在于明确一系列定义和理解金融普及教育的概念性分类，其中包括从理论层面上对金融普及教育发展框架的思考。本书囊括了不同学科领域和不同研究方法对于金融普及教育的研究成果。

本部分的前3章主要来自经济学领域，但是，通过融合教育学、行为学和哲学的思想拓宽了研究视角。

Thomas Retzmann 和 Günther Seeber 认为金融普及教育是广义经济普及教育的一部分。他们基于能力的教育学观点定义了能力的三个维度：（1）决策制定能力和个人理性程度；（2）与他人的关系和交流；（3）整体的有序性和系统性。他们通过这三个维度来考察金融普及教育中的各种问题。

Dirk Loerwald 和 Arne Stemmann 研究的问题是，行为金融学的新理论方法是否改变了或者在多大程度上改变了人们对金融普及教育概念的理解和研究范围。他们的分析主要关注典型意象和会影响个体财务决策质量的直观推断。

Bernd Remmele 编写的章节专门增加了从认识论的角度对问题的研究。基于对核心金融概念（例如货币和市场）的分析，Bernd 质疑金融问题的可理解性和可教学性并简述了金融教育可能产生的影响。

接下来的两章主要从心理学视角来讨论金融普及教育。

Alessandro Antonietti、Andrea Borsetto 和 Paola Iannello 主张采用认知心理学方法来研究。他们认为财务决策的有效性取决于个体是否有最适合分析当前情况的思维方式。因此，元认知应作为金融普及教育的重要组成部分得到金融教育的支持。

Antonella Marchetti、Ilaria Castelli 和 Annalisa Valle 则拓展了认知心理学方法和元认知心理学方法。他们认为认知能力和元认知能力是做出有效财务决策的内部先决条件，而社会规范则作为外部约束条件限定了做出这一决策的环境背景。

本部分接下来的几章会深入阐述有关金融普及教育和财务决策在集体和社会层面的研究。

Margaret S.Sherraden 和 David Ansong 通过阐述广义金融能力概念，基于个体视角对金融普及教育提出了挑战。广义金融能力是指行动能力和行动机会相结合的能力。从这一角度看，金融能力不仅仅局限于社会中每个个体，还包含个体之间、个体与社会的关系网。

此外，Caroline Henchoz 在研究金融普及教育的同时也注意到了个体与社会关系的重要性。本章从社会学角度出发，采取对个体化批判性的方法，强调应在各种金融普及教育方案中着力解决财务行为和学习过程同社会实践相结合的问题。

本部分的最后一章由 Chris Arthur 撰写，作者对前面的篇幅进行了更深入的总结和拓展。Chris 认为当务之急是要增加公民对于金融风险的政治因素和结构特征的了解，同时帮助公民制订合理解决当前分配不均的有效方案。

总之，本部分主要呈现当前有关金融普及教育和金融教育讨论的多面性，同时也提醒我们，教育行动一定要基于明确且包容的价值观。

参考文献

Bernanke,B.S.(2011).Testimony.Subcommittee on oversight of government management,the federal workforce,and the district of Columbia,Committee on Homeland Security and Governmental Affairs,U.S.Senate.April 12.http://www.federalreserve.gov/newsevents/ testimony/bernanke20110420a.htm.Accessed 15 March 2014.

Davies,P.(2015).Towards a framework for financial literacy in the context of democracy.*Journal of Curriculum Studies*,47(2),300–316.

Lagarde,C.(2014).Empowerment through Financial Inclusion.Address to the International Forum for Financial Inclusion,Mexico,June 26,2014.https://www.imf.org/external/np/ speeches/2014/062614a.htm.Accessed 29 Sept 2015.

Lucey,T.A.&Bates,A.B.(2012).Conceptually and developmentally appropriate education for financially literate global citizens.*Citizenship，Social and Economics Education*,11(3),160-162.

OECD.(2014).*PISA 2012 Results：Students and Money：Financial Literacy Skills for the 21st Century（Volume VI）*,OECD Publishing.http://dx.doi.org/10.1787/9789264208094-en.Accessed 05 Oct 2015.

Remund,D.L.(2010).Financial literacy explicated：The case for a clearer definition in an increasingly complex economy.*Journal of Consumer Affairs*,44(2),276–295.

Willis, L.E. (2008). Evidence and ideology in assessing the effectiveness of financial literacy education. Scholarship at Penn Law, Paper 206. http://lsr.nellco.org/upenn_wps/206. Accessed 29 Sept 2015.

Xu, L., & Zia, B. (2012). Financial literacy around the world. An overview of the evidence with practical suggestions for the way forward. The World Bank, Development Research Group, Finance and Private Sector Development Team.

第2章 通识教育中的金融普及教育：能力模型[①]

Thomas Retzmann and Günther Seeber

摘要 作者认为，接受金融普及教育不仅仅意味着了解简单的财务常识，而且应将其作为金融教育的一部分。为支持这一理论，本章使用能力模型（competence model）概念化了金融普及教育，能力模型已经在经济教育中被广泛应用。德国广泛讨论了经济教育，并对近来的学校课程设计产生了很大影响。能力模型涵盖经济能力发展的三个方面，其中每个方面又包含人们所应该拥有的三种能力：这三种能力被视为在经济型社会生存的基本要求。经济型社会生存的基本要求包括生活中对财务问题的处理，它要求我们有分析、判断、演绎和制定策略的能力。能力模型同样适用于处理金融问题。本章的目的是提出一套有别以往的中学生金融能力目标体系，其特点是结构化、可培训、可实现、可推广。尽管这一模型设计的初衷是服务于德国的通识教育，但是对于其他国家的教育系统和课程设置同样有一定的借鉴性。

关键词 能力 能力模型 金融教育 经济教育

2.1 引言

人们通常认为金融普及教育仅仅是培养个人处理日常财务问题的能力，例如进行存取款和转账等简单的财务操作的能力。然而，考虑到通识教育的目标，作者认为金融普及教育应被作为金融教育的一部分：不仅要做到金融常识的普及，还要做到金融素养的培养。更进一步讲，作为经济教育的子学科，金融教育是一个重要的研究领域。正因如此，金融教育需要培养个人一系列相关的处理财务问题的能力。

---

① T.Retzmann

Chair of Economics and Economic Education, Campus Essen,

University of Duisburg-Essen, Universitätsstraβe 12, 45141 Essen, Germany

e-mail: thomas.retzmann@uni-due.de

G.Seeber

Institute for Social Sciences, Department of Economics, Universit-t Koblenz-Landau,

August-Croissant-Str.5, 76829 Landau, Germany

© Springer Science+Business Media Singapore 2016

C.Aprea et al.(eds.), International Handbook of Financial Literacy,

DOI 10.1007/978-981-10-0360-8_2

本章的基本观点如下：

• 金融普及教育：如果中学的金融普及教育仅仅把培养中学学生处理现在或未来自身财务问题的能力作为培养目标就显得过于狭隘了。学校要想完成金融教育这一远大的使命则应当将金融交易、金融市场、经济秩序、国家金融系统和国际金融系统纳入到教学内容当中（Gibson，2009；Remmele 和 Seeber，2012）。

• 金融教育应当作为经济教育的一部分，金融是现代经济生活的一部分。但是，我们也不能把经济教育完全等同于金融教育，经济教育所涵盖的范围不局限于现金、收入和资产管理问题，而是覆盖生活工作的各个方面。

• 鉴于学校的职能，实行通识教育的学校在经济教育方面应当让学生在经济型社会中负责、自主、适当地行动。（Retzmann 等人，2010；Remmele 和 Seeber，2012）作为经济教育的一部分，金融教育的实行也要符合学校的教学使命。

• 总而言之，金融教育所强调的处理生活中金融问题的金融能力应当从经济能力框架中衍生出来（Pang，2010）。

基于上述的观点，本章提出了金融教育的能力框架。首先定义并解释金融教育，然后建立起金融教育的能力模型，这一模型基于两点：一、对能力的共识；二、已有的经济教育的能力模型（Retzmann 等人，2010）。这个模型将被应用于金融教育领域。本章重点在于如何建立能力框架以及对于框架建立每一步的通俗解释。其中涉及特殊财务情况下的具体金融能力仅被用来作为例子进行说明。这里我们不会引用任何教学训练的方法或学校课程的原型。本章的目的是提出一个有别以往的结构化、可培训、可实现的能力目标体系而不是内容导向型的教学大纲。

2.2　金融普及教育还是金融教育？

近十年来，经合组织（2005，2008，2009）一直强调常规学习各阶段中金融教育的重要性，并在 2012 年最后一次国际学生评估项目调查中加入了金融素养测评（OECD，2013，2014）。诸如欧洲共同体委员会（2007）等其他国际组织也纷纷支持提高欧洲公民的金融素养。此外，世界各地还有很多类似的教育倡议（Remmele 和 Seeber，2012）。尽管如此，各方却没有在金融普及教育定义上达成一致意见（Speer 和 Seeber，2013）。即便是那些被频繁引用的研究也没有对这一问题进行定义（例如 Bucher-Koenen 和 Lusardi，2011；Lusardi 和 Mitchell，2007），这些研究更多用日常生活中必要的财务决策来佐证其有关金融教育的论点。

对于金融素养的定义有很多（SEDI，2004；澳大利亚证券和投资委员会，2003）。这其中大部分主要关注实践能力，比如消费和储蓄能力、管理银行账户能力、借贷能力、风险控制能力等（Remmele 和 Seeber，2012）。金融教育的核心论点是动态变化的金融环境和日益增长的个体资产需求。不断涌现的任务、趋势、风险和挑战使得个人在养老金、健康保险、多样化复杂化金融服务、私人银行贷款等问题上责任越来越重（Reifner，2006；Cole 和 Shastry，2009；OECD，2013）。而这些问题并未通过学校教育得到解决。

基于这种对金融普及教育的理解，学校的金融素养测试通常不会刻意考查学生对于经济形势或者金融市场法律框架的判断能力，也不会考查学生有关市场运作的经济机制和其所存在的潜在危机的理解。最后，金融素养测试仅仅局限在三个方面（Almenberg 和 Säve-Söderbergh，2011；Bucher-Koenen 和 Lusardi，2011；Lusardi，2013）也是最基础的概念上：（1）对含息储蓄的理解；（2）对通货膨胀率的理解；（3）对风险分散化的理解。由经合组织设计的一份调查问卷则调研了日常的金融行为并以此设计相应的考核项。

对金融素养狭隘的理解在《生活中的金融健康》（Walstad 和 Rebeck，2005）中有了改观，这本书对于金融素养有了更广义的理解，契合了近些年公布的金融素养标准。这本书将提高收入和经济思维方式等问题纳入考察范围，但却没有提及政府作用、金融服务者利益和处理财务信息的问题（Retzmann 和 Frühauf，2014）。

狭义的金融普及教育所要求的能力十分有限：在当今日益复杂、步履维艰的社会经济大环境下，这些能力的培养只能作为公民的启蒙教育，而并不能让其参与到社会变革中。本章反对这种过分强调只满足最基本社会要求的金融普及教育，至少在学校教学中这种认识是有局限性的、不全面的。

经合组织（2014）在其最新的国际学生评估项目中延伸了之前对于金融素养的定义。在金融素养的定义中增加了与社会要求相关的能力，表述如下：

金融素养是个体对于金融概念和风险有正确的理解，并且有能力、有意愿、有信心将这种理解在金融环境中应用于财务决策，以此提升自身和社会的福利，使个体有能力参与到经济生活中。

尽管经合组织提到了社会福利和经济生活的个体参与，但却并没有将其纳入金融素养考核项中。"国际学生评估项目中的金融素养考核仅仅是个人金融素养考查。动机和信心并没有反映在考核项中。学校的教学使命对金融素养培养提出了更高的要求，所以本章会使用"金融教育"这一名称代表高级的金融普及教育。

值得注意的是，欧盟委员会（2007）并没有使用金融普及教育一词，而是使用了金融教育的提法：

消费者应当在学校尽早接受经济和金融相关知识的教育。国家应当将金融教育作为学校教育的必修课程。

这种需求的一个论据是学校教学的目的是帮助学生为将来的生活做好准备；另一个论据是学校金融教学的成功在一定程度上证明了这一点（Lusardi，2004；Cole 和 Shastry，2009；Mandell，2009）。这两点都支持学校应当给予金融教育应有的重视（Remmele 和 Seeber，2012）。

上述论证的结果就是金融教育需要把实践、经济、社会和政治等多领域的认知和理解相融合。本章所采用的模型将上述领域都纳入了模型考察范围。

2.3 金融教育能力模型

下述模型用于衔接金融教育理论和金融教育目标。该模型基于在通识教育中金融教育作为经济教育子集的前提。如果该模型成功，可以通过金融教育实现个人经济独立、培养个人在金融领域的相关能力和社会责任感。而这些成果也是我们在定义金融教育时所遵循的指导原则。为了更好地理解这一模型，我们有必要对其基本理论框架（Weinert，2001；Klieme等，2003；Retzmann等，2010）做一个简单的了解。这一框架的理论基石如下：

（1）其所述能力目标是基于将能力作为学生内在特质的。

（2）其所述能力目标是针对特定领域的。

（3）该模型列出了三种不同领域的金融能力，并与通识教育的指导原则相一致。

1.经济教育模型是根据德国关于学习成果标准讨论而形成的。这些标准主要考查可测试、可认知的能力，即使这些能力可能包含一些不便于测评的特性。虽然本章没有提出任何标准，但我们仍然使用这些术语来解释我们的模型。因此，我们把能力目标描述为学习目的。

国际学生评估项目基于Weinert（2001）所定义的"能力"：即满足复杂需求的先决条件（OECD，2001）。其中能力的要素包含互动态度、价值观、知识掌握和技能运用（OECD，2002）。我们认同这一定义，这也符合欧洲职业培训发展中心对能力的定义。欧洲统一使用的教育研究术语词汇表将能力定义为"被证实具有运用知识、技能，拥有个人能力和社交能力，运用方法论的能力（CEDEFOP，2011）"。

本章对两种不同类型的能力进行了区分比较：特定领域的能力（针对某一特定领域内的事实性知识和程序性知识）和通用能力（社交能力、个人能力和通用技能）（Krämer和Seeber，2009）。事实性知识包括对本质和结构的了解。我们把技能定义为完成任务和解决问题（CEDEFOP，2011），在金融教育领域即指在处理生活中财务问题时所展现的实践技能和方法论。

2.对于所掌握的金融和经济知识的运用依赖于一系列基本技能（Remmele等，2013）：

（1）方法论：例如，解决问题和学习时的策略。

（2）计算：例如，计算备选的贷款优惠。

（3）识字：读写理解能力，例如，阅读招股书和政府决策。

（4）基本的信息通信技术技能：例如，网上资料检索。

由于上述的基本技能不是针对某一特定领域的，我们的经济能力模型对于衡量这些基础能力并没有设定任何标准。该模型主要针对特定领域能力的评估：这些特定领域的能力是有效财务决策、经济稳健判断和高效解决问题所必需的能力。

学校的教学领域通常是指某一个或多个相应学科领域。就我们的研究而言，其中最重要的是经济学和商法。我们的模型不仅包含新古典理论同时也囊括了博弈论、经典制度经济学和新制度经济学（例如，制度的演变、制度的效率、不对称信息）。此外，由于教育目标的要求，学校的教学领域不仅要反映学术研究成果，同时也要涵盖经济政治秩序和道德法律规范。由于本章仅进行一般性的介绍，所以上述的各项不会一一赘述。

根据上面所罗列的要求，我们认为学校的经济教育应当覆盖到所有需要具备金融能力的相关日常情境。我们通过划分消费者、收入者和经济公民（见第四部分）三种经济角色来解析这些日常情境。这三种角色现实中通常不是完全对立的，有时会相互涵盖。这些角色构成了同质化的对特定能力有要求的经济生活情境。

这三种角色可能不够全面，但是三者通过财务决策、财务计划和财务执行等方式相互关联，共同构建了当前的经济生活。这三种角色本身不能同能力严格地一一对应，因为每种角色都同时需要拥有多种能力。实践过程中可能会着重体现某一能力，但是能力同每个人相联系而非同特定的情境相联系。不同的情境可能要求相同或相似的分析过程、判断过程和策略制定。例如，财务决策水平不同的学生会在不同的情况下衡量替代选择的收益和成本。在不同的经济情境下，学生所运用的能力本质上是相同的。正因如此，我们不需要针对每一种不同的经济情境去教育学生该如何判断、决策和行动。通过这一模型，课程设计者可以相对自由地决定教育的内容和其所涉及的情境。

3.不同文化在通识教育的教学任务上可能或多或少会同我们讨论的德国通识教育的教学任务有些差别，但我们认为这一模型在现代社会中可以广泛适用。学校应当促进人的全面发展，使个体有能力独立生活，应对挑战和对政治事务做出自己的决断和贡献（von Hentig，2004）。在我们的模型中，上述的通识教育目标是能力培养的基础。因此模型涵盖了对实践知识、理论知识和合理决策能力的考查。

综上，我们认为金融能力综合了以下几种能力：（1）个体认知判断能力、决策能力、规划能力、进行决策规划的实践能力和对所需相关技能的掌握（包括对电子媒体的使用）；（2）在流动资金（现金及银行存款）、近期和未来收入以及有形资产和无形资产配置过程中的动机、意愿及其社会性；（3）作为受托人以及公众的代表，高效负责地管理资产并在短、中、长期最大化资产收益的能力。接受过金融教育的人应具备在金融生活中自主、适当、负责地进行判断、决策和行动的能力。

财务问题在以货币为基础的经济体中对每个人都很重要。在面对个体行动、经济时机、经济风险和经济挑战等问题时，个体对机会的把握和所受到的限制或多或少地被经济体制和经济秩序所左右。由此可见，金融环境是经济环境的一部分。当然，金融教育之所以完全包含于综合全面的经济教育中不仅是因为这一个原因。

下文对我们的框架进行了简要的描绘。模型基于经济环境将能力分为三个领域（Remmele 和 Seeber，2012）（见表2-1）。在本章，我们根据金融教育的目标对该模型进行适当的调整。与此相关的出版刊物包括由德国教育研究部资助的有关成人经济素养要求的调查报告（Weber 等，2013）。这篇调查报告对社会变革进行了文献分析，对成年教育进行实证研究，同时对经济教育的主观需求和客观需求进行了调研。金融素养是这篇文章的核心内容。

表2-1中三个特定领域的能力（列3）与列1中的通识教育目标相对应。当我们的模型在划分能力领域并将每个特定领域能力具体化时，经合组织已经从内容、过程和背景方面对能力进行归类并开始能力子类的构建（OECD，2014）。但是国际学生评估项目并没有将互动能力纳入到模型考察范围，尽管这一能力是个人发展中的相关因素。同时，在该评估项目中对经济情境和公共政策的了解被列为必备知识，但是在实际测验中，这些"必备知识"都是可以忽略不计的。

在我们的模型中，三种能力被依次划分到特定领域（见表2-2、表2-3和表2-4），这样可以更好地根据每一个特定领域能力的特征在具体的经济环境中规范能力要求的标准。如此一来，这些能力可以作为日后划定学习成果和测验项目的标准以便随时监测和改进。

表2-1　　　　　　　　通识教育中金融教育的能力培养（Retzmann等，2010）

通识教育培养中学生关心的问题	金融教育	能力领域
本人	接受过良好经济教育的个人在追求自身合法利益时会在可行方案中基于理性和经济最优做出财务选择	（个人的）决策能力和理性程度
其他人	接受过良好经济教育的个人会在经济活动中负责任地考虑到自身和他人的利益、愿望和价值	（与他人的）经济关系处理与互动
原因	接受过良好经济教育的个人明白金融体系作为经济基础的一部分是由上层建筑所决定的	（社会整体的）经济秩序与经济体系

表2-2　　　　　　　　　理性决策的能力要求（Retzmann等，2010）

决策能力和理性程度	能力要求
形势分析	学生能明确不同情境下经济主体（个人和组织）的目标并决定其可行方案 学生能分析限制其方案实施的因素（受限）
评估不同可行方案	学生能预测不同可行方案的实施结果，并估测各种结果的发生概率 学生能根据其主观评判标准（偏好）评估（客观）结果并在给定情境下选择最佳方案
筹划可行方案	学生能判断其行动约束程度有多大、其行动范围能否拓展以及其决策能力在长期内能否提高

表2-3　　　　　　　　理解并塑造经济关系的能力要求（Retzmann等，2010）

经济关系处理与互动	能力要求
分析利益相关对象	学生能将经济关系理解为通过商品和劳务交换以共同获取更高的收益 学生能区分利益相关对象，并分析其统一性和对立性 学生能将经济互动参与者的行为选择归因于参与者自身利益，并对各参与者行为结果进行评估
分析、评估并促成合作	学生能认识到合作超越基本的经济交换从而能够实现共同利益，并且能够确定、验证合作结果的好处 学生能够列举合作中可能出现问题的原因，并提出相应的解决方案，协调各方利益
分析经济关系结构	学生能区分经济关系中正式和非正式规则以及规则的激励效果 学生能从规则和行为预期角度对典型经济关系结构的功能和历史演变进行分析

表 2-4　　　　　　　　　　　　　理解经济秩序与经济体系的能力要求

经济秩序与经济体系	能力要求
分析市场	学生能解释金融市场定价 学生能运用有效市场条件和金融市场约束等相关知识 学生能从宏观经济层面上对经济主体的市场行为进行分类
分析经济秩序和经济体系	学生能分析市场最重要的指导性原则、经济体系的监管工具以及市场和政府之间的隐形关系 学生能把政府行为的社会影响和经济影响联系起来
判断政策监管的经济影响	学生能够分析政治举措在经济体系中的预期结果以及其经济目标和社会目标的可达成性 学生能够分析公民个体行动的各种可能性，同时在相关经济秩序的指导原则下对其进行评估

决策能力和理性程度：在一定程度上自由的社会和经济体中，所有人都可以在不触及法律和道德底线的情况下追求自身幸福，这样做无可厚非。但是，自由也意味着个体需要在很多经济金融情境下做出独立决策。为了做出更好的决策，学生需要有能力在限定的经济金融情境下对所有可行方案进行理性的选择，例如，处理预算和信誉，以及分析其经济行为受限的因素。更具体地说，学生应当有能力预计到可能产生的后果并综合考虑到所有可能性，在给定条件下根据他们自身的偏好选择最优化其财务状况的解决方案。学生应有能力判断其行动约束程度有多大、其行动范围能否拓展以及其决策能力在长期能否提高。学生应当愿意并且能够熟练地运用这些能力。

经济关系处理与互动：经济行为主要发生在社会环境这样一个大背景下，所以不可避免地成为一种交互的行为。每个经济运行的参与者都属于短期或长期的经济关系的一部分，这种经济关系不仅对双方均有利，同时也影响着其他人。正因如此，符合能力要求的学生会将经济关系理解为通过商品和劳务交换以共同获取更高的收益。学生也应能够区分利益相关对象，并分析其统一性和对立性。学生能将经济互动参与者的行为选择归因于参与者自身的利益，并对各参与者行为结果进行评估。学生还应能认识到合作超越基本的经济交换从而能够实现共同利益，并且通过合作确定、验证合作的好处。最后，学生应能区分经济关系中正式和非正式规则以及规则所产生的激励效果，并从规则和行为预期角度对典型经济关系结构的功能和历史演变进行分析。

经济秩序与经济体系：做出理性决策和负责任行动的先决条件是合理的分析。这同样适用于经济秩序和经济体系层面。因此，识别系统性经济关系应被纳入金融能力范围。例如，学生应有能力解释金融市场定价，有能力分析有效市场条件和金融市场约束，有能力从宏观经济层面对经济主体的市场行为进行分类并预见以市场作为经济和社会资源（收入和资产）配置手段的后果；能分析市场，尤其是其自身所处的市场，最重要的指导性原则、经济体系的监管工具以及市场和政府之间的隐形关系；能把政府行为的社会影响、经济影响和生态影响联系起来；能够分析政治举措在经济体系中的预期结果以及其经济目标和社会目标的可达成性；能够分析公民个体行动的各种可能性，同时在相关经济秩序的指导原则和社会伦理原则下对其进行评估。

最后，学生必须具备从参与者转换到观察者的视角去理解经济规则、经济秩序和经济体系的能力，该能力领域所包含的经济教育问题要比金融教育的问题更多。例如，学生要了解市场机制，讨论收入和财富分配以及以社会秩序指导原则作为框架的经济秩序。对这一能力问题的理解是金融教育培养决策能力的基础。通过对这些问题的讨论，学生能够了解到利率也是一种特殊的价格，金融市场也是一个特殊的市场。如此一来，学生能够对社会关注的金融问题形成自己独立的、成熟的见解，比如，最近关于金融交易税的讨论、对银行高管薪资的限制的讨论以及作为纳税人和公民对政府支出的讨论。

2.4　金融背景下的经济能力

经济教育与金融教育必然联系在一起的说法是基于如下的假设：对于经济的理解是财务决策独立、明智和理性的必要条件。Pang（2010）在对中国香港学校的学生进行金融素养调查时，同样声称金融素养是"学生对于一系列相关的经济概念的理解"。在与教师的小组讨论中，他将如下概念确立为核心理念：

"储蓄、消费和投资之间的关系；金融决策的机会成本；风险、回报和流动性之间的关系；通货膨胀率和投资的实际收益率；现值和贴现。"

Winther和Achtenhagen（2009）同样把上面这些基本概念确定为经济素养。令人惊讶的是，除了Financial Fitness for Life的测试系列，大部分对金融素养的讨论都将收入一项简单地归为给定因素，而且这些讨论仅仅关注收入的使用（消费和储蓄）而不关心收入的产生和提高。我们的金融普及教育框架将涵盖这一经常被忽视的因素。美国金融素养的国家标准不约而同地将收入也列为其体系中6个领域中的一个（Bosshardt和Walstad，2014）。

在很多情况下，均需要运用个人的理财能力。下面的章节将详述不同经济情境中每个角色所需的具体的能力：

1.消费者这一角色在不同的情境下可能是买家、储蓄者、投资者、债务人或者保险持有人。如此将消费者进行区分是必要而且有用的，因为在不同的市场（比如商品市场、金融服务市场等）和站在同一市场的不同角度（比如，贷款申请者和资本提供者），同样作为消费者的他们追求不同的利益。这些细分角色已经涵盖了大部分的经济金融情境。但考虑到金融素质普及教育的目的，应当纳入一些其他情境下的角色，比如担保人、租户、继承人和所有人等一系列相关的角色。在这些不同的情境下，对于个人推理、决策和行动能力的要求可能相近，但往往因各自所处的情境和背景的具体细节的差异而有所不同。

2.收入者角色包括雇员和自营职业者、自由职业者和企业家。上述涵盖了一系列生活情境，并将情境中的角色具体化为两个阵营：一方是需要进行职业选择的经济角色，如实习生或员工；另一方则是生产商、供应商、企业家和雇主。显而易见的是：不是每个人都担当过所有这些角色。但为了分析并形成前面章节所描述的"经济关系和经济互动"的能力，个体就必须学会换位思考，理解经济情境中每个角色的动机和利益。

职业方向、职业准备和职业选择的培训是学校教学使命的一部分，而经济普及教育有助于培训这方面能力：例如将自己的天赋和能力与劳动力市场的需求进行匹配，搜集职业选择的信息等。尽管经济普及教育涵盖的范围广泛，但在如下这点上经济教育和金融教育是殊途同归的：那就是对大多数人来说，工资是财务健康的最重要相关因素。

3.经济公民是指个人是社会的一部分，社会以不同形式支持、利用并整合不同的个体。转移支付这一经济行为包括个体作为社会成员受益于社会的经济情境。纳税人这一角色主要指个人作为社会一员对社会做出物质性贡献的经济情境。选举人依据规则投票选举代表来改造社会。最后，公民应通过参与社会运作等方式积极参与经济建设、社会建设和政府建设。

这种经济生活情境的比较揭示了经济与金融在生活中的交织与联系，但两者之间也存在明显的差异。有很多理由支持金融普及教育应作为学校教育中的特例来对待，但是金融普及教育也必须涵盖在更加广义的经济教育中。

2.5 结论

如果学校教育仅仅简化为培养学生日常生活中所需实践和技术技能，那么金融普及教育则不应局限于学校教育：学校教育应当以培养学生的自主性、能力和责任感为最终目标。同理，把金融普及教育简单地同个人财富管理画等号也是过于片面的。在经济高速发展的现代社会，以各种方式获得和提高当前和未来的收入、创造并积累物质和非物质财富才是核心的金融素质培养要求。此外，从进行个人资金管理和金融交易的代理人角度转换到市场规则、市场秩序和市场体制观察者的角度是非常重要的：只有视角转变后，个体才能对政治决策做出准确可靠的经济判断，从而参与到社会事务和政治事务中并做出自己的贡献。

事实表明，金融生活情境可以被看作经济生活情境的一部分：金融生活情境要求有与经济生活情境相类似的分析过程、判断过程以及努力、方法和策略。独立的财务决策能力和基于完整信息的合理判断都需要自身对经济进行全面的理解。但金融普及教育要想作为经济教育的一部分，它必须发展一套与经济相关性较强的金融情境，例如，消费、储蓄、投资、担保、借款、贷款以及赚取收入等。

在设计开发金融普及教育课程时要在教学干预和课程设置前明确长期目标和根本目标。如果金融普及教育致力于能力培养，则需要一个能力模型来展现不同的结构化的可训练、可达到的能力目标，正如经济教育中的模型一样。由于该模型是基于Weinert的定义，本章提出的模型与国际上关于能力的讨论之间存在一些联系。每一级别的金融普及教育学习成果标准均衍生于更基础的广义经济领域的能力模型。

参考文献

Almenberg, J., & Säve-Söderbergh, J. (2011). Financial literacy and retirement planning in Sweden. *Journal of Pension Economics and Finance*, 10(4), 585–598.

Australian Security and Investments Commission. (2003). Financial literacy in schools. Consultation Paper 45. http://asic.gov.au/asic/pdflib.nsf/LookupByFileName/FinLit_schools_DP.pdf/$file/FinLit_schools_DP.pdf. Accessed January 3, 2014.

Bosshardt, W., & Walstad, W. (2014). National standards for financial literacy: Rationale and content. *The Journal of Economic Education*, 45(1), 63–70.

Bucher-Koenen, T., &Lusardi, A. (2011). Financial literacy and retirement planning in Germany. *Journal of Pension Economics and Finance*, 10(4), 565–584.

CEDEFOP(2011). *Glossary. Quality in Education and Training*. Luxembourg: Publications Office of the European Union.

Cole, S., & Shastry, G.K. (2009). Smart money: The effect of education, cognitive ability, and financial literacy on financial market participation. Working Paper 09‐071. Harvard Business School. http://www.hbs.edu/research/pdf/09-071.pdf. Accessed March 14, 2012.

Commission of the European Communities. (2007). Communication from the commission— financial education. COM(2007)808 Final, Brussels, 18 December. http://eur-lex.europa.eu/ LexUriServ/LexUriServ.do? uri=COM:2007:0808:FIN:EN:PDF. Accessed January 12, 2016.

Gibson, H. (2009). Ideology, instrumentality and economics education: On the secret values within philanthropy, financial capability and enterprise education in English schools. *International Review of Economics Education*, 7(2), 57–78.

Klieme, E., Avenarius, H., Blum, W., Döbrich, P., Gruber, H., Prenzel, M., et al. (2003). *Zur Entwicklung nationaler Bildungsstandards. Eine Expertise*, hrsg. v. Bundesministerium für Bildung und Forschung, Bonn.

Krämer, J., & Seeber, G. (2009). E-Portfolios as tools to assess generic competences in distance learning study courses. *eLearning Papers*. 16, 1–7. http://openeducationeuropa.eu/en/article/Eportfolios-as-tools-to-assess-generic-competences-in-distance-learning-study-courses. Accessed January 12, 2016.

Lusardi, A. (2004). Saving and the effectiveness of financial education. In O.S. Mitchell &S.P. Utkus (Eds.), *Pension design and Structure: New lessons from behavioral finance*(pp.157–184). Oxford: Oxford University Press.

Lusardi, A. (2013). Financial literacy around the world(FLAT World). *Insights: Financial Capability*, April 2013. http://www.finrafoundation.org/web/groups/foundation/@foundation/ documents/foundation/p240590.pdf. Accessed January 12, 2016.

Lusardi, A., & Mitchell, O.S. (2007). Baby boomer retirement security: The roles of planning, financial literacy and housing wealth. *Journal of Monetary Economics*, 54, 205–224.

Mandell, L. (2009). *The impact of financial education in high school and college*. On Financial Literacy and Subsequent Financial Decision Making. Paper presented at the American Economic Association Meetings, San Francisco, CA. http://www.aeaweb.org/assa/2009/. Accessed January 12, 2016.

OECD. (2001). *Definition and selection of competencies: Theoretical and conceptual foundations* (*DeSeCo*). Background Paper, Revised December 2001. http://www.oecd.org/education/skills-beyond-school/41529556.pdf. Accessed January 12, 2016.

OECD. (2002). *DeSeCo symposium—discussion Paper*, Jan 15–02. http://www.deseco.admin.ch/bfs/deseco/en/index/04.parsys.29226.downloadLis t.67777.DownloadFile.tmp/2002.deseco-discpaperjan15.pdf. Accessed January 12, 2016.

OECD.(2005).*Improving financial literacy: Analysis of issues and policies.*Paris: OECD.

OECD.(2008).*OECD recommendation: Good practices for financial education relating to private pension.*Paris: OECD.

OECD.(2009).*OECD recommendation: Good practices on financial education and awareness relating to credit.*Paris: OECD.

OECD INFE.(2011).*Measuring financial literacy: Questionnaire and guidance notes for conducting an internationally comparable survey of financial literacy.*Paris: OECD.

OECD.(2013).*PISA 2012 assessment and analytical framework.*Paris: OECD.

OECD.(2014).*PISA 2012 results: Students and money.Financial Literacy skills for the 21st century*(Vol.Ⅵ).Paris: OECD Publishing.

Pang, M.F.(2010).Boosting financial literacy: Benefits from learning study.*Instructional Science*, 38,659-677.

Reifner, U.(2006).EU general report.In U.Reifner(Ed.), *Financial literacy in Europe* (pp.15-36).Baden-Baden: Nomos.

Remmele, B., & Seeber, G.(2012).Integrative economic education to combine citizenship education and financial literacy.*Citizenship, Social and Economics Education*,11(3),189-201.

Remmele, B., Seeber, G., Speer, S., & Stoller, F.(2013).*Ökonomische Grundbildung für Erwachsene.Ansprüche-Kompetenzen-Grenzen.*Schwalbach/Ts.: Wochenschau.

Retzmann, T., & Frühauf, F.(2014).Financial fitness for life—Reichweite und Grenzen der US-amerikanischen Testreihe für die finanzielle Allgemeinbildung.In T.Retzmann(Ed.), *Ökonomische Bildung in der Sekundarstufe I undder Primarstufe*(pp.43-56).Schwalbach / Ts.: Wochenschau.

Retzmann, T., Seeber, G., Remmele, B., & Jongebloed, H.-C.(2010).*Educational standards for economic education at all types of general-education schools in germany.*Final Report to the Gemeinschaftsausschuss der deutschen gewerblichen Wirtschaft. Sine loco. https://www.unikoblenz-landau.de/de/landau/fb6/sowi/iww/team/Professoren/seeber/EducationalStandards .Accessed January 12,2016.

SEDI(Social and Enterprise Development Innovations).(2004).*Financial capability and poverty.* Discussion Paper,Edited by Policy Research Institute.http://www.horizons.gc.ca/doclib/ Poverty_SEDI_final_E.pdf.Accessed December 14,2012.

Speer, S., &Seeber, G.(2013).Financial understanding: A phenomenographic access to student's concepts of credits.*Journal of Social Science Education*,12(2),41-51.

von Hentig, H.(2004).Einführung in den Bildungsplan 2004.In Ministeriumfür Kultus, Jugend und Sport Baden-Württemberg(Ed.), *Bildungsplan 2004: Allgemein Bildendes Gymnasium* (pp.9 21).Stuttgart.

Walstad, W., & Rebeck, K.(2005).*Financial fitness for life—middle school test examiner's manual*(2nd ed.).New York: Council for Economic Education.

Weber, B., van Eik, I., & Maier, P.(Eds.).(2013).*Ökonomische Grundbildung für Erwachsene.*

*Ansprüche und Grenzen，Zielgruppen，Akteure und Angebote-Ergebnisse einer Forschungswerkstatt.*Bielefeld：W.Bertelsmann.

Weinert，F.E.(2001).Concept of competence：A conceptual clarification.In D.S.Rychen&L.H.Salganik(Eds.)，*Defining and selecting key competencies*(pp.45-65).Seattle，WA：Hogrefe & Huber.

Winther，E.，& Achtenhagen，F.(2009).Measurement of vocational competencies—a contribution to an international large-scale-assessment on vocational education and training.*Empirical Research in Vocational Education and Training*，1，88-102.

第3章 行为金融和金融普及教育：金融决策偏差对教育的启示[①]

Dirk Loerwald and Arne Stemmann

摘要 决策能力是经济教育，特别是金融教育的中心目标。青少年应当在各种经济生活情境下尽可能做出最合理的决策（Retzmann等，2010；CEE，2013）。这其中尤其应注重金融决策，因为金融决策通常有更高的复杂性，而且错误决策的后果对物质生活有直接的重大影响。行为经济学主要系统地研究经济科学中的非理性决策。然而，在过去的几年，行为经济学以及行为金融学从心理学方面补充了理性选择范式，同时也对其提出了质疑。这一章主要强调新的行为金融学理论方法是否以及在何种程度上改变了金融普及教育学科领域的概念和人们对其的理解。首先，本章将把理性决策能力作为金融普及教育中的对象进行更详细的描述；明确理性选择和行为经济学之间的关系；呈现行为金融学对于决策能力影响的发现。在此基础上，本章还将揭示与此金融投资实例相关的异象、偏差、直觉以及其对教育过程的指导。决策过程中典型的三个系统化阶段是：信息感知、信息处理与评价决策。示例分析表明，个体对异象的启发式偏差可以影响其金融决策的质量。

关键词 行为经济学 行为金融学 经济人 理性选择 偏见和启发式 经济教育 金融普及教育

① 本章为初稿的修订版，可通过 DOI 10.1007/978-981-10-0360-8_44 查看本章勘误表。

D.Loerwald

Carl von Ossietzky Universität Oldenburg, Faklutät II, Informatik, Wirtschafts-und

Rechtswissenschaften, Ökonomische Bildung, Ammerländer Heerstraße 114-118, 26129

Oldenburg, Germany

e-mail: dirk.loerwald@uni-oldenburg.de

A.Stemmann

Carl von Ossietzky Universität Oldenburg, Faklutät II, Informatik, Wirtschafts-und

Rechtswissenschaften, Ökonomische Bildung, Oldenburg, Germany

e-mail: arne.stemmann@uni-oldenburg.de

3.1　理性决策：金融普及教育的核心目标

在经济主导的生活情境中，做出选择时的取舍是不可避免的。时间、资源、商品和服务的稀缺性迫使人们做出具有某种倾向性的决策。决策被描述为在众多备选中进行的有意识的选择。决策能力几乎在每一个有明确定义的经济教育中都是一项关键的能力。在有关经济教育标准的论文中，稀缺性印证了经济背景下决策能力的重要性。在《德国各类普通教育学校经济教育标准》中，Retzmann等（2010）提到："……稀缺性是评价经济状况的标准。从形式上看，缺乏是指个体没有充足的有效资源，从而在资源受限的条件下无法做出不受限制的选择以获取所有的所需商品：换而言之，当他们不得不做出选择时会出现机会成本。"《美国经济教育委员会第1号标准》将"稀缺"一词列在首位（CEE，2010）。他们认为"生产性资源有限"。因此，人们不能拥有他们想要的所有商品和服务。因此，他们必须学会取舍。学生应该学会分辨他们在做出选择时得到了什么、失去了什么（CEE，2010）。《美国经济教育委员会第2号标准》顺理成章地将"决策"放在首位。学生应当能够比较替代选择的成本和收益。

目前来看，金融教育是经济教育的一个子学科，而经济普及教育所概述的决策能力的重要性同样适用于金融普及教育。青年人和成年人所遇到的金融情境普遍具有高度的稀缺性，而在这种情况下做出的决定将不同程度地影响到个体未来的财务状况。例如，在处理自身财富时是选择单独投保人身意外险，还是选择为退休积累财富。而这一选择，包括不正确的决策，其后果也会影响新的决策：例如，处理自身债务。

国际金融教育网高度关注了金融普及教育领域中决策的相关性。金融素养作为金融教育的核心目标被定义为"综合个人的意识、知识、技能、态度和行为以做出合理的金融决策，最终实现个人财务健康"（INFE，2011）。在PISA2012框架中"金融素养"被定义为有能力"在一系列金融情境下做出有效决策……"（OECD，2013）。美国《金融素养国家标准》在提出"经济即是决策"时还明确了金融决策的基础性和重要性（CEE，2013）。除此之外，学校课本中也将金融决策单列一章（Madura等，2014）。

金融教育能培养学生的决策能力。在决策时，理性是在完全信息下做出明智经济决策的核心。在这样的背景下，理性意味着从个体的角度在众多备选中做出最优选择（Kirchgässner，2008）。有关理性的理论在实践中不一定适用：不确定性或信息不对称使得情境复杂化，从而使得完全理性的决策成为不可能。由于经济环境中的决策，比如现金投资，往往是基于非理性的动机，这就使得有关理性决策的金融教育更加重要。当然，向学生说明理性行为的限度也是至关重要的。金融教育并不能使学生能够在每一个情境中都做出理性选择、找出最优路径并且使机会成本最低。鉴于市场上信息不对称的情况以及在搜集信息时需要考虑的交易成本，这既不可能也不明智。

除了理性选择理论之外，行为经济学还发展和确立了一个研究分支：这一分支主要考虑认知偏差导致非理性决策的各种情况。虽然理性选择假设是金融教育的主要分支，但行为经济学的教育到目前为止几乎没有系统性的进展。理性选择、行为经济学以及二者之间的联系将在下面的章节中详细阐述。

3.2　理性选择和行为经济学

Landsburg（1995）总结了一个有关经济学本质的声明："大多数经济学可以概括为四个字：'激励反应'，剩下的经济学则都是些评论。"Landsburg还说，这听起来并无大碍，而且大部分人都会同意这个说法，但区分不同经济学流派是对于这一核心声明在分析问题时系统性地应用。经济分析不仅假定个体对激励做出反应，而且认为个体会以其特殊的、可预见的方式进行反应，即作为一个理性和利己的行动者。因此，CEE第4号标准（2013，10）中有如下内容："人们通常会对正向激励和反向激励做出可预见的反应。"

理性人是指可以花费最低的机会成本做出最优决策的个体，即选择成本最低。即使个体的选择被公认为是最优选择，这样的决策者也可以被看作是由自身利益驱使的。改善自身处境是假定的目标。这一目标不仅仅局限于物质效用最大化，还包括非物质性的激励机制，如提高社会地位、提高自身信誉和对异性的追求等。诺贝尔经济学奖获得者贝克尔（1976）写了一部备受欢迎的著作——《运用经济学方法来解决非经济问题》。

一方面，理性选择理论是对经济学的一种学术性冲击，许多其他学科研究方法得益于这一理论，例如公共选择理论和法律经济分析；另一方面，自从理性选择理论提出，这一方法即受到了不同学术领域的批评，这些批评目前主要来自实验经济学领域。大量实验表明个体在经济主导的情境下的行为并不总是符合经济人这一标准模型的预测。经济主导情境下的个体行为，如双边协商（最后通牒博弈和独裁者博弈）就出现了（Fehr/Schmidt，1999；Camerer，2003；Ottone，2006）。从上述实验中可以看出，现实中个体并非总是出于自身利益和理性行事，而是追求公平，即使这种选择要付出代价。

实验经济学的研究结果有助于拓展行为经济学的新研究分支：研究经济环境中的异常行为。行为经济学领域的研究方法假设个体行为会偶尔直接违背理性选择理论的假设，但理性选择理论在这一点是有争议的。尽管有许多实验事实同理性选择理论相悖，但经济人模型在经济科学和经济学习过程中都起着非常重要的指导性作用。在这样的背景下，对理性选择理论的批驳（Popper）在某种程度上是理性选择理论的价值。我们要将实证观测中的非理性行为和其财务决策所造成的结果同具有指导性分析能力的经济人模型区分开来。

在行为经济学内部，行为金融学中研究金融决策的新理论已经开始出现。到目前为止，仅有少部分关于金融普及教育的行为金融学成果的论文。已有的文献现在可以解答行为经济学和行为金融学能否改善金融教育计划效果的问题（Yoong，2011）。上述情况更多的是一种制度环境设计：它主要致力于为金融决策提供更高质量的信息，以便于依据自身激励做出决策，而不是将行为金融学作为金融普及教育的一门学科来进行教学内容的讲授。以Altman（2012）为例，他认为行为金融学的潜力在于政府政策调整，从而促使消费者做出某种意义上最符合消费者利益的决策。这其中假设专家的决策比个体决策更符合个体利益。这是对政策制定者在设计消费者保护措施时的建议，而不仅仅是说教式的经济普及教育贡献。我们希望把重点放在后者，从而开发行为金融学的潜力和明确行为金融学的局限性，并以此促进学生的金融素养和金融能力培养。正如Yoong（2011）所讲，我们认为个人层面的典型性偏差和启发性知识就可以影响金融决策的质量。

3.3 从行为金融学角度分析金融决策

基本决策理论与古典金融经济学的概念均是基于理性选择理论的假设。例如，古典金融经济学的一个重要组成部分——Fama（1970）的有效市场假说是基于期望效用理论（Neumann 和 Morgenstern，1947）和贝叶斯定理。马科维茨（1952）的投资组合理论也是基于金融市场中理性人假设，该理论认为通过分散化投资和构造有效组合可以降低风险。

本章引用的方法不能准确地反映现实，但可以通过抽象假设简化反映金融市场中的事件。如此一来，就可以为投资组合选择这样的理论提供信息，比如风险厌恶投资者的行为和其理想行为。一方面，这一方法帮助呈现了风险与回报之间的关系；但另一方面，一些特殊事件也凸显了传统模式的局限性，比如极端风险被低估了。

行为金融学从 20 世纪 80 年代起开始日益确立其在经济科学中的地位。不同于古典金融经济学的标准模型，行为金融学并不认为金融市场参与者是理性的；相反，行为金融学着重研究影响人类决策以及阻碍理性行为的认知因素和情感因素。这样一来，行为金融学可以通过在金融市场观测到的行为来解释异常行为。

行为金融学的一个重要转折点是西蒙（1955）在 20 世纪 50 年代提出的一个概念，即有限理性模型。与完全理性假设相反，有限理性模型认为个体获取和处理信息的能力有限。因此，个体在决策过程中无法识别出期望效用最高的备选方案。有限理性个体在评估备选方案时会选择性地使用信息。例如，采用简单的决策指导，不考虑所有可得信息、不追求效用最大化，仅实现特定效用水平以获取满意的结果。在这种情况下，个体仅追求满意的结果而非效用最大化的结果。由于金融市场关系复杂，个体会形成一套特定的决策策略来应对当下的情况并对海量信息进行管理从而做出有效的决策。

行为经济学的重要结论之一就是洞察到：个体由于系统性异常、认知偏差和非理性直觉（Altman，2012）会在许多经济决策情境中偏离理性行为。Yoong（2011）依据 Della Vigna（2009）的分类学方法对上述异象进行了系统性分类，分别为非标准性偏好、非标准性信念和非标准性决策过程，这三类异象有着显著的差别。

在这一章所提及的异象、偏差和直觉在金融主导的生活情境中通过决策过程阶段理论被系统化处理。本章将重点放在讨论 Earl 的主张（2005）上。下面，我们将对决策过程的三个阶段进行详述（如图 3-1 所示）。

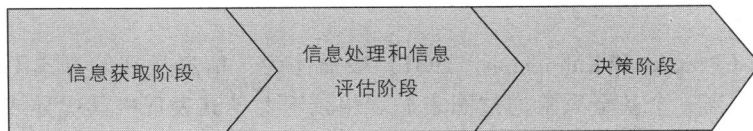

图 3-1　决策过程各阶段

基于 Daxhammer /Fascar 的表述，决策过程的三个阶段为：

1.在信息获取阶段，决策者首先会勾勒出整体情境以降低决策过程中的不确定性。信息获取程度取决于决策所涉及的范围、决策的复杂性、已有信息使用的预期影响、从外部信息源获取额外信息的必要性以及主动搜集信息的程度。在所有因素中，成本收益比在信息搜集中起着更重要的作用。

2.在信息处理和信息评估阶段，决策者会筛选出决策所需的相关信息。决策者由于能力和信息处理速度有限造成其认知受限，决策指导此时就会发挥作用，得益于决策指导快速构造决策框架，加速决策过程。然而，这也会产生信息的系统性偏差和决策过程的系统性偏差。

3.决策阶段是信息处理和决策过程的最终阶段。在这个阶段，决策者的行为会出现避免认知失调的特征。因此，支持决策的信息会被更多关注，而与决策相悖的信息会被忽略。如此一来，对决策的检视会受到相应的限制。

在每个决策阶段都会出现偏差，从而将决策引向非理性。

3.4 金融教育的主题：异象、偏差和直觉

本节的中心论点是通过对典型非理性的认知，避免财务决策出现典型错误，从而做出理性决策。Altman（2012）从中看到了金融教育的关键作用。Yoong（2011）认为"诊断工具可以用于揭示个人偏见"。在这个意义上，de Mezaetal等（2008）通过校正策略从心理学和行为经济学方面进行了大量的研究，并详述了其中所用的校正方法。"有了这些校正方法，做金融决策的个体就能够制订更有效的方案"（ibid，54）。

本节并不是要考察行为金融学所讨论的所有异象、偏差和直觉，"金融投资"主题应将其作为一个例子来进行集中研究和讨论（Loerwald 和 Retzmann，2010）。它涉及 CEE 认可的六个金融素养国家标准（CEE，2013）。由于行为金融学主要关注金融市场中投资者的行为以及其投资咨询的决策，所以在内容上会有很多相关的地方，更进一步的研究内容领域由 Altman（2012）审查。

通过增强学生对于经济生活中异常金融行为的敏感度，我们认为他们能在未来做出更好的决策。因此，致力于提高学生理性决策能力的目标不应被舍弃，而应当通过提高对异象的了解和加强执行战略，以合理的方式来强化这一目标，最终做出金融决策。决策过程将被分为三个阶段，从而将异象、偏差和直觉系统化，并表明其对有关金融素养教育学习过程的影响。经济学习过程的说教意义仅在这一点上能体现出来。

3.4.1 信息获取阶段

财务决策中的特性异象、偏差和直觉在信息获取阶段有着重要作用，例如框定偏差和选择性认知现象。

框定偏差（Tversky 和 Kahneman，1981）被描述为：信息呈现的方式不同会导致不同的决策。例如，当一个基金风险通过图表显示相较于上年其表现极其优异或者通过图表显示其过去五年有着较高的波动率，投资者对于风险和收益的评估就会由于图表的呈现方式不同而受到影响。第一种图表呈现方式可能会使得基金价格进一步走高；第二种图表呈现方式是把基金当年的强劲表现放在一个较长的时间段中进行比较，当年的优异表现可能被理解为暂时的价格修复。

了解这一偏差的个体会对信息的呈现方式提出质疑并在咨询会议上要求基金提供进一步的信息。在经济学习的过程中，对不同呈现方式的信息要相应地进行不同处理并分析其

相关影响。这样，信息的相关性和信息的呈现方式就可以被更加客观地呈现出来。学生应当深入了解信息的实质，并对相关信息进行理性评估。

在选择性认知中，投资者有意识或无意识地忽略某些信息以便他们能够对已经采取或正在采取的决策加以确定和认可。然而，这可能妨碍投资者对形势的客观判断。除了选择性认知现象外，我们还可以观察到选择性决策现象，即某一特定决策会被保留、支持甚至强化。例如，在购买股票时看到该股票的负面表现时，投资者经常会降低自己的入场价格，这样他们可以更快地回到获利价格区间，以防价格上升。这与沉没成本效应类似，当前的投资决策取决于先前的决策。选择性认知和选择性决策表明个体会试图避免认知失调，从而减轻其所带来的情绪不适（Festinger，1957）。

经济学课程可以通过让学生自觉认识和处理那些与自身观点相悖的信息或者批判性地质疑支持自己观点的信息来解决这一问题。就像角色互换一样，变换一下角度可以帮助自身接受不同的观点和立场并从多角度审视自己的决策。正像校正技术中所提到的"关注对立面"，这似乎有助于接纳与自身截然相反的意见（de Meza等，2008）。

3.4.2 信息处理和信息评估阶段

信息处理和信息评估阶段所包含的异象、偏差和直觉一般表现为锚定与调整性指导、模糊厌恶或自负偏差并伴随有控制错觉的现象。

为了更好地评估决策中的特定问题，锚定与调整性启发会经常设置一个初始值（Tversky和Kahneman，1974）。在进行投资决策时，某一特定股票或股票指数的目标价格（例如，道琼斯指数、欧洲Stoxx 50指数、法兰克福Dax指数、日经指数等）可以作为一个锚。在咨询会议上，投资顾问通常会参照专业投资分析师的意见在客户心目中预设一个定位。当新信息出现时，如果锚不能根据新信息做出适当的调整，那么决策行为就会被扭曲从而导致对风险和收益错误的评估结果。这种锚定性启发在谈判中也有使用。例如，一个二手车推销员为了给自己设置一个正向锚通常会以高于汽车实际价值的价格进行商谈。

在经济学习过程中，应把学生置于有意识地感知信息和环境影响的情境中，并且让学生自己审视其影响决策的锚定是否正确、是否在不同背景下都有意义。他们应该既要学会质疑自己的锚定是否恰当，又要学会评判性地审视由他人设置的锚定，从而能够理性地面对二者。为了提高学生对于锚定式启发的敏感性，可以进行一个小实验：分配不同的锚定给不同的组，并让他们回答同样的问题。例如，"你愿意为圣诞节慈善活动捐出5欧元吗？如果不愿意，你愿意捐多少？"对于不同的小组，你可以用50欧元或500欧元代替5欧元。这样就可以清楚地展现捐款的平均意愿取决于相关锚定的设定。

模糊厌恶是指投资者由于对未知的恐惧而更倾向于选择熟悉的方案这一行为；对不确定性的恐惧最终战胜了不确定性（Daxhammer和Facsar，2012）。投资决策中可获得的信息似乎不能满足投资者的要求，但又不能完全忽略。这种现象在个人投资者中较为明显：他们倾向于投资国内的标准股票（所谓蓝筹股），而不考虑海外股票。这种被称为本土偏好的现象会被可得性偏差加强，个体会根据自身的臆想和假定的事件发生概率来获取相关信息。这些偏见的本意在于规避风险，但往往适得其反：由于分散化程度不足，投资组合的风险反而增加了。

模糊厌恶现象的发现源于Daniel Ellsberg曾做过的一个实验，这一实验也是介绍如何处理这种偏见的最佳案例。实验如下：篓里有90个球，其中30个红球，其余为黄球和黑球。学生们现在可以在两种彩票玩法中进行选择：第一种是抽到红球者赢；第二种是抽到黄球者赢。大多数学生选择第一种玩法，因为他们清楚地知道中奖概率。基于这一认识，我们看到人们往往根据其所知道的信息做出判断而非通过理性考虑做出判断。在经济学习过程中，应该对此有批判性的意识，才能审视财务决策中的先验假设。

自负偏差是指投资者通常由于高估自身知识水平和分析技术而对其自身的认知能力有极强的自信，从而经常低估出现损失的风险。与此相关的一种现象是控制错觉现象，它是指投资者误认为其对金融市场的走向有控制权和决定权。客户在当今世界无须使用额外的咨询服务而能够通过互联网独立进行股票交易让投资者形成控制错觉。如果先前预测的股票升值真的出现，对股票交易的自信就会蔓延开来形成对金融市场的控制错觉，但客观看待折中控制并不存在。

因此，金融普及教育的一个重要目的是使学生在涉及财务决策的金融情境中能够批判性地评价自身能力和自身局限性。在经济学习过程中，你可以研究那些早期获得成功但最后却失败的知名投机者和投资者的案例（例如20世纪70年代 Nelson Bunker 兄弟和 William Herbert Hunt 的白银投机行为）。这样的案例可以作为警示时刻提醒我们不要高估自己。

3.4.3 决策阶段

在决策阶段，异象、偏差和直觉三者有其特有的相关性，这一阶段会出现诸如反射效应、损失厌恶、后视偏差或自控偏差等现象。

风险逆转，也称为反射效应，是基于投资者态度的改变。这种效应通过损失厌恶被强化，即同样程度的损失相比于同样程度的收益更让人印象深刻。基于对洞察理论（Kahneman 和 Tversky，1979）的理解，投资者对风险的态度取决于其投资组合中的股票从主观参照点看是处于净收益还是净损失。当投资者处于净收益状态并表现出风险厌恶，担心失去收益时，投资者一旦陷入净损失则会马上改变其对风险的态度。因此，许多投资者倾向于在股价下跌时持有；而股价上涨的股票往往被过早卖出。这一现象可以归根于后悔厌恶，这种心理在许多投资者中占主导地位并受到情绪左右。投资者不断努力避免做出日后可能被证明是错误的决策，所以决策行为可能被扭曲。

在做金融决策时，学生应该能够将损失放在收益前考虑，并了解这一决策所导致的后果。在已经出现重大损失的情况下，仍继续持有，会给投资者带来极大的危险，有时甚至会损失全部投资资金。

后视偏差描述了投资者如下行为：已经发生的事情在投资者看来是其之前预测到的，正所谓事后诸葛亮。如此一来，投资者会高估其对未来事件发生概率的判断能力而不能从之前的错误中吸取教训。后视偏差很好地解释了金融债务危机（Daxhammer 和 Facsar，2012）。危机发源于美国房地产市场，并在2007开始渐露端倪继而引发了银行危机，最终横扫整个金融市场。之后，这场危机的结果大家都耳熟能详了。在整个危机酝酿中，许多交易员、股票分析师、基金经理等起到推波助澜的作用并最终粉碎了这一金融泡沫，就好像这是他们预期的合乎逻辑的结果一样。后视偏差有助于我们更好地预测此类事件。

教学过程的核心挑战是解释为什么投资者通常不能从之前的行为中吸取教训。换言之，这是基于亲身经历和事实的学习过程，目的在于让学生批判性地审视记忆在多大程度上真实客观地反映过往的经历。

　　自控偏差是指投资者不能坚持特定的投资或储蓄目标这一弱点（Thaler 和 Shefrin，1981）。个体在做出储蓄和投资的决策时，需要决定这笔支出（例如月收入、个人财富）要用在当下还是用在未来。缺乏自我控制的投资者会做出危及其退休福利的决策：这样的投资者往往倾向于当前的消费支出，而忽视了对其退休后生活标准的保障。由于自控偏差，投资者在早期阶段未能持续缴纳退休保险，因而为了缩小退休时的收入差距会进行更高风险的投资以期获取更高的收益。

　　金融教育有助于减小自控偏差，从而让学生理解规律储蓄和投资行为的相关性，并从整个生命周期的角度对其未来生活进行规划。

3.5　总结与展望

　　从行为金融学的研究成果来看，提高学生理性决策能力仍然是金融教育无可争议的目标。增强对个体在决策行为中典型不足的了解可以提高财务决策的质量。因此，有必要引起学生对金融教育框架中的系统性异象、认知偏差和非理性启发的重视。在此基础上可以延伸出实际决策情境中解决问题的策略。

　　经济教育研究领域在学习安排设置上存在着挑战，那就是应当向学生教授异象、偏差和直觉以及应当教授学生如何校正策略。鉴于此，学校应该在设计性研究的基础上开发和测试教学方法，使年轻人能够认识到自己行为中的异象、偏见和直觉，并制定相应的行为策略。这其中的经济学实验似乎是一个很能发挥作用的学习方法（Holt，1999；Durham等人，2007）。教学方法实验应激励学生去观察自己在经济相关决策情境下的行为，并对自身行为进行评估和批判性的反思。很多实验通过观察财务决策来对异象、偏差和直觉进行分析，例如 Tversky 和 Kahneman 的实验。这些实验能否真正改变个体想象中根深蒂固的偏见则是教学方法研究的一个课题。在这里，我们只关注核心问题：究竟哪些实验能够真正改变人的观念，哪些不能（Vosniadou 和 Mason，2012）。

参考文献

Altman，M.（2012）.Implications of behavioral economics for financial literacy and public policy. *The Journal of Socio-Economics*，41（2012），677-690.

Becker，G.S.（1976）.*The economic approach to human behavior.*Chicago：University of Chicago Press.

Camerer，C.（2003）.*Behavioral game theory.Experiments in strategic interaction.*Princeton：Princeton University Press.

CEE—Council for Economic Education.（2010）.*Voluntary national content standards in economics*（2nd ed.）.New York.

CEE—Council for Economic Education.（2013）.*National standards for financial literacy.*New York.

Daxhammer, R.J., & Facsar, M.(2012). *Behavioral finance.* Verhaltenswissenschaftliche Finanz-marktforschung im Lichte begrenzt rationaler Marktteilnehmer.Constance:UVK.

de Mello Ferreira, V.R.(2011).Can economic psychology and behavioural economics help improve financial education? In: OECD (Ed.) , *Improving financial education efficiency: OECD-Bank of Italy symposium on financial literacy*(pp.103 120).USA:OECD Publishing.

de Meza, D., et al.(2008). *Financial capability: A behavioural economics perspective.* London: FSA,Consumer Research No.69.

DellaVigna, S.(2009).Psychology and economics: Evidence from the field. *Journal of Economic Literature*,47(2),315 372.

Durham, Y., McKinnon, T., & Schulman, C.(2007).Classroom experiments: Not just fun and games. *Economic Inquiry*,45(1),162–178.

Earl,P.E.(2005).Behavioral Economics and the Economics of Regulation.Briefing paper prepared for the New Zealand Ministry of Economic Development.

Fama, E.(1970).Efficient capital markets: A review of theory and empirical work. *The Journal of Finance*,25(2),383–417.

Fehr, E., & Schmidt, K.M.(1999).A theory of fairness, competition and cooperation. *The Quarterly Journal of Economics*,114,817–868.

Festinger,L.(1957).*A theory of cognitive dissonance.*Stanford:Stanford University Press.

Holt,C.A.(1999).Teaching economics with classroom experiments. *Southern Economic Journal*,65 (3),603–610.

Kahneman, D., & Tversky, A.(1979).Prospect theory: An analysis of decision under risk. *Econometrica*,47(2),263–291.

Kirchgässner, G.(2008). *Homo Oeconomicus. The economic model of behaviour and its applications in economics and other social sciences.*New York:Springer.

Landsburg,S.E.(1995).*The armchair economist.*New York:Economics& Everyday Life.

Loerwald, D., &Retzmann, T.(2010).Misselling as a new topic of financial education? A didactic analysis of investment advice after the financial crisis. *Journal of Social Science Education*,9 (1),49–58.

Madura,J.,et al.(2014).*Personal financial literacy*(2nd ed.).Upper Saddle River.

Markowitz,H.(1952).Portfolio selection. *The Journal of Finance*,7(1),77–91.

OECD, I.N.F.E.(2011).*Measuring financial literacy: Core questionnaire in measuring financial literacy: Questionnaire and guidance notes for conducting an internationally comparable survey of financial literacy.*Paris:OECD.

OECD.(2013).*PISA 2012 assessment and analytical framework: Mathematics, reading, sciences, problem solving and financial literacy.*Paris:OECD Publishing.

Ottone, S.(2006).*Fairness: A survey.*Working Paper No.64,01/2006.Dipartimento di Politiche Pubbliche Scelte Collettive.Alessandria.

Retzmann,T.,et al.(2010).*Educational standards for economic education at all types of general-*

education schools in Germany. Final Report to the Gemeinschaftsausschuss der Deutschen Gewerblichen Wirtschaft(Working Group "Economic Education").Essen,Lahr,Kiel.

Simon,H.A.(1955).Abehavioral model of rational choice.*Quarterly Journal of Economics*,69,69–118.

Thaler,R.,& Shefrin,H.(1981).An economic theory of self-control.The framing of decisions and the psychology of choice.*Journal of Political Economy*,89(2),392–406.

Tversky,A.,&Kahneman,D.(1974).Judgment under uncertainty:Heuristicsund Biases.*Science, New Series*,85(4157),1124–1131.

Tversky,A.,& Kahneman,D.(1981).The framing of decisions and the psychology of choice.*Science, New Series*,211(4481),453–457.

von Neumann,J.,& Morgenstern,O.(1947).*The theory of games and economic behavior.*Princeton:Princeton University Press.

Vosniadou,S.,& Mason,L.(2012).Conceptual change induced by instruction:A complex interplay of multiple factors.In:R.Karen&Harris et al.(Eds.),*APA educational psychology handbook individual differences and cultural and contextual factors*(Vol.2,pp.221–346).

Yoong,J.(2011).Can behavioral economics be used to make financial education more effective? In:OECD(Ed.),*Improving financial education efficiency: OECD-Bank of Italy symposium on financial literacy*(pp.65 101).Paris:OECD Publishing.

第4章 金融普及教育和金融的不可理解性[①]

Bernd Remmele

摘要 "金融普及教育"似乎暗示着金融是可以读懂的。尽管有大量的有关理性界限和偏差决策的研究,但对金融事件的完整的理解仍然未被涉猎。由于理想化的教学认为教育等同于可读性,这阻碍了对于不可理解性的深入了解。从金融的不可理解性出发,它为我们提供了新的理论视角和新的教育解决方案。因此,本章通过区分不同层次、不同形式的不可理解性来梳理对于金融学的认识。

关键词 金融危机 经济教育 学习界限 有关金融不可理解性的认识论

4.1 金融可读性?

"他们被称为罪犯,愤怒的法律像燃烧的炮弹一样直奔他们而来,海洋不会掩饰这个秘密。"(Joseph Conrad:黑暗的心)

"金融普及教育"似乎暗示着金融是可以读懂的,就像"自然之书"这一隐喻一样,这是基于一个神圣的假设:世界是可以被阅读和理解的。"自然之书"不仅仅是一个简单的比喻,它表达着人类希望同世界建立更加亲密关系的渴望,否则世界对于人类而言只不过是一个空洞的词汇,让人无计可施也无法参透。我们希望成为这个世界的一部分,而不是从中分离(Blumenberg,1986)。从人类学基础层面来看,人类倾向于赋予事物意义,然后来理解事物。

所以"金融素养"在很大程度上还涉及个人对金融世界像对乌托邦一样的理解。有很多研究涉猎到理性、理解、决策、心理承受能力等方面的限制。很多人对金融世界的理解就像对乌托邦的理解一样,迷茫而不知所措,这导致我们对金融世界的洞察仍旧没有长足的进展。我们理所当然地认为我们可以感知、可以理解、可以运用适当的经验法则来洞察金融世界。但事实上,当我们发现这些偏差时,这些偏差自己就已经消失了。

① B. Remmele
University of Education Freiburg, Kunzenweg 21, 79117 Freiburg, Germany
e-mail: bernd.remmele@ph-freiburg.de
© Springer Science+Business Media Singapore 2016
C. Aprea et al. (eds.), International Handbook of Financial Literacy,
DOI 10.1007/978-981-10-0360-8_4

世界具有可读性就意味着它可以被教授给其他人，专家可以打开书本向入门者解释书本的内容和思想。因此，教育工作者的职业态度是：如果人们对事物没有足够的认识，或者他们不能够充分理解事物，抑或他们对事物的意义没有恰当的感受，那么就要对他们进行因材施教：设计相关的手册、课程、介绍、指导等。部分原因是老师们对自身教学能力高估，同时又欠缺金融素养方面的教育。

有鉴于此，我们很难意识到在金融领域我们可能需要对不可理解性进行系统性处理。特别是对反复出现的金融危机的模糊讨论表明"金融素养"并非一个现实可及的期望，因此相应的金融素养教育也不是一个足够专业的应对措施。世界金融中心屡遭金融危机：美国和欧洲都发生过长期资本管理事件、网络泡沫、次贷危机、债务危机等一系列危机，其周边国家（亚洲四小龙、阿根廷、俄罗斯……）也遭受过各种危机。这么多年后，在遭受过难以估量的损失后，在实行过一系列的应对措施后，我们应该认识到理解它是什么并不重要，重要的是如何积极应对它（Remmele/ Seeber，2012）。

有时候从对立面入手可以找到解决问题的方法，比如金融的不可理解性，它为我们提供了新的（理论）视角和新的（实践）解决方案。对金融的不可理解性进行系统性的考虑，可以拓宽我们看待金融素养教育的角度：它要求个体要超越家庭财务决策的局限，突破传统金融教育的束缚。

要想掌握对金融不可理解性的认识论方法就要对如下问题有一个基本的区分：第一，对非认知和认知的区分。这是第二个问题区分的基础。第二，对不可理解性的两类三段范式的区分。两类三段范式有着相似的结构：首先，超越该领域限制的事物；其次，限制自身存在的问题；最后，整合其中的一些失败案例。

要了解非认知和认知的区别，就要对其（简化）现象背景进行解释。人类为意义而活。事情只有在对我们有意义时才会被我们所认识：我们赋予了事物的意义（Angehrn，2014）。然而，这并不是纯粹的单向关系。这是我们对事物的"情感反应"，早在我们赋予事物意义之前就已经存在了（Waldenfels，2006）。这意味着事物在某种程度上超越了我们赋予其意义的形式。理解正是这一反应的标准形式。但是，如果这种反应的形式不可得，意义就必须以不同的形式出现（包括对某些事物的不可理解性）①。

不可理解性的非认知形式是这样的：它进入我们的视野并要求我们回应，但其却本能地阻碍我们对它的理解。非认知意味着我们没有有效的认知工具来（完全）理解。相反，不可理解性的认知形式是指理论上我们有合适的工具可以使用，但实际上就教育对象而言，金融素养教育的水平通常不在一个层次上。

必须指出的是，非认知与认知之间的区别在于分析方法。在经验层面上二者存在重叠。此外，对非认知的描述和分类等行为已经是在尝试解释它，使其变得容易理解。关于非认知形式的讨论均围绕着上述问题展开。

接下来我们所要阐述的内容会使非认知与认知看似有些混淆。理解就是将一种事物同另一种事物相互关联，因此理解障碍有三种表现形式：一种由于被关联事物；一种由于关

---

① 与一些语言传统相比，"赋予意义"和"意义"会互换使用。

联本身，还有一种由于关联的背景[①]。首先，"事物"不可理解可能由于不能够使用认知形式，这就是不可关联。其次，我们对于给出事物的理解能力不足，即认知形式不适用。最后，由于其矛盾性或极端消极性，结果可能不被接受（Angehrn，2011）。

相应地，我们将讨论三种非认知形式：第一种是实体事物（例如，金钱）；第二种是超越事物，即它是超出我们理解范畴的（例如，市场的运行）；第三种是荒谬事物，即从我们对意义的理解角度来看是自相矛盾的事物（例如，市场是邪恶的）。

非认知的表现形式是指原则上不具备可理解性的金融"对象"。因此，对这些"对象"的理解不能基于"对象"本身所适用的概念，而是需要通过其他方式来构建的。由于这些对象不具有"可读性"和"可教性"，因而仅仅局限于家庭财务决策指导的金融素质教育远远不够。金融素质教育应当为这些金融"对象"提供更多的实践机会和资源以及更加开放（民主）的氛围[②]以便教育对象理解金融知识。

在考虑过如何应对教育领域的非认知性后，我们来讨论一下三种可认知性形式：第一种形式是无意义性，例如经济的运行过程，它类似于分子或星系的无规则运动。经济理论确实提供了对经济运行的解释，但对外行人而言是难以理解的（自然型市场）。第二种形式是隐晦的经济概念所表达的真正含义。由于这一形式是不可理解性概念的标准形式，因此我们将举两个与之相关的金融教育的例子加以详细说明（例如，市场混乱和假币）。第三种形式也是最后一种形式，即隐藏的意义，例如以专家身份欺骗外行人（金融诈骗）。认知的形式涉及把对事物的真正理解和可能的误解相结合的局限性。由此一来，人们对事物的理解在某种程度上源于特定的认知方式，并以实践中所得到的理解对原有理解进行补充。

总而言之，金融素质教育不应囿于通过减小偏差或打破界限来提高认识和理解。不可理解性的不同形式需要通过整体政治环境的重构：使金融"对象"基于服从和对安全性的需要简化至普通人可以理解的范围。因此，金融素养教育的对象应保持怀疑和开放的态度，这其中就包括从政治改革层面革新金融素质教育。

4.2 非认知

在了解世界之前要先同这个世界打交道。我们在这个世界中不断经历并通过世界中的"事物"（有意义地）指引我们自身前进。这其中我们并没有把这些事物与其他事物相联系，也没有将其进行分类分级（Schlicht，2008），而仅仅是简单感知这些事物。

认知反应会试图去理解：将所遇见的新事物与已经理解的事物进行关联。这意味着我们开始追寻因果、原则、定律和环境背景。理解意味着探寻事物的存在性，并将事物进行概念归类。最终，理解意味着我们能够向其他人解释这一事物。

但是非认知的感知则不能进行概念归类。非认知的感知是"原始意向"（Merleau-Ponty，1962），是一种受影响的状态：物质、艺术、（肉欲）爱、神等是一种在理解事物之前

---

① 参见 Peirce(1931)对这三种表现形式的基本区分。
② 更多的社会政治观点对应于 Freire(1970)的识字方法，即按字母顺序排列。

的感情。因此，它并不伴随着（相应的）认知反应，即理解的认知过程。如果不能够认知，那么取代认知的反应就是意动的，即变得务实或感性，例如惊讶或恐慌。

根据上述三者的区分，我们将讨论三种非认知的形式：

（a）短期且偏投机：资金的实体；

（b）金融市场的顶峰；

（c）反复且短暂：邪恶市场的荒谬性。

我们必须强调的是这些形式不可以理解为金融市场就是如此，而是这些形式只是事物的表现形式。这要求教育家对金融素质教育问题进行重新解构，而这就需要他们通过更好的教育手段来提高学生的认知能力。

4.3　实质——金钱即实物

如果事物不可理解，那么就将它与其他事物相关联。所以非认知的第一个例子就是我们是如何被金钱本质所影响的。金钱不仅能衡量一切事物的价值，而且通过我们的认知方式，金钱还有其自身存在的价值和意义。在我们思考这一问题之前，金钱一直都在影响我们。例如，体积较小的硬币价值被低估了，体积较大的硬币的价值被高估了（Dubois 等人，2010；Furnham，1984）。

金钱不仅是一种社会产物，而且具有其他意义。金钱不仅仅是一种让别人做某事或交易某物的手段，它还是社会设计的参照物，在这一层面上金钱变为了（社会）通货。早期的货币起源印证了这一点。

对于金钱不可知的感知也对当前发展提出了一个有趣的问题："金钱"是否越来越虚无缥缈，即人们对于金钱的认知已经不再以其材料（如贝壳、金属、纸张等）为主，而是一步一步发展为网络空间中的虚拟货币？至少在初始阶段，人们倾向于更多的消费，因为金钱不再那么物质化，同现实事物之间的联系开始变少，"价值"也似乎贬值了。

现代货币产生于信用创造，这已经在很大程度上有违人类的直觉，有点像无中生有一样（见下文）。相较于以前物质化的货币[①]，对货币的过度虚拟化削弱了人类对货币的价值信念。逐渐虚拟化的货币和其整体的失稳性降低了人们对于货币的价值期望，即其等价的商品价值和劳务价值减少了（Bethmann，1982）。

而瑞典作为一个社会纽带关系紧密的国家第一个正式提出了废除纸币，这似乎并不令人感到意外。瑞典不再需要实体化的货币了。从这个角度来看，金融素质教育应当着力于加强社会纽带关系，也即更广义的社会信用。这样的背景可以为虚拟货币提供一个切实可行的社会参照框架。

[①]　假设有一枚价值一万亿美元的硬币,即为了偿还美国联邦债务而铸造的一枚具有象征意义的硬币,把它交付给美联储以偿还巨额债券。

4.4　崇高且不可理解的市场

金融素质教育不能仅局限在家庭财务决策中，例如居民消费、储蓄、借贷等问题。这些家庭财务决策是发生在资本主义金融背景下的。不了解通货膨胀、股市周期、利率走势等问题背后的运行机制，家庭财务决策就是盲目的。想要了解这些运行机制，金融素质教育恰逢其时，它能改善我们在财务决策中的盲目性。然而，这些机制有时候会显得难以理解，我们将其称为崇高的不可理解性机制。

从典型的康德哲学范畴来看，崇高的不可理解性事物意味着事物本身具有极大的体量和能量以至于常人难以理解；它不符合常人概念框架的判断（Kant，1790）。崇高的不可理解性事物超出了我们的认知能力（Voigt，2011）。除此之外，它最终还会影响到我们的情绪，即个人的情感和意动。

Kant以一种令人肃然起敬的方式论述了崇高的不可理解性事物：他认为人类对于外部世界的不了解会唤醒人性，它会将人类的注意力从外部世界转向内在的推理能力。不过，他认为"自然作为一种动态的崇高事物……必须以一种令人恐惧的方式呈现出来……"（Kant，1790）：

岩石陡峭，悬于峭壁，十分危险；云层积于天空，伴随着电闪雷鸣；火山有着惊人的破坏力；飓风所到之处一片狼藉；无边的海洋显得混沌可怕；万丈瀑布飞流直下；自然界的种种均衬托出我们的渺小，自然的伟大。在自身安全的情况下，观赏到的自然景观越引人入胜就越令人心生敬畏；我们将它们称为超越事物，因为它们激发出超越寻常的灵魂能量，发掘出我们完全不同的一种抵抗能力，让我们在自然的伟大中去反思我们自身。（Kant，1790）。

有趣的是，金融市场就像这些可怕的自然现象一样呈现出崇高的姿态。因循守旧的经济运行过程呈现出一种不符合我们（初学者）直觉的"经济崇高"（Voigt，2011）。经济所拥有的巨大容量、力量和复杂性使其显得十分崇高且难以理解[1]。它无法被理解也令人心生敬畏[2]。然而，"99%"的人不能意识到这一点，因为他们不像Kant在欣赏瀑布飞流直下[3]时那般有安全感。

崇高事物给人带来的震撼阻碍了人们对其做出及时反应。人在行动之前会犹豫：有那么一刻会十分消极。尽管占领华尔街运动提出了许多建议和要求，但由于占领运动起初的非暴力性，使其出现过上述的这种情况：

事实上，"占领华尔街"似乎更像是在寻求对话而非推动变革。占领者没有提出暂时

---

① Lyotard(1989)在资本主义中发现了其崇高的一面,因为它是由无限的财富和无限的权力所引导的。即使是多民族或金融市场的力量,在其或多或少混乱的行为中也能表现出崇高的一面,留出了机会和投机空间(参见 Voigt, 2011)。

② Abbott(2014)将崇高作为一个概念来平衡过剩;同样,他也解释了主流经济学理论:"综上所述,在过去的两个世纪里,过剩很少成为正统经济思维的焦点。主流经济理论家很快把大部分过剩的问题转化为稀缺性的问题,因为他们的理论框架已经设计得很好了。"

③ 在复杂的现实条件下,崇高一般不被视为为形而上学提供庇护(Pries,1989)。

性的有助于解决问题的办法，而是在强调问题之多、存在时间之久以及解决这些问题所需的耐心、思考和探讨。（NEI，2011）

　　Graeber（2012）对这一保留情况做出了如下解释：一旦提出索赔，就相当于承认个人的软弱，同时也接受了承认索赔有效的这一制度；而不主张索赔就可以选择在未来进行变革（Rushkoff，2013）。从广义角度来看，Rorty（1997）对崇高的政治的理解有着相似的结论：“对道德和政治中崇高的追求是我们无法详述的，因为它们有着我们难以想象的开放性。”

　　金融素质教育应当在大多数人事先不理解这一框架为何物时，给个体创造一个在奇观面前放空的时刻，并从认识论的角度把问题缩小到个体范畴。

4.5　荒谬——邪恶的市场

　　荒谬是不可理解性的第三种不可知性形式，荒谬即由于逻辑和道德的矛盾而使我们不能理解的事物。其矛盾性颠覆了我们对于行动和结果的预期，从而也颠覆了个体的自主性、责任感和动机。荒谬处于可知和不可知的边缘，它是不可理解性在认知层面上的弱化形式，但却是实践和道德的加强形式。荒谬是对认知的一种否定，但是对认知的否定也是另一种对认知的肯定（Angehrn，2011）。

　　反观经济以及困境、专制、反全球化和极端不公平结果在经济中的作用，经济犹如荒谬的谜一样。这其中，金融市场尤其荒谬：它制造了不可化解的悖论和困境，更重要的是它被认为是极其不公正的。如果一个遭受过极端不公正的人试图用“正常”的术语来解释这种不公，这种行为往往显得不谙世故和愤世嫉俗。

　　金融素质教育也一样不能只停留在认知目标上，而应当培养学生（潜在的）对于否定性认知的应对能力：或多或少进行（感情驱动下的）无声抗议或积极的行动对抗。这种反应可以通过在另一层面上的矛盾解决从而对这种令人愤怒的无意义行为进行有意义的应对。

4.6　非认知的教学方法

　　传统领域会将崇高或非认知的感知同经验结合起来：特别是宗教领域和艺术领域。在传统理解中，对神学和艺术的个人理解不能被完全融入到认知概念框架中。也许对这一传统领域最清晰的表述是否定神学（它也涉及之前提及的困境，这种困境认为之前的否定神学是在解释其中令人费解的事物）。

　　有趣的是，金融市场可以像否定神学中的神一样缺少积极特征：它无处不在又不可触及；它不受时间观念的约束，消失在倏忽之间；有时它会着眼未来，有时却又马上崩塌；由于通货量和信息量是超乎想象的，因而它又无法被衡量。尽管金融市场没有详细的、有意义的道德规范，但总体来说市场在给世界提供最好的可能性。因此“oikodicy”与神学理论有着相似的问题，即证实神的存在却避而不谈邪恶的问题（Vogit，2011）。“oikodicy”同金融素质教育都以此为基础并在金融运行中寻找原因和意义，这是注定要失败的，因为金融市场不能以人类可理解的语言来解释。但由于市场又是人类社会的产物，没有其他超脱世俗的解释方法，所以解释市场就像证明（甚至是负面）上帝存在一样徒劳。

考虑到对艺术崇高的教育方法，Lyotard（1984）指出"崇高……不能教，教育方法在这方面是无能为力的；崇高不能像作诗的韵律一样用规则（即范式结构）来解释"。崇高是不可教的。

不可教并没有阻止其对于宗教和艺术教育的探索。神和艺术往往表现为一种个人的无法描述的体验。因此，标准的宗教教育方法是通过个人体验来展示其中的非理性行为，比如利他行为[①]或狂喜。同样，在艺术教育中可以通过教师的个性来表现其不可理解性。虽然对于大多数人来说，这可能有些疯狂，但是部分学生可以通过这种行为与自己的人格产生共鸣，从而以这种特殊方式来体验艺术。

当然，这种看似"疯狂"的人格化方法不能作为金融素质教育的教授方法。但经常出现的靠庞氏骗局欺骗投资者的金融"大师"却支持了这样的假设：人格化方法虽然或多或少具有欺骗性，但却为非认知[②]的教育提供了一种解决办法。

总的来说，有关非认知的金融素质教育方法不应着眼于认知方面而应探索超越传统教学的对策。特别要提出，它是一种社会创新的探索：这种创新，将人类所面对的经济不可理解性重构到人类可以理解的范畴。由于金融事物具有不可理解性，它迫使我们不得不在教育专家的帮助下另辟蹊径去进行意义创造。也许通过重构社会运行中的标准可以产生我们所追寻的意义。

4.7 可认知论

为了理解，需要先赋予其"真正的"意义。认知形式中的不可理解性不是其本身不可理解而是不能成功运用理解（Angehrn，2011）。出现我们所理解的东西不具有现实意义的情况有很多不同的原因：例如，被整体否定、本身具有隐蔽性或被蓄意隐藏。

首先，我们将市场作为一个整体来讨论，这有别于通常的做法。如同物理的自然性一样，宏观经济运行过程（市场如自然）看似毫无意义。相比于自然和经济，人类的自我意识和自由意志似乎是被过分夸大了。辩证处理这些问题需要重新对经济进行重构和梳理，以使其符合人（初学者）的需求和决策能力从而更好地改善其生活。

其次，隐蔽性含义有许多不同的例子，即它没有被初学者充分察觉到，有时甚至专家对某些经济运行过程也不能充分理解。这部分由于涉及具体认知问题因而是最接近传统金融素质教育所面临问题的，这其中具体的认知问题可以通过更好的教育来解决（这也是为什么对下面两个例子进行讨论：市场混乱和假币）。至于是否有能力为教育、个人资源和参与教育建议动机提供足够的社会资源则是题外话。

最后，存在这样一个问题：初学者或多或少地会受到系统性欺骗，因而（不得不）失去对理解和意义之间关系的足够信任（市场如骗局）。其他金融素质教育服务于更加直观性和亲社会性的制度设计（de Meza等，2008；Remmele/Seeber，2012）。为了将政治参与策略囊括在金融素质教育中，金融素质教育的范畴必须拓宽，例如，更好地规范和保护消

---

① 利他主义当然不是非理性的，然而，自我牺牲表面上的不合理性通常是信仰的证据，而不是理性的证据。
② 教师的个性当然是一个主要的教学讨论方面（例如，Klafki，1964）。

费者，否则作为社会运行基础的信任将在长期内被彻底摧毁。因此，建立金融素质教育是集体性的政治行动，而不仅仅是提高认识而已。

4.8　与意义无关——市场如自然

从某种意义上说，虽然我们现在可以理解自然、解释自然，但这仍然毫无意义或与意义无关。正如前文已经提到的，不对自然进行有意义的重构就让人很难读懂自然这本天书，例如有关生物多样性的价值、一般生活的价值和人性的价值。然而，纯科学并不能从自然规律中总结出意义①。

但有一部分经济学却走在这条路上。其理论方法的目标是对社会生活进行自然主义的描述，从而将经济领域纳入与意义无关的领域。如果人们仅因为某些独立于有计划行为的（定量）法则而把经济等同于自然，那么就更难接受经济内在的难题：因为与自然灾害不同，人类似乎还可以采取其他行动。

因此，金融教育合适的对策是寻找一个角度重新思考经济规则：例如从抛开强制性的审视角度来思考。从这一点来看，决策的出发点是"更好的（社会）生活"以及相应的金融法规和决策如何才能有助于实现此目标。

4.9　隐含意义——市场即混沌

市场不一定要被看作命运或自然等。它也可以被看作是一种（理论）结构：它聚集了大量或多或少有些理性的人类行为，从而提供了相当不错的商品分配。因此，它实际上应该是可以理解的，并应当有合适的意义结构。然而，这种市场概念及其所涉及的要素通常是如此复杂和抽象以至于外行几乎无法理解。隐藏在混乱背后的意义通常要求个人掌握更优质的信息、具备更好的教育素养或者有对相关偏见的分析能力更强等。但是由于这种混乱的高度复杂性，外行以一种能够接受的方式来到达这一程度几乎是不现实的。

不了解经济背景就无法进行金融素质教育。

想要在当今市场背景下做出独立的提升自身福利的决策需要难以想象的知识和理解能力。大多数美国（以及其他地区的）成年人同当今市场的要求存在着知识和理解能力的鸿沟；而这一鸿沟是无法通过金融素质教育来弥补的（Willis，2008）。

本章不分析各种不同的偏见（例如货币幻觉、框定偏差、锚定偏差、概率忽视等），这些偏见都阻碍着我们跨越这一"鸿沟"。本章强调的是外行理解与（不）可理解性结构之间的差距，以及市场因此而出现的意义缺失。差距的产生是由于市场建构超出外行的直觉认识，即它不能以简单的方式呈现出来（Remmele，2010）。专家通过形式化方法解决这一问题并构建出抽象模型。因此，一方面有一个直观市场概念：发生在某一具体地方的单一社会（互动）行为；意思很明显：一切随你所愿。另一方面则是理论结构：将社会行为融入一个特殊的协调机制中，更准确地说是社会行为的效用最大化。除了不把行为看作

---

① 从 Husserl（1970）现象学的角度来看，科学也是人类的实践，因此它才有意义；"'完全的法律'根据'自然'中所发生的事情——理想化自然——必须是严格的法律"是对现实世界的隐蔽。

一个整体之外，这一结构是超出人的直觉的，因为它是建立在其他人（负）反馈回路之上的。在这方面，它的分配意义仍然不透明，并或多或少有些不可理喻。

经济与金融素质教育需要双管齐下：一方面要培养学生承担和参与具体经济互动的能力；另一方面要培养其作为经济政治决策基础的对于经济运行和经济体制的判断能力。然而，从实践和直觉层面到理论结构层面并没有直接的学习途径。

由于市场协调是以系统反馈过程为基础的，因而二者相联系的途径被堵住了，这种系统反馈过程不符合线性因果关系这一理解的直观形式（Plate，2010）。反馈过程的基本非直觉性可以由人的意识所集中关注的环境来解释。它将我们的想象及时与某点联系起来，从而建立起线性因果关系[①]。关键问题是：当我们的想象焦点想要将我们的意识与单一的线性过程联系起来时，反馈回路总是封闭的。"很显然，我们的认知无法同时把握闭合回路的两端；它必须不断穿过这一闭合回路"（Varela，1975）。

考虑过一般非直觉性反馈回路，负反馈所存在的问题显得更加复杂。负反馈可以提供动态平衡，正反馈会导致过度行为；两者都不为外行所理解。

负反馈有一个看似矛盾的结果：对一个过程的否定源于这一过程本身，即逆过程。因此，当坚持直观线性分析时，突出系统性影响就很难被人把握，例如动态平衡的规范或部分之间的特定关系。考虑到认知的愚笨性，个体和历史发展的负反馈概念均需要复杂的前提准备。负反馈技术的一般性和系统性用途直到近现代才被逐渐发掘。与此相对应的是，受牛顿在天体运动方面革命性理念的影响，亚当·斯密成为首先在其市场概念中系统性地运用负反馈概念的几位社会学家之一（Remmele，2003）。该系统性市场概念的非直觉性反映在对"看不见的手"的比喻中。必须补充的是，"看不见的手"不仅在形式上不可见，而且其内在机制也并非像可预见那般运行。

第一眼看来，理论专家的角度源于外行的角度，例如（教学指导性的）抽象或去中心化。然而，在系统性市场概念方面，这两个层次之间有着本质区别。简单来讲，由于其理论建构，一个线性关系，即直观的一般行动结构，不能被抽象成一个环，尤其是"逆"循环。

基于 Vygotsky（1934 / 1986）对直觉和科学概念的基本区别，他对于从前者到后者的简单学习路径的一般可用性和必要性持否定态度。因此，正规教学应具有自洽性。科学概念应被口头表述，并将其与其他概念相联系：这里所涉及的其他概念至少是部分独立于自发概念的，这里所说的自发概念指的是通过基本的感知而形成的概念（Chi/Ohlsson，2005）。

如果科学概念仅像实证概念一样反映事物的表象，那它们就显得多余。因此，科学概念应当同事物保持不同的关系，这种关系仅在概念形式上能够实现，即反过来讲，只有系统性概念才能实现（Vygotsky，1934/1986）。

经济学中的核心概念是非自发性的，但也必须基于其他（科学）概念和规范指导。因

---

① Simon（1993）讨论了人类关注某些反馈过程的局限性。面对通货膨胀、失业、能源与环境政策的关系，争论的焦点总是在一个因素上；而另一个则被忽视（Leiser 和 Drori，2005）。

此，讲解理论混乱的市场必须要从抽象的科学视角出发：其中部分甚至会故意把人的视角同自发 - 直觉概念相分离[①]。因此，在科学理解下发展金融素质教育至少是很困难的[②]。

4.9.1　隐含意义——假币

从表面上看，货币似乎是现代社会协调问题的根本解决办法。它规范了社会互动（Simmel，1907）。付款过后，互动双方的实际需求变得互不相关。对这些需求的协调不是相互感知和交流的一部分，这与其在小范围内的表现不同。如果我们一直把这个考虑进去，那么现代社会就无法运行了。这意味着无穷无尽的决策和考虑（Paul，2004）。现代社会依赖（或信任）货币的正常功能，即你可以用一定金钱来给予、获得或拥有某一物品，而不必质疑对方的人品、性格等。货币本身就掩盖了其意义。

更进一步讲，对货币的理解也因其自我参照而受到阻碍。货币的本质是为了获取某一商品。即使它暂时没有在实现自身存在价值，也是在为其未来预期而存在（Simmel 1907，714）。股市上货币的动态性正变得系统化。投机使得货币具有自反馈性，它关系到货币自身运动。所以总的来说，国际金融就是一个庞氏骗局（Sloterdijk，2006）。这种货币的自我参照性是不稳定性和不确定性的根源（Minsky，1992），因此不为外行所理解。因此，金融泡沫，即基于正反馈的过度反应，源于货币的自反馈性，而且让外行不能够理解其"正常"功能。货币运动正是危机的基础，也是认知的基础。

对货币的动态自反馈的理解不像对日常事物的静态理解。从外行角度来看，信用货币的产生，即货币对于货币自身的参照，似乎是一个"神奇的钱生钱""不劳而获"或无中生有的现象（Remmele，2013）。建立在"正常"功能基础上，初学者对于一般性线性因果关系的理解是：无中生有。这样一个静态概念的形成是显而易见的，因为你的钱包或银行账户上通常没有出现泡沫或出现泡沫爆裂的现象。除去利息和通胀，外行的钱似乎价值更稳定（Claar，1990）。

在通常情况下，货币可以衡量商品和服务的价值。然而，如果货币创造时就没有价值而且会以创造时同样的方式被毁灭，那么货币还能够充分履行其正常功能吗？外行基于等价交换的理解几乎很难遵循货币的自反馈性和日后发展为危机的金融扭曲。

上面已经提到，货币取决于其嵌入社会的方式。所以，金融素质教育应反映价值标准并服务于社会互动系统以使其产生足够的"信用"，即对于给定的货币形式的信任。

4.10　蓄意隐藏的意义——市场如骗局

有关不可理解性的最后一个问题与金融素质教育有关，即对"真实"意义的隐藏。一个人所能理解的可能或多或少只是一个欺诈性的骗局。这是涉及旧"市场规则"的一个方面：只有当你操控市场而不是随波逐流时，你才能够获利。

正如我们最近所看到的，如果所有的参考标准都是人为操纵的（例如，Libor/ Euri-

---

① 因此,有关错误概括或"宏微观问题"的讨论,这些问题涉及个人经历和情景的日常抽象问题(Zoerner,2008)。
② 有证据表明,系统思维方面的特殊训练提高了各种能力(例如,Kriz,2000;Pala,Vennix,2005;Plate,2010)。然而,这种教学方法的涉猎范围可能不够广。

bor、ISDAfix、货币汇率、金价、银价……），如何才能使得财务信息和金融市场被理解？如果你永远不知道市场信号是由供求的暗箱机制决定的还是被贪欲所暗中操纵的，你怎么能做出理性决策呢？对自身感知和理解的不信任也阻碍了相关意义的构建。

类似的问题：金融产品的初衷可能就是欺骗（例如决策偏差的应用），而产品中的小字备注既复杂又渺小，掩饰了产品的不公性[①]。这种金融服务供应商与个人之间的不对称使得金融素质教育像龟兔赛跑一样困难。在金融素质教育发掘真正的市场策略并形成与之相对应的教育方法之前，一切都只不过是些新的把戏而已。

所以，金融素养教育也应不断改进以追求更好的监管和对消费者的保护（Remmele/Seeber，2012），否则所有一切将随着作为社会运行基石的信任被摧毁而崩塌。因此，金融素质教育的建立是集体性的政治行动，而不仅仅是提高认识而已。

4.11　不可理解性的教学法

现代人类社会分崩离析：一方面，它有着繁冗庞大的制度；另一方面，与之相对应的对这一制度的感知、概念、伦理等却并不完备。我们已经不能想当然地认为自己无所不知。恰恰相反，人类自身变得渺小和愚蠢（Anders，1956）。

从不可理解性出发也重新定义了金融素质和金融素质教育。金融素质教育不是为了帮助人去理解，而是让人们怀疑并采取相应行动来改变（社会）参照框架和（社会）互动规则。因此教育的职业态度不仅是教授金融知识，也要引导对于知识的探索。

针对非认知的无法理解性的教学是基于意动（情感）反应的，认知形式中蕴含着建立自身理解的方式选择，就好比每个含义会有多种可能的理解一样，我们要选择自己如何去理解事物。金融素质教育可以抛开混乱的市场模型和货币信息并教导外行学习金融的意义。然而，我们还需要针对人的认知能力，对货币融入社会的方式以及市场规则和对消费者的保护如何更好实现，进行更具现实意义的定位。

参考文献

Abbott,A.(2014).The problem of excess.*Sociological Theory*,32(1),1-26.

Anders,G.(1956).*Die Antiquiertheit des Menschen*.München：Beck.

Angehrn,E.(2011).*Sinn und nicht-Sinn.Das Verstehen des Menschen*.Tübingen：Mohr Siebeck.

Angehrn,E.(2014).Konstruktion und Grenzen der Konstruierbarkeit.In G.Dux & J.Rüsen(Eds.),*Strukturen des Denkens*(pp.219-233).Wiesbaden：Springer VS.

Blumenberg,Hans.(1986).*Die Lesbarkeit der Welt*.Frankfurt am Main：Suhrkamp.

Chi,M.,&Ohlsson,S.(2005).Complex Declarative Learning.In K.J.Holyoak&R.G.Morrison(Eds.),*Cambridge handbook of thinking and reasoning*(pp.371-399).Cambridge：Cambridge University Press.

---

① 参见 Davis(2014)有关英国不当销售行为的研究。

Claar, A.(1990).*Die Entwicklung ökonomischer Begriffe im Jugendalter.Eine strukturgenetische Analyse.*Berlin：Springer.

Davies, P.(2014).Towards a framework for financial literacy in the context of democracy.*Journal of Curriculum Studies.*doi：10.1080/00220272.2014.934717.

de Meza, D., Irlenbusch, B., & Reyniers, D.(2008).*Consumer research.Financial capability.A behavioural economics perspective.*London：Financial Services Authority.

Dubois, D., Rucker, D., & Galinsky, A.(2010).The accentuation bias：Money literally looms larger (and sometimes smaller) to the powerless. *Social Psychological and Personality Science*, 1 (3),199–205.

Freire, P.(1970).*Pedagogy of the oppressed.*New York：Herder and Herder.

Furnham, A.(1984).Many sides of the coin：The psychology of money usage.*Personality and Individual Differences*,5(5),501–509.

Graeber, D.(2012).Mit dem Kopf gegen die Wand.Interview.Der Spiegel,12(20),14.5.12,136–139.

Husserl, E.(1970).*The crisis of the european sciences and transcendental phenomenology.An introduction to phenomenological philosophy.*Evanston：Northwestern University Press.

Kant, I.(1790).*Critique of Judgement.*

Klafki, W.(1964).*Daspädagogische Problem des Elementaren und die Theorie der kategorialen Bildung.*Weinheim：Julius Beltz.

Kriz, W.C.(2000).*Lernziel Systemkompetenz.Planspiele als Trainingsmethode.*Göttingen：Vandenhoeck& Ruprecht.

Lyotard, J.-F.(1984).The sublime and the avant-garde.*Artforum*，22(8),36–43.

Lyotard, J.-F.(1989).*Das Inhumane.Plaudereien über die Zeit.*Wien：Passagen.

Merleau-Ponty, M.(1962).*Phenomenology of perception.*London：Routledge and Kegan Paul.

Minsky, H.(1992).*The financial instability hypothesis.*The Jerome Levy Economics Institute of Bard College(Working_Paper,74).

NEI—New Economics Institute(2011).*Initiating Dialogue on Complex Economic Issues.*http：// neweconomicsinstitute.org/e-newsletters/initiating-dialogue-complex-economic-issues.December 20,2013.

Pala, Ö., &Vennix, J.(2005).Effect of system dynamics education on systems thinking inventory task performance.System Dynamics Review,21(2),147–172.

Paul, A.(2004).*Die Gesellschaft des Geldes.Entwurf einer monetären Theorie der Moderne.*Wiesbaden：VS Verl.für Sozialwiss.

Peirce, C.S.(1931).*Collected papers of Charles Sanders Peirce.*I.Cambridge：Harvard University Press.

Plate, R.(2010).Assessing individuals' understanding of nonlinear causal *structures in complex systems.System Dynamics Review*,26(1),19–33.

Pries, C.(1989).Einleitung.In C.Pries(Ed.)：*Das Erhabene.Zwischen Grenzerfahrung und Gröss-*

enwahn(pp.1-30).Weinheim：VCH，Acta humaniora.

Remmele，B.(2003).*Die Entstehung des Maschinenparadigmas.Technologischer Hintergrund and kategoriale Voraussetzungen.*Opladen：Leske+Budrich.

Remmele，B.(2010).Two peculiarities of economic education.*Journal of Social Science Education*, 9(4)，26-44.(http://www.jsse.org/2010/2010-4/remmele-jsse-4-2010).

Remmele，B.(2013).*Monstrously Sublime—The incomprehensibility of the crisis.*Wissenschaftliche Hochschule Lahr-Diskussionspapier Nr.42.

Remmele，B.，& Seeber，G.(2012).Integrative economic education to combine citizenship education and financial literacy.*Citizenship Social and Economics Education*,11(3)，189-201.

Rorty，R.(1997).*Rational beauty， non-discursive sublimity， and the community of philosophers.* Richard Rorty Papers.MS-C017.University of California，Irvine Libraries.Special Collections and Archives.

Rushkoff，D.(2013).*Present shock.When everything happens now.*[s.l.].

Schlicht，T.(2008).Stufenmodell der Intentionalität.In：P.Spät(Ed.)：*Zur Zukunft der Philosophie des Geistes*(pp.59-91).Paderborn：mentis.

Simmel，G.(1907/1989).*Philosophie des Geldes.*Frankfurt am Main：Suhrkamp.

Simon，H.(1993).*Homo rationalis.Die Vernunft im menschlichen Leben.*Frankfurt：Campus.

Sloterdijk，P.(2006).*Zorn und Zeit.*Frankfurt： Suhrkamp.

Ulrich，P.(2008).*Integrative economic ethics.Foundations of a civilized market economy.*Cambridge，New York：Cambridge University Press.

Varela，F.(1975).A calculus for self-reference.*International Journal of General Systems*,2(1)，5-24.

Vico，G.(1725).*The new science.*

Vogl，J.(2011).*Das Gespenst des Kapitals.*Zürich： Diaphanes.

Voigt，S.(2011).*Erhabenheit.Über ein großes Gefühl und seine Opfer.*Würzburg：Königshausen & Neumann.

von Bethmann，J.P.(1982).*Die Zinskatastrophe.Das Buch zur Krise.*Königstein/Ts：Athenäum.

Vygotsky，L.(1934/1986).*Thought and language.*Cambridge，Mass：MIT Press.

Waldenfels，B.(2006).Responsivity of the body.Traces of the other in Merleau-Ponty's theory of body and flesh.In J.Hatley，J.McLane，&C.Diehm(Eds.)，*Interrogating ethics.Embodying good in Merleau-Ponty*(pp.91-106).Pittsburgh/PA：Duquesne University Press.

Willis，L.(2008).*Against financial literacy education*(Iowa Law Review，94).

Zoerner，A.(2008).Stolpersteine und Leitplanken—Emergenz-und Aggregationsprobleme erfahrungsorientierten Unterrichts und die Antwort der ökonomischen Bildung.In：D.Loerwald et al.(Eds)：*Ökonomik und Gesellschaft*(pp.200—214).Wiesbaden：VS，Verl.für Sozialwissenschaften.

第5章　对于金融普及教育的元认知方法[①]

Alessandro Antonietti、*Andrea Borsetto*、*Paola Iannello*

摘要　有关金融素质教育研究的文章强调了信息对许多财务决策的影响并不显著。掌握全面的信息似乎不是有效选择的关键。最近的研究表明，及时合适解决财务问题态度的关键在于人类大脑处理信息的方式。思考、直觉和启发是三种不同的思维方式：当个体在对财务问题进行分析时，这三种方式会被激活。这三种方式没有绝对的优劣之分，因为它们本质上是不同类型的信息处理方式。相反，财务决策的有效性取决于个体能否根据当前情况选择最适合的思维方式。元认知是一种帮助人们提升辨别特定情况下相关策略能力的方法，它可以对自身行为进行自我调节以便于统筹三种思考系统并制定有效的财务决策。

关键词　金融素质　金融教育　认知　元认知　双关模型　直觉　启发

5.1　引言

金融教育是指加强对金融产品、金融概念、金融指导和金融建议的理解，培养相应技能和信心、提高对金融风险和机遇的敏感度，能够做出明智的选择，知道去哪里寻求帮助，并采取其他有效措施提高自身的金融福祉（OECD，2005）。从这一描述中，我们可以看出金融教育的目标在于帮助个人获取信息和学习相关金融知识。同时，这一描述强调提高金融素质不应局限于使人了解金融，更应帮助他们改变自己的行为，从这个意义上讲，信息只有被个体内化才能成为日常生活中有用的信息（Berti和Bombi，1988）。

尽管如此，金融教育在实践中仍主要作为一种传递相关财务知识和金融中的关键概念的方式，因此仅突出了金融教育众多目标中的一个目标。虽然很长一段时间内不同文章都强调这一关键方面，但在这一领域，建议多数都指出金融教育旨在使人们了解具体的金融知识，不会自动转化为对个体行为的调节（Duflo和Saez 2003；Legrenzi和Cervellin 2011；

---

①　A.Antonietti·A.Borsetto P.Iannello
Department of Psychology, Università Cattolica del Sacro Cuore,
Largo Gemelli 1, 20123 Milan, Italy
e-mail: alessandro.antonietti@unicatt.it
© Springer Science+Business Media Singapore 2016
C.Aprea et al.(eds.), International Handbook of Financial Literacy,
DOI 10.1007/978-981-10-0360-8_5

Lusardi，2008；Lyons 等，2006；Mastrobuoni，2011；Roa Garcia，2013）。确实，在某些情况下为个体提供足够的信息能够促进个体金融行为的优化（Barberis 和 Thaler，2003；Shefrin，2002），但在某些情况下也被证明没有任何效果（Bernheim 等，2001；Gross 等人，2005）。例如，了解与退休相联系的众多变量，知晓现有所有缴纳退休金方案，明白每个方案不同的利率和风险等不足以保证人们能够做出最优的退休计划选择，以满足他们的需要和目的（Bernheim 和 Garrett，2003；Lusardi 和 Mitchell，2007；de Meza 等，2008）。因此，旨在提高金融知识水平的教育计划受实际影响的作用受到了质疑（Danes 等人，1999；Peng 等人，2007；Varcoe 等人，2005；Walstad 等人，2010）。

为了克服传统方法的局限性，专家们提出了有关如何将教育干预与预期目标联系起来的新模型。金融教育项目被设计用来激活培训人员内在的因果关联能力，这种关联把选择金融产品的态度同对金融决策中的关键方面联系起来，从而使得个体在比较不同金融产品时能够做出更好的选择（Carpena 等，2011）。因此，意识、态度、动机（Mandell 和 Klein，2007）和对自身技能的自信（Danes 和 Haberman，2007）均互相关联，并通过调和内在各方面知识将其转化为外在行动。金融素质的另一个考查因素是潜在认知过程的质量（Lusardi 和 Mitchell，2008）。值得注意的是，世界银行的报告对金融素质的定义包括相关金融知识、一定的数学计算能力、财务管理和财务规划等相关技能，这其中包括判断和决策能力："这个术语（金融素质）包括金融意识、金融知识，具体来讲包括金融产品、金融机构、金融概念；财务技能，例如计算复利；更为广义的金融能力，包括财富管理和财务规划"（Xu 和 Zia，2012）。因此，教育干预应该提高对作为个体金融行为基础的认知过程的敏感度，从而提高自己对认知过程的控制能力甚至是调节能力。

本章的主要目的是提供一个可行的金融教育方法：通过借鉴和整合金融素质和认知心理学领域的成果，将其统一在同一理论框架中。本章从三个不同的思维方式出发，根据不同金融情境突出对它们的优劣进行评述。这三者没有绝对的优劣，因为它们本质上是不同类型的信息处理方式。文章指出财务决策的有效性取决于个人对三种思维方式的选择能力和根据情况调整思维方式的能力。接着，本章为读者介绍了元认知方法，这一方法旨在促进人们识别特定情境下的各种方案并相应地规范自我行为。这种方法可以帮助人们统筹三种思维方式，正常并灵活地做出有效的财务决策。

5.2 对金融事物的思考：三种不同方式

5.2.1 两种思维方式

人在认知金融事物和做金融决策时，可以激活不同的思维方式。心理学通常认为人有两种不同的思维方式（De Neys，2006；Evans，2010）。思维过程的二重性被广泛接受（Macchi 等，2012）。第一种方式具有经验性（Slovic 等，2002）、隐性（Hogarth，2001）的特征，或者说方式 1（Stanovich 和 West，2000）是直觉性的，因为它可以快速且直接地指导行动。它涉及个人自动以及不费力的信息处理过程，是在个人无意识的情况下进行的，因此这种方式无法被反省、重建或理解（Khatri 和 Ng，2000）。方式 1 具有整体性，这种特性允许它一次同时考虑多个问题。它不被处理信息的顺序所约束，但却能在同一时间处理若干问题，方式 1 通过快速地整合信息使人能够理解整体情况，从而超脱于每一部分进行整体的考虑（Vaughan，1990）。

第二种方式具有分析性（Slovic 等，2002）、思辨性（Hogarth，2001）和理性（Epstein，1994）的特征，或者说方式 2（Stanovich 和 West，2000）在运作时是有目的性和顺序性的。它是由规则驱动的。它是有重点的，并且需要一定的时间和努力。其运作方式主要通过对问题进行抽象化，并且相对灵活。这个系统不是建立在情感暗示的基础上的，也不受情感的影响。分析过程可以分解为层层意识递进的子过程（一次一个），并且每个子过程都需要个体做出努力。当人们遇到一个需要深思熟虑的问题时，他们会有意识地依赖方式 2，并常常能说出他们的整个思考过程。

人们可能会问某一种思维方式是否比另一种思维方式更好。参考文献在这个问题上得出了截然相反的结论。传统意义上，与决策有关的研究认为严肃分析方式可以让人做出更好的决策，从而对于直觉方式有一种先入为主的负面看法（Bettman 等，1998；Kahneman，2003）。根据 Kahneman 的研究，方式 1 会出现错误：我们只依赖于数据带给我们的印象，注重信息呈现的方式，关注决策情境所要求的特定反应。如果我们花时间来重新审视数据并仔细分析数据，这种错误是可以被避免的。假设你在折扣店里买了一件价值 125 美元的夹克和一个价值 15 美元的计算器。当你排队结账时，你发现在另一个需要 20 分钟车程的折扣商店，相同的计算器仅为 10 美元。你会开车到另一家折扣店来节省这 5 美元吗？在这种情况下，大多数人会开车去另一家商店；但与之相反的是，他们不会开车去另一家一件夹克只卖 120 美元的商店来买这个夹克。在这两种情况下，人们都可以节省 5 美元，但只有在第一种情况下，他们才会改变购买策略（Tversky 和 Kahneman，1981）。在这种情况下，某一信息（打折商品的初始价格，也就是"评估折扣的锚"）抓住了个体的注意力而摈弃了其他没有太多意义的信息，而这恰恰是正确评估决策所必需的。许多研究结果让我们得出结论：在没有对所提供的信息进行思考时，我们对决策的评估会受到数据局部和片面的影响，有时会增强社会固有的印象（Baldi 等人，2013），这使我们做出具有偏见性的无效选择（Bettman 等，1998；Janis 和 Mann，1977；Koriat 等，1980）。

5.2.2 两种方式的比较

人们将思维失效归咎于方式 1，并将思维功效归功于方式 2 的情形引起了一些关注。首先，方式 1 并不总是具有欺骗性（Dane 和 Pratt，2007）。Gladwell（2005）收集的一些观察资料证明了直觉方式相比于分析方式是有效的。学生评估他们不熟悉教师的教学能力只需要观察他们两秒钟，而病人仅靠听医生的声音就可以判断他的医术。在重塑大学生人格方面，直接观察他们的寝室比对学生进行测试和分析测试结果更加准确。在闪电约会中（男孩和女孩在彼此不认识的情况下，会相互聊上几分钟），人们可以预测哪些异性可以继续约见，虽然有时仅仅是一面之缘。婚姻顾问只需要观看几个夫妻生活录像的短片，就能判断哪些夫妻会各奔东西，哪些会地久天长。研究表明，在财务问题上，我们依靠对于未知对手方的第一印象而非深思熟虑，可以最大化我们的收益（Iannello，2010；Ianello 和 Antonietti，2008）。Dijksterhuis 等人在一系列实验中发现了直觉进一步的优越性（Dijksterhuis 等人，2006）。实验者在阅读了包含 4 个或 12 个指标的汽车模型的描述后，被要求找出最佳模型。在第一种情况下，他们有 4 分钟可以仔细考虑各项指标（分析方式）；在第二种情况下，其他条件都相同，但任务不同，使其不能再深度思考各项指标（非分析方式）。在第一种情况下，仅包含4个指标的小组表现更好，而在第二种情况下，包含12个指标的小组表现更好。当时间不够分析现有信息时，第一印象是更好的选择。

为什么方式1会有效？它产生的印象使我们能够了解事物的基本方面，从而迅速推断出最重要的因素。通过直觉完成简化可以把各项因素相互关联起来，从而对情况有一个初步全面的掌握。这种特殊的处理方式使我们能够同时完成多项任务，从而节省脑力劳动，对事物进行快速评估。当个体处于不确定状态时，或者个体在无特别偏好的情况下，这一点就尤其有用。总之，直觉提供了一个选择性代表：它将一些功能特点和结构特征突出出来。直觉也具有整体性，它引导个体掌握关系的模式，从而使个体对情况有一个完整的认识。

一方面，方式1不一定具有欺骗性，它也能帮助我们；另一方面，方式2也不是没有限制的。首先，由于认知负荷过大，分析过程可能不是最佳的；其次，其过程较为缓慢。分析性思维在相对稳定的条件下是有效的，同时它要求时间充足，标准清晰且明确。特别是，必须注意方式2的信息来源以便于监控和厘清自己的思路。其所需要的激活时间可能比一般情况下所需要的时间更长。此外，要想其发挥最佳效果，需要一个开放的环境（例如，拥有所有必要的信息，以便进行可能的比较，记住你所作的评估，等等）。

5.2.3　第三种思维方式

西蒙（1956）强调了人的实际思维方式与理想方式之间的不可忽视的差异。作者认为人的实际思维过程受到人类认知的制约和影响。涉及收集、选择、处理和储存信息的心理功能有其局限性。首先，这种限制涉及从环境中获取信息的过程。事实上，这样一个过程必然是有选择性的，因为认知系统不能有意识地处理外部世界的大量信息。其次，这种限制还涉及同时集中处理的信息量。此外，记忆系统也有限制：短期记忆在时间和保留信息量上能力有限；长期记忆在信息检索方面受限。因此很明显，人们没有能力同时考虑各种各样的信息。

个体已经发展了启发式策略。它根据任务的复杂性和认知系统约束进行相应的评价、判断和决策。启发是"认知捷径"，通过降低任务的复杂性，让人更容易地认清并更快地识别适当的行为。我们在日常生活中，大多数情况下，需要有对少量信息进行迅速处理的能力（Gigerenzer和Brighton，2009）。特别是当人们处于时间的压力（Finucane等，2000），或认知负荷较大，或处于积极的情绪（Eisenberg 2000），或缺乏动机时（Pelham和Neter 1995），人们会更加依赖启发式思维。启发式思维在某些情境下运行操作会对社会生活有所影响，例如，你的储蓄交给谁打理或购买什么样的保险而非接受诊断性检查（Gigerenzer和Selten，2001）。在所有这些情况下，人们会运用"拇指规则"（Gigerenzer，2007）来简化问题。

一类特殊的启发式思维是简捷启发式思维：人们快速浏览可用的信息，当他们找到满意的解决方案就马上停止搜索过程（Gigerenzer，2000；Gigerenzer等，1999）。Gigerenzer等人对此进行过相关研究（1999）：他们让人们从近800家公司中挑选出他们所认可的公司。从调查中挑选出10家最受认可公司。之后，他们对这些公司的组合进行追踪。他发现，这些组合比随机选择组合和专家经理选择的组合表现得更好。作者指出，这是认知启发式思维的一个例子，即如果一个对象相较于其他更受到认可，那么可以推断出来这一对象具有更高的价值。基于这个特殊案例，在不确定的情况下运用简捷启发式思维，即选择那些知名公司，可以帮助我们做出更好的选择。启发式思维是一种简捷的方法，人们可以快速有效地做出决定。

5.3 金融素质教育元认知方法的必要性

如前文所述，人们有三种思维方式，每种思维方式各有其优缺点。与其采用"一个比另一个更好"的方法，不如将它们视为性质不同的信息处理方式。首先，我们的直觉系统可以立即给出一些答案。该系统的运行不在我们的意识内，从这个意义上讲，我们对于自己的直觉一无所知，但我们知道事情的最终结果。然后是启发式策略：启发式策略提供简单的运作方式，使情况更简化并提供更满意的答案。启发式策略被置于中级意识的水平。其应用有时会自动发生，但我们可以很容易地重构其运行原则。此外，这些策略与直觉系统的洞察力不同，它们可以被应用和教授。最后是基于分析的思考过程，使我们能够冷静地审视形势、权衡利弊，并找出可能的错误。

在某些案例中，这些心理系统被认为是相互排斥的（Evans，2008），或至少是互相竞争的（Sloman，2002）。对各种系统的灵活使用似乎是最佳状态，这一最佳状态指的是个体将激活最适合特定情况的系统，如果这一系统不合适，则切换到另一个系统。

一个人如何灵活把握不同系统之间的相互作用？我们认为，一种可能的方法是通过了解他们的决策过程以帮助个人做出更聪明、更高效的财务决策，并在必要时候对其进行干预和修正。意识、审视和管控自己的心理过程通常被作为元认知的一部分（Efklides，2008）。元认知的方法强调个体应反思自己在面对某一任务时的心理过程（Serra和Metcalfe，2009），它已被证明是教育中很有前景的一个方面（Hofer和Sinatra，2010）。事实上，它促进了个体在特定情况下对于相关策略的识别和对行为的自我调节（Dismore等，2008）。应用在金融教育方面，这样的做法表明个体在做财务决策时，一方面要具备相关问题的相应知识；另一方面应当能确定哪些心理系统与特定案例更相关。

精神系统的有效性取决于决策者的个人特征、情境限制和机会，以及其所面对财务问题的性质。例如，假设你在考虑是否要购买公寓。你应该记住这是一个重要的选择（金融方面及生存方面），其中有很多方面要考虑（建筑质量、距离工作单位的远近、周边公共设施等），这一决策可能在很长一段时间内有重要影响。你也要意识到你需要在很短的时间内进行决策，因为还有其他人对这间公寓感兴趣，可能有人会在你决策之前支付定金。最后，你还必须意识到：一方面，直觉常常欺骗你；另一方面，如果有太多方面需要分析，你就不能得出结论。在这种情况下，直觉系统似乎不适合做出这样一个重要决策，但分析系统似乎也不足以支持你的决策过程，你既没有时间也没有精力。因此，你应该运用自己的第三种系统：启发式思维，它可以帮助你把注意力集中在某些要点上，这些要点在确定价值时起着关键作用并便于你基于相对简单的评价标准进行判断。如果你遵循元认知的方法审视特定情况下的心理过程，这是显而易见的。

应用元认知的方法如下：
- 对思维方式有足够的信念；
- 意识到你自己的思维方式；
- 能够根据你对思维方式的了解和对于思维功能的信任，对你所思考的方式进行管控。

　　首先，对认知过程的信念与其实际运行方式相统一十分重要。例如，如果你认为过多考虑购买股票的风险会适得其反，那么你就很少会使用分析思维。如果你认为在阅读保险合同条款时注意力不集中会导致错误决策，那么当你不得不签署这样一份合同时，你就会努力保持专注。其次，你需要注意你的性格和你过去的经历。例如，你知道自己是一个好冲动的人，做事往往心血来潮。你也意识到，这种态度会导致你犯错误，特别是当你认购对冲基金时，因为会收到平板电脑作为一个小礼物，就不假思索地购买了。因此，当你的财务顾问建议你签订某项合约时，你应设法抑制这种倾向并审视自己是否再次被小恩小惠所诱惑。

　　然而，仅仅对思维方式有信念还远远不够。Bransford 等（1987）指出，认知困难有时会出现不是因为你对所运用的策略没有足够的信念，而是因为你没有充分运用你的信念。有时，我们在决策时对我们的认知功能有足够的信念，但我们缺乏对决策过程中被激活的心理机制的充分认识（Colombo 等，2010），这削弱了我们的自我调节能力。我们在参考专业人士的建议时也会出现这种情况（Iannello 等，2015）。因此，培养我们在处理任务时对相关心理过程的了解是一个重要目标，它可以使我们更好地管理这些过程。

5.4　结论

　　很明显，金融教育对每个人都越来越重要。当然，人们一直负责管理自己的财富，但是大量的研究和调查表明，近些年的发展使得金融教育在个人幸福方面具有十分重要的任用。虽然它的重要性毋庸置疑，但我们不清楚金融教育应当包含哪些内容，能让人们做出更加有效的财务决策。

　　目前的成果对这一问题给出了一个答复。最近金融教育项目的有效性被质疑：这些项目只针对教授金融知识，关键知识可能并不在其中。本章对金融教育提出了一个可行的备选方法：将元认知作为金融教育计划的一项重要相关技能。首先，通过融合金融教育和认知心理学成果，提出了一个综合框架，但仅是概念性的。其次，制定基于框架的提升金融素养的培训方案。最后，实证检验这些方案的有效性。

　　框架的局限性在于其焦点集中在某一个体。目前理论贡献主要是从个人角度来讲的，因此其焦点主要是对于个体心理过程的研究。我们充分认识到人不是孤立存在的，因此环境在日常财务决策中起着不可忽视的重要作用。所述框架的实施应当提示并引导受训者了解环境并利用环境。

参考文献

Baldi, P.L., Iannello, P., Riva, S., & Antonietti, A. (2013). Socially biased decisions are associated to individual differences in cognitive reflection. *Studia Psychologica*, 55, 265-271.

Barberis, N., & Thaler, R.H. (2003). A survey of behavioral finance. In G. Constantinides, R. Stulz, & M. Harris (Eds.), *Handbook of the economics of finance* (pp. 1053-1128). Amsterdam: North Holland.

Bernheim, B.D., & Garrett, D.M. (2003). The effects of financial education in the workplace: Evidence from a survey of households. *Journal of Public Economics*, 87, 1487–1519.

Bernheim, B.D., Garrett, D.M., & Maki, D.M. (2001). Education and saving: The long-term effects of high school financial curriculum mandates. *Journal of Public Economics*, 80, 435–465.

Berti, A.E., & Bombi, S. (1988). *The child's construction of economics*. New York: Cambridge University Press.

Bettman, J.R., Luce, M.F., & Payne, J.W. (1998). Constructive consumer choice processes. *Journal of Consumer Research*, 25, 187.

Bransford, J.D., Sherwood, R.D., & Sturdevant, T. (1987). Teaching thinking and problem solving. In J.B.Baron & R.J.Sternberg (Eds.), *Teaching thinking skills: Theory and practice* (pp.162–181). New York: W.H.Freeman.

Carpena, F., Cole, S., Shapiro, J., & Zia, B. (2011). *Unpacking the causal chain of financial literacy*. Working Paper N.5798, World Bank Policy Research.

Colombo, B., Iannello, P., & Antonietti, A. (2010). Metacognitive knowledge of decision-making: An explorative study. In A. Efklides & P. Misailidi (Eds.), *Trends and prospects in metacognitive research* (pp.445–472). New York: Springer.

Dane, E., & Pratt, M.G. (2007). Exploring intuition and its role in managerial decision making. *Academy of Management Review*, 32, 33–54.

Danes, S.M., & Haberman, H.R. (2007). Teen financial knowledge, self-efficacy, and behavior: A gendered view. *Financial Counseling and Planning*, 18, 48–60.

Danes, S.M., Hudelstone-Casas, C., & Boyce, L. (1999). Financial planning curriculum for teen: Impact evaluation. *Financial Counseling and Planning*, 10, 25–37.

de Meza, D., Irlenbusch, B., Reyniers, D. (2008). *Financial capability: A behavioural economics perspective*. London, UK: The Financial Services Authority.

De Neys, W. (2006). Dual processing in reasoning: two systems but one reasoner. *Psychological Science*, 17, 428–433.

Dijksterhuis, A., Bos, M.W., Nordgren, L.F., & Van Baaren, R.B. (2006). On making the right choice: The deliberation-without-attention effect. *Science*, 311, 1005–1007.

Dismore, D.L., Alexander, P.A., & Loughlin, S.M. (2008). Focusing the conceptual lens on metacognition, self-regulation, and self-regulated learning. *Educational Psychology Review*, 20, 391–409.

Duflo, E., & Saez, E. (2003). The role of information and social interactions in retirement pan decisions: evidence from a randomized experiment. *Quarterly Journal of Economics*, 119, 815–842.

Efklides, A. (2008). Metacognition. Defining its facets and levels of functioning in relation to self-regulation and co-regulation. *European Psychologist*, 13, 277–287.

Eisenberg, N. (2000). Emotion, regulation, and moral development. *Annual Review of Psychology*, 51, 665–697.

Epstein, S. (1994). Integration of the cognitive and the psychodynamic unconscious. *American Psychologist*, 49, 709-724.

Evans, J.S.B.T. (2008). Dual-processing accounts of reasoning, judgment, and social cognition. *Annual Review of Psychology*, 59, 255-278.

Evans, J.S.B.T. (2010). *Thinking twice. Two minds in one brain*. Oxford: Oxford University Press.

Finucane, M.L., Alhakami, A., Slovic, P., & Johnson, S.M. (2000). The affect heuristic in judgments of risks and benefits. *Journal of Behavioral Decision Making*, 13, 1-17.

Gigerenzer, G. (2000). *Adaptive thinking: Rationality in the real world*. Oxford: Oxford University Press.

Gigerenzer, G. (2007). *Gut feelings. The intelligence of the unconscious*. New York: Viking.

Gigerenzer, G., & Brighton, H. (2009). Homo heuristicus: Why biased minds make better inferences. *Topics in Cognitive Science*, 1, 107-143.

Gigerenzer, G., Todd, P.M., & ABC Research Group. (1999). *Simple heuristics that make us smart*. New York-Oxford: Oxford University Press.

Gigerenzer, G., & Selten, R. (Eds.). (2001). *Bounded rationality: The adaptive toolbox*. Cambridge, Mass.: MIT Press.

Gilbert, D.T. (2002). Inferential correction. In T.Gilovich, D.Griffin, & D.Kahneman (Eds.), *Heuristics and biases* (pp.167-184). New York: Cambridge University Press.

Gladwell, M. (2005). *The power of thinking without thinking*. New York: Back Bay Books.

Gross, K., Ingham, J., & Matasar, R. (2005). Strong palliative, but not a panacea: Results of an experiment teaching students about financial literacy. *Journal of Student Financial Aid*, 35, 7-26.

Hofer, B.K., & Sinatra, G.M. (2010). Epistemology, metacognition, and self-regulation: Musings on an emerging field. *Metacognition and Learning*, 5, 113-120.

Hogarth, R.M. (2001). *Educating intuition*. Chicago, IL: University of Chicago Press.

Iannello, P. (2010). *Mindreading processes in strategic decision making. When intuition makes a difference*. Saarbrücken: VDM Verlag Dr.Müller e.K.

Iannello, P., & Antonietti, A. (2008). Reciprocity in financial decision-making: Intuitive and analytical mind-reading strategies. *International Review of Economics*, 55, 167-184.

Iannello, P., Perucca, V., Riva, S., Antonietti, A., & Pravettoni, G. (2015). What do physicians believe about the way decisions are made? A pilot study on metacognitive knowledge in the medical context. *Europe's Journal of Psychology*, 11, 691-706, doi: 10.5964/ejop.v11i4.979.

Janis, I.L., & Mann, L. (1977). *Decision making*. New York: Free Press.

Kahneman, D. (2003). A perspective on judgment and choice. *American Psychologist*, 58, 697-720.

Khatri, N., & Ng, H.A. (2000). The role of intuition in strategic decision making. *Human Relations*, 53, 57-86.

Koriat, A., Lichtenstein, S., & Fischoff, B. (1980). Reasons for confidence. *Journal of Experimental Psychology: Human Learning and Memory*, 6, 107-118.

Legrenzi, P., & Cervellin, R.(2011).I principi dell'educazione finanziaria non sono solo finanziari. In E.Castrovilli(Ed.), *Educazione finanziaria a scuola*(pp.111-118).Milano: Edizioni Angelo Guerini e Associati.

Lusardi, A.(2008).*Household saving behavior: The role of financial literacy, information, and financial education programs*.NBER Working Paper 1382.

Lusardi, A., & Mitchell, O.(2007).Financial literacy and retirement preparedness: Evidence and implications for financial education.*Business Economics*, 42, 35-44.

Lusardi, A., & Mitchell, O.(2008).Planning and financial literacy.How do women fare? *American Economic Review*, 98, 413-417.

Lyons, A.C., Chang, Y., & Scherpf, E.(2006).Translating financial education into behavior change for low-income populations.*Financial Counseling and Planning Journal*, 17, 27-45.

Macchi, L., Over, D., & Viale, R.(Eds.)(2012).Dual process theories of human thought: The debate.*Mind and Society*, 11(1).

Mandell, L., & Klein, L.S.(2007).Motivation and financial literacy.*Financial Services Review*, 16, 106-116.

Mastrobuoni, G.(2011).The role of information for retirement behavior: Evidence based on the social security statement.*Journal of Public Economics*, 95, 913-925.

OECD.(2005).*Improving financial literacy: Analysis of issues and policies*.OECD Centre: Paris, France.

Pelham, B.W., &Neter, E.(1995).The effect of motivationon judgment depends on the difficulty of the judgment.*Journal of Personality and Social Psychology*, 68, 581-594.

Peng, T.-C.M., Bartholomae, S., Fox, J., &Cravener, G.(2007).The impactof personal finance education delivered in high school and college courses.*Journal of Family and Economic Issues*, 28, 265-284.

Roa García, M.J.(2013).Financial education and behavioral finance: New insights into the role of information in financial decisions.*Journal of Economic Surveys*, 27, 297-315.

Serra, M.J., & Metcalfe, J.(2009).Effective implementation of metacognition.In J.Metcalfe, J.Dunlosky, &A.C.Graesser(Eds.), *Handbook of metacognition in education*(pp.278-298).New York: Routledge.

Shefrin, H.(2002).Behavioral decision making, forecasting, game theory, and role-play.*International Journal of Forecasting*, 18, 375-382.

Simon, H.A.(1956).Rational choice and the structure of the environment.*Psychological Review*, 63, 129-138.

Sloman, S.A.(2002).Two systems of reasoning.In T.Gilovich, D.Griffin, & D.Kahneman(Eds.), *Heuristics and biases: The psychology of intuitive judgment*.Cambridge, UK: Cambridge University Press.

Slovic, P., Finucane, M., Peters, E., & MacGregor, D.G.(2002).The affect heuristic.In T.Gilovich, D.Griffin, &D.Kahneman(Eds.), *Heuristics and biases*(pp.397-420).New York: Cambridge

University Press.

Stanovich, K.E., & West, R.F. (2000). Individual differences in reasoning: Implications for the rationality debate? *Behavioural and Brain Sciences*, 23, 645–726.

Tversky, A., & Kahneman, D. (1981). The framing of decisions and the psychology of choice. *Science*, 211, 453–458.

Varcoe, K.P., Martin, A., Devitto, Z., & Go, C. (2005). Usinga financial education curriculum for teens. *Journal of Financial Counseling and Planning*, 16, 63–71.

Vaughan, F.E. (1990). Varieties of intuitive experience. In W.H. Agor (Ed.), *Intuition in organizations* (pp.40–61). Newbury Park, CA: Sage Publications.

Walstad, W.B., Rebeck, K., & MacDonald, R.A. (2010). The effects of financial education on the financial knowledge of high school students. *Journal of Consumer Affairs*, 44, 336–357.

Xu, L., & Zia, B. (2012). *Financial literacy around the world. An overview of the evidence with practical suggestions for the way forward.* The World Bank, Development Research Group, Finance and Private Sector Development Team.

第6章 发展与教育相结合：决策与社会规范对金融教育的重要性[①]

Antonella Marchetti、Ilaria Castelli、Davide Massaro、Annalisa Valle

摘要 儿童金融教育涉及经济领域知识和行为的教育，在不同的年龄采取不同的方式。从心理学的角度来看，为了使金融教育对青年人更加有效，我们需要考虑两个相关的问题：决策过程本质和社会规范特征。决策能力在这一点上可以被视为教育干预的内部先决条件，社会规范则可以被视为决策背景的外部约束。在简要回顾了近年来经济学家和心理学家所提出的金融教育主要模式之后，我们着眼于儿童时期决策能力的发展，重点讨论了社会规范对我们理解的影响。

关键词 金融素质 金融教育 决策 社会规范

6.1 金融教育的定义

经济合作与发展组织（OECD）将金融教育定义为：

金融教育是指金融消费者/投资者通过信息、指导和建议增强对金融产品和概念的理解，培养（金融）风险和机遇的相关技能和信心，从而做出明智决策，知道去哪里寻求帮助，并采取能够改善财务状况和提高财务保障的有效措施（OECD，2005）。

根据以上定义，本章的建议是：金融教育的每一种模式和方案都要考虑到儿童时期经历重大变化的具体心理素质。这些方面包括各个发展阶段的典型认知能力（抽象思维、数学技能），儿童在一定年龄对于经济概念的基本理解（例如，货币、利润和银行系统），动机和情感特征（例如延迟享乐和信任他人的能力），决策能力的发展和对社会规范的认识。本章重点在于最后两种心理能力：决策能力的发展和对社会规范的认识。在我们看来，如果想让金融教育在帮助儿童将抽象知识转化为正确的经济或金融行动，那么这两个能力必

[①] A.Marchetti·D.Massaro A.Valle

Department of Psychology，Università Cattolica del Sacro Cuore，Milano，Italy

e-mail：antonella.marchetti@unicatt.it

I.Castelli

Department of Humanities and Social Science，Università degli Studi di Bergamo，Bergamo，Italy

© SPRINGER Science+Business Media Singapore 2016

C.Aprea et al.（eds.），International Handbook of Financial Literacy，

DOI 10.1007/978-981-10-0360-8_6

须要考虑进去。

在这方面的国际研究文献中，这种能力在金融能力培养中被视为重中之重：素质和教育是最常用的，其次是知识和能力。金融素质是指对预期学习结果的掌握，而金融教育则是教授与学习金融知识的过程。这一术语是非边际性的：当我们考察 Johnson 和 Sherraden 的贡献（2007）时，其建议我们从金融素质的概念转到金融能力的概念上，它包括金融机构和金融服务。金融能力的概念建立在诺贝尔奖得主 Amartya Sen 在能力研究方面的贡献和 Martha Nussbaum 对自由的研究基础之上。在 Sen 的概念中，能力是一个人有过一种生活或另一种生活的自由（Sen，1993）；因此，金融教育的详尽方法应考虑知识只是教育的第一步，它应该以（金融）能力为最终目标，也就是基于运用知识和其他心理资源的行动能力，这些知识和心理资源可以是注意力、信息选择、规划、情绪调节等。

鉴于这些考虑和本章的目的，从现在起，我们将"金融教育"作为我们的重点。

6.2 金融教育模式：经济学和心理学的贡献

尽管我们在构建明确的金融教育时有很大的难度，过去的十年里显示对人们生活中金融教育模式的尝试在增加，这反过来又反映了一个经济学的变化：从理性人向效用最大化的转变。事实上，最新的金融教育经济模式（Delavande 等人，2008；Hsu，2011；Jappelli 和 Padula，2011；Lusardi 和 Mitchell，2014）已开始包括金融领域个体的不同行为，如储蓄、退休计划、资产配置等。在我们看来，金融教育的经济文献显示出了两个关键问题和一个见解。第一个问题是既考虑了社会金融教育的收益也考虑了其成本。这样的成本显然要从经济方面考察，因为每一个教育过程在组织和分配方面都有成本，但也要从心理学方面考察，因为学习需要时间和精力的投入，以获得不可预见的结果。第二个问题是将金融教育转化为人力资本，在此将学习过程作为一种投资。最后一个见解是：良好的金融教育水平与模型的若干成果有着积极的联系，例如更好地投资、对未来资源和财富更好地规划。

金融教育中一个著名的经济行为模型是由 Lusardi 等人在 2013 年以及 Lusardi 和 Mitchell 在 2014 年设计的。作者试图将一系列被确定为储蓄模型的关键因素纳入模型中，如死亡风险、人口因素、收入和疾病。更特别的是，Lusardi 和他的同事所设计的模型的新颖之处在于将金融知识作为内生变量，在一个有着多种不确定性来源的背景下运行（例如，收入的不确定性或借贷约束）。这样，模型就能够解释人口中财富水平的差异，使内生金融知识成为这种差异的有力预测因素，并将其与外部因素联系起来。换言之，从整个生命周期角度积累并运用金融知识可以增加财富，特别是在那些没有稳定低保的社会中。

Lusardi 及其同事的模型假设金融知识的内在因素会受到外源性因素的影响和激励，例如驼峰状的劳动收入或低水平退休福利。通过对这些因素的心理约束的分析，可以丰富对财务知识所涉及的内在因素的理解。

在金融教育中心理学文献仍处于起步阶段，我们知道金融知识决定金融态度（Joegensen 和 Savla，2010；Shim 等人，2010）。Serido 及其同事（2013）提出了在金融能力的发展模型中，金融知识、金融行为和金融信念都被纳入到一个单一财务决策过程来考虑。与这项工作有关的一个方面是：金融知识对个人福利水平的影响是由自我信念的改变所调节的。换言之，当掌握越多能够改变个体内部的自我调节机制的金融知识时，个人的金融决策和金融行为就越能与自己的福利保持一致。根据这些结果，Xiao和他的同事（2014）发现，主观金融知识，即对个人财务理解的自主评估，减少了风险支付行为。这一结果进一步支持了如下观点：自我调节的内在机制平衡了金融知识和金融行为之间的关系。

从心理学的角度来看，Bosch（2014）的工作表明，金融领域中的身份形成与其他领域中的身份形成是一致的。更具体地说，金融信念决定了金融身份，并且调解了金融交流和金融身份之间的联系。

从这个简短的概述可以看出：经济领域的研究中，金融教育和决策之间可能存在的联系似乎已受到越来越广泛的关注（Altman，2012；Lusardi和Mitchell，2014），而心理学研究更集中于规范决策过程的内部机制。事实上，正如我们在OECD提出的定义中已经看到的那样，金融教育的目的不仅是提高知识水平，而且是改善金融和经济领域的实际决策和行为。决策能力是指比较不同的选择，并在一个特定情况下做出最佳选择。但是，不同概念对"最佳选择"的定义不同。从经济的角度来看，最好的选择是一个可以最大化收益的选择（Von Neuman和Morgenstern，1944）；从心理学的角度来看，则要考虑许多其他变量，因为决策被认为是个人和社会的一种适应性行为（Kahneman和Tversky，1979）。由于在一般意义上做出决定的能力从个体早期阶段就开始发展，我们认为金融经济教育不可避免地意味着需要考虑儿童做出决定的方式。如同人类的所有能力一样，决策能力不会突然出现，也不可能永远不变；相反，它会经历个人从青少年到成年的发展过程，也许更长的阶段。因此，对于在儿童发展的不同年龄阶段判断和决策能力是如何发展的了解也许是金融教育项目成功的先决条件，因为教育和发展是分不开的。

最后，我们知道，没有教育或发展能凭空进行；相反，它们处于社会文化框架中，是其中的一分子，受到众多社会规范的影响。换言之，决策不仅在个体内部运行，还包括与他人的关系和交流，无论这种关系是真实的还是潜在的。

换言之，在这种情况下，没有一种金融教育模式可以忽视主体的发展轨迹或他/她在日常生活中所遇到的社会规范。这主要有两方面的影响。首先，它意味着，在教育工作中必须始终牢记受教育者的类型；显然，成年金融教育不同于青少年或儿童金融教育。其次，意识到对经济观念形成和决策能力形成的重要性是非常重要的。通过对社会规范在决策中作用的研究可以提供一个对个体和集体决策的自适应价值比较完整的理解。

在所有这些基础上，我们将提供关于决策发展和社会规范的综合性论述。为简单起见，决策和社会规范将以不同方式进行论述，但在现实世界中二者绝非孤立。

6.3 决策：金融教育的先决条件

儿童基本经济概念的形成已经得到很好的研究（Berti和Bombi，1988；Gianinno和Crittenden，2005；Thompson和Siegler，2000）；这一领域的一些具体研究课题是有关儿童如何理解金钱和税收（Berti和Kirchler，2001；Furnham，2008）、利润（Ajello等人，1987；Berti等人，1986）以及市场力量的（Leiser和halachmi，2006）。通过对与这些领域相关的潜在决策过程更深层次的分析，可以了解理解这些概念如何帮助制定有效的决策。

决策已经成为经济学、心理学和神经科学领域等交叉学科感兴趣的课题。迄今，主要课题研究集中于公平敏感性、合作倾向、亲社会行为、信任、延迟满足所涉及的跨期选择和感情处理，以及对未来决策的指导作用（Marchetti和Casteli，2012）。

特别是涉及经济交易的社会交往决策被广泛研究，尤其是博弈论，这一理论为这一课题研究提供了明确的模型。不同的博弈已被用来研究各种理论概念，例如囚徒困境博弈被用来衡量合作，信任博弈被用来衡量信任，独裁者博弈和最后通牒博弈被用来研究利他行为的倾向和公平敏感性。由这些博弈得出的结论被广泛地在现实中研究，最后通牒博弈（GüTH等人，2007）、独裁者博弈（Barr和Zeitlin，2010；Franzen和Pointner，2013）和信任博弈（Baran等，2009）都在实验室和领域研究中得到了肯定。结果支持这一假设：了解一般决策能力的发展轨迹可以使金融教育向特定年龄阶段的人教授某些金融知识，不早不晚。由于金融教育课程所讲授的大部分概念都以决策能力为先决条件，因此决策能力的心理学研究应该能为金融教育做出贡献。这样的例子很多，例如，税收制度的功能和对于个体和集体的效用取决于公平敏感性；节约是一种跨期选择的复杂过程；金融投资是否基于对特定财务顾问或如银行等金融机构的信任。

我们将把重点放在决策中的两个关键心理因素上：公平敏感性和利他性。因此，我们将引入最后通牒博弈和独裁者博弈的研究。

在独裁者博弈（DG）方面，第一个人（提出者）决定了第二个人的奖励（接受者）。在这场游戏中，分配方式被用来衡量利他性，方案提出者牺牲个人利益与他们的合作伙伴分享成果。最后通牒博弈（UG）更侧重于策略思考，因为接受者有接受或拒绝方案的权利，如果方案被接受，奖励会按提议分配，而如果被拒绝，两个人就都不会收到任何奖励。因此，提出者需要在这方面考虑如何提出方案。无论接受或拒绝，博弈都结束了，也就是说，没有后续的机会达成协议。拒绝不公平的提议被认为是一种利他性惩罚形式：接受者选择一无所获，而不是接受提出者提出的不公平的奖励（Sanfey等人，2003）并对提出者做出不公平分配的惩罚，从而防止他/她在将来对他人做同样的事。根据标准的博弈论模型（Von Neumann和Morgenstern，1944），接受者应该接受分配，提出者提供最小的奖励以回馈接受者，但低于总奖励20%的提案约一半都被拒绝了（Camerer，2003），所以提出者通常要提供一个相对公平的分配方案。这似乎意味着，人们在社会交往中的行为并不符合这一模型：即由自身利益最大化驱使决策，暗示着心理学方法可以帮助我们理解这些决策和判断（Marchetti等人，2011）。

心理学家和经济学家最近才开始关注与儿童和经济交易相关的社交互动行为（Gummerum等人，2008a；Marchetti和Casteli，2012），并利用以往在成人中使用的交易博弈模型。第一个焦点就是公平性。具体地说，研究表明，在发达国家，对于公平的态度在成长中会逐渐改变，即学龄前儿童相较于年长的儿童更可能接受不公平提议（Harbaugh等人，2003；Murnighan和Saxon，1998；Sally和Hill，2006）；反过来，青少年比成年人更容易接受不公平提议（Hoffmann和Tee，2006）。这就引出了第二点：结果的重要性。Sutter（2007）发现，儿童和青少年比成年人对结果有更高的敏感性，而成年人对提议人的意图则更敏感，Güroglu及其同事（2009）发现对意图的敏感性也决定了提议。此外，年龄大一点的儿童相较于年龄小一点的儿童更加具有利他性，会为他人着想（Benenson等人，2007；Fehr等人，2008）。其他诸如社会经济地位（SES）和性别因素也起着重要的作用：经济条件好的儿童更有利他性（Benenson等，2007），女性比男性更具有利他性（Harbaugh等，2003；Murnighan和Saxon，1998），虽然这一方面仍有待证实（例如，独裁者博弈中的提议似乎取决于儿童的身高而不是性别：身材高的儿童提议更为不公平；哈博等，2003）。最后，决策能力与其他能力的发展有关，如道德推理和心理理论。在学年龄前儿童中，高水平的道德推理与独裁者博弈中的公平提议呈正相关（Gummerum等，2010），同时亲社会性儿童相比于非亲社会性儿童更加倾向于做出利他的提议（Fehr等，2008；Gummerum等，2008；Leman等，2009；Moore，2009；Takezawa等，2006）。至于心理理论，Takagishi和其同事（2010）发现，心理理论的一阶理论（即"我认为你是这么认为的"）在学龄前儿童中具有积极作用，而Lucas和其同事（2008）却在这方面没有得出相似的结果。Castelli和其同事（2010）发现，学龄儿童心理学中有一种超前的心理理论（即二阶递归心理，"我认为你认为我是这么认为的"）在最后通牒博弈中同对公平敏感性相结合，从而影响接受者的决策。更确切地说，当提议者故意提出不公平的方案时，接受者有很大的可能性拒绝这一提议。此外，在小学学龄期，提议者的提议在公平程度和可接受程度上都在经历着变化，逐渐从个人获利转向公平提议。再次，二阶递归心理对策略行为起着重要作用，它指导孩子接受基本公平的提议而拒绝不公的提议（Castelli等，2014b）。

正如上文所提及的研究显示的那样，交易博弈为考察公平在不同阶段的发展提供了一个有用的视角。当然，也有使用其他方法的。例如，在婴儿刚出生的头两年，注视次数被视为公平性的指标，这显示出对于公平分配的偏好很早就已经出现了（Geraci和Surian，2011；Schmidt和Sommerville，2011；Sommerville等，2013；Sloane等，2012）；此外，他们还发现成年人在这些方面的有效指标（Villani等，2013）。

从这个概述中可以看出，公平敏感性在决策能力的发展中很明显起着重要的作用。在作者看来，这是非常有趣的，因为它表明儿童和成年人做出好或坏的经济决策不仅取决于他们的经济知识还取决于他们的决策能力。因此，一个成功的金融教育模式要考虑到这些方面，才能充分体现决策的发展及其核心组成部分。

6.4 社会规范：金融教育的关系约束

我们在第一段提到了经合组织关于金融教育的定义，并提出社会规范的概念值得特别考虑。从心理学的角度来看，社会规范代表了我们应该如何进行社会交往以及对事物应该如何呈现的近似期望。社会规范可以分为道德规范和传统规范。

道德规范是最有效的规范，Nichols（2004）提出道德规范使人倾向于帮助别人而不是伤害别人（Warneken和Tomasello，2009）。相比之下，传统规范是有关什么可以做，什么不能做的（Turiel，1983）。虽然不是规范化的社会上层建筑，但规范的心理状态在经济领域、知识运用以及个人在社会框架中进行决策等方面起着重要的作用是具有合理性的。事实上，一个社会规范可以被看作是那些显著性选择和行为的放大器，它准确地预测到给定社会关系的先决条件，同样也是那些社会上不太可能接受的选择和行为的缩小器。正如前面所说，一个社会规范的核心特征是：它不是正式的法律（Bicchieri，2006），违背法律意味着审判和量刑。此外，社会规范无论是隐性的还是显性的，都无疑是衡量价值、信仰、态度和行为是否恰当的一个非常有效的指标。

在发展心理学领域，有关规范形成和对社会关系影响的研究一直是儿童社会认知发展的一个主要信息源（Killen，2007；Smetana，2006；Turiel 和 Smetana，1998）。Rutland 和他的同事（2005）表明，当儿童（尤其是8岁以下的儿童）在了解社会关系背景时，社会规范是重要的信息源。关于这一问题的第一项研究可以追溯到 Piaget（1932），他指出三岁的孩子已经懂得规范，但他们尊重规范主要是为了满足权威（例如其父母）的要求。随着年龄增长，这一态度逐渐演变成尊重参与社会互动的人（Schmidt 和 Tomasello，2012）。Schmidt 和 Tomasello（2012）假设儿童时期社会规范的功能并不完全取决于其对个人利益的追求，它同时也表现出较强的对自身文化的辨识过程。社会规范发展迅速并落地生根，它被视为一套文化基础规则，对个人而言，它是了解社会关系背景的一个重要工具。

前面所述的方式植根于孩子的知识结构，使他/她了解"游戏规则"，通过社会规范，个体能够在社会关系动态决策过程中找到金融经济知识最适当的使用方法。对上述观点，Bicchieri（2006）进行了进一步的分析，他把社会规范在金融和经济两种领域中对决策的影响进行了重新考虑，这一考虑是基于二元预期：经验预期，即我希望其他人会在一定的情况下采取一定的行动；规范预期，即我认为别人认为我应该在一定的情况下采取一定行动。特别是，Bicchieri（2006）解决了一种特殊类型的社会规范：即前文讨论过的公平性社会规范，这是决策过程的根本基石。

在这一理论框架下，有关成年人的研究（Bicchieri 和 Chavez，2010）和有关儿童的研究（Castelli 等，2014a）表明，所有年龄段的人都认识到社会公平规范的存在，也意识到在何种情况下存在社会公平规范，并期望这一规范起作用。值得注意的是，人们的行为在经验预期和规范预期之间存在明显的冲突。成年人不仅喜欢做出基于经验预期而非规范预期的选择和决定（Bicchieri 和 Xiao，2009），而且还操纵规范或者漠视规范以追求自己的利益（Bicchieri 和 Chavez，2010，2013）。儿童也一样，虽然他们对于公平很敏感，但他们似乎倾向于采取违反社会公平规范的行为以追求自己的利益；然而，与成人相比，儿童只有确信他们的行为不被发现时才会这样做（Castelli 等，2014）。总体而言，社会规范是一个有效的参考标准，它引导个体在现实世界的具体决策行为中遵循规则。

6.5 结论

金融教育不仅要培养新一代认识了解其父辈的经济金融知识，还要教会他们如何在实际决策时运用这些知识。本章突出了这一点：金融教育不应从财务决策者所属的文化背景中推演出来，而应当通过将预测纳入终身决策和社会规范对其加以改进。

然而，这并不意味着我们认为金融教育应当被模式化。我们已经看到了社会规范如何影响经济选择和决策。事实上，正如我们所说的，即使是非常幼小的学龄前儿童也能下意识地使用从日常生活中学习到的社会规范。金融教育的目的是以此作为框架，将它转换成一套明确的理性决策标准，换句话说，我们要帮助我们的学生成为合格的社会人，而不仅仅是个"婴儿"（Bloom，2013）。

参考文献

Ajello, A.M., Bombi, A.S., Pontecorvo, C., & Zucchermaglio, C. (1987). Teaching economics in primary school: The concepts of work and profit. *International Journal of Behavioral Development*, *10*(1), 51–69. doi: 10.1177/016502548701000104.

Altman, M. (2012). Implications of behavioural economics for financial literacy and public policy. *The Journal of Socio-Economics*, *41*(5), 677–690. doi: 10.1016/j.socec.2012.06.002.

Baran, N., Sapienza, P., & Zingales, L. (2009). Can we infer social preferences from the lab? Evidence from the trust game. *NBER Working Paper Series*, *Working Paper* 15654.

Barr, A., & Zeitlin, A. (2010). Dictator games in the lab and in nature: External validity tested and investigated in Ugandan primary schools. *CSAE Working Paper*, *2010/2011*.

Benenson, J.F., Pascoe, J., & Radmore, N. (2007). Children's altruistic behavior in the dictator game. *Evolution and Human Behavior*, *28*(3), 168–175. doi: 10.1016/j.evolhumbehav.2006.10.003.

Berti, A.E., & Bombi, A.S. (1988). *The child's construction of economics*. Cambridge: Cambridge University Press.

Berti, A.E., Bombi, A.S., &De Beni, R. (1986). The development of economic notions: Single sequence or separate acquisitions? *Journal of Economic Psychology*, *7*(4), 415–424. doi: 10.1016/0167-4870(86)90031-0.

Berti, C., & Kirchler, E. (2001). Contributi e contribuenti: Una ricerca sulle rappresentazioni del sistema fiscale. *Giornale Italiano di Psicologia*, *28*(3), 595–607.

Bicchieri, C. (2006). *The grammar of society: The nature and dynamics of social norms*. Cambridge: Cambridge University Press.

Bicchieri, C., &Chavez, A. (2010). Behaving as expected: Public information and fairness norms. *Journal of Behavioral Decision Making*, 23(2), 161–178. doi: 10.1002/bdm.648.

Bicchieri, C., &Chavez, A.K. (2013). Norm manipulation, norm evasion: Experimental evidence. *Economics and Philosophy*, *29*(02), 175–198. doi: 10.1017/S0266267113000187.

Bicchieri, C., &Xiao, E. (2009). Do the right thing: but only if others do so. *Journal of Behavioral Decision Making*, 22(2), 191–208. doi: 10.1002/bdm.v22:2.

Bloom, P. (2013). *Just babies: The origins of good and evil*. New York: Crown.

Bosch, L. (2014). Financial identity formation: The role of perceived parental SES, parental financial communication, formal education, work experience, attitudes, subjective norms, and perceived behavioral control. *Dissertation Abstracts International Section A: Humanities and Social Sciences*, 74, 8–A(E).

Camerer, C.F. (2003). *Behavioral game theory*. New York: Russell Sage Foundation.

Castelli, I., Massaro, D., Bicchieri, C., Chavez, A., & Marchetti, A. (2014a). Fairness norms and theory of mind in an ultimatum game: Judgments, offers, and decisions in school-aged children.*PLoS ONE*, *9*(8),e105024.doi:10.1371/journal.pone.0105024.

Castelli, I., Massaro, D., Sanfey, A.G., & Marchetti, A.(2010).Fairness and intentionality in children's decision-making.*International Review of Economics*, *57*(3),269–288.doi:10.1007/s12232-010-0101-x.

Castelli, I., Massaro, D., Sanfey, A.G., & Marchetti, A.(2014b)."What is fair for you?"Judgments and decisions about fairness and Theory of Mind.*European Journal of Developmental Psychology*, *11*(1),49–62.doi:10.1080/17405629.2013.806264.

Delavande, A., Rohwedder, S., & Willis, R.(2008).Preparation for retirement, financial literacy and cognitive resources.*University of Michigan Retirement Research Center Working Paper* 2008-190.

Fehr, E., Bernhard, H., & Rockenbach, B.(2008).Egalitarianism in young children.*Nature*, *454* (7208),1079 1083.doi:10.1038/nature07155.

Franzen, A., & Pointner, S.(2013).The external validity of giving in the dictator game.*Experimental Economics*,16(2),155 169.doi:10.1007/s10683-012-9337-5.

Furnham, A.(2008).*The economic socialisation of young people*.London:Social Affairs Unit.

Geraci, A., & Surian, L.(2011).The developmental roots of fairness:Infants' reactions to equal and unequal distributions of resources. *Developmental Science*, 14(5), 1012–1020. doi:10.1111/j.1467-7687.2011.01048.x.

Gianinno, L., &Crittenden, V.L.(2005).Assessing shared understanding of economic exchange among children and adults.*Psychology & Marketing*,22(7),551–576.doi:10.1002/(ISSN) 1520-6793.

Gummerum, M., Hanoch, Y., & Keller, M.(2008a).When child development meets economic game theory:An interdisciplinary approach to investigating social development.*Human Development*,51(4),235–261.doi:10.1159/000151494.

Gummerum, M., Hanoch, Y., Keller, M., Parsons, K., & Hummel, A.(2010).Preschoolers' allocations in the dictator game:The role of moral emotions.*Journal of Economic Psychology*, 31 (1),25 34.doi:10.1016/j.joep.2009.09.002.

Gummerum, M., Keller, M., Takezawa, M., &Mata, J.(2008b).To give or not to give:Children's and adolescents' sharing and moral negotiations in economic decision situations.*Child Development*,79(3),562–576.doi:10.1111/j.1467-8624.2008.01143.x.

Güroglu, B., van den Bos, W., & Crone, E.A.(2009).Fairness considerations:Increasing understanding of intentionality during adolescence.*Journal of Experimental Child Psychology*, 104 (4),398–409.doi:10.1016/j.jecp.2009.07.002.

Güth, W., Schmidt, C., &Sutter, M.(2007).Bargaining outside the lab? Anewspaper experiment of a three - person ultimatum game. *Economic Journal*, 117 (518), 449–469. doi: 10.1111 / ecoj.2007.117.issue-518.

Harbaugh, W.T., Krause, K., &Liday, S.(2003).Bargainingby children.*University of Oregon*, *Eugene*, *Economics Working Paper* 2002-4.

Hoffmann, R., & Tee, J.-Y. (2006). Adolescent-adult interactions and culture in the ultimatum game. *Journal of Economic Psychology*, 27(1), 98–116. doi: 10.1016/j.joep.2005.06.014.

Hsu, J.W. (2011). Aging and strategic learning: The impact of spousal incentives on financial literacy. *Indiana State University Networks Financial Institute Working Paper 2011*-WP-06.

Jappelli, T., & Padula, M. (2011). Investment in financial literacy and saving decisions. *Centre for Studies in Economics and Finance Working Paper* 272.

Johnson, E.S., & Sherraden, M. (2007). From financial literacy to financial capability among youth. *Journal of Sociology & Social Welfare*, 34(3), 119–146.

Jorgensen, B.L., & Savla, J. (2010). Financial literacy of young adults: The importance of parental socialization. *Family Relations*, 59(4), 465–478. doi: 10.1111/fare.2010.59.issue-4.

Kahneman, D., & Tversky, A. (1979). Prospect theory: An analysis of decision under risk. *Econometrica*, 47(2), 263–291. doi: 10.2307/1914185.

Killen, M. (2007). Children's social and moral reasoning about exclusion. *Current Directions in Psychological Science*, 16(1), 32–36. doi: 10.1111/j.1467-8721.2007.00470.x.

Leiser, D., & Halachmi, R.B. (2006). Children's understanding of market forces. *Journal of Economic Psychology*, 27(1), 6–19. doi: 10.1016/j.joep.2005.06.008.

Leman, P.J., Keller, M., Takezawa, M., & Gummerum, M. (2009). Children's and adolescents' decisions about sharing money with others. *Social Development*, 18(3), 711–727. doi: 10.1111/sode.2009.18.issue-3.

Lucas, M.M., Wagner, L., & Chow, C. (2008). Fair game: The intuitive economics of resource exchange in four-year-olds. *Journal of Social, Evolutionary, and Cultural Psychology*, 2(3), 74–88.

Lusardi, A., Michaud, P.-C., & Mitchell, O. (2013). Optimal financial knowledge and wealth inequality. *National Bureau of Economic Research Working Paper* 18669. doi: 10.3386/ w18669.

Lusardi, A., & Mitchell, O.S. (2014). The economic importance of financial literacy: Theory and evidence. *Journal of Economic Literature*, 52(1), 5 44. doi: 10.1257/jel.52.1.5.

Marchetti, A., & Castelli, I. (2012). *Come decidono i bambini. Psicoeconomia evolutiva*. Milan: Raffaello Cortina.

Marchetti, A., Castelli, I., Harlé, K.M., & Sanfey, A.G. (2011). Expectations and outcome: The role of proposer features in the ultimatum game. *Journal of Economic Psychology*, 32(3), 446–449. doi: 10.1016/j.joep.2011.03.009.

Moore, C. (2009). Fairness in children's resource allocation depends on the recipient. *Psychological Science*, 20(8), 944–948. doi: 10.1111/j.1467-9280.2009.02378.x.

Murnighan, J.K., & Saxon, M.S. (1998). Ultimatum bargaining by children and adults. *Journal of Economic Psychology*, 19(4), 415–445. doi: 10.1016/S0167-4870(98)00017-8.

Nichols, S. (2004). *Sentimental rules: On the natural foundations of moral judgment*. Oxford: Oxford University Press.

Organisation for Economic Co-operation and Development. (2005). *Improving financial literacy:*

Analysis of issues and policies. Paris and Washington, D.C : Organisation for Economic Co-operation and Development.

Piaget, J. (1932). *Le judgement moral chez l'enfant*. Paris : Alcan.

Rutland, A., Cameron, L., Milne, A., &McGeorge, P. (2005). Social norms and self-presentation : children's implicit and explicit intergroup attitudes. *Child Development*, 76(2), 451–466. doi : 10.1111/j.1467-8624.2005.00856.x.

Sally, D., & Hill, E. (2006). The development of interpersonal strategy : Autism, theory-of-mind, cooperation and fairness. *Journal of Economic Psychology*, 27 (1), 73–97. doi : 10.1016 / j. joep.2005.06.015.

Sanfey, A.G., Rilling, J.K., Aronson, J.A., Nystrom, L.E., & Cohen, J.D. (2003). The neural basis of economic decision-making in the ultimatum game. *Science*, 300, 1755–1758. doi : 10.1126/science.1082976.

Schmidt, M.F., & Sommerville, J.A. (2011). Fairness expectations and altruistic sharing in 15-month-old human infants. *PLoS ONE*, 6(10), e23223. doi : 10.1371/journal.pone.0023223.

Schmidt, M.F.H., & Tomasello, M. (2012). Young children enforce social norms. *Current Directions in Psychological Science*, 21(4), 232–236. doi : 10.1177/0963721412448659.

Sen, A. (1993). Capability and well-being. In M. Nussbaum & A. Sen. (Eds.), The quality of life (pp.30–53). Oxford : Clarendon Press.

Serido, J., Shim, S., & Tang, C. (2013). A developmental model of financial capability : A framework for promoting a successful transition to adulthood. *International Journal of Behavioral Development*, 37(4), 287–297. doi : 10.1177/0165025413479476.

Shim, S., Barber, B.L., Card, N.A., Xiao, J.J., & Serido, J. (2010). Financial socialization of first-year college students : The roles of parents, work, and education. *Journal of Youth and Adolescence*, 39(12), 1457–1470. doi : 10.1007/s10964-009-9432-x.

Sloane, S., Baillargeon, R., & Premack, D. (2012). Do infants have a sense of fairness? *Psychological Science*, 23(2), 196–204. doi : 10.1177/0956797611422072.

Smetana, J.G. (2006). Social domain theory : Consistencies and variations in children's moral and social judgments. In M. Killen & J. G. Smetana (Eds.), *Handbook of moral development* (pp.119 154). Mahwah, NJ : Erlbaum.

Sommerville, J.A., Schmidt, M.F.H., Yun, J.-E., & Burns, M. (2013). The development of fairness expectations and prosocial behavior in the second year of life. *Infancy*, 18(1), 40–66. doi : 10.1111/infa.2012.18.issue-1.

Sutter, M. (2007). Outcomes versus intentions : On the nature of fair behavior and its development with age. *Journal of Economic Psychology*, 28(1), 69–78. doi : 10.1016/j.joep.2006.09.001.

Takagishi, H., Kameshima, S., Schug, J., Koizumi, M., & Yamagishi, T. (2010). Theory of mind enhances preference for fairness. *Journal of Experimental Child Psychology*, 105 (1–2), 130–137. doi : 10.1016/j.jecp.2009.09.005.

Takezawa, M., Gummerum, M., &Keller, M. (2006). A stage for the rational tail of the emotional dog: Roles of moral reasoning in group decision making. *Journal of Economic Psychology*, 27 (1), 117–139. doi: 10.1016/j.joep.2005.06.012.

Thompson, D.R., & Siegler, R.S. (2000). Buy low, sell high: *The development of an informal theory of economics. Child Development*, 71(3), 660–677. doi: 10.1111/cdev.2000.71.issue–3.

Turiel, E. (1983). *The development of social knowledge: Morality and convention. Cambridge*: Cambridge University Press.

Turiel, E., & Smetana, J.G. (1998). Limiting the limits on domains: A commentary on Fowler and heteronomy. *Merrill-Palmer Quarterly*, 44(3), 293–312.

Villani, D., Massaro, D., Castelli, I., & Marchetti, A. (2013). Where are you watching? Patterns of visual exploration in the Ultimatum Game. *The Open Psychology Journal*, 6, 76–80. doi: 10.2174/1874350101306010076.

Von Neumann, J., & Morgenstern, O. (1944). *Theory of games and economic behavior.* Princeton, NJ: Princeton University Press.

Warneken, F., & Tomasello, M. (2009). Varieties of altruism in children and chimpanzees. *Trends in Cognitive Sciences*, 13(9), 397–402. doi: 10.1016/j.tics.2009.06.008.

Xiao, J.J., Ahn, S.Y., Serido, J., & Shim, S. (2014). Earlier financial literacy and later financial behaviour of college students. *International Journal of Consumer Studies*, 38(6), 593–601. doi: 10.1111/ijcs.12122.

第7章　从金融普及教育到金融能力：建立金融稳定和财务安全[①]

Margaret S.Sherraden，*David Ansong*

摘要　一个日益金融化的世界要求人们在生活中能进行更复杂的财务计算和财务决策。这一事实引起了提高金融素质和金融行为的需求。虽然最佳家庭金融决策、主流金融产品和金融服务可以在这方面有所帮助，但这些策略不足以达到金融稳定和财务安全，特别是对于财务危机抵抗力差的家庭。本章指出，社会有义务规范金融产品、金融服务和公共政策，使那些处于经济底层的人受益。这一理念还体现在金融能力的另一种概念化中。金融能力是一种个人结构化的观念，它结合了个体的行动能力和行动机会。本章考察了概念化的金融能力、对于金融能力的衡量，以及发达国家和欠发达国家的相关实证研究。

关键词　金融能力　金融脆弱性　金融素质　金融教育　金融包容

7.1　引言

一个日益金融化的世界需要人们在生活中进行更复杂的财务计算和财务决策（Martin，2002）。他们必须懂得如何管理自己的财富、使用信贷、选择保险、纳税，为突发情况未雨绸缪、保障长期金融安全以及为未来发展做打算。许多人在没有主流金融服务的情况下管理他们的财务。例如，在不发达国家，估计有25亿人缺少基本的银行账户（Chaia等人，2009），但即使稍微发达的国家，许多人也没有银行账户（Honohan，2008）。此外，人们要在金融产品、服务和平台日新月异的快速变化中做出财务决策。对许多人来说，低收入、低财富和贫穷的生活使他们难以保持现有的生活节奏，维系现有的经济生活

---

①　M.S. Sherraden
School of Social Work, University of Missouri-St. Louis, One University Boulevard,
St. Louis, MO 63121, USA
e-mail: sherraden@umsl.edu
D. Ansong
University of North Carolina, Chapel Hill, USA
August-Croissant-Str.5，76829 Landau，Germany
© Springer Science+Business Media Singapore 2016
C. Aprea et al. (eds.), International Handbook of Financial Literacy,
DOI 10.1007/978-981-10-0360-8_7

水平，更不用说想要生活有所起色了。这导致了世界各地对于提高金融素质的广泛呼吁，旨在改变人们的理财习惯和理财行为（OECD，2005；Xu 和 Zia，2012；FINRA Foundation，2013）。与此同时，对金融素质的概念也进行了严格的审议，而这是提高金融素质的主要工具（Fernandes 等人，2014）。

为了解决这些限制，"金融能力"这一术语正在取代"金融素质"的叫法。例如，十多年前，英国金融服务管理局（2005）开始使用金融能力的概念。这是指代一个人的特点，包括知识、技能、态度、习惯、动机、信心和塑造个体金融行为的自我效能感（Atkinson 等，2006）。最近，金融能力的多民族研究提出的金融能力应"将周围环境对个体能力转化为积极成果的影响纳入考虑范围"（Kempson 等，2013）。然而，这些扩展定义不包括金融能力概念化或运行化的背景。

在本章，我们首先从理论上确定金融能力的定义。下一节阐述定义，并表明金融服务业是金融能力的重要组成部分。换言之，金融能力将一个人的知识、技能和金融行为与有益金融产品、服务和公共政策的获取途径相结合。再下一节讨论金融能力的运作化和金融能力的衡量。接下来，我们转向金融能力的实证。最后，我们讨论实践和理论影响，这其中强调了使用的方法，这些方法结合金融素质和金融包容以使那些处于经济底层的人获益，从而优化家庭层面的决策和行为。

7.2 理论观点：能力和制度方法

在本章，金融能力概念化回归到能力和机制的理论根源，以处理个人行为和社会制度之间的关系。换言之，金融能力取代个人结构，用来捕捉个人和机构之间的相互作用。

为了理解"金融能力"一词的含义，我们使用两种理论方法。第一种是 Amartya Sen 和 Martha Nussbaum 有关能力的开创性观点。根据 Sen 的观点，能力是"一个人可以选择过一种生活或另一种生活的自由"（Sen，1993）。换句话说，"能力……是积极意义上的自由：你对于未来究竟有哪些可能的选择"（Sen，1987），以及实现这些选择的能力（Robeyns，2011）。

Martha Nussbaum 将内生能力与外部条件结合共同构成了个人的综合能力（2000）。在这种方式下，能力既是由一个人的内生能力构成的（身体素质和知识水平），也需要考虑个体所处的外部环境，它包括在一系列特定社会所提供的机会（Robeyns，2005）。Nussbaum 写道，"一个社会可能善于培养个体的内生能力，但却没有提供给个体发挥这一能力的很好机会"（2011）。这些能力是互动性的，在大多数情况下是在与社会、经济、家庭、政治环境的互动中发展起来的（Nussbaum，2011）。

Nussbaum 强调：政策、法律、法规和实践是个人所必需的能力，这些关系到个体的福利。这提出了第二种理论观点，即制度理论：社会制度塑造和制约人的行为。在对储蓄和资产构建的研究中，一些特点似乎有助于资产积累，这其中包括：（1）金融产品和服务的获得途径，使用权利和使用能力；（2）金融产品和服务的相关信息；（3）金融产品和服务的激励与收益；（4）金融产品和服务的便利程度；（5）对金融产品和服务的期望与目标；（6）对不明智的金融产品和服务使用的限制；（7）金融产品和服务的安全性（Beverly

等人，2008）。机构使某些选择和行为显得更可取且更可预测。

7.3 金融能力

金融能力不仅需要提高人在财务利益方面的行动能力，还要提供相应的行动机会（Johson 和 Sherraden，2007）。金融能力意味着人们可以获得"想过的生活"的真正机会（Sen，1987）。总之，能力和机会有助于追求经济福祉和改善生活机会的自由（Weber，1978）。接下来，我们将定义这些概念，并将特别关注财务脆弱的家庭。

7.3.1 行动能力

衡量个人在经济利益方面采取行动的能力的一个关键标准是他们的金融素质水平。虽然定义各不相同（Remund，2010），但根据经济合作与发展组织（2005）的定义，金融素质是指对金融产品和概念的理解，有意识到金融风险和机会的能力与信心，能够做出明智的财务决策，知道去哪里寻求帮助，并采取其他有效措施以改善个人财务状况及采取财务保护。目前，在确定金融素质的多个方面已经取得了重大进展，即在获取、理解和评估财务信息的能力方面（Mason 和 Wilson，2000）。第一个维度是获取财务信息的能力，包括学习如何获取财务信息的能力。根据 Mason 和 Wilson（2000）所述，这是至关重要的第一步，是金融素质的关键，因为只有获取信息后人们才更容易采取相应的行动。第二个维度与获取财务信息的能力直接相关，即理解所获取财务信息的能力。换言之，首先人要获取管理财富和节省开支相关的信息，其次还要能够理解它。第三个维度是评估获取信息的能力。这个维度和其他维度一样重要，因为它允许人们适当地应用金融知识、评估标准和效用（Mason 和 Wilson，2000）。当个人能够权衡每种选择的风险和收益时，他们才更可能选择那些满足他们需求的产品和服务（OECD，2005；Chowa 等，2014）。如果个人想要促进个体经济福利，那么需要顾及上述三个方面。

7.3.2 行动机会

在金融事务中对于行动机会的一个关键衡量标准是金融包容性。金融包容性是指获得优质、便利、实惠的金融服务的渠道，提供给消费者足够的尊严以使他们能够充分参与到社会经济生活中（金融包容中心和 ACCION，2013）。

像社会机构一样，金融机构约束了人们的选择并影响着个体关于可能性的观点（Sherraden，1991）。例如，个人是否在银行开户是对个人理财知识的反映，同时也是个人经济和社会地位的体现。如果一家银行没有能够提供满足贫困家庭对于银行结余和间歇性收入需求的产品，或者在其社区没有分支机构，那么即使人们想要开户并且有能力开户，也可能不太情愿去开户。

机构有助于塑造人们的金融态度和金融行为，以及了解什么是可行的，而且机构还直接提高了社会福利，这其中只需要很少的"个人金融行为"（Sherraden，2013）。例如，政府提供存款保险制度不需要个人的参与。在许多国家，当雇员完成了书面合约被雇用后，他们就开始自动积累享有税收优惠的退休储蓄，其中通常还有由雇主和政府提供的存款（英国工作和养老金部门，2013）。对受益人来说，除了签署退休账户并申请税收优惠外，不需要任何"个人行为"。行为经济学家已经证明，这样的储蓄相比于个人自己存款要容易得多，特别是如果这种计划需要"选择性退出"时（Choi 等，2004）。

7.3.3　整合金融素质和金融包容

我们认为将金融素质和金融包容结合起来可能会产生协同效应，从而使其积极产出超越单个方面的利益。反过来也可能是真的。金融教育本身可能并非有益（Sherraden，2013）。例如，学生在学校里了解到储蓄账户是储蓄的最佳方式，即使她的父母没有银行账户而且也不相信这个观点。然而，当发现银行管理费用开始扣除自己的储蓄额时，可能会使人沮丧，并可能使其家庭加剧对银行的不信任。

从理论上看，这种情况下可能会产生功能停滞，或用 Sen 的话来讲："不自由"（Sen，1999）。这一问题的最终结果是年轻人失去理财能力。但是，如果这个年轻人开立了一个专门用来服务于贫困家庭的储蓄账户，那么个体在金融教育中被培养的金融能力的影响则可能被放大（Sherraden，2013）。这说明了金融教育和金融渠道相结合的潜在协同潜力。

7.4　金融能力的可操作性和衡量方法

可靠的衡量方法对于理解金融能力的影响至关重要。然而，目前对金融能力衡量的发展和测试并没有跟上金融素质和金融包容性的发展趋势。本节重点介绍金融能力研究如何才能通过一个更具全面和系统性的方法来衡量金融能力，这种方法平衡了相关环境和跨文化沟通的问题。由于没有对金融能力的权威定义，也没有对其子领域的金融包容和金融素质的定义，这导致了对其可操作性和衡量的不同标准。鉴于这些挑战，在不同的背景下，追寻绝对衡量指标是不明智的。有效衡量金融能力的方法是至关重要的，它能够抓住金融能力的核心基础——二元概念。

首先，认识到不同方法均承认金融能力构成框架的广泛性是很重要的。当然，一致性也很重要，因为在结构层次上，不论背景如何都要确保衡量方法能够考虑到金融能力的所有方面。换言之，衡量金融能力的方法应反映人们的行动能力（基于他们的金融素质）和他们的行动机会（基于他们的金融渠道）。例如，对金融能力的第一个领域——金融能力的衡量应当包括金融知识和金融技能等多项指标。这就是说不要太看重来源和具体指标，而要注重金融素质的组成部分。这有助于帮助人们抓住行动机会并且做好行动准备，不管个人是通过社会（家人和同事）、教育（学校和工作场所）还是指导（金融机构和同行）来培养自身的金融素质（Sherraden，2013）。同样，金融能力的第二个维度金融包容有着多个方面，因此一个好的构造方法应考虑到结构维度（即金融产品和服务的使用与获得渠道）和心理维度（即对金融服务和产品的认识）（Despard 和 Chowa，2014）。这种做法最大限度地减轻了对金融文化差异性的忽视，以及金融素质和金融包容在不同的社会、经济、地缘政治环境中演变和发挥作用的细微差别。

其次，一旦在金融能力维度上达成了一致，那么就应该有灵活具体的可操作性指标。在一个理想的状况下，金融能力的规范化运作将是首选，但现实中不同的社会、经济和地缘政治环境使得绝对指标成为幻想。因此，虽然全球化指标有很好的理论和现实意义，但我们还是建议将注意力转移到对实践采用透明实用主义的指导方法上，从而在不同的环境下检验其发展。这意味着选择金融知识指标（例如，利率、债务、信誉、税收）和技能指标（例如，支出、计划、预算、收入、支付账单、储蓄、管理金融风险、投资）可能在发达国家和发展中国家之间有所不同。研究人员不应纠结于具体指标缺乏一致性，而应着眼于系统性地选择、调整和测试具体指标，以便于对方法的有效性和可靠性进行复制、比较和评价。

可操作性的目标是将结构维度与可观察到的现象相联系。这意味着结构有着合适的可操作性，在特定的环境中有合适的方法将结构和可观察的行为和现象相联系。例如，人们通过多种渠道培养金融素质，包括社会、教育和指导（Sherraden，2013），但其机制和流程是有特定的具体背景的。例如，校外青少年的金融教育可能主要通过工作或媒体，而校内的青少年则主要通过课堂。同样，在衡量金融包容性方面，可能存在这样的挑战：不同的地缘政治环境可能会将个体的关注点引导至金融产品和服务的可靠性和安全性上。因此，媒体和课堂的环境不同，会提供不同的观测值，同时也需要不同的操作。

为了更好地了解并提高金融能力，最重要的问题是能否找到一个统一的运作方式和金融能力指标、统一的衡量方法和衡量尺度。事实上，一项广泛和统一的方法有可能模糊我们对不同情况下金融能力的决策因素和决策结果的理解。相反，更为重要的是对金融能力两个核心方面不同的衡量标准和衡量方法，即对行动能力和行动机会的衡量。

7.5 金融能力：创新与证据

越来越多的实践和研究关注于解决金融素质和金融包容的策略。本节第一部分着重介绍了一些提供间接证据的研究，第二部分着重介绍了一些直接检验金融能力概念的研究。

7.5.1 金融教育和金融包容研究所提供的间接证据

与金融素质和金融包容相结合的间接证据的相关研究发现当个体之前了解过金融产品时，金融教育的成果可能会更高。例如，对金融产品（银行账户和投资）的了解相比于高中金融教育课程更好地解释了投资知识（Peng等，2007）。在高中时就拥有储蓄账户的美国士兵拥有更高的财务管理技能（Bell等人，2009）。如果参加财务管理培训的低收入者曾有过银行账户或填写过报税表，那么他们在财务知识的预测试中得分更高（Zhan等人，2006）。并非所有研究都得到同样的结果，例如一个大型研究发现，拥有股票账户或信用卡的人不一定具有更高的金融素质（Mandell，2008）。但是，同样的研究发现运用股票模拟市场进行教学相比于纯粹的口头说教更加有助于提高金融素质（Mandell，2008）。一项对金融教育项目的调查显示，当项目提供实物奖励激励时，参与者的参与度提高了（Choi，2009）。

一些研究发现，即使学生之前接触过某种金融产品，具有一定的金融素养，对其进行的金融教育可能也不成功，虽然问题可能出在提高金融素质的方法上。一个城市银行项目认为金融教育同开户没有联系，金融教育并没有吸引到更多的人开户（Phillips和Stuhldreher，2011）。同样，一个旨在帮助低收入家庭了解金融的联邦银行项目发现很少有人接受免费的教育服务（ABt协会，2006）。一个英国的储蓄匹配计划发现了持有账户的个体普遍对金融教育不感兴趣（Kempson和Finney，2009）。这些发现指出金融教育需要以更具吸引力和更合适的方式呈现（Servon和Kaestner，2008）。

7.5.2 金融能力研究的直接证据

直接研究金融素质和金融包容相结合以提高金融能力和金融福利的命题研究相对较少

（Beverly 等，2008）。然而，一些研究已经开始关注金融素质和金融包容各自以及作为整体的作用（CYFI，2012）。对仅仅接受过金融教育但没有储蓄账户的群体和不仅接受过金融教育还有储蓄账户（称为个人发展账户或 IDAs）的群体进行比较后发现，后者的金融知识测试平均水平明显偏高，虽然两组都是低收入群体（Anderson 等，2004）。一项由联邦政府资助的小额贷款计划研究发现，违约率在接受过金融教育的人群中似乎更低，虽然这一研究样本较少（Miller 等，2010）。

对印度和印度尼西亚的两个大型金融教育随机进行对照实验表明，获得小额银行账户补贴的人比那些只接受金融教育的人有更高的开户率和账户使用率（Cole 等人，2011）。有关在学校设置储蓄箱和进行金融教育对青年人影响的一项研究报告表明，两者在储蓄态度和储蓄水平方面都有适度的变化（Berry 等，2012）。

在关于低收入家庭的储蓄匹配影响的应用研究测试中，研究人员发现了金融教育在开户方面和美国 IDA 方面的特别贡献（Schreiner 和 Sherraden，2007）。相反，一个随机研究发现在加拿大接受过财务管理培训、帮助和指导的人和仅参加过储蓄匹配计划的人储蓄水平相当（Leckie 等，2010）。

最近的两项研究研究了对能力和机会相结合的效果。首先，实验研究测试了美国某一州随机挑选新生儿的儿童发展账户（CDAs），该项研究发现金融知识与实验组中父母开设账户的决定呈正相关，但是在对照组却并非如此（Huang 等，2013）。此外，实验组中高水平和低水平的金融知识人群的储蓄差异显著高于对照组（Huang 等，2014）。这些互动效应表明，金融知识对金融功能的影响取决于金融包容，即"行动的机会"。

另一项随机研究通过在学校中为接受金融教育的儿童开设储蓄账户测试了金融能力的各方面（Wiedrich 等人，2014）。研究发现，接受五小时金融教育的学生其财务知识得分提高了，尤其是那些有储蓄账户的学生。在那些被测试者中，这种提高维持了一年。学生对储蓄和银行的态度也有所改善。获得学校储蓄账户的儿童更愿意开设自己的账户并使用账户，而一个小额的"种子"存款可以改善低收入者账户。金融教育对储蓄存款的影响不太明显。但研究的局限性包括样本过小、选择偏差，并提出接踵而来的各种问题（Wied-rich 等，2014）。

7.6　对未来研究的启示

在政策方面，有效新颖的创新应该为各种社会经济水平和各种经济背景下的人们提供真正的好处（CYFI，2012）。将金融教育和技能培训在各种金融情境中相结合，例如，将银行、储蓄、社会保障的情境和教育相结合，会非常有效。这样的例子包括：手机银行通过短信对储户进行"低接触"的金融教育（Karlan 等，2013）或者银行给用户邮寄相关情况的资料（Beverly 等，2014）；银行对储户进行汇款干预或为其提供储蓄相关信息（Ashraf 等，2011）；相关机构为人们提供公益的金融教育、金融培训，为他们提供买卖金融产品的渠道（Bloomberg 和 Mintz，2011）；IDA 和 CDA 项目提供的相关储蓄和理财教育（Beverly 等，2014；Sherraden，2009）。

未来的研究应探讨金融教育、金融指导、金融产品和金融服务。为了做到这一点，该领域需要更好的方法来研究金融素质、金融包容以及金融成果，其中包括金融福祉、金融稳定和金融安全。使用混合方法研究将进一步揭示金融能力的关键要素。最后，应当研究不同国家和地区、不同的经济发展水平、不同人口群体（如年龄、性别、文化背景）中的经济脆弱群体（CYFI，2012）。精心设计的研究所提供的证据将为今后的政策和实践创新提供支持。

7.7 结论

金融能力的概念及其衡量标准正在逐渐变化。即使这个领域不断发展，这些方法也揭示了当前的研究、讨论，在某些情况下甚至是政策。重要的是，金融能力发展和金融能力测试方法是系统和严格的，不管它们是基于特定背景的方法，还是基于通用方法。严格的测试和确凿的方法不仅可以解释金融教育影响不一致的结果，也可以解释金融能力的二元化概念。

金融能力使人开始考虑全球各地的经济公民（CYFI，2012）。在20世纪初有关财富管理的分析中，Viviana Zelizer写道：

穷人的管理无能提供了一个完美的漏洞来证明对他们的经济进行积极干预是正当的，尽管有关于贫困的新环境理论，认为恢复私营经济仍然比开放市场更简单（1997，第152页）。

经过一个世纪，我们取得了重大进展。然而，专注于个人金融无能和改变个人行为继续主导着政策和研究讨论。为了提高金融稳定性和维持这一稳定，改变个人金融行为的重点应该是平衡普惠性金融产品、金融服务和金融政策。

参考文献

Abt Associates.(2006).*Evaluation of first accounts demonstration：Providing financial services to unbanked individuals.*Accessed October 4, 2014, http://www.abtassociates.com/page.cfm? PageID=1800&FamilyID=1800&OWID=2109767657&CSB=1

Anderson, S.G., Zhan, M., & Scott, J.(2004).Targeting financial management training at low-income audiences.*Journal of Consumer Affairs*，38(1),167–177.

Ashraf, N., Aycinena, D., Martínez A, C., & Yang, D.(2011).*Remittances and the problem of control：A field experiment among migrants from El Salvador.*SDT 341, Facultad de Economía y Negocios, Departamento de Economía, Universidad de Chile.http://www.econ.uchile.cl/uploads/publicacion/c656462b3a49e7e526fd2223a0b1678697bfcf55.pdf.Accessed October 4, 2014

Atkinson, A.McKay, S.Kempson, E.& Collard, S.(2006).*Levels of financial capability in the UK. Results of a baseline survey.*Bristol：University of Bristol.Retrieved from：http://www.fsa.gov. uk/pubs/consumer-research/crpr47.pdf

Atkinson, A., &Messy F.(2012).Measuring financial literacy：Results of the OECD/International Network on Financial Education(INFE)Pilot Study.*OECD Working Papers on Finance，Insurance and Private Pensions，No.15.*Paris：OECD Publishing.Accessed October 4, 2014, http://dx.doi.org/10.1787/5k9csfs90fr4-en

Bell, C., Gorin, D., & Hogarth, J.M.(2009, April).*Does financial education affect soldiers' financial behaviors?* Paper presented at the 2009 Federal Reserve System, Community Affairs Research Conference. Accessed October 4, 2014, http://www. kansascityfed. org / publicat/ events/community/2009carc/Hogarth.pdf.

Berry, J., Karlan, D., & Pradhan, M.(2012).*Evaluating the efficacy of school based financial education programs in Ghana.*Impact and Policy Conference: Evidence in Governance Financial Inclusion and Entrepreneurship, Bangkok September 1. Accessed October 4, 2014, http:// www.poverty-action.org/sites/default/ files/day_3_s3_pradhan.pdf

Beverly, S., Clancy, M., & Sherraden M. (2014). *Testing universal college savings accounts at birth: Early research from SEED for Oklahoma Kids.*Research Summary 14-08. Center for Social Development, Washington University.Accessed October 5, 2014, http://csd.wustl.edu/ Publications/Documents/RS14-08.pdf

Beverly, S.G., Sherraden, M., Cramer, R., Shanks, T.W., Nam, Y., & Zhan, M.(2008).Determinants of asset holdings. In S.M.McKernan&M.Sherraden(Eds.), *Asset building and low-income families*(pp.89 152).Washington, DC: Urban Institute Press.

Bloomberg, M., & Mintz, J.(2011).*Municipal financial empowerment: A supervitamin for public programs.*The City of New York, Department of Consumer Affairs, Office of Economic Empowerment.Accessed October 4, 2014, http://www.nyc.gov/html/dca/downloads/pdf/ SupervitaminReport.pdf

Center for Financial Inclusion&ACCION.(2013).Seizing the moment: On the road to financial inclusion.*Financial inclusion 20/20*: A global forum.Accessed October 4, 2014, http:// centerforfinancialinclusionblog.files.wordpress.com/2013/11/seizing-the-moment-fi2020synthesis-report.pdf

Chaia, A., Dalal, A., Goland, T., Gonzalez, M., Morduch, J., &Schiff, R.(2009).*Half the world is unbanked.*Accessed October 4, 2014, http://financialaccess.org/research/publications

Child & Youth Finance International(CYFI).(2012).*Children & youth as economic citizens: Review of research on financial capability, financial inclusion, and financial education.*Children and Youth Finance International Research Working Group.April.

Choi, L.(2009). *Financial educationin San Francisco: A study of local practitioners, service gaps and promising practices*(Working Paper 2009-08).San Francisco, CA: Federal Reserve Bank of San Francisco.Accessed October 4, 2014, http://www.frbsf.org/community

Choi, J.J., Laibson, D., & Madrian, B.C.(2004).Plan design and 401(k)savings outcomes.*National Tax Journal*,57(2),275-299.

Chowa, G., Ansong, D., & Despard, M.(2014).Financial capabilities for rural households in Masindi, Uganda: An exploration of the impact of internal and external capabilities using multilevel modeling.*Social Work Research*,38(1),19-35.http://dx.doi.org/10.1093/swr/svu002

Cole, S.A., Sampson, T., & Zia, B.(2011).Prices or knowledge? What drives demand for financial services in emerging markets? *Journal of Finance*, 66(6), 1933–1967. Accessed October 4, 2014, http://www.hbs.edu/research/pdf/09-117.pdf

Despard, M., & Chowa, G.A.N. (2014). Testing a measurement model of financial capability among youth in Ghana. *Journal of Consumer Affairs*, 48(2), 301–322. doi: 10.1111/joca.12031.

Fernandes, D., Lynch, J.G, Jr, & Netemeyer, R.G. (2014). Financial literacy, financial education and downstream financial behaviors. *Management Science*, 60(8), 1861–1883.

FINRA Foundation. (2013). *Financial capability in the United States: Report of findings from the 2012 National Financial Capability study.* Accessed October 4, 2014, http://www.usfinancial-capability.org/downloads/NFCS_2012_Report_Natl_Findings.pdf

Honohan, P. (2008). Cross-country variation in household access to financial service. *Journal of Banking & Finance*, 32, 2493–2500.

Huang, J., Nam, Y., & Sherraden, M.S. (2013). Financial knowledge and child development account policy: A test of financial capability. *Journal of Consumer Affairs*, 47(1), 1–26.

Huang, J., Sherraden, M., Kim, Y., & Clancy, M. (2014). Effects of child development accounts on early social-emotional development: An experimental test. *JAMA Pediatrics*, 168(3), 265–271. doi: 10.1001/jamapediatrics.2013.4643.

Johnson, E., & Sherraden, M.S. (2007). From financial literacy to financial capability among youth. *Journal of Sociology and Social Welfare*, 34(3), 119–145.

Karlan, D., McConnell, M., & Mullainathan, S. (2013). Getting to the top of mind: How reminders increase saving. Accessed October 4, 2014, https://www.poverty-action.org/sites/default/ files/ top_of_mind_2013_11.pdf

Kempson, E., & Finney, A. (2009). *Saving in lower-income households: A review of the evidence.* Bristol: University of Bristol, Personal Finance Research Centre. Accessed October 4, 2014, http://www.bristol.ac.uk/geography/research/pfrc/th emes/psa/lower-income-households.html

Kempson, E., Perotti, V. & Scott, K. (2013). *Measuring financial capability: A new instrument and results from low- and middle-income countries. Financial Literacy and Education, Russia Trust Fund.* New York: The World Bank.

Leckie, N., Shek-Wai Hui, T., Tattrie, D., Robson, J., & Voyer, J.P. (2010). *Learning to save, saving to learn: LearnSave individual development accounts project.* Ottawa: Social Research and Demonstration Corporation. Accessed October 4, 2014, http://www. srdc. org / uploads/ learnSave_final_EN.pdf

Mandell, L. (2008). Financial literacy in high school. In A. Lusardi (Ed.), *Overcoming the saving slump: How to increase the effectiveness of financial education and saving programs* (pp.257–279). Chicago: University of Chicago Press.

Martin, R. (2002). *Financialization of daily life.* Philadelphia, PA: Temple University Press. Accessed October 4, 2014, https://www.jaworldwide.org/Pages/default.aspx

Mason, C.L.J., & Wilson, R.M.S. (2000). *Conceptualizing financial literacy (Occasional Paper, 2000: 7)*. Loughborough: Business School, Loughborough University.

Miller, R. A., Burhouse, S., Reynolds, L., &Sampson, A. G. (2010). A template for success: The FDIC's small-dollar loan pilot program. *FDIC Quarterly*, 4(2), 28–41. Accessed October 4, 2014, http://www. fdic. gov / bank / analytical / quarterly / 2010_vol4_2 / FDIC_Quarterly_Vol4No2_ SmallDollar.pdf

Nussbaum, M.C. (2000). *Women and human development: The capabilities approach.* Cambridge: Cambridge University Press.

Nussbaum, M. C. (2011). *Creating capabilities: The human development approach.* Cambridge, MA: Belknap Press of Harvard University Press.

OECD. (2005). *Improving financial literacy: Analysis of issues and policies.* Paris: Author.

Peng, T.M., Bartholomae, S., Fox, J.J., &Cravener, G. (2007). The impact of personal financial education delivered in high school and college courses. *Journal of Family and Economic Issues*, 28, 265–285.

Phillips, L., &Stuhldreher, A. (2011). *Building better bank ons: Top 10 lessons from Bank on San Francisco.* Washington, DC: New America Foundation. Accessed October 4, 2014, http://newamerica.net/publications/policy/building_better_bank_ons

Remund, D.L. (2010). Financial literacy explicated: The case for a clearer definition in an increasingly complex economy. *Journal of Consumer Affairs*, 44, 276–295.

Riccio, J.A., Dechausay, N., Miller, C., Nuñez, S., Verma, N., & Yang, E. (2013, September). *Conditional cash transfers in New York City: The continuing story of the Opportunity NYC–Family Rewards Demonstration.* MRDC. Accessed October 5, 2014, http://www.mdrc.org/sites/default/files/Conditional_Cash_Transfers_FR_0.pdf

Robeyns, I. (2005). The capability approach: A theoretical survey. *Journal of Human Development*, 6(1), 93–114.

Robeyns, I. (2011, Summer). The capability approach. In E.N.Zalta (Ed.), *The stanford encyclopedia of philosophy.* Stanford, CA: Stanford University. Accessed October 4, 2014, http://plato.stanford.edu/archives/sum2011/entries/ca pability-approach/

Schreiner, M., & Sherraden, M. (2007). *Can the poor save? Saving and asset building in individual development accounts.* New Brunswick, NJ: Transaction.

Sen, A. (1987). The standard of living: Lecture II, lives and capabilities. In G.Hawthorn (Ed.), *The standard of living* (pp.20–38). Cambridge: Cambridge University Press.

Sen, A. (1993). Does business ethics make economic sense? *Business Ethics Quarterly*, 3(1), 45–54.

Sen, A. (1999). *Development as freedom.* New York: Anchor.

Servon, L.J., &Kaestner, R. (2008). Consumer financial literacy and the impact of online banking on the financial behavior of lower-income bank customers. *Journal of Consumer Affairs*, 42(2), 271–305.

Sherraden, M. (1991). *Assets and the poor: A new American welfare policy.* Armonk, NY: M.E. Sharpe.Sherraden, M. (2009). IDAs and asset building: Lessons and directions. In R.Blank&M.

S.Barr(Eds.), *Insufficient funds*.New York：Russell Sage Foundation.

Sherraden，M.(2013a).Asset building research and policy：Pathways，progress and potential of an social innovation.In R.Cramer & T.W.Shanks(Eds.), *The assets perspective： The rise of asset building and its impact on social policy*(pp.300−323).Washington DC：New America Foundation.

Sherraden，M.S.(2013).Building blocks of financial capability.In J.M.Birkenmaier，M.S.Sherraden，& J.C.Curley,J.(Eds.), *Financial capability and asset building： Research, education, policy, and practice*(pp.3−43).New York& Oxford：Oxford University Press.

UK Department of Works and Pension.(2013).*Automatic enrolment evaluation report 2013（Research Report No 854）*.London：UK Department of Works and Pensions.Accessed October 4,2014,https：//www. gov. uk / government / uploads / system / uploads / attachment_data/ file / 261672/rrep854.pdf

Weber，M.(1978).In：G.Roth&Widdich(Eds).*Economy and society： An outline of interpretive sociology*.Berkeley：University of California Press.

Wiedrich，K.，Collins，J.M.，Rosen，L.，&Rademacher,I.(2014,April).*Financial education and account access among elementary students*.CFED：Washington,DC.Accessed October 4,2014, http：//cfed. org / knowledge_center / resource_directory / cfed_publications / directory / financial_education__account_access_among_elementary_students_findings_from_the_assess ing_financial_capability_outcomes_youth_pilot_research_brief

Xu，L.，& Zia，B.(2012).Financial literacy around the world.An overview of the evidence with practical suggestions for the way forward(Policy Research Working Paper#6107).The World Bank. Accessed October 4, 2014, http：//elibrary. worldbank. org / doi / pdf / 10.1596 / 1813−94506107.

Zelizer，V.A.(1997).*The social meaning of money： Pin money, paychecks, poor relief, and other currencies*.Princeton，NJ：Princeton University Press.

Zhan，M.，Anderson，S.，& Scott,J.(2006).Financial knowledge of the low-income population：Effects of a financial education program.*Journal of Sociology and Social Welfare*,33(1),53−74.

第8章　社会学视角下的金融普及教育：对金融素质项目三项假设的批判性检验①

Caroline Henchoz

摘要　本章从社会学角度来讨论经合组织成员国提出的金融素质方案的三个假设。第一个假设涉及金融素质低下和经济状况不佳之间的关系。第二个假设是金融素质培养的基本途径是通过获取相关信息、指导和建议得到的。第三个假设是存在将信息和指导转化为有效的金融行为的个人能力和机会。通过有关发展、教育和社会化的社会学和心理学文献以及一项瑞士研究成果，我试图证明这些假设没有考虑到财务活动和学习过程中的"社会嵌入"（Granovetter，1985）。因此，虽然经合组织金融素质教育方案旨在提供相关的信息和指导，但这不足以充分增强公民的金融能力，特别是那些财政状况不稳定的公民。上述方案没有解决将信息或指令转化为金融或金融福利的能力（Sen，1985）。为了实现这一目标，金融素质教育方案必须扎根于相关社会框架和关系框架，这意味着它们必须制订一个不仅局限于培养个人技能和克服个人缺点的教育方案。

关键词　教育　金融　素质　学习过程　瑞士　经济　理性

8.1　引言

21世纪初，金融危机和日益成熟的金融市场使经济合作与发展组织（OECD）理事会坚信，家庭需要金融教育以减少"金融决策的责任和风险，特别是在退休储蓄方面"的责任和风险（OECD，2005b：2）。在婴儿潮一代退休的背景下（即伴随着养老政策的变化和平均寿命的增加），金融教育是有利于所有年龄段和所有收入水平的消费者的（OECD，2005a：12）。它可以提供工具来帮助个体进行预算、储蓄、明智投资决策并从投资水平与经济增长中获益（OECD，2005a）。2012年6月，20国集团领导人认识到金融素质教育的重要性，支持经合组织的措施（OECD，2013）。截至2014年年底，已有50多个国家制

---

①　C.Henchoz
Domaine Sciences des sociétés, des cultures et des religions, Département des sciences
sociales, Université de Fribourg, Bd de Pérolles 90, 1700 Fribourg, Switzerland
e-mail：caroline.henchoz@unifr.ch
© Springer Science+Business Media Singapore 2016
C.Aprea et al.（eds.），International Handbook of Financial Literacy,
DOI 10.1007/978-981-10-0360-8_8

定了国家金融教育战略，而且还有许多国家正在考虑制定这样一个战略（OECD，2014）。

这种对金融教育的全新关注可能与人们对诸如贫困或债务等经济状况的看法模式的转变有关。这些情况都不再被视为违背道德的结果或"非正常"行为，而是因为"缺点和不足"所导致的（Schultheis，2009），而这些缺点和不足的纠正和弥补必须通过金融教育来提供信息、指导和客观建议①（OECD，2005b）。因此，经济合作与发展组织（2014）将金融素质定义为对金融概念、金融风险、金融技能、金融动机的理解以及在特定金融背景下运用相关知识和理解进行决策的信心，以提高个人和社会的金融福利，从而使个体有能力参与经济生活。

这种认识的变化主要集中在对于不稳定金融形势和潜在风险的理解上：这里的潜在风险与新古典主义经济学中最重要的趋势相关，其主要由三个公理构成（Arnsperger 和 Varoufakis，2006）。第一个公理是个人主义方法论，它假定社会经济情况的解释在于"个体代理人"的理解（Arnsperger 和 Varoufakis，2006）。第二个公理是工具主义方法论，即每个代理的行为是最大化自己的效用和满意度。第三个公理是平衡方法论，它认为如果情况如上所述，那么行为是可预测的（Arnsperger 和 Varoufakis，2006）。换言之，在金融素质教育方案中，如果个人，特别是那些在经济方面最贫穷的人，能够获得"适当的财务信息和指导"，他们将使用这些信息和指导来提高他们的个人财务状况（OECD，2005）。因此，"金融素质不仅仅是已有知识的再生产……它还包括对个人认知和实践的激励，以及对个人态度、动机和价值观的指导"（OECD，2014：33）。

这些基本假设在新古典经济学的讨论中得到了广泛的应用，尤其是社会学家（Bourdieu，2000）和经济学家（Arnsperger 和 Varoufakis，2006）的讨论，虽然经济学家对把经济人定义为"理性、完全信息化、独立、自我中心、缺乏道德反思"的看法持有批判态度（Henchoz，Plomb，Poglia Mileti 和 Schultheis，2015：182）。在有关发展、教育和社会学与心理学文献的帮助下，并从瑞士有关经济社会化的研究成果中获益，本章试图证明这种批评也可以应用于经合组织对金融教育的定义中。为此，我将从社会学的角度来讨论经合组织定义中产生的三个假设②：第一个假设涉及金融素质低下和经济状况不佳之间的关系。第二个假设涉及金融素质培养的基本途径是获取相关信息、指导和建议（OECD，2005b：4）；第三个假设涉及将信息和指导转化为有效的金融行为的个人能力和机会（OECD，2014）。

在 Granovetter（1985）的指导下，本章着重介绍了金融活动和学习过程中的"社会嵌入性"。作者认为，借助于新古典经济学的公理，经合组织的金融素质教育计划倾向于提供一种"非社会化"或"原子—演员"的方法，这种方法忽略了对认知和实践技能的获得和激励（OECD，2014：33）同样取决于社会因素，如社会背景和个体功能发挥作用的社会关系。考虑到这一点，经合组织的金融教育概念是不完备的。不考虑个体的社会背景而

---

① 信息是"事实、数据和具体知识，使消费者意识到金融机会、选择和后果"；指导是"了解财务术语和概念"的技能；而建议是"关于一般金融问题和产品"的咨询（OECD，2005a：13-14）。

② 这一讨论并不包括所有的金融普及教育方案。这主要是基于：在参考书目中引用的 OECD 文件，在瑞士的预防和债务意识方案评估（Meier Magistretti 和 Arnold，2013），以及其中一个方案的教学经验（见下文）。

将同样的信息、指导和建议提供给所有人是第一阶段。然而，如果金融素质意味着所有人有获取金融实践和金融福利所需信息、指导和建议的潜力（Sen，1985），那么金融素质教育计划不仅要考虑这些信息、指导和建议的相关内容，还要考虑它们转化为决策和实践的社会条件。

8.2 第一个假设：金融素质低下和经济状况不佳之间的关系

几年来，我们看到越来越多的金融素质研究（Lusardi 和 Mitchell，2011，2014；OECD，2013）。它倾向于建立知识层级，以确定金融素质人群分层，并解决金融素质对经济决策的影响（Lusardi 和 Mitchell，2014）。金融素质通过衡量对于相关概念的理解来评价个体，这些概念包括消费、储蓄和投资决策，即复利、通货膨胀以及与利率相关的计算（Lusardi 和 Mitchell，2014；OECD，2013）。金融素质低下一般会集中出现在特定人群中：青年人和老年人、妇女、未受过教育的人、偏远地区的人、外国公民、少数族裔和移民（Atkinson 和 Messy，2012；Lusardi 和 Mitchell，2014；OECD，2014）。换句话说，金融素质较低的人更多是那些处于社会经济不利地位的人（OECD，2008），这是符合新古典经济学基础公理中个人主义方法论的（Arnsperger 和 Varoufakis，2006）。不理想的经济状况是由个人技能和个人能力的不足以及缺陷所导致的（OECD，2005）。而具有相关的知识和理解会指导人的理性行为，这意味着在传统的微观经济学方法下，"一个完全理性的、掌握完全信息的个人在高收入时会节约开支，以支持收入下降时的开支"（Lusardi 和 Mitchell，2014）。

然而，这一解释引发了一个关于因果关系的有趣问题：这些人是由于金融素质较低而导致的贫穷，还是因为贫穷而被视为金融素质较低？对于金融的误解代价高昂似乎支持了第一种解释。这些人参与和投资金融市场的能力较差，积累财富的能力也较差。他们也可能背负更昂贵的抵押贷款，支付高昂的交易费用和佣金费用（Atkinson 和 Messy，2012；Lusardi 和 Mitchell，2014；OECD，2014）。然而，如果我们保留这一解释，我们就将金融安全问题归根于个人问题。考虑到金融理解程度评价中（与投资、预算和储蓄有关的概念）假定可以在未来预算中投资基金，问题可能转变为金融素质教育所评估的"知情选择"和"有效措施"是不是仅限于某些特定社会群体。

8.3 第二个假设：金融素质教育中适当信息和指导的关键问题

对这些问题的回答将引出金融素质教育的第二个假设。金融素质教育是基于传播相关信息、指导和建议的。这次讨论分为两部分。第一部分考虑获取"金融概念的相关知识和理解"的过程（OECD，2014）及其结果。第二部分论述了这一过程的社会维度。

8.3.1 学习过程和学习结果

Ward 的开创性研究提出了三个核心问题（Ward，1974），这三个问题已在金融和经济文献中被详细研究①：（1）儿童获得（金融）技能、知识和态度的过程；（2）这些社会化

---

① 考虑到区分发展、社会化和教育方面的困难，他们在金融社会化概念下进行了研究成果总结（Aprea 和 Leumann，2014）。社会化在这里指的是获得作为社会经济成员所必需的技能和知识的过程。

过程的具体内容；（3）在金融方面，早期的学习是，如何影响后来的认知和行为的。通过对 Piaget 的理论进行研究（Piaget，1967［1947］），在儿童和青少年的认知发展问题上产生了发人深省的成果（Bombi，1996；Furnham，1996，1999；Leiser 等，1990；Webley 和 Nyhus，2013）。不同的发展阶段，我们观察到，儿童的认知都在不断进行着关键的发展，并获得对金融越来越抽象和复杂的理解。认知的信息加工方法解释了收集过程、处理和翻译信息过程随着孩子的成长越来越自动化的问题（Lemerise 和 Arsenio，2000；Palmer 和 Kimchi，1986）。Bombi（1996）强调，"这些研究成果说明年龄和经济观念形成之间的关系"。

家长的社会角色被认为在孩子的少儿时期和青春期对个体有着金融方面的主要影响（Danes 1994），这一社会化的角色被广泛研究（Kim 等，2011；Webley 和 Nyhus，2013）。父母对孩子的金融行为既有着长期影响又有着短期影响（Beutler 和 Dickson，2008；Webley 和 Nyhus，2013），但其他社会化因素，例如同事、学校、媒体和文化的影响则在文献中往往被忽视（Kim 等，2011）。根据 Furnham（1996）的研究，相比于知识获取的过程，金融教育更加关注于知识内容的发展。文献提出的问题往往关注的是：儿童是如何做到理解大人的经济世界的，而不是他们是如何解决所面临的经济问题的（Webley 和 Lea，1993）。

然而，近年来有关的社会经济研究提出了各种发展方向（Henchoz 等，2015）。研究表明，学习和理解的内容同学习的过程不是相互分离的。正如 Piaget（1967［1947］）所注意到的，孩子们在参与学习的过程中很积极（Henchoz 等，2014；Solheim 等，2011）。通过家人、父母、祖父母、叔叔阿姨、有时甚至是兄弟姐妹的"指导"和"启发"，孩子在早期阶段就学会通过储蓄账户、零花钱和杂务活来管理财富。正如 Strauss（1952）已经注意到的，管理财富对于理解价值和数学推理是至关重要的，它教会了人们规划和预算以及合作伙伴之间交换的逻辑和规范关系。与通过实验学习一样，年轻人也通过观察周围人的金融实践来学习和理解金融知识[①]。通过筛选可得信息，他们形成了与他们生活环境密切相关的知识。例如，同侪消费使他们能够评估热销品及其家庭在社会中的地位。父母如何管理他们的收入或他们对购物的偏好是年轻人在早期阶段将"必要开支"和"奢侈消费"区分开来的一个重要参照；这些被认为是有益于成人预算管理的（OECD，2014）。此外，年轻人很快就认识到，能否获得某些消费品取决于他们为自己提供资金的能力，这可能是储蓄和在劳动力市场上找"零工"的有力诱因。

近年来，金融社会化逐渐被视为一个持续性过程，而不是一个学习期结束后的状态。考虑到社会化媒介和机制的多样性，将个人获得知识阶段和个人运用知识并将其转化为行为的阶段区分开来几乎是不可能的（Darmon，2006）。例如，一些事件（独立、结婚、负

---

① 这两个学习过程是紧密联系的，因为观察是模仿学习的基础(Lahire,2002)

债）现在也被视为潜在的金融学习过程了①。

8.3.2 学习过程和学习结果中的社会嵌入性

考虑到学习过程提供了整合社会维度的机会。如前所述，家庭网络的关键作用已被广泛研究。然而，虽然一些研究表明，金融素质因性别、年龄、教育程度、收入水平、种族或社会阶层以及经济背景而异，但在金融教育计划和研究中往往忽略了促成学习过程的社会关系相关因素（Lusardi 和 Mitchell，2011；Magistretti 和 Arnold，2013；Webley 和 Nyhus，2013）。

Webley 和 Nyhus（2013）提到了一个事实：在大多数社会经济阶层中，金融素质被认为是合法和有价值的，但并非在所有的社会经济阶层都相同：

从这个角度来看，储蓄不仅仅是个人的事情，而且也是一种社会行为，需要金融机构提供良好的设施支持。有效的储蓄（和预算）也需要实践，这意味着有足够的资金来进行储蓄和做出预算决策（从预算错误中可以得到经验教训）。根据这个观点，在社会经济上处于劣势的孩子是双重弱势的，他们既缺乏应对金融机构的经验，也没有管理较大金额金钱的实践经验。

这一观察结果与上一届国际学生金融素养评估计划（PISA）得出的结论是一致的（OECD，2014）。具有社会经济优势的学生更有可能持有银行账户（OECD，2014），并且取得的金融教育成就也比其他人更高。换句话说，学习储蓄的机会不仅与信息、教学和咨询有关，还与经济和社会条件相关②（Bourdieu，2003）。在这个意义上，我们可以认为社会关系框架是一个经验性的环境框架，在这个框架中，学生有机会发展特定的金融知识、理解和技能。

如果在学习过程中获得的能力取决于社会和关系背景，那么经合组织金融素质计划中强调的是什么呢？PISA 研究的另一个结果（OECD，2014）似乎支持这样一个事实，即评估（和鼓励）的能力对于更富有的社会阶层更具体。根据这项研究，会有更多的社会经济劣势的学生在上课时间以外工作，有些是在家庭中工作（例如假期工作、兼职工作）（OECD，2014）。然而，这些学生的金融经验似乎没有增长：如果持有金融产品（特别是银行账户）对评估的金融素养水平有积极影响，那么从工作中赚钱就不是这样的（OECD，2014）。为什么？如经合组织报告所述，对这一结果的解释可能是"正在花时间执行这些任务的学生，在学校以外学习或体验生活其他方面的时间较少"（OECD，2014）。另一个可能的解释是，不同社会阶层的金融知识的可获得性（Elliott 等，2011）。通过与储蓄相关的实践，具有社会经济优势的学生有机会获得由 PISA 研究评估的知识类型，对处于社会经济弱势的年轻人来说，就无法获得这种知识。虽然后者可能已经培养出能够并将会产生重大财务后果的能力（例如，能够响应雇主的需求和要求，获得经验和专业知识），但这些方面既不被评估也不考虑，也许是因为它们不直接关系到金

---

① 与银行或信贷机构打交道也需要金融知识（见 special issue of Sociétés contemporaines 2009/4 n°76 或 Schwartz（2002［1990]）。在瑞士家庭生活阶段获得的金融专业知识，参见 Henchoz（2008）的论文。要考虑离开父母后在瑞士的经济生活，请参阅 Le Goff 和 Thomsin（2006）的论文或 Wernli 和 Henchoz（2015）的论文。

② 作者个人理解。

融领域。

这次讨论使我们更加关注金融素质对于不同社会阶层的可获得性问题。

8.4 第三个假设：存在个人能力来促进将信息和指导等资源转化为有效的金融行为

讨论将认知和实践知识转化为实践的个人能力的假设使我们在能力方面审视金融素质。Sen（1985）制定的"能力办法"侧重于实现经济福利的个人自由。在这个概念中，自由是"从人的能力方面来理解的，即他们真正有机会去做，并且成为他们想成为的人①"。能力方法提出了手段和目的之间的区别（Robeyns，2003），这有助于讨论经合组织金融素质项目的第三个假设。

8.4.1 培养金融素质的方法

承认教育是有效的就是假设个人能够运用他们所学到的东西，并将其转化为有效的决策、行动和个人福祉。金融素质教育计划的假设是，他们的理解越多、越抽象、越复杂，他们越能够处理复杂的情况（OECD，2013，2014）。这一假设源于如下前提，即转化是"外生的，即依赖于一般人性"（Bourdieu，2000：20）②。然而，一些金融素质教育计划却间接地加剧了获得金融普及教育机会的不平等。例如，预算通常被认为是最有效的"实践理性的手段"（Weber，2009）③，它还包含社会民族中心假设④。预算强加了时间约束（月），但这不适合于不稳定的家庭收入和支出。因为预算要求对收入和支出进行准确的预测，同时也要求家庭在预算之前确定自身有进行预测和储蓄的必要性。而对于收入和收支不规律的家庭，这些条件显然不太可能满足⑤。

最后，这种方法与家庭中观察到的具体理性手段不符（Henchoz，2008；Weber，2009）。较低的社会阶层会在一周开始或月初使用"信封⑥"和"消费优化工作⑦"作为管理资金的具体方式。这些"没有正式会计分录的计算的方法"⑧（Weber，2009）在教育计划中很少被考虑，非财务支持也不会考虑，但却对低收入家庭十分重要（Van Pevenage et al，2009）。

虽然金融素质教育计划中低收入家庭或个人的做法、理解程度和技能的代表性不足，但实际上它们已经根据个人的生活条件进行了改变（Bourdieu，2003）。在这方面，根据社会经济阶层，个人可以在不同程度上接受社会化代理人的矛盾信息。弱势群体更有可能在社会环境中面临知识和技能、需求以及社会理想金融行为之间的冲突（Bourdieu，

---

① http://plato.stanford.edu/entries/capability-approach/.Accessed 22 January 2014.
② 作者个人理解。
③ 作者个人理解。
④ 自 Le Play（1855）以来，关于家庭预算的社会学和民族学研究有一个重要的传统，主要集中在工人阶级。在这一章中，作者尤其受到了其中一些人的启发（Hoggart,1970[1957]；Perrin-Heredia,2013；Schwartz,2002[1990]）。
⑤ 例如，当每个月收入未知时很难预测延迟支付的费用。
⑥ 信封是很多预算项目的组织工具。
⑦ 消费工作（大宗采购、最佳价格跟踪、保质期管理等）被包含在"自己工作"中，即诸如账单支付、预算、购物等实际金融任务（Collavechia,2008）。
⑧ 作者个人理解。

2000），特别是在金融课程的教授中。除了其他社会经济阶层的个人，他们必须根据其对环境的看法和方式来组织与确定信息的优先级，并且必须选择他们认为最合适的行为（Lahire，2004）。然而，无论他们选择什么，都有可能处于不利境地：采取社会广泛接受但与情境不一致的金融行为或保持与社会经济环境一致的一般金融行为，但可能被（社会、教育、财政）机构的代表所批评（例如，Guérin，2013；Lazarus，新闻界；Perrin-Heredia，2013）。

弱势群体难以接受正统的金融教育，具备合理的金融行为。对于他们来说，拥有"地位和社会需要的消费"（Moschis 和 Churchill，1978）"限制或废除一切享乐主义或面向社会生活的消费"①才是他们要关注的焦点（Schwartz，2002 ［1990］：507）。这种消费需要对每种金融行为保持警惕，并接受剥削（Hoggart，1970 ［1957］；Schwartz，2002 ［1990］）。换句话说，拥有金融素养对于低收入家庭的人士来说，需要做出更多的牺牲和遵守更多的纪律。此外，这些人也必须面对别人不一定面对的具体问题。从 Caprovitz（1967）的研究，我们知道，良好的收入水平有助于避免一些消费风险和歧视（例如，质量差的低端商品，与同样的商品和服务比需要付出更多的代价）。如 Pinto（1989）所指出的那样，相比于那些社会经济优势较强的人，处于劣势的人也不太可能拥有一个可以抵消法律知识或经济学知识匮乏的负面效果的信息网络。他们不被认为具有法律和金融素养可能会降低他们的动力和信心：根据经合组织（2014）的观点，有效应用知识和理解是促进人们技能和权利发展的必要条件。

8.4.2　对有效决策和理性行为的方式和结果的思考

考虑到以金融相关方式进行学习和采取行动的能力，就会产生"明智"、"完全信息"或"理性"行为的问题。总的来说，金融素养教育与韦伯（1958 ［1921］，1968 ［1921］）所称的"正规理性"有关，即普遍的、基于抽象智力概念的一般规则决定行动模式和生活方式。金融素质计划本质上侧重于传播信息和教学，倾向于鼓励这种"技术"理性。然而，正如韦伯所研究的，其他类型的理性与之共存（概述见 Kalberg，1980），其中一些嵌入在个人的社会关系环境中。例如，"实质理性"取决于个人所属社区的利益。这有助于澄清为什么一些处境不利的年轻人在有钱时宁愿帮助他们的家庭而不是用来储蓄（Henchoz，2014）。"实际理性"是另一种理性，它考虑到既有现实的困难以及如何处理这些困难，并在日常生活中运用务实的计算方法。

对瑞士负债沉重的青年人采访的例子强调了"实际理性"在社会上的嵌入，这不是"良好教育"的结果，而是依赖于个人和社会历史的内生过程（Bourdieu，2000：20）。第一个例子是无视收入波动的消费习惯。这种行为在收入发生巨大变化时似乎是不合理的，但可以通过 Bourdieu 的习惯概念来理解：这种观念指的是一种"在实践层面上具有处置作用的系统，作为感知和评估类别或作为分类原则以及作为行动的组织原则"（Bourdieu，1990：12-13）。每个个体从很小的年龄段就开始领会到消费文化（Dubuisson-Quellier，2009；Zelizer，2005）。他们根据他们的性别、年代、社会阶层或文化亲和力学习合理消

---

① 作者个人理解。

费的规则。他们知道，消费是社会认同和区分的工具，提供了表达社会地位和社会群体价值观、品位和习俗的机会。这是获得声望、地位或社会认同的手段。从这个意义上讲，消费表达并满足了"社会需要"（Halbwachs，1913）。这些消费主义的特性导致个人再生产行为，即使他们掌握的信息表明这需要改变。

上述第一个例子说明了习惯，即社会资本的实例（Bourdieu，1990），第二个例子则描述了实际理性：一个年轻女子获得新信用卡以利用授权信用额度偿还现有债务的情况。她的行为，从长远来看似乎是不合理的、不可持续的，但可以由 Beckerian 对承诺的定义来解释。Beckerian（1960）说，"当一个人放手一搏，将无关紧要的利益与一系列活动联系起来时"，承诺就会形成。这个年轻女子"赌"的是继续承担债务相比于债务违约的成本更低。习惯也一样，承诺有助于我们了解"一贯性的行为"（Becker，1960），即为什么相关信息、指导和知识可以塑造我们的行为使之更加理性。例如，这位受过良好教育的女性拥有关于（过度）负债的信息，但没有其他选择，违约的后果被认为是如此昂贵，以至于不再是可行的替代方案。

金融素养教育鼓励的正当理性是基于当前和在某一时刻的可用信息。正如我们看到的习惯和承诺，过去的经历可以建立实际理性。第三个，也是最后一个例子表明，面对未来的方式也可能导致采取与所获得的信息和知识不一致的金融行为（Bourdieu，2003）。例如，年轻人借钱来进行按摩训练，或者是忽视债权人的信件提醒。他们的行为不能用无知来解释（他们都有关于债务的信息），而是他们如何设想未来。例如，当一个人看到信件提醒后，可能把借债用于对自身和工作的投资。另外一个人选择不去打开信件提醒，以避免忍受胃痛和失眠，因为他看不到还债的希望。他决定忽视问题，直到找到解决问题的办法，即使这似乎是不合理的。然而，考虑到他的收入取决于他的身体健康状况，选择维护他的健康状况可以被认为是所有办法中偿还债务的最佳途径。

Weber（1958，1968）认为一个行为本身不是非理性的，而是从具体的"理性"立场考察时才变得非理性（Kalberg，1980），经济理性问题已被广泛讨论，特别是经济学家自己（Simon，1997）。在我们看来，这意味着没有可以通过教育教授的固定的本质上的理性行为，但这并不意味着没有任何对个人或家庭福利有害的行为。经济行为的目的是多元化的，因为它们被包含在社会关系和个人或集体中。

8.5 结论

如果我们认识到知识、理解、技能、动力和信心是具有社会属性的，那么金融素质教育计划就可以成为实现社会公平的工具。无论社会环境和生活条件如何，每个人都可以获得相同的知识基础。然而，在目前的金融素养计划中，经济上不稳定的情况往往会有贬义的内涵。因此，教育工作变成了"旨在对这些假设缺点进行纠正"（Schultheis，2009）。学习者也是具有相关社会关系和社会背景认知和实践技能的人，但却往往被忽视或被低估。然而，如果金融素养教育计划的目的是充分赋予人民权利，那么教育不仅要把它作为一个传播信息、指导和咨询的过程，它还必须被指定为这样一个有效的过程：考虑到这些信息和这种指导如何以及在什么社会条件中被转化为实践和福祉，将"社会嵌入"（Granovetter，1985）纳入金融素养的考量中，开发基于金融能力的教育方法。这种做法不是创新的，但其在发展中国家通常会有所局限（Lazarus，新闻界）。但是，如果它是金融素养计划的一部分，它可以提供多种优势。这将有可能超出单边社会中心的看法，即什么是有价值的理解和合理的行为形式，从而将学习过程和技能类型的多样性，以及参与计划的人的生活条件和需求纳入考虑中。这也将使金融教育机会不平等问题得到更多的重视。最后，它将向不具有明显的金融特征但具有金融影响的领域开放教育计划，这似乎很少被考虑到（Webley和Lea，1993）。这些可能与制度、社会、专业和政治关系（社会保险或税收制度如何运作或劳动力市场准入条件）或社会因素（与消费、金钱、规范、信仰和权力相关的社会意义和社会价值）相关。在这个意义上，金融素养的社会嵌入性包括对经济更广泛的了解，即包括社会成员为生产、分销、消费、交易和服务而进行的所有活动。

参考文献

Aprea, C., & Leumann, S. (2014). Encouragement de la compétence financière chez les enfants et les jeunes: une analyse sous l'angle de la psychologie du développement. In Commission fédérale pour l'enfance et la jeunesse (Ed.), *Critiques ou manipulés? Pour de jeunes consommateurs responsables* (pp.50–55). Berne: Confédération suisse.

Arnsperger, C., & Varoufakis, Y. (2006). What is neoclassical economics? The three axioms responsible for its theoretical oeuvre, practical irrelevance and thus, discursive power. *Panoeconomicus*, 1, 5–18.

Atkinson, A., & Messy, F.A. (2012). *Measuring financial literacy: Results of the OECD/International Network on Financial Education (INFE) pilot study* (Vol.15). OECD working papers on finance, insurance and private pensions. OECD Publishing.

Becker, H.S. (1960). Notes on the concept of commitment. *The American Journal of Sociology*, 66 (1), 32–40.

Beutler, I., & Dickson, L. (2008). Consumer economic socialization. In J.J. Xiao (Ed.), *Handbook of Consumer Finance Research* (pp.83–102). New York: Springer.

Bombi, A.S. (1996). Social factors of economic socialization. In P. Lunt & A. Furnham (Eds.), *Economic socialization. The economic beliefs and behaviors of young people* (pp.93–109). Cheltenham: Edward Elgar.

Bourdieu, P. (1990). *In other words. Essays toward a reflexive sociology*. Stanford: Stanford University Press.

Bourdieu, P. (2000). *Les structures sociales de l'économie*. Paris: Seuil.

Bourdieu, P. (2003). La fabrique de l'habitus économique. *Actes de la recherche en sciences sociales*, 150, 79–90.

Caplovitz, D. (1967). *The poor pay more. Consumer practices of low-income families*. London: The Free Press of Glencoe.

Collavechia, S. (2008). "Doing Moneywork": le travail domestique des femmes dans la gestion des finances familiales. In H. Belleau & C. Henchoz (Eds.), *L'usage de l'argent dans le couple, pra-*

tiques et perceptions des comptes amoureux.Perspective internationale(pp.183-218).Paris：L'Harmattan,coll.Questions sociologiques.

Danes,S.M.(1994).Parental perceptions of children's financial socialization.*Financial Counseling and Planning*,5,127-149.

Darmon,M.(2006).*La socialisation*.Paris：Armand Colin,collection 128.

Dubuisson-Quellier, S.(2009).La consommation comme pratique sociale.In P.Steiner&F.Vatin（ Eds.）,*Traité de sociologie économique*(pp.749-797).Paris：PUF.

Elliott,W.,Webley,P.,& Friedline,T.(2011).*Two accounts for why adolescent savings is predictive of young adult savings： An economic socialization perspective and an institutional perspective*.CSD working paper,pp.11-34.http：//csd.wustl.edu/Publ ications/Documents/ WP11-34.pdf.Accessed 21 February 2015.

Furnham,A.(1996).The economic socialization of children.In P.Lunt & A.Furnham（ Eds.）, *Economic socialization.The economic beliefs and behaviours of young people*(pp.11-34).Cheltenham：Edward Elgar.

Furnham,A.(1999).Economic socialization：A study of adults'perceptions and uses of allowances （pocket money）to educate children.*British Journal of Developmental Psychology*,17（4）, 585-604.

Granovetter,M.(1985).Economic action and social structure：The problem of embeddedness.*The American Journal of Sociology*,91（3）,487.doi：10.1086/228311.

Guérin,I.(2013).L'éducation financière ou comment apprendre aux pauvres à bien consommer？ In I.Guérin&Sélim（ Eds.）, *A quoi et comment dépenser son argent？ Hommes et femmes face aux mutations globales dela consommation*(pp.42-55).Paris：L'Harmattan.

Halbwachs,M.(1913).*La classe ouvrière et les niveaux de vie.Recherches sur la hiérarchie des besoins dans les sociétés industrielles contemporaines*.Paris：Félix Alcan.

Henchoz,C.(2008).*Le couple, l'amour et l'argent.La construction conjugale des dimensions économiques de la relation amoureuse*.Paris：L'Harmattan,coll.Questions sociologiques.

Henchoz,C.(2014).Konsumieren lernen in Eidgenössische Kommission für Kinder-und Jugendfragen：Selbstbestimmt oder manipuliert？ Kinder und Jugendliche als kompetente Konsumenten.*Bern, Schweizerische Eidgenossenschaft*,38-40.

Henchoz,C.,Plomb,F.,Poglia Mileti,F.,& Schultheis,F.(2015).Economic socialisation and financial practices of young people：Sociology issues.Introduction to the special issue.*Swiss Journal of Sociology*,41（2）,179-200.

Henchoz,C.,Poglia Mileti,F.,&Plomb,F.(2014).La socialisation économique en Suisse：récits rétrospectifs sur le rôle des parents et des enfants durant l'enfance et l'adolescence.*Sociologie et sociétés*,46（2）,279-300.

Hoggart,R.(1970［1957］).*La culture du pauvre*.Paris：Ed.de Minuit.

Kalberg,S.(1980).Max Weber's types of rationality.*The American Journal of Sociology*,85（5）, 1145-1179.

Kim, J., LaTaillade, J., &Kim, H. (2011). Family processes and adolescents' financial behaviors. *Journal of Family and Economic Issues*, 32, 1–12.

Lahire, B. (2002). *Portraits sociologiques. Dispositions et variations individuelles.* Paris: Nathan.

Lahire, B. (2004). La jeunesse n'est pas qu'un mot: la vie sous triple contrainte. In B. Lahire (Ed.), *La culture des individus* (pp. 497–512). Paris: LaDécouverte.

Lazarus, J. (in press). Gouverner les conduites économiques par l'éducation financière. In S. Dubuisson-Quellier (Ed.), *Gouverner les conduites.* Paris: Presses de Sciences Po.

Le Goff, J.-M., &Thomsin, L. (2006). Modèle de passage àla vie adulte. La Suisse au carrefour de l'Europe. In C. Bidard (Ed.), *Devenir adulte aujourd' hui. Une approche comparative internationale.* Paris: l'Harmattan. CollDébat-Jeunesse.

Le Play, F. (1855). *Ouvriers européens. Études sur les travaux, la vie domestique et la condition morale des populations ouvrières de l'Europe, précédée d'un exposé de la méthode d' observations.* Paris: Imprimerie impériale.

Leiser, D., Sevon, G., & Lévy, D. (1990). Children's economic socialization: Summarizing the cross-cultural comparison of ten countries. *JoEP*, 11, 591–614.

Lemerise, E. A., & Arsenio, W. F. (2000). An integrated model of emotion processes and cognition in social information processing. *Child Development*, 71(1), 107–118.

Lusardi, A., &Mitchell, O. S. (2011). Financial literacy around the world: An overview. *Journal of Pension Economics and Finance*, 4, 497–508.

Lusardi, A., & Mitchell, O. S. (2014). The economic importance of financial literacy: theory and evidence. *Journal of Economic Literature*, 5–44.

Meier Magistretti, C., & Arnold, C. (2013). *Wirkt Schuldenprävention? Grundlagen für die praktische Arbeit mit Jugendlichen und jungen Erwachsenen.* Berne: Eidgenössische Kommissionfür Kinder und Jugendfragen EKKJ.

Moschis, G. P., &Churchill, J. G. A. (1978). Consumer socialization: A theoretical and empirical analysis. *Journal of Marketing Research*, 15(4), 599–609.

OECD. (2005a). *Improving financial literacy. Analysis of issues and policies.* OECD Publishing.

OECD. (2005b). *Recommendation on principles and good practices for financial education and awareness.* Recommendation of the council, Retrieved from http://www.oecd.org/daf/fin/financial-education/35108560.pdf. Accessed 21 February 2015.

OECD. (2008). *Growing unequal? Income distribution and poverty in OECD Countries*, OECD Publishing.

OECD. (2013). *Evaluating financial education programmes: Survey, evidence, policy instruments and guidance*, Retrieved from http://www.oecd.org/daf/fin/financial-education/G20Evaluating_Fin_Ed_Programmes_2013.pdf. Accessed 21 February 2015.

OECD. (2014). *PISA 2012 results: Students and money. Financial literacy Skills for the 21st century* (Vol. VI). PISA: OECD Publishing.

Palmer, S., &Kimchi, R. (1986). The information processing approach to cognition. In T. Knapp & L.

Robertson(Eds.), *Approaches to cognition*: *Contrasts and controversies*(pp.37-77).Hillsdale:Lawrence Erlbaum& Associates.

Perrin-Heredia,A.(2013).Le choix en économie.Le cas des consommateurs pauvres.*Actes de la recherche en sciences sociales*,4(199),46-67.

Piaget,J.(1967 [1947]).*La psychologie del' intelligence*.Paris:Colin.

Pinto,L.(1989).Du "pépin" au litige de consommation.Une étude du sens juridique ordinaire.*Actes de la recherche en sciences sociales*,76-77,65-81.

Robeyns,I.(2003).*The capability approach*: *An interdisciplinary introduction.Working paper*.Paper presented at the 3rd International Conference on the Capability Approach,Pavia.

Schultheis,F.(2009).Rethinking the capability approach for the younger generation:"Youth"as a factory to produce a flexible and employable workforce.In K.Schneider&H.-U.Otto(Eds.), *From employability towards capability*(Vol.IV,pp.71 83).Luxembourg:Forward.

Schwartz,O.(2002 [1990]).*Le Monde privé des ouvriers.Hommes et femmes du Nord*.Paris:PUF.

Sen,A.K.(1985).*Commodities and capabilities*.Oxford:Oxford University Press.

Simon, H. A. (1997). *Models of bounded rationality*: *Empirically grounded economic reason* (Vol.3).Cambridge:The MIT Press.

Solheim,C.A.,Zuiker,V.S.,& Levchenko,P.(2011).Financial socialization family pathways:Reflections from college students'narratives.*Family Science Review*,16(2),97-112.

Strauss,A.L.(1952).The development and transformation of monetary meanings in the child.*American Sociological Review*,17(3),275-286.doi:10.2307/2088073.

Van Pevenage,I.,Dandurand,R.,& Kempeneers,M.(2009).*Pour agir*: *comprendre les solidarités familiales.La recherche*: *un outil indispensable.Fiches synthèses de transfert de connaissances*. Montréal: Partenariat Familles en mouvance et dynamiques intergénérationnelles,INRS.

Ward,S.(1974).Consumer socialization.*Journal of Consumer Research*,1(2),1-14.

Weber,F.(2009).Le calcul économique ordinaire.In P.Steiner & F.Vatin(Eds.), *Traité de sociologie économique*(pp.399-440).Paris:PUF.

Webley,P.,& Lea,S.E.G.(1993).Towards a more realistic psychology of economic socialization. *JoEP*,14,461-472.

Weber,M.(1958[1920]).*The Protestant Ethic and the Spirit of Capitalism*.New York:Scribner's.

Weber,M.(1968 [1921]).*Economy and Society*.New York:Bedminister.

Webley,P.,&Nyhus,E.K.(2013).Economic socialization,saving and assets in European young adults.*Economics of Education Review*,33,19-30.

Wernli,B.,&Henchoz,C.(2015).Les conséquences financières dudépart du foyer parental.Une analyse longitudinale des données du Panel suisse de ménages.*Swiss Journal of Sociology*,41 (2),311-328.

Zelizer,V.(2005).Culture and consumption.InN.J.Smelser&R.Swedberg(Eds.), *Handbook of economic sociology*(pp.331-354).Princeton:Princeton University Press.

第9章 公共教育学中的金融普及教育：消除经济不安、伦理与民主[①]

Chris Arthur

摘要 金融素质教育（FLE）不是消除财务风险和责任的技术性、非政治性的应对方法，而是有关经济不安全问题化的公共教育学。鉴于此，金融素质教育研究人员被要求反思他们的研究，扩大金融素质教育学科，并在重要的金融素质教育研究领域做出贡献。本章的第一部分将金融素质教育作为公共教育进行分析，并同消费者问题中的经济不安全和道德规范中的个人消费解决方案相比较，这其中我们将使用批判性的方法来处理之前伦理政治方面的局限。第二部分探讨了金融素质教育公共教育的消费案例，并探讨他们通过加强政治行动而深化自己的公民身份。第三部分概述了金融素质教育的关键方法和研究，以更好地了解金融不安全的政治结构特征，并帮助公民寻找其他更加有效且道德的集体解决方案，以解决目前的不公平分配问题。

关键词 金融素质 消费化 关键理论 资本主义 公民教育

9.1 引言

在全球经济竞争加剧以及公共和私人债务水平提高的背景下，国家机构福利紧缩和削弱被认为是必要的道德责任。赤字支出虽然可以提供就业岗位，但是不能紧缩福利，并没有消除持续经济危机的根本原因。危机的根源在于公共债务、劳动力不灵活、人口变化以及政府和企业的健康与退休基金负担。政府声称要减少公共社会服务支出、提高高等教育学费、延迟退休年龄和养老金给付，这不是短期措施，而是必须进行的必要的永久性结构调整，以便在全球经济中有效竞争并保护我们孩子的未来（Mazie，2013）。

著名的金融素养倡导者 John Hope Bryant（2010）指出了经济的"现实"要求，他认为紧缩是必要的。因为政府不能继续"资助"GDP 增长，也不能补贴所有需求不断增长的国家。相反，政府需要发起一项为期10年的努力，以促进青年创业，并为改变和塑造

---

① C.Arthur
Faculty of Education，York University，4700 Keele St.，Toronto，ON，Canada
e-mail：chrisrossarthur@gmail.com

© Springer Science+Business Media Singapore 2016
C.Aprea et al.（eds.），International Handbook of Financial Literacy，
DOI 10.1007/978-981-10-0360-8_9

一个"我能行"的文化做出20年的努力。

　　鉴于这一问题，对金融素质教育（FLE）的支持就并不意外了，这里的金融素质教育包含个人资金管理技能的培训和有关改善消费者与投资者行为的教学。

　　精英的任务是改革我们的政治经济制度，提供金融素质教育等个人解决方案，以消除不安全感，而我们在没有政治和经济话语权时必须接受这些变化，相应地进行自身改革。我们必须使用个性化工具来解决我们与经济需求之间不匹配的问题（即我们必须接受我们别无选择的事实，只能在市场上找到维系生存的手段，并参与实施）①。在中产阶级就业率不断下降的情况下，自动化、外包、不稳定的合同工作越来越多，私有化和不平等现象日益加剧，许多人必须降低工资预期，延长工作时间，不断更新他们的工作技能，改进自己的工作，花费更多时间进行审慎投资，并找到一种方法来做机器不能做的（Brynjolfsson和McAfee，2014；Frey和Osborne，2013；OECD，2014a）。他们必须明白，"真正的问题在于自己"（Wente，2014），"我们一切只能靠自己"（Lieber，2014，）。

　　在本章，作者认为我们自身并没有问题；问题出在政治经济精英正在建设政治经济和将金融素质教育公共化、合法化。从Giroux（2004）引用"公共教育学"这一术语表明，金融素质教育的内容和措施影响了我们对信息资源的理解。正如培养学生的金融素质一样，那些不在学校的学生通过众多政策声明、学术界的分析和媒体专家的新闻，获得了同样的"教育"。通过媒体和政策制定者对政治经济实践进行改革，金融素养教学范围超出了课堂和信贷咨询机构，创造了一种公共教育学，让人们认为财务不安全是个人问题，需要个人更加努力工作，更好地投入资金和人力资本（Arthur，2012）。

　　不同于进一步缩小金融素质教育的原则（Remund，2010），我认为研究人员应该扩大研究重点，并对其研究假设、研究所处的政治经济背景以及研究如何有助于对财务安全和财务结构进行分析。一些金融素质教育研究人员质疑了金融素质教育作为风险管理策略的作用，其掩盖了金融不安全的政治经济因素和个人化金融风险的政治特征（Arthur，2012；Beggs等，2014；Clarke，2015；Daellenbach，2015；Erturk等，2007；Farnsworth，2012；Farnsworth等，2011；Lucey和Laney，2012；Marron，2014；Olen，2012；Pinto，2013；Pinto和Coulson，2011；Williams，2007；Willis，2008）。本章旨在通过分析作为消费者问题的经济不安全结构，限制道德提供给个人消费者解决方案以及消费和政治的转变，同时勾勒出关键的政治上的金融素质教育项目。

　　本章分为三个部分。第一部分分析了金融素质教育消费者的公共教育学，并同经济不安全和伦理消费化与一种强调金融不安全的伦理进行对比——这里将采取批判性的方法来讨论金融不安全的伦理政治问题。第二部分研究了"公民"金融素质教育公共教育学的突出例子，它似乎与第一部分概述的"公民"态度相一致，但是提倡消费政治行动的消费者公民身份。第三部分概述了一个关键的、政治性金融素质教育研究项目，它可以支持在政治和财政上有辨识能力的公民，让他们了解财务不安全的政治结构特征，并能够与他人合作，为不公平的财务风险提供有效和社会公正的集体解决方案。

----

　　①　见Means（2014）有关人类安全的论文。

9.2 消费者的道德与安全

金融素质教育在2007年金融危机之后越来越受欢迎：许多国家在学校制定了强制性金融素质教育项目；金融素养民意调查和政策在主流媒体中十分常见；截至2012年，经合组织有影响力的国际学生评估计划（PISA）（OECD，2014b）囊括了阅读、数学、科学素养以及金融素养。虽然对金融素质教育兴趣大增的原因有很多，但最突出的是帮助受到金融危机打击最严重的人们，他们首当其冲遭受着严重的后果。花旗集团的研究人员和倡导者证明了对其他人的安全的伦理关注：著名的金融素质教育学者Lusardi（2013b）说，我们必须在学校培养金融素质，以改善处境不利群体的生活，而花旗集团的研究人员表示，"金融能力是一项道德责任"（Deb和Kubzansky，2012）。

然而，不幸的是，对于伦理和不安来说，消费者而非公民才是研究人员和倡导者所寻求的关键人物。如此一来，他们限制了自己对他人的道德义务，并限制了消费者对最佳解决方案的探索，这与市场关系扩张相符合（加拿大金融部门，2014；Remund，2010）。例如，大多数的研究人员和倡导者都没有分析集体解决方案来最有效地缓解经济问题，例如公共卫生保健和公共养老金。他们也没有检查实施、保护和持续改革这些集体行为所必需的策略、制度和部署。FLE研究人员和支持者更加关心制定相应的消费策略、消费机构等来缓解经济不安全感，他们简单地将金融素质教育同这种不安全感联系在一起，认为这种不安全感造成了失业率上升、贫穷、医疗匮乏、债务负担过重、工作量加大和工作日延长，他们把这些问题归结为个人消费者问题而不是政治问题。

金融素质对于个人理财是必要的，并且为许多人提供了实用的知识（例如，新移民不熟悉新国家的银行系统和金融交易）。然而，任何旨在改善他人生活的研究都必须"解决更大的结构条件和处理对他们不利的力量"（Sanders等，2007）。在政策制定之后，研究人员往往不加批判地跟随政策的制定，将对各种商品和服务进行私有化或进一步私有化，如医疗保健、儿童保育、失业保险、养老金和后继教育，并将这些打上"消费者"而非"公民"的印记。在对这些将商品和服务作为个体消费者问题的调查中，研究人员不仅要接受他们目前的标签，而且还要帮助那些支持当前权力关系和政治经济的人，将道德规范问题限制在他们的标准上，从而减少了市场认为可行的解决方案。

在许多国家，后继教育、医疗保健、退休和失业确实是消费者的问题，但这正是问题所在：作为消费者问题的特殊形式的经济不安全标志和物质建设才是问题所在。医疗保健并不一定是消费者的问题，而个人不一定是消费者。这些都是政治建构，是以牺牲其他的公平为代价的。这并不是说消费者的公平是通过金融素质教育研究人员来达到的。它们已经体现在主观方面，并受到消费者话语、实践和制度的支持。研究者常常认为这种状况理所当然（Arthur，2012；Norris，2011）。

金融素质教育公共教育学的不安全感的消费化延伸到了"与政府有关的教育和政府监管的讨论"，那些支持加强政府监管的人，以及那些支持个人自由和责任的人，经常将消费者安全和伦理（Arthur，2014b）自然化。研究者是否认为我们必须改变我们的"选择架构"（即改变金融和消费者的选择和结构）（Yoong，2011），增加金融监管（Willis，2008）；在"金融教育−政府监管辩论"中，主要的分歧在于改善消费者选择的方法，以确保每个人都有平等的机会，理性地储蓄和投资他们拥有的财富。尽管现在已经有应对多变的学生债务、私人养老金、私人医疗保险和水资源私有化问题的办法，但我们也应该讨论集体的对策来解决问题。

研究人员必须对他们的消费假设进行批判性的反思，并超越有限的二分法或政府监管方法。无论财政紧缩的支持者认为政府没有足够的经济能力还是有能力有效地管理公民的养老金计划，研究人员都不应该理所当然地认为那些缺少金融教育资源的人能够做到有效管理自己的养老金。另外，在缓解金融不安全方面我们不能指望穷人提供他们的退休储蓄（Berg和Bilal，2013）。消费者的选择越来越好，但对许多人来说，经济安全并不是可供消费者选择的；经济不安全感在资本主义中根深蒂固，不会通过特定金融产品的限制、禁止某些借贷行为或个人理财教学来克服。

当我们继续把失业、退休基金、工作强度和医疗保健等问题作为消费者问题进行研究并寻找一些类似金融素质教育和消费者规范的仅适用于个人的解决方案时，就好比与制定一种只有极少数人能够满足的道德规范一样毫无意义[1]。改善储蓄和投资行为对于那些低收入的人来说几乎没有什么帮助，因为他们收入过低以至于无法为退休或失业而进行储蓄。此外，我们也不需要花费更长的时间，更努力地工作或者用创造性方式来完善我们的工作，这些行为都会使我们面临更大的失业风险（Frey和Osborne，2013）。这些多样的问题和要求是国家政治经济环境和经济安全现状所造成的结果。

如果我们把重心放在提高其他人的经济安全上，我们就必须抛弃公共教育学的消费伦理来教育真正具有金融素质的公民。与消费者不同的是，公民不是简单地承担责任或享有权利。公民的权利和责任是所有公民互相建立起来的。我们拥有的权利、责任、安全以及上述三者的基础都是道德和政治关注的焦点，这些均需要有政治素养的公民来共同建立。目前，公共教育学上出现的经济不安全问题仍仅仅作为个人或消费者问题进行讨论，而我们也仅仅从改进的金融素质教育和支持消费者的法规等方面寻求解决办法，但真正的问题是不道德、不民主的象征和经济不安全下的物质建设。这就把解决金融不安全问题的方案提升到道德和政治层面；作为金融不安全的解决方案，金融素质并不是像2010年所指出的那样，可以留给金融素质教育研究人员和政府机构去定义。这是对公民的关注。

9.3 消费者"公民"政治民主

然而，一些金融素质教育研究人员和政策制定者认为，其提供的服务确实让公民能够参与到他们的民主进程中去。例如，Lusardi（2013a）认为：

金融素养是民主的基础。我们怎么能要求人们对他们不理解的经济改革进行投票呢？也就是说，金融素质不只是个人财务状况；个人知识和决策可以影响到社区、国家和全球经济。

根据经济合作与发展组织（2014b）的数据，金融素质教育能创造很大的公民福利：

---

① 参见Berlant（2011）的"残酷乐观"。作者用"残酷的道德"一词来表示对他人的帮助以使他或她能够继续存在，甚至在某些情况下改善了他或她的安全环境，但这样做最终对他或她的福祉和他人的福祉是有害的。

"拥有高水平的金融素质的个人更有能力做出有利于自己的决策，同时也能建设性地支持和批判他们所生活的社会"。最后，Pearson（2008）认为，通过公民教育，"旧教育所扮演的角色不利于给参与者创造良性市场"。

尽管这些话表面上很有希望，但这些话是一种"公民"公共教育学，它把消费和政治行动结合起来：把消费作为政治或消费政治的手段。举例"公民"公共教育学的第一种逻辑，Pearson（2008）概述了消费者与公民的唯一的区别是，他或她的消费和投资都影响他人。这一叙述在众多的文章中引起共鸣，在这个世界中，资本最大化和我们对他人经济安全的道德关注似乎没有任何改变：如果每个人都以合理的利率购买抵押贷款，只有合理利率的抵押贷款才会被出售；如果每个人都购买了公平对待工人的厂商所生产的衬衫，那么纺织厂的条件将会显著改善。

这个简单的故事将民主与市场等同，并将消费者公民限制为一种市场化的道德规范。他或她只能购买系统所能提供的道德选择，而他或她可以负担得起，让道德消费成为一个受限制的、主要是针对中产阶级和上层阶级的行业（Griffiths，2005）。消费者公民不能消费，从而创造出一个高等教育体系，有健全的公共养老金或有保障的基本收入方案，任何消费或投资，无论多么合乎道德，都必然会导致政治经济体系的不稳定。认为消费者通过消费对生产有重大控制的是假设高利率和糟糕的工作条件仅仅是出于贪婪或自身利益，而不是政治经济体系，这必然同时导致经济繁荣和经济不安（Max，1867/1990；Piketty，2014）。

"公民"公共教育学的第二种逻辑，是对政治的一种消费。Lusardi（2013a）提供了一个典型的例子，将公民作为一个消费者，他们购买了政客们的选票，以及他们所希望的改革。民主是一种自上而下的事件：关键的决定是由精英们做出的，而公民则是支持精英们认为可以接受消费的政治选择之一。在这方面，Lusardi同美国经济教育委员会主席兼首席执行官Morrison的观点没有什么区别。Morrison在一篇有关美国财政紧缩辩论的文章中写道，"……政治家们将会做出许多重大决策，包括何时何地削减开支。我个人不会说财政政策应该紧缩到什么程度最好，这个问题最好留给相关的专家和经济学家们进行讨论"（Morrison，2012）。与著名的紧缩政策相呼应的是，Morrison对"公民"公共教育学的贡献使得"专家和经济学家"决定我们的政治经济应该如何构建，而公民必须在必要的情况下接受这些决定，并进行投票。再一次，问题不仅仅是Lusardi或Morrison的民主和公民的表现，而是我们的民主制度的结构，这越来越限制了公民在精英决策下的消费（Arthur，2014a）。

在扩大政治的消费化的同时，"公民"公共教育也使政治行动更加有力。OECD（2014b）在一篇概述2012年PISA测试结果的文章中指出，我们应该支持那些能够理解"更广泛的金融、经济和社会体系"和"批判他们生活的经济世界"的公民。作者十分同意这一观点，但不幸的是，经合组织限制了人们对消费问题的批评和认识：对所得税、养老金、保险以及"不同类型投资的财务优势"的理解（OECD，2014b）。他们的政治修辞的力量是针对消费者的关心而不是对公民的担忧。

更有问题的是，一些"公民"的言论会利用过去的政治行动，把这些历史例子与消费改善混为一谈。在这些论述中，我们为了消除不安全的消费化和政治化所采取的历史资源已经被消费化了，因此很难区分政治和消费者的行为。Bryant（2010）的持续民权运动和今天的金融素质教育是一个很好的例子。他写道：

如果我们想要纪念已故伟大的马丁·路德·金博士，那么就向他最后一项伟大的、未完成的工作和他的"穷人的运动"致敬。金博士曾经说过，"你不能通过立法来规范善良，也不能强迫别人去尊重你。"在资本主义国家，实现社会公正的唯一途径就是经济上的平等。这就是我所说的"银权"。

对Bryant来说，我们的人权本质上是获得经济知识教育的权利。Daniels（2011）同意这一观点，他认为非裔美国人所遭受到的高债务利率、低水平的房屋占有率和低水平的储蓄率是由于马丁·路德·金（Martin Luther King, jr.）的原因，他认为"财富差距只能通过金融素质教育"来缩小。教育不平等和结构不安全问题也得到了美国众议院代表Johnson（2011）的关注，他怀疑"非裔美国人能更好地理解个人和家庭财务管理吗？他们能在复杂和难以预测的经济情况下用金融知识武装自己吗？他们能不被经济危机所伤害吗？"。

在这些例子中，马丁·路德·金和民权运动都与金融素质教育结盟，把谨慎的储蓄和投资教育作为过去政治斗争的延伸。公民权利运动的道德力量和言辞被动员起来，作为一种公民的、政治的解决结构性不安全的政治解毒剂，尽管它的支持者只寻求促进个人消费和投资的改善。此外，他们所刻画的主要人物（马丁·路德·金博士）实际上主张有保障的收入（Weissman，2013），而不是将金融教育纳入学校，或者是关于多样化股票投资组合的好处（Arthur，2014b）。然而，问题在于，这些支持者不仅歪曲了马丁·路德·金博士和民权运动，而且使他们的政治行动得到了完善，将政治局限于预先确定的渠道（如投票）和个性化的目的（例如，改善个人风险管理）。

这一消费化、自上而下的民主与前一节中阐述的受到"自下而上的金融素质教育"的公民和Shanti Daellenback（2015）的阐述形成了鲜明的对比。对Daellenback来说，像"占领华尔街"和之后的"冰岛革命"这样的运动，挑战了金融的逻辑和主导地位，并寻求对经济不安全的非市场化解决方案（例如工资控制，减少工作时间，参与计划和对金融的集体控制）。他们证明了一种重要的金融素养，这与Morrison的信念不符，即我们必须追随精英技术官僚的领导。与Lusardi和Morrison不同的是，那些在财政上受过教育的公民们反对紧缩政策，他们明白，政治行动的目的不是要建立一套已知的行动，而是根据给定的参数来制定新的参数。"占领运动"和"冰岛革命"的广泛目标不是决定如何最优地偿还债权人，而是改革我们的债务行为，如果不是废除债权人与债务人的关系的话。我们不需要继续支持一种能够使道德、安全和政治行动得到完善的公共教育学，我们需要的是批判性的研究和"自下而上的金融素质教育"，它将与经济不安全和资本主义的个性化进行抗争。

9.4 建立道德，政治和批判的金融素质教育

消费者急需个人资金管理技能来更好地管理他们的财富，但作为公民他们首先要有能力构建一个安全的世界，这种安全是针对所有人来讲的，这其中就包括那些无法适应自动化生产工作的人以及那些算不出100美元的5%是多少钱的人。如果我们要改善所有人的

经济安全（当然，对于最弱势的群体），我们需要立即提供支持（例如，避难所、金融培训、就业和食品银行），我们需要建立一个不同的政治经济模式，建立更健全的集体风险管理解决方案。任何伦理在应对经济不安全感时不会教人如何在一个系统特权经济下提高个人安全，但强调道德义务超越市场所认为的、支持批判性反思我们资本主义的再生产结构性不安全感，使我们和他人建立一个更公正、安全的世界。

在学校里，我们应该提倡对集体和个人提供重要商品、服务和机会的原因和产生影响的原因：水、医疗、执法、就业、教育、退休、食品、能源、交通和住房。这一关键的调查应能减少提供安全的现有、历史和可能的方法。对过去、现在和可能的政治行动的研究，目的是建立特定的安全解决方案和安全定义（例如，安全是对基本需求的权利、集体决定这些需求的能力，以及获得机会和资源去追求有成就感的项目）。例如，许多中学生担心中学后教育的成本，那么我们可能会对一项分析2012年魁北克学生运动的研究项目感兴趣，该项目阻止了提议增加中学后学费的计划。他们可以比较该运动的目标和方法，以及将中学教育转变为消费者的理由和手段，并决定他们认为公民应该支持哪一个目标。这一分析支持更广泛、更重要的金融素质教育，帮助学生理解"更广泛的金融、经济和社会制度"（OECD，2014b），但这样做的方式并没有道德政治方面的担忧。

Remund（2010）认为，"成功将在未来的研究中得到体现，这些研究基于共同的原则和措施，使我们能够比较结果并进行纵向研究，从而提供真正的启蒙"。一般的措施和纵向研究当然是必要的，但是启发要求更多：我们不能在伦理上限制理性和研究的目的，不能局限于私人的、固定的目的（Kant，1784/2009），例如国家的政策制定不能过于局限。从Foucault（2003年）的启蒙运动开始，金融素质教育研究人员应该对任何呼吁"真正的启蒙"的声音保持警觉，研究人员应当研究当下世界的政治、历史建设，包括金融素质教育自身，同时也要关注那些目前被掩盖和被禁止的可能问题。通过这种方式，研究人员可以支持学校"自下而上的金融素质教育"，对安全、伦理、政治和民主等理念的精神建设和素质建设进行批判性的分析，同时对社会运动中所创造的新集体的安全问题和公民事务进行分析。我们需要的是一种道德启蒙，而不是嘴上说的"真正的启蒙"，这种启蒙应该包含着当前的政治建设和对于未来的无限可能性。

金融素质教育研究人员在道德政策方面是迷失的，他们现在反对风险和不安全的个性化是"一厢情愿的"（Bodie和Prast，2011）。如果有人被这种"一厢情愿"所蒙蔽，没有对我们的替代方案或当前的应急和必要的不安全状况进行实质性的分析，那么这些人就会忽视未来经济的不安全因素。引用另一个启蒙批判实证主义的例子："任何偏离了实际操作或超出存在范围的想法都是愚蠢和有自毁倾向的，就如同魔术师一定施展他能力范围之外的魔法一样。"（Horkheimer和Adorno，1947/2007）。我们要避免陷入上述的困境。当前的选择有很多可能，但都被受限的思维所局限，这种局限让我们不能觉察到我们所处的世界和我们自身的思想所具有的历史性、偶然性和政治特征。

我们应该继续教授和研究个人资金管理，但我们也必须强调，这种管理是政治性的（例如，经济不安全的建设，以个人的方式获取各种商品和服务，消费者的担忧是政治的）。作为一种公共教育，公民和研究人员所面临的选择不是在无知和非普遍的研究之间，而是在个人财务方面的知识（Lusardi，2013c）和"真正的启蒙"（Remund，2010）

之间。真正的选择是通过公共教育学在政治上和经济上支持有文化的公民，能与他人合作建立有效的集体解决方案。后者并不是说要提供"真正的启蒙"，但它是唯一一种道德和经济上的解决方案，来解决我们预先创造的不公平、不必要和不安全感。

参考文献

Arthur, C. (2012). *Financial literacy education: Neoliberalism, the consumer and the citizen.* Rotterdam: Sense Publishers.

Arthur, C. (2014a). Financial literacy education as public pedagogy for the capitalist debt economy. TOPIA: Canadian. *Journal of Cultural Studies*, 30 31, 147–163.

Arthur, C. (2014b). The poverty of financial literacy education. *Our Schools, Our Selves*, 30–31, 147–163.

Beggs, M., Bryan, D., & Rafferty, M. (2014). Shoplifters of the world unite! Law and culture in financialized times. *Cultural Studies*, 28(5–6), 976–996.

Berg, G., & Bilal, Z. (2013). Harnessing emotional connections to improve financial decisions. *The World Bank.* Retrieved from http://elibrary.worldbank.org/doi/pdf/10.1596/1813–94506407. Accessed on January 15, 2015.

Berlant, L. (2011). *Cruel optimism.* Durham: Duke University Press Books.

Bodie, Z., & Prast, H. (2011). Rational pensions for irrational people: Behavioural science lessons for the Netherlands. *Netspar: Network for Studies on Pensions, Aging and Retirement.* http://us.dimensional.com/media/50836/Rational_Pensions_Dutch.pdf. Accessed September 20, 2014.

Bryant, J. H. (2010). Financial literacy as the first global silver rights empowerment tool: 5 things countries can do. *Huffington Post*, June 7. http://www.huffingtonpost.com/john-hope-bryant/ financial-literacy-as-the_b_596157.html. Accessed September 20, 2014.

Brynjolfsson, E., & McAfee, A. (2014). *The second machine age: Work, progress, and prosperity in a time of brilliant technologies.* New York: W.W.Norton& Company.

Clarke, C. (2015). Learning to fail: Resilience and the empty promise of financial literacy education. *Consumption Markets & Culture*, 1–22. doi:10.1080/10253866.2014.1000315.

Daellenbach, S. (2015). Who's afraid offinancial literacy? In M.A.Peters(Ed.), Public education, financialisation and the global financial crisis. Oxford: Peter Lang.

Daniels, T. R. (2011). The debt we owe: Promoting financial literacy among minority groups. *Huffington Post*, September 2. http://www.huffingtonpost.com/theodore-r-daniels/ financialliteracy_b_817848.html. Accessed September, 20, 2014.

Deb, A., & Kubzansky, M. (2012). *Bridging the gap: The business case for financial capability.* India, Mumbai: Monitor and Citi Foundation. http://www.citifoundation.com/citi/foundation/ pdf/bridging_the_gap.pdf. Accessed September, 20, 2014.

Department of Finance Canada. (2014). *Minister of State (Finance) announces appointment of*

Canada's first Financial Literacy Leader. Department of Finance Canada, April 15. http:// www.fin.gc.ca/n14/14-058-eng.asp.Accessed September,28,2014.

Erturk, I., Froud, J., Johal, S., Leaver, A., &Williams, K.(2007).The democratization of finance? *Promises, outcomes and conditions.Review of International Political Economy*, 14(4),554– 575.

Farnsworth, V.(2012).Intersections of identity and ideology in learning about financial capability. In T.A.Lucey & J.D.Laney(Eds.), *Reframing financial literacy: Exploring the value of social currency*(pp.149–169).United States of America:Information Age Publishing.

Farnsworth, V., Davis, P., Kalambouka, A., Ralph, S., Shi, X., & Farrel, P.(2011).Students' production of curricular knowledge:Perspectives on empowerment in financial capability education.*Education, Citizenship and Social Justice*,6(2),153–167.

Foucault, M.(2003).What is enlightenment? In P.Rabinow & N.Rose(Eds.), *The essential Foucault*(pp.43–57).New York:The New Press.

Frey, C.B.,& Osborne, M.A.(2013).*The future of employment: How susceptible are jobs to computerisation?* September 17.http://www.oxfordmartin.ox.ac.uk/downloads/academic/The_Future_of_Employment.pdf.Accessed September,20,2014.

Giroux, H.A.(2004).Cultural studies, public pedagogy, and the responsibility of intellectuals.*Communication and Critical/Cultural Studies*,1(1),59–79.

Griffiths, H.(2005).Human and environmental rights:The need for corporate accountability.In F. Dodds & T. Pippard(Eds.), *Human and environmental security: An agenda for change*(pp.221–234).Trowbridge,UK:Cromwell Press.

Horkheimer, M., & Adorno, T.W.(1947/2007).*Dialectic of enlightenment.*Stanford:Stanford University Press.

Johnson, H.(2011).Regaining prosperity and protecting it:Job creation and financial literacy in Black America.*Huffington Post*, October 8.http://www.huffingtonpost.com/rep-hank-johnson/financial-literacy_b_923883.html.Accessed September,20,2014.

Kant, I.(1784/2009).What is Enlightenment? InJ.M.Brophy, J.Cole, S.Epstein, J.Robertson,& T.M.Safley(Eds.), *Perspectives from the Past: Primary Sources in Western Civilizations*, Vol.2(pp.359 362).New York:W.W.Norton& Company.

Lieber, R.(2014).Looking out for yourself with disability insurance.*The New York Times*,September 12.http://www.nytimes.com/2014/09/13/your-money/life-and-disability-insurance/ flat-on-your-back-not-a-good-time-to-consider-long-term-disability-insurance.html.Accessed September, 20, 2014.

Lucey, T.A.,&Laney, J.D.(Eds.).(2012).*Reframing financial literacy: Exploring the value of social currency.*United States of America:Information Age Publishing.

Lusardi, A.(2013a).Keynote address to CITI-FT financial education summit 2013.*Financial Literacy and Ignorance (Blog)*, December 9.http://annalusardi.blogspot.ca/2013/12/keynoteaddress-to-citi-ft-financial.html.Accessed September,20,2014.

Lusardi, A.(2013b).*Testimony of Annamaria Lusardi, Denit Trust Distinguished Scholar and Professor of Economics and Accountancy, Academic Director, Global Center for Financial Literacy The George Washington University School of Business Before the Subcommittee on Children and Families of the U.S.Senate Committee on Health, Education, Labor and Pensions.*http://www.help.senate.gov/imo/media/doc/Lusardi.pdf.Accessed September,20,2014.

Lusardi, A.(2013c).Wanted: Ambassadors for financial literacy.*Financial Literacy and Ignorance (Blog)*, June 27.http://annalusardi.blogspot.ca/2013/06/wanted-ambassadors-forfinancial.html.Accessed September,20,2014.

Marron, D.(2014).Informed, educated and more confident: Financial capability and the problematization of personal finance consumption.*Consumption Markets & Culture*,17(5),491–511.

Marx, K.(1867/1990).*Capital volume 1*.London: Penguin Books.

Mazie, S.(2013).The austerity debate: Now and later.*The Economist*, May 15.http://www.economist.com/blogs/democracyinamerica/2013/05/austerity-debate.Accessed September, 20, 2014.

Means, A.J.(2014).Beyond the poverty of national security: Toward a critical human security perspective in educational policy.*Journal of Education Policy*,29(6),719–741.

Morrison, N.(2012).*To a happier new financial year: Smart decision-making begins in the classroom.*December 26.http://www.huffingtonpost.com/nan-morrison/financial–literacyclasses_b_2365617.html? view=screen.Accessed September,20,2014.

Norris, T.(2011).*Consuming schools: Commercialism and the end of politics.*Toronto: University of Toronto Press.

OECD.(2014a).*Financial education foryouth: The role of schools.*http://www.oecd-ilibrary.org/finance-and-investment/financial-education-in-schools_9789264174825-en.Accessed September,20,2014.

OECD.(2014b).*PISA 2012 Results: Students and Money: Financial literacy skills for the 21st century.* VI. http://www.oecd.org/pisa/key findings/PISA–2012-results-volume-vi.pdf.Accessed September,20,2014.

Olen, H.(2012).*Pound foolish: Exposing the dark side of the personal finance industry.* New York: Portfolio Hardcover.

Pearson, G.(2008).Financial literacy and the creation of financial citizens.In M.Kelly-Louw, J.P.Nehf, &P.Rott(Eds.), *The future of consumer credit regulation: Creative approaches to emerging problems.*Hampshire, England: Ashgate Publishing.

Piketty, T.(2014).*Capital in the twenty-first century.*London: Belknap Press.

Pinto, L.E.(2013).When politics trump evidence: Financial literacy education narratives following the global financial crisis.*Journal of Education Policy*,28(1),95–120.

Pinto, L.E., & Coulson, E.(2011).Social justice and the gender politics of financial literacy education.*Journal of the Canadian Association for Curriculum Studies*,9(2),54–85.

Remund, D.L.(2010).Financial literacy explicated: The case for a clearer definition in an increasingly complex economy.*The Journal of Consumer Affairs*,44(2),276−295.

Sanders,C.K.,Weaver,T.L.,&Schnabel,M.(2007).Economic education for battered women：An evaluation of outcomes.*Affilia： Journal of Women and Social Work*,22(3),240−254.

Weissman,J.(2013).Martin Luther King's economic dream：A guaranteed income for all Americans.*The Atlantic*,August 28.http://www.theatlantic.com/business/archive/2013/08/ martin-luther-kings-economic-dream-a-guaranteed-i ncome-for-all-americans/279147/ .Accessed September,20,2014.

Wente,M.(2014).How to make endsmeet？ Look in the mirror.*The Globe and Mail*,September 13. http://www.theglobeandmail.com/globe-debate/how-to-make-ends-meet-look-in-the-mirror/ article20566396/.Accessed September,20,2014.

Williams,T.(2007).Empowerment of whom and for what？ Financial literacy education and the new regulation of consumer financial services.*Law & Policy*,29(2),226−256.

Willis,L.E.(2008).Against financial-literacy education.*Iowa Law Review*,94(1),197−285.http:// www.law.uiowa.edu/documents/ilr/willis.pdf.Accessed September,20,2014.

Yoong,J.(2011).Can behavioural economics be used to make financial education more effective？ In OECD(Ed.), *Improving financial education efficiency： OECD-Bank of Italy symposium on financial literacy*.Paris：OECD Publishing.http://www.oecd.org/daf/fin/financial-education/ TrustFund2013_OECDImproving_Fin_Ed_effectiveness_through_Behavioural_Economics. pdf.Accessed September,20,2014.

第二部分　金融普及教育的政策背景

Peter Davis

　　本部分考察了世界各国采用的金融普及教育政策的多样性。政府通常会根据对问题特定方式的定义和解决问题的特定方法来制定政策。政策制定者将对待特定问题的观点传播到全球，使人们对其习以为常。国家教育体系常被各国视为通过改善人力资本进行竞争的重要手段，而金融普及教育往往会强化这一点。竞争需要一种比较性的措施，这种措施必定定义了要解决的问题。PISA测试已经在这一领域确立了主导地位，如今已涉及金融素养层面。

　　金融普及教育政策的一个问题是，在界定问题时是否需要协调一致。金融素养仍然是一个相对较新的概念。此外，就金融素养（包括作为消费者或公民的自我意识）而言，随着社会结构和想象力的发展，它始终处于构建当中。正如本部分各章所阐明的，政府和非政府组织对待"金融普及教育问题"的方式有所不同，这导致了政策和实践上的差异。这种差异既有趣又令人着迷，因为它使人们认识到了不同的政策选择，并便于通过与替代方案的比较来评估政策。

　　本部分的章节还探讨了金融普及教育政策实施的依据，并针对这些政策的评估提出了不同的观点。这些评估有两种形式：在某些情况下，评估的重点是为引入金融普及教育计划而提出的论点的性质；而在其他情况下，评估则着眼于金融普及教育计划的引入与理解或行为改变的证据之间的关系。这里简要地介绍一下这些章节提出的三个问题，并说明作者如何帮助我们理解每个问题的重要性以及回答这些问题的一些方法。这三个问题是：（1）金融普及教育政策的目的是什么？（2）是否应该将金融普及教育同其他教育以及金融监管结合起来，以实现政策目标？（3）谁应该对金融普及教育政策负责？

金融普及教育政策的目的是什么？

　　行业内对这个问题的主流观点是显而易见的：教育个人，这样他们就可以有效地管理他们的财务状况——个人将被授权作为独立的金融消费者，金融中介机构会减少"坏账"，政府可以减少对于个人财务状况所承担的责任（特别是养老金）。Pinto 在对加拿大的金融普及教育政策的研究中验证了这种观点，而 Farnsworth 在对英国的相关研究中也确认了这一现象。这种关于金融普及教育政策目标的主要观点突出体现在问题的设计上，这些问题测试的是金融知识，而这些知识被认为是支撑"好的"个人财务决策和采取某些形式的金融行为（如储蓄）"好的"干预措施。这种政策观点的正当性不仅在于其意图，而且在于它在其自身参考条件下运作的证据。其中的几章（尤其是由 Gutter 与其同事以及 Knoote 与其同事所编写的）总结了现有的证据，他们认为这比一些批评人士所宣称的观点更令人鼓舞。Gutter 与其同事通过对美国各州接受高等教育的大学生进行自我报告的财务行为进行分析来佐证自己的观点，这些学生在学校接受了不同程度的金融教育。正如 Gutter 与其同事所指出的那样，这是一项"协会型"研究。但他们确实从中发现两者之间的积极联系，这种联系证明了金融普及教育能改善消费者的行为。

然而，正如在 Pinto 对加拿大的政策辩论中所描述的那样，关于金融普及教育的目的还有其他观点。例如，"个人过度负债"可能被认为是金融中介机构的失败。这导致一些人认为，金融普及教育政策是为了掩盖金融部门的缺陷，而把教育作为一种烟幕弹。另一些人认为，金融部门的失败是提供金融普及教育的原因，这使得个人能够在他们的选择中获得知识和能力（见 Farnsworth 对英国议会辩论的分析）。这一观点往往是最明显的（就像 Farnsworth 所指出的政客们那样），关注的焦点是社会上的弱势群体和经济上的弱势群体。这就鼓励了针对这些群体的教育项目推广（如 Cameron 和 Wood 在新西兰的政策和实践中所体现的那样）。Cameron 和 Wood 也从这个角度审视了教育领域。

第三种观点认为，金融普及教育的目的是培养"公民意识"。这个目的有两个维度。首先，金融包容性被认为是对一个有凝聚力和生产力的社会有益的。金融包容性为人们提供了国家福利的一部分，并为个人创造了机会（例如通过创业活动），从而使其他人受益。其次，中位数选民的金融素养对政党来说至关重要，因为他们不愿提出和推行被中位数选民认为与经济福祉相反的政策（Davies，2015）。Knoote 和他的同事们将这种金融素养的概念称为"经济公民"，并将其作为这一观点的体现。正如前面提到的，金融素质教育仍处于发展的早期阶段，目前我们还没有证据证明干预措施的可行性和有效性，这些干预措施旨在满足第二个（金融包容性）和第三个（经济公民）的目的。

是否应该将金融普及教育同其他教育以及金融监管结合起来，以实现政策目标？

Knoote 及其同事们认为，金融教育应该与其他生活技能的教育相结合，这些技能可以丰富个人的能力，为自己的幸福负责，并愿意为他人的幸福做出贡献（比如通过志愿者服务）。在对国家教育尤其是金融教育方法的评论中，他们把注意力放在了那些正在实施这种方法的国家。这些章节需要解答的三个问题是：金融素养和生活技能课程相融合的教育课程是什么样的？什么样的政策会引起这种情况呢？与一个专为发展金融素养而设计的课程相比，一个综合金融素养和生活技能的教育课程有什么不同？

Knoote 和他的同事、Cameron 和 Wood 都认为，金融素养教育应该与政府对消费者和供应商之间关系的干预相结合。其中一个原因是，政府对合同的监管保护了贷款人和借款人免受不道德行为的影响，而这种监管方式必须跟上金融市场的发展和社会经济结构的调整。但是，Knoote 和他的同事、Cameron 和 Wood 更强调政府在创造储蓄和借贷机会方面的作用。这两种观点都具有意义，它们为未来的研究提出了重要且具有挑战性的课题，因为我们不太了解如何在不同的情况下将这些教育、监管和政府供给政策结合在一起。

谁应该对金融普及教育政策负责？

国家和地方政府可以选择不提及金融素质教育。这一立场使金融素养在被政府监管或指导所忽视的课程领域，变成了利益与市场之间的互动。正如 Bosshardt 所指出的，第二部分的政策背景旨在填补这一课程的空白。课程材料设计者可能无意追求他们的利益，因为他们可能不知道对"金融教育问题"的看法会受到自身利益的影响。普遍的看法是，"谁设计课程，谁就会按照自己的利益来决定"。虽然 Bosshardt 建议国家或州应当制定标准取代课程设计者，从而避免课程设计的风险，但他的论点实际上把问题转移到"谁来制定标准？"Bosshardt 从美国制定标准的竞争市场的角度审视了这个问题。在 PISA 测试选项中纳入金融素质教育，使经合组织成为该领域的国际竞争对手。从某种意义上说，PISA 测试的金融素质教育为各国政府提供了一种节省监控学校对金融素质教育投入成本的方法，但同时也要求政府将对金融教育课程的控制权转交给国际组织。

Cameron、Wood、Knoote 与其同事们认为，应该由一系列利益相关方（包括金融部门、非政府组织、教育专业人士和政府）共同承担金融素质教育的责任。Cameron 和 Wood 认为，新西兰采取的做法是成功的。它解决了 Bosshardt 提到的"利益"问题，并认为政府在这一领域的主要责任是协调利益相关者，并通过总体课程和学校评估政策来实现这一调节。对于那些拒绝让利益相关者参与政策制定的政府来说，这可能是一个巨大的挑战。

总结

这部分的章节证明了金融普及教育领域政策发展的范围和强度。从实践和观点的多样性中我们可以学到很多东西。因此，未来研究范围还是相当广泛的。

参考文献

Council for Economic Education. （2013）. National standards for financial literacy. New York：CEE. http：//www.councilforeconed.org/resource/national-standards-for-financial-literacy/. Accessed 16 Dec 2013.

Davies，P. （2015）. Towards a framework for financial literacy in the context of democracy. Journal of Curriculum Studies，47（2），300-316.

第10章 金融普及教育政策中的政治与论证①

Laura Elizabeth Pinto

摘要 本章运用论证理论，揭示了加拿大公共领域金融普及教育的现状，并对其进行了总结。与以往的政策论证研究保持一致，在逻辑性上运用共鸣性和权威性以提倡金融普及教育的包容性和发展性。本章追溯了加拿大的金融教育政策是如何形成的——不是靠证据，而是由政治人物的价值观决定的。通过呼吁人们关注政治争论的结构和实质，本章提出了对制定和颁布政策者具有重要意义的问题。只有意识到政策论据的细微差别，才能对政策提出质疑，才能满足以证据为基础的政策的要求。

关键词 金融素质　政治　课程　政策　论证

10.1 引言

在2008年全球金融危机爆发后，金融素质教育的"微弱的呼声"（Willis，2008）被放大了，推进了在学校里进行金融素质教育的政治行动。教育总是"受制于政治进程的变迁"（Levin，2009），政策问题及其解决方案的定义是模糊的，因此在政策形成过程中出现了政治争论（Gottweis，2007）。

争论是"人们通过理性寻求得出结论的过程"（Fischer和Gottweis，2012）。关于政策论证的研究试图揭示在政治修辞中假设是如何起作用的。②它把争论看作是一场不同主张之间的相互竞争，从而定义问题并使解决方案合法化。它承认政策产生是复杂的，而且永

---

① 本章是2013年5月发表在安大略省学术研究会议上标题为"当政治胜过论证：金融普及教育政策"论文的修订版本。

L.E. Pinto

University of Ontario Institute of Technology(UOIT)，Faculty of Education，11 Simcoe Street North，P.O. Box 385，Oshawa，ON L1H 7L7，Canada

e-mail：laura.pinto@uoit.ca

© Springer Science+Business Media Singapore 2016

C. Aprea et al.(eds.)，International Handbook of Financial Literacy，

DOI 10.1007/978-981-10-0360-8_10

② 这篇论文采用了Gottweis(2007)的政治修辞概念作为"政策制定的整体时刻"，试图"在塑造和实施公共政策的背景下进行说服、劝说和有效沟通"。在他看来，政策制定中的修辞通过多种方法（逻辑、可信度和情感）来宣传政策目标。

远不会完全是理性和客观的（Beveridge，2012）。在这个观点中，政治人物主要是在推进由言论塑造的论点（Fischer 和 Gottweis，2012）。这些论述为论点的构建提供了材料。Fischer 和 Gottweis（2012）明确指出，政治人物不是在推进讨论，而是在争论。争论的转折点源自于非正式的逻辑传统，在这个传统中，论证被理解为一种由三个部分组成的主张−理性综合体：一个结论；一个或多个预行为；一个明确的或隐含的推论（Groarke，2013；Hitchcock，2006）。在政策论证研究中的工作扩展了这一概念，强调了共鸣性、权威性和逻辑性之间的关联（Gottweis，2007）。

本章检视了围绕金融素质教育政策的争论，特别是它们是如何在加拿大被组织化和合法化的，并通过对政治修辞的分析，试图识别和分析这些论点。这些数据证实了前副部长 Benjamin Levin 的观点："对于政治家来说，人们所相信的事实比实际情况要重要得多"。尤其值得关注的是金融素质教育关于解决经济问题能力的争论，这些争论反映了教育的自由主义的倾向。最后，本章探讨了价值观在教育政策中的作用和证据的选择性排除。

10.2 背景

本章特别关注加拿大安大略省的金融素质教育情况。全球化导致了国际组织和国家政治实体对教育政治日益显著的影响（Moutsios，2010）。经合组织对全球教育政策的许多方面产生了影响（Moutsios，2010），在金融素质教育方面也不例外。经合组织于 2003 年启动的金融教育项目在 2008 年全球金融危机中获得了额外的发展动力。在此之前，一些 G20 国家也进行了此类课程的开发。

尽管受到 2008 年全球金融危机的影响，加拿大经济增长放缓、信贷政策收紧，标准普尔/多伦多证券交易所（S&P/TSX）指数下跌，但其所受负面影响远不如其他经合组织国家（Pinto，2013）。加拿大在经济上取得了相对的成功，是由于其在金融素质教育和经济之间建立了明显的联系。例如，一个媒体报道宣称，"在 2008 年市场崩溃后，联邦政府意识到需要在消费、储蓄、投资和借贷方面提供帮助"，并担心加拿大人"在经济衰退期间承担更多的债务，而当低利率开始攀升时承受更多痛苦"，因而大力推行金融素质教育政策（Roseman，2010）。安大略省教育部长表示，日益增长的债务和"不计后果的个人支出"促使该省推行金融素质教育政策（Brown，2009）。

为了回应金融素质教育的政治重要性，加拿大联邦政府在 2009 年建立了一个由财政部长 Jim Flaherty 领导的金融素质教育小组。联邦政府之前没有对教育的管辖权，这使得它成为一个史无前例的例外（Pinto，2013）。该小组因公众"协商"不力而受到批评，并被指责故意保持低调（Kirby，2010；Pinto，2013）以及对金融部门的过度代表（Pinto，2013）。

该工作组在 2010 年发布了一份名为《加拿大人和他们的财富：建立一个更光明的金融未来》的金融素养报告，将金融素养定义为"做出负责任的金融决策的知识、技能和信心"。该工作组提出的 30 项国家战略建议中，有 2 项是由省级教育部门负责制订的教育计划。

在完成小组报告之前，安大略省教育部开始着手进行课程研究。该组织发布了一份报告，题为《一项可靠的投资：安大略省学校的金融素质教育（2010）》，支持联邦政府关于在学校中实行强制性金融素质教育的建议。2011 年 7 月，安大略省教育部另外发布了两份政策文件，以回应金融素质教育工作小组的报告：4—8 年级，金融素质教育的范围和顺序；9—12年级，期望范围和顺序。这些课程总结了任何与"官方"课程中有直接或间接联系的现有学习成果。教育部还承诺拨款190万美元用于开发金融素质教育教学资源和专业课程（Pinto，2013）。

10.3 方法

本章具有历史洞察力并提供了隐性和显性的论点记录。因此，本研究中的分析单元是论证。我的文本语料库允许检查"各种交际行为"是如何构成争论的（Fischer和Gottweis，2012）。我收集了大量书面证据，主要是报纸报道、新闻稿、意见书、演讲稿、立法辩论记录和其他报告形式。总的来说，我的语料库分析了68篇报纸文章，通过在加拿大报纸数据库中搜索关键字"金融素质"，将范围限定，时间段从2008年1月1日（全球金融危机开始）到2011年8月31日。在语料库中还包括两份政府报告，即《联邦金融素质教育工作小组报告（2010）》和《安大略省关于金融素质教育工作小组的报告（教育部，2010）》。此外，我还加入了安大略省立法议会的议事记录和加拿大财政部长Jim Flaherty三次演讲的演讲稿。

我使用了一种解释方法来进行数据分析（Fischer和Gottweis，2012）。通过使用各种不同的数据源（见表10-1），我能够识别并在文本之间进行三方分析。对于解释性分析，我从整体上对语料库进行了处理（因为将数据分解成离散片段可能会产生误解（Mello，2002）），并从上下文中查看这些参数。我运用的理论方法与Fischer（2003）的政策分析方法相一致。我遵循Scriven（1996）的方法来确定政策论点，基于Scriven（1976）的步骤指定了一般的论点和它们的要素：

1. 澄清意义；
2. 确定结论；
3. 辨识结构（准确的前提、推论和结论之间的联系）；
4. 确定未明确陈述的假设。

我回顾了收集到的文本，进行反复阅读，以归纳和解释的方式来识别意义、结论、结构和假设，然后跨多个文本来源分析参数。

在确信准确掌握了论点及其要素之后，我就开始第二阶段的分析，以评估反对"普遍标准"的论点（Gasper，1996），包括识别谬论、策略、联系和结构。通过探索这些标准，我能够得出关于论证的结论，特别是关于推论质量和假设有效性的结论。我还借助Gottweis（2007）的分析建议，以确定"好辩特征"，包括修辞策略（指逻辑性、共鸣性和权威性）的相互作用（Gottweis，2007）。

将论证作为一种分析模式有几个优点，包括掌握显性和隐性假设，以及理解政策意图。

然而，这种方法（和其他任何方法一样）有其局限性。它是众多分析方法中的一种，可以用来实现对政策影响层面更全面的了解，让我们认识金融素质教育是如何发展的。应用多角度分析可以让我们更全面地了解金融素质教育如何获得动力，并发展成为政策。这种方法的限制是，数据被限制在一个已定义的时间轴和特定文本中。其他一些不太突出的公告可能是由其他媒体发布的。另外，尽管在文献中提出了"好辩的转折"，但它仍然是一种解释性的分析形式，并受到研究者的偏见和认知局限的影响。

来源	总计
多伦多明星报	17
环球邮报	13
国家邮报	13
温莎星报	5
埃德蒙顿日报	4
蒙特利尔公报	4
温哥华太阳报	4
渥太华公民报	3
省报	2
卡尔加里先驱报	2
温尼伯自由报	1
总数（报纸）	68
演讲稿	3
政府报告	2
立法议会议事记录	2

表 10-1　　　　　　　　　　文本语料库总结

10.4　调查结果

2008年5月8日，在财政部长Jim Flaherty的一次演讲中，第一次公开了"金融素质教育"时间框架的声明（Flaherty，2008）。到2008年5月12日，"金融素质教育"这个提法开始出现在新闻媒体上。在联邦工作小组和安大略省工作组的报告发布后，有关金融素质教育的新闻报道也增加了，主要是为了回应报告的建议。鉴于许多新闻报道和争论都是基于政府的声明，联邦政府似乎放开了公开对话渠道。这与之前的研究共同验证了媒体作为政治渠道的作用（Shanahan等，2008）。

语料库中的所有文件都有一个共同点：它们将金融素质教育定位为一个重要且合理的政策方向（Pinto，2013），尽管原因各不相同。正如一位记者指出的那样，"提升金融素养的崇高目标就像做母亲或吃苹果派一样：你不会说它任何不好"（Chevreau，2011）。

接下来的小节确定了5个相关的论点（A1、A2a、A2b、A3a、A3b）。每一种都使用结论-预推理框架进行解构，并通过应用上述的通用标准进行分析。

10.4.1　论点A1：金融素质教育是应对经济危机/不稳定问题的可行政策解决方案

第一个论点（A1）认为金融素质教育是应对经济危机/不稳定问题的可行政策解决方

案。这个论点的第一个前提（A1-P1）是试图将个人选择与大规模经济问题联系起来。这个在国际新闻中引人注目，并且有代表性的陈述，比如"如果学生习得金融知识，那么一些国家的经济困境可能会有所缓解"。

前提A1-P1认为宏观经济结果依赖于个人行为的推论（即2008年金融危机），并假设个人的"错误决策"是导致危机发生的原因。然而，这一推论与其他证据相悖。经合组织将金融危机归咎于影响流动性的全球宏观政策（低利率、固定汇率和流动性储备）和"非常糟糕的监管框架"，特别是在抵押贷款和表外活动领域（Blundell-Wignall等，2008）。对于金融危机发生原因的争论通常认为，由于货币政策、监管和金融机构的行为失灵，个人应该承担风险债务。

第二个前提（A1-P2）指出，提高个人金融素养将会导致国家经济力量的增强，而A1-P2的重点是避免灾难。例如，"改善加拿大人的财务决策将使我们的经济更加强大"，财政部长Flaherty说，"我们的经济是由加拿大人数百万日常的财务决策建立的"（Stewart和Menard，2011）。A1-P2似乎依赖于不完全的证据和确认误差，忽视了金融系统在产生经济结果方面所起的作用，而这些结果并不支持A1。这个观点错误地忽略了"对资本主义固有的个体行为的结构性影响"（Arthur，2011）。

前提A1-P2也依赖于一个重要的相关隐含假设：首先，"教授"的是学习，"学习"的是行动。关于金融素质教育效率的证据仍然存在争议。一些小规模的研究报告指出，金融素质教育在短期学习方面取得了成功（Pang，2010；Sherraden等，2011）。另一些人则根据不同的背景因素针对青少年对金融素质教育的理解和运用情况进行了分析（Danes和Haberman，2007；Walstad等，2010）。其他研究发现，几乎没有证据表明青少年学生能直接理解对金融素质教育（Mandell和Hanson，2009；Pang等，2007）或影响到其成人行为（Cole和Shastry，2009；Mandell和Hanson，2009；McCormick，2009）。

第三个也是最后一个前提（A1-P3）试图将金融素养提高到个人成功的高度，这与A1-P2的宏观经济目标不同。根据一份立法议会议事记录，安大略省议员（MPP）Charles Sousa说，"我相信金融知识在减少安大略省的贫困中发挥了作用。我们希望消费者和那些最脆弱的群体能有更好的选择，这样就能减少陷入财务困境的人"（Hansard，2009）。在三篇报纸文章中，金融素养的社会影响被描述为仅通过教育就能够为个人财富积累创造公平的竞争环境。

论点A1将宏观经济问题转化为教育政策问题，使其侧重于个人行为。这一结论基于一系列的"原因"：（1）经济问题是个体金融"不当行为"（如债务过多、储蓄不足）的结果；（2）"不当行为"是缺乏知识的直接结果；（3）教育会增加知识，进而减少"不当行为"，使竞争环境更加公平。这些假设没有得到证据的公开支持。第一个假设遭到了金融和经济学界内部的广泛反驳，而支持第三个主张的证据则是有争议的。前提A1-P3的讨论主要依赖于共鸣性（平衡竞争环境），并避免了逻辑性错误（错误地将个人行为与宏观和微观经济结果等同起来，并没有提供任何经验证据来支持主张）。

10.4.2 论点A2a：金融素质教育将帮助加拿大人避免个人财务危机

这个论点（A2a）认为，金融素质教育将减少严重陷入家庭或企业财务困境的人数。这一论点主要是由金融行业的代表和语料库中的政治人物提出的，这一论点基于两个前提。

第一个前提（A2a-P1）是加拿大正在经历一场金融素质教育带来的"金融福利风险"的"危机"（2010年特别小组）。"危机"一词在语料库中总共出现了13次。危机的前提基于三个断言：（1）加拿大人承担了太多的债务；（2）加拿大人的储蓄不够；（3）破产数量比前一年增加了22%。这种对"危机"的强调加剧了这种紧迫性，并可能试图在没有进行长时间辩论或磋商的情况下，为立即行动正名。

这些断言很大程度上是基于媒体广泛报道的2009年加拿大统计局发布的金融能力调查报告。根据这份报告，加拿大人每100美元收入就对应着150美元的债务，而且破产数量比前一年增加了22%。政客和记者用个人的失败阐述了这一观点。财政部长Flaherty（2008）在一次演讲中说："我们的毕业生可以设计和建造复杂的建筑和桥梁，但不能有效地管理他们的个人财务。"该声明使用了提喻法，通过具体化问题来支持论点，正如Stone（2002）所主张的暂停批判性思维。这位无法管理自己钱财的工程师的形象是一个强有力的提喻，通过指出教育系统的缺陷引起了听众的注意。这个例子也强调了在其他文本中出现的理想化的个人行为。例如，《温哥华太阳报》（Marr，2010）的一篇报道就将反问句作为一种手段，将问题个人化：

你发现自己深陷债务中，无法脱身。谁该负责？是金融机构把你引向绝境吗？还是你自己？

这一报道将责任从监管框架和金融机构转移到了个人，这是A2a中一个重要的论证策略。然而，正如在A1-P3的讨论中指出的那样，这个问题的个性化没有指出影响个人财务结果的系统因素（例如贫困、健康和其他因素）（Pinto，2009）。

第二个前提（A2a-P2）是金融素质教育可以提高个人管理自己财务的能力。报纸还引用了一份Harris/Decima为加拿大图表会计师协会（CICA）与A2a-P1联合进行的民意调查。调查显示，85%的加拿大人认为学校可以帮助年轻人为财务管理做更多的准备。这是试图将"客观"事实作为一个解决金融文化素质理由的一部分。有报道称，这些数据表明学校应该采取措施纠正人们所谓的"金融知识缺乏"。Fischer（2003）和Stone（2002）将这类统计数据归类为"数字隐喻"——尤其是因为它忽略了数据仅仅是公众意见表述而不是专家共识。这个前提取决于它与A1-P2的共同假设：（a）"教授"的是学习；（b）"学习"的是行动。

简而言之，A2a的论点意味着，通过向加拿大人提供强制政策，联邦和省级政府可以帮助公民脱离困境，从而避免集体和个人的经济损失。就像A1的论点一样，A2a依赖于一些可疑的推论和对所选数据的错误呈现。

10.4.3　论点A2b：金融素质教育政策应由行业和政府共同制定

金融行业代表和政界人士提出的第三种观点（A2b）认为，金融行业和政府之间应该共同制定金融素质教育政策。该结论基于前提（A2b-P1）的结论，即行业"专家"掌握了必要的知识。例如，加拿大银行家协会主席在2010年2月16日的《国家邮报》上说：

在全国范围内为银行工作的人都是金融方面的专家，他们渴望与政府和其他利益相关方合作，帮助提高所有加拿大人的金融素养，让人们能够做出明智的决定，并帮助他们掌控他们自己的金融未来。

同样，财政部长 Flaherty（2011）也强调了"与其他各级政府和私营部门合作"的必要性。将行业定位为可以帮助"解决"个人问题，可以免除任何其可能造成的宏观和微观经济问题的责任。

这个论点依赖于两个假设。首先，它对学习做出了一个重要的假设，忽视了什么是"值得了解的知识"的争议性（比如，Pinto，2012）。它基于一种未阐明的假设，即金融行业专家能够识别成功课程的要素，这意味着线性方法和价值中立的观点（清晰、有限的技能和知识可以很容易被专家识别）。可以肯定的是，制定和实施课程"不仅是技术和行政任务，而且是政治上责任"（Werner，1991）。其次，这个论点假设金融行业专家拥有必要的知识、技能和专长，可以为不同的学习者群体构建一个课程体系。然而，课程开发和制定是复杂的任务，而这些任务不仅仅依赖于金融学科知识。

10.4.4 论点 A3a：金融素质教育政策应该在没有行业参与的情况下制定

第三组相关的论点（A3a 和 A3b）是由几位著名记者（Jonathan Chevreau、Ellen Roseman、James Daw）、非营利性投资者教育基金（IEF）和加拿大社区再投资联盟共同提出的。加拿大社区再投资联盟是一家总部位于渥太华的银行监督组织。虽然这个组织由于其地位拥有一定的权力，但他们可能被视为政治的"局外人"，因为他们不是政府的成员。他们的立场正如后面的论点所表明的那样，倾向于在 A1、A2a 和 A2b 基础上挑战和抵制"官方"的政治言论和结论。

第一个论点（A3a）认为，尽管金融素质教育有可能是有价值的，但它应该是在没有行业介入的情况下发展起来的——直接反对 A2b 的结论。这个论点主要基于前提（A3a-P1）：金融部门和政府代表都是精英，他们"在经济衰退中扮演了重要角色"（Goar，2010）。对于 A3a 的陈述通常是一开始支持金融素质教育，紧接着是对承担责任的特殊利益群体的批评。例如，

现在我和下任一样，更喜欢金融素质教育。我可以推广金融素质教育。但我认为，金融行业的机会主义放贷行为和复杂的不负责任的投资产品毁掉了一切。如果是这样的话，那么我们能指望通过一个由政府资助的特别工作组的两名顶级财务主管领导得到什么好处呢？（Daw，2009）

A3a 支持者反复声称，工作组的成员是业内人士，他们从金融素质教育中获利，金融素质教育被描述为"误导了加拿大人的巨大金融机构，梦想通过隐藏的费用击溃金融教育博士"（Bryan，2010）。

此外，那些为 A3a 辩护的人接着说："金融行业的利润是在无金融素质教育的情况下提出的"（Chevreau，201），因此他们的动机值得怀疑。这个论点通过丰富的术语来诋毁行业成员，唤起人们的共鸣。例如，有一条新闻将工作组的报告比作：

狐狸的安慰话，是在对鸡群的指挥下发表的。大型金融服务提供商从金融素质教育中获利：无论是以银行费和服务费的形式，还是以"建议"的形式伪装自己推销的产品（Chevreau，2011）。

这篇特别的文章以一个特别有力的比喻结尾："狐狸一定会心满意足地舔舔嘴唇"（Chevreau，2011）。

对 A3a-P1 的陈述通常都是通过情感诉求来表达的，这些诉求依赖于在特别工作组成

员的选择过程中传达的不公正情绪，以及他们借助行业内部地位主导国家报告的特权。这一争论是通过丰富多彩的语言修辞来呈现的，这些语言近乎人身攻击，通常包含愤怒、怀疑、鬼鬼祟祟、投机取巧、令人沮丧和欺骗（Pinto，2013）。为了进一步说明这一点，支持该论点的人提供了一些例子和故事，强调了这样一种观点，即没有多少金融知识也可以解决超出消费者控制范围的行业或系统性问题。例如，有人建议政府应该考虑"如果你在60岁或65岁的时候发现公司的养老金在破产程序中已经蒸发殆尽，那么你的金融素养又会对改善你的境遇有多大的帮助呢？"（Bryan，2010）。

10.4.5　论点A3b：更严格的行业监管是解决经济不稳定问题的更好的政策解决方案

最后一种观点（A3b）认为，更严格的行业监管，而不是金融素质教育，是对经济不稳定的更好的政策解决方案。这个结论是基于一个前提（A3b-P1），即宏观和个别的经济问题（贫穷、债务、储蓄不足）是同样的，或者可能主要是由不负责的行业行为所造成的。与A1和A2a相比，这一论点提出了一种金融监管政策，而不是金融素质教育政策。记者Rob Carrick表达了这一观点：我们需要金融行业政策，而不是金融教育政策：

如果我们要建立一个有金融素养的社会，我们需要明白，让人们变得更聪明意味着他们会问更多的问题。当他们这样做的时候，他们将会抨击金融行业，这是加拿大金融素质教育问题的一部分，也是解决方案的一部分（Carrick，2011）。

另一个前提（A3b-P2）被称为"金融素质教育问题的有效性"，引用研究人员Lauren Willis的说法，并对"金融素质教育有效性"的说法进行部分抨击。A3b的支持者们引用了"专家"的说法，他们认为金融素质教育计划"不过是一种政治伪装，目的是平息政府对金融部门监管的呼吁"（Trichur，2009），这直接反对了A1-P2。另一份报告（Daw，2009）引用了Willis的一段话，那就是金融素质教育"无效率"。

与A2a和A2b一样，A3b依赖于所选择的统计数据，这些数据在很大程度上是断章取义的，这表明其逻辑是禁不起推敲的。虽然第三组的论点提醒加拿大人要警惕，但它未能提供一个具体的、连贯的替代解决方案来取代特别小组的课程。

尽管有许多强烈的批评引起了人们对金融素质教育的关注，但是语料库中没有一篇文章支持A3a和A3b的论点，这表明它们应该被完全抹去。因此，在这些论点中，逻辑推理是禁不起推敲甚至是矛盾的：它支持一种政策解决方案，但却没有任何尝试去解决矛盾。

10.5　讨论："知识已经今非昔比"

这项研究揭示了价值观（而不是事实或声音）是如何在影响公共话语的政治辩论中发挥核心作用的，从而影响了政策的制定。每一种论证都有一系列的逻辑缺陷：证据不足以支持主张，推论较弱和各种逻辑谬误。与Gottweis（2007）有关的关于在政治和政策上的逻辑性、权威性和共鸣性的相互影响的断言中，逻辑性被权威性和共鸣性超越。通过对诸如金融素养政治冲突的认知起源的研究发现，公共争议的根源几乎总是价值观，而不是事实（Kahan和Braham，2006）。

Torgerson（2013）感叹道："如果论点的转变教会了我们任何东西，那就是知识已经今非昔比了。"这样看来，政策并不仅同知识或证据有关。事实必须经过处理，价值观最终决定了他们是如何处理的（Beveridge，2012）。Slovic和Kahan（2006）用"文化认知"

来描述人们对风险的看法：他们将其与自我定义价值相一致的事实联系起来；换句话说，人们过滤新信息，以保护"良好社会愿景"（Kahan 和 Braham，2006）。一个重要的区别是：价值观不是激励，而是引导。当个人面对与他们价值观相悖的经验证据时会发生什么？这就产生了不和谐：事实上，他们自己失败了（Kahan 和 Braham，2006）。

更复杂的是，政治冲突的特征是如何以及从何处获取事实。在实践中，人们依靠他们信任的人提供事实，这毫不奇怪，他们倾向于信任那些与他们有共同价值观的人（Braham 和 Kahan，2006）。因此，在本章分析的论点中，对所选的经验数据（而不是整体综合数据）的依赖，可能是政治家和政策参与者的理性举动。

在这里讨论的论点中反映了什么价值观和是谁的价值观？总的来说，金融素质教育与新自由主义立场一致。依赖大众压力和常识而非复杂性是新自由主义政治和政策的显著特征（Boswell 等，2011；Stone，2002）。一些人（包括 Arthur 和其他作者，以及 Beveridge（2012））阐述了新自由主义，提供了一种连贯的意识形态框架，以使某些类型的政策合理化。在接下来的讨论中，我列举了新自由主义政治的几个特征，并与其在辩论中的行为联系起来。

第一，这些有关金融素质教育的争论反映了在危机背景下，新自由主义对经济意象的使用与 Clarke（2012）的政策研究相一致。如前所述，"危机"在语料库中出现了 13 次。这是新自由主义"焦虑治理"的一个例子，在这种情况下，焦虑的话语变成了一种政治技巧（Crossman，2013；Pinto，2012）。2008 年的金融危机造成了一种紧迫感，这种紧迫感为政策行动提供了正当理由。然而，正如关于 A1 和 A2 的争论所讨论的那样，危机的讨论没有承认加拿大和安大略省的相对成功。这种缺失似乎反映了认知失调。

第二，新自由主义在教育领域的主导地位（Apple，2004；Clarke，2012）在政策争论中体现得很明显，教育的目标仅限于经济和功利的结果。可以肯定的是，"经济议程的主导地位被明确地表述为无可争议的事实"（Clarke，2012）。这个关于教育目的的狭隘的讨论框架模糊了不同的观点，并将政治问题简化为技术问题。或许最明显的标志是，全球、国家和各省经济问题和系统因素没有细微差别和复杂性（例如，见 Arthur（2011））。这种对核心问题过于简化的做法，不仅忽视了研究和证据，也阻碍了人们对替代政策解决方案更加广泛的讨论。这一点在 A1 和 A2 中尤为明显，其中本可以使用多种不同的策略选项，但是却没有提到。这些论点没有有效地利用证据来辨别问题的起因和其他可能的解决办法，而是借助修辞的力量，依靠权威性和共鸣性来定义问题，并使政策选择合法化。所有的争论都没有意识到更广泛的教育目的，除了关于学校有能力以可能改变个人行为的方式提高金融知识水平这一类似的说法。

第三，也是最后一点，新自由主义倾向于将共识置于异议之上（Clarke，2012），强调"差异和多样性，而不是优劣势"（Clarke，2012）。在这样的情况下，掩饰了压迫和不平等，使问题个人化。这一点在 A2a 中尤为明显，在"公平竞争"的环境中，"公平竞争"的问题是金融不平等的问题，忽视了系统性的原因。

总的来说，所有的政治人物都同意制定金融素质教育政策的决定，尽管在由谁来制定政策和课程的细节上有些争论。Clarke（2012）将这些相对次要的分歧描述为"稻草目标"，但最终所有的政治人物都会达成共识。对异议的共识程度与 Clarke（2012）和

Moutsios（2010）的新自由主义去政治化的主张一致，这使得政治上的问题减少了。政治议程的形成似乎是由经合组织在全球层面上发起的，但它很快在整个加拿大传播开来，没有受到任何真正的批评或异议。

10.6　结论

本章对加拿大的金融素质教育相关的政治活动进行了实证分析，揭示了 5 个论点及其结论-推理结构。与之前的政策辩论相一致，辩论者依赖于共鸣性和权威性的观点来提倡在学校中纳入和发展金融素质教育政策。金融素质教育政策的制定不是依据证据，而是由政治参与者的价值观决定的。政治争论的价值基础包括许多缺点：证据不足、推论薄弱，以及在前提和推理结构中使用谬论。

通过呼吁人们关注金融素质教育，这一章提出了对制定和实施相关政策都很重要的问题。只有认识到关于金融素质教育政策争论的细微差别，才能对政策提出质疑。正如 Arthur（2011）所指出的，应该"消除把政治政策作为'中立的'经济措施来掩盖真实目的的幻想"。

本章指出了未来研究的几个领域。审视其他司法管辖区的基本辩论有助于更好地了解国际政治，以及辩论的性质和策略是否因当地文化而异。进一步对金融素质教育效率开展研究，可能会对论点有更深入的认识。最后，进一步研究和澄清金融素质教育中证据的概念，应与论证中的逻辑相关联。Kvernbekk（2011）关注的是从业人员对证据的使用，而在将证据应用于需要调查的政策制定方面也存在类似的问题。

致谢　感谢 Tone Kvernbekk 和 Robert C.Pinto 在这一工作的进展中所提供的反馈和建议。

参考文献

Apple，M. W.（2004）. Creating difference：Neo-liberalism and neo-conservatives and the politics of educational reform. *Educational Policy*，*18*（1），12–44.

Arthur，C.（2011）. Financial literacy in Ontario：Neoliberalism，Pierre Bourdieu and the citizen.*Journal of Critical Education Policy Studies*，*9*（1），189–222.

Beveridge，A.（2012）. *The privatisation of the Berlin Water Company，the global city discourse and governance in 1990s Berlin.* Berlin：Springer VS.

Blundell-Wignall，A.，Atkinson，P.，& Lee，H. S.（2008）. *Financial market trends：The current financial crisis：Causes and policy issues.* OECD. http：//www.oecd.org.

Boswell，C.，Geddes，A.，& Scholten，P.（2011）. The role of narratives in migration policy-making：A research framework. *The British Journal of Politics and International Relations*，*13*（1），1–11.

Brown，L.（2009）. Province to teach money skills in schools. *Toronto Star*，A3. November 2，2009.

Bryan，J.（2010）. Financial literacy simply not enough. *Calgary Herald*，E2. February 27，

2010.

Carrick, R. (2011, February 10). The lost key to financial literacy: Better industry disclosure. *The Globe and Mail*, B13.

Chevreau, J. (2011). Read between the literacy lines; Who really has consumers' best interests at heart? *National Post*, FP10. February 12, 2011.

Clarke, M. (2012). The (absent) politics of neo-liberal education policy. *Critical Studies in Education*, *53* (3), 297–310.

Cole, S., & Shastry, G. K. (2009). Smart money: The effect of education, cognitive ability, and financial literacy on financial market participation. *Harvard Business School Working Paper 09–071*. http: //www.hbs.edu/research/pdf/09–071.pdf.

Crossman, B. (2013). Anxiety governance. *Law & Social Inquiry*, 38 (4), 892–919.

Danes, S. M., & Haberman, H. R. (2007). Teen financial knowledge, self–efficacy, and behavior: A gendered view. *Financial Counseling and Planning*, *18* (2), 48–60.

Daw, J. (2009). A little financial knowledge is a dangerous thing. *Toronto Star*, B2. December 1, 2009.

Fischer, F. (2003). *Reframing public policy: Discursive politics and deliberative practices.* Oxford: Oxford University Press.

Fischer, F., & Gottweis, H. (2012). *The argumentative turn in public policy revisited: Public Policy a communicative practice.* Durham: Duke University Press.

Flaherty, J. (2008). Speech by the Honourable Jim Flaherty, Minister of Finance. In *International Conference on Financial Education*, *Washington*, *D.C.* May 8, 2008. http: //www.fin.gc.ca/n08/08–037.

Gasper, D. (1996). Analyzing policy arguments. *European Journal of Development Research*, *18* (1), 36–62.

Goar, C. (2010). Task force has a few blind spots. *Toronto Star*, A19. March 1, 2010.

Gottweis, H. (2007). Rhetoric in policy making: Between logos, ethos and pathos. In F. Fischer, G.J. Miller, & M. S. Sidney (Eds.), *Handbook of public policy analysis* (pp. 237–250). Boca Raton, FL: CBC Press.

Groarke, L. (2013). Informal logic. In E. N. Zalta (Ed.), *The Stanford encyclopedia of philosophy*. Retrieved from: http: //plato.stanford.edu/archives/spr2013/entries/logic–informal/.

Hitchcock, D. (2006). Informal logic and the concept of argument. In D. Jacquette (Ed.), *Philosophy of logic* (pp. 101–129). Amsterdam: Elsevier.

Hansard, H. (2009, October 7). Legislative Assembly of Ontario. http: //hansardindex.ontla.on.ca/hansardeissue/39–2/l173.htm.

Kahan, D. M., & Braham, D. (2006). Cultural cognition and public policy. Yale Law School, Public Law Working Paper No. 87. *Yale Law & Policy Review*, *24*, 147–170.

Kahan, D. M., & Slovic, P. (2006). Cultural evaluations of risk: "Values" or "blunders"? *Harvard Law Review Forum*, *119*, 166–172.

Kirby, J. (2010). Financial literacy is no easy task. *Maclean's*, *26* (43). August 22, 2010, General OneFile Web.

Kvernbekk, T. (2011). The concept of evidence in evidence-based practice. *Educational Theory*, *61* (5), 515–532.

Levin, B. (2005). *Governing education.* Toronto: University of Toronto Press.

Levin, B. (2009). Does politics help or hinder educational change? *Journal of Educational Change*, *10*, 69–72.

Mandell, L., & Hanson, K. O. (2009). The impact of financial education in high school and college on financial literacy and subsequent financial decision making. Paper delivered at the American Economic Association Annual Meeting, January 9, 2009, San Francisco, CA.

Marr, G. (2010). Does Dear Old Dad Know best about debt? *The Vancouver Sun.* June 19. Available online at http: //www. canada. com / story. html? id=9ced251a–84a7–450f–91db–769f46–5a17b2. Accessed March 24, 2015.

McCormick, M. H. (2009). The effectiveness of youth financial education: A review of the literature. *Journal of Financial Counseling and Planning*, *20* (1), 70–83.

Mello, R. A. (2002). Collocation analysis: A method for conceptualizing and understanding narrative data. *Qualitative Research*, *2* (2), 231–243.

Ministry of Education. (2010). *A Sound Investment, Financial Literacy Education in Ontario Schools: Report of the Working Group on Financial Literacy.* Toronto: Ministry of Education.

Moutsios, S. (2010). Power, politics and transnational policy-making in education. *Globalisation, Societies and Education*, *8* (1), 121–141. doi: 10.1080/14767720903574124.

OECD. (2011). Guidelines on financial education at school and guidance on learning framework (final draft for public consultation). http: //www.oecd.org.

Pang, M. F. (2010). Boosting financial literacy: Benefits from learning study. *Instructional Science*, *38* (6), 659–677.

Peng, T. C. M., Bartholomae, S., Fox, J. J., & Cravener, G. (2007). The impact of personal finance education delivered in high school and college courses. *Journal of Family and Economic Issues*, *28*, 265–284.

Pinto, L. E. (2009). Is financial literacy education the solution to credit crises? *Our Schools/Our Selves*, *19* (1) (88), 123–133.

Pinto, L. E. (2012). *Curriculum reform in Ontario: 'Common sense' processes and democratic possibilities.* Toronto, ON: University of Toronto Press.

Pinto, L. E. (2013). When politics trump evidence: Financial literacy education narratives following the global financial crisis. *Journal of Education Policy*, *28* (1), 95–120.

Roseman, E. (2010). Task force wants views on how to be money-wise. *Toronto Star.* April 21, 2010.

Roseman, E. (2011). Financial literacy means saying no to big business. *Toronto Star*, B4. February 10, 2011.

Scriven, M. (1976). *Reasoning.* New York: McGraw-Hill.

Shanahan, E. A., McBeth, M. K., Hathaway, P. L., & Arnell, R. J. (2008). Conduit or contributor? The role of media in policy change theory. *Policy Sciences, 41,* 115–138.

Sherraden, M. S., Johnson, L., Guo, B., & Elliott, W. (2011). Financial capability in children: Effects of participation in a school–based financial education and savings program. *Journal of Family and Economic Issues, 32* (3), 385–399.

Stewart, D., & Menard, J. (2011, February 10). Financial literacy: Five keys to a national strategy. *Globe and Mail,* B13.

Stone, D. (2002). *Policy paradox: The art of political decision making* (3rd ed.). New York: W.W. Norton.

Task Force on Financial Literacy. (2010). *Report of recommendations on financial literacy: Canadians and their money: Building a brighter financial future.* http: //www.financialliteracy-incanada.com.

Torgerson, D. (2013). Policy as a matter of opinion. *Critical Policy Studies, 7* (4), 449–454.

Trichur, R. (2009). Task force aims to turn page on financial illiteracy; But critics doubt group can inspire real change. *Toronto Star,* B1. December 24, 2009.

Walstad, W. B., Rebeck, K., & MacDonald, R. A. (2010). The effects of financial education on the financial knowledge of high school students. *Journal of Consumer Affairs,* 44 (2), 336–357.

Werner, W. (1991). Curriculum and uncertainty. In R. Ghosh & D. Ray (Eds.), *Social change and education in Canada* (2nd ed., pp. 105–113). Toronto: Harcourt Brace Jovanovich.

Willis, L. E. (2008). Against financial literacy education. *University of Pennsylvania Public Law and Legal Theory Research Paper Series, Research Paper No. #08–10.* http: //www.law.uiowa.edu/documents/ilr/willis.pdf.

第11章　从政治话语到课程改革之路：反思英国金融能力教育的形式①

Valerie Farnsworth

摘要　本章追溯了英国学校课程中培养金融能力的历史和政治利益。通过对政策话语的分析，对金融能力教育的存在与形态进行了探讨。英国议会的一份报告显示，英国议会的正式报告中政策话语的摘录是为了分析"金融素养"、"财务能力"和"金融教育"等内容而准备的。这一分析覆盖了在英国首次推出针对年轻人（16岁以上）的独立金融能力资格认证之前的时间段（2004—2005年）。本章分析了四场关于金融能力改革的辩论（信托基金、教育、信用卡和退休金改革），其中提到了财务能力，并反思了这些辩论中所表达的情境意义和文化模式是如何被用来为英国开展金融能力教育服务的。

关键词　金融能力　教育　课程　政策改革　政策话语

11.1　引言

"为什么有些问题比其他问题更能引起政府官员的注意呢？"（Kingdon，1995）

金融能力教育，就像任何已进入国家课程体系的知识领域一样，它的历史是由政治利益决定的。Kingdon提出的问题是Weiss和Bucuvalas（1980）所指的"政府议程"的"渗透"，以及Kingdon提出的"议程设置"。本章追溯并分析了在英国的学校课程中培养金融能力的历史和政治利益。本章假设政府议程是现实的社会建构（Kingdon，1995），具有塑造教育实践的力量。因此，对围绕金融能力的政策话语所构建的社会现实的质疑，将为学校的财务能力教育的存在和形态提供一些解释。

利用对政治话语的分析，本章探讨了英国政策环境的特征，这些特征使金融能力教育能够被引入14岁以后的课程中。这项分析的目的是反思"可能导致"文化模式的各种文件和机构（Gee，1999），这是我们在研究英国金融国际服务协会大学学院（IFS）的16岁

① 　V. Farnsworth
School of Education，University of Leeds，Hillary Place，
Leeds LS 2 9JT，UK
e-mail：v.l.farnsworth@leeds.ac.uk
© Springer Science+Business Media Singapore 2016
C. Aprea et al.（eds.），International Handbook of Financial Literacy，
DOI 10.1007/978-981-10-0360-8_11

以上独立金融能力认证中发现的（Davis等，2008；Farnsworth等，2011）。在这里特别提出对政策话语的分析，主要是为了证明金融能力或金融素质教育的必要性。

11.2　背景调查

2004年，IFS推出了首个面向独立年轻人（16岁以上）的金融能力认证，并迅速成为学校和学生的热门选择。这是在2008年金融危机爆发之前推出的。到2007年，英国超过20 000名19岁以上的年轻人获得了IFS认可的个人理财资格（Davis等，2008）。本章所讨论的问题：是什么样的文化模式塑造了这门课程以及其他的金融素质教育课程的课程目标？

要回答这个问题，需要对英国的教育和政治背景进行全面的考量。首先，历届政府都引入了课程改革，并对研究的主题进行了讨论（Hodgson和Spours，2008）。在教育改革没有成为常态时，这些争论是政策实践过程所必需的。其次，课程的责任由中央政府和为16岁、17岁和18岁的学生提供"公开考试"的私营部门，以及通常听从校长领导的地方学校管理者承担。政府本质上提供了一个框架，它设定了一定的界限，但并没有严格的规定。议会主要通过政策讨论和政策杠杆（Chilton和Schffner，1998）来调整这一框架。

"金融能力问题"及其相关议程（Kingdon，1995）是在政府的关心和计划下提出的，供学者研究（Tennyson和Nguyen，2001）和国家调查（例如，美国的Jump$tart联盟）使用。2000年，个人、社会和健康教育（PSHE）被正式列入国家课程框架。金融素质教育被纳入PSHE规范中，尽管其仍在学校所列的课程排行榜之外。这一框架鼓励学校在课程设计中为金融素质教育提供一些便利，但学校对这种形式几乎没有反应。这一问题在一定程度上得到了金融服务管理局的关注，从2001年起，政府加强了对金融行业的监管。英国金融服务管理局的"金融能力指导小组"成立于2003年10月，负责制定和实施一项国家金融能力战略，该小组发布了一份报告（FSA，2004），该报告提供了定义金融能力的"指标"。然而，直到2006年，IFS才发布了对16岁以上学生金融素质能力认证的第一个考试大纲。在2008年金融危机爆发之前，这些情况发生在人们对金融消费者福利和国际金融文化兴趣日益增强的背景下（Davis，2006）。与其他欧洲国家一样，年龄分布引发了关于养老金条款的争论。英国的辩论是在养老金不当销售丑闻的背景下展开的。经合组织呼吁加强实施金融素质教育战略（OECD，2005），并在2003年成立了金融素质教育委员会。英国金融能力教育议程设置的关键事件时间线如图11-1所示。

图11-1　金融能力教育议程设置时间表

基于这一时间线，我将重点放在 2004—2005 年，并将 Hansard 提供的国会众议院的转录政治讨论作为本章政策话语分析的来源。Hansard 有时被作为官方报告，其记录了英国议会的议程。在下议院和上议院的所有辩论中，第一个人的陈述都是被转录和公开的。这份报告是一个有用的资源，可以用来跟踪和了解一些重要的政治问题，以及它们在议会中讨论的方式。

11.3　方法

在本章中提出的政策话语分析的基础是：事件或危机推动了政策制定者的关注，从而促进行动（King，1995）。话语分析方法（Gee，1999）是用来阐明英国金融能力问题的具体框架。"话语"指的是语言的使用，意思是不关心单词和语法句子结构的词典定义，而是询问单词的背景含义，并研究语法用来表示关系、身份、含义、政治、联系和符号学的方式。这种语法是 Gee（1999）所称的"社会语言"。在这项分析中，使用的主要社会语言在议会中是被允许和可预期的。因此，这篇演讲具有某些特色风格，比如对同行或议会其他成员言论礼貌地引用。本章对其他问题的讨论同样感兴趣，并建立了"文化模型"（Gee，1999），它支持在英国建立一个关于金融能力教育的课程框架的论点。文化模式是对事件时间线、日常理论和我们对个人债务、退休、成年以及全球经济中工人和公民所需要的关键技能的解释。

与大多数政策话语分析方法相同，我们用同样方法调查多层次的复杂文本和对话，包括英国和全球方面参与社会实践的成就（van Dijk，1998）。分析遵循 Gee（1999）的话语分析方法，该方法涉及数据研究方式。关键问题包括：

- 语言做了什么？
- 在理解时需要什么知识？
- 通过语言及其背景意义所建立的世界观是什么？

Gee（1999）所使用的方法已经被应用于这个多层次的分析：社会语言及其意义和文化模型。这些方法支持我对假定含义和文化模型的探究，这些模型说明人说的某些话一定是有其意义的。根据 Gee（1999）所说，政策话语分析人员的总体任务是确定语言和符号系统是如何被用来"以特定的方式来解释情况的"。这个任务是我们作为参与者参与讨论的一个任务。也就是说，由于语言是不明确的，我们根据自己对语境或情境的认识来做出语言和文化推断，以解释语言的意义。作为一名分析人员，我对话语进行了推断，而我的分析则需要依赖于我所需要接受的假设，以解释这些话语。词汇的意义是通过我们的文化和社会知识来解释的，或者从以前的文本中获得解释。另一项"构建任务"把分析人士的注意力集中在使用语言和符号系统的社会实践上，以完成所谓的"世界观构建"。情境的构建有助于这个世界观的构建，但它超越了对解释话语的假设和对发展世界观的假设。这个任务涉及识别所使用的语言，它引用一组观点或假设，它们代表"真实"、可能或不可能的东西。

这些数据被汇编为一份关于立法话语的词汇摘录。这一研究的重点是在 2004 年至 2005 年期间，Hansard 对"金融素养"、"金融能力"或"金融教育"的引用。所有的章节或会话都被记录到一个 87 页的文档中。这些摘要对当时的国家政策话语进行了丰富的描述，但这段时期并不是一个完整的教育或金融改革历史。

11.4 金融能力教育的意义和文化模式

金融能力在四场改革辩论（信托基金、教育、信用卡和退休金改革）中被提及。分析人员以时间顺序来检查每一个问题。摘要分析了围绕这些改革的政策话语，探讨了构建情境的一些意义和文化模式——在此模式中，英国金融能力教育的推广是可能的，甚至是必要的。

11.4.1 信托基金改革

2004年2月3日在下议院讨论的信托基金改革辩论，可以看作是一种对金融能力教育协调方法的争论。信托基金改革被认为是提升金融素养的一种有效方式。具体来说，引入这项改革法案的目的是"鼓励父母和孩子养成储蓄的习惯"。基于"政府着手引入儿童信托基金账户的四个原因"，上议院特别委员会成员Laws先生（Yeovil成员）代表自由民主党指出这一教育组成部分："前两个似乎是相同的，一是金融教育帮助人们做出更好的财务选择，二是帮助人们了解储蓄和投资的好处。"

关于这两个目标的实现，Laws先生补充道：

我们曾质疑过，正如财政研究所和其他机构所做的那样，儿童信托基金账户是否会在这些目标中取得成功，以及投资于学校的金融教育是否能更有效地实现这一目标。毕竟，在过去的几天里，财政部长接受了一项建议，即16岁和17岁的孩子应该能够管理自己的账户，孩子们应该参与到这些账户的运行中。这些账户完全是由父母经营的，这似乎是给人们提供金融体验和金融教育的一种奇怪方式。我们不相信政府已经证明，财政支出符合这两个标准。

第一种陈述和第二种陈述之间的脱节需要用政治社会语言来解释，在政治社会语言中，目标不一定是理性的论证，而是社会关系和身份定位。从这个角度来看，Laws先生似乎是代表那些签署并执行了儿童信托基金的人，他们未能推动金融能力教育议程向前发展。因此，他指出了新教育方法的必要性。他认为，非正规教育、信息供应和激励措施或市场监管不足以提高广大公众的金融能力。

让我们清楚地看到这篇演讲的力量，我们之后听到了代表Bolton W发言的Ruth Kelly说道：

提高基本的金融素养是政府减少社会和金融排斥战略的一个关键部分，同时可以解决过度负债并促进储蓄。我们这样做是为了帮助人们认识并满足他们的财务需求。关键举措包括：特别储蓄账户——一个透明的储蓄账户，提供量身定制的金融咨询和教育服务；个人、社会和健康教育（PSHE）的框架提供个人金融教育，在关键阶段提供课程教授；退休金改革将帮助人们更好地选择他们的退休生活。我们还与金融服务管理局密切合作，后者在制定国家金融能力战略方面发挥了带头作用。

11.4.2 14岁至19岁金融教育改革

关于如何在课程中加入金融能力的辩论，前提是这一科目应该是课程的一部分。因此，我们可以假设，在议会讨论这个话题的时候，金融能力已经被当作一个问题，需要通过政策改革来解决。

　　然而，我们再次看到政府的协调行为，目的是引导而非命令，正如2004年1月6日下议院议员David Miliband所说的，政府不应该在金融能力教育方面对学校进行监管。

　　对于学校来说，在课程中增加特定主题的时间是由学校决定的，而该部门也没有向学校推荐应该增加金融教育的计划。

　　这一声明标志着政府在国家课程中区分了核心科目（如数学、科学和英语）和其他"基础学科"（如艺术设计、公民权利和计算机）。这些科目在14岁以后不是必修科目，但被认为是应享权利的学习领域，这意味着至少有一门课程必须作为学校课程的一部分。"核心科目"的优先级与政府在PISA测试中表现的兴趣一致（Breakspear，2012）。在全球化的社会中，科学、技术、工程和数学（STEM）学科是主流，因此，关于课程设置的辩论被框定了。正是在这场辩论背景下，金融素质教育出现了。

　　2004年4月20日，在下议院，金融素养通过数学素养在教育政策上获得支持。众议院议长Vincent Cable博士（LD）提到了"数学和科学在经济上的重要性"，接着又有一种说法，即一种不那么精确的数学形式也很有价值：

　　我们选区的老师告诉我们，那些数学成绩总是不及格的学生将来可能会成为市场上的交易者或庄家，并表现出对概率和排列组合有较深的了解，这远远超出了大多数博士的水平。数学素养不一定是正式的和学术性的，它反映了一种更广泛的属性。

　　他暗示，金融扫盲教育在这种不那么精确的数学中，对那些不遵循学术道路的人来说是很重要的。

　　数学素养对于经济，特别是对于工业来说越来越重要——体力劳动者，如那些在超市柜台工作的人，需要越来越多的数学知识，因为他们需要不断地检查和处理异常现象，除非他们有计算能力，否则他们无法做到这一点。

　　他认为金融服务业的从业人员限定在那些需要数学素养的人当中。

　　金融能力教育也是一种生活技能的教育，Stephen Twigg作为国会的教育和技能副国务卿，认为需要"更广泛的课程"。因此，数学素养与金融能力有关，能够理解做出"选择"和"负责任"（以及成为一个合适的消费者）所需要的计算，正如这句话所暗示的那样：

　　缺乏数学素养也会影响到金融服务业。我们的选民在抵押贷款和信用卡利率方面存在问题，这些问题需要选民能够理解其意义，但是很多人甚至包括一部分金融顾问都做不到。由于缺乏这样的能力，该行业处于非常不利的地位。

　　这场辩论的贡献，表明了一种"世界观构建"，在这场辩论中，政治辩论的主要关注点是消费者对行业的无知，而不是消费者的无知。更广泛地说，这一论述并没有直接影响课程，但它确实表明了在这种政策背景下被认为是合适的金融能力教育方式。因此，试图将金融能力包含在数学素养之下的尝试，可以被看作是试图与一种价值科学和数学教育的现有文化模式相联系的尝试。该协会鼓励政治上接受在课程中学习金融知识。与数学的联系提供了学术和实用的可信度。金融素质教育可以在不占用课程表空间的情况下得以实现。这比通过金融服务业改革尝试的渐进式方法迈出了一大步。

11.4.3　信用卡改革

　　2004年4月22日，下议院在威斯敏斯特大厅举行了关于信用卡改革的讨论，这为确保"基本"的金融知识水平和教育的必要性提供了一个基本原则和相关信息，使人们能够做出"知情选择"。正如 John McFall（Dumbarton）（Lab/Co-op）所说，关键问题在于信用卡和信用卡行业缺乏透明度，而信用卡和信用卡行业反对有意义的竞争，因此不利于保障消费者的利益，而个人理解利率计算需要花费大量时间和精力。他说，其主要担忧的是金融公司的透明度和时间不一致的做法，以及某些个人的"个人债务积累"。在这个分析中要考虑的问题是：这些人是如何构建话语权的？

这些摘录表达了一种信念，即某些人无法解释"技术行话"，因此遭遇了财务困境，这让他们很容易受到各种方案的影响。辩论的焦点首先是确保有关条款和条件信息没有被"掩埋"，而公司对年化利率（APR）的计算方式更加透明。同行们还呼吁建立一种通用的计算方法，这样信用卡就可以更容易地进行比较，以方便人们进行选择。

同行们讨论了"摘要框"，作为政策辩论的结果，它将成为向客户发送信用卡信息的一个特征。这个摘要框是为消费者提供关键信息，在金融产品之间提供选择。这些辩论的贡献建立了一个世界观：消费者要对他们做出的选择负责，前提是他们能够做出"明智的选择"。敦巴顿议员 John McFall 对这个世界观构建的充分性提出了异议，他说：

关于过度负债，需要更多的信息。我同意，它只影响一小部分人口，大多数人负责任地处理信贷，避免过度承诺。然而，似乎有一小部分人在偿还债务方面陷入泥潭。重要的是，要认识到过度负债会对人们的生活产生毁灭性的影响。政府和信用卡行业需要更加努力地工作来防止过度负债。

他接着说，"过度负债"也是不负责任的营销行为的一个后果。

还有更多的工作要做。例如，摘要框涉猎范围要扩大，提供更清晰的可比较信息和月报表。我们还需要进一步的透明度、更负责任的营销实践，以及可标准化的复利计算方法。

通过这种方式，让信用卡公司能够采取一些措施来减少私人债务，通过采取负责任的做法，向消费者提供明确的信息。与此相反，一些消费者被认为是不负责任的梦游者：

这份报告发现，许多人都是在过度承诺的情况下进入梦游状态。这表明，所有的信用卡发卡机构都应该从事负责任的放贷活动，并向客户提供明确的信息，以便他们了解他们所承担的债务的后果。（McFall 先生）

其他演讲者也赞同这一情形：脆弱的消费者会成为激烈的金融实践活动的牺牲品。Lazarowicz 先生（Edinburgh、North 和 Leith 议员）提到了一些人可能会掉入"陷阱"，而 Laurence Robertson（Tewkesbury）（Con）说：

我的观点是，市场是如此复杂，以至于人们，尤其是那些弱势群体，可能不明白他们有选择的余地，尽管他们的选择可能挽救或损失数千英镑。

Plaskitt 警告说，在这样的行业环境中，一些人将会被困在信用卡网络中。

债务和"过度负债"的问题代表着效率低下的市场结果，这些市场是缺乏透明度的。隐含的文化模式是消费者有责任做出明智的选择，而这反过来又要求人们充分了解与信用卡使用有关的选择和后果。例如，McFall 在一个高效的消费者驱动的市场经济中引用了知情选择，他说，委员会强调了提高透明度和竞争力的必要性。必须有透明度，才能有竞争力。他还呼吁司法公正，他声称，如果信息不与客户共享，市场就没有竞争力，没有公平的竞争环境。类似地，James Plaskitt（Warwick 和 Leamington）（Lab）提出了责任分担的可能性：金融服务行业提供更好的信息，而消费者则利用这些信息做出正确的决定。

贫困作为家庭财务的一个风险因素总是被间接地提到，就像 Plaskitt 的以下论述一样：

附加的条款鼓励我用支票支付公用事业费。这正是我之前提到的那种金融网络。如果不付款的话，比如面临财务困难的人，就有可能被切断供应，从而可能会被诱导使用这些未经请求的支票，而没有意识到其财务后果。

尽管许多演讲者巧妙地建立了这样一个世界观，但这个问题不仅仅是关于透明度，也提到有些人被欺骗的方式或"梦游"的状态。Lazarowicz 先生让我们听到了信用卡缺乏透明度背景下关于金融素质教育的言论：

这份报告是关于信用卡费用透明度的。这是解决它所强调的问题的一个要素。同样重要的是提高金融素养的激励。

Lazarowicz 提到的这一途径是"公民咨询局和其他免费的货币咨询服务"。然而，Drew 先生提到了对学校教育的关注和资源分配，这是他职权范围之外的一个政策领域。

部长不能代表其他部门发言，但财政部和教育技能部应该敏锐地意识到，金融素质教育和消费教育是不够的。我们应该在这一关键领域投入更多资源。

Norman Lamb 提到的"一项在 300 所中学的试点计划，以确保孩子们接受有关金融服务的教育，使他们能够做出明智的选择"，明确地将知识和教育与财务选择联系起来。最终的结论是监管和教育的结合是必要的，不仅保护其免受来自个人本身的风险，还有他人带来的风险。债务警告被拿来同饮酒、吸烟和赌博警告作类比，言外之意是你不能强迫人们停止使用信用卡和债务。更重要的是，Laurence Robertson（Tewkesbury）（Con）强调金融教育要对下一代发出"危险"警告：

如今，世界上存在着许多多年前不存在的危险，因此，非常需要向人们传授有关这些危险的信息，以及借款所带来的机遇。我希望我们能朝着这个方向努力。这不是全部的答案，但我相信这是一个开始。

他的声明为借款带来了积极的一面，他明确表示，担忧的是"过度负债"，而不是债务本身。最重要的是，关于信用卡的辩论创造了一个世界观：人们知道有一些人因为各种原因而过度负债，这些原因包括诈骗和对债务危险的认识不足。其结果是，政府的政策，至少在当前的政策话语中，应着眼于教育这些群体，并确保信用卡公司"负责任地"放贷。

11.4.4 退休金改革

2004 年 11 月 12 日，在上议院举行的关于退休金的辩论为政府提供了一个开始关注投资行为的理由。关于退休金改革的争论，主要集中在国家和个人在提供足够的退休收入方面如何发挥作用。辩论是在退休计划的责任日益被视为主要是个人责任的时期进行的。政府知道，仅靠国家退休金不足以在公民退休后继续维系生活，还需要公民储蓄作为补充。这种自由放任的政策导致了更少的监管，但同时也要求政府找到一种方法，让人们相信他们有责任储蓄。

政策问题被框定在这个阶段，专注于谁负责确保那些退休人员有足够退休金维系生活，很少关注给消费者提供金融产品知识，就像信用卡改革辩论的情况。如同 Detta O'Cathain 女士所陈述的：

英国保险协会本周的报告显示，只有42%的人认为他们应该为退休收入承担主要责任。政府必须大幅增加这一数字。

在讨论将退休金与就业挂钩的方法时，讨论议题转向了就业能力和妇女、老人和年轻人的不平等现象。例如，在同一次会议晚些时候，国会副国务卿提到了在基本退休金的基础上为低收入个人提供"养老信贷"，其依据是一个人在其一生中为政府所做的贡献。这位男爵夫人指出，这项计划以"第二退休金"的形式提供了财政支持，这"尤其有助于女性，不仅是工人，而且包括护理人员，尤其是低收入者。"她接着说："所有这些都是对的。"但是，女性往往会选择承担照顾我们所有人的责任，这是我们的社会所希望看到的，随着人们的寿命越来越长，这一责任将会对我们的社会造成更大的负担。然而，在退休金方面，做出这些选择的女性会因为做了正确的事情而受到惩罚。这是不体面的，也是不可接受的。"惩罚"的意思是，与别人相比，你得到的钱比你应得的少。如果我们考虑到这种文化模式，即认为家庭中女性的照顾责任是一种应该被认可的工作方式，那么这种说法就是可以理解的。同行在"情境"中引入了道德和公平。尽管同行们可能有其他的政治（和意识形态）理由拒绝强制的雇主计划而支持其他计划，但我对这种分析的兴趣是它的语言和符号暗示，它们被认为与形成政治议程的社会实践相关联。在一个高度尊重这些价值观的政府中，对道德和公平的呼吁是很难引起争议的。

另一种文化模式在这一论述中很明显地涉及退休：退休被描述为一种享受，但仅仅是有足够收入的东西。所需的基本收入无法得到解决，但在诸如此类的声明中提到了这种文化模式："任何国家提高退休年龄的做法，如果没有伴随着健康和年龄不平等的减少，都严重不公正地落在那些最贫穷和享受退休生活机会较少的人身上。我希望看到这些不平等现象在减少……"通过借鉴这种文化模式，同行们将政府定位为关注所有公民幸福的政府。

然而，为了享受退休生活，个人必须采取行动，确保他们在退休时能够补充自己的退休金。政府需要公民来承担这一责任。它不能强迫人们去储蓄，也不能强迫雇主为员工储蓄，因此所采取的方法是指导而不是强制。这一关键的步骤是为公民（包括年轻人）提供信息，以便他们做出明智的选择，正如海厄姆的 Baroness Hollis 所表达的那样：

退休金委员会也表示，许多人需要储蓄，我们也同意这一点。大多数人没有为他们的退休做好准备。我们正设法鼓励他们做好准备——高贵的奥卡塞恩男爵夫人向我解释了这一点。我们将提供退休金的相关信息。我们希望在学校课程的公民模块中更重视财务信息。我们在退休金法案中详尽地探讨了所有这些途径，以促进明智的选择，并鼓励人们获得更多的金融知识。这位高贵的男爵夫人是对的。大多数人对他们的经济状况一无所知。

她总结了自己的观点，并继续强调了影响信念和提供信息的重要性，并认为这些信念会导致人们做出期望的行为（例如储蓄），并将做出最好的选择（例如，继续工作更长时间）。

我们希望鼓励人们接受他们的储蓄是值得的。我们希望鼓励人们延长工作时间，以便他们有更长的时间来储蓄。我们希望鼓励雇主与我们合作，让人们进入劳动力市场。我们希望减少健康方面的不平等，使人们能够做到这一点。正如许多贵族所言，这不是一种单一策略，而是一种跨越各个领域的渐进策略。这是唯一的方式，也是正确和体面的方式。

"希望"的字面含义是社会语言和演讲的一种文体特征。在这种话语中，"希望"这个词也标志着一种文化模式，即政府在民主中所扮演的角色，不是发号施令，而是使用间接的政策工具和策略来影响行为。这种文化模式更明确地体现在她的结束语中，她说："我们在建立共识上有很长的路要走，但我认为引导而不是强制才是正确的方法。"

经济学家兼经济事务委员会主席 Peston 在他的发言中明确地提到"信息是一种基本权利"，他暗示，信息甚至仅仅是对养老金作为退休收入的认识都会导致行为的改变。在构建世界观的过程中，只要他或她有足够的信息来做出明智的选择，就不可能做出过激的行为。也就是说，Peston 指出了"真相"，即人们负债累累，是因为自己糟糕的财务状况而被驱逐，并挣扎着生存。他把那些陷入贫困的人看作是一群人（他们为了获取财务建议而涌向市民咨询局），就像那些无知的人一样。这种无知是债务的罪魁祸首，而不是最低工资或缺乏就业选择，这也为更广泛的金融素质教育提供了理由。政府在这一讨论中并没有被指责，但它正在发挥其作用，使个人能够"纠正"行为并"享受"退休生活。

高贵的男爵夫人将发现，市民咨询局中挤满了不具备最基本的金融知识的人。他们负债累累，面临被驱逐，没有任何的备用储蓄，甚至还没有开始考虑他们的退休金。那些能够获得退休金计划的人至少会对他们的基本退休金以及他们可能得到的退休金有一些基本的理解。在某些情况下，这甚至可能导致他们第一次向雇主询问他们是否有退休金。这至少能让他们了解到他们可能会喜欢什么，也可能给他们机会来纠正这种情况，正如我的高贵朋友 Lea 勋爵所说的那样。

Peston 勋爵提出了一项更有针对性的议案，将责任与知识和信息联系起来。从退休金的辩论中，我们可以看到，教育是一个潜在的领域，在这个领域，政府可以最大限度地鼓励公民为他们的退休建立一个补充储蓄账户。然而，一些同行也暗示需要采取其他措施，以解决更广泛的经济健康问题。

11.5　关于形成金融能力教育的结论性思考

本章中给出的政策话语构建的世界里，金融知识教育是必要的。建立"儿童信托基金"主要有两个方面的理由：一是建立在金融教育的基础上，帮助人们做出更好的金融选择；二是帮助人们理解储蓄和投资的好处。也就是说，教育不仅需要根据事实和数据来做出明智的选择，而且人们所做的金融选择也必须由个人理财的信念和理解来决定。有趣的是，这也是我们研究 IFS 课程的教育目标的主要推动力（Farnsworth 等，2011）。Hansard 的一些其他主题在 IFS 课程中也有所体现。

简而言之，我回顾了这些主题在课程中所表现的方式来完成我从政策话语到课程的研究过程。

● 责任：学生讲述了一个常见的故事情节，即很容易陷入财务困境，而这些问题可能会对你的生活质量产生重大影响；金融能力意味着你知道如何避免债务甚至可以通过投资赚钱，他们在进行预算时会区分"必需"和"想要"。

● 道德和公正：学生在描述他们的金融行为时使用了"应该"这样的词，在学生访谈数据中也出现了强烈的反债务论述，而这些数据有时带有一种道德上的夸大。

● 知情选择和透明度：所有的学生都在谈论有关金融产品的知识，因为他们知道在学习过程中可以做出更明智的选择，并感觉更有信心判断他们收到的报价。

尽管金融实践是在生活课程的背景下呈现的，但年轻人却把退休视为遥远的未来。

具有讽刺意味的是，参与我们研究的年轻人所经历的养老金改革事件似乎并没有那么引人注目。这门课的一个有趣的补充是，与年轻人一起探讨推动金融能力教育背后的原因。通过所提供的分析，我们可以看到背景和论点，以及影响金融能力教育的政治话语。

参考文献

Breakspear，S.（2012）．The policy impact of PISA：An exploration of the normative effects of international benchmarking in school system performance. *OECD Education Working Papers*，*No. 71*. OECD Publishing. http：//dx.doi.org/10.1787/5k9fdfqffr28-en.

Chilton，P.，& Schäffner，C.（1998）．Discourse and politics. In T. van Dijk（Ed.），*Discourse as social interaction. Discourse studies：A multidisciplinary introduction*（Vol. 2，pp. 206-230）．London：Sage.

Davies，P.（2006）．Educating citizens for changing economies. *Journal of Curriculum Studies*，*38*（1），15-30.

Davis，P.，Farnsworth，V.，Farrell，P.，Kalambouka，A.，Ralph，S.，& Shi，X.（2008）．*The financial literacy project final report*. London：ifs School of Finance.

Farnsworth，V.，Davis，P.，Kalambouka，A.，Farrell，P.，Ralph，S.，& Shi，X.（2011）．Students'production of curricular knowledge：Perspectives on empowerment in financial capability education. Education，*Citizenship and Social Justice*，*6*（2），153-167.

Financial Services Authority（FSA）．（2004）．*Building financial capability in the UK*. London：Author. Retrieved June 28，2014 from http：//www.fsa.gov.uk/pubs/other/financial_capability_uk.pdf.

Gee，J. P.（1999）．*An introduction to discourse analysis：Theory and method*. London：Routledge.

Hodgson，A.，& Spours，K.（2008）．*Education and Training 14-19：Curriculum，qualifications and organization*. London：Sage.

Kingdon，J. W.（1995）．*Agendas，alternatives，and public policies*. Menlo Park，CA：Addison-Wesley Longman Inc.

OECD.（2005）．*Improving financial literacy：Analysis of issues and policies*. Paris：Organisation for Economic Co-operation and Development.

Tennyson，S.，& Nguyen，C.（2001）．State curriculum mandates and student knowledge of personal finance. *The Journal of Consumer Affairs*，*35*（2），241-262.

van Dijk，T. A.（1998）．*Ideology：A multidisciplinary approach*. London：Sage Publications.

Weiss，C. H.，& Bucuvalas，M. J.（1980）．*Social science research and decision-making*. New York：Columbia University Press.

第12章 金融素质标准的制定与推广：美国标准的建立①

William Bosshardt

摘要 随着金融市场变得越来越复杂，财务决策逐渐转变为个人决策，个人需要具备相应的知识和能力来做出明智的决策。为了应对这一需求，学校、学区和教育部门已经开始着手在课程体系中增加金融教育的内容。这个过程的第一步是制定和实施标准。因为美国的标准主要是由州或地方一级政府制定的，各州标准或课程内容的一致性通常是由对促进特定学科感兴趣的团体所倡导产生的。不同的团体竞相说服学校、地区和州政府采纳他们的理念。虽然大多数团体都有利他主义的意图，但随着小学和中学金融素质教育重要性的增强，也促进了营利性金融公司的课程开发。在美国，金融素质标准的发展为标准制定过程提供了一个范例。在这个过程出现了一个论坛，讨论儿童财务行为教育的重要内容是什么：在做决定或专注于完成某些财务任务时，强调掌握经济和金融知识是更好的选择吗？使用启发式方法指导复杂的经济或金融决策比教授内容或技能能更有效地改变财务行为吗？或者是各种各样方法的组合？本章详细介绍了在一个分散的标准制定过程中，金融素质教育标准的制定情况。

关键词 标准 金融素质 经济教育委员会（CEE）PISA

12.1 引言

无论是认为金融教育将有助于防止金融错误，还是认为金融教育将改变人们的行为，它都将带来更好的教育，帮助累积财富或改善退休后的生活，消费者会更满意他们的财务选择。大多数教育工作者都确信，更精通金融的民众将使社会受益（Hasting 等，2012）。尽管需要进行大量的研究来评估金融教育的最佳内容、最佳方法和最佳时间，但推动金融素质教育的努力从未停止。本章通过详细审查国家金融素质标准（2015年）的构建，概

① W. Bosshardt
Department of Economics, Florida Atlantic University, 777 Glades Road,
Boca Raton, FL 33431, USA
e-mail: wbosshar@fau.edu
© Springer Science+Business Media Singapore 2016
C. Aprea et al. (eds.), International Handbook of Financial Literacy,
DOI 10.1007/978-981-10-0360-8_12

述了美国金融教育内容及标准是如何建立和实施的。经济教育委员会（CEE）是一个致力于通过教师教育提高经济和金融素质的非营利组织，它试图通过制定这些标准来为美国中小学的金融素质教育打下基础。这些标准体现了CEE在标准制定方面的第二次努力，第一次是在1997年制定的推荐性国家标准，并在2015年进行修订。本章在介绍美国标准制定背景的前提下分析了制定金融素质标准的动机，介绍了CEE标准，并探讨了制定标准的相关问题。

12.2　美国标准

尽管各州制定了自己的标准，但是许多组织还是制定了自己的标准，希望能够影响到课程的设置。这些组织包括非营利组织、教育工作者专业组织，以及基于学术机构的各种中心和机构。《共同核心州立标准》（全国州长协会最佳实践中心和2010年全美首席教育官理事会）是组织如何在国家层面上提高美国K-12课程的标准和一致性最好的例子（Porter等人在2011年提供了《共同核心州立标准》和国家标准的背景与比较）。这些组织在特定主题领域也制定了标准。国家历史研究中心在1996年制定了国家历史标准。公民教育中心在1994年制定了国家公民和政府标准，并于2003年修订。在经济学方面，CEE制定了推荐性的经济学国家标准。经济学国家标准对于一个不喜欢集中控制、强调市场结果的群体来说是一个很有意义的名称。尽管它是推荐性质的，但在美国经济教育的舞台上，推荐性的国家标准一直发挥着极其重要的作用。

个人团体标准的推广有许多途径，它们的内容可以影响K-12课程中实际教授的内容。最直接的途径是，教师收到一份标准的副本，并使用这些标准来指导他们的教学。然而，由于大多数教师倾向于使用国家标准或当地的课程指南来设计他们的课程，因此国家标准往往被视为指导性的，并且在实践中不一定被使用。但是当推荐标准影响国家或地区标准的制定或修订时，它就会产生更大的影响。像经济学方面的推荐性国家标准，它对国家标准的影响程度是难以确定的。除非有一个介绍提到了委员所制定内容的来源，否则这一影响是很难确定的。另外，一些州，例如纽约，将其核心课程标准与国家标准联系起来。因此，尽管核心课程标准是纽约标准（2002年），但显然这是种尝试：确保它们的课程涵盖了经济学方面推荐性国家标准的主要领域。

另一个影响课程设置的途径是教科书和出版材料。出版商为规避风险，努力确保他们的教科书和材料符合潜在大型市场的标准。一般来说，出版商会检查他们的文本和材料的内容，以确保任何有信誉的机构的标准都能得到满足。任何概念缺失的书籍通常都会被更新，以纳入这个概念。由于教科书是在全国范围使用的，所以这些书往往反映了现行的国家标准。在没有国家标准的情况下，人口基数较大的州所制定的标准更加具有影响力，因为教科书是为大型市场而编写的，而后在此基础上加以修改以满足其他州的标准。

在金融素质教育方面，应该采用哪个州的教学材料来制定国家标准尤为重要。方法之一是观察教师在课堂上的行为，并开发有共识的课程。在个人理财领域，这种方法的问题在于，在大多数州和学校，个人理财是一门相对较新的课程，教师开发的教材和课程不像历史学这样的学科那么丰富。此外，许多教师不愿意教授个人理财课程。有一项研究报告称，只有20%的教师对教授六个个人理财主题之一有信心（Way和Holden，2009）。事实是，许多教师和许多成年人一样，并没有完全掌握财务决策。自下而上地开发金融素质教育教材似乎不太可能。美国和世界上许多国家面临的一个重大挑战是如何开发具有学术能力、目标契合的金融素质教育教材。虽然教师们可能不太愿意教授这门课程，但是非营利性组织提供的大量材料，以及营利性金融公司和提供财务建议的营利性公司的慈善活动都弥补了材料的不足。这些组织提供的材料给我们带来了困扰，因为很多材料在学术上不健全，其理论和概念或者是未经证实的，或者是不正确的。一些团体提供的材料最初是为成年人开发的，并不一定适用于中学生。

金融素质教育材料在发展中面临的另一个风险是组织有可能借助学术材料之名来推广金融服务。金融素质教育让年轻人能够做出财务决策。材料有时被用来影响年轻人选择金融服务的类型，或者向年轻人推广一个品牌。由商业公司或慈善组织开发的材料可能会偏向于公司销售的产品。股票经纪公司可能强调股票的优越性而不是债券的优越性；保险公司可能会强调规避风险的重要性。因此，尽管内容可能是有用和准确的，但其所提倡的观点在学校环境中可能并不合适。即使开发出来的是相对没有偏见的、没有公开推广公司产品的材料，可能仍然含有公司的标识，或者该标识可能出现在材料的网站上。[①]有关标识放置的例子还包括儿童的金融课程，其中显示了当地银行徽标的图片，以及一个包含公司名称的标题页。金融服务行业的企业也为学校提供材料和课程，并希望将它们的品牌与可靠的金融咨询服务联系起来。

当地的管理者和教师可能会发现很难判断组织提供材料的学术有效性以及其提供材料的意图。而由于中立方（如非营利组织或利益冲突较少的商业教科书出版商）所开发的材料并不一定能保证在学术上比营利性组织提供的教材更好，使得做出选择更加困难。事实上，一些专家认为营利性组织提供了一种更实用的理财知识观。

一种消除各种组织所提供的材料的潜在偏差的方法是使用适当设计的标准。如果这些材料体现了标准所列出的内容，那么学生们至少会被教授有用的概念。尽管偏差可能会蔓延到教材的呈现方式中，但是建立一套完善标准应该能降低这种可能性。

12.3　金融素质标准：国际发展

程序并不是影响制定国家标准的唯一因素。虽然 PISA 在金融素质方面的项目可能还没有影响到美国标准，但它为讨论标准的制定提供了一个很好的背景。第一次 PISA 评估是在 2012 年，其结果在 2014 年 7 月公布。在评估体系的建立过程中，我们建立了一个宽泛的框架，可以比较不同的金融素质标准。该框架围绕一个模型进行，该模型涉及金融素质的三个方面：内容、过程和背景。该框架将内容描述为"知识和领域"，将过程描述为"心理策略或方法"，将"背景"描述为"知识、技能和理解应用情境"（OECD，2013）。

PISA 框架指出，实施金融素质教育的国家有相当多的一致性。[②]PISA 框架使用的分类

---

① 其中一个例子是富国银行（http://www.handsonbanking.org/en/）的"银行之手"。
② 并非所有国家都参加了 PISA 的金融素质测试。参见 Schuhen 和 Schurkmann（2014）从德国角度进行的讨论。

法将内容分为四个方面：资金和交易、规划和管理财务、风险和回报以及财务状况。这种分类法是用来构建金融概念的众多方法之一。在美国，财政部的金融教育核心竞争力（2010）使用的是收入、支出、储蓄、借贷和保护。虽然这些看起来可能会有很大的不同，但是对每个类别下的主题进行检索后揭示出了许多相似之处。例如，财政部核心竞争力的储蓄类别包括有关交易账户的知识。然而，交易账户将被视为 PISA 资金和交易内容的一部分。尽管在财政部的核心竞争力中，借款属于一个范畴，但在 PISA 涉及两个领域——"资金和交易""规划和管理财务"——拥有信贷和借贷。美国的其他标准也是按照类似于财政部的分类方法来组织的。例如，Jump$tart 标准使用财务责任和决策、收入和职业、计划和资金管理、信用和债务、风险和保险、储蓄和投资作为它们的框架（Jump$tart，2007）。国家的金融素质标准是围绕着收入、购买商品和服务、储蓄、使用信贷、金融投资、保护和保险而制定的。在美国，虽然许多组织已经创建了内容分类法，但这些文档之间更加相近，甚至比 PISA 框架相似度还要高。

PISA 项目评估框架使用识别信息、分析信息、评估财务问题、运用金融知识和理解，作为金融素质所需的心理策略。不同的美国标准之间最主要的差异在于处理过程的方式。稍后将讨论更多的内容，主要的问题是这些过程是与内容脱节还是能够贯穿整个标准。

最后，PISA 的金融决策背景说明，虽然确定的背景（教育和工作、家庭和家人、个人、社会）适用于国际受众，但具体的内容会有很大的不同。美国青少年的典型决定中可能包括购买汽车，但这种情况可能不适用于其他国家。在应用和理解金融素质的过程中，背景是很重要的，但对于金融素质教育和过程面临的准确情境，最好还是留给当地的教育工作者，他们最了解自己的学生要面临哪些财务决策。

通过对 PISA 评估结果的研究，各国将寻求提高他们在金融素质教育方面的地位。由于 PISA 框架概述了评估的内容，因此该框架及其评估结果将对未来制定金融素质评估标准产生越来越大的影响。

12.4　金融素质标准：美国两种相互竞争的方法

根据经济教育委员会（2014）提供的数据，目前有 43 个州的个人财政状况符合州标准，多于 1998 年的 21 个州。数据还显示，从 2007 年到 2009 年，美国各州要求开设或选修高中个人理财课程的比例有所上升。2007 年，9 个州被要求提供个人理财课程；2009 年，这个数字是 15 个。需要开设这门课程的州的数目从 7 个增加到 13 个。这些数据表明，个人理财教育正处于上升期，最近的金融危机和经济低迷状况加速了这一趋势。当每个州建立它们的金融素质标准时，负责该任务的委员会或小组通常会求助于现有的国家标准或国家组织推荐的标准。在美国，两家机构通过构建不同的金融素质标准展开竞争：由非营利组织 Jump$tart 开发的《K-12 个人理财教育国家标准》（第 3 版）于 2007 年发布；CEE 在 2012 年公布了其开发的国民金融素质标准。这两个标准对如何开展金融素质教育提出了不同的看法。

Jump$tart 标准围绕上述 6 个领域进行组织，其主要特点在于，关注的是能力，而不是内容。每个领域都有相应的能力要求，每一项能力又对应具体的标准和每个年级的指标，一系列的知识教育都遵循这些标准。然而，正如文件中所陈述的那样，"知识的陈述"并不是一个详尽的个人财务指导纲要，它们只是提出了标准涵盖的主题范围和关系。在PISA 中，内容、过程和背景是为了培养金融素质。Jump$tart 标准对期望的表述有时是过程，有时是背景。例如，"描述使用信贷的优势和劣势"或"应用系统决策来确定最具成本效益的购买汽车的选择"意味着一个权衡成本和收益的过程。然而，其他的声明似乎更多地涉及背景，例如"列出拥有获得个人社保账号的权利实体"。

Jump$tart 标准的另外一个问题是，内容声明是次要的，并且不要求提供内容的背景。在没有内容背景的情况下，诸如"解释通货膨胀对收入的影响"或"分析税收如何影响财务决策"这样的陈述在为教师和学生提供指导方面的作用是有限的。

CEE 制定了自己的标准，以解决 Jump$tart 标准的局限性。首先，CEE 希望从不同的视角来看待金融素质教育标准问题。作为一个以经济为重心的组织，CEE 认为经济概念应该被纳入标准中。其次，CEE 提倡在所有的经济学课程中都要突出特定的决策过程，以权衡在做决定时的成本和收益。最后，在使用循环流程图时，经济学概述了经济主体是如何在整个经济中做出决策的。从经济组织的角度来看，金融素质是经济学的应用，它关注的是个体消费者在这个模型背景下的经济互动。

作为第二批制定金融素质教育标准的组织，CEE 决定进入市场，让消费者——无论他们是教师、地区还是州——决定哪些标准最符合他们的需求。从这个意义上说，标准开发所产生的竞争的分散性可能会提高标准的质量。

本章的其余部分将重点讨论 CEE 在标准制定过程中遇到的问题。

12.5　CEE 标准的发展

由 CEE 开发的国家金融素质标准，自然是围绕着一个共同的经济模式构建的。收入循环模型（如图 12-1 所示）在高中经济学课程中被广泛应用，足以说明企业、家庭和政府在经济中的作用。六项金融素质标准可以用来衡量家庭和金融机构。前两个标准很容易理解。收入被描述为从要素市场到家庭的货币流动。购买商品和服务被描绘成家庭在产品市场上的消费支出。其余的标准来自于金融服务市场的家庭互动。

在收入循环模型中，有一个箭头被标记为储蓄，表示第三个标准。家庭同时储蓄和借贷。第四种信用标准可以被视为从金融机构到家庭的反向流动。第五个标准，即金融投资，也可以被视为储蓄。这些标准是为了强调家庭在做出两个相互关联的决定。首先，应该存多少钱，应该在商品和服务上花多少钱。其次，一旦储蓄的数额决定了，那么在哪里进行经济投资的问题就取决于家庭以及他们对风险的接受程度和期望的回报率。

最不可见的（按循环流）标准是保护和保险的标准。保险的概念可以被看作是在产品市场上购买"降低风险"的产品。它也可以被视为投资的一个基本要素，在这种情况下，保护资产不受损失的影响，被视为决定在哪里投资以获得更高回报的前提。从教育学的角度看，独立的第六个标准似乎更适合中学生，因为他们可能不容易看到在投资和保险方面的共同风险。

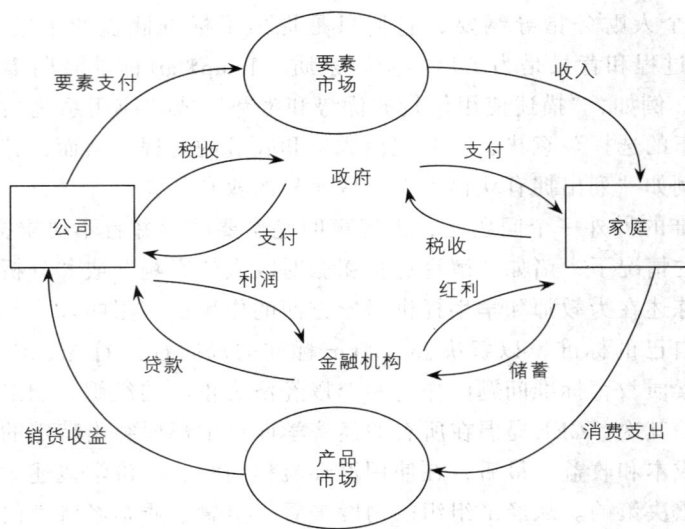

图 12-1　收入循环模型

标准的内容是围绕从收入循环模型派生出来的6个标准组织起来的。此外，这些标准强调了制定决策过程中的特定过程或能力。具体来说，这些标准将经济决策作为金融行为的主要过程。这些标准概述了该过程的三个步骤。首先，个人决策者应该制定目标，这一步包括收集关于决策成本和收益的信息。其次，一旦收集到信息，就会权衡决策的成本和收益。最后，在做出决定之后，评估结果。这一过程对经济学原理课程的教学至关重要，将这一过程扩展到金融素质教育，对于一个以经济为基础的群体来说是自然而然的事情。

这些财务决策中的背景在很大程度上最小化了标准。尽管这些标准给出了一些决策技巧的例子，但在决策制定过程中，教师们还需要提供适当的背景知识。当然，教师知道学生的背景，并能将内容和决策技巧运用到使学生产生共鸣的情境中。限制背景的第二个好处是，尽管金融环境发生了变化，但确保了标准能够实时更新。

12.6　标准

国家金融素质教育标准见表12-1。这些标准关注的是家庭在他们的金融生活中所做的选择。简而言之，人们选择获取人力资本；选择消费一些商品和服务而不是其他；选择现在少消费，以后多消费；选择借款；在风险资产和回报率较低的安全资产之间进行选择；选择在他们的生活中接受多少风险。除了强调人们在金融生活中做出的重要选择之外，这些标准强调的是经济内容，这是做出选择的基础。例如，收入标准侧重于劳动力市场。基准的工资标准与工人的生产率挂钩，这反过来又与雇主提供的工资挂钩。消费标准强调稀缺性，并强化了决策过程和预算。储蓄引入了今天减少消费以便将来能够消费更多的观念。利率是资金的使用费用，同时也引入了复利等重要概念。信用标准引入了借款人和贷款人的选择。借款人有多种信贷选择；贷款人根据感知到的违约风险，选择贷款给谁。一旦家庭储蓄了，他们就必须决定如何处置他们的资金。在金融投资标准中，风险回报权衡是家庭必须做出的重要选择。从某种意义上说，保护和保险标准涉及与金融投资一样的问题，即个人如何应对风险（如上所述，尽管存在共同点，但保护和保险是一个单独的标准，以应对各种类型的风险并包括风险池的经济概念——尽管共同基金投资和保险风险池在某种意义上是相同的概念）。

表12-1　　　　　　　　　　国家金融素质教育标准（CEE 2015）

标准内容	标准表述
I. 赚取收入	对大多数人来说，收入是由他们的劳动力市场价值决定的，以工资的形式获得。人们可以通过选择接受更多的教育、工作经验和工作技能来增加他们的收入和工作机会。进行一项增加收入或工作机会的决定，受到这种活动的预期收益和成本的影响。收入还可以从其他来源获得，比如利息、租金、资本收益、股息和利润
II. 购买商品和服务	人们不能生产他们想要的所有商品和服务，因此，人们会选择购买一些商品和服务，而不是购买其他商品。人们可以通过做出明智的消费决定来改善他们的经济状况，这需要收集信息、计划和预算
III. 储蓄	储蓄是人们选择为未来使用而预留收入的一部分。人们会因不同的原因而储蓄。人们对如何储蓄和储蓄多少有不同的选择。时间、利率和通货膨胀会影响储蓄的价值
IV. 信贷使用	信贷允许人们今天购买他们可以使用的商品和服务，并在未来为这些商品和服务支付利息。人们在不同的信贷选择中会有不同成本。贷款人根据借款人过去的信用记录和预期的还款能力，批准或拒绝贷款申请。高风险的借款人被收取更高的利率；低风险的借款人被收取较低的利率
V. 金融投资	金融投资是指购买金融资产，以在未来增加收入或财富。投资者必须在具有不同风险和预期回报率的投资中做出选择。有较高预期回报率的投资往往会有更大的风险。投资多样化可以降低投资风险
VI. 保险和保护	人们做出选择，是为了保护自己不受收入、财产、健康或身份等金融风险的影响。他们可以选择接受风险、降低风险，或者将风险转嫁给他人。保险允许人们通过支付一笔费用来转移风险，以避免日后可能出现更大的损失。保险的价格受个人行为的影响

注：完整文档链接：http://www.councilforeconed.org/resource/national-standards-forfinancial-literacy/有关更多信息，请访问http://www.councilforeconed.org或致电1-800-338-1192。

表12-2给出了标准的基准数。尽管这并不是一个统一的指标，但是4年级、8年级和12年级的基准可以让你了解K-12课程中每一标准的授课方式。对于低年级学生来说，有两个概念可能很难理解：风险和时间。因此，在较低年级时就可以教授收入概念，因为它不涉及风险（除了企业运行），而且不需要马上管理收入。

表12-2   "国家金融素质教育标准"的基准数

标准	4年级基准	8年级基准	12年级基准	总计
I. 赚取收入	9	11	8	28
II. 购买商品和服务	7	6	7	20
III. 储蓄	6	9	8	23
IV. 信贷使用	4	8	13	25
V. 金融投资	2	7	13	22
VI. 保险和保护	4	8	14	26
按年级合计	32	49	63	144

资料来源：Bosshardt and Walstad（2014）.

　　购买商品和服务也是一样的：标准可以不那么强调风险和时间。因此，这两种标准倾向于在较低年级上拥有更多的基准，而在更高年级上则更少。根据他们的特点，储蓄和信贷使用必须包含一个时间维度。储蓄包括家庭延迟消费；信贷使用允许家庭更快地购买商品。这些维度以及与之相关的数学问题，意味着在课程的后面会涉及储蓄和信贷使用。最后的两项标准，金融投资、保险和保护都集中在较高年级，因为既要处理风险，又要考虑时间维度，这使得这些概念很难在较低年级上呈现。金融投资最基本的经济概念是风险与回报的权衡。然而，为了充分理解风险，学生必须能够概念化一个随机过程，并理解期望值的概念。学生必须认识到，除非风险资产的预期价值高于安全资产的预期价值，否则人们不会购买风险更高的资产。风险的概念与投资的时间方面相结合，这其中包括复利、对真实价值的调整，并认识到人类天生的急躁情绪是如何使投资变得困难的。

　　总体来说，大多数基准测试在12年级的水平上，几乎都是4年级的两倍。其原因来自两个方面。首先，学生在学术生涯的后期不会做出某些类型的财务决策。为了让学生们在小学的时候做保险决定，在学习材料和应用实践之间要有8年的时间。其次，低年级学生很难理解一些概念（风险和时间）。根据需要，使用这些概念的标准直到12年级时才出现。

　　表12-3的左侧提供了典型的金融素质教育说明和标准的基准测试。不可否认，这些说明在某种程度上是假想的，但每一个都代表着在当前国家标准或金融素质材料中的陈述。这些陈述采用分组的形式说明在这个例子中加入经济背景如何提高学生理解能力和做出财务决策的能力。这些示例被分为三个类别。第一个例子说明了如何将经济概念融入金融决策的"机制"中去。金融决策机制是金融素质不可或缺的一部分。然而，由于这些机制在不断变化，它们在标准中并没有被单独强调。最近快速变化的一个例子是使用移动电话作为支付机制（详见世界银行2012年度报告）。应该在做出金融决策的背景下教授机制，而不是机械地学习具体标准。从实用的角度来看，了解支票和借记卡的功能非常重要。但是，个人做出的最基本的决定是哪种支付方式最适合某一特定交易。正如第一组说

明所示，衡量每一种支付机制的成本和收益是应该教授的概念。选择的本质是对支付手段的机制的理解，因为这种机制将提供关于选择的成本和收益的信息。

表12-3　　　　　　　　　　如何帮助理解经济概念的例子

教材中的例子	标准相关的基准
超越机制	
解释如何使用支票或信用卡购物	选择付款方式需要衡量不同付款方式的成本和收益
超越定义	
赚取工资	劳动者在工作中得到的工资通常由劳动力市场决定。企业通常愿意给生产效率更高的工人支付更多的工资
开设企业	企业家是开设企业的人。企业家的创业是有风险的，因为他们不知道所开展的新业务是否会取得成功并盈利
可抵扣保单持有人支付的一定数额的损失	诸如免赔额和共付款等政策功能是费用分摊功能，鼓励投保人采取措施减少损失的潜在规模（索赔）
超越启发式	
应不惜一切代价避免信贷使用	人们可以利用信贷资助教育和住房投资。以这种方式使用信贷的好处是将费用在一段时间内分摊。获得教育或住房的巨大成本也随着时间推移。使用信贷购买食品或衣服等日用品的好处是短期的，不会随着时间的推移而积累
你应该比较购物	搜索与购买商品和服务的相关信息时会产生成本并最终转化为收益。人们应该收集的信息量取决于信息的收益和成本

第二组说明阐明了超越定义性陈述的重要性，以便更全面地理解金融决策背后的经济学。例如，一个工人的工资是由劳动力市场决定的。企业家背后的关键经济概念是在创业时承担的风险和回报（预期利润）。学生应了解免赔额，以便影响被保险人的行为，减轻道德风险的问题。这些例子也说明了在标准中是如何回避经济术语的（例如道德风险），但是术语背后的经济内容却无法回避。

第三组说明阐明了超越启发式方法，转而使用经济决策来决定金融决策。例如，信贷的使用，特别是信用卡，有时会被一些金融素质教育课程所诋毁，零容忍原则通常是常态。然而，大多数经济（和金融）决策并不是全盘肯定或全盘否定。尽管信贷的使用应谨慎对待，但信贷可以极大地改善家庭的财务状况，尤其是当一项决策（如教育）带来的好处巨大，可能在很长一段时间内都会受益。另一种启发是比较购物。货比三家的购物方式可能会被用到极致——花费超过15秒的时间来决定买哪一盒盐是在浪费时间和精力。比较购物的关键还在于，在权衡成本和收益时，它本身就是一种成本和收益的权衡。

尽管经验法则没有纳入标准，但一些研究表明，经验法则可以改善结果。例如，Drexel等人（2011）研究发现，经验法则可以改善多米尼加共和国的小微企业家的财务状况。Shea和Madrian（2001）强调了自动退休计划在影响金融行为方面的重要性。问题的关键在于，相对于复杂的决策，人们可以更好地遵循简单的规则。考虑下面的情况：

你应该从高中毕业；你应该把你收入的10%存到退休后；你应该经常加入雇主提供的退休养老计划；你不应该再使用信用卡。

有人可能会说，教高中生遵循上面的准则可能是一种更有效地指导他们管理财务的方法。然而，问题是，合适的准则应该是什么？高中毕业可能是没有疑问的问题（尽管高中的课程可能也是一个重要的选择，见Cullen等，2013），但目前还不清楚为什么要选择10%这个数字。放弃雇主匹配的退休基金，让自己的缴费翻倍，这似乎很愚蠢，但在很多情况下，使用信用卡是明智的。

制定国家标准意味着要考虑更广泛的人群。目标人群越广泛，就越难制定适用于所有人的指导原则。一个尝试这样做的例子是总统财务能力咨询委员会（2014）提出的"儿童成长所需了解的清单"，其中很多都强调了经验法则。虽然列表提供了一些指导，比如10%储蓄法则，但是10%是否适用于所有人还是值得商榷的。此外，该列表并没有帮助学生们理解为什么经验法则可能是合理的。

尽管CEE标准涉及经验法则的问题，但其确实包含了一些反映行为经济学思想的基准。这些基准提醒我们，作为人类，我们的选择可以受到我们的认知和周围环境的影响。重要的是，消费者要知道人类的思维可能存在的偏见，例如，是决定马上消费，还是将消费延迟。或者当我们做出经济决策时，我们是否倾向于选择默认的选项。了解这些偏见可以帮助消费者做出更好的决策。至少，消费者应该意识到这些行为的"弱点"，而销售者则会利用这些来影响消费者的选择。

总体而言，CEE标准是经济学家参与金融素质教育标准竞争的例证。最近，佛罗里达州采用了一种改良版的CEE标准。其他州在过去的几年里已经采用了Jump$tart标准。竞争是有益的，因为它为政策制定者提供了创新的想法，并寻求如何更好地向学生展示金融素质背后所涉及的概念。

12.7 结论

美国以一种分散的方式制定标准，每个州都在制定自己的标准。为了能够使全国范围内的课程更有组织性，标准制定者必须通过竞争来影响国家标准的制定。作为一个相对新的内容领域，本章提供了一个标准制定的例子。金融素质标准的竞争，是否会产生与一个国家标准相匹敌的标准，还有待观察。通过改进生产标准来提高产品质量，然而，标准修订的时间意味着，"市场"确定最佳标准可能还需要很长一段时间。即使在国家制定了标准之后，"最好的"标准也很难确定。PISA框架提供了一个衡量国家标准表现的指标，但最终的测试结果可能仍反映在其公民的长期财务行为上。因为行为改变很难评估，所以以中小学的标准可能会继续以考试为目标，这就意味着知识储备是更好的金融行为的先决条件。

虽然制定和实施金融素质标准的途径可能因国家而异，但也会出现类似的问题。政策制定者必须确定内容、过程和背景的相对重点。政策制定者需要确定将哪些基本经济背景纳入他们的金融素质标准。政策制定者需要选择合适的决策组合进行试验，作为培养有见识的成年人的最佳方法。最后，政策制定者需要保持警惕，选择适当的、无偏见的教育材料。

参考文献

Bosshardt, W., & Walstad, W. (2014). National standards for financial literacy: Rationale and content. *Journal of Economic Education, 43* (1), 63-70.

Center for Civic Education. (2003). *National standards for civics and government*. Calabasas, CA: Center for Civic Education. Available at http://www.civiced.org/index.php? page=stds.Accessed February 1, 2014.

Council for Economic Education (CEE). (2015). *Voluntary national content standards in economics* (2nd ed.). New York: CEE. Available at http://www.councilforecon.org/resource/voluntary-national-content-standards-in-economics/. Accessed December 31, 2015.

Council for Economic Education. (2015). *National standards for financial literacy*. New York: CEE. http://www.councilforecon.org/resource/national-standards-for-financial-literacy/. Accessed December 31, 2015.

Council for Economic Education. (2014). *Survey of the states 2014: The state of economic and personal finance education in our nation's schools*. New York: CEE. Available at http://www.councilforecon.org/news-information/survey-of-the-states/. Accessed July 1, 2014.

Cullen, J. B., Levitt, S. D., Robertson, E., & Sadoff, S. (2013). What can be done to improve struggling high schools? *Journal of Economic Perspectives, 27* (2), 133-152.

Drexel, A., Fischer, G., & Schoar, A. (2011). Keeping it simple: Financial literacy and rules of thumb. Working Paper, MIT.

Hastings, J. S., Madrian, B. C., & Skimmyhorn, W. L. (2012). *Financial literacy, financial education and economic outcomes* (No. w18412). Cambridge, MA: National Bureau of Economic Research.

Jump$tart Coalition for Personal Financial Literacy. (2007). *National standards in K-12 personal finance education*. Washington, DC: Jump$tart. Available at http://www.jumpstart.org/assets/files/standard_book-ALL.pdf. Accessed December 16, 2013.

Madrian, B. C., & Shea, D. F. (2001). The power of suggestion: Inertia in 401 (k) participation and savings behaviour. *The Quarterly Journal of Economics, 116* (4), 1149-1187. doi: 10.1162/003355301753265543.

National Center for History in the Schools. (1996). *National standards for history*. Los Angeles, CA: National Center for History in the Schools. Accessed at http://www.nchs.ucla.edu/Standards/. Accessed February 1, 2014.

National Governors Association Center for Best Practices & Council of Chief State School Officers. (2010). *Common core state standards*. Washington, DC: National Governors Association Center for Best Practices Available at http://www.corestandards.org/. Accessed February 1, 2014.

OECD. (2013). *PISA. 2012. Assessment and analytical framework: Mathematics, reading, science, problem solving and financial literacy.* Paris: OECD Publishing. doi: 10.1787 / 9789264190511-en.

Porter, A., McMaken, J., Hwang, J., & Rui, Y. (2011). Common core standards: The New U.S.intended curriculum. *Educational Researcher, 40* (3), 103-116.

Schuhen, M., & Schürkmann, S. (2014). Construct validity of financial literacy. *International Review of Economic Education, 16* Part A, 1-11.

U.S. Department of Treasury, Office of Financial Education. (2010). Financial education core competencies. *Federal Register 75* (165), 52596. Available at http: //www.gpo.gov/fdsys/pkg/FR-2010-08-26/pdf/2010-21305.pdf. Accessed December 16, 2013.

President's Advisory Council on Financial Capability. (Undated). *Money As You Grow.* http: //moneyasyougrow.org/#. Accessed February 1, 2014.

University of the State of New York, The State Education Department. (2002). *Economics, the enterprise system, and finance.* New York: University of the State of New York. Available at http: //www.p12.nysed.gov/ciai/socst/pub/economics.pdf. Accessed February 1, 2014.

Way, W. L., & Holden, K. (2009). *Teachers' background and capacity to teach personal finance: Results of a national study.* Denver Co.: National Endowment for Financial Education. Available at http: //www.nefe. org/Portals/0/WhatWeProvide/PrimaryResearch/PDF/TNTSalon_FinalReport.pdf. Accessed February 1, 2014.

Wells Fargo. (2014). *Hands on banking.* San Francisco, CA: Wells Fargo. Available at www.handsonbanking.org. Accessed July 1, 2014.

World Bank. (2012). *Information and communications for development 2012: Maximizing mobile.* Washington, DC: World Bank. doi: 10.1596 / 978-0-8213-8991-1. Website: http: //www.worldbank.org/ict/IC4D2012. License: Creative Commons Attribution CC BY 3.0.

第13章　新西兰金融普及教育政策背景[①]

Michael P. Cameron，*Pushpa Wood*

摘要　本章介绍了新西兰金融教育政策的发展状况，重点关注了近15～20年的发展。值得一提的是，我们评估了不同部门（包括政府、私营部门和非政府部门）在政策制定过程中发挥的作用。通过使用最新的国家调查数据，我们发现，在这一时期，伴随着一系列的政策举措的出台，被调查者的平均金融素养水平已经有了实质性的提高。我们还介绍了在非政府部门进行的一些具体干预措施，并证明了其积极影响。虽然我们不能将整体金融素养的提高归因于具体方案或政策环境的特征，但我们相信现在的做法正在产生积极的影响。

关键词　金融教育　教育政策　新西兰

13.1　金融教育重点课题

金融教育被经合组织（OECD）列为优先事项，许多成员方已启动针对消费者的金融教育工作（OECD，2005）。然而，在考虑金融教育的任何举措之前，必须解决一些关键问题。

第一个关键问题，目前还没有金融教育最佳实践模式，经合组织成员方采用了各种政策模式，涉及不同的协调和资助机制、实施方式、目标群体和课题（Grifoni 和 Messy，2012）。少数共同点之一是国家金融教育模式往往将个人置于教育过程的中心位置。这是适当的，毕竟个人财务技能和知识对他们的财务决策至关重要。然而，这种以个人为中心的模式也被视为把个人经济安全的责任从国家转移到个人（Williams，2007）。与这个问题有关的是，在提高金融素养的同时，如何对金融消费者进行保护。可能会有人认为，金

————————————————

① M.P. Cameron

Department of Economics，University of Waikato，Private Bag 3105，

Hamilton 3240，New Zealand

e-mail：mcam@waikato.ac.nz

P. Wood

Financial Education and Research Centre，Massey University，Auckland，New Zealand

© Springer Science+Business Media Singapore 2016

C. Aprea et al.（eds.），International Handbook of Financial Literacy，

DOI 10.1007/978-981-10-0360-8_13

融教育工作对金融消费者的保护是不必要的。然而，这样做的前提是具有普遍影响力的金融教育模式，并且金融消费者在财务决策中掌握完备的信息。Williams（2007）认为，金融教育没有对金融消费者赋权。同样，我们认为，更为现实的做法是将金融教育与对金融消费者的保护有机结合，从而解决了金融市场双边问题（即金融消费者知识匮乏，金融中介机构和其他金融机构的行为约束）。然而，金融教育与金融产品服务领域对消费者保护水平的结合程度仍然是一个可以进一步探讨的政策问题。

第二个关键问题涉及金融教育的交付和资助的优先模式，以及政府应该参与这些活动的程度。经合组织制定了国家金融教育战略（OECD，2012）的高级原则。然而，除了倡导一种"由广泛可信和无偏见的权威或管理机制发起、开发和监控的"金融教育的国家战略（OECD，2012），金融教育的交付和资助的首选模式仍未公开。治理和协调显然是很重要的，许多政府选择建立一种由中央协调机构支持的金融素质教育的国家战略，它的作用是协调活动。协调机构可以是独立的，也可以是政府部门或部门的一部分，并且可以发展和（或）提供金融素质教育计划，或者将其发展交付给其他组织。然而，尽管政府采取了财政教育的公共协调措施，但政府介入的必要性却受到了质疑。鉴于私营部门和非政府组织在金融教育中的广泛作用（见下文），有人建议，消费者的金融教育需求已经得到满足——除了弱势群体（Sykes，2005），对政府参与的需求也不太大。除此之外，为金融教育提供资金的适当机制仍是一个挑战。一些国家对行业征税，一些人支持私营部门和（或）慈善机构的赞助，而大多数国家则从公共基金（Grifoni和Messy，2012）中调拨资金支持金融教育。目前还没有找到最佳的实践融资模式。

第三个关键问题是金融教育体系的一致性。也就是说，尽管有协调机构的存在，许多国家仍然继续以一种分散的方式提供金融教育（Grifoni和Messy，2012）。例如在美国，2009年有20多个联邦机构在金融素质教育领域工作，有56个不同的金融性质的教育项目（美国政府问责办公室，2011）。金融教育的分散化通常有两个原因：（1）在金融教育领域有广泛的参与者，包括政府部门和机构、私营部门和行业组织、工会、教育提供者、民间团体和其他非政府组织；（2）在金融教育机构成立之前，许多参与者都积极参与金融教育，并制订了自己的金融教育计划。此外，参与人员的目标可能不同。虽然政府组织和民间团体的提供者可能会把重点放在消费者教育和保护上，但私营部门的金融教育目标可能包括增加对自身金融服务的需求（Harmes，2001）。事实上，许多公司将金融教育服务视为与"新"金融消费者接触的一种手段，而金融消费者可能并不了解这些金融服务的类型。然而，在大多数国家，由于协调机构的活动、利益相关者之间的合作和不同的参与者之间的合作越来越多（Grifoni和Messy，2012），金融教育的脆弱程度正在改善。尽管加强了协调与合作，但在金融教育领域，私营部门和非营利性机构的角色是否合适仍然是一个相对开放的问题（OECD，2013）。

第四个关键问题是，哪些群体应该成为金融教育的目标。金融教育可能是针对一般人群，也可能是针对弱势群体，如妇女、移民或青年。瞄准年轻人是一种很好的选择，因为他们可以通过学校轻易获得相关教育。然而，如果不能及时应用到财务决策中（比如，买房子或为退休存钱），在上学期间获得的金融教育可能会在一段时间内"衰退"。出于这个原因，学校的金融教育可能不如针对成人的教育有效（Hathaway和Khatiwada，2008）。后者采取了更多与生命周期相关的方法，认识到人们在生活中的不同时期对金融技能和信息有不同的需求。然而，尽管有教学优势，但在大多数国家，学校的金融教育仍然是焦点，因为其覆盖面广且着眼于长期的金融教育目标（Grifoni 和 Messy，2012）。

第五，也是最后一个问题，国家的金融教育方法在多大程度上是基于证据的。金融教育技能和知识的获取方式多种多样，从信息传播（如媒体宣传活动、网站或纸质材料）到更为正式的传播方式（如研讨会和教育课程）。在金融教育中也有各种各样的主题。Fox 等人（2005）确定了金融教育的三大主题：（1）个人财务主题，如预算、储蓄和信贷管理；（2）退休和储蓄；（3）买房和购房。近年来，随着资源的增加，理解金融教育的重要性被放大了。现在，人们越来越关注金融教育项目的效率和相关性，以及如何减少教育资源浪费（OECD，2012）。

下面的部分将介绍新西兰在金融教育方面的经验。虽然我们并不认为新西兰模式是最佳实践，但新西兰金融教育的发展显然为其他国家提供了一些借鉴。此外，正如后面的内容中所显示的，在这一时期，新西兰的国民经济素质有了显著的提高。

13.2　新西兰金融教育的发展

直到 1993 年，新西兰的金融教育基本上没有得到重视，至少在形式上是如此。父母可能会给孩子提供一些金融问题上的指导；财务顾问可能对金融教育有所贡献，但这往往与他们销售金融产品的目标相冲突；几所学校和一些非政府组织（NGOs）可能有所贡献，但更多是在预算指导方面，而非体现在金融教育方面。

1992 年，私人储蓄退休基金（Todd）成为推动新西兰金融教育协调体系的催化剂。它向政府建议，采用"增强自愿选择"的退休储蓄方式，而不是强制性选择，并提供税收优惠。这包括继续提供公共养老金，并由收入者增加自愿储蓄支持（Preston，2008）。这种"增强"的部分原因是确立了退休委员的职位，其职责是通过教育和信息提高政府退休收入政策的有效性。

因此，新西兰的金融教育诞生于退休收入政策。1993 年，国家立法通过了退休收入法案，Colin Blair 于 1994 年被任命为第一任退休委员会委员。该委员会最初的经费足以运作一个小办公室。退休委员会是作为一个自治实体成立的，主要是因为它具有政策审查定位，但这也有助于向公众表明，它是独立的：不仅独立于金融业，还独立于政府。在成立之初，退休委员会主要关注的是退休储蓄和与这个特定领域相关的目标教育，逐渐地扩展到一般的金融教育。

随着该委员会作用和职能的扩大，政府向其提供了一笔资金，用于开展公共教育计划以提高国民的金融素养。当时，财政部长 Bill Birch 说服金融部门为该委员会提供 100 万美元，用于发展针对成人的教育项目；政府出资 200 万美元，提供了为期三年的初始承诺；10 家金融机构（银行、保险公司、基金经理和新西兰证券交易所）每年捐助 10 万美元。作为回报，它们的品牌和标志出现在教育材料和促销活动上，但其向用户明确表示，这样做并不意味着对资助者产品的认可。私营部门和委员会之间的这种关系是建立在相互信任的基础之上的，这是一个全国性的努力改善金融素养愿望的结果。因此，尽管明显缺乏对赞助者产品的支持，但双方的关系仍在持续，而且公众似乎也接受了这种关系。这种安排持续了三年，直到一些资助者退出，它们认为这三年已经提高了人们的认识，或者中间有太多的"搭便车者"，即有金融机构从委员会的教育角色中获益，但却没有做出贡献。此后，政府一直是该委员会的主要资助者。

尽管公共教育计划的重点是"退休"，但向目标受众传达的信息是应在退休后的财务决策和财务状况之间建立一种联系。因此，教育包括从预算到投资的一切。该计划针对的是包括毛利人（新西兰的原住民）、年轻人、妇女和退休人员在内的各个人群。委员会的大部分预算都花在了推广上，其中包括财务教育和信息小册子。大量的电视广告、平面广告、报纸和广播广告都是用来宣传教育材料的。当时的互联网并不像现在这样普及，所以印刷材料是一种通常做法，需求很高，通过各种渠道和赞助公司分发出去了数以万计的小册子。

这个新机构也面临许多挑战。它打破了原有基础，没有像其他地方委员会那样的组织，正如上面提到的第一个关键问题一样，没有已有的金融教育的最佳实践模式可以移植到新西兰的环境中去。事实上，世界上任何地方都没有这样的金融教育。委员会经常发现自己是这个领域的领导者。此外，在20世纪90年代，金融素养几乎不为人所知。许多人质疑"素养"这个词应在识字方面使用而非金融方面。教育部的回应是使用"金融能力"这个词，而不是"金融素养"。然而，这两个术语现在都被广泛接受并被许多人互换使用。

随着时间的推移，退休委员会的工作重点已经从"退休财务规划"扩展到"终身财务技能"。2001年，退休委员会设立了www.sor.org.nz这个网站，致力于帮助新西兰人民在生活中更好地管理他们的财务状况。该网站设置了计算器，以帮助财务规划、债务管理和储蓄。它还设置了与生活事件相关（比如学习、购买第一套房子、生孩子）的互动工具，以便用于计算偿还抵押贷款、储蓄、退休收入等。该网站的推出是新西兰第一个提高全民金融素养和财务决策的全国性项目。在某种意义上，这种对金融素养的关注是为了改变新西兰的私人储蓄处于历史最低水平的局面。

政府已经把它的主要职能定位为协调金融教育，而不是资助教育，尽管一些间接的资金已经通过退休委员会提供给了学校和高等教育提供者。由于缺乏公共金融教育提供者，非政府组织随着人们对金融教育关注的不断增加而发展起来，目前新西兰有许多非政府的金融教育活动。例如，在20世纪90年代，非营利企业新西兰信托基金（至今仍被称为青年企业信托基金）将其在学校的企业教育中所扮演的角色扩展到了金融教育领域。其最初为选定的高中提供金融教育资源，并在新西兰开展业务。退休委员会支持信托基金的工作，包括为它的一个项目提供资金支持。在更普遍的情况下，新西兰的金融教育现在由非政府组织部门、一些预算咨询服务机构、高等教育提供者、私人培训机构、社区团体和银行提供，目前约有90个不同的提供者在这一领域开展活动。政府对金融教育的资助仍然是有限的，特别是在高等教育和社区部门方面，而且提供方往往不得不与成人扫盲和数学项目竞争资金。金融教育的大部分资金是由私人和慈善机构提供的。

不同的非政府组织和其他参与者在提供和评价金融教育方面缺乏有效的协调。最近，一项国家金融素养战略出台，旨在更好地协调金融教育的发展。2006年12月在惠灵顿举行的首届金融素质教育研讨会上，与会者提出了"提高新西兰人金融素养"的国家战略。

这一战略的设计主要基于第一次全国金融素质调查（Brunton，2006）。2008年，退休委员会启动了国家金融素养战略（退休委员会，2008）。国家战略是在公共、私人和志愿部门的许多个人及组织的参与下制定的，这一合作被广泛视为这一战略的主要成果之一（Grifoni和Messy，2012）。这包括成立一个由高级别政府和央行代表组成的全国顾问小组。该顾问小组每半年向财政部长、利益相关者和公众报告国家战略的进展情况。随后又成立了一个国家战略网站，该网站由新西兰的金融服务委员会、新西兰银行家协会和新西兰工会储蓄基金共同出资成立。

该策略旨在为提高新西兰的金融素养水平指出方向。为此，它还概述了可能用于实现这一目标的各种方法。2012年，在与一系列关键利益相关者广泛磋商之后，新更名的金融素质教育和退休收入委员会（CFLRI）修订了这一战略。修订后的战略的重点是"提高质量，扩大金融教育范围，共享成果，共同努力，以塑造有经济素养的国民"（CFLRI，2012a）。这种新方法被称为"四大支柱"，旨在实现塑造有经济素养的国民的目标。在磋商过程中制订了一项为期五年的行动计划，实施工作由许多利益相关者参与。2014年，该战略再次被审查，以确保其保持立足当下（CFLRI，2014）。通过这种方法，CFLRI旨在协调不同组织和个人的工作，并从所有人的工作中获得最大的价值。此前的退休委员曾把这一策略称为"新西兰企业"的努力。

最后，如何准确地监测金融教育计划的有效性一直是个难题，而且仍然面临挑战。尽管委员会在协调该部门方面发挥了作用，但是个别金融教育提供者和计划的效力及有效性并没有得到系统的评估（虽然这方面的正式评估越来越多）（参见本章后面的一些最新的例子）。

新西兰对前一节中提到的金融教育政策中的五个关键问题的回应可以总结如下：新西兰遵循并帮助定义了在金融领域的国际最佳实践——早期的退休委员会的角色，以及国家战略的发展，成为其他国家的典范（Grifoni和Messy，2012）；金融教育计划的实施主要是由私营部门和非政府组织提供的，政府的作用仅限于协调和提供一些间接资助（如通过委员会）；尽管有大量的组织参与了新西兰的金融教育，但委员会在协调方面发挥了强有力的作用，特别是通过实施和倡导最近更新的国家战略；目标定位仍然是一个尚未成功解决的关键问题，并且更好地理解金融教育（及其工作原理）是一个持续的过程（详见本章后面的例子）。

13.3 新西兰的金融素质教育

对金融教育协调的关注对新西兰的金融素质教育产生了巨大的影响。新西兰在2005年、2009年和2013年（Brunton，2006，2009，2013）对18岁以上的人群进行了三次金融素质调查。三个样本都采用相同的抽样框架和方法进行选择，并由同一个调查公司进行，因此我们可以确信这三次调查是具有可比性的。调查的目标包括确定金融素养较低的领域（主题或人群），并协助识别金融产品设计或沟通方面改进的领域，以及确定金融教育方面的研究领域。

针对每一个被调查者，根据他们对各种金融问题的回答，计算出一个金融知识得分。这些问题与政府优先考虑的金融教育和经合组织的建议（部分是在第一次调查中被确定的）相一致，同时也包含了广泛的利益相关者的投入。金融问题涉及13个领域①：

1.数学和标准素养（2分）；

2.理解财务条款（6分）；

3.货币管理和支付方式（5.5分）；

4.理解抵押（6分）；

5.了解财务记录（3分）；

6.规划未来/退休储蓄（11分）；

7.预算（5分）；

8.债务管理（2分）；

9.储蓄（7分）；

10.投资（5分）；

11.税（1分）；

12.风险管控（2分）；

13.消费者权利（3分）。

金融知识得分区间为0到58.5分，通过正确回答问题的数量计算（其中一些问题只得部分分数）。金融知识得分的有效性是相对高的（例如，Cronbach的$\alpha=0.898$），在衡量标准中表现出了很高的内部一致性。根据金融知识得分，受访者被分为三个组：（1）低水平金融知识（得分低于37.25分）；（2）中等水平金融知识（得分在37.25分到44分之间）；（3）高水平金融知识（得分高于44分）。在2005年的调查中，这三组包含大致相似的人口比例，考虑到调查中所使用问题和抽样技术是相同的，这三组相对比例的变化提供了金融知识水平分布的相关信息。

三次调查中的金融知识平均得分（权重考虑抽样设计）如图13-1所示。2005—2009年，总体金融知识水平得分在统计上显著增加，2009—2013年，进一步微弱增长（但没有统计学意义）。

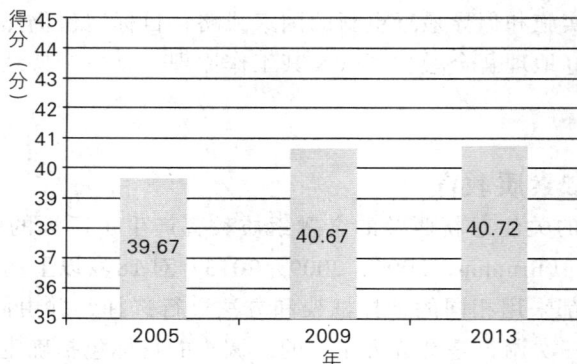

图13-1　金融知识平均得分（2005—2013年）

---

① 第14个领域为目标设定，但不计分。

　　图13-2显示了三次调查中的每个金融知识组别（低、中、高）的人口比例。由表13-1可见，2005—2009年，平均金融知识的显著变化与中等水平组别人口比例的显著下降相关联，而在高水平知识组别中，人口比例显著提高；2009—2013年，中等水平知识组别的人口比例显著增长，高水平和低水平知识群体的人数都在减少（尽管这些变化在统计学上意义不大）。

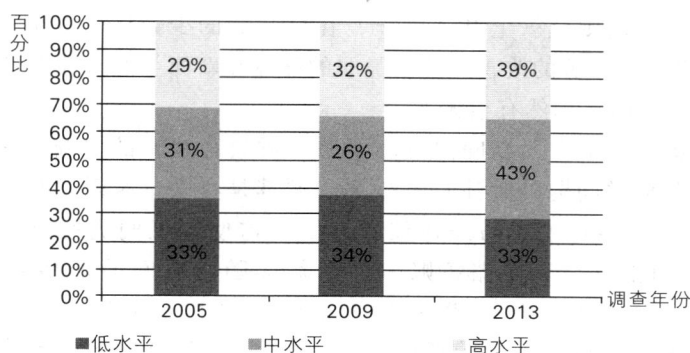

译者注：合计值不是100%，原书如此。

图13-2　金融知识分组（2005—2013年）

表13-1　　　　　　　　　　　金融知识分组（性别、年龄、种族）

调查年份	2005年			2009年			2013年		
知识程度	低（%）	中（%）	高（%）	低（%）	中（%）	高（%）	低（%）	中（%）	高（%）
男性	25	36	39	28	27	46	26	33	41
女性	40	32	28	34	26	40	32	31	38
18~24	57	32	11	57	25	18	51	27	21
25~34	30	42	29	37	30	33	36	32	32
35~44	24	30	46	20	23	57	23	34	43
45~54	22	28	50	15	25	60	16	36	49
55~64	28	39	33	21	27	53	18	33	50
65+	45	33	23	44	28	29	34	28	38
欧洲人	24	37	39	24	27	49	22	30	48
毛利人	67	22	11	56	31	13	43	31	26
大洋洲人	85	11	4	66	12	21	49	23	28
亚洲人	56	24	20	40	28	32	37	41	21

　　译者注：部分合计值不是100%，原书如此。

表 13-1 显示了三次调查中各金融知识组别中性别、年龄和种族的组成情况。这张表格清楚地表明，金融素质的改善并没有在全国范围内均匀分布。例如，对女性来说，金融知识的改善比男性更明显。低知识群体中女性的比例显著下降，而高知识群体中女性的比例显著上升。相比之下，在这一时期，每个知识组的男性比例并没有显著的变化。

老年人（即 55 岁及以上人群）的改善也最为显著，低知识水平的老年人比例显著下降，而高知识组的比例则显著上升。同样，在最脆弱的少数群体（毛利人和大洋洲人）中，金融素质也得到了显著的改善。这些脆弱的群体和新西兰的欧洲人口之间的差距已经大幅缩小，尽管在 2013 年仍然有很大差距。

这些结果可能反映了在此期间因国家金融素质教育战略的实施而发生的一些变化。在此期间，媒体对金融问题的关注日益增强，尤其是在全球金融危机发生之后。此外，新西兰人越来越多地参与了 Kiwi 退休储蓄计划，这使得人们更愿意进行储蓄和投资，尤其是随着时间的推移，Kiwi 储蓄账户的余额会随着时间的推移而增长（Mathews，2013）。金融素养已成为中学教育关注的焦点，尤其是最近在国家教育成就证书（NCEA）中引入了个人财务管理的新标准①。尽管这一研究的重点是中学的金融教育，但最近的研究表明，2012 年 15 岁高中生的金融知识水平仍旧较低（Cameron 等，2013）。此外，许多 15 岁的学生还不了解 Kiwi 退休储蓄计划，很少有人能达到新的 NCEA 标准。弱势群体和年轻群体可能会出现改善，因为他们很关注金融教育，民间团体尤其如此。

在过去的 10 年中，金融教育项目增加了很多，特别是在学校和弱势群体中。然而，这些项目的影响评估仍处于初级阶段。随着对评估项目的关注逐渐增加，在过去的两年中，一些试点项目得到了评估。这其中包括 Tamaki（奥克兰）的太平洋金融素质教育项目，以及对社区理工学院（惠灵顿）的高等教育工作者的金融素质教育。

Tamaki 项目原本是一个由 37 个太平洋岛屿家庭参与的试点金融教育项目，后来发展成为太平洋岛国事务、新西兰银行和 CFLRI 之间的伙伴关系。这个项目具有创新性，为每个家庭提供额外的每周两小时的辅导和支持工作。该项目采用参与式评估方法进行评估，并被证明有助于金融知识水平的提高，更重要的是，其积极地改变了参与家庭的金融行为（金融教育和研究中心，2012）。

该项目源于 CFLRI（2012b）进行的一项研究，该研究发现了成年金融素质教育者和培训师的培训和专业发展之间的差距，以及项目目标与学员学习目标之间可能存在的不匹配。CFLRI 的研究表明，尽管许多非政府组织和私人培训机构参与了提供金融素质教育计划，但大多数提供此类项目的教育工作者和培训师并没有接受过金融教育培训。相反，大多数人都接受过读写能力和数学能力的培训，而金融素养只是简单地添加到他们的培训项

---

① 见 http://www.nzqa.govt.nz/framework/explore/domain.do? frameworkId=1174854606。
中学现在有超过 20 个"个人理财"单元标准。2012—2013 年，该单元标准被审查，以确保紧跟迅速变化的金融世界。因此，最近引入了一些新的更高级别的单元标准。

目中。一个例外是受过训练的预算顾问，在某些情况下，他们加入了金融教育，但这种金融教育并不是普遍的，这些项目的质量和内容都是不同的。这个项目的独特之处在于，它把重点放在提高导师的金融素养上，然后再将其教给学生。对试点项目的评估是采用：（1）对参与者进行结构化的前后访谈（n=12预科；n=11后项目）；（2）12名参与者的在线问卷调查；（3）与项目导师、两个项目经理，以及梅西大学的工作人员进行半结构化的前后访谈。这一评估证明了教育工作者在他们的课堂上提供金融知识（Alkema和McDonald，2013）能力的重要性。教育工作者还提出，根据个人经验，某些项目比其他项目更容易开展金融素质教育。

Gibson等人（2014）报告了另一项试点项目的结果，该项目由世界银行资助，目标是太平洋岛屿和生活在新西兰的东亚移民（以及居住在澳大利亚墨尔本的斯里兰卡移民）。此次干预的重点是汇款行为，并由作者在与太平洋岛国事务部门协商后制定了两个小时的培训课程和相关的书面材料。干预措施是"向移民介绍汇款费用中涉及的不同要素以及如何比较各种方法的成本，解释不同的汇款方法，包括提醒参与者注意新方法的存在，并提供比较不同方法的成本和为移民提供短期信贷融资的方法"（Gibson等，2014）。这项干预措施是利用随机对照实验进行评估的，其中356名参与者（177名太平洋岛民和179名东亚移民）组成了实验组，接受干预；而345名参与者（172名太平洋岛民和173名东亚移民）组成了对照组。此次干预显示，太平洋岛民和东亚移民群体的金融知识大幅增加，行为也发生了适度变化。

目前正在进行毛利人和青年服务组织合作项目的评估。本节概述的评估结果显示了一些效果，并确定了一些改进的机会。

13.4　结论

新西兰的金融教育政策是近几年才出台的，然而它一直是其他国家金融素养战略的典范（例如，Grifoni和Messy，2012）。一经启动，作为公共部门、私营部门和民间团体之间的协调努力结果，新西兰的金融教育迅速发展起来。这一过程是由金融素质教育和退休收入委员会（之前是退休委员会）的强有力的领导和协调推动完成的，该委员会的职责范围随着时间推移而逐渐扩大，从对退休计划的关注到更广泛的金融教育活动。

总体来说，新西兰的经验表明，在引入任何有针对性的金融素质教育计划之前，要提高公众管理资金的意识，强化人们对复杂金融环境的理解，了解所需技能以及复杂产品和服务的获取渠道。通过这一过程，可以确定最合适的金融教育目标受众，并可基于社区的倡议实施有效的教育计划。教育部门常引用"一个尺码不适合所有人"这句话，这同样也适用于金融教育项目的计划、发展和实施。

虽然我们不能将金融素养的提升直接归因于国家金融素质教育战略委员会或金融领域其他教育工作者的活动，但值得注意的是，这些活动在过去的八年里已经使得新西兰人的金融素质水平显著提高。然而，这一提高在整个人群中并不明显，弱势群体和其他人群之间的金融素养仍然存在显著的差距。对具体项目的影响进行评估，证明什么是有效的，什么是无效的，将对解决这些差距至关重要。这样的评估正变得越来越普遍。人们希望可以基于未来考虑进行金融素质教育，并使人在未来受益于金融素质教育的成果。

参考文献

Alkema, A., & McDonald, H. (2013). *Evaluation of financial literacy education for tertiary educators: A case study.* Wellington: Heathrose Research.

Brunton, Colmar. (2009). *Financial knowledge survey.* Wellington: Colmar Brunton.

Brunton, Colmar. (2013). *Financial knowledge and behaviour survey.* Wellington: Colmar Brunton.

Brunton, Colmar. (2006, March). *ANZ-retirement commission financial knowledge survey* (Research Report). Wellington: Colmar Brunton.

Cameron, M. P., Calderwood, R., Cox, A., Lim, S., & Yamaoka, M. (2013). Personal financial literacy among high school students in New Zealand, Japan, and the United States. *Citizenship, Social and Economics Education, 12* (3), 200-215.

Commission for Financial Literacy and Retirement Income (CFLRI). (2012a). National strategy for financial literacy. Wellington: Commission for Financial Literacy and Retirement Income.

Commission for Financial Literacy and Retirement Income (CFLRI). (2012b). Charting a course: A review of financial education in New Zealand. Wellington: Commission for Financial Literacy and Retirement Income.

Commission for Financial Literacy and Retirement Income (CFLRI). (2014). National strategy for financial literacy 2014. Wellington: Commission for Financial Literacy and Retirement Income.

Financial Education and Research Centre. (2012). *Evaluation report: The Tamaki financial literacy programme 2012.* Auckland: Financial Education and Research Centre, Massey University.

Fox, J., Bartholomae, S., & Lee, J. (2005). Building the case for financial education. *Journal of Consumer Affairs, 39* (1), 195-214.

Gibson, J., McKenzie, D., & Zia, B. (2014). The impact of financial literacy training for migrants. *World Bank Economic Review, 28* (1), 130-161.

Grifoni, A., & Messy, F. (2012). Current status of national strategies for financial education: A comparative analysis and relevant practices. OECD Working Papers on Finance, Insurance and Private Pensions, No. 16, Paris: OECD Publishing.

Harmes, A. (2001). *Unseen power: How mutual funds threaten the political and economic wealth of nations.* Toronto: Stoddart.

Hathaway, I., & Khatiwada, S. (2008). Do financial education programs work? Federal Reserve Bank of Cleveland Working Paper No. 08-03. Cleveland: Federal Reserve Bank.

Matthews, C. (2013). *Kiwisaver and retirement savings in 2012.* Sydney: Financial Services Institute of Australasia (FINSIA).

OECD.（2005）. *Improving financial literacy: Analysis of issues and policy.* Paris： OECD Publishing.

OECD.（2012）. *High-level principles on national strategies for financial education.* Paris： OECD Publishing.

OECD.（2013）. *Draft guidelines for private and not-for-profit stakeholders in financial education.* Paris： OECD Publishing.

Preston，D.（2008）. *Retirement income in New Zealand: The historical context.* Wellington： Retirement Commission.

Retirement Commission.（2008）. *National strategy for financial literacy.* Wellington： Retirement Commission.

Sykes，S.（2005）. Canadians and their money： A national symposium on financial capability. *Horizons，8*，61-64.

U.S. Government Accountability Office.（2011）. *Opportunities to reduce potential duplication in government programs，save tax dollars，and enhance revenue.* Washington，D.C.： United States Government Accountability Office.

Williams，T.（2007）. Empowerment of whom and for what? Financial literacy education and the new regulation of consumer financial services. *Law & Policy，29*（2），226-256.

第14章 作为经济公民的儿童和青少年：致力于综合的金融教育方法[①]

Floor Elize Knoote，*Genevieve Partington*，*Jared Penner*

摘要 大多数国家缺乏支持金融教育的政策和为年轻人提供金融服务的基础设施。此外，青少年辍学问题也没有引起社会的足够重视。本章认为，金融素质教育应该与可靠的金融服务、宽泛的生活技能教育相结合。在进行具体分析时，我们使用了儿童和青少年金融国际（CYFI）与各国政府在这些问题上获得的数据资料。此外，本章还检验了三种独特的政策方法，这些方法促进了撒哈拉以南非洲地区的储蓄和金融资本的发展。该地区在将金融教育纳入国家学校课程方面取得了长足的进步。此外，乌干达、加纳和赞比亚的政府部门已经就此制定了统一的目标，在全国范围内通过提供金融教育和金融服务帮助年轻人。

关键词 经济公民 金融教育 儿童 青少年 金融能力 金融包容 生活技能

14.1 引言

决策者愈发确信，儿童和青少年是重要的经济参与者，他们的金融决策将塑造未来的经济。儿童和青少年更容易受到贫困、债务和失业的影响，这是由于他们获得金融服务的机会有限。2010年，在全球极端贫困人口中，儿童占了惊人的三分之一（世界银行，2013），而全球青年失业率预计将上升到13%（国际劳工组织）。本章认为，金融教育应辅之以可靠的金融服务渠道以及生活技能教育。

目前，年轻人的金融素养水平和金融包容性指数仍然很低（世界银行，2011；经合组织，2013）。仅具备低水平的金融素养的人口所带来的消极影响正促使一些国家政府采取行动。一些国家和地区当局已经制定了相对广泛的金融教育计划和旨在加强金融准入的政策。然而，大多数国家不仅缺乏支持年轻人拓展金融技能和生活技能的政策及基础设施，而且缺乏在综合战略中将这些举措结合在一起的能力。

---

① F.E. Knoote·G. Partington J. Penner
Independent Consultant for DIMES Consultancy，Sarphatistraat 7，
1001RA Amsterdam，The Netherlands
e-mail：Floor@dimesconsultancy.com
© Springer Science+Business Media Singapore 2016
C. Aprea et al.（eds.），International Handbook of Financial Literacy，
DOI 10.1007/978-981-10-0360-8_14

本章的第一部分以"经济公民"的模式概述了一种"理想"的金融能力（Sherraden 和 Ansong，2013b）。这种模式将金融教育与增加获得既定金融服务的机会结合起来（特别是针对社会边缘化的群体，尤其是年轻人）的获取渠道。金融教育是培养受益终身的生存技能，它不仅仅面向消费者，还包括那些有社会责任的社区成员和企业家。本章的第二部分描述了儿童和青年金融国际（CYFI）[1]开展的一项针对全球金融能力的政策和国家战略，详细解读了有关金融能力的政策，并具体分析了促进撒哈拉以南非洲地区储蓄和金融资本发展的政策措施。

14.2　经济公民模型中的金融能力

14.2.1　理论框架

本章[2]使用了由 CYFI 认可的经济公民的定义。这一建议提出：金融教育、社会和生计教育以及金融包容性是增强儿童和青少年经济公民地位的权利和金融能力的基石。对于年轻人来说，他们不仅要有经济上的知识、自信和动力，还需要获得优质的金融产品和服务，让他们能够按"最优经济利益"行动（Sherraden，2013）。真正的金融包容性提供了一个安全的地方来保有资金和积累财富，并在不考虑年龄、社会地位或经济地位的情况下维护所有客户的尊严。20 国集团已将其对金融包容性的承诺作为自身发展议程的组成部分（GPFI，2014）。尽管评估金融教育和金融包容性之间迭代关系的研究很少，但是将金融教育与储蓄机会相结合的积极影响逐渐显现出来（Sherraden 和 Ansong，2013a，b）。

金融教育被定义为为提高儿童和青少年的金融知识和技能而设计的教学和（或）材料。在 CYFI 的经济公民模式背景下，社会（或生活技能）教育涉及了解自我、家庭和其他人的权利和责任（Sherraden，2013）。"生活教育"（包括管理以及就业技能）指的是一种安全的可持续生计能力教育（CYFI，2013）。这种经济公民教育模式表明，政府应该提供教育，鼓励负责任的、知情的消费者行为。该模型提出，金融教育必须辅之以政府对金融包容性的承诺：确保获得基本金融服务的便利性，并提供优质、可负担和可接受的服务。对于 CYFI 来说，金融能力结合了一个人的行动能力和行动的机会。为了在经济上有能力，人们必须拥有金融知识和技能，并获得适当的金融服务，以提高社会和经济福祉（Sherraden 和 Ansong，2013a）。

14.2.2　关于金融能力的证据

越来越多的证据表明，金融包容性对家庭和个人都有显著的好处。这些好处包括新业务的增加、盈利能力的增强（Banerjee 等，2010）、经济上自给自足（Kaelan 和 Zinman，2010）、消费（Ashraf 等，2010）、幸福感普遍增强（失落减少，对他人更加信任）和女性家庭决策权力的提高（Angelucci 等，2013）。评估金融包容性对青少年福祉影响的研究表

---

①　CYFI 是一个非政府组织，致力于提高全世界儿童和青年的金融能力，为他们提供摆脱贫困的工具。该组织与国家监管当局、学者、金融服务提供者、民间社会成员以及教育和金融部门建立了一个多方利益相关者网络。

②　本章大部分内容是基于儿童和青少年金融国际研究工作小组所做的工作和文献综述，总结在 Sherraden 和 Ansong（2013a）的论文中。

明，积极的经济、社会和健康结果，包括拥有储蓄账户和更高水平的经济和金融福祉（Banthia 和 Shell，2009；Chowa 和 Ansong，2010；Sewamala 等，2010；Austrian，2011；Friedline，2012）。其他研究表明，储蓄与学术成就和期望之间存在正相关关系（Curley 等，2010；Eliott 等，2011）。

此外，实验证据表明，金融包容性可以增强金融教育的正面效果。对加纳和乌干达的评估表明，账户准入和金融教育的结合可能会对金融素质教育产生更大的影响（Karlan 等，2013）。一项类似的研究发现，相对于对照组学生，实验组的学生在4年级时的金融素养测试中分数明显更高（Sherraden 等，2010）。

14.2.3 金融与技能相结合的证据

该框架提出，基本的金融技能需要在知识产权（生活技能）、商业和就业（谋生技能，使年轻人成为就业积极公民，CYFI，2013）的基础上得到补充。这个愿景同联合国儿童基金会（UNICEF）发表的报告不谋而合。该报告指出，金融和生活技能教育对于激发"孩子成为社会和经济上具有能力的公民"是必要的（联合国儿童基金会，2012）。同样地，Lucey 和 Giannangelo（2006）建议以学生为中心进行教学，重点放在性格和价值观培养上，包括父母、家庭和社区。因此，金融教育不应局限于简单地教导儿童和年轻人如何认识金融体系和就业市场，而应以道德行为为基础。

最新的评估支持这个框架实施。首先，Lucey（2007）发现，当金融教育与社会教育结合在一起时，它会战胜社会压力，增加消费倾向，提高自我价值。一项研究中对比了接受社会和金融教育（CSFE）的儿童与没有接受此项教育的儿童，研究结论强调了这一方法的重要性。虽然这两个项目都显示出了储蓄行为的积极变化，但只有接受 CSFE 的孩子们觉得他们对自己的行为有了更多的控制权，而且他们通过投入更多的钱来投资自己的未来（Berry 等，2012），表现出了更好的个人投资行为。另外，生计培训似乎对金融行为产生了影响。最近的一项研究旨在了解加强儿童福利的经济强化方法类型。这篇评论回顾了对儿童的影响，得出的结论是：这些项目可能会产生一些积极的影响，比如儿童家庭机构增加了这类教育，提升了接受教育的愿望并减少了储蓄资金的使用（妇女世界难民委员会，2013）。

针对肯尼亚的 Ninaweza 项目（包括生活技能培训在内的综合就业能力技能培训）的评估发现，项目参与者更有可能获得一份工作，并增加他们每周的收入（全球青年就业合作伙伴关系，2014）。此外，社会教育和生计技能的结合似乎强化了储蓄行为。

在摩洛哥进行的一项研究得出结论，除了金融教育，实习机会、生计技能和金融资本的发展可以使年轻人受益匪浅（Gurbin 等，2010）。越来越多的证据表明，将生活和谋生技能作为金融教育的补充，会放大金融教育的益处。

14.2.4 总结

这一领域的知识体系正在不断扩展，初期的研究成果表明，儿童和青少年受益于金融包容性，特别是能够使用储蓄账户。根据这一证据，越来越多的民间项目方案纳入了经济公民身份的不同组成部分，包括融资渠道、社会价值观和生计发展（Sherraden Ansong，2013a，b）。尽管有这些发现，但还需要进行更多的研究——尤其是评估发展中国家儿童和青年金融包容性影响的实验研究。研究表明，短期的收益在知识和自我报告的财务行为变化方面有所体现，这主要基于对大部分美国样本的研究，以及样本随机性的匮乏。下面将进一步研究区域和国家金融能力政策，以及它们对更广泛的生计教育的整合。

14.3 提高金融能力的策略

本部分利用各种资源来反映全球各地不同的策略，以拓展年轻人的金融能力。这些数据被用来反映 5 个主题：发展一种协调的、多方利益相关者的金融能力；针对青少年；金融教育与金融服务之间的联系；金融教育与消费者保护相结合；将金融教育融入生活技能的教育中。我们借鉴国际组织（如经合组织、联合国儿童基金会、UNCDF 和世界银行）发布的报告以及国际劳工组织 2013 年全球青年就业趋势、联合国世界青年报告、世界银行 2014 年金融包容性报告及经合组织金融组织和包容性报告中的案例进行研究和评论。

这些数据得到了 CYFI 国家经济公民教育（ECE）与儿童和青少年金融包容性国家调查的证据的补充，每年都在 CYFI 关系网络中传播。这项调查收集了有关金融教育和包容性战略的信息，并分发给了政府机构、中央银行和监管机构等。国家当局收到了对调查的答复。在缺乏信息的情况下，2014 年，CYFI 工作人员对国家和地区当局进行了广泛的采访，目的是了解有关儿童和金融的政策及规定。

CYFI 收集的大部分变量数据以前没有被其他组织调查过。这是一项具有挑战性的任务。该调查收集了不同来源的数据，并使用了有限的内部有效性指标，这些指标无法充分反映金融产品和金融教育、社会教育和生计教育对儿童和青少年产生的短期和长期影响。这些问题反映了提供金融包容性、全面的金融和生活技能教育以及数据收集严谨性的计划的稀缺性。此外，由于政府政策影响，一些机构可能并不急于分享其数据。为此，必须制定儿童和青少年金融活动和教育的细化指标，完善记录，以便准确评估政策的进展情况。

14.3.1 战略形成：涉及一系列利益相关者

近年来，人们越来越意识到协调应对青年赋权的重要性。这种对合作和伙伴关系的关注导致了全球范围内国家战略的起草和实施。这些文件——例如《非洲青年宪章》（非洲联盟，2009）和《欧盟 2020 战略》（欧洲委员会，2010）——认为各国和非国家机构迫切需要加强和巩固合作，通过青少年的积极参与和平等伙伴关系推动国家发展。此外，《英联邦青年赋权行动计划》第 8.2 条声明，应通过各部门之间的合作来发展教育。亚洲地区的机构多次强调了在青年组织、宗教组织、非政府组织、政府、行政机构、区域和国际组织以及 2005 年太平洋共同体会议等利益相关方之间采取更加协调一致的集体行动（2005 年太平洋共同体会议；2007 年英联邦青年赋权行动计划）。

如何制定和实施一个协调的战略？经合组织在其金融教育指导方针中提出，金融机构可以直接或通过国家协会参与学校的金融教育，具体可以通过公私合作、专项资金支持的形式，只要它们的参与不以某种形式的利益为主导，且不产生利益冲突（OECD，2013b）。私营部门的投入可以集中于制定学习框架（如日本、荷兰）或在学校（如马来西亚）促进及提供金融教育。大多数的金融教育都是通过共同的课程活动来实现的，金融机构也提供了大量的财力、物力支持（OECD，2013b）。在日本，中央金融服务信息中心（CCFSI）在促进和支持日本学校的金融教育方面发挥了主导作用。CCFSI 由各种金融机构协会、经济协会、广播公司协会、消费者组织以及有关教育、消费者教育和金融学者的代表组成（OECD，2013a，b）。

让一系列利益相关者参与的另一个方法是通过国家金融能力委员会。全国性的委员会的定义是一个组织机构或个人组织，这些机构有共同的目标：在国家层面上解决与金融包容性、金融能力或金融知识相关的问题。这个集体必须至少由公共部门的参与者组成，但也应该包括私营部门和社会团体。在加拿大，国家金融素质教育指导委员会为财政部门在制定和实施国家金融素质教育战略的过程中提供建议。国家金融素质教育指导委员会的成员将支持国家的金融战略，在其部门内发挥领导作用，并与广泛的利益相关者开展合作，以推进战略目标和优先事项。他们还将向委员会负责人汇报所在部门的工作进展情况。这些成员代表了来自加拿大各地的广泛的公共、私人和非营利组织。成员中包括具有与青年和低收入加拿大人等优先群体合作经验的金融教育领导人（加拿大金融消费者机构，2014）。

14.3.2 针对青少年的策略

大多数国家的金融教育战略都把年轻人作为目标群体。CYFI的研究表明，70%以上的国家有关金融教育的战略（或战略草案）明确关注18岁以下的年轻人和儿童。这些战略通常专注于通过学校提供金融教育。一些国家在正式将这些内容纳入国家课程方面取得了长足的进展（OECD，2012）。其理由往往是，对年轻一代进行金融教育是必要的，因为国家经济的未来取决于他们的金融成功。此外，新一代正面临越来越复杂的金融产品，这使得他们在小时候就开始接受金融教育变得更加重要。这种方法的一个缺点是，它缺乏针对那些不上学的孩子们的推广策略。

一些拉丁美洲国家，如哥伦比亚、厄瓜多尔、墨西哥和多米尼加共和国，承认年轻人的公民参与是一项宪法权利。多米尼加共和国的战略将公民参与的权利与积极的公民身份结合起来，目标是培养负责任的公民，为社会、公民、政治和经济问题找到解决方案（联合国儿童基金会，2012）。目前，这四个国家正在起草一项关于金融教育的国家战略（CYFI，2014）。在过去的几年里，许多非洲国家的政府已经制订了针对儿童和青少年的特殊金融教育计划，以遏制金融文盲（FSB和OECD，2011）。非洲国家正在努力促进年轻人的社会和经济包容性，这体现在制订区域和国家青年政策和促进包容性增长的行动计划方面。《非洲青年宪章》是各国政府支持和巩固通过有意义的青年参与和平等伙伴关系赋权青年的战略框架（非洲联盟，2006）。此外，非洲发展银行的包容性增长议程明确强调了为青年就业和创业提供机会（亚洲发展银行，2012）。

14.3.3 金融教育与公平获取金融服务之间的一致性

金融服务的公平准入包括两个要素：金融服务获取渠道和消费者保护。几个该领域的专家（包括YouthStart、UNCDF、万事达卡基金会）都主张在获得金融服务的同时提供金融教育方案（Sherraden Ansong，2013a，b）。然而，我们的国家金融包容战略评估表明，只有一小部分国家有相关的具体政策。这在一定程度上反映了在高收入国家拥有银行账户的个人的高比例的现象。许多金融包容性政策强调了消费者保护。

尽管如此，一些国家（如印度、印度尼西亚和哥伦比亚）明确地将增加融资渠道的战略与金融教育联系起来（印度储备银行，2012年金融教育的国家战略；García等，2013；

OECD，2013b）。这种联系是出于各种各样的原因。根据Findex关于正式账户渗透率的数据，在印度尼西亚，金融机构的准入水平仍然相对较低，占总人口的19.6%（世界银行，2011）。报告显示，在美国某些地区，金融文化的普及率很低，该地区的银行数量也很有限。因此，金融教育的成功离不开印度尼西亚央行在金融包容性方面所做的努力，这也表明了采取一种全面的方法的重要性（OECD，2013a，b）。相反，联系的动力也可能来自于金融服务方面的变化。哥伦比亚的金融包容性战略受到越来越多的金融服务渠道的推动，为消费者带来了新的机会和风险。在这种背景下，政策制定者认为国家金融教育战略与金融监管同为保障经济增长和福祉增长的重要战略（Garcia等，2013）。此外，OECD的一份报告（2013a，b）指出，金融教育政策通常是针对每个国家的需求和监管体系量身定做的。在许多情况下，金融教育被视为旨在为消费者和投资者提供财务支持的整体方法的一部分或补充（Grifoni和Messy，2012）。

14.3.4　与生活技能教育相结合的金融教育

金融教育可以与生活技能教育的两个维度相结合：以权利为导向的积极公民教育准备和就业教育。下面说明这两种方法是如何在国家层面实现的。

《联合国儿童权利公约》（UNCRC）寻求保护青少年最基本的人权，包括"信息和技能的权利"；获得教育、卫生、娱乐和司法等服务；安全和支持的环境；让他们有机会发表自己的意见，参与影响他们生活的决策"（联合国儿童基金会，2010）。基于这一权利背后的理论和教学目标是"通过教育使学生作为完整的拥有权利的人去生活"（美洲国家组织（OAS），2012）。作为一个"完整的人"，需要明确自己的责任以及权利。在金融教育的背景下，这表明了品格教育的一个要素，它鼓励了对他人的财务状况以及在金融行为中的道德行为的关注（联合国儿童基金会，2010）。OAS认为，社会教育，特别是人权教育，在提高儿童的自尊和人际交往能力以及促进地方、国家和国际层面的和平与民主方面都是有效的。这种做法允许年轻人"批判性地分析他们周围的情况，根据人权的道德标准来判断自己的行为，并致力于积极地消除所有行使权利的障碍"（OAS，2012）。

为了鼓励儿童和青少年参与公共生活，一些拉丁美洲机构制定了法律框架，将参与作为一项权利，也是年轻公民过渡到成年生活的义务。在2006年，美洲开发银行配合智利、哥伦比亚、危地马拉、墨西哥、巴拉圭和多米尼加共和国教育部，创建了评估和发展公民能力的区域系统（SREDECC）。SREDECC的目标是加强本地区公民发展政策的规划和评估。该项目源于各国参与国际公民和公民教育研究的意愿（ICCS），这项研究用来评估学生的公民知识水平（联合国儿童基金会，2010）。

低水平的金融能力也可能削弱年轻人（无论是雇员还是企业家）进入劳动力市场的能力。年轻人的商业网络有限，缺乏关于职位的信息，常被金融服务提供商（FSPs）（Llisteri等，2006）认为是高风险人群。生计教育可以帮助年轻的企业家获得知识，并增加他们赖以生存的技能。根据联合国儿童基金会的统计，生活技能可以帮助孩子们"创收，这些技能可能包括：技术（或）职业技能、研究技能、面试技能、商业管理技能、创业技能和管理资金技能"（联合国儿童基金会，2011）。这些技能可以在他们准备找工作时增强他们的就业能力，并应该纳入国家战略中去。坦桑尼亚和乌干达的一个项目，通过技能培训、创收技能培训和小额信贷来增强青春期女孩的经济能力，达成了她们的"经济收入、自信和愿望",也增加了她们兄弟姐妹、朋友和父母的"经济收入、自信和愿望"(Bandiera等，2012)。

CYFI的一项研究（2013）显示，在那些将青年作为其金融教育战略重点的国家中，很少（如葡萄牙、罗马尼亚、巴西和新加坡）把金融、生活技能和生计教育组成部分都囊括进去。在其他一些国家（如加纳、赞比亚和乌干达），金融、生活技能和生计教育的组成部分在一定程度上被纳入了学校教育，而在国家战略中没有明确提及。在其他国家，如新加坡和罗马尼亚，这三个组成部分已经被整合到国家一级和二级课程中。在巴西，这三个部分通常被用作金融教育的基准范例，所有部分都被整合到初级教育阶段，该国还提供了充足的资源来评估这些内容对儿童早期教育的影响（CYFI，2014）。

在欧洲，许多国家特别将生计教育纳入他们的国家战略（CYFI，2014）。其中大多数通过具体的创业行动计划（如立陶宛、比利时）或通过包括创业能力在内的更广泛的终身学习战略（如捷克、法国和西班牙），将创业教育纳入正规教育体系（欧盟委员会，2012）。在立陶宛，有一项"经济素质教育和创业教育"计划，旨在加强所有学校对创业精神和财务管理的关注。然而，各国的金融教育战略中通常都没有明确提及创业能力（欧盟委员会，2012）。相反，只有奥地利、波兰、斯洛文尼亚、德国和意大利等国在企业家课程中规定了金融素养（欧洲议会，2006）。

澳大利亚的国家战略是为数不多的几个将就业能力作为目标的策略，其中包括与澳大利亚的教育、就业和工作关系部门合作。这一战略的一个重要组成部分是通过职业教育和培训（VET）系统提高对金融素质教育的接受程度（ASIC，2011）。它明确强调了超越提供教育和信息的意愿，以创造可衡量的行为改变，从而改善财务状况。澳大利亚当局通过VET部门与技能委员会、行业协会和相关政府机构（其中包括澳大利亚税务局（ATO）和教育、就业和工作关系部门（DEEWR））建立了战略伙伴关系，以提升金融和商业素养（ASIC，2011）。

14.3.5　总结

在越来越多的国家中，金融教育与其他社会和生活技能教育相辅相成。然而，大多数国家仍然把金融教育作为一个独立的主题，大部分地区的社会和生活技能教育的融合程度相对较低。许多制定战略的国家仍在经历漫长而昂贵的实施这一战略的过程，并将这些技能纳入课程。尽管也有一些没有制定策略的情况，但实际上这些技能已经被整合进了国家经济公民教育的组成部分。CYFI鼓励制定国家战略，以便更好地协调行动，并在正规学校系统中最大限度地使儿童和青年受益。

14.4　非洲金融能力发展

14.4.1　非洲的经济公民资格

非洲的高失业率通常伴随着高度贫困。随着非洲年轻人口数量的持续增长，这些问题可能会更加突出。据估计，在15～24岁的年轻人中，只有70%的人识字，这进一步加剧了年轻人的失业状况，因为年轻人缺乏提高就业能力所需的基本技能。那些接受教育的年轻人也面临着教育系统所教授的技能与经济生活中所需求的技能之间的不匹配问题（ILO，2010）。

　　该地区的领导人已作出回应，宣布 2009—2018 年为"非洲青年的十年"，即将青年发展作为主要关注点。青年创业基金（YEF）是非洲委员会、青年就业网络（YEN）和国际劳工组织（ILO）之间的合作产物，旨在使青年"把他们的精力和想法转化为商业机会"。YEF 有五个主要目标：（1）促进创业文化；（2）在学校开展创业教育；（3）提供商业开发服务；（4）资金支持；（5）支持青年组织，支持青年创业发展政策。同样，在国家层面上，CYFI 鼓励国家当局通过发展一种协调多方利益相关者的金融能力来支持青年的经济公民身份——针对青年，通过调整金融教育和金融服务之间的联系将金融教育融入生活技能之中。

　　在 CYFI 的调查样本中，非洲似乎拥有相对较多的国家委员会关注金融能力问题，并且高度重视相互合作。国家委员会是一个有组织的机构或个人集合，其共同目标是在国家一级推进与金融包容性、金融能力或金融知识有关的议题，它应该由公共部门的参与者组成，但也应该涉及民间团体和私营部门。此外，该地区的大多数金融教育策略都是针对青少年的。有趣的是，非洲也是国家议程中频率最高的地区，主要关注金融包容性和年轻人的金融教育[①]。此外，在许多国家，金融教育仍然是一个独立的主题，非洲地区的 7 个国家[②]将金融教育与至少一项其他生活技能（即谋生技能或社会技能）联系在一起。下面，将对三个国家的努力进行更详细的讨论。

14.4.2　赞比亚金融教育国家战略

　　赞比亚银行正在领导赞比亚的金融教育工作。该银行在金融部门发展计划秘书处（FSDP）的支持下，启动了一项国家财政教育战略，并将建立一门从小学到中学的国家经济公民教育课程。

　　该战略的主要目标是，确保到 2017 年"赞比亚人民将会提高知识、理解、技能、动力和信心，为自己获得积极的金融福利"（金融教育基金，2012）。该战略的主要受惠者是赞比亚公民，尤其是那些在金融服务使用过程中被边缘化的公民（其中包括儿童和青少年）。此外，教育部、科学和职业培训部在 FSDP 秘书处和利益相关方的建议下，修订了国家教育课程，以纳入金融教育。

　　此外，在私营部门的项目中，Zanaco 银行发起的项目很有代表性。该银行自 2008 年以来一直在实施一项名为"财务健康"的金融教育项目。该项目主要针对的是在政府学校就读的 8 年级和 9 年级的学生，并作为额外的课程活动（Messy 和 Monticone，2012）。

14.4.3　乌干达的国家金融教育战略[③]

　　乌干达银行（BoU）正在领导一个由多部门组成的国家委员会，以促进乌干达的金融包容性。世界银行推进金融包容性的战略围绕四个支柱建立，即金融素养、消费者保护、创新及金融服务和数据测量。2013 年，BoU 启动了乌干达的金融教育战略。这一战略的目的是确保乌干达人有足够的知识、技能和信心来管理他们及其家庭的财务。它特别关注儿童和青少

---

①　科特迪瓦、加纳、肯尼亚、尼日利亚、南非、赞比亚、埃塞俄比亚和坦桑尼亚。
②　马拉维、南非、赞比亚、乌干达、尼日利亚、科特迪瓦和埃塞俄比亚。
③　本部分基于乌干达国家金融教育的战略和信息由国家课程发展中心的 CYFI 联络人提供。

年，并为这个具有知识和理解能力的群体制订了计划，以便在他们上学的时候为他们提供金融教育，从而培养其尽责的态度（乌干达银行，2013）。此外，乌干达在商业和创业这门中学课程（S1–S4）中嵌入了一部分金融知识，作为整个中学课程改革的一部分。

乌干达在金融教育方面的战略是对年轻人的金融包容性行动的补充。金融信托银行（FTB）设计了三种储蓄产品和一种特别针对10～24岁年轻人的贷款产品。其中一款产品专为女孩设计。截至2013年12月，FTB有超过26 000名年轻客户使用这些产品，共计有10亿先令的储蓄。FTB涉及社区、政府和其他与青年接触的利益相关方，并在社区层面与地方委员会合作。总而言之，乌干达正在采取全面措施来推进面向青少年和儿童的金融包容性教育（UNCDF，2012）。

14.4.4 加纳金融教育和消费者保护战略

在加纳，财政部和经济计划部（MoFEP）一直在带头推动国家金融教育的发展。MoFEP和加纳教育服务（GES）在高中（SHS）课程的开发和试行国家经济公民教育方面发挥了重要作用。最初的试点项目在加纳10个地区的17所高中展开。从本质上说，这项措施有助于培养学生的社会责任意识，并提供了商业管理知识。总的来说，这培养了年轻人在商业和金融实践发展中取得成功所必须具备的态度。

此外，通过德国发展公司（GIZ）赞助的负责任金融项目（RFP），通用电气在全国25个高中为教师进行了培训师培训，并在全国范围内推广试点项目。此外，利益相关者强烈希望将金融教育纳入中小学和教师培训课程。

除了这些政府的努力之外，政府、非政府组织和私营部门已经为校内和校外青年开展了多项合作举措。加纳大约2/3的青年（15～24岁）被定义为失学（美国国际开发署，2010）。这一合作领域的一个突出例子是加纳的Camfed项目，它与万事达卡基金会合作，一直在运营一个关于金融教育的广播节目，这个节目已经有了超过100万的听众，包括校内和校外的年轻人。这些年轻人讨论了各种各样的广播话题，包括：预算，如何赚钱、储蓄，防止"Kayayo"现象（年轻女性离开社区成为城市中心的搬运工，从而增加她们被剥削和虐待的风险），以及金融知识对妇女权利的直接影响。因此，很明显，加纳正努力采取一种全面的方式来推进金融教育和金融包容性。

14.4.5 总结

这些项目代表了国家战略建立的第一步，这些战略可能重塑非洲的金融格局。正如这一部分所展示的，一些创新的策略正在被用来扩大金融教育范围，使那些不属于国家职责范围内的公民受益。每个国家都采取了自己的方式，所采取的克服青少年金融教育和包容性问题的举措令人鼓舞。非洲大陆的各国政府通过制定《非洲青年宪章》的方式，将多方利益相关者组织起来。其重点是《非洲青年宪章》的目标，该宪章旨在"促进更协调一致的行动，促进青年赋权与发展"（非洲联盟，2006）。按照这一战略，非洲将有机会将不同的针对儿童、青少年金融领域的政策综合起来。

14.5 讨论

世界上数百万儿童正面临着困境，每天都在严重贫困的条件下生活。许多人正面临着难以克服的极端社会经济障碍。为了克服这些障碍，为年轻人提供指导自己摆脱贫困的技能，CYFI 提出了一种综合的金融教育方法，涉及更广泛的生活和生计技能，并为年轻人提供机会，使他们通过学到的知识获取可靠的金融服务。

巴西和加纳是实现这一模式的关键例证。在巴西，国家经济公民教育的组成部分都被整合进国家战略和国家课程中。人们对早期儿童教育有着强烈的关注，并使用影响评估来评估计划的有效性。在加纳，国家经济公民教育的组成部分都包含在国家课程中，并且已经为校内和校外青年提出了多个利益相关方的倡议。金融素质教育战略还特别关注儿童和青少年的金融能力——知识和能力（技能），以及获得金融机构服务的能力。

尽管有这些关键的例子，但全球青年金融能力的图景显示出了一种发展与挑战并存的局面。一方面，各国政府正在强调金融教育，并在国家政策中注意培养儿童和青少年的金融能力。这与当前全球聚焦于建立储蓄文化和改善储蓄习惯的关注是一致的。另一方面，尽管越来越多的证据表明，了解金融包容性、储蓄和金融资本发展对年轻人是有益的，但在针对普通人群的国家政策中，人们却明显缺乏对金融包容性的关注，尤其是对年轻人而言。这在一定程度上与现行的监管框架有关，在这种监管框架下，不允许未成年人在没有父母监督的情况下开立储蓄账户。此外，只能在 18 岁时进行账户管理，这就限制了孩子的储蓄活动，将其限制在非正规储蓄中。受监管的金融机构更有义务严格遵守"了解客户"（KYC）规则，要求金融机构进行客户身份验证和核查。

虽然许多国家都在努力缩小教育和就业之间的差距，但需要采取更加协调的努力，以提高年轻人的就业能力和商业机会。此外，技能培训对于降低年轻人失业率起着至关重要的作用，因为失业对年轻人造成了严重的负面影响。增加年轻人可持续生活的策略在一定程度上是分散的，与金融知识和金融教育方案没有足够的联系。

最后，"儿童与青年友好型金融产品"的供应和青年储蓄者对这些产品的需求之间存在明显的不平衡。在世界各地，有年轻人当家，为家庭提供主要收入，或通过学校打工。提高儿童和青少年的金融自主性（能够控制自己的财务状况），并在金融和劳动力市场学习所需技能，可以提供显著的效益和额外的收益。监管改革可以在这种供需之间取得平衡，并且有助于相关领域的研究。一些国家已经在他们的金融法规中引用了儿童和青年友好元素。这些新要素对于制定和实施国家金融包容和教育战略至关重要，目的是把每个年轻人都变成一个有经济能力的公民。此外，尽管本章阐述了为年轻人增加金融包容性的举措，但很少有这样的案例与金融和生活教育课程政策相契合。

感谢　这一章是由 Floor Elize Knoote 在 CYFI 作为研究协调员时所写，Genevieve Partington 和 Jared Penner 对这一章做出了贡献。作者要感谢 CYFI 研究工作组提供的两个研究简报，感谢 Caitlin Watson 对 CYFI 出版物坚定的支持。感谢 Akwasi Osei、CYFI 非洲地区顾问，以及 CYFI 的研究实习生，感谢他们在编辑和构建案例研究方面的帮助。

参考文献

African Development Bank（ADB）.（2012）. *Briefing notes for afdb's long-term strategy: briefing note 6, inclusive growth Agenda.*［Online］Retrieved March 8, 2014 from: http://www.afdb.org/fileadmin/uploads/afdb/Documents/Policy-Documents/FINAL% 20Briefing%

20Note%206%20Inclusive%20Growth.pdf.

African Union. (2006). *African youth charter.* [Online] Retrieved March 8, 2014 from: http: //www.africaunion.org/root/ua/conferences/mai/hrst/charter%20english.pdf.

African Union. (2009). *African youth decade, 2009-2018 plan of action. Accelerating youth empowerment for sustainable development road map towards the implementation of the African youth charter.* [Online] Retrieved September 27, 2014 from: http: //africa-youth. org/ sites/defAfricanlt/files/African%20Youth%20Decade%20Plan%20of%20Action.pdf.

Angelucci, M., Karla, D., & Zimmerman, J. (2013). *Win some lose some? Evidence from a randomized microcredit program placement experiment by compartamos Banco. JPAL, NBER and IPA.* Retrieved September 27, 2014 from: https: //www. dartmouth. edu/ˇjzinman/Papers/WinSomeLoseSome_Release.pdf.

Ashraf, N., Karlan, D., & Yin, W. (2010). Female empowerment: Further evidence from a commitment savings product in the Philippines. *World Development, 28* (3), 333-344.

Australian Securities and Investments Commission (ASIC). (2011). *National Financial literacy strategy. Report 229.* [Online] Retrieved March 10, 2014 from http: //www.financial-literacy.gov.au/media/218312/national-financial-literacy-strategy.pdf.

Austrian, K. (2011). *Expanding safe spaces, financial education, and savings for adolescent girls in Kenya* (Brief No. 29). Retrieved March 10, 2014 from http: //www.popcouncil. org/pdfs/TABriefs/29_KenyaGirlsSavings.pdf.

Bandiera, O., Buehren, N., Burgess, R., Goldstein, M., Gulesci, S., Rasul, I. et al. (2012). *Empowering adolescent girls: Evidence from a randomized control trial in Uganda.* Retrieved March 10, 2014 from: http: //econ.lse.ac.uk/staff/rburgess/wp/ELA.pdf.

Banerjee, A., Duflo, E., Glennerster, R., & Kinnan, C. (2010). *The miracle of microfinance? Evidence from a randomized evaluation.* Chicago, MIT. Mimeo. Retrieved March 9, 2014 on: http: //economics.mit.edu/files/5993.

Bank Of Uganda. (2013). *Strategy for financial literacy in Uganda.* [Online] Retrieved March 10, 2014 from: https: //www.bou.or.ug/opencms/bou/bou-downloads/Financial_Inclusion/Strategyfor-Financial-Literacy-in-Uganda_August-2013.pdf.

Banthia, A., & Shell, B. (2009). The youth frontier in microfinance: Savings and financial education for girls in Mongolia. *Microfinance insights, 46-47.* Retrieved March 10, 2014 from http: //www. swwb. org / sites / default / files / docs / savings_and_financial_education_for_girls_in_mongolia.pdf.

Berry, J., Karlan, D., & Pradhan, M. (2012). *Evaluating the efficacy of school based financial education programs in Ghana', powerpoint presentation at the child and youth finance international summit.* [Online] Retrieved September 24, 2014 from: https: //poverty-action.org/sites/default/files/aflatoun_presentation_-_amsterdam.pdf.

Chowa, G., & Ansong, D. (2010). Youth and savings in Assets Africa. *Children and Youth Services Review, 32,* 1591-1596.

Commonwealth YOUTH PROGRAM. (2007). *The commonwealth plan of action for youth empowerment 2007-2015*, p. 27. ［Online］ Retrieved September 24, 2014, from: www.spc.int/hdp/Documents/youth_stakeholders_meeting/PAYE.pdf.

Conference of the Pacific Community. (2005). *Koror statement on youth empowerment for a secure, prosperous and sustainable future*, p. 15. ［Online］ Retrieved September 24, 2014 from: www.spc.int/hdp/Documents/youth_stakeholders…/Koror_Statement.pdf.

Curley, J., Ssewamala, F. M., & Han, C. K. (2010). Assets and child educational outcomes: Child development accounts (CDAs) for orphaned children in Uganda. *Children and Youth Services Review*, 32, 1585-1590.

CYFI. (2013). *A guide to economic citizenship education: Quality financial, social and livelihoods education for children and youth.* Amsterdam: CYFI.

CYFI. (2014). Children, youth and finance 2014. Action for sustainable outreach. CYFI, Amsterdam. Available on: http://childfinanceinternational.org/movement/publications.

Elliott, W., Chowa, G., & Loke, V. (2011). Toward a children's savings and college-bound identity intervention for raising college attendance rates: A multilevel propensity score analysis. Sociology Mind, 1 (4). Previously published as Center for Social Development Working Paper 11-29, Retrieved September 23, 2014 from: http://csd.wustl.edu/Publications/Documents/WP11-29.pdf.

European Commission. (2010). *Communication from The Commission Europe 2020. A strategy for smart, sustainable and inclusive growth.* Retrieved march 26, 2014 from: http://Eur-Lex.Europa.Eu/Lexuriserv/Lexuriserv.Do? Uri=COM: 2010: 2020: FIN: EN: PDF.

European Commission. (2012). Entrepreneurship education at school in Europe. (2012). *National strategies, curricula and learning outcomes. European Commission*, pp. 8-9. ［Online］ Retrieved September 24, 2014 from: http://eacea.ec.europa.eu/education/eurydice/documents/thematic_reports/135EN.pdf.

European Parliament. (2006). *Recommendation of the European parliament and the council on key competencies for lifelong learning.* ［Online］ Retrieved March 28, 2014 from: http://eur-lex.europa.eu/LexUriServ/LexUriServ.do? uri=OJ: L: 2006: 394: 0010: 0018: en: PDF.

Financial Consumer Agency Of Canada. (2014). Financial literacy. National steering committee on financial literacy. Retrieved September 24, 2014: http://www.fcac-acfc.gc.ca/Eng/financialLiteracy/financialLiteracyCanada/Pages/Committee-Comite.aspx.

Financial Education Fund. (2012). *Financial education as a national strategy.* Zambia, p. 2. ［Online］ Retrieved September 24, 2014: http://www.financialeducationfund.com/storage/files/Fin_Ed_as_a_National_Strategy-21-5-12.pdf.

Financial Services Board of South Africa (FSB). & Organization for Economic Cooperation and Development (OECD). (2011). *Financial Education for all, OECD-FSB of South Africa International Conference on Financial Literacy Session 3: Roundtable on Financial Educa-*

tion in Africa. [Online] Retrieved March 28, 2014: https: //www.fsb.co.za/Departments/ consumerEducation/Documents/FinanEduinAfricaPrelimReportInitialGuidance.pdf.

Friedline, T. (2012). Predicting children's savings: The role of parents' saving for transferring financial advantage and opportunities for financial inclusion. *Children and Youth Services Review, 34* (1), 144–154.

García, N. et al. (2013), Financial education in Latin America and the Caribbean: Rationale, overview and way forward. OECD Working Papers on Finance, Insurance and Private Pensions, No. 33, OECD Publishing. Retrieved March 9, 2014 on: http: //dx. doi. org / 10.1787/5k41zq7hp6d0-en.

Global Partnership for Financial Inclusion (GPFI). (2014). *G20 financial inclusion action plan financial inclusion experts group.* Retrieved September 27, 2014 on: http: //www.gpfi. org/sites/default/files/documents/G20%20Financial%20Inclusion%20Action%20Plan.docx. pdf.

Global Partnership For Youth Employment. (2014). Testing what works in youth employment: evaluating Kenya's Ninaweza program. Volume 1: A summative report APRIL 2013.Washington D.C.: Worldbank.

Grifoni, A., & Messy, F. (2012). Current status of national strategies for financial education: A comparative analysis and relevant practices, OECD Working Papers on Finance, Insurance and Private Pensions, No. 16. OECD Publishing.

Gurbin, J., Sadoq, A., Saodi, K., Ketterberg, L., & Denomy, J. (2010). Youth Invest: A case study of savings behaviour as an indicator of change through experiential learning. *Enterprise Development and Microfinance, 21* (4), 292–306.

International Labor Organization. (2010). A skilled workforce for strong, sustainable and balanced growth. International Labour Office Geneva, November 2010.

International Labor Organization. (2013). *Global employment trends for youth 2013. A generation at risk.* [Online] Retrieved September 24, 2014: http: //www. ilo. org / wcmsp5 / groups/public/—dgreports/—dcomm/documents/publication/wcms_212899.pdf.

Karlan, D., Berry, J., & Pradhan, M. (2013). Results from three randomized trials on child and youth savings. Research Brief Yale University and innovations for poverty action. [Online] Retrieved September 24, 2014: http: //www. poverty-action. org/ sites/default/ files/youthsavingsbrief.pdf.

Karlan, D., & Zinman, J. (2010). Expanding credit access: Using randomized supply decisions to estimate the impacts. *Review of Financial Studies, 23* (1), 433–464.

Llisterri, J. J., Kantis, H., Angelelli, P., & Tejerina, L. (2006). *Is youth entrepreneurship a necessity or an opportunity? A first exploration of household and new entreprise surveys in Latin America, Technical Papers Series.* Washington, D.C.: Inter-American Development Bank.

Lucey, T. A. (2007). The art of relating moral education to financial education: An equity imperative. *Social Studies Research And Practice*，2（3），486–500.

Lucey，T. A.，& Gianngelo，D.（2006）. Short changed：The importance of facilitating equitable financial education in urban society. *Education And Urban Society*，38（3），268–287.

Messy，F.，& Monticone，C.（2012）. The status of financial education in Africa，OECD working papers on finance，insurance and private pensions，No. 25. OECD Publishing.［Online］Available from：http：//dx.doi.org/10.1787/5k94cqqx90wl–en.

Organization for Economic Cooperation and Development.（2012）. *Financial education for youth and in schools：OECD/INFE policy guidance，challenges and case studies*（p. 9）. Paris：OECD Publishing.

Organization for Economic Cooperation and Development.（2013a）. *Advancing national strategies for financial education：a joint publication by Russia's G20 Presidency and the OECD*，p. 11.Paris：OECD.

Organization for Economic Cooperation and Development.（2013b）. *Financial literacy and inclusion：Results of OECD/INFE survey across countries and by gender.*［Online］Retrieved March 28，2014 from：http：//www. oecd. org / daf / fin / financialeducation / TrustFund2013_OECD_INFE_Fin_Lit_and_Incl_SurveyResults_by_Country_and_Gender.pdf.

Organization of American States（OAS）.（2012）. Policy brief series on education for democratic values and practices. The contribution of human rights education to building peaceful coexistence in schools based on democracy and solidarity，p. 5.［Online］Retrieved March 27，2014 from：http：//portal. oas. org / LinkClick. aspx？fileticket=oEfUgsWxpUM=andtabid=1229.

Reserve Bank Of India.（2012）. *National strategy of financial education.*［Online］Retrieved March 29，2014 from：http：//www.rbi. org.in/scripts/PublicationDraftReports.aspx？ID=675.

Sherraden，M. S.（2013）. Building blocks of financial capability. In J. Birkenmaier，M. S. Sherraden，& J. Curley（Eds.），*Financial capability and asset building：Research，education，policy，and practice*（p. 2）. New York and Oxford：Oxford University Press.

Sherraden，M. S.，& Ansong，D.（2013a）. Conceptual development of the CYFI model of children and youth as economic citizens.（CSD Research Report 13–03）. St. Louis，MO：Washington University，Center for Social Development.

Sherraden，M. S.，& Ansong，D.（2013b）. *Research evidence on the CYFI model of children and youth as economic citizens（CSD Research Report 13–04）*（p. 4）. St. Louis，MO：Washington University，Center for Social Development.

Sherraden，M. S.，Johnson，L.，Guo，B.，& Elliott Iii，W.（2010）. Financial capability in children：Effects of participation in a school–based financial education and savings program. *Journal of Family and Economic Issues*，32，385–399. doi：10.1007/s10834–010–9220–5.

Ssewamala，F.，Han，C. K.，Neilands，T. B.，Ismayilova，L.，& Sperber，E.（2010）. Effect of economic assets on sexual risk-taking intentions among orphaned adolescents in Uganda.*American Journal of Public Health*, *100*（3），482-488.

United Nations Capital Development Fund （UNCDF）.（October 2012）. *YouthStart: Uganda finance trust case study.* ［Online］ Retrieved March 29，2014 from：http：//www.uncdf. org/sites/default/files/Download/YouthStart_FINANCE_final_0.pdf.

United Nations International Children's Emergency Fund （UNICEF）.（2011）. *Life skills definition of terms.* ［Online］ Retrieved March 27，2014 from：http：//www. unicef. org / lifeskills/index_7308.html.

United Nations International Children's Emergency Fund （UNICEF）.（2012）. *Child social and financial education: A companion to the child friendly schools manual.* ［Online］ Retrieved March 28，2014 from：http：//www. unicef. org / publications / files / CSFE_module_low_res_FINAL.pdf.

United Nations International Children's Emergency Fund （UNICEF）.（2010）. *What works.Promoting adolescent development in Latin America and the Caribbean*，p. 22. ［Online］ Retrieved March 28，2014 from：http：//www.unicef.org/lac/What_works%282%29.pdf.

USAID.（2010）. *Out of school youth in developing countries. What the data do and do not tell us.* Policy Study and Issue Paper Series. ［Online］ Retrieved March 27，2014 from：http：// www.equip123.net/docs/e3-OSY.pdf.

Women's refugee Commission.（2013）. *Children and economic strengthening programs maximizing benefits and minimizing harm. Produced by The CPC livelihoods and economic strengthening task force.* Retrieved March 9，2014，from：http：//gbvaor.net/wp-content/uploads/ sites/3/2013/09/FIELD_CPC_ES_Child_Protection_v16_WEB_2.pdf.

World Bank.（2011）. *E-atlas on financial inclusion. Formal account access.* ［Online］ Retrieved on March 27，2014 from：http：//www.app.collinsindicate.com/worldbankatlas-fi/ en-us.

World Bank.（2013）. *Economic premise. The state of the poor: Where are the poor，where is extreme poverty harder to end，and what is the current profile of the world's poor.* ［Online］ Retrieved March 27，2014 from：http：//siteresources. worldbank. org / EXTPREMNET / Resources/EP125.pdf.

第15章　大学生的金融行为随所在州的金融教育政策的不同而不同吗？

Michael S. Gutter，*Zeynep Copur and Selena Garrison*

摘要　这项研究将评估美国高校金融教育政策规定的有效性。数据来源于对18岁的大学生的现场调查及对全美不同地区的15所大学的网络调查，共收集到12 967个数据。数据采集使用的是分层抽样方法。总的来说，这一研究表明，在控制了学生特征、金融知识储备、金融社会化和金融倾向的情况下，大学生的金融行为随州政府制定的中学金融教育政策的不同而不同。从目前的研究来看，必修课的政策和人的经济行为相关，这些经济行为包括每个月的常规储蓄和偿还信用卡，而不是最大化支出。

关键词　个人理财　区域教育　金融行为　金融社会化　大学生

15.1　引言

学者们越来越关注青少年（18～24岁）的金融行为（Hayhoe等，2000；Gutter和Garrison，2008；Joo等，2003）。这一关注起源于这样的事实：青年人通常会在完全没有做好个人财务准备的情况下便开始了大学职业生涯（Cunningham，2000）。经验的匮乏会导致他们在面对金融机构具有进攻性的市场战略和高负债的精神压力时变得脆弱（Borden等，2008）。对于金融机构而言，大学生市场是非常有吸引力的，一方面可以立即为其带来收入，另一方面可以作为建立成年期的品牌忠诚度的途径（Amato-McCoy，2006）。然而，缺乏经验，尤其是缺乏财务管理的经验，可能会对学生们未来的金融生活造成不便（Mae，2002）。学生可能不会意识到使用信用卡所产生的影响，比如，信用卡的费用结构或是违反信用卡条款而缴纳的罚金（Joo等，2003）。除了短期影响之外，大多数青年也不会考虑错用贷款所产生的长期后果，包括贷款的期限、低信用得分对未来计划的防碍，甚至导致个人破产（Holub，2002；Roberts和Jones，2001）。更进一步地，除了在市场上拥有不可忽视的购买力之外，年轻人更愿意尝试新的消费方式，这种消费方式会对他们未来生活中的消费者行为产生影响（Olshavsky和Granbois，1979；Xu等，2004）。

个人金融普及教育助推联盟成立于1995年，于1998年出版了个人金融普及教育的第一个国家标准（个人金融普及教育助推联盟，2007）。该组织还发起了关于中学生金融理解力的国家级测试，并以其结果来引起全国对青年缺乏金融知识的关注（Mandell，1998）。另外，1990年以来经济环境的变化也促使学者们更多地研究成年人的个人财务问题（Braunstein和Welch，2002）。这些变化以及关于贫困学生测试分数的报告使人们更加清醒地意识到对青少年进行金融教育的必要性（Bakken，1967；Bernanke，2006；Chen和

Volpe，1998；Danes 和 Hira，1987；Jump$tart，1997，2002；Volpe 等，1996）。

美国几乎所有的州都要求初中生或高中生接受金融教育，或者至少有一个州政府制定的金融教育标准。金融教育得到了公平且广泛的普及，总体来说，包括经济学、消费者决策、经济法以及个人理财。同时，各个州的课程要求在准确性和重点方面差异很大。比如，一些州要求学生接受消费者决策教育或经济学教育，但不进行个人理财教育。进一步地，一些州政府官员要求学生学习特定的课程内容并且进行测试，而其他州政府官员仅仅设置总体的教育大纲或教学目标（Clow，1999；Tennyson 和 Nguyen，2001）。本章关注的是为个人金融教育设置具体标准和要求的州。个人理财教育包括学习收入及其决定因素、资金管理与预算、储蓄与投资和贷款的运用。如果州政府、学区或老师想为高中的金融教育分配更多的教学时间和资源，就需要对其潜在价值进行更多的研究来证明这种分配的合理性（Walstad 等，2010）。

资料显示，有关金融教育的政策规定可以显著地增加金融课程学时以及持续的资产积累（Bernheim 等，1997）。前期的研究认为，金融教育对中学生的知识、态度和行为具有深刻的短期影响（Bernheim，1994，1995；Mandell and Schmid Klein，2009）。如果坏的经济决策是因为（至少在一定程度上）不能认识到经济的脆弱性（Bernheim，1994，1995），那么教育则可以提供相关知识和具体的决策技巧。更早地接触金融观念，在面对金融问题时会更加从容，从而消除做出不恰当决策的心理障碍（Bernheim 等，1997）。因此，这项研究为个人金融教育六种不同政策规定对美国大学生经济行为的影响提供了间接证据。这些规定既包含了没有任何标准的，也包含了有具体标准的，比如必修课、测试。进一步地，在控制了人口特征、社会学习机会、经济计划、金融知识和金融资源等变量的前提下，这项研究考察了个人金融教育规定和经济行为之间的关系。

很多州政府支持为高中生开设个人理财课程，这些课程的教学目标是使学生具备实用的决策技巧，这些技巧在其成年后的生活中应该是有用的（Bernheim 等，1997）。表 15-1列示了 1998—2007 年政府政策的变化。通过表 15-1 可以发现一个明显的趋势：政府越来越倾向于制定金融教育任务，并且其执行要求越来越严格。

表 15-1　　　不同州高中生的个人金融教育政策要求的对比（1998—2007 年）

项目 ＼ 年份	1998	2000	2002	2004	2007	1998—2007 年的增量
未要求实施的标准	21	40	31	34	40	19
要求实施的标准	14	16	16	20	28	14
设置必修课，但不强制考试	0	7	7	7	9	9
必须考试，但不强制设置具体课程	1	4	4	6	7	6
强制要求的课程和考试	1	6	6	8	9	8

由于目前的金融教育政策主要针对高中生，这项研究将美国 50 个州和哥伦比亚特区

的金融教育政策划分为六种类型。其中五种政策类型来源于经济教育国家委员会的报告（该报告收集了 2 008 个数据信息）（NCEE，2005），包括：（1）未要求实施的标准；（2）要求实施的标准；（3）设置必修课，但不强制考试；（4）必须考试，但不强制设置具体课程；（5）强制要求的课程和考试。这项研究又增加了一种政策类型：没有任何标准或测试。我们的样本中所涉及的大多数学生从 2004 年至 2008 年春依次毕业。因此，在 2004 年之前，各地的规定都可能会影响学生，而在学生离开高中后发生的政策变化就不太可能会影响学生。

在检验为个人金融教育所设置的课程规定之前，值得思考的一点是，这些政策规定能否实现其目的。从一个接受个人金融教育的学生蜕变为一个具有优秀金融管理才能的消费者是需要几个步骤的。一个重要的问题是，教育是否能够有效地提高学生的知识水平以及储备的知识是否能够转化为更加有效的消费者行为。另一个重要的问题是，教育政策能否提高或者降低教育的有效性。

如果政府政策没有被写入教学法规条款中或者未体现在现有课程里，则这些规定几乎起不了任何作用。如果政府政策营造了消极的学习环境或者老师们未接受相关课程的培训，则政策的有效性也将大打折扣（Tennyson 和 Nguyen，2001）。

15.2 理论背景

尽管本项研究聚焦于州政府金融教育政策与大学生金融行为之间的关系，但我们首次提出了关于经济行为的体系框架。有一些理论在金融行为学中占据了主导地位，在此，我们仅仅关注其中两个。本项研究依据的主要是社会化学习理论，最近也被重新定义为社会认知理论。这一理论研究的是个人因素、行为和环境之间的动态关系（Bandura，1977，1986）。其中，个人因素包括自信的效力、认定的目标、理性思维能力和感性反应（Bandura，1999）。这说明人体机能可以由人的因素、行为和环境来解释，其中环境又包括社会环境和物质环境。许多研究发现，通过观察、参与（偶然性学习）和社会组织的有计划的教导，孩子们会形成自己的金融观念和看法，并学会做出恰当的金融行为（Danes 和 Dunrud，1993；McNeal，1987；Moschis，1987；Moschis 和 Churchill，1978）。大量的研究已经证实了家长的社会化和正式教育，尤其是涉及钱的问题，会对孩子努力学习金融知识、金融技能和端正态度产生积极影响（Lyons 等，2006，Moschis，1987）。Gutter 等（2010）也认为大学生拥有更多学习金融知识的社会机会，包括与其父母、朋友交流金融问题或主动观察他们父母的金融行为，因此这些大学生更有可能去做预算和进行储蓄。因为一个人的知识体系会对其行为中所体现出来的态度产生影响，所以父母和教育者与青年人分享金融管理知识是很重要的，因此我们将在具体模型中说明这一点（Shim 等，2009）。

本项研究还使用了 Ajzen 和 Fishbein（1980）构建的计划行为理论，该理论由 Ajzen（1991）进行了发展。很多预算和储蓄等金融行为的研究都应用了这一理论（Shim 等，2009；Xiao 等，2007）。根据该理论，影响行为意图的因素有三个：对目标行为的态度所产生的积极和消极效力、主观准则和可感知的行为管控。行为意图会影响一个人的行为方式（Ajzen，1991；Ajzen 和 Fishbein，1980）。一个普通的规则是，越是喜欢做出一种行为，社会对这种行为的认可度越高，并且执行者认为越容易达成该行为，那么该行为的目的性就越强。目的性越强，这种行为就执行得越好（Xiao，2008）。

基于这种理论，我们希望可以论证：通过青年人的金融态度可预测到他们的金融行为。金融态度是在学习中潜移默化培养起来的，起源并发展于父母的言传身教，后通过社会化和经验重新得到定义（Hayes，2006）。根据认知社会心理学家的普遍看法，"态度"既有情感成分，也有信仰成分，态度和信念应与行为一致。以此观点看来，金融行为的变化可能是由金融态度变化引起的。这项研究提供了新的证据，对高中生的金融教育规定可以影响学生们的金融行为。根据计划行为理论，且考虑到这项研究的目的，我们只研究金融态度在实际金融行为中的作用，不分析金融行为的主观准则。

15.3　有关金融教育和金融行为的证据

以往对高校大学生金融教育课程的研究主要集中在学生的金融知识上（Danes等，1999；Harter和Harter，2009；Mandell，2008；Varcoe等，2005；Walstad等，2010）。一些研究已经报告了基于特定金融课程的教育对学生知识或个人理财主题和概念的正面影响（Danes等，1999；Harter和Harter，2009；Tennyson和Nguyen，2001；Varcoe等，2005；Walstad等，2010）。

现实中存在许多值得研究的金融行为。然而，展现在普及教育中的习惯性行为是最为核心的行为。第一个核心行为是储蓄。Bernheim等人（1997）以储蓄作为研究中学教育政策规定有效性的测定指标。他们发现，相关规定的制定显著地增加了受金融教育的机会，最终提高了个人储蓄率，并为其成年生活积累了财富。预算被视为另一个核心行为，虽然不常被包括在评估中，但在许多金融教育方案（包括高中的金融教育方案）中，预算一直是既定的学习目标。信用行为，尤其是影响美国信用评分的行为，诸如逾期还款、信用卡的使用和收支平衡，也常常作为研究对象（Bernheim等，1997；Borden等，2008；Lyons等，2008）。

在一篇分析金钱万能课程的研究中，Varcoe等（2005）发现，学习金融课程的人会增加他们的储蓄。学者们已经论证，从长期结果来看，个人金融素质教育对金融行为（自我报告的储蓄率和所积累财富增长额）具有积极影响。执行个人理财教育政策学校的学生在成年后拥有更高的储蓄率（Bernheim等，1997）。对接受过金融教育的学生进行测试显示，学生们表示想要做出更加有效的金融行为，避免有风险的金融行为（Borden等，2008）。此外，Lyons（2008）发现，学习过或者正在学习个人理财正式课程的学生更不可能做出有风险的金融行为。其他一些研究还发现，上过高中理财计划课程的学生显著地改善了其金融行为（Danes等，1999；Danes和Haberman，2004）。通过分析金融教育政策能否影响学生的金融行为（包括预算、储蓄和信用卡的使用等），当下的研究更广泛地推动了金融普及教育的发展。

尽管这些研究发现了金融教育和金融行为两者之间的关系，但是并没有阐明从知识转变为行为的因果过程。许多论文考察了知识与行为之间的联系，且作者们得出了两者具有紧密联系的结论（Hilgert等，2003）。还有证据表明，个人的态度，尤其是对信用卡使用的态度，与金融行为密切相关（Danes和Hira，1990；Hayhoe等，2000；Xiao等，1995）。

一些研究检验了心理因素与金融行为之间的联系(Bandura和Adams,1977;Bandura,1997;Katona,1975;Norum,2008;Romal和Kaplan,1995;Tokunaga,1993;Joo等,2003)。因此,在当前的研究中,金融知识和金融倾向在态度、金融社会化和人口统计变量方面被用作控制变量。

15.4 方法

一个成功的政策最好能够培养出具有高水平的金融知识、积极的金融计划(如摒弃物质主义、高水平的金融自我效能、高质量的未来定位和在一定程度上愿意承担投资风险)和合适的金融行为(如定期地储蓄、进行预算、负责任地使用信用卡)的学生。我们将使用个人理财教育政策种类(其中,个人理财教育种类覆盖了从无任何标准到设置规定的课程和测试等六种类型)来检测和划分变量,分析哪种政策规定是最成功的。本次研究以在校大学生为对象,从助学金、助学贷款以及毕业生的工资溢价三个方面关注其金融管理能力。基于理论框架和对证据的检验,我们提出了下列假设:

(1)各州有关金融教育的政策规定具有不同的严格性,这会导致不同的金融行为表现。

(2)金融知识与金融行为之间具有正相关关系。

(3)拥有金融社会学习机会和合理的金融倾向,将引导学生做出积极的金融行为。

15.4.1 样本及数据的采集

研究数据来源于2008年春季和秋季期间对全美多个地区的在校大学生进行的网络调查。本研究使用分层抽样技术。我们将50个州和哥伦比亚特区分为五种类型的政策规定(见表15-1),将学生按照高中所在地区进行分类,对此设置的问题为"你是从哪个州的高中毕业的?若不在美国,仅列出国家即可"。然后,使用随机数的方法选取每种政策类型下的地区,并以该地区规模最大的大学作为调查对象,共选取了15所大学。许多大学开始选择每种政策规定下的高中学校,这个选择过程并不是等权重的。最初我们计划选取12所目标学校,然而后来有一些学校请求加入本项研究中。我们获得了每个学校学生邮件地址的随机名单(在某些情况下,整体学生也可以作为调查对象)(见表15-6)。样本只选取现已注册入学的18岁以上的大学生。我们每隔一个月给学生发送邮件来询问他们的参与情况,共发3次。172 412名学生中的16 876名学生完成了本次调查。尽管9.8%的完成率是很低的,但这是网络调查的典型特征(Lyons等,2005)。"留学生"与"接受家庭教育或失学青年教育的学生"具有不同的特征,故不将这两类学生纳入样本中。在2004—2008年期间毕业的高中生也被排除在样本之外。正如上述提到的,2004年期间的政策规定可以影响很多高中生,而这些高中生毕业离校后发生的政策变化不可能对他们产生影响。

在开展网络调查过程中,一些大学提醒我们,垃圾邮件屏蔽程序可能会导致学生们收不到邮件。并且,由于电子邮件请求是来自校外的,这也会导致学生忽略掉这一调查。另外,长达20页的调查问卷也会使学生望而生畏。我们要求学生参与者使用电子邮件完成问卷调查,并告知他们,每第1 000个完成任务的调查者将收到价值100美元的礼品卡。学生收到的电子邮件中包含一份知情同意书,他们必须在开始研究之前确认这份知情同意书。

调查所选取的学生的平均年龄为 19.9 岁（标准差为 1.47）。其中大约 67% 为女性，83% 为白色人种，92.6% 为单身青年，26.1% 为低年级的学生。在将样本数据特征与全国大学生数据平均值（其中 62.7% 为女性，69.8% 为白色人种，58.1% 为单身，27.8% 为高年级的学生）对比时，我们可以发现，样本数据呈现出的人口统计特征与全国大学生的人口统计特征很相似。该样本可能无法代表一般学生群体，但由于其覆盖了美国大部分地区，因此仍然具有意义（NASPA，2008）。表 15-7 总结了不同政策规定类型下的学生特征，表 15-8 概括了样本的描述性变量。

15.4.2　变量的测量

15.4.2.1　因变量

我们将因变量（金融行为）定义为任何与资金管理有关的人的行为。普通的金融行为包括现金的使用、贷款和储蓄（Xiao，2008；Xiao 等，2006）。鉴于这个原因，这项研究将预算、储蓄和贷款的使用定义为金融行为。无论行为是否发生，行为都可以作为二元变量来衡量（Xiao，2008）。本项研究测量产生风险的信用卡使用行为的方法是，在过去一年里发生过几次以下行为：刷爆信用卡、拖欠贷款和信用卡有欠款。答案包括"0次"、"1~2次"、"3~5次"和"6次以上"。还有一个为没有信用卡的学生设置的选项，即"NA"，并在调查问卷中加以说明。为了进行回归分析，我们将"1~2次"、"3~5次"和"6次以上"都用"1"来表示，代表学生们发生过产生风险的信用卡使用行为。3 意味着更高的信用卡风险得分，这些学生发生过以上所列的三种行为。我们测量预算的方法是提出一个问题："你最近为管理支出和避免超额支付做过预算吗？"测量储蓄的方法也是提出一个问题："你最近有没有在某种账户上定期地存储或投资（账户包括雇主计划、共同基金、个人养老基金、储蓄存款、大额存单）？"

15.4.2.2　自变量

金融变量：金融变量的测量使用的是工作时间、对父母的经济依赖性、助学金以及贷款账户。这些变量代表了学生们所掌握的可用的金融资源，这会影响他们关于贷款管理行为的决策，也会影响一个人怎么样才会做出预算。对父母的经济依赖性的测量方法为："你的父母是否声称你是他们纳税申报单上的一分子？"设置的回答为"是"、"否"和"不确定"。助学金变量通过"如果有的话，你获得过哪种助学金？"这一问题来测量。

金融知识变量：这项研究使用了几种方法来测量这一变量。第一种方法是对 8 门金融课程知识水平进行自我评价分级。我们要求受访者"对以下课程（如"管理支出与避免超额支出""查询信用记录""按时支付账单""储蓄与投资"）所教授知识的掌握水平进行分级"，从 1（非常差）至 5（非常优秀）共五个等级。第二种方法是对受访者进行一个有 18 个金融知识题目的小测验（如，"如果你开具了一张会透支你的账户的支票，你的银行经常会打电话提醒你""如果你预期到信用卡上会有欠款，那么在对比不同银行信用卡时，平均年利率 APR 对你来说是最重要的指标"），受访者可以选择"错误"或"正确"来作答。学生的测验分数从 5 分到 18 分不等，众数 M=12.4（标准差=2.02）。第三种方法是我们要求受访者通过与其他人对比，将自己具备的金融知识水平进行分级，设置的问题为"从整体上来说，与其他人相比，你认为自己的金融知识水平是一个什么等级？"，答案包括 1（非常差）至 5（非常优秀）。在回归模型中，我们将同时使用这三种方法来测量金融知识变量。自我报告的金融知识与领悟的金融知识之间有很大的相关性（r=0.58，p<0.001），而在我们的样本中，金融知识测验的结果与自我报告的金融知识只有很小的相关性（r=0.14，p<0.001），与领悟的金融知识的相关性也很小（r=0.16，p<0.001）。

学习金融的社会机会变量：学习金融的社会机会使用的是综合测量方法，该方法基于4个维度："与父母交流金融""与朋友交流金融""观察父母的金融行为""观察朋友的金融行为"。我们设置了8个问题，受访者分别回答这些问题以代表每个维度并计分，这8个问题包括："管理支出及避免超额支出"、"检查他们的信用记录"、"按时支付账单"、"储蓄与投资"、"与主流金融机构合作"、"购买且维护健康保险"、"购买且维护汽车保险"以及"购买且维护租房保险"。这种测量方法的理论基础来源于 Gutter 和 Garrison（2008）的论文。我们使用五分量表法：从1代表"从不"至5代表"经常"，学生们可以为每个维度选择答案。使用克朗巴哈系数法来评价内部一致性信度，结果为：与父母交流金融维度的系数是0.86；与朋友交流金融维度的系数是0.86；观察父母的金融行为维度的系数为0.87；观察朋友的金融行为维度的系数为0.87。这一结果表明，各个维度的量表都具有较高的可靠性。

15.4.2.3　金融倾向

物质主义价值观量表（Richins 和 Dawson，1992）考察了与物质主义相关的三个因素：中心主义、幸福和成功，它设置了18个问题，以五分量表法来度量：从1代表"十分同意"至5代表"十分不同意"。在这项研究中，我们从量表中选取了15个问题来测量学生们的物质主义价值观，未选取的问题为以下三个："我对别人所拥有的物质并不是很在意"、"我通常只买自己需要的东西"以及"我喜欢把钱花在并不实用的东西上"，原因是大部分学生因这三个问题不适用于他们而无法回答。虽然多次估算缺失值是可能的，但这将引入未知的偏差。未被选择的题目之所以被排除掉，是因为从概念上来讲，这3个题目与我们样本的相关性较小。我们认为，这3个题目大约60%的缺失值可能会对这个量表其他项产生影响。因此，一个参与者在这个量表中的得分范围为15分至75分。一些题目采用了逆序编码的方法，这样一来，低分可以反映受访者较低的物质主义观念而高分则代表受访者有强烈的物质主义观念。这张量表内部一致性信度的克朗巴哈系数值为0.86。

购买冲动/强迫性购买/购买强迫症：强迫性购买量表（CBS）是用来鉴别强迫性购买消费者的测量工具，它是由 Faber 和 O'Guinn（1992）发展起来的。CBS 是由7种陈述语句组成的，陈述语句代表着关于强制性购买的具体行为和感觉。量表中的6种题目（如"若他们知晓了我的支出习惯，我会觉得这些人很可怕"）给出了5种程度等级的备选答案：从1代表"几乎总是"至5代表"从不"。在这个量表中，受访者的强迫性购买行为越严重，则得分越低。最后一个题目（"如果我在支付期末时仍有钱没有花完，那么我就必须花完"）给出了5种程度等级的备选答案：从1代表"非常同意"至5代表"非常不同意"。在本次研究中，我们没有使用最后一个题目，因为绝大部分学生会由于最后一个问题不适用于他们而放弃回答。这张量表内部一致性信度的克朗巴哈系数值为0.80。

自我效能：为了测量金融的自我效能认知，我们设置了6个题目。其中两个题目（"我可以对自己的资金进行很好的预算"和"我很谨慎地使用资金"）取自于 Tang

（1992）提出的金钱伦理尺度（MES）。其余4个题目是按照之前的研究由第一作者提出的，如"我擅于管理自己的资金"、"我对自己管理资金的能力很满意"、"与其他人相比，我认为非常擅于做出金融决策"和"我很擅长做出金融决策"。我们给出了7种程度等级的备选答案：从1代表"非常不同意"至7代表"非常同意"。这意味着在这个量表中自我效能水平越高则得分越高。测度这张量表内部一致性信度的克朗巴哈系数值为0.96。

未来导向：我们采用Strathman等人（1994）提出的"对未来结果的考虑"尺度来测量未来导向变量。这是对人们在多大程度上能够预见到可能行为所产生的将来及现在的结果的测量。这个量表中包含了12个题目，受访者必须根据自己的情况回答。我们共给出了5个程度等级的备选答案，从1代表"一点也不符合我"至5代表"非常符合我"。一些题目的备选项采用逆序编码方法，这样可以保证较低得分对应的是短视的学生，而较高得分对应的是目光长远的学生。测度这张量表内部一致性信度的克朗巴哈系数值为0.78。

金融风险承受度：学生们会被问道："当你在进行储蓄或者投资时，哪个陈述与你所愿意承担的金融风险最接近?"备选项包括："为了获得高回报，愿意承担高风险"，"为了获取高于平均水平的回报，承担较高风险"，"获取平均回报，承担较低风险"和"不愿意承担任何风险"。由于只有2.6%的学生选择了"为了获得高回报，愿意承担高风险"，所以从分析的角度来看，可以将"承担高风险"和"承担较高的风险"归结为"承担较高的风险"。测量金融风险承受度的方法产生于消费者金融调查（FRB，2010）。这项变量测量的是与期望收益或回报相对应的金融风险承受度。

15.4.2.4　控制变量

这项调查收集了标准人口特征和金融信息，还收集了金融知识的信息、金融社会化的信息和金融倾向的信息。

人口特征变量：这项研究涉及有关大学生的以下几种人口变量：年龄、性别、种族、年级和婚姻状况（见表15-8）。

15.4.3　分析

我们使用一个实证模型来检验假设，这个假设为：在控制了学生特征、金融知识、金融社会化和金融倾向变量后，个人金融教育的政策规定与学生们的金融行为是有关系的。我们采用简单的二元比较来对假说进行初步探究，以分析金融行为是否会因学生高中学校所在州的政策规定种类的不同而不同，二元比较使用的方法是交叉表和卡方检验。

我们对上述两个变量进行二元逻辑回归。因变量包括学生们的预算行为、储蓄行为和产生风险的信用卡使用行为。没有信用卡的学生的数据将不包含在对产生风险的信用卡行为的回归分析中，因为如果他们有信用卡，那么他们仅仅有使用信用卡的行为，但并不会产生风险。在对产生风险的信用卡使用行为进行回归分析时，会减少样本数量。在控制了其他变量后，这一回归分析可以揭示高中学校所在州的政策类别与金融行为之间的关系。为了考察高中教育背景，我们可以通过对比模型来推论出诸如金融知识、金融倾向和社会化学习等因素是否会改善模型，这一回归分析也是很重要的。

15.5 结论

15.5.1 比较不同教育政策规定下学生的金融行为

表15-2和表15-3总结了在无教育标准与有教育标准情况下的学生们的金融行为的比较。总体上来说,样本中超过一半的学生对资金不做预算,但是这会随着政策规定的不同而不同。在无教育标准和有教育标准的情况下,都有超过一半的学生对资金不做预算。但是,两个对照组间有明显的不同。就储蓄、刷爆信用卡和信用卡有未偿付的欠款来看,无教育标准和有教育标准两种情况下的学生行为是有很大不同的(见表15-3)。政策类型为"要求设置必修课和测验"(52.7%)和"要求设置测验"(52.2%)的情况下,学生们做预算的比例更高。储蓄行为也因教育政策类型的不同而不同。总体上来说,除了那些高中的教育政策类型为"要求设置必修课和测验"的学生(储蓄比例为49.6%)之外,超过半数的学生会进行储蓄。正如表15-3所示,不论哪一种政策类型,绝大部分学生都不会发生产生风险的信用卡使用行为(包括"刷爆信用卡""信用卡逾期还款""有未偿付的欠款")。在州政策类型为"要求设置测验"情况下,学生发生产生风险的信用卡使用行为比例较高。

表15-2 不同政策规定下的金融行为

政策类型	金融行为(%)									
	预算		储蓄		刷爆信用卡		信用卡逾期还款		有未偿付的欠款	
	否	是	否	是	否	是	否	是	否	是
无教育标准	54	46	51.2	48.8	87	13	86.7	13.3	71.6	28.4
其他政策类型	51.3	48.7	47.2	52.8	90	10	88	12	77.6	22.4
总计	52.2	47.8	48.5	51.5	89	11	87.6	12.4	75.6	24.4
χ^2	χ^2=5.542 df=1,p<0.05		χ^2=12.040 df=1,p<0.001		χ^2=15.859 df=1,p<0.001		χ^2=2.751 df=1,p>0.05		χ^2=33.247 df=1,p<0.001	

表15-3 不同政策规定下的金融行为

政策类型	金融行为(%)									
	预算		储蓄		刷爆信用卡		信用卡逾期还款		有未偿付的欠款	
	否	是	否	是	否	是	否	是	否	是
无教育标准	54	46	51.2	48.8	87	13	86.7	13.3	71.6	28.4
仅有教育标准	56.1	43.9	45.5	54.5	91.8	8.2	89.2	10.8	79.7	20.3
要求执行的教育标准	50.1	49.9	47.2	52.8	89.8	10.2	88.1	11.9	78.9	21.1
规定必修课	51.2	48.8	46.3	53.7	90.6	9.4	87	13	76.6	23.4
要求设置测验	47.8	52.2	45.5	54.5	87	13	86	14	73.6	26.4
要求设置必修课和测验	47.3	52.7	50.4	49.6	88.3	11.7	87.7	12.3	75.9	24.1
总计	51.3	48.7	47.2	52.8	90	10	88	12	77.6	22.4
χ^2	χ^2=27.374 df=4,p<0.001		χ^2=8.512 df=4,p>0.05		χ^2=13.600 df=4,p<0.001		χ^2=4.335 df=4,p>0.05		χ^2=10.525 df=4,p<0.05	

15.5.2 金融行为与政策类型之间的关系

表 15-4 归纳了逻辑回归分析的结果，这一结果可以预测预算和储蓄行为。预算行为的发生随政策类型的不同而产生较大的变化。政策规定为"要求执行的教育标准"、"要求设置测验"和"要求设置必修课和测验"的州的学生做出预算行为的比例更高。金融知识变量也会导致显著不同的预算行为比例。自我评价的金融知识水平的标准差的上升会导致预算行为发生的可能性增加 5.4%。相对于自认为金融知识水平与他人一样的学生，那些自认为比他人的金融知识水平高的学生做出预算行为的比例高出 38%。

我们还检验了金融学习的社会机会和金融倾向是否会影响预算行为（见表 15-4）。结果显示，与父母交流金融这一形式的学习的社会机会得分的标准差的增加会使预算行为发生的可能性增加 18.2%。金融倾向和预算之间也存在重要的关系。因此，物质主义尺度得分的标准差的增加会使预算行为发生的可能性降低 0.9%；自我效能尺度得分的标准差的增加会使预算行为发生的可能性增加 5.3%；考虑未来后果尺度的得分的标准差的增加会使预算行为发生的可能性降低 4.4%。

表 15-4 金融行为的逻辑回归结果

自变量	预算			储蓄		
	模型 1	模型 2	模型 3	模型 1	模型 2	模型 3
	优势率（SE）	优势率（SE）	优势率（SE）	优势率（SE）	优势率（SE）	优势率（SE）
政策类型						
仅有教育标准	0.913 (0.070)	0.886 (0.072)	0.863 (0.074)*	1.254 (0.071)**	1.238 (0.073)**	1.193 (0.074)*
要求执行的教育标准	1.212 (0.082)*	1.236 (0.085)*	1.268 (0.087)**	1.095 (0.083)	1.111 (0.085)	1.099 (0.086)
规定必修课	1.169 (0.084)	1.155 (0.087)	1.160 (0.089)	1.322 (0.086)***	1.330 (0.088)***	1.339 (0.089)***
要求设置测验	(0.124)**	1.460 (0.128)**	1.545 (0.132)***	1.301 (0.126)*	1.364 (0.129)*	1.420 (0.131)**
要求设置必修课和测验	1.253 (0.075)**	1.215 (0.078)*	1.257 (0.080)**	1.057 (0.076)	1.023 (0.078)	1.031 (0.080)
人口变量						
年龄	0.894 (0.034)***	0.886 (0.035)***	0.915 (0.033)**	0.923 (0.034)	0.919 (0.034)	0.947 (0.033)
白色人种	1.179 (0.165)*	1.150 (0.072)	1.104 (0.075)	1.253 (0.071)***	1.217 (0.072)**	1.160 (0.074)*
男性	0.928 (0.053)	0.796 (0.055)***	0.829 (0.059)**	1.003 (0.053)	0.875 (0.056)*	0.840 (0.059)**
大二	1.063 (0.080)	1.075 (0.082)	1.050 (0.084)	0.846 (0.081)	0.845 (0.083)	0.840 (0.084)
大三	1.107 (0.096)	1.103 (0.099)	1.047 (0.099)	0.816 (0.097)	0.798 (0.099)	0.787 (0.099)*

续表

自变量	预算			储蓄		
	模型1	模型2	模型3	模型1	模型2	模型3
	优势率（SE）	优势率（SE）	优势率（SE）	优势率（SE）	优势率（SE）	优势率（SE）
大四	1.071 (0.122)	1.026 (0.126)	0.953 (0.124)	0.706 (0.123) **	0.661 (0.126) ***	0.637 (0.124) ***
毕业生/教授及其他	1.345 (0.235)	1.204 (0.243)	1.063 (0.246)	0.938 (0.239)	0.828 (0.244)	0.777 (0.245)
单身	0.776 (0.091) **	0.856 (0.094)	0.852 (0.097)	0.774 (0.093) **	0.848 (0.095)	0.828 (0.097)
金融变量						
工作时间						
1~10小时	0.911 (0.068)	0.909 (0.070)	0.895 (0.072)	1.729 (0.070) ***	1.772 (0.071) ***	1.792 (0.073) ***
11~15小时	1.070 (0.075)	1.016 (0.078)	1.011 (0.079)	1.464 (0.076) ***	1.417 (0.078) ***	1.434 (0.079) ***
16~20小时	1.077 (0.083)	0.973 (0.085)	1.031 (0.088)	1.587 (0.084) ***	1.471 (0.086) ***	1.584 (0.088) ***
20小时以上	1.214 (0.085) *	1.032 (0.088)	1.076 (0.090)	1.935 (0.087) ***	1.707 (0.089) ***	1.835 (0.091) ***
债务						
1~999美元	0.955 (0.105)	1.007 (0.108)	1.175 (0.112)	0.675 (0.106) ***	0.694 (0.109) ***	0.814 (0.112)
1 000~4 999美元	1.055 (0.125)	1.059 (0.129)	1.159 (0.134)	0.753 (0.127) *	0.739 (0.130) *	0.813 (0.134)
5 000美元以上	1.050 (0.111)	0.976 (0.115)	1.128 (0.119)	0.688 (0.114) ***	0.631 (0.117) ***	0.710 (0.120) **
不确定	0.653 (0.181) *	0.800 (0.188)	0.880 (0.191)	0.607 (0.183) ***	0.722 (0.187)	0.784 (0.190)
依赖父母的纳税申报单	0.965 (0.063)	0.948 (0.065)	0.930 (0.066)	0.965 (0.064)	0.949 (0.065)	0.930 (0.066)
联邦学生贷款	0.976 (0.053)	1.052 (0.055)	1.134 (0.056) *	0.675 (0.054) ***	0.710 (0.055) ***	0.753 (0.056) ***
联邦勤工俭学	0.996 (0.094)	1.051 (0.097)	1.012 (0.099)	0.938 (0.095)	0.988 (0.098)	0.961 (0.099)
基于需求的奖学金	1.002 (0.066)	0.963 (0.068)	0.998 (0.071)	0.796 (0.067) ***	0.761 (0.069) ***	0.791 (0.070) ***
学业奖学金	1.172 (0.053) **	1.124 (0.055) *	1.047 (0.056)	1.246 (0.054) ***	1.203 (0.055) ***	1.140 (0.056) *
学费减免	1.163 (0.133)	1.113 (0.137)	1.054 (0.140)	1.337 (0.137)	1.295 (0.141)	1.271 (0.143)

续表

自变量	预算			储蓄		
	模型1	模型2	模型3	模型1	模型2	模型3
	优势率（SE）	优势率（SE）	优势率（SE）	优势率（SE）	优势率（SE）	优势率（SE）
金融知识						
金融知识测验		0.983 (0.013)	0.983 (0.014)		1.001 (0.013)	0.995 (0.014)
自我评价的金融知识水平		1.054 (0.005)***	1.015 (0.006)*		1.046 (0.005)***	1.019 (0.006)**
认为自己的金融水平更差		0.633 (0.090)***	0.717 (0.093)***		0.814 (0.087)*	0.912 (0.089)
认为自己的金融水平更好		1.383 (0.062)***	1.111 (0.066)		1.421 (0.063)***	1.232 (0.066)***
社会学习						
与父母交流金融			1.182 (0.037)**			1.142 (0.037)***
与朋友交流金融			1.087 (0.044)			1.083 (0.044)
观察父母的金融行为			1.047 (0.033)			1.039 (0.033)
观察朋友的金融行为			1.059 (0.040)			1.013 (0.039)
金融倾向						
物质主义			0.991 (0.003)**			1.001 (0.003)
强迫性购买			1.015 (0.009)			1.061 (0.009)***
自我效能			1.053 (0.004)***			1.027 (0.004)***
未来导向			0.956 (0.014)***			1.004 (0.014)
无金融风险			0.952 (0.071)			0.859 (0.071)*
中等以上的金融风险			0.923 (0.064)			0.998 (0.064)
常数	7.841 (0.645)***	2.983 (0.686)	1.124 (0.808)	5.373 (0.645)***	1.740 (0.682)	0.104 (0.806)**
χ^2	101.435***	505.164***	816.539***	315.773***	601.581***	780.727***

注：*代表 $p<0.05$，**代表 $p<0.01$，***代表 $p<0.001$。

预算与效能之间存在显著的相关关系。那些有做预算习惯的人对自己的处境感觉更好，且在一定程度上可以去掌控它，也认可自己所参与的金融活动是有用的。然而，相对来说，那些更关注未来和物质的人不太可能进行短期的日常资金管理行为，相反，他们更愿意关注长期情况。在加入了金融知识、金融倾向和学习金融的社会机会变量后，政策类型会对预算产生更大的影响。这说明金融教育与预算行为之间有重要的关系——预算是金融资源管理过程的核心（见模型3）。

不同类型的政策会使储蓄行为发生很大的变化。相对于来自没有金融教育政策地区的学生，来自有金融教育政策地区的学生储蓄行为的比例更高。但是，仅就金融教育政策为"要求执行的教育标准"和"要求设置必修课和测验"的地区来说，这一差异很小且不显著。

金融知识水平也会显著影响储蓄行为。自我评价的金融知识水平标准差的增加会使储蓄行为发生的可能性增加4.6%。相比那些自认为金融知识水平与他人一样的学生，那些自认为金融知识水平高于他人的学生进行储蓄行为的比例高出42.1%（见模型2）。这是个有意思的结论，然而，这也可能意味着，那些有储蓄行为的人可能因此而更加自信。在模型3中，社会学习机会是决定储蓄的一个重要因素。结论表明，与父母进行交流形式的社会学习机会得分的标准差的上升会使储蓄行为发生的可能性上升14%。这进一步证实了上面讨论过的结论（Gutter等，2010），即父母的参与会对大学生以后的行为产生影响。

金融倾向也会对储蓄行为产生显著的影响。强迫性购买尺度得分的标准差上升会使储蓄行为发生的可能性增加6.1%。自我效能得分的标准差上升会使储蓄行为发生的可能性增加2.7%。那些更相信自己会成功的学生更可能将储蓄行为付诸行动。这个发现是对我们所提出的关系的一个重要证明。令人惊讶的是，不愿意承担任何风险的学生比愿意承担较低风险的学生进行储蓄的可能性低14.1%。这可能是因为，愿意承担低风险的学生对储蓄的风险有不同的理解。在加入了金融知识、金融倾向和学习金融的社会机会变量后，政策类型对储蓄的影响仍旧显著（见模型3）。

表15-5总结了逻辑回归的结果，这一回归用来预测产生风险的信用卡使用行为，包括：拥有信用卡的学生每月会"刷爆信用卡"、"逾期还款"和"有未偿付的欠款"。模型1分析的是"刷爆信用卡"行为，并从中发现了几个重要的关系。相比政策类型为"无金融教育政策"地区的高中毕业生，政策类型为"仅有教育标准"的地区的高中毕业生刷爆信用卡行为发生的可能性高36.8%；政策类型为"规定必修课"地区的高中毕业生刷爆信用卡行为发生的可能性低33.0%（见模型1）。

金融教育会引导学生在使用信用卡时更加谨慎。自我评价的金融知识水平得分的标准差的增加会使刷爆信用卡行为发生的可能性降低3%（见模型2）。在模型3中，金融倾向和社会学习机会对刷爆信用卡行为会产生显著影响。因此，观察父母的金融行为的标准差的增加会使刷爆信用卡行为发生的可能性降低14.3%；强迫性购买得分的标准差增加（意味着较轻程度的购买强迫性）会使刷爆信用卡行为发生的可能性降低19.9%；自我效能尺度得分的标准差的增加会使刷爆信用卡行为发生的可能性降低2.4%。一个有趣的结论是，相对于那些自认为金融知识水平与他人相同的学生，自认为金融知识水平比他人高的学生刷爆信用卡行为发生的可能性要高出30%。因此，金融知识与金融教育与产生风险的信用卡行为也有关系。当加入金融的社会学习机会和金融倾向时，金融教育政策类型仍会显著

表 15-5　　　　　　　　　　　　产生风险的信用卡使用行为的逻辑回归结果

因变量	刷爆信用卡			逾期还款		
	模型 1	模型 2	模型 3	模型 1	模型 2	模型 3
	优势率（SE）	优势率（SE）	优势率（SE）	优势率（SE）	优势率（SE）	优势率（SE）
政策类型						
仅有教育标准	0.632 (0.129) ***	0.648 (0.130) ***	0.767 (0.139)	0.820 (0.119)	0.850 (0.121)	1.015 (0.127)
要求执行的教育标准	0.828 (0.142)	0.841 (0.143)	0.893 (0.154)	0.970 (0.136)	0.981 (0.137)	1.056 (0.145)
规定必修课	0.670 (0.150) *	0.669 (0.151) *	0.655 (0.163) *	0.914 (0.137)	0.897 (0.139)	0.909 (0.146)
要求设置测验	1.041 (0.202)	1.046 (0.202)	0.965 (0.222)	1.227 (0.195)	1.206 (0.197)	1.202 (0.208)
要求设置必修课和测验（参照：无标准）	0.870 (0.267)	0.880 (0.127)	0.838 (0.138)	0.886 (0.126)	0.897 (0.127)	0.858 (0.135)
人口因素变量						
年龄	1.006 (0.040)	1.008 (0.040)	0.975 (0.049)	1.083 (0.042) +	1.089 (0.040) *	1.067 (0.040)
白色人种	0.490 (0.103) **	0.503 (0.105) ***	0.596 (0.114) ***	0.431 (0.099) ***	0.458 (0.101) ***	0.513 (0.108) ***
男性	1.138 (0.091)	1.235 (0.093) *	1.374 (0.105) **	0.773 (0.091) **	0.892 (0.093)	0.997 (0.103)
大二	1.792 (0.153) ***	1.788 (0.154) ***	1.692 (0.166) **	1.829 (0.161) ***	1.845 (0.162) ***	1.712 (0.169) ***
大三	2.011 (0.162) ***	2.036 (0.163) ***	1.860 (0.180) ***	2.409 (0.167) ***	2.530 (0.167) ***	2.324 (0.173) ***
大四	1.882 (0.183) ***	1.941 (0.185) ***	1.710 (0.209) **	2.468 (0.189) ***	2.690 (0.188) ***	2.400 (0.194) ***
毕业生/教授及其他	1.177 (0.399)	1.313 (0.399)	1.178 (0.438)	1.631 (0.371)	2.034 (0.370) +	1.870 (0.390)
单身	1.013 (0.138)	0.940 (0.139)	0.933 (0.151)	1.144 (0.136)	1.005 (0.137)	1.000 (0.145)
金融变量						
工作时间						
1~10小时	0.887 (0.129)	0.871 (0.130)	0.855 (0.140)	0.985 (0.123)	0.966 (0.124)	0.0937 (0.131)
11~15小时	0.934 (0.136)	0.948 (0.137)	0.905 (0.148)	1.145 (0.127)	1.178 0 (0.128)	1.158 (0.134)

续表

因变量	刷爆信用卡			逾期还款		
	模型 1	模型 2	模型 3	模型 1	模型 2	模型 3
	优势率（SE）	优势率（SE）	优势率（SE）	优势率（SE）	优势率（SE）	优势率（SE）
16~20小时	1.383 (0.131) *	1.460 (0.133) **	1.239 (0.144)	1.585 (0.125) ***	1.736 (0.127) ***	1.499 (0.134) **
20小时以上	1.373 (0.130) *	1.500 (0.131) **	1.371 (0.140) *	1.499 (0.124) ***	1.720 (0.126) ***	1.523 (0.133) **
债务						
1~999美元	2.697 (0.138) ***	2.653 (0.139) ***	1.650 (0.152) ***	2.856 (0.131) ***	2.867 (0.133) ***	1.907 (0.142) ***
1 000~4 999 美元	2.490 (0.165) ***	2.517 (0.167) ***	1.934 (0.184) ***	1.983 (0.166) ***	2.095 (0.169) ***	1.595 (0.182) ***
5 000 美元 以上	3.046 (0.140) ***	3.213 (0.142) ***	2.295 (0.156) ***	1.875 (0.146) ***	2.087 (0.148) ***	1.497 (0.159) *
不确定	1.441 (0.279)	1.268 (0.2829)	0.837 (0.327)	1.332 (0.274)	1.149 (0.278)	0.852 (0.305)
依赖父母的纳税申报单	0.742 (0.101) **	0.740 (0.101) **	0.747 (0.110) **	0.807 (0.098) *	0.803 (0.099) *	0.825 (0.105)
联邦学生贷款	1.402 (0.091) ***	1.354 (0.092) ***	1.084 (0.100)	1.395 (0.087) ***	1.323 (0.088) ***	1.093 (0.093)
政府的勤工俭学	0.832 (0.152)	0.812 (0.153)	0.885 (0.164)	0.765 (0.148)	0.726 (0.150) *	0.756 (0.158)
基于需求的奖学金	1.526 (0.102) ***	1.550 (0.103) ***	1.514 (0.112) ***	1.421 (0.100) ***	1.439 (0.101) ***	1.374 (0.108) **
学业奖学金	0.867 (0.091)	0.896 (0.092)	1.143 (0.100)	0.731 (0.086) ***	0.775 (0.087) **	0.905 (0.093)
学费减免	0.855 (0.246)	0.867 (0.248)	0.890 (0.265)	0.634 (0.251)	0.664 (0.253)	0.641 (0.266)
金融知识						
金融知识测验		0.991 (0.022)	1.018 (0.024)		0.919 (0.021) ***	0.933 (0.023) **
自我评价的金融知识水平		0.970 (0.009) ***	0.999 (0.010)		0.950 (0.009) ***	0.971 (0.010) **
认为自己的金融水平更差		1.254 (0.133)	0.927 (0.150)		0.968 (0.127)	0.737 (0.139) *
认为自己的金融水平更好		0.922 (0.109)	1.304 (0.121) *		0.863 (0.102)	1.137 (0.111)

续表

因变量	刷爆信用卡			逾期还款		
	模型1	模型2	模型3	模型1	模型2	模型3
	优势率（SE）	优势率（SE）	优势率（SE）	优势率（SE）	优势率（SE）	优势率（SE）
社会学习						
与父母交流金融			0.966 (0.067)			0.948 (0.064)
与朋友交流金融			1.025 (0.076)			1.074 (0.072)
观察父母的金融行为			0.857 (0.057)**			0.859 (0.054)**
观察朋友的金融行为			0.932 (0.070)			1.033 (0.066)
金融倾向						
物质主义			0.998 (0.005)			0.990 (0.005)*
强迫性购买			0.801 (0.014)***			0.826 (0.013)***
自我效能			0.976 (0.008)**			0.982 (0.007)*
未来导向			1.010 (0.026)			1.019 (0.024)
无金融风险			0.933 (0.131)			1.017 (0.117)
中等以上的金融风险			1.137 (0.108)			0.939 (0.106)
常数	0.099 (0.7849)**	0.216 (0.843)	74.871 (1.274)***	0.022 (0.817)***	0.193 (0.839)*	30.802 (1.112)**
χ^2	374.161***	412.054***	949.701***	432.397***	527.683***	930.582***

注：*代表 $p<0.05$，**代表 $p<0.01$，***代表 $p<0.001$。

影响产生风险的信用卡使用行为（见模型3）。

　　根据对信用卡逾期还款的逻辑回归的结果，信用卡逾期还款行为与政策类型没有显著关系（见模型1）。而信用卡的逾期还款行为与金融知识水平之间是有显著关系的。结论显示，金融知识测验得分标准差的增加会使逾期还款行为发生的可能性降低8.1%。自我评价的金融知识水平标准差的增加会使信用卡逾期还款行为发生的可能性降低5%（见模型2）。在模型3中，金融的社会学习机会和金融倾向与逾期还款有显著关系。观察父母的金融行为的标准差的增加会使信用卡逾期还款行为发生的可能性降低14%。这与社会学习理论的结论是一致的，因为行为建模是社会学习过程的一个重要方面。消费主义倾向（可以由物质主义和强迫性购买两个指标中看出）会使信用卡逾期还款行为发生的可能性大大增加，但是对于风险的倾向则不会增加这一行为发生的可能性。有意思的是，相比那些自认为金融知识水平与他人相同的学生，自认为金融知识水平比他人差的学生信用卡逾期还款行为发生的可能性要低出26.3%（见模型3）。

　　与对照组（政策类型为"无教育标准"）相比，其他五分之四政策教育下的学生大量地降低了信用卡有未偿付欠款行为发生的可能性。加入其他控制变量后（在模型2和模型3中）对差异的大小改变的影响很小。自我评价的金融知识标准差的增加会略微提高学生们每月全部偿还信用卡欠款的可能性（见模型2）。在模型3中，学习金融的社会机会和金融倾向与每月未能全部偿还信用卡透支额的行为有显著关系。观察父母金融行为标准差的增加会使每月全部付清信用卡透支额的行为发生的可能性提高20%。相对于未来导向意识薄弱的学生来说，强迫性消费对未能全部还清信用卡透支额的影响更大。奇怪的是，那些自认为金融知识水平高于朋友的学生每月未能全部偿还信用卡欠款发生的可能性更大，而那些自认为金融知识水平低于同辈的学生每月未能全部偿还信用卡欠款发生的可能性更小。

15.6　结论

　　这项研究分析的是金融普及教育区域政策和学生的金融行为之间的重要关系。当控制了年龄、家庭背景、性别、种族、金融倾向和金融知识等变量后，这种关系一般是稳定的。

　　这项研究还证明了金融知识水平与金融行为之间的关系。总体上来说，相对于金融知识水平低的学生，金融知识水平高的学生更可能做出积极正面的金融行为（预算、储蓄及不会去做产生风险的信用卡行为）。那些自认为金融知识水平高于他人的学生也更可能去做预算和进行储蓄。而且，金融知识测验得分高的学生信用卡逾期还款行为发生的可能性更小。然而，与我们预期相反的是，金融知识水平高于他人并不会使学生减少产生风险的信用卡使用行为的发生。

　　我们认为这个结论可以作为Ajzen（1991）计划行为理论的证据。根据这一理论，金融态度决定了金融行为。我们发现大学生的金融倾向影响金融行为。比如，物质主义、自我效能和未来导向分别与个人预算行为有正相关关系。强迫性购买、自我效能和不愿意承担任何风险影响储蓄行为。强迫性购买和自我效能与产生风险的信用卡使用行为有正相关关系。按照Bandura的社会学习理论，我们也可以评论社会化在形成金融行为中的作用。我们的结论是，社会学习机会与金融行为有显著关系，与父母讨论金融问题与预算和储蓄行为有正相关关系，观察父母的金融行为会使产生风险的信用卡使用行为发生的可能性降低。深入的研究可能会去考察这些发现，通过构建结构方程来检验各个因素之间的关系。这项研究严格地执行了第一个步骤，即考察在这些模型中需要考虑哪些关系。

附录

见表15-6，表15-7，表15-8。

表15-6 按高中国家和任务类别分列的样本细目

高中州代表	没有任何标准或测试（33.5%）	未要求实施的标准（20.2%）	要求实施的标准（11.7%）	设置必修课，但不强制考试（13.6%）	必须考试，但不强制设置具体课程（5.1%）	强制要求的课程和考试（15.8%）	总计
亚拉巴马州		26					26
阿拉斯加州	3						3
亚利桑那州			369				369
阿肯色州			7				7
加利福尼亚州	294						294
科罗拉多州	29						29
康涅狄格州					103		103
特拉华州			3				4
哥伦比亚地区	8						8
佛罗里达州	2 631						2 631
乔治亚州						161	161
夏威夷州			1				1
爱达荷州						8	8
伊利诺伊州				1 639			1 639
印第安纳州			116				116
艾奥瓦州	921						921
堪萨斯州			55				55
肯塔基州					230		230
路易斯安那州						14	14
缅因州			27				27
马里兰州	38						38
马萨诸塞州				158			158
密歇根州			40				40
明尼苏达州			538				538
密苏里州					1 866		1 866
内布拉加斯州			48				48
内华达州	13						13
新罕布什尔州	58						58
新泽西州			100				100
新墨西哥州			8				8
纽约州		191					191
北卡罗来纳州			29				29
北达科他州	5						5
俄亥俄州			68				68
俄克拉荷马州	10						10
俄勒冈州				13			13
宾夕法尼亚州		65					65
罗德岛州	296						296
南卡莱罗纳州			11				11
南达科他州	7						7

续表

高中州代表	没有任何标准或测试（33.5%）	未要求实施的标准（20.2%）	要求实施的标准（11.7%）	设置必修课，但不强制考试（13.6%）	必须考试，但不强制设置具体课程（5.1%）	强制要求的课程和考试（15.8%）	总计
田纳西州	20						20
得克萨斯州			96				96
犹他州				123			123
佛蒙特州		158					158
弗吉尼亚州					163		163
华盛顿州	12						12
西弗吉尼亚州			2				2
威斯康星州		2 185					2 185
怀俄明州			1				1
总计	4 347	2 625	1 506	1 762	678	2 049	12 967

译者注：比例供不应求不是100%，部分分项合计与总计不一致，原书如此。

表15-7　　　　　　　　　　不同政策类型下的学生特征

学生特征	政策类型（%）						显著性
	无标准（33.5）	仅有教育标准（20.2）	要求执行的教育标准（11.7）	规定必修课（13.6）	要求设置测验（5.2）	要求设置必修课和测验（15.8）	
性别							
女性	67.3	66.9	67.7	68.1	68.2	64.8	$p > 0.05$
男性	32.7	33.1	32.3	31.9	31.8	35.2	
种族							
白色人种	74.3	90.3	82.1	89.6	75.4	89.5	$p < 0.001$
其他	25.7	9.7	17.9	10.4	24.6	10.5	
婚姻状况							
单身	91.4	93.9	92.7	93.5	93.1	92.5	$p < 0.01$
其他	8.6	6.1	7.3	6.5	6.9	7.5	
大学年级							
大一	23.2	22.4	24.8	28.5	40.2	25.7	
大二	22.9	24.0	25.0	23.0	21.3	21.4	$p < 0.001$
大三	28.0	28.2	24.0	25.1	19.5	24.1	
大四	25.2	25.0	25.0	22.2	17.7	24.4	
毕业生/教授	0.6	1.3	1.3	1.1	1.3	4.4	
平均年龄（sd）	20.0（1.6）	20.1（1.3）	20.0（1.3）	19.8（1.4）	19.5（1.4）	19.9（1.5）	$p<0.001$

表 15-8　　　　　　　　　　　　　　　描述性变量

因变量	n	%	最值范围	中位数
政策类型				
无教育标准	4 345	33.5		
仅有教育标准	2 625	20.2		
要求执行的教育标准	1 519	11.7		
规定必修课	1 762	13.6		
要求设置测验	667	5.1		
要求设置必修课和测验	2 049	15.8		
人口变量				
年龄			18~80岁	20
白色人种	10 730	83.0		
其他	2 196	17.0		
男性	4 251	33.0		
女性	8 641	67.0		
大一	3 266	25.2		
大二	2 989	23.1		
大三	3 382	26.1		
大四	3 137	24.2		
毕业生/教授及其他	175	1.4		
单身	11 955	92.6		
已婚	959	7.4		
金融变量				
工作时间				
0 小时	5 599	43.3		
1~10 小时	2 515	19.4		
11~15 小时	1 919	14.8		
16~20 小时	1 485	11.5		
20 小时以上	1 422	11.0		

续表

因变量	n	%	最值范围	中位数
债务				
0美元	10 719	83.0		
1~999美元	759	5.9		
1 000~4 999美元	511	4.0		
5 000美元以上	643	5.0		
不确定	283	2.1		
依赖父母的纳税申报单	10 320	79.9		
不依赖父母的纳税申报单	2 602	20.1		
无财政资助	2 552	19.7		
联邦学生贷款	5 628	43.4		
联邦勤工俭学	1 189	9.2		
基于需求的奖学金	2 754	21.2		
学业奖学金	7 480	57.7		
学费减免	462	3.6		
金融知识				
金融知识测验			5~18	12.17（1.99）
自我报告的金融知识水平			8~40	24.15（6.28）
认为自己的金融水平更差	1 638	14.0		
认为自己的金融水平与他人相同	3 564	30.5		
认为自己的金融水平更高	6 493	55.5		
社会学习				
与父母交流金融			0~5	2.79（0.94）
与朋友交流金融			0~5	2.09（0.80）
观察父母的金融行为			0~5	3.48（1.02）
观察朋友的金融行为			0~5	2.14（0.88）
金融倾向				
物质主义			15~75	41.63（9.40）
强迫性购买			6~30	24.71（3.92）

续表

因变量	n	%	最值范围	中位数
自我效能			6~42	29.54（8.15）
未来导向			12~25	23.07（1.74）
无金融风险	1 566	17.2		
接受中等金融风险	5 340	58.5		
接受中等以上的金融风险	2 212	24.3		
因变量				
是否使用预算——是	4 027	47.8		
否	4 404	52.2		
是否进行储蓄——是	4 321	51.5		
否	4 071	48.5		
是否会刷爆信用卡——是	846	11.0		
否	6 848	89.0		
是否会逾期支付——是	956	12.4		
否	6 735	87.6		
是否欠款——是	1 874	24.4		
否	5 807	75.6		

译者注：比例供不应求不是100%，部分分项合计与总计不一致，原书如此。

参考文献

Ajzen, I.（1991）. The theory of planned behavior. *Organizational Behavior and Human Decision Processes*, *50*, 179–211.

Ajzen, I., & Fishbein, M.（1980）. *Understanding attitudes and predicting social behavior.* Englewood Cliffs, NJ: Prentice-Hall.

Amato-McCoy, D. M.（2006）. Back to school-Wachovia targets students with all-in-one college ID and bank card. *Bank Systems & Technology*, *43*, 17–18.

Bakken, M. R.（1967）. Money management understandings of tenth grade students. *National Business Education Quarterly*, *36*, 6.

Bandura, A.（1977）. *Social learning theory.* New York: General Learning Press.

Bandura, A.（1986）. *Social foundations of thought and action: A social cognitive theory.* Englewood Cliffs, NJ: Prentice Hall.

Bandura, A. (1997). *Self-efficacy: The exercise of control.* New York: W.H. Freeman.

Bandura, A. (1999). Social cognitive theory of personality. In: L. A. Pervin, O. P. John (Eds.), *Handbook of personality: Theory and research* (vol. 2, pp. 154-196). New York, US: Guilford Press.

Bandura, A., & Adams, N. E. (1977). Analysis of self-efficacy theory of behavioral change. *Cognitive Therapy and Research, 1* (4), 287-310.

Bernanke, B. S. (2006). Financial Literacy. Testimony before the Committee on Banking, Housing, and Urban Affairs of the United States Senate. *Board of Governors of the Federal Reserve System.* http://www.federalreserve.gov/newsevents/testimony/Bernanke20060523a. Htm.

Bernheim, D. B. (1994). Personal saving, information, and economic literacy: New directions for public policy. In C. E. Walker, M. Bloomfield, & M. Thorning (Eds.), *Tax policy for economic growth in the 1990s* (pp. 53-78). Washington, DC: American Council for Capital Formation.

Bernheim, D. B. (1995). Do households appreciate their financial vulnerabilities? An analysis of actions, perceptions, and public policy. In C. E. Walker, M. Bloomfield, & M. Thorning (Eds.), *Tax policy and economic growth* (pp. 1-30). Washington, DC: American Council for Capital Formation.

Bernheim, D. B., Garrett, D. M., & Maki, D. M. (1997). *Education and saving: The long-term effects of high school financial curriculum mandates.* Cambridge, MA: National Bureau of Economic Research.

Board of Governors of the Federal Reserve System (FRB). (2010). *Survey of Consumer Finances Codebook.* Retrieved from http://www.federalreserve.gov/econresdata/scf/files/codebk2010.txt.

Borden, L. M., Lee, S. A., Serido, J., & Collins, D. (2008). Changing college students' financial knowledge, attitudes and behavior through seminar participation. *Journal of Family and Economic Issues, 29* (1), 23-40.

Braunstein, S., & Welch, C. (2002). Financial literacy: An overview of practice, research, and policy. *Federal Reserve Bulletin* (November), pp. 446-457.

Chen, H., & Volpe, R. P. (1998). An analysis of personal financial literacy among college students. *Financial Services Review, 7* (2), 107-128.

Clow, J. E. (1999). *National Survey on Economic Education.* National Council of Economic Education.

Cunningham, J. (2000). College student credit card usage and the need for on-campus financial counseling and planning services. *Undergraduate Research Journal for the Human Sciences.* http://www.kon.org/urc/cunningham.html.

Danes, S. M. & Dunrud, T. (1993). *Children and money: teaching children money habits for life.* Minnesota Extension Service Publication, HE-FO-6116-C, University of Minnesota.

Danes, S. M. & Haberman, H. (2004). *2003-2004 evaluation of the NEFE HSFPP*. Retrieved December 10, 2004, from http: //www.nefe.org/hsfppportal/includes/main/home. asp? page=4000#evaluation2.

Danes, S. M., & Hira, T. (1987). Money management knowledge of college students. *Journal of Student Financial Aid*, *17* (1), 4-16.

Danes, S. M., & Hira, T. (1990). Knowledge, beliefs, and practices in the use of credit cards. *Home Economics Research Journal*, *18*, 223-235.

Danes, S. M., Huddleston-Casas, C., & Boyce, L. (1999). Financial planning curriculum for teens: Impact evaluation. *Financial Counseling and Planning*, *10* (1), 25-37.

Faber, R. J., & O'Guinn, T. C. (1992). A clinical screener for compulsive buying. *Journal of Consumer Research*, *19* (3), 459-469.

Gutter, M. S., & Garrison, S. (2008). Perceived norms, financial education, and college student credit card behavior. *Journal of Consumer Education*, *24*, 73-88.

Gutter, M. S., Garrison, S., & Copur, Z. (2010). Social learning opportunities and the financial behaviors of college students. *Family and Consumer Sciences Research Journal*, *38* (4), 387-404.

Harter, C. L., & Harter, J. F. R. (2009). Assessing the effectiveness of financial fitness for life in eastern Kentucky. *Journal of Applied Economics and Policy*, *28* (1), 20-33.

Hayes, J. V. (2006). *Money attitudes, economic locus of control, and financial strain among college students*. A dissertation. In Consumer Economics and Environmental Design Submitted to the Graduate Faculty of Texas Tech University in Partial Fulfillment of the Requirements for the Degree of Doctor of Philosophy.

Hayhoe, C. R., La Leach, L. J., Turner, P. R., Bruin, M. J., & Lawrence, F. C. (2000). Differences in spending habits and credit use of college students. *Journal of Consumer Affairs*, *34*, 113-133.

Hilgert, M. A., Hogarth, J. M. & Beverly, S. G. (2003). Household financial management: The connection between knowledge and behavior. *Federal Reserve Bulletin*. http: //www.nefe. org/hsfppportal/includes/main/home.asp? page=4000#ExecutiveSummary2.

Holub, T. (2002). *Credit card usage and debt among college and university students*. (ERIC Document Reproduction Service No. ED466106).

Joo, S.-H., Grable, J. E., & Bagwell, D. C. (2003). Credit card attitudes and behaviors of college students. *College Student Journal*, *37* (3), 405-419.

Jump$tart Coalition or Personal Financial Literacy. (1997). *High school seniors lack financial smarts shows survey*. American Savings Education Council News Release.

Jump$tart Coalition or Personal Financial Literacy. (2002). *Financial literacy declining among 12th graders, coalition urges states to include personal finance in curriculum standards*. Retrieved November 10, 2006, from http: //www.jumpstartcoalition.org.

Jump$tart Coalition for Personal Financial Literacy. (2007). *National Standards in K-12 Per-*

sonal *Financial Education*. (3rd ed.). Washington, DC: Jump$tart Coalition. http://www.jumpstart.org/guide.html.

Katona, G. (1975). *Psychological economics.* New York: Elsevier.

Lyons, A. C. (2008). Risky credit card behavior of college students. In J. J. Xiao (Ed.), *Handbook of consumer finance research* (pp. 185–208). New York: Springer.

Lyons, A. C., Cude, B., Lawrence, F. C., & Gutter, M. S. (2005). Conducting research online: Challenges facing researchers in family and consumer sciences. *Family and Consumer Research Journal*, *33*, 341–356.

Lyons, A. C., Scherpf, E., & Roberts, H. (2006). Financial education and communication between parents and children. *Journal of Consumer Education*, *23*, 64–76.

Mae, N. (2002). *Undergraduate students and credit cards: An analysis of usage and trends.* http://www.nelliemae.com/library/ccstudy_2001.pdf.

Mandell, L. (1998). *Our vulnerable youth: The financial literacy of American 12th graders.* Washington, DC: Jump$tart Coalition.

Mandell, L. (2008). Financial education in high school. In Annamaria Lusardi (Ed.), *Overcoming the saving slump: How to increase the effectiveness of financial education and saving programs* (pp. 257–279). Chicago, IL: University of Chicago Press.

Mandell, L., & Schmid Klein, L. (2009). The impact of financial literacy education on subsequent financial behavior. *Association for Financial Counseling and Planning Education*, *20*, 15–24.

McNeal, J. V. (1987). *Children as consumers: insights and implications.* Lexington, MA: Lexington Books.

Moschis, G. P. (1987). *Consumer socialization: A life cycle perspective.* Lexington, MA: Lexington Books.

Moschis, G. P., & Churchill, G. A, Jr. (1978). Consumer socialization: A theoretical and empirical analysis. *Journal of Marketing Research*, *15*, 599–609.

NASPA. (2008). Profile of the American college student. NASPA–Student Affairs Administrators in Higher Education. http://www.naspa.org/divctr/research/profile/results.cfm.

National Council on Economic Education (NCEE). (2005). Survey of the States: Economic and Personal Finance Education in Our Nation's Schools in 2004. New York: National Council on Economic Education.

Norum, P. (2008). The role of time preference and credit card usage in compulsive buying behavior. *International Journal of Consumer Studies*, *32*, 269–275.

Olshavsky, R. W., & Granbois, D. H. (1979). Consumer decision making–fact or fiction? *Journal of Consumer Research*, *6*, 93–101.

Richins, M. L., & Dawson, S. (1992). A consumer values orientation for materialism and its measurement: Scale development and validation. *Journal of Consumer Research*, *19* (3), 303–316.

Roberts, J. A., & Jones, E. (2001). Money attitudes, credit card use, and compulsive buying among American college students. *The Journal of Consumer Affairs*, *35*, 213-240.

Romal, J. B., & Kaplan, B. J. (1995). Differences in self-control among spenders and savers. *Psychology: A Journal of Human Behavior*, *32* (2), 8-17.

Shim, S., Xiao, J. J., Barber, B. L., & Lyons, A. C. (2009). Pathways to life success: A conceptual model of financial well-being for young adults. *Journal of Applied Developmental Psychology*, *30* (6), 708-723.

Strathman, A., Gleicher, F., Boninger, D. S., & Edwards, C. S. (1994). The consideration of future consequences: Weighing immediate and distant outcomes of behavior. *Journal of Personality of Social Psychology*, *66* (4), 742-752.

Tang, T. L.-P. (1992). The meaning of money revisited. *Journal of Organizational Behavior*, *13*, 197-202.

Tennyson, S., & Nguyen, C. (2001). State curriculum mandates and student knowledge of personal finance. *Journal of Consumer Affairs*, *35* (2), 241-262.

Tokunaga, H. (1993). The use and abuse of consumer credit: Application of psychological theory and research. *Journal of Economic Psychology*, *14*, 285-316.

Varcoe, K. P., Martin, A., Devitto, Z., & Go, C. (2005). Using a financial education curriculum for teens. *The Journal of the Association for Financial Counseling and Planning Education*, *16*, 63-71.

Volpe, R. P., Chen, H., & Pavlicko, J. J. (1996). Personal investment literacy among college students: A survey. *Financial Practice and Education*, *6* (2), 86-94.

Walstad, W. B., Rebeck, K., & MacDonald, R. A. (2010). The effects of financial education on the financial knowledge of high school students. *Journal of Consumer Affairs*, *44*, 336-357.

Xiao, J. J. (2008). Applying behavior theories in financial behaviors. In J. J. Xiao (Ed.), *Handbook of Consumer Finance Research* (pp. 69-81). New York: Springer.

Xiao, J. J., Noring, F. E., & Anderson, J. C. (1995). College students' attitudes towards credit cards. *Journal of Consumer Studies and Home Economics*, *19*, 155-174.

Xiao, J. J., Shim, S., Barber, B. L. & Lyons, A. C. (2007). *Academic Success and Well-Being of College Students: Financial Behaviors Matter.* (Technical Report.) TCAI, University of Arizona.

Xiao, J. J., Sorhaindo, B. E., & Garman, T. (2006). Financial behaviors of consumer in credit counseling. *International Journal of Consumer Studies*, *30* (2), 108-121.

Xu, J., Lotz, S., Shim, S., & Almedia, D. (2004). Ethnic identity, socialization factors, and culture-specific consumption behavior. *Psychology & Marketing*, *21* (2), 93-112.

第三部分　国家的金融普及教育情况介绍

Bettina Greimel-Fuhrmann and Jane S. Lopus

　　有能力处理个人资金问题对全世界的人来说都很重要。在2007年至2008年发生全球金融危机和其后的全球经济恢复缓慢的情况下，这显得更加重要。然而，实证研究多次证实了，在很多国家，人们对其资金问题和财务事务知之甚少，也证实了很多人在努力管理资金和做出关于个人理财的理性决策。遗憾的是，全世界范围内的金融普及教育水平都很低。

　　因此，在全球范围内推广金融普及教育是极其重要的任务，不论是贫穷国家还是富裕国家，也不论是发达国家还是发展中国家。尽管国情不同，但是各个国家面临的挑战是一样的，比如改变负债过多的问题和加强资金管理的问题。相比于其他国家，一些国家有其特有的问题，比如缺乏参与基础金融产品的机会。正是由于这种差异，各个国家常常会采取不同的措施去改善金融普及教育水平。

　　《金融普及教育国际手册》的第三部分提供了遍及四个大洲十个国家的金融普及教育的简介。按照字母表顺序，这些国家是奥地利、德国、印度尼西亚、墨西哥、荷兰、罗马尼亚、南非、瑞士、英国和美国。根据世界银行的数据，其中六个国家是高收入的发达国家，墨西哥、罗马尼亚和南非被归为中上等收入的国家，印度尼西亚为中等收入的国家。介绍这些国家的金融普及教育并不意味着它们是最具代表性的国家或地区。编辑邀请了一些作者参与这部分的创作，其他作者是通过普通申请来参与这部分的创作的。

　　每个章节是由四个部分组成的：对国家的简介、对学校的金融普及教育情况的描述、国家金融普及教育的实证研究证据和对国家的金融普及教育的未来展望。这个部分会讨论改善金融普及教育的限制因素和推进因素。改善学校的金融普及教育需要一个通用的主题。我们相信，本部分所有章节描绘的十个国家有趣的金融教育模型，有助于构建改善全球金融普及教育的政策含义。

第16章　奥地利的金融普及教育[①]

Bettina Greimel-Fuhrmann，*Maria Silgoner*，*Rosa Weber and Martin Taborsky*

摘要　奥地利很小，但是，位于欧洲中心的它是一个富裕的、发达的经济体。它建立了完善的、相当于中学水平的职业教育体系，提供了深入的经济教育。然而，近期的研究表明，相当多的人缺乏基本的金融知识和技能。他们中的一些人正挣扎于付清欠款，急需专业帮助来解决其债务问题。正如其他许多国家一样，奥地利也迫切需要改善人们对资金和金融问题的认识，迫切需要教授人们如何谨慎地处理他们的资金问题和如何规划其财务。正如经合组织倡导的那样，政府可以（也应该）将这些措施列入国家的金融教育政策中。虽然这样的金融教育政策还不存在，但是可以在很多已经执行的措施的基础上发展起来。其主要目的是提高经济教育水平（金融教育是其中最重要的组成部分），推动经济教育成为各个教育阶段和各种学校中的重要组成部分，为人们在其各个人生阶段做出合理正确的金融选择助力。

关键词　奥地利的教育体系　金融教育　金融知识　金融行为　性别差异

16.1　引言

奥地利位于欧洲的中部，是一个议会制民主国家，由9个联邦州组成。它有850万人口，就GDP而言，奥地利是世界上最富裕的国家。根据奥地利经济研究机构于2014年12月份发布的经济展望，以2013年的价格计算，奥地利2014年的国内生产总值为3 298.4亿欧元。由于金融危机和经济危机，奥地利过去几年中经济增长速度放缓，私人消费下降，但是相比之下，2014年的失业率较低，实际值仅为8.4%（占从业人员的百分比）或5%（占总劳动力的百分比），这反映了欧盟统计局的定义（数据来源于奥地利统计局、

① 　B. Greimel-Fuhrmann
Vienna University of Economics and Business，Welthandelsplatz 1/D2/B，
A-1020 Vienna，Austria
e-mail：Bettina.Fuhrmann@wu.ac.at
M. Silgoner _ R. Weber _ M. Taborsky
Oesterreichische Nationalbank，OeNB，Vienna，Austria
© Springer Science+Business Media Singapore 2016
C. Aprea et al.（eds.），International Handbook of Financial Literacy，
DOI 10.1007/978-981-10-0360-8_16

AMS和WIFO，见于WKO 2014）。

　　奥地利具有发达的社会市场经济和高标准的生活水平。奥地利于1995年加入欧盟并于1999年开始使用欧元，这种与欧洲市场的深入融合有效地增强了奥地利的经济水平，因为它作为一个小的内陆国家，其经济在很大程度上依赖于国际贸易。正如很多商品和服务都需要通过进口来提供一样，大量的出口对于奥地利的经济来说非常重要，其主要出口的商品为机器装备、汽车及零部件、纸和纸板、冶金产品、化工产品、钢铁、纺织品和食品。奥地利出口量前十的商品占总出口量的2/3，出口的对象主要是欧盟中的其他国家（主要是德国），大约15%的商品出口至海外其他国家。然而，奥地利最重要的产业是旅游业。对国际贸易和企业家技能的高度依赖性意味着奥地利需要在学校中提供高水平的经济教育和经济知识。奥地利教育体系的一个主要特征是，它建立了完善的相当于中学及以上水平的职业教育和培训体系。

　　本章的主要目的是分析奥地利的教育系统在促进金融普及教育方面的潜能，分析其成年人口的金融知识水平，并通过确定提高将来人们对金融问题理解水平的首要措施来总结这些分析。

16.2　奥地利的金融教育

　　本章认为，金融教育是经济教育最重要的部分，奥地利各种类型学校几乎所有的课程设置中都有经济教育的内容。但是，在奥地利，学生在学校里到底能够接受多少金融教育，或是否真的有助于学生们做出合理的金融决策，就很难说了。

　　一方面，在奥地利，中学及以上的学校类型有很大的不同，不同类型学校的经济教育（金融教育）也有很大的不同。比如，五年制的商科学院和三年制的商科学院主要的学习焦点是商学，包括金融知识和处理金融问题的方法。相反，相同水平的其他类型的学校有完全不同的学习焦点：它们继续着更高水平的通识教育，一般仅含有少量的经济教育（金融教育）内容。

　　另一方面，奥地利的课程体系仅仅是一个基础框架，这个框架提供了总体的教育原则、素质教育目标和内容以及每门课程的目标。在这个框架之内，老师的任务和责任是选择具体的教学方法和他们想在课堂上着重教授的内容和任务。即使老师决定着重于金融教育，讲解深层次的金融知识，但是其所教授的方式是否真的可以帮助学生们做出合理的金融决策并成为有经济意识的市民也是不确定的。

　　奥地利实行9年义务教育制，学生6岁开始入学。首先，学生们进入4年的小学进行学习，这一教育阶段主要学习如何写字、阅读、计算以及获取个人技能和人际关系技能。小学的课程大纲中也包含了多种主题的科学课，其中就有对经济的最基本理解。尽管经济科学课的学习内容不如自然、环境和科学技术等科学课广泛和深入，但是也会要求学生学习基本的经济关系、人们可以从事的职业范围、消费者行为、储蓄和计划支出。在这个框架下，老师可以如其所愿，将这些问题讲得详尽和全面。

　　在完成小学学业后，学生们可继续接受相当于（低的）中学水平的通识教育，主要通过进入新的初中（也叫作"Neue Mittelschule"或"NMS"）或者较低水平的中专学校（也叫作"Gymnasium Unterstufe"）来学习。这两种学校类型的课程体系基本上是相同的，不同的是入学要求。经济教育被归到"地理和经济"科目下，但是其课程明显地侧重于地理，尤其是在这个教育阶段的前两年。中学三年级课程中的金融教育形式似乎很有趣，其要求学生学习货币、欧洲货币联盟以及家庭的经济活动和经济计划。他们也学习消费者保护原则、国际贸易和全球化以及他们自己的职业方向基础。因此，在这个教育阶段存在着提升学生对经济和金融问题的见解的巨大空间。但是在这个教育阶段，如果老师们没有明确地注重教授经济教育内容（当然也可能注重），那么学生们可能仍旧只能接受到很少的经济教育。

接下来学生们继续接受较高的中学水平的教育。对于奥地利的绝大部分学生来说，高中一年级意味着义务教育的最后一年，学生们需要做出决定，选择是继续留在高中接受通识教育（Gymnasium Oberstufe）还是开始职业教育和培训（VET）。VET项目是指学生在全日制VET学院（大部分是三年制）和全日制VET大学（大多是五年制）中接受学徒式培训（也称为双元教育系统 dual system）。在完成较低水平的中学教育后，大约80%的学生会选择VET项目，这说明了职业教育和培训在奥地利中学教育中的重要性。

选择在双元系统中接受VET教育的年轻人完成其九年义务教育后通常就读于（入职业学校前）预备职业教育学校（也被称为"Polytechnische Schule"）。这种类型学校的目标是，通过给学生提供多种多样的课程、带领学生进行公司参观、在培训基地实习以及职业指导，为学生提供一个学徒期。学徒培训大多是在企业（Lehrbetrieb）中完成的，他们在那里通过实习学习具体的专业技能。学生们进入非全日制的职业教育学校（Berufsschule），接受额外的通识教育，进一步学习其在实习企业中所学的具体知识与技能，从而完成其职业教育。

如上所述，奥地利有着大量的各种各样的职业教育学校。所以除了双元教育系统之外，奥地利还有大量的全日制VET教育学院（大多是三年制）和全日制VET大学（大多是五年制）。后者提供不同专业的高等职业资质教育，如商业、旅游、机械或电子工程等等，还提供了充分深入的通识教育。毕业生可以获得职业资质以及在奥地利任何大学中学习的权利。再次强调，这些学校的经济教育（及金融教育）质量和数量绝大程度上来说，依赖于具体的VET学校的主要课程和老师以及老师们在课堂上的个人偏好。当然，商学院的学生们可以深入地学习商学课程，获得综合的商业知识和商业技能。但是，这些技能并未体现在好的课业测试成绩上（Greimel-Fuhrmann，2014）。实证证据表明，我们必须深入地考察该如何传授经济问题，才能够增加学生们的商业知识和赋予学生们处理其生活中各种各样的任务的能力。

在高等教育（Gymnasium）中，"地理与经济"学科下的课程也致力于增强学生们的经济能力和对经济活动的相互关系的理解，使学生们理解经济是如何运转的，激发他们对企业的兴趣。再次强调，"地理与经济"学科下的课程是以地理问题为主，在所有类型的高等教育（Gymnasium）中，金融问题并不是强制性学习的课程。

奥地利政府主动采取了很多鼓励不同人生阶段群体和不同目标群体进行金融教育的措施，其中很多是免费的。乍一看，有很多主动措施计划的是支持年轻人学习金融知识，其他目标群体相比之下没有太多的相关项目。我们希望探究对所有群体实行金融教育措施的有效性，并总结出目标群体、内容、目标和可用性的区别。人们经常说，由于不知道在哪儿能够找到他们可以相信的公正信息，他们会感到不安全。很多书籍试图去说服他们相信而不是警告他们，老师也会为了支持其所教授的知识而使用目标数据。

奥地利国民银行是最重要的金融教育提高机构之一，它试图去提醒大众而不是努力销售具体的金融产品。奥地利国民银行为不同的目标群体——包括小学学生、接受低的中学教育水平的学生和接受高等教育的学生以及成年人提供了广泛的教育项目。正如世界上很多其他国家一样，奥地利也会提供很多主动措施，比如由贷款咨询机构提供的教育项目，主要是向人们提供有效的资金管理知识、谨慎储蓄和投资知识；还有由银行、保险公司、商会、财政部和劳动部、社会事务部及消费者保护协会提供的教育项目。其希望（但至今还没有实现）把在过去几年中已被证明成功的所有措施整合成全国性方案。

16.3　成年人部分金融教育的最新研究成果

尽管奥地利有完善的职业教育体系，但是还有相当多的奥地利人费力地处理着他们的金融事务。说明这一情况的数据如下（ASB，2014；Kreditschutzverband，2013；BMWFJ，2011）：

大约有265 000奥地利人不能及时地还清账款。

每年大约有56 000人会通过寻求帮助来解决其债务问题。

五分之一的无法偿还债务的人是30岁以下的年轻人。

在2013年，人均债务为32 000欧元。

四分之一的无法偿还债务的人在其18岁之前已经身负债务。

五分之二的成年人都是强迫性购买消费者。

为了更多地了解奥地利人金融普及教育水平，我们还需要更多的关于他们知识水平及其行为的实证数据。过去十年中，经合组织已经研究出很多适用于世界上多个国家的测量其金融普及教育水平的工具（Kempson，2009；Atkinson and Messy，2012；OECD，2014）。其中一个叫作"测量金融普及教育水平工具包"，其目标是测量成年人的金融知识水平，已经于2017年11月在实验研究中证实了可用性（OECD，2013）。工具包是由一个核心的调查问卷以及一个可选择性回答的增补部分组成的。调查问卷获取的是人们对金融问题的态度信息（比如"钱就是用来花的"）以及他们对基本金融概念的了解程度，比如利率、连续利率、通货膨胀和风险分散化。有关金融行为的问题覆盖了广泛的话题，比如预算和资金管理、储蓄与长期财务计划以及金融产品的使用（OECD，2013）。

奥地利国民银行第一个使用这一修正后的版本工具包，并用于对奥地利住户的研究。在2014年11月，OeNB选择了2 000个奥地利人作为研究对象，之所以选择2 000人，是因为这可以代表奥地利的成年人口。这一研究数据使政府深入地了解了受访者的金融知识水平、使用金融产品的经验、其财务状况和支出情况、投资与储蓄习惯、金钱观念和金融行为。主要研究结果发表于Silgoner等（2015）。

为了测量人们的金融知识水平，问卷上设置了11个关于金融概念的问题，比如通货膨胀、利率、风险与回报的关系以及对汇率的理解（见表16-1）。其中很多问题已经在以前的研究中使用过，因此尤其适用于国际比较。然而，这些问题是否真的可以测量那些做出正确决策和负责任的金融行为所需要的金融知识水平是有争议的（Greimel-Fuhrmann，2014）。

表 16-1   测量金融知识水平的问题（Silgoner等，2015）

主题	问题	答案
分配	假如五个兄弟共同得到了1 000欧元，但是他们必须均分，那么他们每人可以得到多少	200欧元
通货膨胀	现在假设兄弟五人必须一年以后才可以得到1 000欧元，通胀率为2%。相比今天，一年之后他们能买到：（a）更多的东西；（b）一样多的东西；（c）更少的东西	（c）
实际利率	假如你的储蓄账户的利率为每年1%，通胀率为2%，相比今天，一年之后，用这一账户中的钱可以买到：（a）更多的东西；（b）一样多的东西；（c）更多的东西	（c）
零利率	一天晚上，你借给了一个朋友25欧元，他于次日归还。那么你的朋友为这次借款付出了多少利息？	0
一年后的利息	假如你将100欧元存入一个没有费用、承诺年利率为2%的储蓄账户中，你不会使用该账户支付任何账款，也不会从该账户中取钱，一年之后，利息到账后，你的账户中有多少钱？	102欧元
5年后的利息	承上题，五年之后呢？（a）多于110欧元；（b）110欧元；（c）低于110欧元；（d）题目所给条件不足，无法计算	（a）
汇率	假如你借入一笔以瑞士法郎计价的贷款，欧元对瑞士法郎贬值，汇率这一变化将如何影响你分期还款所需要的欧元？（a）所需欧元增多；（b）所需欧元不变；（c）所需欧元减少	（a）
利率债券	如果利率增加，一般来说债券价格如何变化？（a）价格增加；（b）价格降低；（c）价格不变；（d）债券价格与利率之间没有关系	（b）
风险与回报	下列描述是否正确？具有高回报的投资工具很可能有高风险。（a）正确；（b）不正确	（a）
生活成本	下列描述是否正确？高通胀率意味着生活成本很可能会快速增加。（a）正确；（b）不正确	（a）
风险分散化	下列描述是否正确？通过买大量不同类型的股票来分散股票市场风险通常是可能的。（a）正确；（b）不正确	（a）

从图16-1可以看出，2 000位受访者中，仅有5%的人11道题可以全部回答正确，换句话说，多于1/3的受访者至少可以答对9道题，剩余2/3的人表现较差；大约18%的受访者至少答错一半的问题，他们的金融知识水平非常低。

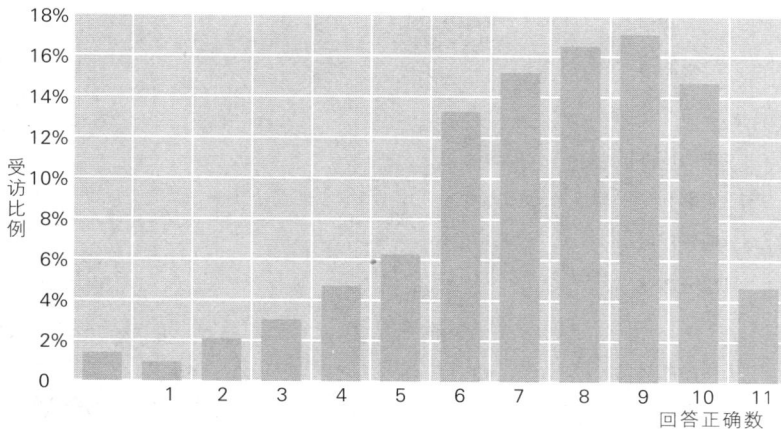

图 16-1　金融知识问题回答的正确情况

资料来源：OeNB，N=1994.

深入地观察受访者们 11 道题中每道题的回答情况，我们可以发现，他们哪一方面的金融知识水平相对更低（Silgoner 等，2015）：

有些基本问题有较高的正确率，比如对分配、利率、风险分散化或通胀率的理解。这部分的正确率高于 80%，净正确答案（即正确答案减去错误答案）也很高。94% 的人可以正确回答第一题，即 1 000 欧元均分为五份。86% 的受访者明白如果你借给某人 25 欧元并于次日拿回 25 欧元，这时的利率为 0。86% 的受访者懂得高回报通常意味着高风险。85% 的受访者理解通胀的概念以及通胀对生活成本的影响。

然而，可以清楚地看到，随着问题难度的增加，回答正确率开始下降，远远低于 80%。错误答案数急速增加，但是也有很多人宣称他们只是不知道答案而已（Silgoner 等，2015）：

只有 71% 的受访者理解实际利率的概念（利率减去通胀率），而其他 29% 的人则回答错误。

68% 的受访者可以正确回答出一年之后账户的资金数量，即在账户中存入 100 欧元，年利率为 2%，计算一年后的账户总额，而将近 1/3 的受访者不能计算出正确答案。

65% 的受访者理解通货膨胀意味着同样的钱随着时间的流逝，只能买到更少的东西，所以有超过 1/3 的人不能正确理解通货膨胀的作用。

61% 的受访者知道通过买大量不同类型的股票可以降低投资风险，这也意味着有大约 2/5 的受访者不知道风险分散化的概念规律。

大约 1/2 的受访者明白汇率变化对外币贷款的影响，但是仍有 45% 的人不理解（见表 16-2）。

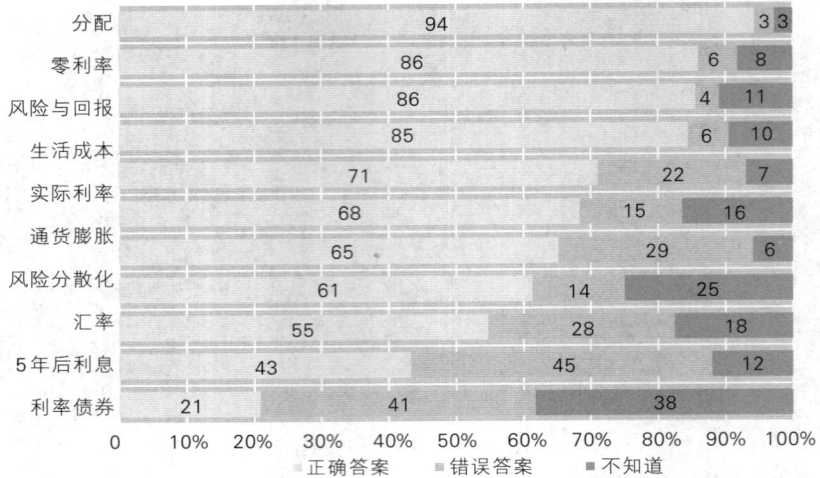

图16-2　金融知识问题每题的正确答案与错误答案分布

资料来源：OeNB，N=1994.

　　总体上来说，这一初步研究表明，人们在金融知识方面存在着巨大差距。绝大部分受访者都能够理解基本的金融知识概念，比如利率或通货膨胀，然而，至少1/4的人不知道一些重要的概念，比如实际利率、连续利率、利率与债券价格之间的关系及汇率变动对外币借贷的影响。考虑到大多数奥地利人都会直接或者间接地使用到涉及这些概念的金融产品，这个研究结果是非常发人深省的。

　　奥地利的研究与经合组织的试验研究（Atkinson and Messy，2012）中有相同的8个调查问题（表16-1中的问题1、2、4、5、6、9、10和11），故将两者的研究结果进行对比，可以发现，与参与经合组织试验研究的14个国家的金融知识水平均值相比而言，奥地利的受访者们具有较高的金融知识水平。68%的奥地利受访者可以正确回答出这8个问题中的6个，而14个国家中仅有51%的人可以做到。然而，若要解释这一结果，我们需要选出其中个别国家，所选的国家不如奥地利的经济发达（Silgoner等，2015）。

　　正如很多其他国家一样，在奥地利，男性的表现远好于女性，这可以通过回归模型来证明。那些接受过高等教育的人以及年龄在40～50岁的受访者答对的问题较多。所以在奥地利最容易受到金融伤害的似乎也是女性、文化程度低的人、青少年以及60岁以上的人。

　　根据经合组织的定义，金融普及教育不单单由金融知识构成，还包括一些其他因素，如态度和行为。表16-2是调查相关题项的结果，受访者们在五点李克特量表中给出他们的答案，在给定的题目中，1代表非常同意，5代表非常不同意。

表 16-2   金融行为

条目	均值（男性/女性）	中位数	标准差	非常同意（%）
会考虑是否支付得起这一购买	1.93（2.03/1.83）	2.00	0.941	80.1
活在今天	3.78（3.67/3.87）	4.00	1.164	17.8
消费而不是储蓄	3.47（3.38/3.55）	4.00	1.136	22.3
及时支付账款	1.59（1.67/1.52）	1.00	0.793	89.3
为风险做准备	3.83（3.63/4.01）	4.00	1.192	18.9
仔细观察自己的财务状况	1.69（1.74/1.64）	2.00	0.780	88.6
追求长期金融目标	2.32（2.32/2.32）	2.00	1.151	64.8
钱就是用来花的	2.69（2.56/2.81）	3.00	1.011	46.9

乍一看，该研究结果非常不错：大多数人表示，他们倾向于仔细考虑他们所需要购买的东西，并且可以细心留意他们的财务状况。他们能够及时付清账款，可以为未来提前做出计划。然而，认同"钱就是用来花的"的人仍占有很高的比例，尤其是男性。至少有10%～20%的受访者承认，他们只为今天而活，明天的事到明天再去处理，他们不能及时偿还账款，不会仔细地考虑他们所需要购买的东西。除此之外，一些题项的标准差（活在当下、消费而不是储蓄）看起来非常高，这意味着人与人之间存在着巨大的差异。但是，一些受访者却表示，他们所给出的答案是出于社会需要，而并不能准确地反映出他们自己真实的金融行为。

根据 t 检验的结果，男性与女性之间存在着微小的但在统计上却比较显著的差异（除了"追求长期金融目标"）。相比之下，女性更认同"要及时偿清账款""要考虑是否支付得起这一购买""仔细观察自己的财务状况"。同时，她们更加不认同"活在今天""消费而不是储蓄"，女性风险厌恶程度也更加高。所以尽管男性可以更多地正确回答金融知识问题，但是女性对待日常金融事务看起来似乎更加谨慎。因此，奥地利的男性与女性之间又出现了性别差异，不过这次是女性表现得更好。金融知识分数与金融行为分数之间没有太大关系，这不一定意味着两个变量之间是不存在关系的，而是表明在本次研究中所测量的金融知识与所测量的具体的金融行为是不相关的。

16.4　展望与迫切需要的措施

正如许多其他国家一样，奥地利也迫切需要一些金融教育措施，以提高人们对资金与金融问题的理解并传授人们解决其资金问题和进行财务计划的知识。大约20%的人金融知识水平相当低，女性、青少年和只受过低的中学水平教育的人了解的金融知识更少。然而，金融知识水平低的人不一定发生不好的金融行为。

金融教育还没有被纳入到奥地利所有类型学校的课程大纲中，而且在很多情况下，开设金融教育课的学校似乎也没有以使人们成功应用解决自己的金融问题的教育方式进行授课。研究表明，金融行为方式是在人们很早的人生阶段形成的，因此在小学阶段就开始金融教育并且在所有类型的中学教育阶段继续进行金融教育是可行的。

教育方式应该注重实践，不仅仅是深入地教授金融基础知识，还应该鼓励学生讨论金融行为并将知识反映在金融行为、态度和决策制定上。学生们可以从案例教学中学习到很多知识，讨论案例或者其他教学活动中哪些是值得学习的，如何将这些知识运用到生活当中，运用到自己的金融事务上。金融教育也可以为他们提供一些用于其资金管理的金融工具，比如根据他们的收入和支出帮助其制定预算。当然，金融教育绝不仅仅只是提供资金管理知识。因此，学生们还应该了解他们的金融决策对整个经济、货币体系和人际关系的影响。

除了在学校中接受金融教育之外，已经实施的并且已被证明有效的主动措施（其中一些措施是免费提供的）可以作为补充的金融教育途径。这些努力可以（也应该）被纳入到奥地利金融教育的国家政策当中，正如经合组织所鼓励的那样。这些政策目前还不存在，但是政府可以根据已经被证明最有效的主动措施去发展这样的政策，其主要目标是在各个教育阶段和各种类型的学校中加强经济教育和经济教育中最重要的金融教育，并采取主动措施去帮助各个人生阶段的人们做出合理的金融选择。

参考文献

ASB Schuldnerberatungen GmbH （ed. 2014）. asb Schuldenreport 2014，Source：www.schuldenberatung.at/downloads/infodatenbank/schuldenreport/asb_schuldenreport2014_klein.pdf. （Retrieved 24 April 2015）

Atkinson，A.，&Messy，F.A. （2012）. *Measuring Financial Literacy*：*Results of the OECD/International Networkon Financial Educati on （INFE）Pilot Study*"，OECD Working Papers on Finance，Insurance and Private Pensions，No. 15，OECD Publishing.

BMWFJ （2011）. Austrian Federal Ministry of Economy，Family and Youth （Bundesministerium für Wirtschaft，Familie und Jugend）（ed. 2011）. Sixth Report on the Situation of Young People in Austria （Sechster Bericht zur Lage der Jugend in Österreich）. Vienna （Wien）2011.

Greimel-Fuhrmann，B. （2014）. Financial Literacy-die schwierige Mesung eines "Life Skill". *Sonderheft Wissenschaft wissenplus*，5-13 （14），48-53.

Kempson，E. （2009）. *Framework for the Development of Financial Literacy Baseline Surveys*：*A First International Comparative Analysis*，OECD Working Papers on Finance，Insurance and Private Pensions，No. 1，OECD Publishing.

Kreditschutzverband （2013）. Insolvenzstatistik2013.Source：https：//www.ksv.at/insolvenzstatistik-unternehmen-und-private-2013. （Retrieved 19 January 2014）.

OECD （2013）. OECD/INFE Toolkit to Measure Financial Literacy and Financial Inclusion：

Guidance，Core Questionnaire and Supplementary Questions.

OECD.（2014）. PISA 2012 *results*：*Students and money*：*financial literacy skills for the 21stcentury* (*volume VI*). PISA：OECD Publishing.

Silgoner，M.，Greimel-Fuhrmann，B.，& Weber，R.（2015）. Financial literacy gaps of the Austrian population. *Monetary Policy & the Economy*，Q2（15），35-51.

WKO Wirtschaftskammer Österreich（2014）. Economic Situation and Outlook，published on wko.at in December 2014.

第17章　德国的金融普及教育[①]

Felix Frühauf and Thomas Retzmann

摘要　在过去的几年里，金融普及教育在德国已经得到了公众广泛的关注。德国是由16个联邦州组成的，由于这16个联邦州教育政策的多样性，监管条件是复杂和混乱的，学校缺乏足够的课本和经过专门经济教育培训的教师。关于教学质量的实证研究结果表明，德国的金融普及教育水平是相当低的。然而，仍然缺少一种被广泛认可的用于学校评估的办法，即使像经合组织 PISA 研究这样大规模的评估项目也不能满足需求。将金融普及教育纳入到传统的德国教育目标体系中是很困难的。经济教育和金融教育教学方法的专家们对德国学校中金融教育的目标方向存在着较大的争议。显然，金融普及教育太过注重个人理财和消费者保护问题，但是真正的金融教育应该包含供给学派观点和广泛的监管知识。这种错配的原因是多种多样的，表明德国学校、政治、研究和社会存在进一步讨论和发展的需要。

关键词　德国的经济普及教育　教学材料和教师培训　金融教育　联邦制

17.1　德国概况

德意志联邦共和国是由16个联邦州（Bundesländer）组成的，共有 8 000 万居民，在欧盟所有国家中德国是人口最多的，也是收入最高的国家之一，其人均收入大约是40 000美元（以购买力衡量）。德国 2015 年的私人货币财富约 5.224 万亿欧元（德意志联邦银行，2015）。但是，与欧洲其他国家相比，德国的家庭平均净财富却排在最后，大约为 51 400 欧元（HFCN，2013，第 76 页）。这可以用一个事实来解释：大多数德国人宁愿租房也不愿拥有自己的私人住宅。除此之外，养老金在绝大程度上是由德国政府支付的，但在计算

①　F. Frühauf·T. Retzmann
Chair of Economics and Economic Education, Campus Essen,
University of Duisburg-Essen, Universitätsstraße 12, 45141 Essen, Germany
e-mail: felix.fruehauf@uni-due.de
T. Retzmann
e-mail: thomas.retzmann@uni-due.de
© Springer Science+Business Media Singapore 2016
C. Aprea et al.(eds.), International Handbook of Financial Literacy,
DOI 10.1007/978−981−10−0360−8_17

家庭财产时却没有考虑到这一规定。德国内部的个人财务状况差异很大。在过去二十年中，重新分配的净家庭收入的基尼系数逐渐上升（表明分配越来越不平等），目前为0.29左右（Sachverständigenrat zur Begutachtung der gesamtwirtschaftlichen Entwicklung，2014，第380页）。越来越多的家庭，大约335万户（总户数大约4 000万户）负债过重（Creditreform，2015）。相比之下，在未来十年中，估计2.6万亿欧元将被下一代继承。这相当于大约平均每人继承305 000欧元，这一代的受益者可以而且必须做出对社会有足够影响的投资决策。金融普及教育需要在财富谱系的两端处理经济上受影响的情况，那么一个发达的金融普及教育的目标和主观重要性就很明显了。此外，政府必须考虑到补充私人退休安排的必要性，因为由于人口规模的不断增长，在2002年，法定的德国养老金津贴已经被削减。

17.2 德国学校的金融教育

1.分散的政治责任导致了教学方法的多样化

由于德国"联邦制文化"的特征，每个联邦州对各自行政领土上的学校、大学和其他教育机构负责。由此产生的联邦层面上不同教育日程表的多样性，大大增加了对德国经济和金融教育状况的概述的复杂性。在德国各地，存在着大约39个不同的学科，这些学科有不同的名字、课程大纲以及经济和金融教育内容。同一学科在巴伐利亚和图林根州叫作"商业、经济学和法律"，在石勒苏益格-荷尔斯泰因州叫作"经济/政治"，在莱茵兰-普法尔茨州叫作"经济学和管理"，在柏林和勃兰登堡叫作"经济劳动学（Economics-Labour-Technology）"，在下萨克森州叫作"经济学"，这里仅仅列举了几个地方学科的名字而已。然而，即使在不同的联邦州内，经济和金融教育的实施也因年龄和学校类型不同而存在着巨大的差异。在一些联邦州的学校，金融教育仅限于自愿选择的课程，这些项目往往在时间和教学资源上都是有限的，因此只惠及少数学生。

联邦政府在教育政治活动中只保留了非常有限的管辖权。德国联邦教育研究部（The Federal Ministry of Education and Research）只负责公司和公共管理中的职业培训，而不负责学校的。这些约束的影响目前仍在激烈的批判性谈论中。由于德国是联邦结构，不同联邦州的教育政策之间需要相互协调，这是很明显的。这是"德国联邦共和国国家教育部和文化事务部部长常设会议"（简称"常设会议"或"KMK"）的任务。该委员会由16位国务大臣组成，他们负责学校和教育。例如，常设会议采用了科学和语言学科的学习成果标准，以及大学教师的专业教育的标准。然而，对于经济和金融教育来说，目前没有足够的有质量保证的措施。到目前为止，金融教育只在KMK关于消费者教育的普通决议中提到过（KMK，2013）。然而，消费者问题的总体决议中并不承认需要采取集中行动，因此决议有可能会流产。虽然许多经合组织的成员国正在试行或已经在执行商定的国家战略，以促进各自国家的金融教育发展（Grifoni和Messy，2012），但这种国家战略短期内不会在德国付诸实施。根据对经合组织工作人员的调查，常设委员会拒绝对国家一级的任何此类计划负责，并指出16个联邦州在学校教育问题上有各自的管辖权。然而，即使在单个联邦州一级上取得了任何进展（目前几乎看不到），也远远不足以形成国家层面上的全局性战略。

2.不透明的现状

由于16个不同的联邦州的经济教育状况一直都很模糊和混乱，在2001年，常设会议发表了一份报告，以确定每个不同联邦州的现状。它在 2008 年得到了初步更新。然而，这份报告的质量相当差，因为它是不完整的、不系统的和有政治偏见的。在自我报告的调查形式下，这些联邦州政府有机会掩盖其管辖范围内的经济教育状况。它们将挫折困难、不良发展和持续的赤字排除在外，而过分强调个别项目的范围和持续时间。因此，对德国学校经济和金融教育状况的全面、系统和独立于政治之外的综述仍然是研究的迫切需要。

至少常设会议初步地强调了经济教育的重要性，指出经济教育是"通识教育不可或缺的一部分"，因此经济教育应该成为"德意志联邦共和国通识教育学校的教育使命"的一个构成因素（KMK，2008，第 7 页）。然而，这仅仅是只说不做，不同联邦州的政策实际执行程度差别很大，只有三个州政府明确地为开展的金融教育活动命名：（1）汉堡在汉堡储蓄银行（Hamburger Sparkasse）的支持下，与金融服务协会（IFF—Institut für Finanzdienstleistungen）合作，开展了"学生银行"（Schülerbanking）项目；（2）莱茵兰-帕拉特茨州开展了主题为"满足私人家庭需求和融资可能"的金融活动，活动内容为：对中学（Realschule）7 年级和 8 年级的学生设置必选课"家庭话题"（Familienhauswesen）；（3）柏林市给 10 年级的学生开设了课程"负债与债务咨询"。

尽管如此，在建立经济和金融教育的不同学科方面，至少有零星的进展。例如，巴登-符腾堡州开设了一个名为"经济、职业和学术取向"的学科，从 2017—2018 学年开始成为低级中学和中级中学（Sek I-schools）的 7 年级至 9 年级学生的必修课，从 2018—2019 学年开始成为高级中学（Gymnasium）8 年级至 9 年级学生的必修课。相比之下，在德国人口最多的北莱茵-威斯特法伦州，2009 年至 2013 年期间在中级中学中以试运行的方式引入了"经济学"，并作为一门独立学科。尽管它取得了成功，并受到了学生、老师和家长的高度认可，但是新的州政府还是由于政治原因将其废除。

3.通识教育与职业教育的区别

通识教育学校所提供的课程与职业学校的课程有很大的不同，后者按照惯例会教授学生一系列经济和金融内容的课程（例如工商管理、经济、会计）。然而，在这些职业教育学校课程中，供给者观点支配着个人消费者的观点。这些学校所传授的金融知识对学生以后的职业生涯是有价值的，但是，当作为一个消费者（而不是生产者）、债务人（而不是债权人）或投保人（而不是承保人）时，这些知识仍然可以独立地应用于日常生活。对于各种不同的学徒来说，所学习的经济和金融教育内容在整体课程中的比例自然是不同的。在商业职业教育中，这一比例最高，特别是在银行业和金融服务业部门，金融教育是主要的，但如上所述，所学习的都是供给端的观点。对于工业和不同工艺部门的学徒来说，学习技能是通过"经济和社会"（Wirtschaft and Soziales）学科获得的。大多在 16 岁至 22 岁之间的青少年，以这种方式至少获得了一定数量的知识和技能，这对于应付他们私人生活中的财务挑战是有用的和必要的。然而，在许多情况下，从通识教育学校毕业且在大学中获得非经济学位的学生从未参加过任何与经济学相关的大学课程或讲座。

4.课本、教材和进一步的教师培训

同样重要的是关于学校教材范围的差异。由于缺乏独立学科，通识教育学校只有很少的书可供选择，这些书有时甚至只在个别联邦州出版。一些研究批评了这些教材的内容质量：它们被认为是理论上的、抽象的，并没有过多地关注具体的真实生活。除此之外，一些人还声称他们提倡反资本主义的态度，比如传达企业家和市场经济的负面信息。然而，这似乎有积极的发展。在职业教育领域，学校教材的供给大大增加。已经建立起的学科为教材创造了可靠的需求，从而供应商很容易满足这些教材的供应，在商业高等教育学校中工商管理或经济类书籍得到广泛使用。同样的道理也适用于商业学徒的几个特定领域，比如银行、金融、保险、贸易等等。根据各自职业不同的需要，整个经济内容中的金融内容比例各不相同。

通识教育学校高质量教材的缺失使得关于金融教育的教材、手册和讲义得到大大的发展，其内容涵盖了从详细的财务层面的信息图形或工作表到成熟的课程概念，甚至是一系列的单元学习计划。其中一些是由专门的出版商提供资助，其他的则是便宜的甚至是免费的，是由不同的可能是出于自己的利益的作者们提供的。他们包括但是不限于行业协会（主要是银行和保险业协会，比如德国储蓄银行协会、德国银行协会）、其他"院外集团"（比如工会和德国消费者组织联合会）、基金会（比如 AG Jugend und Bildung 和 Hans-Böckler-Stiftung）以及没有明确教育授权的政府机构（如德国联邦银行）。所提供的教材有不同的专业知识和教学质量。

其中一些利益团体、协会和基金会也直接参与课堂指导，甚至通过向学校派遣"专家"来接管整个课程，其中包括银行职员，甚至是个人投资顾问。然而，如果教师们不积极地维护公正性，并认为这是摆脱这一任务的一种简单而又舒适的方法，那么学生在金融问题上已经建立起来的教育和教育的公平性就会受到严重的损害。

Weber（2007）指出教师培训存在重大缺陷。德国经济教育协会随后发布了一份备忘录，要求在全国范围的大学中设置教师学位课程和开展保证德国学校经济教学专业性的大学教育（Deutsche Gesellschaft für Ökonomische Bildung，2008）。

17.3 德国金融普及教育的实证证据

经合组织（OECD）对德国教育制度和文化的条件所使用的术语和概念的传递是困难的。此外，对于金融普及教育和金融素养或金融教育这类术语之间的区别这一开放性问题是一个更具有挑战性的可衡量性问题。这些挑战显然还没有达到令人满意的程度，因此，在2012年国际学生评估研究项目（PISA）期间，德国也没有参加关于金融素养的可选性的补充调查。在参加PISA调查的65个国家和地区之外，有51个国家没有参加。此后，德国也没有参加2015年的调查。从德国国际学生评估委员会的角度来看，在证明参加这一可选性的补充调查是有意义的活动之前，关于测量工具的几个问题首先必须得到解决（Sälzer and Prenzel，2014）。关于测量工具的不足与经合组织提出的金融普及教育的基本结构密切相关。PISA关注的是15岁学生的基本技能和知识，一般他们将在学校学习。然而，基础结构本身的有效性是令人怀疑的。第一步需要做的是尝试将金融普及包含在金融普及教育研究（Schuhen 和 Schürkmann，2014）所提出的结构中，提出一套具体内容。在进行实证研究的同时，可以而且应该讨论的是，必须彻底地重新评估金融普及教育在经济普及教育中究竟是多么重要的一个组成部分（Retzmann 和 Frühauf，2014）。（从德国的角度来看）这种评价作为一个很好的起点是非常值得高兴的，它可能会为经济教育提供一个素质模型（Retzmann 等，2010），这应该成为德国教育系统开发的学习成果标准的基础

（Sälzer 和 Prenzel，2014）。

与此同时，大量现有的实证研究也可以且必须被引用，这是由一系列不同的作者进行的研究，这些研究描绘了德国金融普及教育的黯淡景象。由于它们不是基于金融普及教育的统一定义，所以其教育用途的信息价值是有限的。大多数研究将自己局限于对金融知识或行为以及个人态度的探究，因此至少可以在不同层面上反映可能的金融素养水平，但不会更多。此外，研究的目标群体（从高中生到长期脱离正式教育体系的成年人）以及研究的质量差异很大。例如，德国银行协会（Bundesverband Deutscher Banken）分别在 2011 年和 2012 年进行的两项调查只强调一些方面（如"通货膨胀率"的知识，或者欧洲中央银行在保证欧元区物价稳定方面的职责）。这些数据在收集时并没有将教育特征的目的考虑进去，而是作为德国经济和金融普及的政治运动的一部分。因此，他们对教师的教育活动或课程概念的起草提供了稀缺的经验导向，尽管民意调查本身似乎具有代表性和方法上的正确性。

大约在最后一次 PISA 调查的同一时间，经合组织创立的国际金融教育网（INFE）试图从三大方面，即"知识"、"行为"和"态度"来使金融素养模型化（Atkinson and Messy，2012，第 3 页）。然而，这次试点研究的目标群体是成年人而不是学生。在一份关于行为和态度的长长的调查问卷中，只有 7 个知识问题（对于这些项目的批判性评论，参见 Fuhrmann，2014，第 50 页）。在参与试点研究的 14 个国家中，德国获得了第二名并取得了"高平均分"。然而，INFE 研究的目标是建立第一个基准，然后再用它来衡量一个国家范围内金融教育改革的成功（Atkinson and Messy，2012，第 2 页）。

养老金计划运营商 MetallRent 是由德国的两大集体工资协会（金属和电力工程雇主协会 Gesamtmetall 和德国最大的工会 IG Metall）共同创立的，目的是提供保险解决方案。它在 2010 年和 2013 年发起了一项联合研究"Jugend，Vorsorge，Finanzen"（"青少年，预防措施，金融"）（Hurrelmann 和 Karch，2010，2013）。这项研究的目的是收集青少年对过去发生的经济和金融危机以及德国养老金制度的改革的看法，以及对他们未来计划和退休规定的态度。结果表明，德国的年轻人接受了个人支付养老金的养老金制度的必要性。然而，个人为老年人养老在理论上是存在的，虽然人们对此表示高度同意，但是实际上却很少付诸实施。原因是多方面的，但研究者强调，由于缺乏对私人养老金计划的商业供应商的信任，因此人们对政府帮助养老有很高的期望。大多数 17 岁至 27 岁的年轻人都不理解私人养老金计划的复杂规定。同样值得注意的是，关于养老金问题理想中的知识和实际知识之间的差异：许多年轻人认为自己在金融问题上有良好的或非常好的知识。这两项调查并没有证实这一自我评价。这是对他们能力的一种危险的高估，意味着巨大的金融风险。

德国金融行为的另一个重要实证研究基础是 2009 年的 SAVE 研究。对德国 SOEP 数据的各种分析结果表明，德国需要更多的金融教育，尤其是在学校。一项关于金融知识与退休计划之间可能存在关联的研究，是由德国对基础退休计划的改革而引发的，这项改革不仅针对养老金，还包括（通常是补贴的）私人退休计划（Bucher-Koenen 和 Lusardi，2011）。在女性、受教育程度较低的人群、生活在前德意志民主共和国（东德）的人群中，金融知识水平普遍较低。然而，知识调查只是由三个问题组成，这三个问题涉及对利息、通货膨胀和风险的基本理解，金融普及教育的概念和所述的金融知识之间的联系仍是不确定的。但是，这一调查成功地强调了金融知识对个人退休计划的积极影响，这可以被视为一项审慎理财行为的指标，就这一点而言，这项调查还是有所贡献的。

目前，在德国，还有其他因素决定金融知识水平和导致审慎的金融行为。这些因素是政府补贴以及亲近的家人和朋友的金融行为的范例影响。研究表明，单靠补贴并不会达到提高退休储蓄的政治目的。人们实质上需要的是透明的、容易获取的而不是复杂的信息，比如退休条款（Börsch-Supan 等，2012，第27页）。如果他们的父母（Lusardi 等，2010，第17页）接受过经济教育或者只是因为他们的兄弟姐妹已经以这种方式为老年人养老（Lamla，2012，第495页），这会导致个体更可能利用这些所谓的 Riester-Renten（政府补贴的私人退休储蓄）补贴。因此这些长期的、重要的金融决策似乎不是理性的，而是简单地采用了惯例——学校提供更好的金融教育可以弥补的一个不足。

本研究的不同结果突出了个人在日常金融情况下做出"正确"决策的几个主要挑战。这些挑战是金融问题的复杂性、产品的缺失和市场透明度的缺乏，以及未来趋势的不确定性。这揭示了在德国建立扎实的金融教育的必要性，目前还没有为所有年轻人提供这种教育（参见17.2）。但研究结果表明，目前，在未来几代人当中将会存在收入和财富不公平的现实危险，由于家庭或社会阶层之间已经存在的不公平导致了当前不同的行为，这种不公平将会进一步加剧。正是基于这一点，教育尤其是金融教育，应该能够增强社会凝聚力。然而，要实现这一目标，必须在课程主题中传达金融教育的内容，突破学生生活环境中的限制。教育应该拓宽他们的思维、体验和行动的视野，防止简单地通过课堂教学再现父母的生活状况。

总而言之，可以指出的是，德国仍然没有基于能力和学习结果标准的任何调查。目前实证结果的概况表明，德国青少年的金融知识水平、技能和熟练程度相当低。

17.4 德国金融教育概念

德国对金融普及教育概念仍存在着争议。如上所述，将相关术语直译后引入德国是远远不够的。直到现在，在德国广泛的通识教育学校中还没有形成对金融教育概念的统一认识。实际上，Bildung 和 Erziehung 决定了学校的法定授权。Erziehung 可以简单地翻译为教育或家庭教育（即使是由老师而不是父母进行教育的），意思是，最重要的是根据社会标准培养孩子。Bildung 解释起来更困难，它起源于德国理想主义学派的哲学运动，是一种对自己性格、自主和观点的自我修养行为。德国对金融普及教育定义的争论正是在这两种对德国教育体系的普遍理解之间产生的。

在讨论中占据主导地位的是一种更加基于 Erziehung 理解的观点，即在学校里推广金融技能。这里的重点更多是放在了关于预防措施和缩小金融教育直到社会教育学概念的差距。它通常强调风险规避，特别是过度负债，以及更被动的甚至可能是防御性的金融交易（例如避免所谓的"债务陷阱"，KMK，2008，第55页）。

金融知识和技能的传播仅限于消费者保护领域的可能原因有以下几个：

1.研究和学术界的金融教育

在德国的学校中为经济教育学科建立独立学科——经济学——的困难，也影响着金融教育在科学论文中的科学能力和关注度。尽管过去曾有过个别的研究项目，但仅仅是在

2008 年的金融危机期间，才会在这个研究领域看到更多的研究活动。因此，当前的经济发展把注意力转向了一个直到现在还一直被忽视的话题，尽管它一直都是高度相关的：个人金融行为的更不明显的方面。最近建立的行为经济学领域（在金融状况的背景下：行为金融学）认为，这种个人行为绝不仅仅是基于理性的决策。

2.社会上的金融教育

最近发生的金融危机引发了媒体和社会对"个人金融行为"的讨论。由于学校意识到了当前的推动力，它们也会根据银行破产、有潜在可能的政府破产和社会保障体系可能瘫痪的情况选择具体的关注点。

3.教师的金融教育

那些没有接受过基本的科学的经济领域培训的教师（比如，德国的政治老师和社会科学教师很少或根本没有接受过经济教育）常常在学校中担任教授经济学的教职，但是他们缺乏专业性。他们通常并不了解一些基本的经济知识，即风险（或风险防范）总是需要在与之伴随的机会（或障碍）之间进行权衡。

4.课堂上的金融教育

由于在通识教育学校中大都缺少独立的"经济学"学科，金融话题通常只会出现在数学课、普通科学（Sachunterricht）或者是诸如社会科学或政治学的联合课程内容中。这样，学生们通常只能学到处理金融问题的被动的消极观点或者仅仅只关注财务计算的方法。

把金融教育的重点仅仅放在消费教育上，将会使得自己的金融行为处于不那么主动和正确的立场。然而，学校教育应该帮助年轻人塑造他们自己的未来，并使他们能够在社会阶层上取得进步，并在生活中取得成功。如果所传授的金融知识仅仅基于消费者保护和风险防范的考量，那么这将会使得生活中大部分可能发生的情况被排除在课程之外。如果学校只教授学生使用个人资金和预防不良投资产生的风险，只强调要警惕债务和过度负债，那么哪些机构来承担为未来几代人的创业拓展视野（及因此创造的就业）的责任？来承担有利经济条件下进行资本化（比如低利率的情况下）的责任？或者来承担个人养老计划的责任？一个成功的企业家，他必须能够在一定程度上承担风险，否则，他会被认为是金融文盲。从理论上讲，他和他的行动甚至必须以预防风险为目标。然而，这并不足以满足对Bildung 概念的理解，即通过理性思考、自我负责和自主性来决定自己的生活。

德国金融教育实践实施的根本问题，使在德国学术讨论中采用金融普及教育的概念变得复杂。正如经合组织 2012 年所定义的，普及教育是一种相当中立的理解，它指的是在某一领域的基本教育水平，比如阅读、写作、数学、科学，特别是金融问题。虽然金融普及通常是金融教育的结果，但两者之间并不存在准确的区分。由于金融普及教育缺乏一定的重点，所以，一方面不能轻易地把它认为仅是德国人保护消费者的教育，另一方面也不能把它仅当作培养金融自主权。因此，如果要在个人金融责任的范围内实现传统的自我培育的意义，那么对"financial bildung"给出新定义是不可避免的。

对金融教育的需求来源于现代社会的两个主要发展（Reifner，2011，第 14 页）。第一，现在的人际关系（以及他们在保险或收入分配等方面的作用）常常通过金融交易进行监管和形式化，即使它们之前是由家庭或社区来保障的（获得了不同的成功）。这就导致了对这些发展所产生的个人影响的理解的需要（也就是说，单纯的现收现付养老金制度转变为部分资助的养老金制度，这种转变对我和我所需要的养老方式有什么影响）。第二，任何一个市场得以运作（即借贷市场和资本市场）的先决条件是，在谈判中没有任何一方拥有过度的市场力量。免费的以互惠互利为目的的交换，通常需要对双方的利益和需求（有时这是对立的）仔细考虑。在这些环境中成功地立足需要金融能力（如知识、观念和行动能力），而这应该是金融教育的结果（Reifner，2011）。

这种金融能力的重点在于谨慎地使用金融服务以保障和改善一个人的财务状况。除了管理过去、当前和未来的收入以及权衡当前和未来的消费决策（以使效用最大化）之外，还应考虑避免毁灭性的金融交易和由此产生的贫困。根据这种对财务能力的理解，防范措施只是金融教育的几个方面之一，而不是金融教育的中心问题。

Kaminski 和 Friebel 提出了金融教育的广义定义（Kaminski 和 Friebel，2012），并将金融教育的概念范围扩展到消费者保护之外。即使金融教育应该成为通识教育课程的一部分，也应该考虑到公司和监管政策方面的观点。只有采用多视角的方法才能使获得真正的金融能力成为可能。此外，他们还提议拓展行动的四个领域，目前已经讨论过管理资金、管理主要风险、财富建设和退休保障条款、管理信贷（Kaminski 和 Eggert，2008）等。其余三个新增的领域是：（1）独立收集和评价中立信息源的信息；（2）反映政府在金融部门的作用和政治参与的能力；（3）分析金融市场参与者分配利益的紧张关系。这些修订突出了对金融教育理解的批判，批评了金融教育过于严格地局限于消费者保护和欺诈预防。如果经济教育的目标是培养经济公民（Fuhrmann，2013，p.II），那么可以得出这样的结论：金融教育便是培养具备金融知识的公民。一个在金融上成熟的公民将会是一个在日常生活中成功的、负责的、以经济为主题的、多样化的角色（例如作为投资者、选民、收入者、纳税人）。虽然金融知识可以被理解为一系列运用到个人财务上的基本技能，但德国经济学家们却在讨论建立一个新的教育术语"financial bildung"，其中包括，但就目前而言不限于这些技能（Retzmann，2011）。

17.5 展望

目前，在德国对"金融教育"一词还没有形成普遍的理解。因此，对"金融普及教育"一词做充分解释就更难了。在德国的课堂上，对金融通识教育（而不是职业教育）发展的目标还没有形成政治上的共识，也没有实现这些目标的方法。制定的教育政策针对的是分散化的联邦州，而不是在全国范围内，这使得这种情况进一步恶化。在这一点上，一个政策"联盟"似乎不太可能。然而，必须就进一步的教育政策方针达成一致，才能实现改进或巩固已有的各种活动。

由于持续的讨论争议，目前在学校中金融教育还不能形成一个统一的实现策略或行动计划。相反，迫切需要的是评估金融普及教育如何嵌入到经济教育教学的理论框架中。这也极力地强调了在德国学校中构建一个可靠的经济教育结构的急切需要。

在 1978 年，经济学领域教学法的德国研究人员创建了一个学术协会，以促进经济学教学法在德国的研究和发展。现在，"德国经济教育协会"（Deutsche Gesellschaft für Ökonomische Bildung，简称"DeGÖB"）包括了全德国超过 150 个在大学中进行研究的成员，它是研究德国经济学教学法最著名的机构。它是"欧洲经济学教育协会"（AEEE）的成员之一，且 AEEE 的主席是 DeGÖB 协会中的一位成员。因此，目前德国能够发表很多富有成效的研究成果成果并且在经济学教学领域取得发展，尽管只有有限的人力资源可用。最近，它开始越来越多地投入到金融教育的研究中。一个可见的迹象是，在 2014 年 2 月，德国经济教育协会成立了金融教育（"financial bildung"）部门。

参考文献

Atkinson, A., & Messy, F. A. (2012). *Measuring financial literacy, results of the OECD/international network on financial education (INFE) pilot study.* OECD Working Papers on Finance, Insurance and Private Pensions, No 15. OECD Publishing.

Börsch-Supan, A., Coppola, M., & Reil-Held, A. (2012). *Riester pensions in Germany: Design, dynamics, targeting success and crowding-in.* NBER working paper 18014.

Braun, R. (2011). Erben in Deutschland. *Wirtschaftsdienst*, 91 (10), 724–726.

Bucher-Koenen, T., & Lusardi, A. (2011). Financial literacy and retirement planning in Germany. *Journal of Pension Economics and Finance*, 10 (4), 565–584.

Bundesverband Deutscher Banken. (Ed.). (2011). Finanzwissen und Finanzkompetenz der Deutschen.

Bundesverband Deutscher Banken. (Ed.). (2012). Jugendstudie 2012.

Creditreform. (2015). Analyse SchuldnerAtlas Deutschland 2015. https://www.creditreform.de/fileadmin/user_upload/crefo/download_de/news_termine/wirtschaftsforschung/schuldneratlas/Analyse_SchuldnerAtlas_2015.pdf. Accessed December 27, 2015.

Deutsche Bundesbank. (2015). Quelle zur Höhe des privaten Geldvermögens. http://www.bundesbank.de/Redaktion/DE/Pressemitteilungen/BBK/2015/2015_10_16_geldvermoegensbildung.html. Accessed December 27, 2015.

Deutsche Gesellschaft für Ökonomische Bildung. (2008). Qualität durch Professionalität! Memorandum für ein grundständiges Studium von Wirtschaftslehrerinnen und-lehrern fürallgemeinbildende Schulen! http://degoeb.de/uploads/degoeb/2008_OEB_Memorandum_Lehrerbildung.pdf. Accessed March 01, 2014.

Eurosystem Household Finance and Consumption Network (HFCN). (2013). The eurosystem household finance and consumption survey—results from the first wave. Statistics Paper Series no. 2, April 2013.

Fuhrmann, B. (2013). Don't know much about economics and business. Economic und financial literacy als wesentliche, jedoch vernachlässigte Bildungsziele. WissenPlus, 4, I–VIII.

Fuhrmann, B. (2014). Financial literacy—die schwierige Messung eines "Life Skill". *Wissenplus—Sonderausgabe Wissenschaft*, 32 (5), 48–53.

Grifoni, A., & Messy, F. (2012). *Current status of national strategies for financial education: A comparative analysis and relevant practices.* OECD Working Papers on Finance, Insurance and Private Pensions，No. 16. OECD Publishing.

Hurrelmann，K.，& Karch，H.（Eds.）．（2010）．MetallRente Studie 2010. Jugend，Vorsorge，Finanzen — Herausforderung oder Überforderung? Beltz Juventa，Weinheim.

Hurrelmann，K.，& Karch，H.（Eds.）．（2013）．MetallRente Studie 2013. Jugend，Vorsorge，Finanzen — Von der Generation Praktikum zur Generation Altersarmut? Beltz Juventa，Weinheim.

Kaminski，H.，& Eggert，K.（2008）．*Konzeption für die ökonomische Bildung als Allgemeinbildung von der Primarstufe bis zur Sekundarstufe II*. Berlin：Bundesverband deutscher Banken.

Kaminski，H.，& Friebel，S.（2012）．Arbeitspapier "Finanzielle Allgemeinbildung als Bestandteil der ökonomischen Bildung"．Institut für Ökonomische Bildung（IÖB），Oldenburg.

Kultusministerkonferenz（KMK）．（2008）．Wirtschaftliche Bildung an allgemein bildenden Schulen – Bericht vom 19.10.2001 i.d.F. vom 27.06.2008. http：//www.kmk.org/fileadmin/veroeffentlichungen_beschluesse/2001/2001_10_19-Wirtschaftliche-Bildung-allg-Schulen.pdf.Accessed March 01，2014.

Kultusministerkonferenz（KMK）．（2013）．Verbraucherbildung an Schulen. Beschluss der Kultusministerkonferenz vom 12.09.2013. http：//www.kmk.org/fileadmin/veroeffentlichungen_beschluesse/2013/2013_09_12-Verbraucherbildung.pdf. Accessed March 01，2014.

Lamla，B.（2012）．Family background，informal networks and the decision to provide for old age：A siblings approach. MEA Discussion Paper 261–12.

Lusardi，A.，Mitchell，O. S.，& Curto，V.（2010）．Financial literacy among the young. *Journal of Consumer Affairs*，44（2），358–380.

Organisation for Economic Co-operation and Development（OECD）．（2012）．PISA 2012 financial literacy assessment framework. http：//www.oecd.org/pisa/pisaproducts/46962580.pdf.Accessed March 01，2014.

Reifner，U.（2011）．Finanzielle Allgemeinbildung und ökonomische Bildung. In T. Retzmann（Ed.），*Finanzielle Bildung in der Schule. Mündige Verbraucher durch Konsumentenbildung*（pp. 9–30）．Schwalbach/Ts：Wochenschau Verlag.

Retzmann，T.（Ed.）．（2011）．Finanzielle Bildung in der Schule. Mündige Verbraucher durch Konsumentenbildung. Herausgegeben im Auftrag der Deutschen Gesellschaft für ökonomische Bildung. Schwalbach/Ts：Wochenschau Verlag.

Retzmann，T.，& Frühauf，F.（2014）．"Financial fitness for life" —Reichweite und Grenzen der US-amerikanischen Testreihe für die finanzielle Allgemeinbildung. In T. Retzmann（Ed.），*Ökonomische Allgemeinbildung in der Sekundarstufe I und Primarstufe*（pp. 43–56）．Schwalbach/Ts：Wochenschau Verlag.

Retzmann，T.，Seeber，G.，Remmele，B.，& Jongebloed，HC.（2010）．*Educational standards for economic education at all types of general-education schools in Germany*. Final Report to the Gemeinschaftsausschuss der deutschen gewerblichen Wirtschaft. http：//www.wi-

da. wiwi. uni −due. de / fileadmin / fileupload / BWL−WIDA / Publikationen / Educational_Stan-
dards_for_Economic_Education.pdf. Accessed February 21，2014.

Sachverständigenrat zur Begutachtung der gesamtwirtschaftlichen Entwicklung. (2014). Jahres-
gutachten 2014/15. http：//www.sachverstaendigenrat−wirtschaft.de /fileadmin/dateiablage/
gutachten/jg201415/JG14_ges.pdf. Accessed January 13，2015.

Sälzer，C.，& Prenzel，M. (2014). Financial literacy im Rahmen der PISA−Studie. In T.
Retzmann (Ed.)，*Ökonomische Allgemeinbildung in der Sekundarstufe I und Primarstufe*
(pp. 15−31). Schwalbach/Ts：Wochenschau Verlag.

Schuhen，M.，& Schürkmann，S. (2014). Construct validity of financial literacy. *Internation-
al Review of Economics Education*，16，1−11.

Weber，B. (2007). Ökonomische Bildung an Schulen und Hochschulen：Steigende curricu-
lare Bedeutung an den Schulen bei schwerwiegenden Mängeln der Lehrerausbildung. http：//
degoeb.de/uploads/degoeb/2007_OEB_Situation_Weber. pdf. Accessed March 01，2014.

第18章　印度尼西亚的金融普及教育[①]

Dwi Sulistyorini Amidjono，John Brock and Ebi Junaidi

　　摘要　随着印度尼西亚（以下简称印尼）金融普及教育国家政策的实施，印尼采取了一系列的主动措施来推广金融普及教育。然而，快速的成功很难得到保证。在最初的金融文化水平较低的情况下，在有一定经济文化的社会中，存在一些导致金融扫盲进程缓慢的因素，针对积极参与金融活动公民的运动可能进展缓慢。随着新学校课程的减少，且并没有增加经济学和个人金融课程的工作，学校的毕业生可能会对他们生活中出现的经济和金融领域的挑战准备不足。对处于学校之外的大众进行金融教育的努力会在一定程度上改善这一状况。然而，在有一定经济文化的社会中，在学校通过青年教育来进行经济扫盲和金融扫盲，可能会取得更大的进步。印尼金融普及教育的成果很明显。随着负责任的机构、教育机构和私营部门的持续努力，个人的金融知识水平会不断提高，个人金融行为也会不断改善。

　　关键词　金融普及教育　金融文盲　个人理财　印尼金融普及教育的国家政策　个人金融行为

---

① 　D.S. Amidjono
Universitas Indonesia and Indonesian Council for Economic and Financial
Education(ICEFE)，Kampu Baru UI，Depok 16424，Indonesia
e-mail：dwisa@ui.ac.id
J. Brock
Center for Economic Education，University of Colorado，
Colorado Springs and Global Economic Education Alliance(GEEA)，
Colorado Springs，USA
E. Junaidi
Faculty of Economic and Business，The University of Indonesia，
Kampu Baru UI，Depok 16424，Indonesia
© Springer Science+Business Media Singapore 2016
C. Aprea et al.(eds.)，International Handbook of Financial Literacy，
DOI 10.1007/978-981-10-0360-8_18

18.1 印尼国家和经济简介

18.1.1 国家简介

印度尼西亚共和国是世界上第四大国家，2012 年人口约为 2.5 亿。印尼由大约 18 000 个岛屿组成，是一个庞大的群岛，也是世界上穆斯林人口最多的国家。这个国家有着巨大的多样性，宗教和文化传统复杂多样。

目前世界银行将印尼列为中低收入国家。在不到 20 年的时间里，印尼经历了政体的显著转变。第一个直接选举产生的总统苏西洛·班邦·尤多约诺（Susilo Bambang Yudhoyono）在 2014 年完成了他的第二个五年任期，佐科·维多多（Joko Widodo）于 2014 年 10 月成为印尼第 7 任总统。

18.1.2 经济简介

印尼经济有很大的潜力，但许多顽固的问题还在继续阻碍经济增长。自大萧条以来，与其他国家相比，印尼的经济一直相当不错。在亚洲金融危机最严重的时期，印尼经济创造了最大单年跌幅（13.8%）。印尼 2013 年人均国内生产总值（GDP）约为 5 200 美元，低于世界平均水平，但世界银行将印尼置于"中低等收入"国家中的前一半。

如图 18-1 所示，自全球金融危机以来，印尼的平均每年实际 GDP 增长率接近 6%，低于东亚和太平洋地区其他发展中国家的平均水平，但仍然十分强劲。

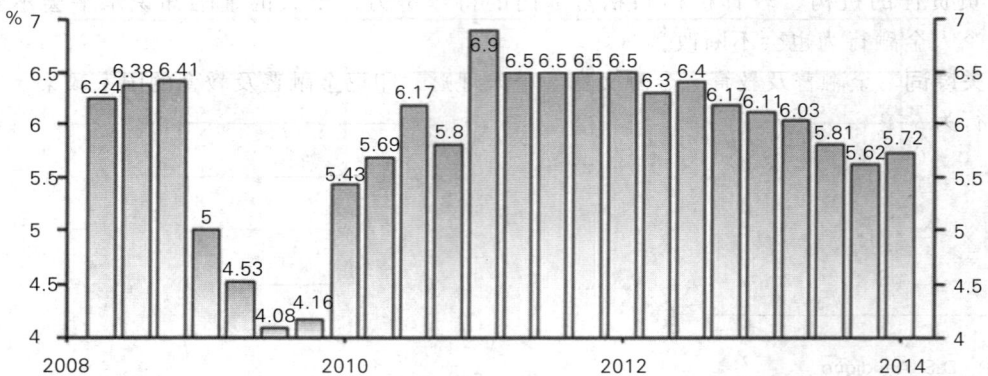

图 18-1　印尼年均 GDP 增长率

数据来源：www.TRADINGECONOWCS.com；STATISTICS INDONESIA.

如图 18-2 所示，印尼人均收入的增长也是十分强劲的，在过去 8 年中，平均每年增长约 4.5%。

在过去 10 年中，印尼在降低其顽固的两位数通胀率方面取得了一些成功，但如图 18-3 所示，印尼实际的通胀率仍远远高于印尼央行 3.5% 的通胀目标。

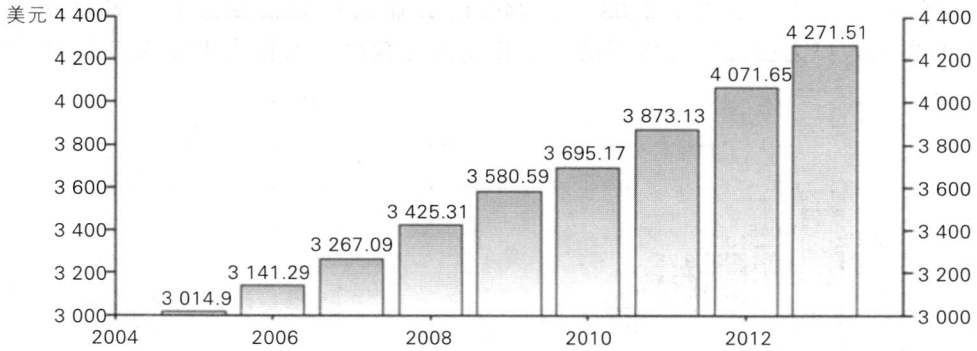

图18-2 印尼人均GDP

数据来源：www.TRADINGECONOWCS.com；WORLD BANK.

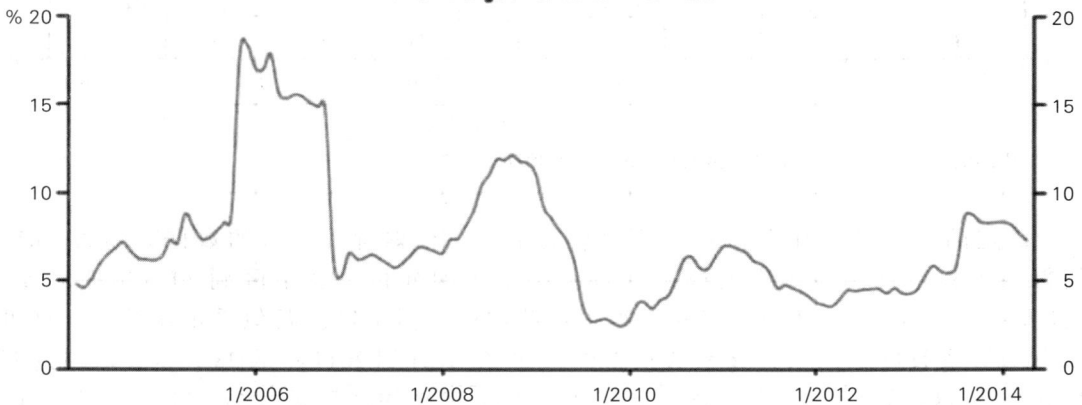

图18-3 印尼的通货膨胀率

数据来源：www.TRADINGECONOWCS.com；STATISTICS INDONESIA.

　　经济增长不但使印尼的失业率开始降低，而且改善了许多人类发展指数。虽然印尼在扶贫方面取得了一些进展，但据世界银行估计，在2005年大约有16%的人口或多达3 800万印尼人生活在国家贫困线以下。到2013年，这个数字已经下降到11.4%。如果用国际贫困线来衡量印尼的贫困状况，情况似乎更糟，因为贫困率超过了前一数字的两倍。若使用世界银行发布的每天2.00美元收入的基准，印度尼西亚的贫困人口率从2002年的近70%下降到2009年的50%，到2011年下降到大约43%。

　　印度尼西亚在一些健康指标上取得了显著的改善，人口出生时预期寿命从2000年的66岁上升到2012年的70.6岁，虽仍低于东亚和太平洋地区的其他发展中国家，但高于其他中低收入国家。婴儿死亡率从2000年的每千例死亡35例下降到2012年的不到26例。

　　如图18-4所示，经济增长状况的改善使得失业率下降。从性别来看，2010年的女性失业率为8.7%，超过了男性6.1%的失业率，这种差距持续了很多年。接受高等教育与逐渐降低的失业率有关，2008年，44%的失业人口为仅受过初等教育的人，而40.6%的失业人口为受过中等教育的人，接受高等教育的人仅占失业人口很少一部分，为10.2%。

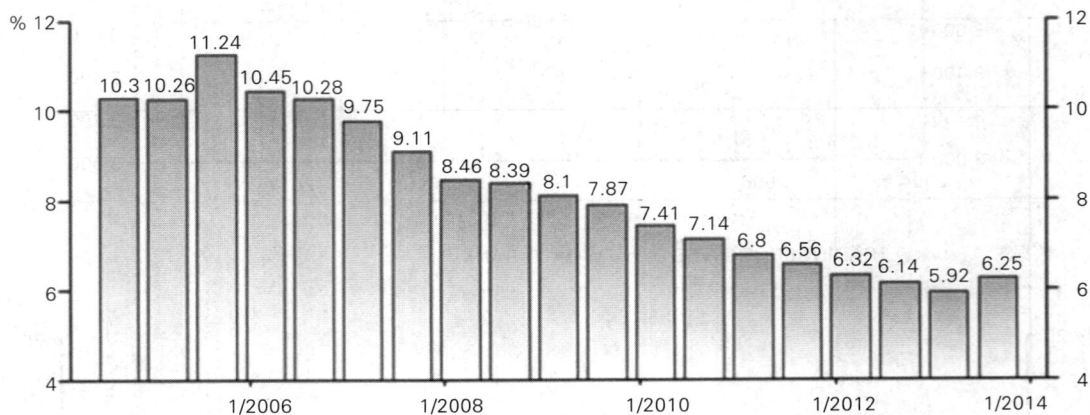

图18-4　印尼的失业率

数据来源：www.TRADINGECONOWCS.com；STATISTICS INDONESIA.

　　稳定的经济增长加上相对较低的基尼系数（根据世界银行的数据，约为38.1）使得该国整体贫困情况有所改善，贫困率从2004年的17%下降到2013年的11.4%（世界银行，2014）。然而，尽管取得了这些成就，但贫富差距似乎正在扩大，这可以由基尼系数反映出来，该系数从2005年的33上升到2011年的38。尽管印尼的基尼系数为38，但与其他许多新兴经济体以及全球平均基尼系数39相比，仍然反映出印尼收入的合理分配，但是这一增长趋势表明贫富差距正在拉大（美国中央情报局，2009）。

　　尽管大约有一半的人口生活在国家贫困线以上，但许多人仅仅是刚超过贫困线。这些"近乎贫困"的家庭很容易受到诸如食品价格上涨、环境危害和健康问题等的冲击，这很容易使他们陷入贫困。尽管教育和卫生部门最近加强了有关工作，但公共服务和卫生标准仍落后于其他中低收入国家。儿童营养不良率和产妇死亡率高，得不到教育、安全饮水和卫生设施的保障，是贫困社区持续存在的问题。

　　印尼约有一半的人口生活在农村地区，农业是他们主要的收入来源。贫穷越来越集中在这些地区——有16.6%的农村人口生活贫困而仅有9.9%的城市人口生活贫困。

　　图18-5描述了自2005年以来人类发展指数（HDI）的变化。可以看到，人类发展指数逐年增加。印尼整体成人识字率高达90.4%，高于世界平均水平，但仍有改进的余地。

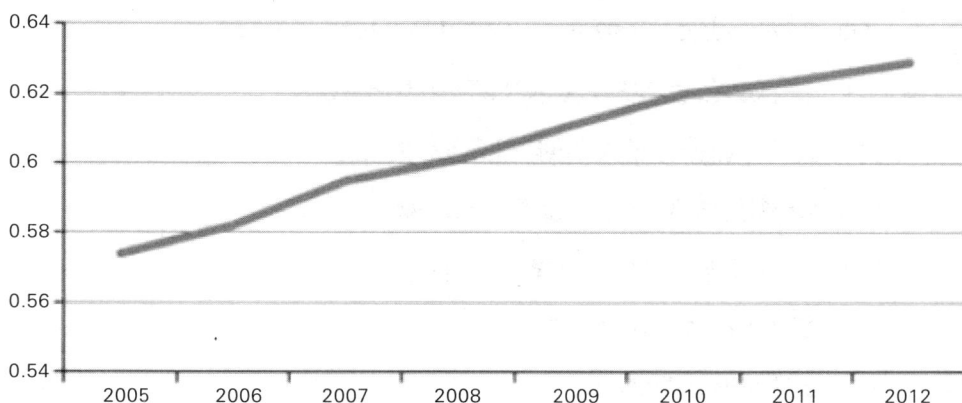

图18-5　人类发展指数

数据来源：联合国开发计划署人类发展报告.

18.2　金融普及教育现状

衡量印尼金融知识水平的一种有效方法，可能是研究金融体系中活跃人口的比例。更具金融包容性的国家，即那些拥有更广泛金融服务的国家，可能拥有更高的金融素养，因为人们通过与银行或其他机构的关系来增强他们的金融理解能力。拥有较低金融包容性的国家通常有更多的人口遭受贫困、存在更大的收入差距并最终导致经济增长放缓（Demirguc-Kunt和Klapper，2013）。世界银行的全球金融包容性数据库（Global Findex）关注的是金融包容性的三个关键指标：（1）在正式的金融机构中拥有和使用一个账户；（2）储蓄行为；（3）借款活动。

（1）**在正式的金融机构中拥有账户**。在一个机构中开设的正式账户可以作为进入金融系统的切入点，它为衡量一个国家居民金融参与度提供了一个有用的指标，并可能间接揭示了该国的金融知识水平。如图18-6和表18-1所示，印尼成年人和年轻人（15～24岁）拥有金融机构账户的比例较低（世界银行，2011）。在全球范围内，超过一半的成年人拥有正规金融机构的账户，而在东亚太平洋地区的发展中国家，这个比例甚至更高（54.9%）。然而，在印度尼西亚，只有不到20%的成年人和12.8%的年轻人有账户，这远远低于世界上其他中低等收入国家。在一项全国性调查中，印尼人认为，拥有银行账户最重要的原因是"安全"，而没有银行账户最普遍的原因是"缺乏收入"或者"没有工作"（印度尼西亚银行，2012；世界银行，2011）。

表 18-1　　　　　　　　　　　　　全球金融包容性部分指标

国家或地区	相关人口占总人口的比例（%）						
	账户拥有量（成年人）	账户拥有量（青年）	过去一年中有储蓄（正规和非正规机构）	在正规机构中有储蓄	开始一项新贷款（正规机构）	信用卡	借记卡
印尼	19.6	12.8	40.5	15.3	8.5	0.5	10.5
EAP	54.9	49.9	39.8	28.4	8.6	6.6	34.5
LMI	28.4	21.5	27.6	11.1	7.3	2.2	10.1
全球	50.5	36.8	35.9	22.4	9.1	14.8	30.4

数据来源：World Bank Global Findex，2011. Region abbreviations：EAP World Bank East Asian and Pacific region（developing economies only）；LMI World Bank Lower-Middle-Income category.

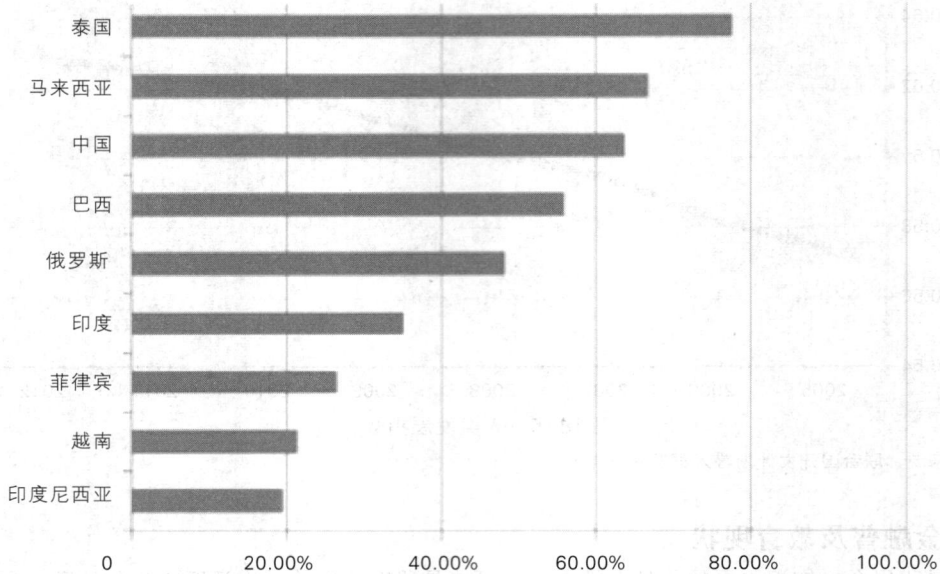

图 18-6 在正规金融机构中拥有账户的成年人比例

数据来源：世界银行，2011.

　　（2）**储蓄行为**。第二套指标关注的是储蓄行为。Global Findex 调查会问受访者在过去一年里，他们是否打算在正式金融机构或非正式金融机构中储蓄。如表 18-1 所示，在过去的一年里，40.5% 的印尼人有储蓄行为，这与东亚和太平洋地区的平均水平（39.8%）差不多，比中低收入国家的居民和全球平均水平都要高。然而，尽管印尼人在过去 12 个月频繁存款的行为可能与类似的国家和地区一样，但是似乎大部分的储蓄都是存在了非正式金融机构中，仅 15.3% 的印尼受访者表示，他们会在正式金融机构中存钱，这远低于东亚和太平洋地区的 28.4%。

　　（3）**借贷行为**。在借贷领域内，印尼人在正规机构中开始一项新贷款的比例与其他类似地区的比例相同。然而，印尼的信用卡使用率非常低，而在东亚和太平洋地区的发展中国家，信用卡使用率相对而言较高（尽管仍相当低）。与此类似，在该地区发展中国家中超过三分之一的人口使用借记卡，而在印尼只有十分之一的人口使用借记卡。

　　最近的研究发现，金融素养与金融服务和储蓄等金融行为密切相关。来自发达国家的证据表明，相对于金融知识水平较高的家庭来说，金融文化程度较低的家庭往往表现出较差的金融管理行为，Cole 等人（2011 年）对这种相关性是否也存在于发展中经济体产生了兴趣。根据 Lusardi 和 Mitchell（2014）对金融素养评估的修正，Cole 等人对在印尼进行世界银行金融使用权的调查中提出了四个问题：

　　● "假设你以每月 2% 的利率向放贷者借了 10 万卢比，3 个月没有还款。3 个月后，你欠的钱：少于 10 万卢比，正好是 10.2 万卢比，还是多于 10.2 万卢比？"

　　● "如果你的储蓄账户里有 10 万卢比，每年获得 1% 的利息，商品和服务的价格在一年的时间里增长了2%。一年后，使用账户中的钱，与今天相比，你可以购买更多、更少还是一样多的东西？"

- "种植多种作物或一种作物，哪种种植方式风险更高？"
- "假设你需要借50万卢比，有两个人会给你提供贷款。其中一人要求你在一个月内偿还60万卢比，另一人要求你在一个月内偿还50万卢比，外加15%的利息。哪种贷款对你来说更划算？"

基于这些问题的答案，印尼的金融素养较低，只有28%的受访者能够正确回答四个问题中的三个，仅7%的受访者正确回答了四个问题。虽然Lusardi和Mitchell所使用的三个问题的调查问卷与Cole等人在印尼所使用的四个问题的调查问卷略有不同，但调查结果大致相当，只是在美国这一比例更高，大约三分之一的美国成年人正确地回答了所有三个调查问题。在美国，三个问题的调查问卷平均是65%的正确率，而在印尼，四个问题的调查问卷平均是52%的正确率。根据世界各地的类似调查，许多国家的金融知识水平较低，但印尼人的表现略低于许多发达国家。

印尼金融服务管理局（OJK）对印尼的金融知识水平进行了最新的测量。OJK在2013年开展了这项全面的调查，这是由DEFINIT、SEADI和OJK通过一个正在进行的合作项目开发出来的。这项调查涵盖了20个大省，包括8 000名受访者（Otoritas Jasa Keuangan，2013）。研究结果将为金融教育国家战略提供有价值的指导。全国调查结果揭示了印尼较低的金融知识水平，但相比本章节中所涉及的其他调查，这次调查结果或许更令人振奋。约60%的受访者表示会使用金融产品和服务，但如图18-7所示，只有22%的受访者"受过良好教育"，即他们对其所使用的金融机构、金融产品和金融服务具备良好的知识、足够的信心和经验；超过三分之二的受访者"有足够的知识"，这意味着他们对其所使用的金融机构有一定的知识和信心，但他们没有使用这些金融资源的经验。在使用正规银行服务的受访者中，约有60%的人进行储蓄，28%的人在使用转账，11%的人会使用消费信贷服务。

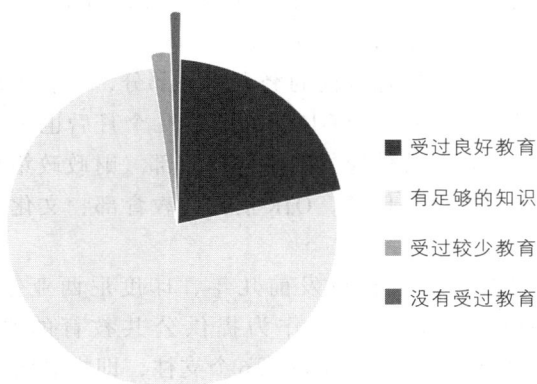

图18-7　金融知识水平调查（2013）结果

数据来源：OJK，2013.

此外，OJK 开展的全国调查显示，受访者的金融素养水平并不均衡。与其他研究一致的是，就基本知识水平而言的金融素养水平参差不齐：收入较高和接受过高等教育的受访者表现出更高的金融素养。这一结果也因性别而异，男性受访者的基本金融知识得分高于女性，这与美国和其他国家的结果一致。从年龄分组来看，26～35 岁和 36～50 岁年龄组具有更高的金融知识水平以及更高的金融服务利用率。

最近另一项关于印尼家庭财务状况的调查是由 Kadence International（Alicross，2013）在 2013 年 7 月至 10 月进行的。这项调查包括了 3 000 名受访者，覆盖了全国范围的城乡区域。Kadence 根据他们的储蓄模式将印尼人分为四组（表 18-2）。超过四分之一的印尼人属于"破产"类别，调查结果显示其支出比收入高出 35%。"破产的部分并不一定意味着他们很穷……而是相比于他们的收入，他们会花更多的钱"（Alicross，2013）。

虽然印尼在数学和科学两个学科上确实参加了经合组织国际学生评估项目（PISA），但它还没有参加金融知识水平评估的 PISA 项目。

表 18-2 印尼的 Kadence 分类

分类	在样本中占的比例（%）	储蓄率（每月收入的百分比%）	积累的储蓄总额（印尼卢比）
财力雄厚的	21	≥49	≥2 百万
务实的	17	28 ≤比例< 49	1 百万≤卢比计量的储蓄<2 百万
破产边缘的	33	10 ≤比例< 28	0 ≤卢比计量的储蓄<1 百万
破产的	28	平均逆差：收入的35%	负的

数据来源：Kadence International—Indonesia（2013）.

18.3 金融普及教育的政策

18.3.1 普通大众

在世界金融危机之后，各国都主动采取了应对其人口中的金融文盲问题的国家战略。印尼央行即印度尼西亚银行（Bank Indonesia）是负责制定和实施印尼金融普及教育国家政策的主要机构，作为实现金融包容性的努力的一部分，尽管由印尼央行负责，但其不是只有这一个项目。金融服务管理局（OJK）在成立几个月后也主动发起了一项金融普及教育计划。金融包容性和金融普及教育方案都与财政部（财政政策局）和国家加速减少贫困的团队进行合作。为了完成这一任务，OJK 正在与教育部、文化部、人力资源部和移民部进行协调工作。

2004 年 1 月，在世界金融危机爆发前几年，印度尼西亚银行启动了印尼银行架构（Indonesian Banking Architecture API），作为提供公共教育的平台（印度尼西亚银行，2004）。金融教育属于 API 的 6 个支柱中的第 6 个支柱，即提高防范能力和增强消费者的能力。为了协调全国范围的金融教育工作，2006 年，印度尼西亚银行成立了一个工作组，由银行（商业银行、农业银行、伊斯兰银行）、银行协会以及印度尼西亚银行的代表组成。2007 年，工作组和印度尼西亚银行共同制定了银行业公共教育的蓝图，该蓝图包含了实现金融普及教育的愿景、目标、教育方法和政策（印度尼西亚银行，2007）。

为了开展全国性运动以加强人们对金融教育的认识，印尼政府宣布2008年为"银行业公共教育年"，采用了"让我们去银行"的口号（印度尼西亚银行，2008）。该运动的主要目的是加强银行的中介功能，并引入银行产品和服务，其最终目标是为社会创造更高质量的生活。宣传是印尼所有银行参与实施教育方案的初步工作，目的是激发公众对银行业的兴趣，增强公众对银行产品和服务以及银行客户的权利和义务的熟悉程度。一年后，印尼央行启动了"无论什么产品，记住3条：确保福利，了解风险，并考虑成本"的全国性运动。2010年，印尼央行推出了一项名为"Tabunganku"的项目，这是一项旨在提高储蓄率的全国性运动（印度尼西亚银行，2013）。

国家金融教育战略的目标群体包括大学生、专业人士、家庭和外来务工人员，以及学校里的儿童，这些都将在下一节讨论。印度尼西亚银行与人力资源和移民部建立了合作协议，该协议的重点是为外来务工人员提供金融教育以及知识和培训，以使工人更容易获得成功。根据银行的数据，金融普及教育项目的反馈显示，这些研讨会内容很容易理解，并且外来务工人员也容易运用和实施。然而，考虑到有限的银行资源，培训和推广工作却没有那么理想。

2011年，政府成立了金融服务管理局（OJK），并授权该机构进行监管和监督工作以维持金融机构健康高效的运作。OJK也被授权为公众提供有关金融服务部门及其服务和产品特点的教育。此外，OJK还监控银行、资本市场和非银行金融行业。

2013年11月，尤多约诺总统启动了金融普及教育的国家战略，OJK开始启用构成三个主要支柱的基本框架：（1）增加教育项目和开展金融普及教育的全国性运动；（2）加强金融普及教育所需要的基础设施；（3）开发负担得起的金融产品和服务（Otoritas Jasa Keuangan，2013）。

为了扩大接受金融普及教育的人群，OJK与国家教育文化部、妇女权利和儿童保护部、大学、新闻媒体和金融机构合作，开展了各种教育方案，包括开发寓教于乐的出版物。项目以印尼社会的广泛群体为目标——从小学生到大学生，从家庭主妇到劳动力市场的工人，以及新闻记者和电子媒体。为了能够更加有效和公平地传播金融教育，OJK采用了多种方法，包括创办教育网站和提供消费者保护和投诉综合服务。

表18-3总结了一些已完成的活动。到2013年底（及2014年初），OJK推出了一系列针对三大支柱的项目，但主要集中在第一支柱和第二支柱（Soetiono，2013）。

18.3.2 学校

印尼的学校体系非常庞大，大约有3 200万名学生在小学注册入学，近1 900万名学生在中学就读。印尼拥有超过25万所学校，有超过5 000万的学生和280万名教师，印尼的教育体系规模居世界第四。世界银行（2014）报告称，2007年政府支出总额中有16.8%用于教育，占GDP的3.9%，高于2001年的2.5%。自2009年以来，为了遵守法律，政府预算中的20%被分配给了教育，而教育已经取代了债务利息支付，成为印尼政府预算中最大的单项追加支出。就GDP来说，目前16.8%的教育支出水平"几乎与其他发展中国家和经合组织成员国家一样"，但与东亚邻国相比这一教育支出水平仍然相对较低，特别是马来西亚和泰国的教育支出占政府支出的25%以上。

表 18-3　　　　　　　　　　　　　OJK金融普及教育主动措施

支柱	在2014年年初已经完成的
第一支柱	在大学校园中开展23次金融普及教育演讲
	在全国各地开展26次金融普及教育研讨会
	以个人理财为特征的教育/文化娱乐项目5次
	组织观看有关个人理财的电影10次
	在印尼劳动者之间开展的教育/讨论活动5次
	在新闻记者之间开展的教育/讨论活动7次
第二支柱	创建了金融普及教育网站
	金融普及教育宣传车
	开展帮助金融消费者解决问题和投诉的关注活动
第三支柱	计划开展一个鼓励印尼所有银行大力开发金融产品和服务的项目

数据来源：Soetiono，2013.

在教育部和文化部的合作下，OJK正致力于将金融教育纳入到国家学校课程，使其成为其中一部分。在万隆（Bandung）、爪哇岛中爪哇（Semarang）、泗水（Surabaya）、棉兰（Medan）、孟加锡（Makassar）、马辰（Banjarmasin）和帕卢（Palu）等省超过1 200所小学和初中开展试点，发布了新的2013年课程大纲，并于2014年7月至8月开始实施。在试点项目成果的基础上，OKJ将创建教学大纲，指定金融教育内容。通过与学校课程中心的合作，该指定教育内容将经历一个测试阶段，然后才能在全国范围内采用该课程大纲。

为了激发学生学习金融主题的兴趣，鼓励借助学习工具来掌握课程内容，如：（1）一本记录日常交易的日记；（2）模拟银行活动；（3）一张包括与金融教育相关的互动游戏和材料的智能卡。对于金融计划的内容，印度尼西亚银行将与金融规划专家一起，为学生制定基本的金融计划材料（OECD，2013）。

18.3.3　课程大纲中所包含的经济课程和个人理财课程

在基础教育阶段（小学1～6年级和初中7～9年级），经济学和个人理财学科不需要作为一门课程进行教授，但由于国家标准包括经济和个人理财内容，这些材料是通过"社会科学"科目进行教授的；然而，这些概念的出现数量可能很少，因为地理和历史可能占据了绝大部分教学时间。教师对经济和个人理财内容的熟悉程度，以及教学方法和其他社会研究的应用程度，很可能决定在这些基础教育阶段中注入的金融教育内容的数量。考虑到这些因素，很可能发生的是，在基础教育阶段上的教学对提高毕业生在经济和个人理财上的理解能力来说是不够的。

在高中教育阶段（10～12年级），新课程要求10年级学生开始划分专业。有三种专业：数学和科学、语言学以及社会科学。与以前的课程不同，经济学（包括个人理财）不再是所有学生的必修课。在新课程下，经济学仅作为社会科学专业的必修课，尽管数学和科学专业或语言学专业的学生都可以选修经济学。因此，选择社会科学专业的学生将接受大量的经济和个人理财教育，而其他两个专业的学生在高中的学习经历中几乎不会接受经济学教育。虽然新课程还没有在印尼全国范围内得到广泛实施，但考虑到这些变化趋势，学校学生的金融和经济教育水平很可能会下降。

18.4 展望

随着金融普及教育国家战略的实施，印尼已主动采取了一系列措施来提高国民的金融知识水平。然而，快速的成功很难得到保证。在最初金融文化水平较低的情况下，致力于建设金融活跃公民的经济文化社会、针对金融活跃的公民的运动进程可能会比较缓慢。

可能有几个因素导致金融扫盲运动进程缓慢。随着学校新课程大纲中减少了而不是增加了经济学和个人金融课程的教学工作，学校系统的毕业生可能会对他们生活中出现的经济和金融领域的挑战准备不足。对生活在校园环境之外的普通大众进行金融教育的努力应该在一定程度上改善这种情况；然而，对于一个有一定经济文化的社会来说，对生活在校园中的学生进行金融教育来扫除金融和经济的文盲，可能会取得更大的进步。

然而，需要警惕的是，在学校里教授金融和经济知识的成功很大程度上取决于教师的教育和技能水平。由于印尼全国教师中有相当一部分人的教育水平低于学士学位，加之小学教育阶段中的金融教育存在着较大的缺陷，虽然教育改革包括了更多的经济和金融教育，但要取得金融教育水平的提高也需要时间。教师需要更深入学习经济学和个人理财知识，为学生提供坚实的指导。此外，如果教师没有接受适合年龄的教学方法的教育，那么教师就不会用具有创造性和刺激的教学方法来将这些学科的知识传授给学生。

最近的研究强调了另一个重要的因素，即只有提高金融素养水平才能取得现代化进步。Cole等（2011）利用随机的现场实验和调查方法发现，金融普及教育确实增加了对银行账户的需求，但这仅在教育程度较低或金融知识水平低的人群中成立。然而，他们也发现，即使没有金融知识培训，对银行开放账户的小额补贴也大大增加了对银行服务的需求。正如印尼媒体所报道的，缺乏收入是不开设银行账户的主要原因，补贴可能会为提高公民的金融参与度提供另一种策略，尤其是那些金融知识水平较低的人。

印尼金融普及运动的进展很明显。随着负责任的教育机构和私营部门的持续努力，提高个人理财知识水平和改善个人金融行为的努力应该随着时间的推移而得见成效。

参考文献

Alicross, *Kadence International*.（2013）. http：//kadence.com/indonesia/.

Bank Indonesia.（2004）. *Arsitektur Perbankan Indonesia.* Jakarta：Bank Indonesia.

Bank Indonesia.（2007）. *Arsitektur Perbankan Indonesia.* Jakarta：Bank Indonesia.

Bank Indonesia.（2008）. Press Release（January 22）. Year 2008：*The year of banking education.*

Bank Indonesia.（2012）. *Financial education in Indonesia：Experiences and evaluation.*

Bank Indonesia.（2013）. Indonesia：A national strategy for financial education as a pillar of financial inclusion，Chapter 9. In *OECD advancing national strategies for financial education.*

Cole，S.，Sampson，T.，& Zia，B.（2011）. Prices or knowledge? What drives demand for financial services in emerging markets? *Journal of Finance*，66（6），1933–1967.

Demirguc-Kunt，A.，& Klapper，L.（2013）. Measuring financial inclusion：Explaining variation in use of financial services across and within Countries. *Brookings Papers on Economic Activity*，2013（1），279–318.

Lusardi，A.，& Mitchell，O. S.（2014a）. The economic importance of financial literacy. *Journal of Economic Literature*，52（1），5–44.

Otoritas Jasa Keuangan（OJK）. 2013. *Strategi Nasional Literasi Keuangan Indonesia.* Jakarta.

Otoritas Jasa Keuangan.（2013，November 19）. Press Release. *Launching the blueprint of the national strategy on financial literacy.* Jakarta：Otoritas Jasa Keuangan.

Organization for Economic Cooperation and Development（OECD）.（2013）. Advancing national strategies for financial inclusion，Chapter 9（pp. 137–146）. Indonesia：A National Strategy for Financial Education as a Pillar of Financial Inclusion.

Soetiono，K. S.（2013a）. *Strategic direction of financial literacy in Indonesia，a presentation delivered at OJK conference event on 2 December 2013.* Bali，Indonesia：Nusa Dua.

Soetiono，K. S.（2013）. Financial literacy in Indonesia and the national strategy，a presentation at the Citi-FT *Financial Times* Education Summit，December 4–5，2013，Hong Kong.

Trading Economics at. http：//www.tradingeconomics.com/indonesia/indicators.

United Nations Development Programme.（2014）. *Human Development Report.*

United States Central Intelligence Agency.（2009）. *World Factbook.*

World Bank.（2011）. *Global Financial Inclusion Index.*

World Bank.（2014）. *World Development Indicators.*

第19章 墨西哥的金融包容度和金融普及教育概况[①]

Clemente Ruiz-Durán

摘要 墨西哥金融普及经验始于20世纪50年代，当时联邦政府建立了一个机构（名为 Patronato del Ahorro Nacional），目的是增加校园中的储蓄和通过储蓄债券增加家庭的储蓄。该战略旨在鼓励储蓄，使家庭在商业银行业务中具有更多的投资工具使用机会。然而，这个目标还没有达到，并且低收入群体这一子体系和传统的金融体系之间的差距仍然存在。在过去的十年中，联邦政府为了缩小这种差距做出了很大的努力，大力增加银行基础设施建设并同其他不同的项目一起来减少贫困，这使得低收入群体拥有了更多进入银行机构进行金融交易的机会。这一章后续讨论的是墨西哥金融普及教育和无银行账户的情况。本章首先介绍的是金融深化和金融包容性现状，关注的在墨西哥已经实施的提高金融包容度的主要策略。然后，在墨西哥国家教育体系和金融包容度战略章节中分析如何促进金融普及教育的发展，尤其是对青少年，以及对公众金融机构、金融协会和银行系统在促进金融普及教育方面所做的具体的行动进行总结回顾。最后，本章介绍了墨西哥为了推广金融普及教育制订的一个中期计划，主要是针对小学阶段。这一节还指出这种策略会带来的好处，即可以缩小金融差距。

关键词 金融普及教育 墨西哥的金融普及教育 学校中的储蓄项目 墨西哥无银行账户情况 金融深化和金融包容度 墨西哥国家教育体系

19.1 21世纪的墨西哥

墨西哥拥有1.18亿人口，是拉美第二大人口国，仅次于巴西。其国内生产总值（GDP）为1 259亿美元，在世界上排名第14位，人均产值为10 633美元。2012年墨西哥形成的固定资本达到GDP的24.7%，其资金来源构成为：国内储蓄占97%，国外储蓄仅占

[①] With the support of Moisés Portillo Pérez.

C. Ruiz-Durán(&)

Universidad Nacional Autónoma de México, Facultad de Economía,

Ciudad Universitaria, Mexico City, Mexico

e-mail: ruizdc@unam.mx

© Springer Science+Business Media Singapore 2016

C. Aprea et al. (eds.), International Handbook of Financial Literacy,

DOI 10.1007/978-981-10-0360-8_19

3%（墨西哥银行，2013）。

2012年，墨西哥第一国民支柱产业为制造业，其创造的总价值占GDP的17.6%，其次是批发和零售贸易业，占GDP的15.9%，房地产和租赁业为GDP贡献了10.3%。制造业一直是推动墨西哥发展成为世界主要出口国之一的主要产业，2013年产业总值达到3 820亿美元，墨西哥成为世界第16大出口国。

在墨西哥，对外贸易推动了结构性改革，但并没有对所有经济部门产生影响。从1991年到2011年，要素生产率的年均增长率为0.39%（INEGI，2013），致使现代化行业和传统行业之间更加不平衡。经济中正式和非正式部门的日益分化可以解释各经济部门之间的生产力差距。根据INEGI的数据，非正规部门占经济总量的59%，其中农村经济部门的比重大于城市经济部门，这可以在一定程度上解释墨西哥0.472（表19-1）的较高的基尼系数。

金融部门对墨西哥经济贡献相对较小。2013年，国内私营部门信贷占GDP的比重为32.4%，其中47%流向了企业，43%流向了家庭（主要是为住房提供资金）。

表 19-1　　　　　　　　　　　墨西哥主要宏观经济指标

指标	数值
2013年总人口（百万）	118.4
2013年国内生产总值（百万美元）	1 259 004
2000—2013年的GDP年均增长率（%）	2.1
2013年的人均产值（美元）	10 633
2010年基尼系数	0.472
2012年总储蓄（占GDP的比例，%）	21.5
2013年私营部门国内信贷（占GDP的比例，%）[a]	32.4
2013年企业国内信贷（占GDP的比例，%）	14.7
2013年家庭国内信贷（占GDP的比例，%）	17.7
2013年国内消费信贷（占GDP的比例，%）	5.8
2013年国内住房信贷（占GDP的比例，%）	12.0
2012年金融体系内的存款（占GDP的比例，%）	25.2

[a] 不包括私营金融部门.

数据来源：Sources INEGI，national accounts statistics；CONAPO，projections of population 2010 2050；Banxico，financial sector statistics；World Bank，world development indicators and global financial development databases.

如图 19-1 所示，在 2003 年至 2012 年期间，墨西哥人均可支配收入从 6 105 美元增加到 8 942 美元，人均储蓄额从 706 美元增加到 940 美元。然而，墨西哥在经历了 2008 年的金融危机之后，储蓄占可支配收入的比例从 2008 年的 13.6% 下降到 2012 年的 10.5%。也是自 2008 年以来，可支配收入的增长停滞了，从而导致了储蓄的下降。由于墨西哥为北美自由贸易协定（NAFTA）的一员，因此其因金融危机遭受的损失高于其他一些发展中国家。

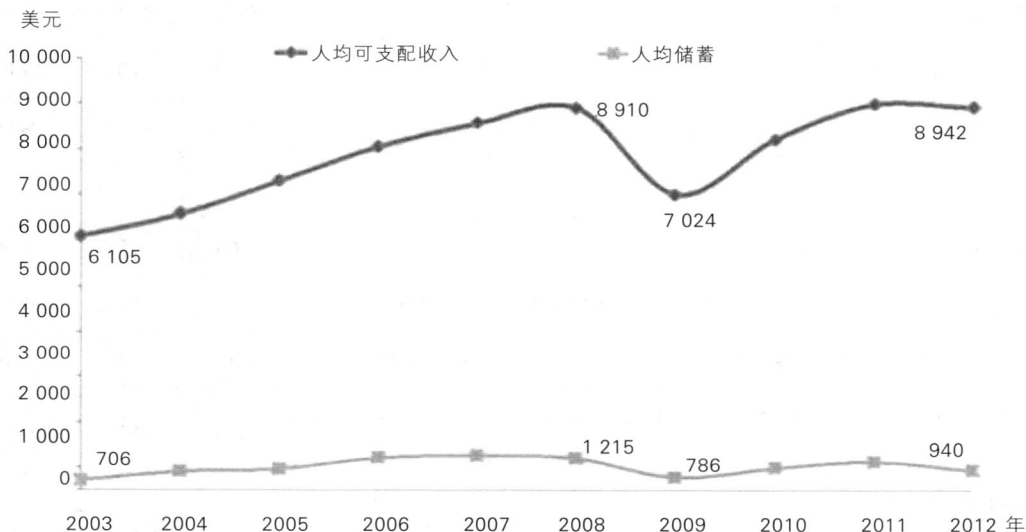

图 19-1　墨西哥：2003—2012 年的人均可支配收入和人均储蓄

数据来源：own elaboration based on INEGI, National Acconts System and BANXICO.

19.2　墨西哥的金融包容度

在墨西哥，大多数人都无法进入金融机构，所以其金融包容度很低。如表 19-2 所示，截至 2011 年，15 岁及以上的人口中只有 27.4% 的人在正规金融机构拥有账户，7.6% 的人从金融机构获得贷款。从中小企业来看，其中拥有银行账户的中小企业占 60.9%，有未偿贷款或信用额度的中小企业占 29.5%。

考虑到性别差异，相比墨西哥总人口的金融包容度，其女性的金融包容度更低。截至 2011 年，15 岁及以上的女性中，只有 22% 的人在正规金融机构拥有账户，6.7% 的女性拥有金融机构的贷款。对于女性所有的中小企业来说，其中只有 13% 的企业有从正规金融机构获得的未偿贷款或信用额度。

墨西哥的商业银行分支机构很分散，但其大力提高了 ATM 机的使用性。ATMs 可用作现金替代品，且为政府对全国各地的低收入群体进行再分配提供了便利[①]。

---

① 值得一提的是，自 2012 年以来，国家银行和证券委员会与国家金融包容委员会进行合作，每年发布金融包容度报告（参见 CNBV 2009、2010、2011、2012、2014），其目的是阐述国家为增加金融产品和服务的使用范围所做的努力，并提供最新的可用信息。

表 19-2　　　　　　　　　　2011年金融包容度的主要指标

	墨西哥	拉美地区	巴西
拥有账户			
在正规金融机构中拥有账户（占15岁及以上人口百分比）	27.4%	39.3%	55.9%
中小企业（5~99个员工）在正规金融机构中有账户的比例	60.9%	92.5%	99.4%
女性在正规金融机构中拥有账户的比例（占15岁及以上女性人口百分比）	22.0%	35.0%	51.0%
女性所有的中小企业（5~99个员工）在正规金融机构中有账户的比例	65.5%	92.1%	99.8%
信贷			
去年从正规金融机构中贷款（占15岁及以上人口百分比）	7.6%	7.9%	6.3%
中小企业（5~99个员工）在正规金融机构中有未偿贷款和信用额度的比例	29.5%	45.7%	57.9%
去年女性从正规金融机构中贷款（占15岁及以上女性人口百分比）的比例	6.7%	7.5%	6.1%
女性所有的中小企业（5~99个员工）在正规金融机构中有未偿还贷款和信用额度的比例	13.1%	44.7%	58.8%
所设的分支			
ATM机数量（每1 000公里内）	18.9	10.2	20.6
ATM机数量（每10万个成年人的范围内）	45.8	33.0	119.6
商业银行分支数量（每1 000千米内）	6.1	6.2	7.9
商业银行分支数量（每10万个成年人的范围内）	14.0	14.9	46.2

数据来源：World Bank，G20 financial inclusion indicators，global partnership for financial inclusion.

19.3　在墨西哥提高金融包容度的改革

由于墨西哥的金融包容度较低，2013年，墨西哥政府与金融与公共信贷部（SHCP）协作，在2013—2018国家金融发展方案（PRONAFIDE）中制订了一项新的金融包容度计划。该方案为必要金融政策的实施设立了部门目标、战略和指导方针，以实现2013—2018国家发展五年计划中（墨西哥联邦政府，2013）的主要目标。该计划的第五个目标是"在保证金融体系稳定和健康的同时，提高金融包容度、金融教育水平、金融素养能力和金融体系的透明度，以增加金融体系在全国的覆盖面和渗透度"（SHCP，2013）。目标是将私营部门的融资从2013年的28.8%提高到2018年的40.0%。

图19-2为墨西哥机构网络图，其目标是进一步提升金融包容度。国家金融包容委员会于2011年成立，由金融和公共信贷部主管，并由所有与市场运作和中央银行有关的国家委员会共同主持。该委员会的业务部门是发展银行（National Bank of Army and Air Force—BANJERCITO, the National Savings and Financial Services Bank—BAN-SEFI, and the Federal Mortgage Society—SHF）和商业银行。在第一组中，BANSEFI 是一个名为 "L@Red de la Gente" 的机构网的领头羊，该机构是由 245 个主流信贷和储蓄机构（Popular Credit and Savings Institutions，SACP）组成的。金额包容度项目与商业银行达成协议，在全国范围内共同开展活动，力求将低收入人群纳入银行系统。

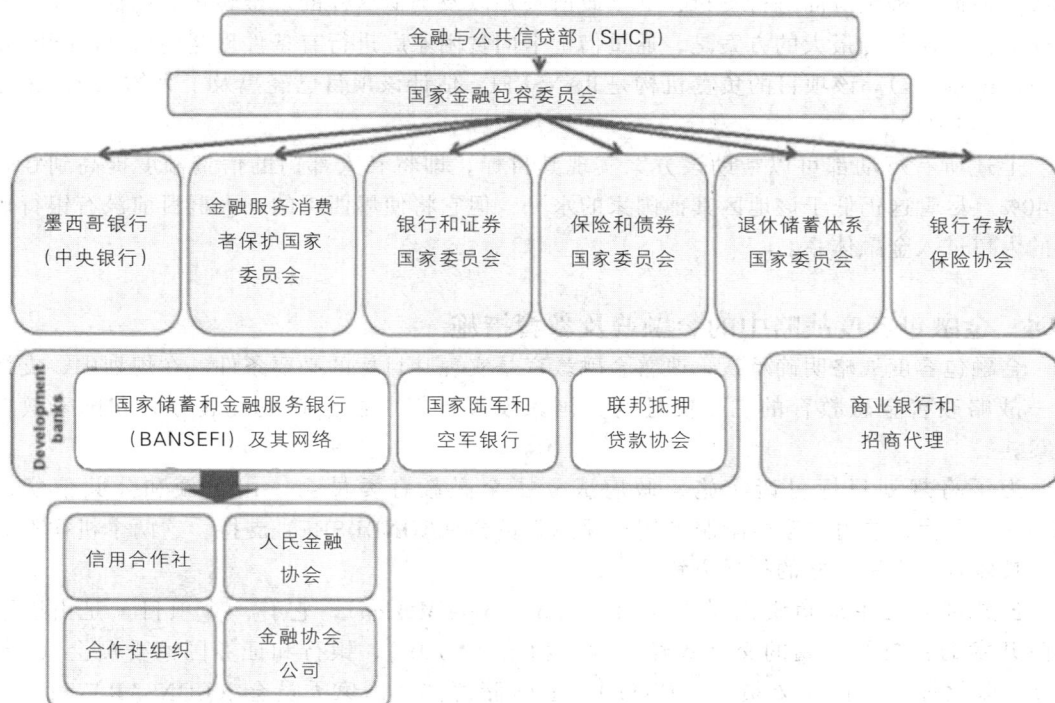

图 19-2 金融包容度方案中所涉及的机构网络图

该方案目的是提升金融包容度，其中已经得到执行的活动如下：

• 零售商代理商行增加了金融服务。最近，墨西哥的金融法律改革允许零售商——如便利店、超市和药店作为银行的代理行，以便就近为更多的人提供金融服务，而不是要求人必须去银行分行。根据 Deschamps（2012）的说法："除了大约 12 500 家银行分支机构之外，增加了 2 万多家代理行网点以供消费者使用，这将使墨西哥金融服务的获取点增加三倍，如同毛细血管一样。"

• 使用手机银行。最近引入了利用移动电话进行金融交易的操作，这多亏了一个完善的允许创建低风险账户的法律框架，这些账户要求较低，而且几乎不需要银行分支机构开放或进行操作。促进移动银行的使用的重要性在于，它可以使农村和偏远地区得到很好的金融服务，正如许多发展中国家所证明的那样，这有助于扩大可获得的商业服务的范围，尤其关注的是无银行账户的情况。尽管这在墨西哥是一个银行代理行的早期形式，但是它在提高金融包容度方面有巨大的潜力，不仅因为它提供银行账户，还因为它可以提供更广泛的金融服务范围，条件是会有更多的中介机构加入这个网络并维持安全和高效的运行环境。

•使用电子渠道进行支付。这包括"有条件的现金转移支付计划"。政府致力于降低在经济中使用现金和支票的频率，并以更加安全、高效的电子方式来替代这些操作，现在已经推广了电子支付渠道（电子支付）的使用，包括工资和薪金的发放、公用事业股票的购买、向商家和供应商进行支付，甚至政府补贴以及类似这样的现金转移。在这期间，关于这方面所颁布的最大的方案是，通过借记卡向贫困家庭进行有条件现金转移（conditional cash transfers）。该项目的负责机构是BANSEFI，估计该项目已经惠及了大约720万家庭（CNBV，2014）。

上述所有行动都可以帮助该方案实现其目标，即将私人部门的信贷额度提高到GDP的40%。尽管这仍低于该地区其他国家的水平，但它将使墨西哥的一大群目前没有银行账户的人口进入金融体系。

19.4 金融包容度战略中的金融普及教育措施

金融包容度战略明确承认，改善金融教育是实现其目标的必要条件。在规划中，支持这一战略改善金融教育的三个支柱为：国家发展计划、国家财政发展方案和国家教育方案。

为了将规划目标付诸实施，政府成立了金融教育委员会，由金额和公共信贷部（SHCP）主管，并由国家金融服务用户保障委员会（CONDUSEF）支持。这两个机构都制定了具体教育方案实施的指导方针。

公共部门的主要负责人是中央银行（Banco de México），它有一个项目，是由以下部门开发的：央行下属的交互式经济学博物馆（MIDE）、银行和证券国家委员会（CNBV）、保险和债券国家委员会（CNSF）、退休储蓄体系国家委员会（CONSAR）和银行存款保险协会（IPAB）。

致力于推进金融普及教育的私营机构有几种类型。其中包括银行、保险、经纪商和退休基金领域的机构。它们还包括一些行业协会，比如墨西哥银行协会（ABM）、墨西哥保险机构协会（AMIS）、墨西哥退休基金管理协会（AMAFORE）等。在发展银行内，涉及金融教育的主要机构是BANSEFI。

教育部还颁布了一项小学和中学的金融教育方案。此外，一些学术机构也促进了金融普及教育的发展，如墨西哥国立自治大学和蒙特雷高等教育技术学院。最后，所有商业银行都制订了商业教育方案；其中两个主要机构是墨西哥国民银行（Banamex）和墨西哥商业银行（BBVA Bancomer）。

所有这些机构都积极与政府机构、金融机构和金融教育领域的专业协会合作。图19-3是对金融教育网络的三个层次的总结，包括规划、指导方针和业务操作。

国家教育计划 2013—2018 (SEP)

经济金融教育规划

国家金融发展规划（PRONAFIDE）2013—2018
国家金融和公共信贷部（SHCP）

目标6 从发展银行部门更大程度地参与战略，促进私营部门的金融服务

策略6.3 在难以取得信贷和其他金融服务的人群中推行金融普及教育计划

行动指南6.3.4 实施更好地提升金融教育水平的培训方案

目标5 促进金融、保险和养老金系统之间的包容、教育、竞争和透明，并扩大其覆盖面

策略5.3 发展更强的金融能力，以便更好地利用金融产品和服务，促进对消费者的保护

行动指南5.3.2 加强金融教育与中小学教育的结合

行动指南5.3.3 加强女性了解金融教育，使她们系统地了解金融体系

行动指南5.3.7 制订金融教育计划时需要考虑人口和商业的需求

国家发展计划（PND）2013—2018

目标4 墨西哥繁荣

目标4.4 发挥经济增长潜力实现金融民主化

战略4.2.2 扩大金融系统的覆盖范围（人和商业）

行为路线：加强金融专业和职业教育

金融教育委员会（国家金融和公共信贷部）

国家金融消费者保护委员会

其他金融管理机构（CNBV, CNSF, CONSAR, IPAB）

教育部

发展银行（BANSEFI, SHF）

金融行业协会

墨西哥银行（中央银行）

其他研究中心

国家策略

监管执行

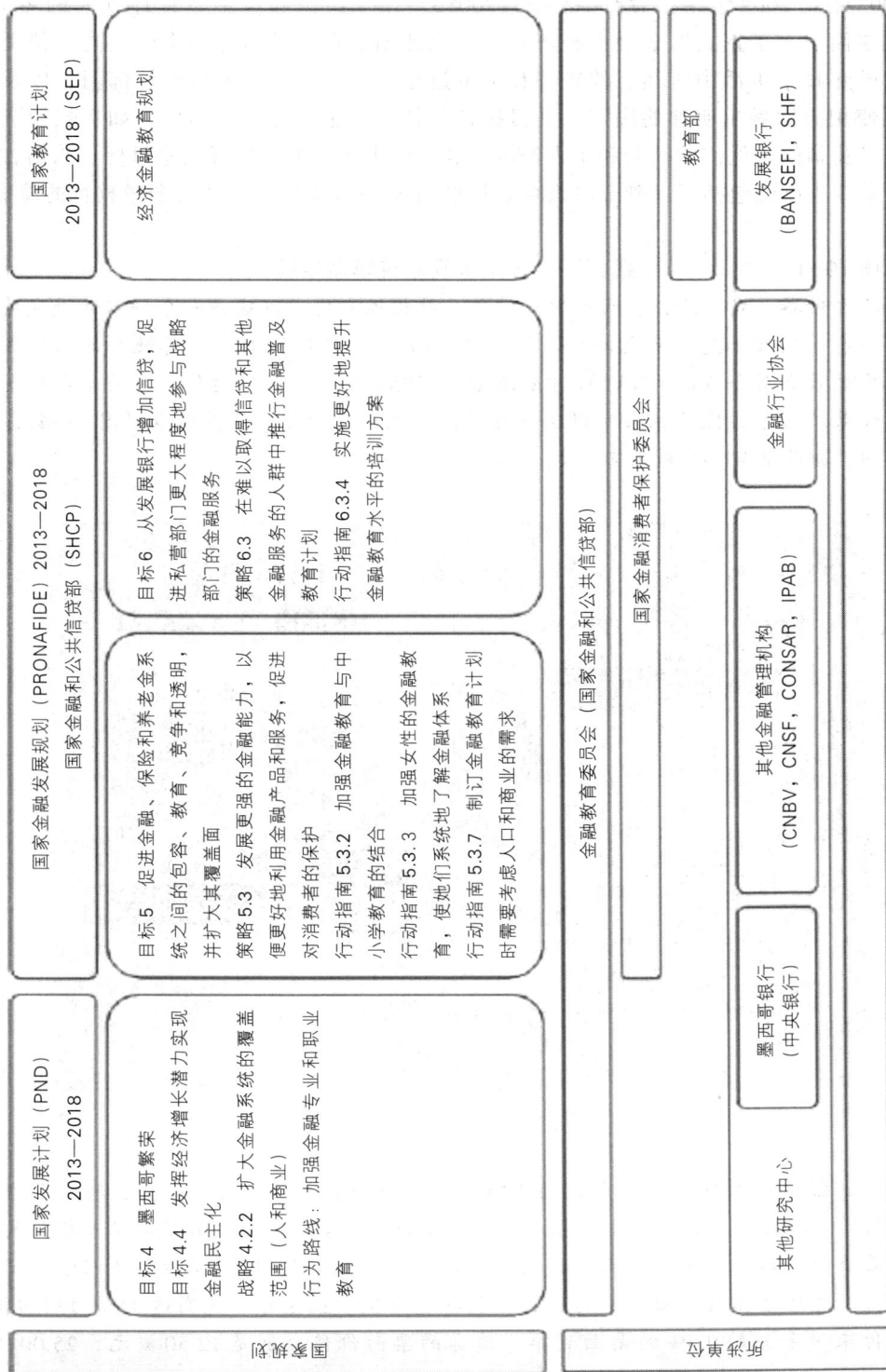

图19-3 墨西哥的金融教育网络图

2008 年至 2009 年，教育部（SEP，2008b）在"经济和金融教育计划"的名义下，在学校层面引入了正式的金融和经济教育。该计划的目的是培养学生的技能，帮助他们了解自己在日常生活中所经历的经济和金融过程，了解如何加入生产性部门，以及如何在资源使用方面做出明智的决定。其目标还包括让学生学习如何消费、如何规划资源的使用，以及如何为他们的社会和个人经济福利承担责任。为了实现这些目标，当前，小学里的数学课程已经包括了基础金融教育。拓展阅读19-1提供了墨西哥金融教育的简史。

拓展阅读19-1　　　　墨西哥：金融普及教育早期经验

第二次世界大战之后，墨西哥政府进行了结构性变化，以建立一个可以促进发展的框架。其中有一项改革是向大众介绍储蓄文化。1949 年 12 月 31 日，以总统令的形式成立了一个国民储蓄委员会（PAHNAL）。PAHNAL于1950年12月开始运作，目的是增加墨西哥人口的储蓄。为了按照章程来实现这一目的，它允许发行国民储蓄债券（图19-4），建立储蓄计划，接收管理部门的存款、托管或保单。

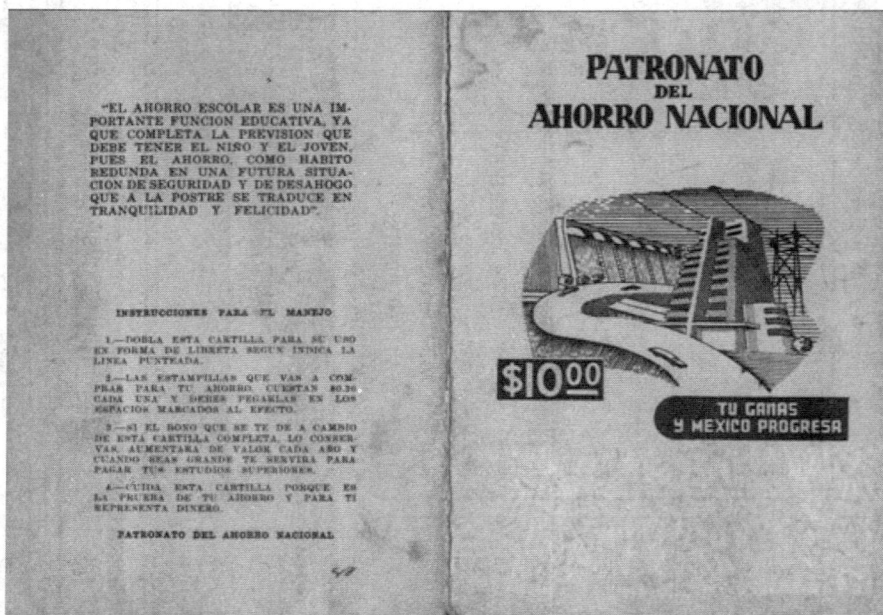

图19-4　墨西哥国民储蓄债券

国民储蓄债券于1950年发行，为小储户提供一种收益率灵活、安全、有吸引力的流动性储蓄。市场上发行的第一支债券承诺在十年内价值翻倍。季度抽奖奖品所提供的证券价值是面值的十倍。每年的平均免税收益率为7.17%，具有瞬时流动性，所以它们可以随时被赎回。这些债券被免除所有的税收，包括遗产税。业主可以凭高达94%的赎回价值，每年支付未付余额的9.5%的票面利率。债券的票面价值分别是12.50美元、25.00美元、250.00美元、500.00美元、2 500美元、5 000美元和12 500美元。

尽管其储蓄计划与当时在其他国家流行的储蓄计划相类似，但是墨西哥储蓄系统的一个独特特征是，在小学中引入了储蓄计划，促进金融教育的发展。为此，政府发行了学校储蓄债券，该债券发行于1951年，并于1968年退出市场。其目的是，通过发行价值为0.20美元的邮票来增加学生的储蓄。孩子将邮票收集在一个特殊的小册子中，每集齐50个，学生可以换成价值高达10.00美元的抵用券，以7.17%的10年平均利率支付利息。这将使其价值在十年内翻一番。17年来，所有小学学生都加入到这一储蓄计划中。然而，1970年的高通胀和1980年的债务危机摧毁了为储蓄所做出的努力。直到世纪之交才重建了这个系统。2002年，为了在墨西哥制订现代化的储蓄计划和深化金融体系，联邦政府将国民储蓄委员会变成了国民储蓄和金融服务银行（BANSEFI），这是一个开发性银行，它的主要任务是促进对生活在偏远地区以及享受不到正式的金融服务的人的金融包容度。

今天，墨西哥的金融教育从一年级开始一直持续到九年级，并取得了一定的进展（SEP，2008）。一开始，内容是对小型企业的比较分析和管理的基本概念，比如经营学校商店或管理资金。五年级时，学生通过学习电子货币的概念开始接触银行系统的学习，在六年级时介绍利润和储蓄概念（SEP，2014）。

学术金融教育需要很长一段时间才会取得成效。在OECD PISA（经合组织国际学生评估项目）的调查中，每三年就会有一项关于金融普及教育的后续工作。PISA 2012（OECD，2013）的调查结果显示，墨西哥学生正在提高他们在金融教育相关的数学概念上的表现。然而，这一领域还需要进一步改进。

同时，公共金融机构、金融协会和银行系统也正在为提高金融教育水平做出巨大的努力：

● 第一组的公共金融机构，即金融和公共信贷部门（SHCP，2012）为金融教育创立了一个网站，目的是收集公共金融机构所提供的信息。国家金融消费者保护协会（CONDUSEF）在名为"金融教育：你的收获"项目下，为家庭和老师们制定了金融教育的指导准则、教育用书和儿童所用的视听教材、金融文化的远程教育课程、多种多样的时事通讯和杂志以及各种网站。该机构还组织了最重要的年度教育活动：国家金融教育周（SNEF）。

● 墨西哥中央银行（BANXICO）为儿童研发了交互式的视频，内容是关于货币和金融的主题，在其网站上就可以观看。而且还会在其下属的交互式经济学博物馆（MIDE）中举办展览、课程教学和研讨会。

● 退休储蓄体系国家委员会（CONSAR，2014）已经开发了课程、印刷教材以及养老金制度方面的视听材料，这些都可以在其网站上获得。最终，银行储蓄保险协会（IPAB）开发了一本漫画（一本小册子）并在其网站上设计了一个模拟器和计算器，所以人们特别是儿童，可以了解他们在金融体系中的存款安全性的不同例子。

● 在第二组金融机构中，有四个发展教育项目的大型协会。墨西哥银行协会（ABM）所做出的最重要的努力是，该协会发布了关于大学生金融的公告，它还出版了图书，并在其网站上发布了计算器和金融词典。墨西哥保险机构协会（AMIS）已经开发了交互式视听材料、视频、游戏、词汇表和关于保险重要性的故事。这些材料都在其网站上可以看到。墨西哥退休基金管理协会（AMAFORE）的网站上有关于退休基金管理机构（上述）、案例研究和计算器等方面的信息。墨西哥保险机构协会（AMASFAC）为儿童提供连环漫画和视频，组织儿童绘画比赛，在小学开设讲座，并在其网页上提供有关保险的信息。

● 第三组分为两类：发展银行和商业银行。在第一类中，BANSEFI开发了一个名为"所有人的金融"（"Finanzas para todos"）的项目，包括在线课程，教学内容包括财务规划、储蓄以及如何获得信贷、保险和金融服务。所有的材料都有三个等级（基础，中级和高级）。BANSEFI与免于饥饿和小额信贷机会机构（Freedom from Hunger and Microfinance Opportunities）合作，为金融教育培训人员和指导人员举办了培训讲习班，并在移动设备上教授金融教育课程。联邦抵押贷款协会（SHF）已经在其网站上创建了"你的房地产顾问"（"Asesor, tu consejero patrimonial"）。在第二类中，商业银行发展了一些教育项目，包括讲习班、手册详解和财务系统的日常运作指南。主要项目是：BBVA Bancomer（2014）"继续你的未来"（"Adelante con tu futuro"）；BANAMEX–CITICORP（2014）"军刀账户"（"Saber cuenta"）；国民银行"生活项目与金融教育"；以及汇丰银行（HSBC）（2014）为公立学校提供的金融教育课程"金钱之外"（Más allá del dinero"）。也是在这一类中，支付公司维萨（VISA）和万事达（MasterCard）已经开展了促进金融教育的课程和活动，可在它们的网站上获得。

19.5 对墨西哥的展望

尽管墨西哥正在努力提高金融包容度和金融素养水平，但前方还有很长的路要走。正规的金融普及教育工作是温和的，需要加大力度。到目前为止，学校有关金融的课程只包括在数学课程中。政府必须制订新的金融普及教育方案，而且随着教育改革的进行，现在是采取进一步行动的时候了。对现有的方案的总结回顾是必要的，这让我们认识到学校是未来金融发展的基础。墨西哥政府和世界银行最近进行的一项联合调查发现，墨西哥的金融普及教育的开展非常有限。如图19-5所示，对基本问题的回答似乎表明，墨西哥公民缺乏基本的金融知识。

与其他国家相比，墨西哥的金融知识水平低于欧洲国家，甚至低于拉美地区的一些国家，比如秘鲁。它只比南非领先1个点，如表19-3所示。2013年至2014年推行的金融体制改革和教育改革有助于提升金融包容度和提高金融文化水平，但这需要试点小组的研究来确定事情是否朝着正确的方向发展。将私人部门的信贷从GDP的28%提高到GDP的40%这一伟大目标需要得到监管，控制其继续朝着这个目标前进。教科书需要与金融普及教育的总体目标保持一致，这些目标还有待确定。墨西哥必须监测金融普及教育的发展进程，以监测和跟踪该程序的进行，以便金融普及教育不再继续局限于高收入群体，而是遍及所有人。

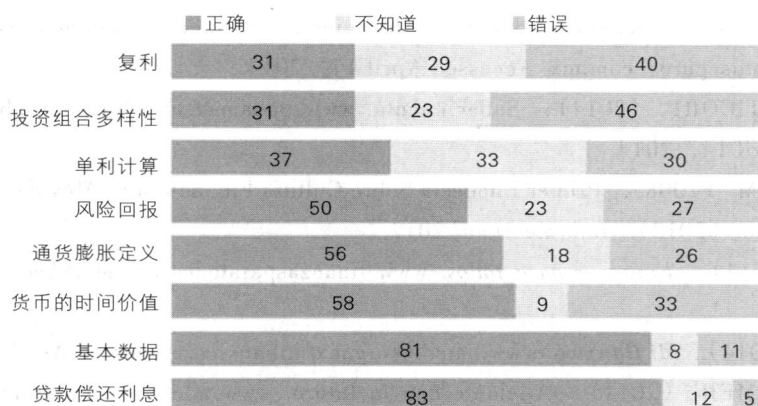

图19-5 墨西哥：金融知识问题的回答情况分布

数据来源：World Bank and Government of Mexico，Financial Capability Survey data.

表19-3　　　　　　　金融知识问题回答情况的国际比较（正确答案的百分比）

问题	哥伦比亚	匈牙利	爱尔兰	墨西哥	秘鲁	南非	英国
计算能力（除法）	86	96	93	82	90	79	76
货币的时间价值	69	78	58	58	63	49	61
贷款利率	87	95	88	83	—	65	90
本金和利息的计算	35	61	76	37	40	44	61
连续利率（本息计算）	10	46	29	14	14	21	37
风险与回报	—	86	84	55	69	73	77
通胀的定义	—	91	88	68	86	78	94
分散化	—	61	47	30	51	48	55
高分人数比例（正确回答6个及以上问题）	—	69	60	34	41	33	5

数据来源：World Bank（2013）Financial capability in Mexico：results from a national survey on financial behaviours，attitudes，and knowledge，p. 47，with information for Colombia and Mexico from financial capability surveys（World Bank and Governments of Colombia and Mexico），and for the remaining countries data are from the OECD/INFE survey.

参考文献

ABM.（2014）. www.abm.org.mx. Accessed April 14，2014.

AMAFORE.（2014）. Prepara tu futuro. www.preparatufuturo.mx. Accessed April 14，2014.

AMASFAC.（2014）. Semana de la Previsión. http：//www. amasfac. org / semanaprevision / seguros/.Accessed April 14，2014.

AMIS. (2014). Crece Seguro, Educación Financiera. www.creceseguro.com.mx and www.nadaessegurotusegurosi.com.mx. Accessed April 14, 2014.

BANAMEX CITICORP. (2014). Saber cuenta. www.banamex.com/demos/saber_cuenta. Accessed April 14, 2014.

Banamex-UNAM. (2008). Primer Encuesta Sobre Cultura Financiera en México.

Banco de México. (2013). *Informe Anual* 2012.

BANSEFI. (2014). *Finanzas para todos.* www.finanzasparatodos.org.mx. Accessed April 14, 2014.

BANXICO. (2014). *Mi Banxico.* www.banxico.org.mx/mibanxico. Accessed April 14, 2014.

BBVA BANCOMER. (2014). Adelante con tu futuro. www.adelantecontufuturo.com.mx. Accessed April 14, 2014.

CNBV. (2009). Primer Reporte de Inclusión Financiera, México.

CNBV. (2010). Segundo Reporte de Inclusión Financiera, México.

CNBV. (2011). Tercer Reporte de Inclusión Financiera, México.

CNBV. (2012). *Cuarto Reporte de Inclusión Financiera.* México: Consejo Nacional de Inclusión Financiera.

CNBV. (2014). *Quinto Reporte de Inclusión Financiera.* México: Consejo Nacional de InclusiónFinanciera.

Compartamos Banco. (2014). Educación Financiera. www.compartamos.com. Accessed April 14, 2014.

CONDUSEF. (2014). Educación Financiera: tu ganancia. www.condusef.gob.mx/sitio_infantil/index.html and www.condusef.futbolfinanciero.com.mx. Accessed April 14, 2014.

CONSAR. (2014). www.consar.gob.mx. Accessed April 14, 2014.

Gobierno Federal Mexicano. (2013). Plan Nacional de Desarrollo 2013 2018.

HSBC. (2014). www.sustentar.mx. Accessed April 14, 2014.

INEGI. (2013). Productividad total de factores del modelo KLEMS. Boletín de Investigación02/13, Agosto 2013.

IPAB. (2014). Educación Financiera Niños. http://www.ipab.org.mx/ipab/educacion-financiera/educación-financiera-contenido/ninos. Accessed April 14, 2014.

ITESM. (2010). *Encuesta de Educación Financiera.* ITESM Campus Estado de México: Programmea Educatec Financieramente.

Mastercard. (2013). Consumo Inteligente. www.consumointeligente.org. Accessed April 14, 2014.

MIDE. (2014). http://www.mide.org.mx. Accessed April 14, 2014.

OECD. (2013). *PISA 2012 Key findings: Results for Mexico.* http://www.oecd.org/pisa/key-findings/pisa-2012-results.htm.

SEP. (2008a). *Fichero para el maestro.* Educación primaria, Primera edición, México: Programa de Formación Económicay Financiera.

SEP. （2008b）. *Programa de Formación Económicay Financiera.* México：Primera edición.

SEP. （2014）. Desafíos. http：//basica.sep.gob.mx/desafios.html. Accessed April 20, 2014.

SHCP. （2012）. Educación Financiera. www. educacionfinanciera. hacienda. gob. mx. Accessed April 14, 2014.

SHCP. （2013）. *National Programme to Finance Development* 2013-2018.

SHF. （2014）. www.shf.gob.mx. Accessed April 14, 2014.

VISA （2015） Finanzas Prácticas. www.finanzaspracticas.com.mx. Accessed April 14, 2014.

第20章 荷兰的金融普及教育[①]

Anna van der Schors and Olaf Simonse

摘要 即使是在相对来说比较富裕的具有广泛的社会福利制度的国家，比如荷兰，人们也发现管理日常和长期财务越来越困难了。在过去十年中，有不良贷款的家庭数量有所增加，这一趋势在经济危机之前就已经显现出来了。荷兰有着悠久的金融教育历史。在2006年，现有的金融教育措施被整合为国家战略。在国家战略中，受过教育的年轻人的金融普及教育问题是优先考虑的问题之一。大多数与儿童和年轻人的金融教育有关的教材都是建立在学习目标和金融赋权（financial empowerment）能力的框架之上的。金融教育措施的制定是基于对年轻人和成年人的社会行为的广泛研究。近年来，金融教育发生了转变。很明显，只向消费者提供信息和知识不足以影响其行为。在未来几年，研究将会更多地关注影响行为的因素，以及在负责任的金融行为方面有效的干预措施。此外，政府将会采取越来越多的努力，确保将金融能力整合到学校课程中。

关键词 荷兰　金融教育　金融赋权　金融行为

20.1 引言

荷兰是一个相对富裕的国家，有着广泛的社会福利体系，其中有失业救济金和国家养老金。参与健康保险制度是强制性的，几乎每个人都有自己的银行账户。然而，人们发现管理日常和长期财务变得越来越困难。由于人口老龄化，养老金的风险和责任转移到个人身上，社会福利制度、养老金制度和教育制度都面临着压力，越来越多的家庭中出现了不良贷款。这些趋势意味着有必要进行金融教育。在详细介绍金融教育和金融知识水平的情

---

① A. van der Schors
Nationaal Instituut Voor Budgetvoorlichting，Hekelsteeg 6，
3511 AK Utrecht，Netherlands
e-mail: avdschors@nibud.nl
O. Simonse
Ministry of Finance，Den Haag，Netherlands
© Springer Science+Business Media Singapore 2016
C. Aprea et al. (eds.)，International Handbook of Financial Literacy，
DOI 10.1007/978-981-10-0360-8_20

况之前，本节首先对荷兰家庭的财务状况做一个概述。

20.1.1　一般事实和数据

荷兰是欧盟最富有的国家之一。与欧盟以外的类似经济体（如美国）相比，荷兰的表现也相当不错。高生产率和高水平的劳动参与率创造了高平均收入（人均GDP为46 174美元（OECD，2013）），如图20-1所示。

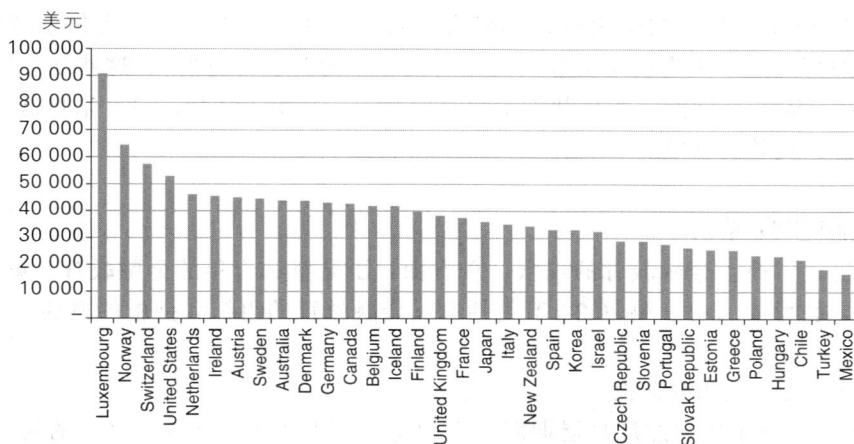

图20-1　以当前价格计算的人均国内生产总值，以美元计价（OECD，2013）

荷兰有1 690万人口，其中劳动力有820万人。2014年的失业率为9%。2014年，政府提供41.1万个社会救助福利。荷兰人平均退休年龄为64.1岁。59%的家庭有自有房产。

20.1.2　贫困情况

最近的数据显示，大约9.4%的荷兰家庭收入非常低，以至于他们面临着贫困的风险，这些家庭往往面临财政困难。在这些贫困家庭中，有80%的家庭没有足够的钱用于购买食品、衣服和家具，11%的家庭无法支付房租或抵押贷款。总而言之，有130万人必须靠微薄的收入生活。

20.1.3　储蓄

2013年荷兰家庭的财富总值平均为19 000欧元（2014年荷兰统计数据），收入后10%的家庭的财富总值为1 500欧元，而收入前10%的家庭的财富总值为190 000欧元，他们的财富总值占总财富的30%。

20.1.4　信贷

近年来，拥有不良贷款的家庭数量有所增加。在荷兰，4.9%到7.1%的家庭拥有不良贷款，这些家庭的平均债务为33 500欧元。2.3%的荷兰家庭参与了官方债务援助计划。该方案的申请人数从2007年的47 500人增加到2013年的89 000人（NVVK，2014）。

20.1.5　儿童和青年们的财务状况

由于儿童和青少年是金融教育的重要目标群体，所以本节包含了这个群体的研究概况。

在荷兰，大多数的孩子（占小学儿童的73%）从父母那里得到零用钱，一个10岁的孩子平均每周可以得到1.70~2.00欧元的零用钱（Van der Schors等，2013）。

一名中学生的收入（包括父母所给和一份工作的收入）为平均每月103欧元。88%的人有零用钱，35%的中学生有买衣服的零用钱，42%的人在放学后或周末有工作，平均每周工作7小时。几乎所有的青少年都有一个银行账户，15.72%的15到16岁的孩子以及90%的17到18岁的青少年在网上管理他们的银行事务（Van der Schors等，2013）。

直到2015年，荷兰的学生每月都能得到政府的津贴。他们每年支付学费约1 100欧元。38%的荷兰大学生有助学贷款（向政府借钱来为其教育付费），这些学生每月平均贷款365欧元。从2015年起，大多数学生每月的零用钱来源于贷款，只有来自低收入家庭的学生才会得到贷款的补贴。

20.2 金融教育现状

本节论述了荷兰金融教育的现状，重点探讨了儿童和青年的金融教育。第2.1节简要回顾了金融教育的历史。第20.2.2节包括有关金融教育的组织和措施的概述。第20.2.3节介绍学校的金融教育。

20.2.1 荷兰金融教育史

在20世纪70年代的经济衰退期间，人们越来越需要预算建议。19%的荷兰家庭有经济问题，失业率高，很多家庭入不敷出。20%的人口需要预算建议。这促使1979年三家机构合并建立了国家家庭财务信息研究所（Nibud）。一般的想法是，家庭只能通过更好地管理支出来产生更多的财富。

Nibud的效力来自于其具有的个人家庭支出（参考预算）的数据。大量的个人和组织采用多种方式使用这些数据。个人家庭可以查看家庭预算样本，地方政府可以通过Nibud数据来检查政策的相关性，国家政府使用Nibud数据来预测收入效应和评估其他政策对单个家庭的影响。现在，相关机构还可以使用Nibud的参考数据来制定贷款和抵押贷款规范。

在很长一段时间里，Nibud是一个仅仅将金融教育作为其核心任务的组织。Nibud为家庭提供财务信息（没有个人建议和/或销售金融产品）。在适当的时候，在经济上自力更生的重要性增加了。随着硬币和纸币被信用卡和"数字"货币取代，货币变得越来越不可见。与此同时，钱越来越多地融入我们的日常生活中，金融市场变得更加复杂，这使得人们更难管理他们的家庭财务。

除此之外，住房、医疗、教育和养老金等各种领域的风险和责任正在向个人家庭转移。因此，家庭不得不做出的（复杂的）财务决策增加了，这一趋势预计还会继续。

此外，范式转换发生了。因为不良贷款是一个现实的威胁，财务能力越来越被认为是一个健康社会的重要条件，因此，推动财务能力的提高是个人家庭、公共和私营部门的共同责任。

由于这些发展，参与金融教育的组织数量逐渐增加。地方政府、医疗卫生机构、银行、养老基金、保险公司和金融顾问开始以自己的方式为推进金融普及教育投资，并以此作为企业社会责任项目的一部分。

　　然而，这些努力仍然有限，缺乏协调，导致了各自为政的金融教育现状，缺乏对消费者的监督和洞察力。

　　2006 年，荷兰财政部启动了智慧理财平台（Money Wise Platform），以认识到金融教育的重要性，并建立统一的国家方法。这个平台将金融部门、政府、信息、消费者组织和学术界的力量团结起来，使其成为合作伙伴，提高了消费者在金融领域的地位。每个组织都以其自身的作用和责任为基础，并与其他并列机构合作，以增加影响和优化效率。总体目标是提高消费者的金融知识和技能，并激发积极能动的态度，使消费者能够做出明智的金融选择。由于金融产品和服务的数量和复杂性在增加，有不良贷款的家庭越来越多，再加上养恤金意识较低，因此荷兰需要一个国家战略。此外，越来越多的诸如养老金、医疗保健和教育等领域的责任和金融风险正转移至个人身上。请注意，这些趋势在 2008 年金融危机之前就已经存在了。

20.2.2　参与金融教育的机构组织

　　正如上一节所指出的，许多组织都参与了金融教育领域。本节对其中最重要的组织及其倡议进行了总结概括。

20.2.2.1　Nibud（国家家庭财务信息研究所）

　　Nibud 是一个独立的机构。政府和私营金融部门出资占该机构总资本的 30%，Nibud 本身产品和服务收入占其总资本的 70%。

　　Nibud 的目标是在家庭财务方面增强家庭的自力更生能力。它们通过支持消费者做出影响家庭预算的决定来做到这一点。此外，Nibud 还通过增加它们的专业知识支持金融管理领域的专业人员。

　　Nibud 以研究为基础，通过向各个年龄段的消费者提供咨询、信息和教育来实现这一目标。Nibud 不仅直接向所有的个人和家庭提供，也通过广泛的专业中介，如公共服务（债务）、教师和顾问在抵押贷款、保险、储蓄和贷款领域，来间接地为个人和家庭提供以上资源。

　　Nibud 的网站（www.nibud.nl）每年吸引了超过 400 万网民，并引导他们查阅信息和管理家庭财务的技巧和工具。

20.2.2.2　智慧理财平台

　　Money Wise 是一个平台，平台上的合作伙伴有政府、金融机构、非政府组织和科学机构，它们共同努力以促进荷兰人做出健康金融行为。Money Wise 平台执行荷兰的金融教育国家战略。

　　2008 年，该平台启动了全国金融教育战略。"Money Wise 行动计划"正在采取协调一致的行动来促进金融教育。其通过联合活动，分享知识并不断强调这个话题，消费者在金融领域的地位正在得到加强。每个利益相关者都根据自己的作用和责任做出贡献。政府的作用是协调，而金融部门则积极主动地发起和实施各种项目和方案，作为其慈善工作和客户服务的一部分。作为独立专家和研究伙伴，像 Nibud、消费者协会和金融监管机构这样的组织，扮演着重要的角色，政府和金融部门为该平台出资。

　　2013 年，Money Wise 平台重新审视了其国家战略。基于回顾结果和利益相关者分析，一项新的战略于 2014 年启动。新战略包括一个更清晰、更专注的任务："Money

Wise就是平台，在这个平台上，合作伙伴可以利用自己的优势来推动荷兰人做出负责任的金融行为"（Wijzer in geldzaken，2014a）。该平台的活动以五项战略启动原则为指导：

（1）推动荷兰人做出更加健康的金融行为；

（2）焦点放在具体的生活事件以及相关的目标群体上；

（3）通过增加参与的组织来扩大影响；

（4）通过职业化来扩大影响；

（5）通过创新来扩大影响。

荷兰王后是Money Wise平台的最高荣誉主席。她强调了金融教育和合理的资金管理的重要性，尤其是对年轻人来说。她强调了金融意识以及共同努力实现这一目标的重要性。她的支持引起了巨大的公众关注和媒体的报道，并引起了消费者的更多关注，增加了利益相关者的紧迫感。

20.2.3 其他参与金融教育的组织

越来越多的组织提供金融教育。有些人专注于特定的目标群体，例如，在中等学校或中等职业教育学校中，对年轻人的金融赋权。金融机构（银行、保险公司、养老基金和金融顾问）都有各自合作的金融教育项目，地方政府有提供债务帮助和债务风险防范的责任。

20.2.4 学校中的金融教育

Money Wise平台及其合作伙伴的战略目标之一是将金融能力整合到学校的课程大纲中。教育儿童和青少年的目的是使他们能够在社会上独立生活。

金融能力不仅包括知识，还包括信心、动机、态度、习惯和行为等方面。在早期，为这些能力打下基础是很重要的。下一节将概述儿童和青少年应该学习的能力。目前，这些能力大多不包括在学校的课程中，一个例外是货币演算（money calculus）。

政府已经采取了若干措施来实现战略目标，下面给出了最重要的措施的概述：

• 2008年，Nibud发布了儿童和青少年在资金管理方面的学习目标和需要掌握的能力。

• 2009年，Money Wise平台基于上述能力制定了学习框架并将其与学校课程大纲中的学习目标联系起来。

• 自2012年以来，Money Wise平台组织了"国家资金管理周"活动，这个一年一度的项目周的范围是小学。

• 2013年，荷兰决定参加2015年的PISA项目中的金融知识水平评估。

• 2013年，Nibud修正了之前发布的儿童和青少年的学习目标和所需掌握的能力，加入了PISA项目中提到的能力。

• 2013年，Money Wise平台与经济事务部和财政部合作，共同创建了创业和金融教育的战略框架，其目的是将这两个主题整合到学校的课程中。

• 2014年，教育部发布了一个全新修订的学校课程大纲。Money Wise平台抓住这一机会，呼吁将金融能力整合到课程中，新课程计划将于2017年生效。

多利益相关者方法的一个很好的例子就是国家资金管理周。这个项目周活动是为小学生组织的，并汇集了大量关于如何管理资金的课程。在这一周内，大量的学校、企业、非政府组织、广播公司和地方政府为儿童提供了一项活动方案，如校园演讲、博物馆参观、剧院、教学节目、辩论、教室里的报纸、电视节目等等。一周的集中活动在媒体和学校里引起了广泛的关注。一个附带的影响是，国家资金管理周的参与者相互激励并相互认识，这是在金融教育方面进一步合作的结果。国家资金管理周对儿童和参与组织者都产生了非常积极的影响。在第五届国家资金管理周期间（2015年举办）超过一半的小学生积极参与，参与的学生占小学儿童的63%（如图20-2所示）。

图 20-2 Nibud.nl/scholieren：一个为12岁至16岁青少年和教师服务的网站，
上面有与资金有关问题的信息、工具和测试

在适当的时候，越来越多的机构已经开发出旨在提高学校学生金融能力的学习材料。图 20-3 提供了一个概述。

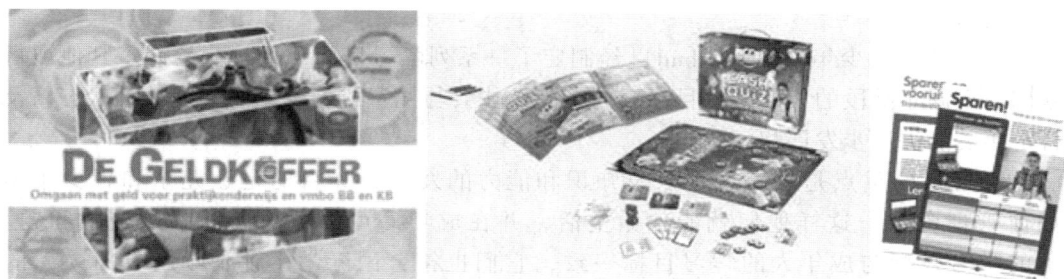

图 20-3 教材的样例

● 现金测验（用于小学最高年级的教材，由荷兰银行协会研发）。

● Nibud.nl/scholieren：一个为12岁至16岁青少年和教师服务的网站，上面有与资金有关问题的信息、工具和测试。

● De Geldkoffer（钱箱Money Suitcase）：几个组织参与研发的项目。该项目由与资金相关的不同话题模块组成，如管理资金、安全支付、货币和保险的历史。对于教育水平较低的青少年来说，这是一个很好的选择。

● 2014年，Money Wise平台与活跃在荷兰市场上的五大教育出版商之一建立了战略联盟。这个出版商为小学中所有年龄的学生都编制了教育材料，该材料基于Nibud学习框架，构成了一个完整的学习线。

20.3　荷兰人民的金融知识水平

本节对荷兰儿童、青少年、学生和成年人的金融素养水平进行了研究，它从描述金融赋权的学习目标和能力开始。

20.3.1　金融赋权应掌握的能力和学习目标

Nibud已经为金融赋权制定了学习目标和能力的框架（Nibud，2012；2013）。这些都是针对儿童、青少年和成年人的，并且这些技能是正确进行资金管理所需要的。成人的能力基于成人金融能力框架（FSA，2006）分为五种主要的能力，每个能力种类下都包含不同的技能。

能力分为五类：

（1）持续追踪。消费者对其财务状况有一个总的印象，并洞察其财务平衡情况。

（2）合理的支出。消费者的收入分配方式使其家庭财政在短期内是平衡的。

（3）计划未来。消费者应该意识到，期望和事件会产生中期的和长期的经济后果，从而相应地调整他的当前开支。

（4）深思熟虑地选择金融产品。消费者选择金融产品是基于预算考虑和个人适宜性，以及是否适合他的个人家庭情况。

（5）拥有足够的知识。在短期、中期和长期内，消费者都有相关的知识来保持家庭财务平衡。

这些能力构成了Nibud向消费者提供的信息和建议的基础。专业人士可以利用这些能力与客户的联系，了解客户的经济实力。这种能力也是Money Wise平台及其合作伙伴开发教材的基础。

对于儿童和青少年来说，Nibud已经制定了一系列学习目标，这是荷兰许多其他项目的基础。不同年龄段的人的学习目标不同，因此才会与儿童或青少年的心理社会状态以及在特定年龄的进一步发展相一致。

学习目标的重点是学习过程以及知识和能力的发展，其目的是让儿童和青少年学习如何管理资金，这样他们就能独立生活，并在成年后可以应对所面临的金融问题。孩子的学习目标与成年人的学习目标一致，它们也符合国际学生评估项目（PISA）的框架。

20.3.2　儿童、青少年和学生们的金融素养

在小学里，孩子们学习金钱的价值是最重要的。随着年龄的增长，人们对货币价值的认识也会增加。例如，在 6 岁和 7 岁的孩子中，有 71% 的人能够将欧元硬币按从低到高的价值（0.05 欧元至 2 欧元）进行排序；而在 10 到 12 岁的儿童中，96% 的人都能做到这一点。三分之二年龄在 6 岁至 7 岁之间的孩子能够识别出东西是便宜还是昂贵，89% 的 10 岁至 12 岁的孩子对价格有意识。小学中最后四年级（年龄在 8 ~ 9 岁和 11 ~ 12 岁）的学生中，有一半的孩子把大部分零用钱存起来，三分之一的人把一半的钱存起来，花掉另一半，只有 14% 的人几乎花光了自己的零花钱（Van der Schors 和 Wassink，2013）。

中学里（12 岁至 18 岁）的青少年在个人理财方面做得很好。大多数人存钱，甚至很多人（54%）的钱从来没有用光，只有 8% 的人经常花光钱。42% 的青少年在学校中有时会借入大约 2 欧元的钱，用来购买食物和饮料（Van der Schors 等，2013）。

此外，在 18 到 24 岁的年轻人中，几乎有一半的人觉得收支平衡很容易。然而，其中 15% 的人很难做到收支平衡，同样比例的年轻人总是花光所有钱；几乎三分之二的年轻人从未花光过钱（Van der Schors 和 Van der Werf，2014）。

大多数学生一直在追踪自己的钱：三分之二的学生每周至少检查一次账户余额，另外有 18% 的学生每两周检查一次。这就产生了一个事实，即五分之四以上的学生都知道自己的银行账户里有多少钱。

在所有 18 到 24 岁的学生中，51% 的人至少有一种债务。这可以是学生贷款，从家庭、朋友或金融机构（如银行）的借款，也可以是每月透支他们的银行账户或支付欠款（Van der Schors 和 Van der Werf 2014）。

20.3.3　成年人的金融行为

20.3.3.1　金融管理：持续追踪和掌握支出情况

荷兰人会密切关注他们的财务状况。大多数人会注意到他们花了多少钱，不会为他们付不起的开支而花钱，不赊购，按时支付账单。每 10 个家庭中大约有 6 个家庭每周做一次或几次资金管理。70% 的家庭会追踪自己在哪一方面进行了支出，大多数家庭是通过检查银行账户来实现追踪的。3 个家庭中约有 2 个表示他们总是按时支付账单，21% 的家庭经常这么做。

相对创新的是电子记账单和支出记录，这些使我们很难对开支进行总结，40% 的家庭都在为此挣扎。

许多家庭计划他们的支出。例如，绝大多数人会检查支出是否符合预算。这也很明显，70% 的家庭都有购物清单。

尽管如此，大约一半的家庭有时会透支，几乎每 5 个家庭中就有 1 个家庭每月都会透支。此外，63% 的家庭在一年内有一个或更多的欠款（Nibud，2009；Madern 和 Van der Burg，2012）。表 20-1 显示了荷兰家庭在 2012 年和 2009 年拖欠的几种形式的欠款，这表明拖欠债务的形式都在增加。

表 20-1 2009年和2012年拖欠付款的家庭比例

（Nibud 2009；Madern and Van der Burg 2012）

项　目	2012（%）	2009（%）
逾期支付账款	31	25
收到提醒	26	21
不可能提款	18	16
拒绝成为借方	16	13
逾期支付租金/抵押贷款	11	8
扣发工资	4	2
因延期付款而没有能源	3	1
预支工资	3	未回答

20.3.3.2　金融计划：计划未来

一半的荷兰公民有短期的关注焦点。在荷兰，五分之一的人完全同意"我只关注短期，而不关注未来事务"的说法，另外，比较同意这一说法的人比不同意该说法的人多30%。

大约20%的家庭根本没有经济缓冲；另外20%家庭的财务缓冲金不足2 000欧元（Warnaar 和 Van Gaalen，2012）。而 Nibud 对于更换库存和家用电器设立缓冲金的建议是最少4 000欧元，显然这小于最小缓冲建议。在那些表示没有缓冲金的人中，有一半的人说他们很难做到收支平衡。对于低收入群体来说很难储蓄，要维持收支平衡已经很困难了，因此没有剩余的钱可以积蓄起来。

约40%的受访家庭说，他们会不定期地进行储蓄或者储蓄金额不规律，也就是说，只有当他们有剩余的钱才会有储蓄行为。大约四分之一的人每个月存一笔固定的钱。那些储蓄固定数额的人每月储存数额平均占其收入的9%（Warnaar 和 Van Gaalen，2012）。

在处理财务问题时，消费者对长期的关注较少。许多劳动力（超过一半）缺乏有关养老金机构状况和影响因素（如通货膨胀）知识。人们也不知道退休后自己的财务状况会是怎样的，只有三分之一的人了解自己退休后的收入。尽管如此，有四分之三的人并不担心退休后的经济状况。然而，其中32%的人并不担心其退休后的财务状况是因为他们还不了解养老金计划和他们的财务状况；他们"因无知而无畏"（Wijzer，2014b）。人们对这个话题不感兴趣的比例是很高的。

从2013年到2014年，消费者的长期关注略有下降。大多数荷兰人（78%）在做出财务决定时会考虑到未来。然而，只有少数人会为10年以上的未来做计划（2014年占18%，2013年为24%）（Wijzer，2014b）。

荷兰人口中计划采取措施防止收入损失的比例已增加到41%，一半以上（61%）的人已经为准备自己或配偶后事采取措施（Wijzer，2014b）。

20.3.3.3 有意识地选择金融产品

荷兰人相当擅长在金融产品方面做出谨慎的决定。当购买金融产品时，从简单的储蓄账户到抵押贷款，大约有一半的消费者对来自不同金融机构的产品进行了全面的比较。只有6%的人没有进行任何比较（Wijzer，2014b）。

超过三分之一的人定期检查他们的金融产品，看看它们是否仍然适合自己；13%的人不这么做。三分之一的消费者不愿意转换到另一个金融机构中以获取更好的报价。实际上只有一小部分消费者决定更换产品（Wijzer in geldzaken，2014b）。

尽管有大量的广告宣传活动，荷兰只有一小部分家庭（每年7%～8%）转换了其健康保险（Wijzer，2014b）。

20.4 展望

本节描述了未来几年荷兰金融教育的地位。总的来说，在未来的几年里，对金融教育的投资仍然是必要的。第一节中所提到的趋势——金融环境日益复杂化、人口老龄化、风险和责任转移将会继续下去。本节侧重于教育的两个相关方面。第一节讲述的是，通过提高知识水平和向利益相关者提供信息来提升能力和转变态度，阐述影响金融行为的能力和态度的着重点的变化。第二节是关于儿童和青少年的金融教育以及学校系统的作用。

20.4.1 提升公民们负责任的金融行为

近年来，在行为经济学观点的影响下，金融教育发生了转变。很明显，只向消费者提供信息和知识是不足以影响金融行为的。在未来的几年里，研究的重点将会越来越多地放在对影响行为的因素的考察，以及研究在负责任的金融行为方面有效的干预措施。很明显，金融教育和教育架构的选择需要同时进行，以促进负责任的金融行为。

在最近的一项研究中，Nibud（Madern 和 Van der Schors，2012）研究了出现金融问题可能性的影响因素。在这项研究中，"有财务问题"被定义为"至少拖欠一次大额欠款或者拖欠几次小额欠款"。该研究调查了社会人口因素、生活事件、金融技能和态度对金融行为的影响。在社会人口因素中，年龄和家庭组成（即家庭是否包括儿童）对财务问题出现的可能性有显著影响。考虑到所有其他有影响的因素，与收入下降或支出增加有关的事件确实增加了财政问题出现的可能性。然而，因某一特殊事件而对财务失去控制的家庭，却面临着更大的财务问题风险——换句话说，重要的是他们如何处理这件事。金融技能也会影响金融问题出现的可能性。那些跟踪自己收入和支出、维持储蓄和提前做计划的人，面临此类问题的风险较小。研究还显示了态度对金融行为有着显著的影响：这与人们是否容易受到诱惑和在财务方面短视有关系。

最近，"合理理财平台"进行的另一项研究是考察负责任的金融行为的构成和影响因素：资金管理、财务计划和选择理财产品（Wijzer，2014b）。研究表明，"基本价值观"（尤其是对风险和生活方式的态度）是影响最大的因素；"参与度"（对个人财务状况的兴趣，渴望改善自己的处境以及问题意识）也会对负责任的财务行为产生影响。在研究中没有发现知识对财务行为有显著影响，知识可能对行为有间接影响，但这还需要对该领域进行更多的研究。

从这些研究和其他研究得出的主要结论是，提高人们在经济上自力更生的能力和促进人们做出负责任的金融行为的努力，应该注重对态度和技能的传授，而不是只注重金融知识的传授。改变这些态度和技能需要很长时间，而且应该从人们年轻的时候开始。在童年和青少年时期学会如何管理资金的人不太可能在经济上出现问题。这促使我们在未来几年进入第二个重点领域进行研究：儿童和青少年的金融教育，特别是在学校。

20.4.2　学校中的金融教育

在荷兰，财务能力在教育课程中所占的比例有限。这意味着小学和中学的儿童和青少年没有义务学习如何进行资金管理。

小学和中学的老师认为金融教育很重要，但是他们对自己所起的作用的看法各不相同。在小学教育中，老师认为孩子们学习如何管理资金主要是父母的责任。由于缺乏时间，金融教育没有优先权。在中学教育和中等职业教育中，教师认为金融话题的讨论和教育学生如何理财是他们的责任。然而，他们不能独立承担这一责任。企业、金融服务机构和政府也负有责任，它们应该在这一过程中发挥各自的作用。

教师指出，政治干预是确保他们关注金融教育的必要条件。否则，缺乏教学时间将阻碍金融教育。

如果金融教育是课程的一部分，那么对这个话题的关注将会更加结构化，并嵌入到现有的教科书中。如今，学校对金融教育的关注仅限于一次性的项目或特殊活动。政府应该提供教育材料、电视节目和戏剧作品来支持金融教育并增加金融教育课程。

Money Wise平台的创立者旨在将财务能力整合到学校课程中。要实现这一目标：第一，应提供可用的教育材料并推广他们的使用，例如开展"国家资金管理周"活动；第二，与大型教育出版商建立战略联盟，促使财务能力融入学校使用的教学方法中；第三，Money Wise平台的合作伙伴共同促进将财务能力整合到学校课程中。这些活动得到了研究的支持，例如，荷兰参加了2015年的PISA金融知识评估项目，这是重新考虑将金融教育作为课程一部分的重要性的一个很好的依据。

参考文献

FSA.（2006）. *Levels of financial capability in the UK: Results of a baseline survey.* London: Financial Services Authority.

Madern, T., & van der Burg, D.（2012）. *Geldzaken in de praktijk.* Utrecht: Nibud.

Madern, T., & van der Schors, A.（2012）. *Kans op financiële problemen.* Utrecht: Nibud.

Nibud.（2009）. Geldzaken in de praktijk. Utrecht: Nibud.

Nibud.（2012）. Goed omgaan met geld. Achtergronden bij de competenties voor financiële zelfredzaamheid. Utrecht: Nibud.

Nibud.（2013）. Nibud learning goals and competences for children and adolescents. Utrecht: Nibud.

NVVK.（2014）. *Jaarverslag 2013. Meer met minder.* Utrecht: NVVK.

OECD.（2013）. Dataset: Level of GDP per capita and productivity 2013. https: //stats.oecd.

org/Index.aspx?DataSetCode=PDB_GR. Accessed 21 April 2015.

Statistics Netherlands. （2014）. CBS：Vermogen van huishoudens fors gedaald. http：//www. cbs.nl/nl-NL/menu/themas/inkomen-bestedingen/publicaties/artikelen/archief/2014/2014-4231-wm.htm. Accessed 21 April 2015.

van der Schors, A., Madern, T., & van der Werf, M. （2013）. *Nibud Scholierenonderzoek 2012-2013*. Utrecht：Nibud.

van der Schors, A., & Wassink, A. （2013）. *Nibud Kinderonderzoek. Onderzoek naar basisschoolkinderen en hun geldzaken*. Utrecht：Nibud.

van der Schors, A., & van der Werf, M. （2014）. *Jongeren & geld De financiële situatie en hulpbehoefte van 12- tot en met 24-jarigen*. Utrecht：Nibud.

Warnaar, M., & van Gaalen, C. （2012）. *Een referentiebuffer voor huishoudens. Onderzoek naar het vermogen en het spaargedrag van Nederlandse huishoudens*. Utrecht：Nibud.

Wijzer in geldzaken. （2014a）. *Strategisch Programma 2014-2018*. Den Haag：Wijzer in geldzaken.

第21章 罗马尼亚的金融普及教育①

Maria Liana Lacatus

摘要 本章阐述了罗马尼亚的金融普及教育现状，罗马尼亚是欧盟成员国之一，正在向市场经济转型，以加速融入欧盟一体化进程，这些过程将是漫长而且艰难的。2011年，政府颁布了一项新的教育法，目的是使罗马尼亚教育系统更适应劳动力市场条件和更符合欧盟教育标准和要求。经济、金融和创业教育是罗马尼亚教育改革进程的重要部分。在罗马尼亚，金融教育是校本课程的一部分。其目标的实现只能通过跨学科综合教学法和教育规划。从2011—2012学年开始，罗马尼亚教育部批准并建议在全国范围内开展两个金融教育课程，一个在初中，一个在高中。教育部还建议，所有对提供金融教育课程感兴趣的教育机构可以在其学校制定的教学大纲中加入关于金融问题的选修课。银行对促进金融教育领域的发展也感兴趣，它们可能会帮助学校开展金融教育课程，除此之外，它们还开发出自己的金融教育项目。

关键词 金融普及 罗马尼亚的金融普及 金融教育 罗马尼亚校本课程 欧盟教育标准

21.1 引言

本章阐述的是罗马尼亚的金融教育现状，罗马尼亚是欧盟成员国之一，正在向市场经济转型，以加速融入欧盟一体化进程，这个过程将是漫长而且艰难的。2011年，为了使罗马尼亚的教育体系更适应劳动力市场，更符合欧盟的教育标准和要求，通过了一项新的教育法。经济、金融和创业教育是罗马尼亚教育改革的重要部分。在罗马尼亚，金融教育是校本课程（即学校自己制定的课程）大纲中的一部分。金融教育对于人们以负责任的方式管理资金很有必要。了解基本的金融概念和原则，树立对消费和储蓄的理性态度，对于

① M.L. Lacatus (&)

Bucharest University of Economic Studies and Romanian Center for Economic Education，

7 Vasile Milea Bd，Bloc B1，Ap.5，sector 6，Bucharest，Romania

e-mail: maria.lacatus@cree.ro

© Springer Science+Business Media Singapore 2016

C. Aprea et al. (eds.)，International Handbook of Financial Literacy，

DOI 10.1007/978-981-10-0360-8_21

那些经历过最近的金融危机从而对自由市场可产生长期收益持怀疑态度的人来说尤其重要。相比于东欧的其他国家，这在罗马尼亚可能更成立，因为它经历了艰难的过渡期。

21.2　罗马尼亚——一个2007年加入欧盟的国家

罗马尼亚通常被归为中上等收入的经济体，在2008年它可能是欧洲经济增长最快的国家，2008年其经济增长率为8.4%，是欧洲平均经济增长率的三倍，这也解释了为什么在21世纪头十年，它被称为"东方之虎"。在2011年，罗马尼亚拥有2130万居民，其GDP（购买力平价PPP）为2 734亿美元，很多产业都是东欧地区的领导者，如信息技术产业（IT）和汽车行业（汽车、卡车、公共汽车）。它的首都布加勒斯特是东欧地区最大的工业和金融中心之一。罗马尼亚拥有丰富的自然资源，包括土地、煤炭、石油、天然气、水力和风力，以及黑海和喀尔巴阡山脉，因此罗马尼亚拥有巨大的经济发展潜力。

尽管在过去20年里，罗马尼亚的经济发展潜力巨大，经济增长强劲，但在2011年，罗马尼亚的人均GDP为12 808美元，仅为欧盟人均GDP的40%，只有少数几个城市（如布加勒斯特（Bucharest）、克鲁日（Cluj）、蒂米什（Timis）和康斯坦察（Constanta））的人均国内生产总值高于或等于欧盟的平均水平。2014年，罗马尼亚的失业率上升到7%，通货膨胀率上升到3.3%。当时预计罗马尼亚以购买力平价（PPP）衡量的人均国内生产总值在2015年将达到16 982.323美元，届时该国有望加入欧元区。

罗马尼亚的中产阶级和上层阶级的人均收入相对较高。2013年，月净平均工资是1 617列伊（387欧元）。2006年期间，罗马尼亚的工资增长率是东欧地区最高的。但尽管最近有所增长，在欧盟，罗马尼亚的平均月工资仍然是最低的。

21.3　学校自定课程中的金融教育

2011年，为了使罗马尼亚的教育体系与欧盟的教育标准和要求更加一致，政府通过了一项新的教育法律。经济、金融和创业教育是罗马尼亚教育改革的重要部分。

金融教育，无论在初中还是高中，都是教育部推荐和批准的选修科目。它是根据欧洲议会和欧盟理事会的建议提出的，作为发展与必要的终身学习能力有关的关键能力的课程。它包括学生必须具备的技能，包括采取行动、社会和公民技能，以及学习如何学习。金融教育是校本课程的一部分，它的目标可以通过教授金融教育课程或社会科学、公民教育和文化或其他人文学科（包括人类和社会课程领域的学科）的多学科教学方法来实现。

作为一个具体的学科，自2011—2012学年以来，金融教育一直是学校的选修课。在初中和高中阶段，两个学期中每周上一个小时的课程。学校可以决定在哪个年级（四分之一）教这个科目。对于初中来说，通常建议在六年级或七年级学习。初中代表着新的教学方式、学生们必需的学习方式，这是一个过渡时期。在初中最后时期（八年级），学生们必须参加全国考试，故不再学习新课程，类似的情况也出现在高中生身上。因此，不推荐向那些想要专注于学士学位考试的高年级学生教授介绍新科目的选修课。

小学阶段（直到四年级）也进行金融教育。为了促进学生、教师和地方教育当局的金融教育的发展，国家中央银行（罗马尼亚国家银行）与罗马尼亚教育部合作推出了一个试点项目。这次合作的一个重大成果是，在这次试点过程中设计出了小学金融教育课程。2013年，该课程由教育部批准，并在全国范围内推广。该教育课程为期2年（4个学期），可以提供给三年级和四年级的学生（10～11岁）。但学校有两种选择：完成一项为期两年的金融教育项目或为期一年的课程，这取决于教师和学生家庭的选择。选择1年制课程的教师有责任选择他们所要教授的能力和内容。不管金融教育项目在学校持续多长时间，学生们每周只上一个小时的课程。

在学校开展金融教育项目可以提升学生们的金融技能和能力，例如：

• 了解并应用有关消费、储蓄、投资以及消费者、储蓄者和投资者行为的基本经济和金融概念；

• 合理管理金融资源；

• 正确管理个人预算或家庭预算；

• 引导学生们做出积极和负责任的社会行为，具备适应迅速变化的新兴经济体的能力；

• 理性消费和储蓄；

• 与他人合作解决经济和社会性质的问题——无论是理论上还是实际上的，这可能出现在个人开展活动或业务的社区或不同群体中。

金融教育的重点在于认识商品和服务的质量、培养制定个人预算的能力、有效配置金融资源和对适当的银行产品和生活习惯进行决策。金融教育项目是围绕诸如金钱、收入、消费和储蓄等基本经济概念展开的。

小学的金融教育课程主要集中在货币和银行上。在内容方面，学生学习的重点是了解货币历史及货币创造过程，了解货币的演变以及不同国家货币之间的差异。小学生学习如何使用金钱，什么是信用卡和借记卡及如何使用，以及人们应该如何在银行办理业务；他们也学习储蓄和投资。

初中的金融教育关注的是消费者的概念、家庭预算、如何通过储蓄或银行贷款满足当前的和未来的财务需求以及消费者和金融机构之间的关系中所存在的利益和风险。高中阶段是加深对经济问题的理解的第二阶段，该阶段的金融教育专注于储蓄和投资，以及如何使用银行产品（存款、信用卡、电子票据支付联合服务）。表21-1提供了金融教育课程内容的摘要（Lacatus和Suciu，2013）。

学校为学生提供的金融教育物质资源的数量和种类各不相同。在罗马尼亚的学校里，十年级（义务教育）之前可以获得免费的教科书，但只限于核心课程中的必修科目。即使在11年级和12年级的课程中也有教科书，但它们并不是免费的，学生们必须购买它们。在罗马尼亚的教育体系中，必修课的教科书是由教育部选定和批准的，教育部没有选择、批准或购买教科书作为选修科目。因此，学校里没有金融教育课程的教科书。

教师选择并复制教材，为自己班级的学生设计和开发新教材，或者要求学生们购买不同的教材。他们使用的教材是由不同组织生产的，尤其是非政府组织。

表 21-1	金融教育课程内容摘要	
小学金融教育课程的内容	初中金融教育课程的内容	高中金融教育课程的内容
货币与人们的生活 • 货币：货币的历史；货币与商品和货物之间的交换 • 国家货币：硬币和纸钞；中央银行和货币创造；财富和财政部	*消费者、家庭预算、个人预算* • 作为消费者的学生；消费者权利和保障这些权利的机构 • 家庭预算/个人预算：家庭收入/个人收入；家庭支出/个人支出	*需求与个人、家庭计划* • 个人需求和家庭需求及其保证金 • 收入、支出和储蓄 • 预算：个人预算
货币与银行 • 什么是银行？我们为什么需要银行？金融业务；罗马尼亚的银行体系 • 国家货币；外国货币；美元和欧元 • 货币兑换；汇率 *我们可以用金钱做什么* • 用于投资：什么是投资？如何投资？ • 货币周转：购买与销售；我们如何支付？银行卡和支票 • 贷款：为什么需要贷款？如何获得贷款？信用卡 • 用于储蓄：我们什么时候可以存款？我们可以用存款干什么？储蓄账户和存款	*个人预算管理* • 金融资源配置：当前需求/未来需求/如何分配 • 资金在个人预算中的作用 • 货币形式；货币效用 • 储蓄 • 消费者与银行的关系；银行账户 • 储蓄和家庭计划；储蓄账户 • 消费者贷款和信用卡；国家货币；欧元与其他国家的货币 • 消费者的利益与风险	*个人和家庭金融计划* • 银行资金管理：储蓄、银行存款和证券 • 贷款：贷款成本 • 银行卡：银行卡的种类 • 风险与资金管理 • 银行业务分类——支付、网上服务、ATM 以及使用 • 保险服务：政策以及可选择的保险类型：人寿保险、健康保险、养老保险、旅游保险、财产保险；风险防范 • 罗马尼亚的银行体系；金融机构；国家中央银行 • 与欧元有关的争议性问题

在金融教育项目中，许多教师使用由罗马尼亚经济教育中心（CREE）开发的经济教育材料，用于小学、初中和高中教育[1]。他们也可以使用由银行开发的教材，例如罗马尼亚国家银行为小学提供的金融教材[2]。

高中的金融教育课程主要是由社会科学教师教授的，他们是中学和高中的合格教师，大部分都有经济学背景。许多经济学教师认为，金融教育是一种"弱化"的经济教育形式，这意味着它只涉及基本的经济概念，只需要基本的分析水平，而且限制了专业术语的使用。在小学里，学生是由没有经济教育背景的教师教的，或者只是偶然地接受了经济教育的教师。因此，在金融教育领域需要培训大量的从事金融教育的教师。为了分享经验，促进金融服务，帮助教师教授金融问题，来自银行的专家参与到各个教育阶段的课堂活动中。

[1]　这些教材包括：CREE，2005，《小学经济教育》指定的学生用书和教师用书；CREE，2004，《初中经济教育》指定的学生用书和教师用书；CREE，2009，《高中经济教育》指定的教师用书，CREE，2002—2012，《最优经济课程》。
[2]　这些教材包括：Georgescu-Golosoiu，Ligia，2013，用罗马尼亚语编写的《金融教育——每个人都应该了解货币》；Banii pe intelesul tutor 指定的教材、学生用书和教师用书；探索出版社（Explorator Publishing House）。

21.3.1 银行与非政府组织制定的金融教育项目

上述问题在很大程度上决定了学校的金融教育。然而，在中学教育之外，金融教育体现在由银行机构或保险公司实施的各种项目中。这些项目属于这些机构对企业社会责任（CSR）政策的履行，这可以通过公民教育来传递。其中一个例子就是由苏格兰皇家银行（RBS）开展的"金钱意识"项目，旨在帮助所有人更好地管理个人财务。它提供了制定个人预算的方法和各种银行产品和服务的信息。目前，它针对的是大学中的年轻人，试图通过提供银行产品和服务信息来帮助学生们更好地管理财务。

另一个金融教育项目是由罗马尼亚商业银行（BCR）开发和实施的，项目名称为"资金学校"（Money School）。这个项目的目标是从支出和投资的角度增强公众对资金管理的责任意识。它们不仅针对学生，而且针对所有可能的银行客户，帮助了解与个人理财相关的主要问题。"Money School"是一个在线课程，是在 www.scoaladebani.ro 网站上提供的互动式课程。它还包括了"年度财力"比赛，其中包括支出和投资任务。网上提供了两卷资料，第一卷资料题为《财力与资金的对话指南》，重点关注家庭支出的有效管理；第2卷《货币增长指南》关注个人投资。

另一个特别重要的项目是"经济工程"，是由个人自由联合协会组织实施的，其目标群体是高中生。这个项目由三个模块组成，学生们需要积累必要的基本经济学概念，以更好地了解市场机制和自由社会。该项目还拥有一个全面的数据库，包括解决重要的经济问题的文本、视频、漫画和音频材料。这些材料给年轻人提供了参与国家项目的机会，这一项目与政府资助的公立学校提供的知识相辅相成。

当前，罗马尼亚没有标准化的金融教育。不同的项目鼓励学生了解金融知识的不同方面。与《金融周刊》和《金融时报》合作开发的另一个项目，首先是基于课堂学习，然后组织一场竞赛，那些掌握最精确金融信息的人获得了奖金和其他奖项。在全国范围内，还有另一个重要的金融教育项目，称为"家庭预算"，是由国家消费者保护管理局（ANPC）与罗马尼亚消费者保护协会（Association for Consumer Protection）合作开展的。

21.4 罗马尼亚金融普及的实证证据

2010年，罗马尼亚世界经济研究所在世界银行（World Bank）的要求下，在罗马尼亚开展了一项关于金融素养的调查。这项调查的结果之一是，罗马尼亚公众的金融知识水平较低。他们通过计算金融知识指标（FLI）来测量这一水平，它融合了金融知识和理解、技能、态度和信心以及金融行为，量表范围从0到100。罗马尼亚的FLI为31（Stănculescu，2010），这意味着较低的金融知识水平。研究表明，14%的人口基本上是金融文盲，将近250万人，其特征为"金融方面的外行人"，因为他们缺乏参与，缺乏知识，缺乏对金融体系的认识。在金融文盲中，有许多妇女、老人、受教育程度较低的人、罗姆人、农民、退休的人和低收入的人。

大约有41%的人口，也就是超过750万的人特征为"金融惰性"，他们的金融知识水平较低，对金融问题的理解能力也很差。这组人中的20%使用金融产品。金融"追随者"和"采用者"有770万人。他们在财务上见多识广，有良好的或中等水平的金融知识，对财务问题有较好的理解。他们诸如利率、通货膨胀率、养老金和房地产等的信息主要来自于媒体。这个群体中的大多数人都使用各种金融产品。金融"追随者"包括雇员、雇主和个体户,他们的教育水平(学院或大学)高于平均水平,而且他们都是来自大城市的高收入群体(超过10万居民)。

这项调查的另一个重要发现是,罗马尼亚49%的人有储蓄。许多储蓄者的储蓄相当于两个月的收入。然而,只有6%的人在为退休储蓄。在有财务问题的人当中,只有15%的人使用金融服务来支付当前的费用并解决问题。大多数金融产品和服务的消费者不知道他们的权利是什么,也不相信制度有解决金融冲突的能力。当他们在金融机构或服务中选择时,他们会寻找最高的存款利率和最低的贷款成本,他们不寻求财务咨询的建议。

21.5 结论

罗马尼亚的金融教育面临着一些主要的挑战:人口的金融素养水平较低(量表范围为0到100,罗马尼亚人的分值为31),特别是低收入水平群体和欠发达的农村地区居民。与此同时,罗马尼亚将受益于这一事实,即人们意识到他们对经济事务的无知以及对金融教育的需求。此外,年轻人想要了解金融问题。在罗马尼亚,促进金融普及是提高人们做出合理的未来决策的能力的先决条件。

参考文献

Economy of Romania. http://en.wikipedia.org/wiki/Economy_of_Romania

Lacatus,M. L.,Suciu,M. C.(2013). A new challenge in EU:Effective financial education. *In The annals of the University of Oradea. Economic sciences*,1st Issue/July 2013,Tom XXII-2013,http://anale.steconomiceuoradea.ro/volume/2013/n1/059.pdf.

Stănculescu,M. S.(2010)Financial literacy in Romania 2010. In Social research reports,Vol. 16. October 2010,http://www.researchreports.ro/ro/arhiva/27-social-research-reports-volume-16-october-2010 Microfinance Centre,2013,*Making Cents with Financial Education in Romania*,http://www.mfc.org.pl/sites/mfc.org.pl/files/Citi%20project_Romania_ English%20language. pdf.

第22章 南非的金融普及教育[①]

摘要 南非的金融素质教育是一个积极的、不断发展的领域，特别是主要的金融机构致力于推进金融教育整合到学校课程体系中。尽管做出了这些努力，但该国在经济和金融素养方面的国际调查中得分仍很低。家庭的财务压力正在上升，因为家庭负债与收入比率接近历史高点，而家庭储蓄与收入的比率则为负值。很明显，金融普及教育是无效的，部分原因可能在于，自2004年南非《金融宪章》生效以来，成年人的金融素养才得到积极提升。本章表明，这种无效性更根本的原因在于，现实中，许多金融普及方案并不总是适用于像南非这样的二元经济的经济体。本章建议，政府需要调整金融教育方案以使其更加有效。

关键词 金融普及 南非的金融普及 金融压力 家庭储蓄 金融普及教育

22.1 南非的经济和金融状况

南非的人口略多于5 200万，尽管它并不是非洲人口最多的国家，但南非却被认为是非洲最发达的经济体。它占撒哈拉以南非洲地区总产出（以PPP为基础的GDP来衡量）的21%（世界银行，2014），成为继尼日利亚之后的第二大非洲经济体。即便如此，南非的经济仍然比其他临近的非洲竞争对手更加多样化，在经济增加值中，第二和第三产业占了90%。2012年，金融业（金融、房地产和商业服务）对GDP的贡献占21%，使金融业成为对GDP贡献最大的子部门。这一点也不奇怪，因为根据2013—2014年世界经济论坛（World Economic Forum，2013）的全球竞争力报告，南非的金融市场发展排名世界第三。

南非在很大程度上是二元经济的经济体，它既是一个发达经济体（拥有先进的金融部门），又是一个大规模的非正式和不发达经济体。虽然这一特点在发展中国家和新兴市场

① A. Wentzel

Department of Economics and Econometrics, University of Johannesburg,

PO Box 524, Auckland Park 2006, South Africa

e-mail: arnoldw@uj.ac.za

© Springer Science+Business Media Singapore 2016

C. Aprea et al. (eds.), International Handbook of Financial Literacy,

DOI 10.1007/978-981-10-0360-8_22

经济体中并不是独一无二的，但由于1994年以前的种族隔离政策使这种二元论在种族和地理界线上制度化，导致这一点更加恶化。即使是越来越多的黑人中产阶级正在崛起，这些政策留下的影响仍然存在，贫困和失业率在非洲黑人中最高（目前的种族分类将人口划分为四个主要群体：白人、有色人种、印度/亚洲人和非洲人）。

1994年后，人均收入普遍下降的趋势逆转了，以后的很多年，家庭的人均实际可支配收入增加了（图22-1）。2009年的负增长主要是全球经济衰退的后果。2013年的人均收入为4 557美元（或37 416兰特）。

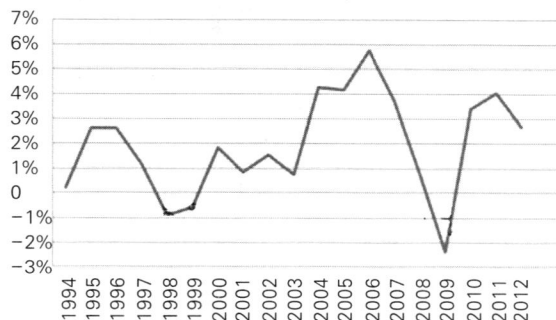

图22-1 家庭人均可支配收入的变化（以不变价格衡量的）

数据来源：SARB.

收入的增加掩盖了这样一个事实：大部分收入仍只流向一小部分人口。南非是世界上不平等问题最严重的国家之一，基尼系数约为0.69，失业率在过去10年里一直徘徊在24%左右（南非统计局，2013）。贫困率（基于577兰特或每月70美元的贫困线）仍然很高，占总人口的52%（2012年总统任期），这表明该国大多数人的收入都很低、不稳定。

考虑到经济的高度二元性，必须谨慎地解释反映人口财务状况的宏观经济数据。即使考虑到这一点，近年来家庭的财务状况似乎也在恶化。

从图22-2和图22-3可以看出家庭正在承受日益增加的财务压力。图22-2显示了家庭债务在《国家信用法案》（2006年中期生效）颁布之前迅速上升到可支配收入的80%以上，而2008—2009年的全球经济衰退导致了信贷额度的萎缩。

由于债务水平上升，家庭储蓄减少。在图22-3中可以看出，债务快速增长时期对应的是负储蓄，这使得南非家庭没有对2008年以后面临的财政困难做好准备。

正如前面提到的，在高度发达的金融领域内，家庭财务压力的增加是存在的。南非拥有非洲最大的证券交易所，一个信誉可靠、受人尊敬的中央银行，以及金融监管部门的一系列法律和有效监管机构。其中一个机构是国家信用监管机构（NCR），它是在《国家信用法案》（National Credit Act）实施后成立的。该法案的目的之一是消除不公平的信贷行为，防止不可持续的债务累积（图22-2）。由于南非家庭对它的了解很少，NCR的有效性仍令人怀疑，尽管如此，但它确实发布了有用的数据，可以让人们更详细地了解信贷市场。其中一个指标，即消费者信用状况的分布，通常可以证实金融压力的观点。

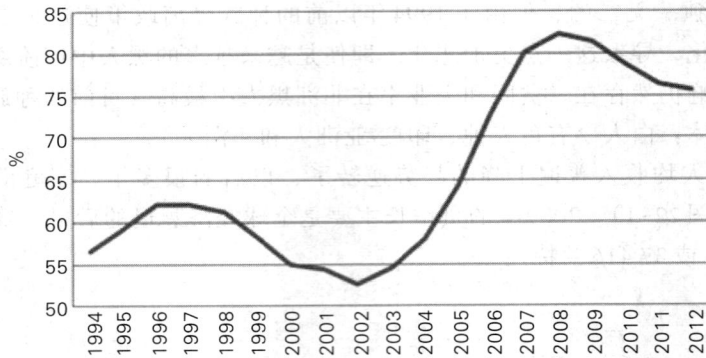

图 22-2　家庭贷款占可支配收入的比率

数据来源：SARB.

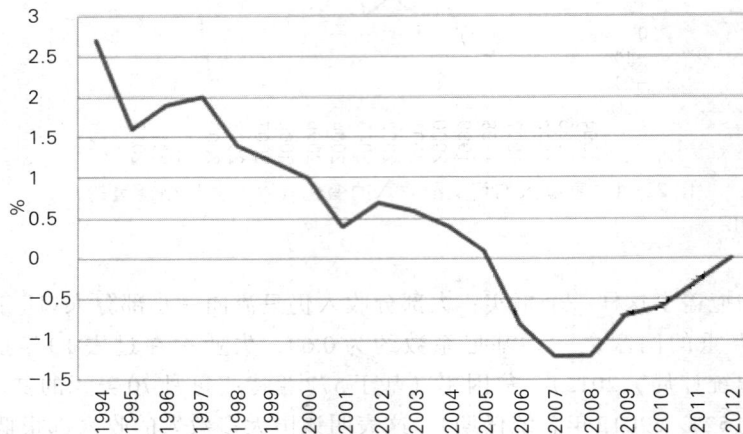

图 22-3　家庭储蓄占可支配收入的比率

数据来源：SARB.

　　图 22-4 显示，与信用提供者有往来账户的消费者比例在下降，同时欠款超过一个月的账户百分比已经上升。涉及法律诉讼的（不良信贷上市或判断和管理）比例至少已经企稳。

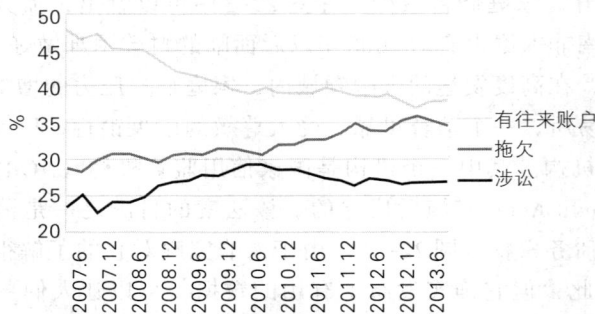

图 22-4　消费者信用状况

数据来源：国家信用监管局（2013）和 I Net Bridge.

22.2　金融普及的现状

最近，南非进行的金融素养的调查已经证实，家庭财务压力日益增长证明了南非金融素养水平较低。金融服务委员会（FSB）（负责管理南非的非银行金融机构）参与了2010年的一项试点研究，该研究采用了多维（经合组织创立的国际金融教育网）方法来测量金融素养水平。根据这种方法，金融知识水平的衡量标准有四个方面：财务管控、财务规划、产品选择以及金融知识。在这一试点研究中，有14个参与这一研究的国家，南非和亚美尼亚是整体金融素养最低的国家（Atkinson和Messy，2012）。通过研究更广泛意义上的经济素养，Japelli（2010）也证实了南非的这一低排名，即在55个国家中，南非的经济素养排名最后。

在试点研究之后，金融服务委员会被委托再次对金融素养进行调查研究。这些研究结果见表22-1。

表 22-1　　　　　　　　　　　金融知识得分（量表范围0～100）

维度	2011年	2012年
财务管控	58	61
财务规划	53	50
产品选择	45	46
金融知识	56	55
总得分	54	54

数据来源：Struwig et al.（2013）.

这两项调查之间没有明显的变化，因为两项调查之间的间隔时间很短。若以OECD INFE试点研究的平均分数为基准，南非54分的分数相对较低。

从调查分解的结果中可以看出，种族差异并没有消失。平均而言，南非最具经济素养的人的特征是：以英语为母语且受过高等教育的白人。白人的得分为68分，而非洲黑人的平均得分为51分（或更低，这取决于教育水平）。

每年的FinScope调查（FinMark Trust，2013）是另一项定期进行的相关研究。虽然它并没有直接衡量金融素养，但它提供了关于金融包容性以及南非储蓄和借贷行为的有价值的信息。它表明，随着时间的推移，有银行账户的成年人口比例已经增加到75%。调查显示，在2013年，42%的成年人（比前一年下降了10%）有储蓄，44%的成年人有借贷行为，51%的成年人有保险。

这项调查（FinMark Trust，2012；2013）揭示了贫困成年人与其他成年人的经济状况（基于基本生活必需品和收入）存在着巨大差异。例如，贫困人口的主要资金来源要么是不稳定的（来自其他人的钱或临时工作），要么是政府拨款，只有约四分之一的资金来源于工资或薪金。在这个群体中，大约有三分之一的人仍然处于正式或非正式的金融部门之外，而当他们需要借钱的时候，主要借钱对象是朋友或家庭。贷款主要用于处理紧急情况、购买食物（39%的受访者表示借钱购买食品）或葬礼。许多贫困人口都有需要赡养的家属（往往是由于高发病率的艾滋病（HIV/Aids）而失业的亲戚或孙辈），这使得他们很难用微薄且不稳定的收入来支付所有的费用。

22.3　解决金融普及教育的措施

考虑到许多家庭正经历着金融压力，金融素养水平较低，南非迫切需要改善这种情况。近年来，许多私营机构、公共机构和非政府机构正为应对这一挑战而努力。

22.3.1　针对公众的金融教育

提高金融素养的最大努力来自南非的金融机构（主要是银行和保险公司），因为他们签署了《金融宪章》。《金融宪章》是特定行业协议之一，这些协议是黑人经济授权计划（BBE）这一更大项目的一部分。BEE计划的目标是改变经济结构，以纠正过去的不公正现象，从而创造一个所有种族都公平地分享国家财富的经济体。金融机构同意《金融宪章》，意味着它们将致力于促成这种转变。

《金融宪章》的一项规定是，金融机构必须向消费者教育项目贡献0.4%的税后净收益。这些项目可以资助它们自己的消费者教育项目（所有主要的银行都有消费者教育部门），也可以资助培训机构提供的教育项目。目标受众应该是每月收入低于5 000兰特（或略高于600美元）的个人。金融机构发现，通过在工作场所培训项目中提供金融教育（包括在私营部门和公共部门）可以普及到更广大的人群。Old Mutual即老年人共同基金是一家大型保险公司，其"货币探究"项目是其他有关该话题项目的典范，这个项目的内容包括：储蓄、财务计划、预算、借贷和投资。

自从传统讲习班的有效性受到质疑之后，政府还尝试了一些创新的方法，比如在学校和电影院公映微电影（比如Smartbucks），或在大众肥皂剧中加入金融知识（如Scandal!和Muvhango）。

代表金融机构的专业机构也参与金融教育，其中包括南非保险协会（SAIA）、金融规划研究所、南非银行业协会、南非金融中介机构协会以及南非储蓄和投资协会。

政府和金融监管机构也在尽其所能。金融服务委员会和国家信用监管机构（NCR）也在开展金融教育项目，国家财政部正在制定国家金融教育框架，并启动了社会保障和退休计划。政府还成功地推广了Mzansi银行账户——在所有主要银行都可以使用的银行账户，是依据低收入者和之前没有银行账户的人群的需求而制造的。JSE证券交易所（国家债券和股票交易所）和南非储备银行（该国的中央银行）也有自己的项目计划。

私营机构和非政府组织也在发挥作用（独立地或与上述机构合作）。其中包括南非经济和金融教育基金会（SAFEFE）、南非储蓄协会（SASI）、南非教会理事会、FinMark信托基金、希望行动（Operation Hope）和SaveAct（参与培训非正式部门储蓄俱乐部，称为stokvel）。像金融教育基金会（FEF）这样的跨国组织也会通过资助一些金融教育项目参与到金融教育事业中，比如Postbank / Wizzit的同侪教育，这个项目专注于没有文化的人；uBank的Nakekela Imali工作室，它针对的是矿工；南非保险协会SAIA的金融自由广播剧以及货币咨询协会的Imali Matters金融咨询服务。世界银行参与了之前提到的一些电视剧的设计和评估。

简单地列出所有的计划将会填满几页，而不会对本章有很大的贡献。可以说，金融教育在南非是一个活跃和发展的领域。要想获得更多这些项目措施的细节，请参阅 Messy 和 Monticone（2012）、金融教育基金会（2012）和经合组织的国际金融教育网（www.financial education.org）。

22.3.2　针对青少年的金融教育

考虑到南非大多数儿童都是在低收入家庭长大的，对他们来说，接受金融教育更为重要。前一节所提到的组织发起了许多青少年金融普及教育的项目。南非储蓄协会（SASI）与金融规划研究所合作，组织了"教会孩子们储蓄"项目，该项目的目标群体是 4 ～ 7 年级的儿童，并致力于将储蓄主题整合到学校课程中。JSE 证券交易所每年举办一次"全国青少年金融教育普及日"和"投资比赛"项目（与一家大型保险公司 Liberty 一起发起）。最近，南非储备银行为学校举办了一项货币政策知识竞赛，要求学校促进对货币政策的理解，同时 SAFEFE 则为学校举办了一届全国经济奥林匹克竞赛（由一家大型银行 ABSA 赞助）。

对青少年金融教育贡献最大的是政府，主要由于它的地位及其对学校课程的影响。在南非，学校教育体系是集中的，因此，基础教育部门可以决定学校中所要教授的科目、科目的内容和所使用的教科书。虽然这可能相当令人窒息，但它确实有一个优势，即迅速实施国家优先事项，比如提高金融知识水平。

在南非所有的学校里，通过一个叫作"经济与管理科学"（EMS）的学科来教授金融知识。EMS 是全国范围内 7、8、9 年级的必修科目，教学课程和评估政策说明书（CAPS）规定了该科目的教学内容，包括详细课程，甚至年度教学计划。表 22-2 给出了 EMS 课程的概述。

表 22-2　　　　　　　　　　经济和管理科学的课程概要

	经济学	金融素养	企业家教育
7 年级	货币史；需求；商品和服务；生产过程；不平等和贫困	储蓄；预算；收入与支出；会计概念	企业家；创业；企业；企业家教育日
8 年级	政府；国际预算；生活标准；市场	会计的概念；会计循环；源文件；服务企业的现金收入日记账和现金支付日记账；现金交易对会计等式的影响；总账和试算平衡	生产要素；所有制形式；管理水平；管理的作用
9 年级	经济体系；经济周期的运转；价格理论	一名交易员的现金收入日记账和现金支付日记账；总分类账；准备试算表；贷记分类账下记录交易；贷记和借记分类账	经济部门；企业的作用；企业计划

数据来源：Department of Basic Education（2011a）.

在 10、11 和 12 年级，学校对金融教育的关注较少。学生可以选择在 10 ～ 12 年级继续学习经济和商业研究科目，但这不是强制性的。唯一的必修课是"数学和数学素养"科目，其中有一些与金融相关的内容（学生必须在10年级选择其中的一个）。"数学素养"的要求比"数学"低，因为它更侧重于基础数学内容的应用，约35%的应用与金融相关。"数学"确实涉及了一些金融问题的解决，但通常是以一种更抽象的方式。表22-3总结了这两门学科中与金融相关的课程。

表22-3　　　　　数学和数学素养课程中所涉及的金融相关话题

	数学	数学素养
10年级	将简单复利和连续复利运用到利率、分期付款和通胀问题上	应用到家庭财务中；金融票据；关税制度；收入、支出、利润及损失；收入与支出报表和预算；利率；银行业务、贷款和投资；税收
11年级	将简单复利和连续复利运用到折旧问题上，并将其与不同复利时期的函数效应（包括有效利率和名义利率）相联系	应用到家庭财务和企业财务中；所有10年级所包含的话题；成本价格和售价；盈亏平衡分析；汇率
12年级	分析不同贷款选择	10、11年级中所有家庭财务、企业财务、国家财务和全球财务知识运用

数据来源：Department of Basic Education（2011b，c）.

在所有科目中，教师都有一份可供选择的教科书清单。只有与有关的CAPS文件相一致的教科书才会被批准。在EMS的案例中，教师可以选择八种不同的教科书，都是由南非编者编写的。

对学校课程和教学效果有效性的怀疑依然存在。在《世界竞争力报告》中，就初中和高中的教育体系的质量来说，南非在148个国家中排名第146位，而就小学教育体系的质量来说，南非的排名为136（世界经济论坛，2013）。自我经验调查（在SAFEFE进行教师培训之前对参与者进行预先测试）表明，许多教师很难理解基本的经济和金融概念，这很可能阻碍他们自己学生知识水平的发展。这就是像SAIA和SAFEFE这样的组织直接参与教师培训的原因。

22.4　展望

现在对南非的金融教育方案的效力做出判断可能还为时过早。经合组织最近对一些南非金融教育项目的调查得出了好坏参半的结果，并指出，许多评估结果并不十分严谨（Messy和Monticone，2012）。然而，世界银行目前正在进行一项更广泛的对这两个方案的评估工作。

对南非（以及其他二元经济）的金融教育方案有效性的怀疑也许有一个更根本的理由，在这样的国家中，贫穷是广泛存在的——这可能也表明了他们该如何设计更有效的方案。正如Collins等人（2009年）所详细描述的那样，这个根本原因就是，政策制定者（和金融教育者）在穷人如何管理他们的资金问题上做出了一些错误的假设。

一旦做出这些假设，就会得出两个结论。首先，调查并没有反映在贫困条件下生存所需的金融素养。穷人的金融知识得分较低只是他们生活的一个缩影，不能将他们管理微薄的且不稳定的收入行为与复杂的金融行为相提并论。只有通过像金融日志这样的深入的纵向分析法才能合理地判断这些行为。正如 Collins 等人（2009）的结果所显示的那样，有时候，根据金融素养的衡量标准，那些看起来不理性的行为，正是穷人为了生存而不得不参与的行为。除了他们的研究之外，最近的一些研究表明，南非还没有完全了解贫困人口真实的生活状况（Onyango，2010；Mathebula，2013；Mosoetsa，2011）。

第二个结论是，要在贫困中生存，就需要一种不同的金融知识，所以金融教育方案要与其相适应。Collins 等人（2009）展示了在绝对贫困的条件下尽量减少不确定性，而不是试图最大化财富对于研究是更加有意义的。为了在贫困中生存需要一种不同的方式来思考金融行为——这里只提三种可能令人震惊的情况：（1）不能将储蓄和借贷视为相互独立的行为；（2）如果它增加了你的选择，那么最好是蒙受经济损失，或者放弃财务收益。（3）利息最好被看作一种费用，而不是收益。在这有限的条件里，我无法对 Collin 等人（2009）的研究做出公正的评价，因此，我将在 Wentzel（2013）向读者介绍对他们研究的总结，并详细阐述对金融教育的影响。

这些都不能说明传统的金融教育是无效的。事实上，当个人从贫困过渡到具有稳定和充足收入的状况时，帮助他们在贫困中生存的行为可能会变得有害，或者至少会阻碍他们在经济上变得更优渥。正是在这个转变的时候，传统方案是最有价值的，但前提是他们必须认识到在培训内容中这种过渡过程的困难。

参考文献

Atkinson, A. & Messy, F. (2012). Measuring financial literacy: Results of the OECD/International Network on Financial Literacy Education (INFE) pilot study. *OECD Working Papers on Finance, Insurance and Private Pensions*, No. 15.

Collins, D., Morduch, J., Rutherford, S., & Ruthven, O. (2009). *Portfolios of the poor: How the world's poor live on $2 a day*. Princeton: Princeton Univeristy Press.

Department of Basic Education. (2011a). *Curriculum and assessment policy statement grades 7-9: Economic and management sciences*. Pretoria: Department of Basic Education.

Department of Basic Education. (2011b). *Curriculum and assessment policy statement grades 10-12: Mathematics*. Pretoria: Department of Basic Education.

Department of Basic Education. (2011c). *Curriculum and assessment policy statement grades 10-12: Mathematical literacy*. Pretoria: Department of Basic Education.

Financial Education Fund. (2012). Educating for financial inclusion in Sub-Saharan Africa. Available at http://www.financialeducationfund.com/storage/files/Summary_Document_FINAL (elec) -18-5-2012.pdf

FinMark Trust. (2012). *Credit and borrowing in South Africa: FinScope consumer survey South*

Africa 2012. Available from http：//www.ncr.org.za/press_release/research_reports/NCR_14.03.2013.pdf

FinMark Trust. （2013）. *Finscope South Africa 2013.* Available from http：//www.finmark.org.za/wp−content/uploads/pubs/BROCH_FinScopeSA_2013_FNL.pdf

Jappelli，T. （2010）. Economic literacy：An international comparison，CFS *Working Paper*，No. 2010/16.

Mathebula，B. （2013）. *Scoping of small，micro and survivalist enterprises in Evaton township.* Johannesburg：Studies in Poverty and Inequality Institute.

Messy，F. A. & Monticone，C. （2012）. The status of financial education in Africa. OECD Working *Papers on Finance，Insurance and Private Pensions*，No. 24.

Mosoetsa，S. （2011）. *Eating from one pot：The dynamics of survival in poor South African households.* Johannesburg：Wits University Press.

National Credit Regulator. （2013）. *Credit bureau monitor.* Third Quarter，September 2013.

Onyango，C. L. （2010）. *Urban and peri−urban agriculture as a poverty alleviation strategy among low income households：the case of Orange Farm，South Johannesburg.* MA Thesis，University of South Africa.

Statistics South Africa. （2013a）. Publication P0441 Gross Domestic Product （GDP），3rd Quarter 2013.

Statistics South Africa. （2013b）. Publication P0277 Quarterly Employment Statistics，September 2013.

Struwig，J.，Roberts，B.，& Gordon，S. （2013）. *Financial literacy in South Africa 2013 report.*Pretoria：Human Sciences Research Council.

The Presidency. （2013）. *Development indicators 2012.* The Presidency：Republic of South Africa，Department：Performance Monitoring and Evaluation.

Wentzel，A. （2013）. *Why financial education fails the extremely poor.* Unpublished manuscript，available at www.academia.edu.

World Bank. （2014）. *World Development Indicators* 2012. GDP ranking，PPP based http：//data.worldbank.org/data−catalog/GDP−PPP−based−table.

World Economic Forum. （2013）. *The global competitiveness report 2013−2014.* Geneva：World Economic Forum.

第23章 瑞士的金融普及教育[1]

Nicole Ackermann and Franz Eberle

摘要 经历了2008年的金融危机之后,很明显,瑞士的私人家庭越来越多地暴露在复杂且充满变化的金融市场中。同样地,他们在金融和退休计划方面将承担更多的个人责任,因为国家不足以保护他们免受市场失灵的影响。从那以后,瑞士便有了一个强有力的政治主张,即大力支持金融普及,不仅针对义务教育,而且还针对高等教育,目的是避免私人债务积累和因此导致的财政拨款的增加。令人惊讶的是,只有少数实证研究披露瑞士的金融知识水平和阐述金融素养与金融行为之间的关系。因此,本章的目的是分析瑞士的金融教育是如何在瑞士学校实施的,其次是分析瑞士人民金融素养在多大程度上已经在实证研究中得到了检验。

关键词 经济教育 金融教育 金融普及 金融知识的素质模型 Lehrplan 21 d'études romand 计划(PER)

23.1 人口与经济

瑞士是一个具有三个政治等级的联邦国家:联邦、州和市镇。由于联邦宪法规定的辅助性原则,各州对没有明确委托给联邦的所有政治领域负责。此外,在这些领域内,州一级的行政区具有独立主权。

2013年,瑞士总人口为814万,其中约四分之一是外国人,也就是说他们没有瑞士公民身份。由于正在进行的城镇化(BFS,2014a),大约四分之三的人口生活在城市地区。2010年瑞士人口的年龄结构呈现出一种瓮形,这是高度发达国家的典型特征:20.4%的人年龄在19岁以下,62.2%的人年龄在20到64岁之间,17.4%在64岁以上(BFS,2014b)。

---

① N. Ackermann (&)
Universität Zürich,Institut für Erziehungswissenschaft,
Kantonschulstrasse 3,8001 Zurich,Switzerland
e-mail: nicole.ackermann@ife.uzh.ch
F. Eberle
Universität Zürich,Institut für Erziehungswissenschaft,Zurich,Switzerland
© Springer Science+Business Media Singapore 2016
C. Aprea et al. (eds.),International Handbook of Financial Literacy,
DOI 10.1007/978-981-10-0360-8_23

尽管瑞士仅有很少的自然资源，比如原油或金属，并且由于其多山的地形（南部的阿尔卑斯山脉和西北部的汝拉山脉）致使其拥有很少的经济可用土地，但在20世纪，瑞士已经形成繁荣和具有竞争力的市场经济。在一个稳定的政治制度和透明的法律体系的支持下，瑞士成功地达到经济繁荣是由于不同的特征，如较高的人均国内生产总值[1]、适度的GDP增长率[2]、低通胀[3]、低失业率[4]，技能熟练的劳动力以及高度专业化的服务和工业产品。

以GDP或就业为衡量标准的瑞士的经济结构在20世纪经历了从第一产业到第三产业的巨大转变（BFS 2014e）。2013年，瑞士经济以第三产业即服务业为主，其对GDP的贡献率为72.5%，最重要的服务业是金融、保险、房地产和贸易。第二产业即工业和制造业对GDP贡献为26.8%，其中制药、化工、机械、手表、精密仪器和纺织品是最重要的行业。其余0.7%的GDP主要来源于由农业和林业组成的第一产业（BFS，2014c，d）。

2012年，州立债务执行办公室向私人家庭和公司发出了2 729 416份付款传票。在私人家庭中，有1 483 792个被执行的扣押资产令和561 981个被执行的清算。在公司中，有14 556家公司宣告破产，12 955家公司完成了破产清算。这导致了220万瑞士法郎的破产损失（BFS，2014f）。

23.2 金融教育

尽管相关文献提供了几种金融普及教育的方法，但人们无法获得金融教育或金融普及教育的具体定义或概念（Reifner，2011；Schlösser et al，2011）。Schlösser等概述了金融普及教育的四个相互联系的核心领域：消费、建立和扩大资产、管控债务和获得保险。另一方面，Reifner（2011：23 ff.）为一般消费者导向的金融教育确定了三个主要因素：金钱、时间和风险，并将专业技能、社会能力和个人能力区分开来。

Manz（2011）提供了金融普及教育的三维能力模型（图23-1）。第一个维度由五个活动领域组成：收入、消费、借贷、储蓄和投资以及应对风险。对于每个领域，专业技能、社会能力和个人能力都是必需的（第二维度），也需要知识、能力和态度（第三维度）。

在接下来的23.2.1部分，我们简单介绍了不同的瑞士学校体系。在第23.2.2节中，我们对不同的和具有代表性的义务学校的金融教育课程体系进行了分析和比较。在最后一节，我们介绍了旨在支持一般公众的经济和金融普及教育的选定方案和服务。

---

[1] 2012年，以当前价格计算的人均GDP达到74 010瑞士法郎，相当于以当前购买力平价计算的53 733美元（BFS 2013；OECD 2013）。
[2] 2013年，实际年均GDP增长率为1.9%（SNB 2014c）。
[3] 在过去的20年左右的时间里，通胀率都在2%以下（SNB 2014b）。
[4] 在过去的10年左右的时间里，失业率在2%至3%之间（SNB 2014a）。

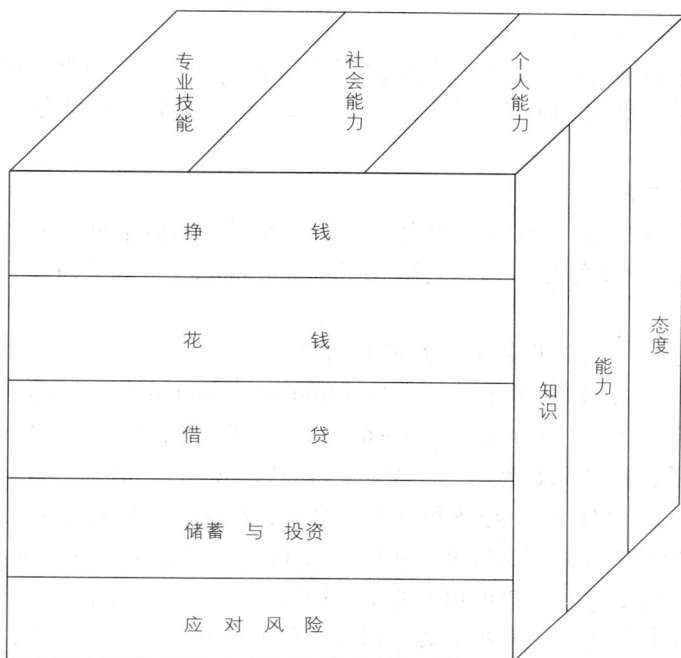

图 23-1 金融普及教育的三维能力模型 (自我陈述，基于Manz，2011，58)

23.2.1 学校体系

根据瑞士联邦行政区结构，州一级的行政区对教育承担最大的责任。联邦教育系统允许各州在文化、语言和宗教方面存在不同。因此，每个州都有一个独立的教育政策，规定了具体的课程和具体的教学资源。

综上所述，州立教育部长组成了一个名为"瑞士州立教育部长联盟"（EDK）的公共部门，这两家机构都协调州政府的任务并制定了跨州协议（Art. 61a Bundesverfassung）。最近一项重要的协议是"HarmoS Konkordat"，它于2009年生效，此后一直寻求义务教育的普适规定，如学校结构、教育目标、课程体系、教科书和评价方法等方面（EDK，2007）。讲德语的州已经研究出了一个名为"Lehrplan 21"的普适课程体系，预计于2015年开始执行。同样地，讲法语的州已经开发了一种通用课程体系，名为"Plan d'études romand（PER）"，该课程于2010年生效，直到2014—2015学年开始实施。为了在2014年展示它，提契诺州已经修订了它的课程（EDK，2014）。

在义务教育阶段，包括学前教育和1～9年的学校教育，"数学"或"人类和自然的学科"中通常包括金融教育的概述。实际上，经济和金融教育本身并不是以独立科目进行的。

在后义务教育阶段，包括10至12年级的学校教育，金融教育取决于学校类型。在职业教育学校里，"常识教育课"学科包括经济和金融教育的基本知识。在商业学校的高中里，有一个特定的学科叫"经济学和法律"，专门解决广泛的金融问题，如公共支出和债务、货币政策和通货膨胀、证券和证券交易所、税收、保险及其规定、企业融资和投资、消费者行为以及个人预算。

如前所述，我们认为在义务教育阶段应该传授金融知识，因为财务决策在日常生活中是必不可少的，并有终身的效果（Schlösser等，2011）。因此，对义务学校课程体系的分析似乎是必要的。

23.2.2　课程体系

在23.2.2.1部分中，我们以瑞士两个地区——苏黎世和伯尔尼——当前的课程体系分析作为范例。在23.2.2.2部分中，我们研究了"Lehrplan 21"和"PER"当中的未来的通用课程体系。

23.2.2.1　当前的教育课程体系：苏黎世和伯尔尼

苏黎世目前的学校体系分为三个等级（Bildungsdirektion des Kantons Zürich，2010）：低年级（第1～3年级），中等年级（第4～6年级）和高年级（第7～9年级）。对所有年级来说，有五门学科：社会和自然科学（Mensch und Umwelt）、语言、设计和音乐（Gestaltung und Musik）、数学和体育。经济和金融教育要么出现在数学以及社会和自然科学学科中，要么出现在跨学科的主题式学习活动中（Bildungsdirektion des Kantons Zürich，2010）。在数学学科中，有很多与金融知识相关的学习内容：货币和货币单位、百分比计算、总价和净价、贴现；资本和利率；消费信贷、租赁和分期付款；外币和汇率；收入和费用，资产和负债。在社会和自然科学学科中，相关的学习内容包括：零用钱、工资、预算、购买和消费。

在当前伯尔尼学校系统中有必修科目、附加科目和选修科目（Erziehungsdirektion des Kantons Bern，1995）。整个教育体系的必修科目是相同的：社会和自然科学学科（Natur，Mensch，Mitwelt）、语言（7～9年级学习法语和意大利语）、数学、设计、音乐、体育。为了加深和扩展必修科目的内容，学校还提供了一些选修科目。经济和金融教育大多内容包含在数学学科中，其余部分包含在设计学科中（Erziehungsdirektion des Kantons Bern，1995）。许多与金融素养有关的话题都被嵌入到数学学科中，比如货币和货币单位；购买和销售；百分比计算、基本价值和百分率、总额和净值、贴现、资本和利率、年利率和日利率；现金柜和会计、货币交易、资产和贷款、税收；货币和汇率；生产、消费、广告。在技术和纺织品设计科目中的相关金融主题（"Technisches und textiles Gestalten"）有：原材料、中间产品和最终产品；生产者与消费者之间的经济关系；消费者行为的生态和社会责任。

23.2.2.2　未来通用的课程体系：Lehrplan 21和PER

"Lehrplan 21"将幼儿园和学校分为三个周期，并为每个周期定义了6个主题：语言、数学、社会和自然科学、设计、音乐和体育。此外，有两个模块专门用于媒体、IT以及职业教育方向；其中三个包括了对跨学科或超学科的技能的要求（D-EDK,2014）。

随着"Lehrplan 21"的发展，经济教育的范围也扩大了，从现在开始，课程明确地包含了金融教育。经济和金融普及于社会和自然科学学科及其子领域"经济、劳动力和家庭"（Wirtschaft，Arbeit，Haushalt，见表23-1）。"Lehrplan 21"的学习内容几乎涵盖了除储蓄和投资之外所有相关的金融知识。

表23-1 两个普通市区的"Lehrplan 21"课程体系中与
金融教育相关的学科和学习目标

年级	学科和子学科	学习内容
第一周期（幼儿园和1~2年级）	数学（MA.3）：单位，函数，数据和概率	货币、硬币、银行票据、法郎（Fr.）和卢比（Rp.） 货币数量、银行票据和硬币的计算 比较不同的价格
	社会和自然科学（NMG.6）：劳动、生产、消费	易货贸易，商品和货币 价格比较，购买计划，潜在的储蓄
第二周期（3~6年级）	数学（MA.1）：数字与变量	小数，分数，倍数，百分比，百分比的计算
	数学（MA.3）：单位、函数、数据和概率	估算、确定、比较、四舍五入、计算、转换货币单位 描述和完成价值表（例如，价格和权重）
	社会和自然科学（NMG.6）：劳动、生产、消费	工作模型、失业；大宗商品循环、增加价值；物物交换关系、经济周期循环；基本需求、金融期权
第三周期（7~9年级）	数学（MA.1）：数字与变量	用计算器计算百分比
	数学（MA.3）：单位、函数、数据和概率	计量单位及其缩写，参考单位：货币（CHF，€，$） 利息、利率、资本、总、净、贴现 百分比的计算（如利率） 经济问题（如利息、贴现、租赁） 绝对数值与相对数值的比较、比例和线性关系
	社会和自然科学：经济、劳动、家庭（WAH.1）：生产和工作环境	计酬工作和无偿工作、失业、工作模型、工作条件、实习合同 价值增值、可持续性、生产要素
	社会和自然科学：经济、劳动、家庭（WAH.2）：市场与交易、货币	简单的经济循环、供给与需求、价格的形成机制、市场干预（如税收、补贴和费用） 生活成本、预算计划、货币交易、（青年人）贷款、透支
	社会和自然科学：经济、劳动、家庭（WAH.3）：消费	生活方式、不同观念的消费的后果、产品生命周期、比较基于给定标准的报价
	社会和自然科学：经济、劳动、家庭（WAH.5）：家用开支和一起生活	购买合同、租赁合同、政府补贴合同、保险合同
	媒体和IT（MI.1）：媒体	解读和反思媒体和媒体的文章和广播 积极地利用媒体，与他人沟通和合作
	媒体和IT（MI.1）：IT	在一个环境中描述、结构化和评估数据 分析简单问题、定义并运用解决问题的方法

在"Plan d'études romand（PER）"项目中，从幼儿园到9年级，义务教育持续11年，分为三个周期（CIIP，2010）。有五种必修科目：语言、数学和自然科学（即物理、化学、生物学）、人文和社会科学（即地理、历史和公民教育）、艺术、体育。除了必学领域之外，还有"常识教育课"和"通用技能"。然而，在这种情况下，分配给每一学科的学习内容非常模糊。在"人文和社会科学"和"常识教育课"中会强调经济教育内容，而在数学和自然科学中可能会概述金融教育。

23.2.3 项目和服务

除了在学校实施的课程体系及其学习内容外，还有一些进一步的教育项目和服务，是由私人或公共机构提供的，其明确目的是提高青少年和成人的金融知识水平。在23.2.3.1部分中，我们描述了其中相关的和最受欢迎的教学方案，并在23.2.3.2部分中简述了最重要的咨询服务。

23.2.3.1 教学项目"iconomix"

"iconomix"是由瑞士国家银行（SNB）创建和维护的一个在线经济教学项目。它提供了广泛的主题式教学资源，可以灵活地整合到任何学校的特定课程中，旨在补充学校现有的教科书和材料。"iconomix"主要针对的是后义务教育阶段的经济学或人文学科的教师，但义务教育阶段的第三个周期中自然和社会科学科目的教师也可以使用。四种语言（德语、法语、意大利语和英语）的教学资源可免费使用，也可下载或订购。

"iconomix"背后的教学理念是基于解决问题、行动导向和交互式学习。"iconomix"的教育目标是提高青少年的经济技能和基本金融技能：他们应该能够掌握经济学的基本原理，并将其应用于日常生活中的决策。除了传达基本经济原理和当前的经济问题的教学单元，"iconomix"还开发了几个处理金融问题的教学单元："股票和债券"、"投资基金"、"储蓄"、"租赁"、"通货膨胀"、"预算计划"和"金融知识测验"，等等。

许多高中和商业学校的老师非常喜欢"iconomix"项目并在课堂上将其作为经常使用的资源（cf. Denier，2012）。遗憾的是，义务教育学校的资源有限。

23.2.3.2 预算和贷款咨询

"Budgetberatung Schweiz"是一个非营利组织，在瑞士有35个讲德语的会员协会。在它的网站上，提供了最新的预算资料。这些都是针对个人和教师的：明细、指南、模板、示例计算和在线计算。在咨询中心，"Budgetberatung Schweiz"提供财务问题上的个人咨询服务，以及关于预算的研讨会。"Budgetberatung Schweiz"的服务旨在为每个人，不论他们的社会背景，如青少年、家庭和单亲父母，提供一种对金融工具的谨慎的使用和控制。

"Schuldenberatung Schweiz"是另一个非营利组织，在瑞士有38个讲德语或法语的协会。它提供与债务防范、债务执行和破产相关的在线资料、课程和咨询服务。它的目标群体是家长、教师和公司。

23.3 实证证据

经合组织2005年发布了第一份关于金融知识水平的国际研究报告。该研究有两个主要目标：第一，解释金融教育日益增长的重要性以及对金融市场效率和消费者福利的贡献；第二，评估和比较五个参与国①财政教育方案的有效性。调查问卷包含 20 个关于社会人口信息，以及 30 个关于收入、资金管理、储蓄和投资、支出和债务等金融知识的问题。本研究的主要结果总结如下（OECD，2005）：

- 大多数消费者对金融问题知之甚少。
- 消费者过度高估了自己对金融问题的了解。
- 消费者对金融问题的理解与他们接受的教育程度和收入密切相关。
- 消费者很难找到并理解相关的金融信息。

由于瑞士没有参与经合组织的研究，几乎没有关于瑞士人民金融素养的数据，苏黎世应用科学大学（ZHAW）发起并出版了一项关于"瑞士金融普及程度"的调查（Stäheli 等，2008）。其年轻研究人员的目标是探究经合组织研究的结果是否也适用于瑞士。问卷包括五个部分：货币性格测试、金融知识自我评估、对金融知识的实际评估②、关于金融教育问题和社会人口状况。关于金融知识的问题并未使用国际标准，但仍然涵盖了收入和支出、储蓄、财务规划和退休金。该样本非常小（n=360），对瑞士人口不具有代表性，主要有以下区分：人口年龄结构（30 岁以下占 50%）、性别结构（37% 女性、63% 男性）、教育程度（45% 的人有大学学历）和地区结构（只有讲德语的人接受采访）。尽管如此，调查的关键结果还是很有趣的（Stäheli 等，2008）：

- 金融知识自我评估：尽管他们认为自己对长期的财务规划比短期财务规划更糟糕，但是受访者对自己的金融知识进行评估的结果范围是良好到非常好。此外，他们认为，除了衍生产品和结构化产品，自己能够较好或非常好地解释金融产品的功能。
- 对金融知识的实际评估：与他们的自我报告的表现相比，受访者对金融产品的功能没有足够的了解，例如证券的风险、安全性和回报率之间的关系。此外，他们确实缺乏有关退休金的知识。女性受访者的得分比男性低。在金融知识方面得分较低的受访者会更频繁、更明显地高估自己的知识水平。财务知识与收入呈正相关。
- 金融教育：受访者将报纸、期刊、家庭和朋友作为金融问题的信息来源，认为他们是值得信赖的。令人惊讶的是，受访者认为银行和投资顾问是不值得信赖的。受访者更喜欢个人咨询和自学。约有一半的受访者对改善他们的财务知识状况感兴趣。

瑞士的调查结果大致与经合组织的研究和在德国进行的其他研究结果一致（cf. Macha 和 Schuhen，2011）。

最近的研究结果进一步强调了这些结果。Brown 和 Graf（2013）进行并出版了一项关于"瑞士金融知识水平和退休计划"的重要调查，其目的是研究瑞士的金融知识水平及其与家庭债务和退休计划的关系，并将瑞士的结果与其他经合组织国家的结果进行比较。金融知识水平是通过三个标准化的问题来衡量的（cf. Lusardi 和 Mitchel，2011），它捕捉到了基本的金融概念：复利、通货膨胀和风险分散。对退休计划的测量是通过拥有或没有一

---

① 澳大利亚、日本、韩国、美国、英国。
② 该项评估的目标是评价金融知识自我评估并得出两者之间的差异。

个自愿退休储蓄账户（Brown 和 Graf，2013）进行的。样本覆盖了年龄在 20 至 74 岁的 1 500 名讲德语的瑞士人（Brown 和 Graf，2013）。调查的重要发现如下（Brown 和 Graf，2013）：

- 以国际标准衡量，与其他经合组织国家相比，瑞士人的金融知识水平较高。到目前为止，金融普及教育主要是通过数学学科进行的，由于这一事实，该研究的结果也与 PISA（OECD，2014）中数学的优异表现相一致。
- 低收入人群和受教育程度较低的受访者、移民和非母语的受访者以及女性受访者的金融素养相当低。
- 较中年受访者来说，青年和老年受访者的金融素养更低。另外，关于通货膨胀的知识与年龄呈正相关，而关于复利和风险分散的知识与年龄呈负相关。
- 金融知识水平与自愿退休储蓄、金融市场参与和抵押贷款密切相关。
- 金融知识水平与消费者借贷不相关。

Henchoz 和 Wernli（2012）对瑞士年轻人的经济和债务状况进行了研究。他们的研究是基于瑞士社会科学研究基金会（Fors，2014）所收集的具有代表性的瑞士家庭面板数据。该样本包含 329 例青年，即不超过 25 岁的年轻人，其余的是 8 025 例 25 岁及以上的受访者。尽管青年的收入比其他群体要少，但他们的债务水平并不高，而且他们也有能力做出合理的财务决策（Henchoz 和 Wernli，2012）：

- 相比其他人群，青年的收入低 30%～40%，因此，青年的经济状况要比其他群体人差一些，而且相比其他人群，他们对其经济情况更不满意（满意的量表范围从 0 到 10，0 代表不满意至 10 代表完全满意，他们各自得分为 6.2 和 7.1）。
- 相比其他人群，青年更经常放弃自愿退休计划（青年群体为 70%，其他群体为 35%），但他们的储蓄行为与其他人群的储蓄行为并没有显著不同（分别为 59% 和 64%）。
- 相比其他人群（10%），债务逾期在青年人群中更为常见（16%）；相比其他人群中（平均每年 7 000 瑞士法郎，拖欠 11 个月），青年的债务逾期时间更短（平均一年 4 000 瑞士法郎，拖欠 8 个月）。

在分析了瑞士金融教育在课程中的实施和瑞士金融素养的实证证据之后，现在我们可以就未来的实证研究和政治措施提出一些建议。

23.4　展望

根据第 2 节对教育方案的分析，瑞士各种义务教育制度的课程，特别是瑞士的新瑞士德语课程"Lehrplan 21"，广泛地涵盖了经济和金融知识。未来的实证研究应该考察金融教育的学习内容是如何在课堂上应用的，以及它们对学生日常生活中财务决策的影响。[1]

---

① "适应金融"项目已经在这个方向上进行了试验性尝试（"Fit for Finance"）（Aprea，2014；Aprea et al.，2014）。该项目是由瑞士教育、研究和创新秘书处（SERI）资助的，由瑞士联邦职业教育和培训研究所（SFIVET）与瑞士职业学校教师联合协会（BCH）合作组织发起的，不仅研究目前金融教育在课堂上是如何传授的，还展示了如何设计和布置学习环境才能有效地支持金融普及的发展。尽管是在职业教育和培训的背景下，该项目可能会提供促进在义务学校中进行金融普及教育的思想和蓝图。

在义务教育阶段，教师的教育和进一步的教育都需要适应新的课程，特别是在自然和社会科学学科领域，这些学科将通过增加经济和金融的学习内容而更加充实。未来的实证研究应该考察教师金融素养的内容知识及其在金融普及方面的教学知识（cf. Macha 和 Schuhen，2011），因为教师在金融问题上的知识、能力和态度决定了义务学校的金融教育水平。

根据第 3 节所介绍的实证研究，瑞士的金融知识水平和结构与其他经合组织国家相当。然而，不同的人口群体之间的金融素养差异很大。金融普及的教育项目应该针对低收入和受教育程度较低的人群，以及移民和非母语的群体，因为他们更容易受到不当的财务规划的影响（cf. Brown 和 Graf，2013）。独立的咨询机构应该根据之前的知识和不同的主题（Stäheli 等，2008）以及个人咨询（OECD，2005），针对这些群体提供更广泛的、模块化的、深入的金融教育课程方案。

大多数金融普及教育方案似乎更便于年轻人的学习，尽管一般来说，年轻人的金融知识水平和老年人是差不多一样好的。然而，义务教育中的金融教育对提供公平教育机会有很大的贡献，尤其是对来自低收入家庭和移民家庭的孩子。

对于未来瑞士对金融普通教育的实证研究，Brown 和 Graf（2013）使用的调查问卷应该在两个方向上进行扩展：第一，增加三个金融概念问题（即复利、通货膨胀、风险分散）的难度；第二，增加其他金融概念（如挣钱和支出，借款）（Manz，2011）。关于金融素养三维模型的五个活动领域，这些修订将使瑞士人民更深入地了解金融知识。

参考文献

Aprea, C.（2014）. Finanzielle Allgemeinbildung: Entwurf einer bildungstheoretisch verankerten Konzeptualisierung. *Zeitschrift für Didaktik der Gesellschaftswissenschaften*. Themenschwerpunkt Bildung, 68–89.

Aprea, C., Leumann, S., & Gerber, C.（2014）. Finanzielle Allgemeinbildung bei Berufslernenden.*Soziale Sicherheit CHSS*, 1（2014）, 22–24.

Bildungsdirektion des Kantons Zürich（2010）. *Lehrplan für die Volksschule des Kantons Zürich*. Download April 29, 2014: http://www.vsa.zh.ch/internet/bildungsdirektion/vsa/de/schulbetrieb_und_unterricht/faecher_lehrplaene_lehrmittel0.html.

Brown, M. & Graf, R.（2013a）. Financial literacy and retirement planning in Switzerland.*Numeracy 6*（2）, Article 6. Download November 17, 2014: http://dx.doi.org/10.5038/1936-4660.6.2.6.

Brown, M. & Graf, R.（2013b）. Financial literacy, household investment and household debt: Evidence from Switzerland. *Working Papers on Finance*, 2013（1）. St. Gallen: University of St.Gallen（HSG）. Download November 17, 2014: https://www.alexandria.unisg.ch/Publikationen/Zitation/Martin_Brown/219130.

Budgetberatung Schweiz: http://www.budgetberatung.ch/. November 17, 2014.

Bundesamt für Statistik（BFS）.（2013）. *Statistisches Lexikon der Schweiz, 04 Volkswirtschaft*,

Bruttoinlandprodukt pro Einwohner，T 4.2.18. Download April 29，2014：http：//www.bfs. admin.ch/bfs/portal/de/index/infothek/lexikon/lex/0.html.

Bundesamt für Statistik （BFS）（2014a）. *Statistisches Lexikon der Schweiz*，*01 Bevölkerung*，*Bevölkerungsdaten im Zeitvergleich*，*T 1.1.1.1.* Download November 30，2014：http：// www.bfs.admin.ch/bfs/portal/de/index/infothek/lexikon/lex/0.html.

Bundesamt für Statistik （BFS）. （2014b）. *Statistisches Lexikon der Schweiz*，*01 Bevölkerung*，*Struktur der ständigen Wohnbevölkerung*，*T 1.2.1.2.2.* Download November 30，2014： http：//www.bfs.admin.ch/bfs/portal/de/index/infothek/lexikon/lex/0.html.

Bundesamt für Statistik （BFS）. （2014c）. *Statistisches Lexikon der Schweiz*，*03 Arbeit und Erwerb*，*Erwerbstätige nach Geschlecht*，*Nationalität und Wirtschaftssektoren.* Download November30，2014：http：//www.bfs.admin.ch/bfs/portal/de/index/infothek/lexikon/lex/0.html.

Bundesamt für Statistik （BFS）. （2014d）. *Statistisches Lexikon der Schweiz*，*04 Volkswirtschaft*，*Produktionskonto nach Branchen*，*T 3a.3.* Download April 29，2014：http：// www.bfs.admin.ch/bfs/portal/de/index/infothek/lexikon/lex/0.html.

Bundesamt für Statistik （BFS）. （2014e）. *Statistisches Lexikon der Schweiz*，*04 Volkswirtschaft*，*Produktionskonto nach Wirtschaftssektoren*，*T 3a.4.* Download April 29，2014： http：//www.bfs.admin.ch/bfs/portal/de/index/infothek/lexikon/lex/0.html.

Bundesamt für Statistik （BFS）. （2014f）. *Statistisches Lexikon der Schweiz*，*06 Industrie und Dienstleistungen*，*Konkursverfahren und Betreibungshandlungen*，*T 6.2.4.1.* Download April 29，2014：http：//www.bfs.admin.ch/bfs/portal/de/index/infothek/lexikon/lex/0.html.

Conférence intercantonale de l'instruction publique de la Suisse romande et du Tessin （CIIP）. （2010）. *Plan d'études romand* （*PER*）. Download April 29，2014：http：//www.plandetudes.ch.

Denier，J. （2012）. *Finanzielle Grundbildung in der beruflichen Grundbildung.* Education， 2012 （5），50. Download November 17，2014：http：//www.erz.be.ch/erz/de/index/direktion/ueber-diedirektion/education_amtlichesschulblatt.html.

Deutschschweizer Erziehungsdirektoren-Konferenz （D-EDK）. （2014a）. *Lehrplan 21*：*Grundlagen* （*GRU*），Luzern，07.11.2014. Download November 17，2014：http：//vorlage.lehrplan.ch/ downloads/container/33_102_0_1_0.pdf.

Deutschschweizer Erziehungsdirektoren-Konferenz （D-EDK）. （2014b）. *Lehrplan 21*：*Mathematik* （*MA*），Luzern，07.11.2014. Download November 17，2014：http：//vorlage.lehrplan.ch/downloads/container/33_5_0_0_1_1.pdf.

Deutschschweizer Erziehungsdirektoren-Konferenz （D-EDK）. （2014c）. *Lehrplan 21*：*Natur*，*Mensch*，*Gesellschaft* （*NMG*），Luzern，07.11.2014. Download November 17，2014： http：//vorlage.lehrplan.ch/downloads/container/33_6_0_0_1_1.pdf.

Deutschschweizer Erziehungsdirektoren-Konferenz （D-EDK）. （2014d）. *Lehrplan 21*：*Medien und Informatik* （*MI*），Luzern，07.11.2014. Download November 17，2014s：http：// vorlage.lehrplan.ch/downloads/container/33_10_0_0_1_1.pdf.

Erziehungsdirektion des Kantons Bern. (1995). *Lehrplan für die Volksschule des Kantons Bern*, mit Ergänzungen 2006, 2008, 2013. Download April 29, 2014: http://www.erz.be.ch/erz/de/index/kindergarten_volksschule/kindergarten_volksschule/informationen_fuereltern/lehrplaene/volksschule.html.

Henchoz, C., & Wernli, B. (2012). Ist die Jugendverschuldung in der Schweiz höher als jene der Erwachsenen? *Die Volkswirtschaft*, 2012 (2), 53 56.

Iconomix Ökonomie entdecken: http://www.iconomix.ch/. November 17, 2014.

Lusardi, A. & Mitchell, O. S. (2011). Financial literacy and planning: Implications for retirement wellbeing. In A. Lusardi & O. S. Mitchell (Ed.), *Financial literacy: Implications for retirement security and the financial marketplace* (pp. 17–39). Oxford: Oxford University Press. Download November 17, 2014: http://dx. doi. org / 10.1093 / acprof: oso / 9780199696819.003.0002.

Macha, K., & Schuhen, M. (2011). Financial literacy von angehenden Lehrerinnen und Lehrern. In T. Retzmann (Ed.), *Finanzielle Bildung in der Schule: Mündliche Verbraucher durch Konsumentenbildung* (pp. 143–158). Schwalbach: Wochenschau Wissenschaft.

Manz, M. (2011). Financial education: Rolle und internationale Entwicklungen. Die *Volkswirtschaft*, 2011 (6), 57 60.

Organisation for Economic Co-operation and Development (OECD). (2013). *Country statistical profile, Switzerland 2013*. Download April 29, 2014: http://www.oecd-ilibrary.org/economics/country-statistical-profile-switzerland_20752288-table-che.

Organisation for Economic Co-operation and Development (OECD). (2014). *PISA 2012: Results in focus*. Download November 17, 2014: http://www.oecd.org/pisa/keyfindings/pisa-2012-results-overview.pdf.

Organisation for Economic Co-operation and Development (OECD): http://www.oecd.org/.November 17, 2014.

Organization of Economic Co-operation and Development (OECD). (2005). *Improving financial literacy: Analysis of issues and policies*. Paris: OECD.

Reifner, U. (2011). Finanzielle Allgemeinbildung und ökonomische Bildung. In T. Retzmann (Ed.), *Finanzielle Bildung in der Schule: Mündliche Verbraucher durch Konsumentenbildung* (pp. 9–30). Schwalbach: Wochenschau Wissenschaft.

Schlösser, H. J., Neubauer, M., & Tzanova, P. (2011). Finanzielle Bildung. *Aus Politik und Zeitgeschichte*, 2011 (12), 21–27.

Schuldenberatung Schweiz: http://www.schulden.ch/. November 17, 2014.

Schweizerische Eidgenossenschaft. (1999). *Bundesverfassung der Schweizerischen Eidgenossenschaft vom 18. April 1999* (Stand am 18. Mai 2014). Download November 17, 2014: http://www.admin.ch/opc/de/classified-compilation/19995395/index.html.

Schweizerische Konferenz der kantonalen Erziehungsdirektoren (EDK). (2007). *Interkantonale Vereinbarung über die Harmonisierung der obligatorischen Schule (HarmoS-Konkordat) vom 14.06.2007.* Download November 17, 2014: http://edudoc.ch/record/24711/files/Har-moS_d.pdf.

Schweizerische Konferenz der kantonalen Erziehungsdirektoren (EDK): http://www.edk.ch. November 17, 2014.

Schweizerische Nationalbank (SNB). (2014a). *Statistisches Monatsheft November 2014, N3 Arbeitsmarkt.* Download November 30, 2014: http://www.snb.ch/de/iabout/stat/statpub/statmon/stats/statmon.

Schweizerische Nationalbank (SNB). (2014b). *Statistisches Monatsheft November 2014, O11 Konsumentenpreise.* Download November 30, 2014: http://www.snb.ch/de/iabout/stat/stat-pub/statmon/stats/statmon.

Schweizerische Nationalbank (SNB). (2014c). *Statistisches Monatsheft November 2014, P2 Bruttoinlandprodukt nach Verwendungsarten-real.* Download November 30, 2014: http://www.snb.ch/de/iabout/stat/statpub/statmon/stats/statmon.

Stäheli, T., Zobel, M., & Hobein, G. (2008). *Financial Literacy in der Schweiz: Erhebung über den Stand des Finanzwissens.* Zürcher Hochschule für Angewandte Wissenschaften (ZHAW): Winterthur.

Swiss Foundation on Research in Social Sciences (Fors): http://forscenter.ch. November 29, 2014.

第24章　英国的金融普及教育：案例研究[①]

Steve Stillwell

摘要　这一章阐述了人们日益关注的问题：我们发现许多国家民众的金融能力非常低。考虑到人们正面临着个人金融责任的增加，即使是在年轻的时候，这一点也非常令人担忧。人们被要求做出复杂和重要的金融决策使得人们必须接受金融教育，以确保人们能够根据自己的最大利益做出明智的决定。这一章说明了从小接受金融教育的重要性，并提出了一些措施，以确保其尽可能有效。本章除了将研究置于英国经济和教育背景之下，还强调了信息、指导、支持、对教师和其他从业者的培训和职业化发展的重要性。由于金融教育成为课程的法定要素，学校在其教学和学习计划中明确包含了金融教育的任务。然而，从英国的经验来看，这并不是一个良好实践的驱动力。

关键词　金融教育　年轻人　学校　课程体系　英国

24.1　英国简介

英国现在有6 370万的人口，人口的增长率为0.7%（OECD，2013），15岁及以下青年人口约占总人口的28%，65岁以上的老年人口占总人口的比例刚刚超过四分之一。与世界其他许多国家一样，失业率受到全球金融危机的影响，在2007年至2013年期间增长了2.5%，目前失业率为5.8%（OECD，2014a）。然而，英国的相对贫困水平得到了改善，从危机前的11.3%降低到2013年的10%（OECD，2014a）。

2013年8月，理财咨询服务机构（Money Advice Service）发布了一份报告，详细描述了如今英国人如何理财。该服务机构对5 000人进行了访问，在英国，这是自2006年英国金融服务管理局进行类似研究以来，对金融能力最深入的一次研究，这两次研究是在完全不同的经济环境下进行的。在深入分析收集到的数据之后，发现人们的金融能力水平出现了一些明显的趋势。值得注意但不足为奇的是，人们的财务状况比2006年还要艰难

[①]　S. Stillwell (&)
Young Enterprise, Yeoman House, Sekforde Street, EC1R 0HF London, UK
e-mail: steve.stillwell@y-e.org.uk

© Springer Science+Business Media Singapore 2016
C. Aprea et al. (eds.), International Handbook of Financial Literacy,
DOI 10.1007/978-981-10-0360-8_24

（Money Advice Service，2013a，b）。

三分之一的人说他们2006年的经济状况比较困难，但这个数字2013年已经上升到超过50%。人们更担心的是自己是否有能力支撑到发工资的日子，而且人们现在越来越多地关注当前的而不是对未来的规划（Money Advice Service，2013a，b）。35%的人在过去的3年中经历了收入冲击，这反映了一个事实，即这是一个急需解决的严重问题。

在英国大约有880万人过度负债，其中不到五分之一的人已经收到了催款通知（Money Advice Service，2013a，b）。这些人在过去的6个月中至少有3个月有未偿付的账款，或会觉得他们的债务是一个沉重的负担。这个庞大且多样化的群体代表了18%的英国成年人，他们有不同知识和技能水平以及对债务和寻求建议的不同的态度和行为。

24.2 学校中的金融教育

英国对学校金融教育的需求在欧洲国家中是最高的，有88%的英国成年人赞成在课堂上教授关于货币的知识（基于2013年的一项调查以及pfeg和ING提供的数据）。此外，对早期金融教育的支持随着年龄的增长而增长，相比于青少年群体，超过35岁的人更有可能同意从小学就开设货币课程。在这种对下一代金融素养高度关注的情况下，金融教育运动参与人士、教育工作者和政策制定者一直在努力确保金融教育成为每个孩子所获教育的一部分。

在英国学校系统中，一些老师一直提供金融教育，将其作为儿童和青少年个人和社会发展的一个至关重要的部分和职业教育的一部分，并且，出于提高青少年必备的特定生活技能的认识，这些技能可以使青少年作为负责任的公民进入职场和职能部门。2011年，一场评估学校金融教育的广度和深度的跨党派的议会调查发现，从地理和学校类型上来看，这一规定在全国范围内分布不均（研究青少年金融教育的所有党派下议院议会团体，2011）。自2008年以来，全球经济衰退以及零售银行和消费技术的巨大变化，使青少年的金融教育成为一项更紧迫的任务，以确保年轻人有能力应对日益复杂的金融体系。与以往相比，英国的青少年在更年轻时就获得了资金，并且获得的方式更多样。尽管64%的孩子在上中学之前就有了自己的第一个银行账户或房屋互助协会账户，但近一半（42%）的14~25岁的孩子无法解释贷款和透支这两个银行术语之间的区别，这表明在金融知识方面存在危险的差距（参见see www.bba.org.uk网站上关于BBA / pfeg YouGov调查的信息，2013）。

学校对英国青少年低水平的金融知识情况很了解，但在已经满满当当的课程体系中，许多教师在没有得到更广泛的帮助、指导或支持的情况下，对金融知识的教学持谨慎态度。英国的金融教育慈善机构领军机构是个人金融教育集团（PFEG），其设立的目的是支持教师和从业者开发青少年的金融能力，该机构发现，最初，由于教师对在课堂中教授与货币主题相关的敏感话题知识缺乏信心，学生的参与感也不高，理解也不深刻。相反，当教师对这一话题有信心时，他们反映道，他们的学生更有参与感，并可以获得更多的理解。大多数最初的教师培训和继续职业发展（CPD）没有关于金融教育的形式化培训，尽管从2012年到2013年PFEG在18个高等教育机构中，培训3 098名实习教师和1 488所合作学校，在短期内将有22 300名学生和成千上万的实习教师会因此受益。

尽管金融教育不再仅是政府发起的倡议，但金融服务机构和更广泛的企业社会责任确保了学校有大量的资源，使学校在课堂上可以教授与金钱相关的知识。PFEG的质量标志

（Quality Mark）是一个规格证明标记系统，使教师可以获得可信任的教学资源，因为它们具有最高的教育质量，并且不受任何形式的营销或品牌的影响。这意味着学校的金融教育不包括特定金融产品或服务的信息，而是专注于没有广告宣传的一般选择。投机资源鼓励年轻人了解更广泛的金融风险和数学概率的背景知识；储蓄计算与数学课程相结合，使用数字计算技能来鼓励对特定目标的渴望。成为一个有评判能力的消费者、管理与金钱有关的情感、做预算，在更广泛的国际环境下理解工作、金钱和金融之间的联系，这些对英国的学生来说都是至关重要的课程。模拟商业场景的团队工作实践活动是英国学校为青少年成年后进行资金管理做准备的最常见的方式，然而这些课程和项目几乎不包括个人理财方面的教育。皮尔森智库发现，四分之一的中学的课程体系中包含了企业和创业教育，其中58%的中学在核心课程之外提供金融教育（皮尔森智库，2014）。企业教育有助于学生与职业和工作世界建立联系，培养金融能力和就业能力。

　　英国没有一个集中的教育系统，北爱尔兰、苏格兰和威尔士行政区很独立，他们各自对自己的课程体系负责。在英格兰，PFEG与研究青少年金融教育的所有党派下议院议会团体以及 Martin Lewis 组织了一个为期三年的教育运动，成功地将金融教育整合到课程体系中，且从 2014 年 9 月开始，金融教育首次成为中学的法定课程。Martin Lewis 是一名个人理财记者，创立了广受欢迎的 www.MoneySavingExpert.com。诸如 IFS 大学的奖励机构为 14～18 岁的学生提供接受金融教育的认证资格证书，通常为 16 岁学生所提供的新数学普通中等教育证书（GCSE）中包括金融数学。

　　北爱尔兰的行政人员制定了一份修订的课程，赞成从 2010 年开始，金融能力成为从基础阶段到关键阶段（或 4～19 岁）所有年级的学生的必备能力。北爱尔兰的课程、考试和评估委员会（CCEA）为教师提供资源和信息，为学生提供金融知识和观念、金融技能和能力以及培养金融责任。

　　苏格兰教育部是苏格兰的政府机构，负责教育和教学的质量及其改进。金融能力是先进课程的一个重要组成部分，是一个灵活和丰富的课程，要求苏格兰 3 岁至 18 岁的人学习该课程。学校有机会"采取更有凝聚力的、有计划的、协调的方式，在学校的课程中进行金融教育"。在苏格兰，金融教育的重点是金融认识、金融能力、金融责任和金融企业。

　　自 2008 年起，威尔士学校就强制实行金融教育，尤其是关于金融的数学运算，并通过"读写和计算框架"支持该内容。在威尔士，金融教育的具体内容体现在为 7～19 岁的青少年设计的"人文和社会教育"框架以及为 11～19 岁青少年设计的"职业和职场"框架中。这为学校和大学提供了一个独特的机会，即通过在特定的学科内培养学习者的知识和技能以及通过跨学科的学习方法，让他们在很早的时候就对金融产生积极的态度。

24.3　英国人金融素养的实证证据

　　英国培养金融能力的方法一直被视为"世界领先"。第一个金融能力国家战略——"英国的金融能力：变革"（"Financial Capability in the UK：Delivering Change"）——覆盖了 2006—2011 年五年的期间（FSA，2006a）。它由金融服务管理局（Financial Services Authority）发起，旨在培养明智的、自信的消费者，他们能够更好地控制自己的财务状况。

　　这一策略是在英国金融能力调查结果中公布的，并于 2006 年 3 月出版（FSA，

2006b）。该策略衡量了全英国成年人的金融能力，确定了能力的五种核心要素：

（1）收支平衡；

（2）追踪个人资金状况；

（3）计划未来；

（4）选择金融产品；

（5）对金融问题保持知情。

这项研究强调了技能和知识是金融行为重要的影响因素。报告发现，大多数人都相当擅长管理日常资金（跟踪他们的财政状况和收支平衡）；但是，大多数人，特别是年轻人，不会为未来做计划，也不会预测他们的未来需求，很多人并没有采取足够的措施以选取满足他们的需求的金融产品，没有对不同金融机构的产品进行比较，也未意识到所承担的风险。这项研究表明，人们最需要得到的金融教育是在未来计划和选择金融产品方面。

该战略制定了长期措施，为长期地不断改善金融教育奠定了基础，还制定了可以立即产生影响的短期措施，该战略针对的是处于关键生命阶段的广泛群体。其中包括学龄儿童、不再接受教育、未就业、未接受任何培训的年轻人（NEET）、大学生和正接受高等教育的学生、处于职场的员工和刚成为父母的人。

通过实施各种方案，该战略所惠及的人口超过了原定的 1 000 万人的目标（CFEB，2011）。下面列出了活动的关键部分的简短摘要（表24-1）。

表 24-1 目标群体活动的关键部分

目标群体	进展
学校	英国金融服务管理局（FSA）的"货币问题学习"项目由个人金融教育集团（PFEG）在英格兰执行，在4 000所学校中帮助中学教师在学校的课程中嵌入金融教育。FSA还资助官员与苏格兰、威尔士和北爱尔兰的中小学进行合作，为教师提供直接支持，并在国家课程体系和政策中增加金融能力的概况。该项目惠及了将近180万名学生
青少年	英国金融服务管理局（FSA）与英国各大学和青年部门的中介机构合作，为与年轻人合作的关键从业者提供支持和培训。该项目直接培训了1.5万名青少年工作中介人，惠及了约100万没有参加过培训的、未接受过教育的、失业的年轻人，还惠及了约两百万名高中学生
职场中的员工	英国金融服务管理局（FSA）的"充分利用你的资金"项目通过职场展示和分发指南为员工提供了在职场中管理其资金的信息。它实现了它的目标，即确保超过400万的人通过他们的雇主或可信赖的伙伴获得材料；超过15万人参与了职场研讨会活动。研究显示，出席研讨会的人中，超过80%在参加过研讨会之后计划采取行动，当3个月后进行回访时，60%的人已经开始行动了
刚成为父母的人	FSA制作了《父母运用资金指南》，并将其分发给了超过150万的父母。评估报告显示，55%的父母在阅读指南后表示对处理金融问题更加有信心了
消费者通信工具和网上工具	一个新的消费者网站连同一套修改过的出版物一起推出，涵盖了从开设银行账户和选择抵押贷款，到四处寻找一笔好交易和获得建议等一系列话题，网站每年的访问量增加到400万。并且还研发了一些新的手册和在线资源，例如： • FSA与家庭支持和法律领域的重要中间人合作，为那些打算或正在分居和离婚的人提供网络资源。研究表明，74%的人会推荐这个网站 • 为即将退休和那些面临下岗的人印发手册，并通过一系列中介机构分发

自 2006 年以来，FSA 基准工作时间调查（FSA，2006b）、工作时间的年度调查和国家统计办公室的收入显示，实际收入每小时下降了 6%，使得人们很难维持收支平衡（Department for Work and Pensions，2013）。图 24-1 总结了 2006 年和 2013 年跟踪调查的主要问题的调查结果，并在可能的情况下进行了直接比较。

收支平衡&持续追踪财务状况		
	2006 年	2013 年
在支付账单和兑现承诺方面存在困难	35%	51%
在发放工资或得到收益三天之前需要削减开支		34%
我有时会选择先支付哪个账单，因为我不能付清所有的账单		占所有账单支付者的 19%
持续追踪其收入和开支		86%
不进行个人预算		所有成年人的 39% 追踪其中 45% 人口的财务状况
未来计划		
	2006 年	2013 年
钱就是用来花在今天的	39%（倾向）	24%（偏好）
同意他们应该为未雨绸缪而储蓄	75%	63%
未支付养老金（工作年龄）	42%	67%
有人寿保险		29%
每月都没有储蓄		42%
为孩子定期储蓄（有孩子的人）		50%
选择金融产品&保持知情		
	2006 年	2013 年
在不进行比较的情况下更新其家庭保险		23%
不确认表现最好的储蓄账户		29%
不了解通胀对储蓄的影响		33%
同意他们愿意承担风险从而不支付家庭内容保险		16%
承认在支付不起的情况下还是会购买东西		16%

图 24-1　2006 年至 2013 年期间主要指标的发展

如图 24-1 所示，目前，超过一半的人口在支付账单和兑现金融承诺方面存在困难，而在 2006 年，这一比例仅略高于三分之一，尽管越来越多的人更仔细、更频繁地检查他们的财务状况。2013 年，56% 的人定期检查银行对账单中的所有条目（2006 年有 36% 的人检查的这些细节以确保它们是正确的），只有 2% 的人根本不看任何条目或细节（2006 年这一比例为 6%）。除此之外，在 2013 年，有三分之一的人表示，他们必须在发薪日之前削减开支，这表明有相当一部分人利用现有的手段很难管理自己的支出。

计划未来可以帮助抵消未来的损失。在过去3年中，有三分之一的人经历了收入冲击。然而，提前计划和未雨绸缪的人越来越少，63%的人认为他们需要进行储蓄以备不时之需，而在2006年这一数字为75%。近九成（88%）的人意识到，为应对意外进行储蓄是很重要的，很明显，人们的观念和他们的行为之间存在脱节。

2013年的调查要求人们从一系列的储蓄账户中选择最好的产品，29%的人未能选出表现最好的账户。此外，33%的人无法证明他们明白通货膨胀对他们的钱有什么影响。这表明，相当数量的人还不能通过他们的金融能力做出明智的决定，从而获得最好的收益。

24.4　展望

在一个预算压力大的时代，以一种可持续和经济有效的方式进行金融教育的创新一直在产生。数以百计的英国学校部署了"领导教师模式"（lead teacher model），提高了整个教学行业的差异化和专业化，有助于教师职业化发展（因为他们将自己的专业知识融入更广泛的群体），提高了教学和学习的质量。职业化的一个例子是，通过一个由伦敦学校卓越基金会（London Schools Excellence Fund）资助的项目，尝试引导教师在数学方面有一技之长，引导教师获取监测和评估金融教育有效性的数据。"领导教师"将接受培训，学会将金融作为数学学习的内容，将话题融入课堂，并评估应用数学对学生成绩的影响。这项工作将于2015年3月结束，并将提供一项有用的评估，以建立评估学校金融教育影响的数据。

2013年4月，在PFEG一项调查中，89%的教师表示，金融教育对数学的整体成绩有影响。最近，PFEG在有关高成本信贷和非法放贷人（即"高利贷者"）教育问题中试用了一些教学材料。学校最终形成了教育标准Ofsted，对它的最终报告进行了以下分析：

数学成绩迅速增加，是因为学生了解其实际应用……在高中，他们学习了关于高利贷的知识，以及如何避免出现超出一个人还款能力的贷款（Ofsted Inspection Report，2013）。

教育专家们发现了学习货币知识和数学成绩之间的联系。这与英国教育政策的总体目标一致，即提高英语和数学的成绩标准，这是基于这样的分析：计算能力和读写能力是高技能劳动力的基石，提高了经济生产率，并且这些技能通过应用得到加强。

英国还将从经合组织2014年7月发布的2012年PISA金融素养评估报告（OECD，2014b）中金融教育的有效性吸取教训。18个国家对他们15岁的孩子进行了测试，测试的问题与金融知识水平有关，包括财务计划和财务管理、消费者权利以及对税收和储蓄的理解。展望未来，学校之外，有一个更大的挑战，即让身处脆弱环境中的年轻人得到更多支持。对于有具体教育需求的年轻人、需要照看的儿童以及在贫困中长大的人来说，个人金融对住房、就业和经济安全的影响范围越来越大，且风险很高。我们面临着一个巨大的挑战，那就是确保金融能力在人的早期就得到加强，以确保下一代的金融未来。英国正在迎接这一挑战。

从青少年到已经参加工作的人和老年人口，很明显的是，管理资金的能力变得比以往任何时候都重要。有证据显示，金融能力对金融服务业、政府、社会都有显著的积极作用，对消费者来说更为明显，这使他们能够在资金方面做出更好的决策，对他们的整体幸福有很大的贡献。

信息和建议在帮助人们变得更有经济能力方面发挥着重要作用。然而，金融能力是知识、技能、态度、动机和机会的结合，它能够转化为合理的财务决策并能够恰当地使用金融服务。因此，最重要的是，监管、行业和政策的反应应该是建立在对人们的金融能力和需求强有力的、最新的分析的基础上的，能够反映出我们现在所理解的"可教时刻"的重要性，并能够惠及正经历关键的生活事件的人们。

为了提高英国人口的金融能力，协调是至关重要的。虽然有成千上万的人需要资金管理方面的帮助，但在第三产业部门中，超过200个组织在这个领域开展工作。通过协调，英国有取得更大进展的巨大潜力，重点是从私人部门、公共部门到独立部门等众多组织针对共有的关键优先事项共同努力。

英国的第一个金融能力国家战略是在2006年制定的，项目预期持续5年，从那时起，为了发展对金融能力的理解做了大量的工作，将一些关键的模块放在适当的位置，并开始研究学习什么是有效的。

然而，新的挑战也出现了。人们目前可支配收入较低，而且由于金融市场的复杂性，做出错误的决定时，会承担更大的风险。同时，越来越多的人需要承担更多的金融决策责任，这些金融决策必须是适合他们自己的，普遍信贷的引入以及社会保障和卫生医疗的个性化是这一趋势的两个例子。在这种情况下，许多人不能及时地获取正确的信息，不知道去哪里寻求帮助，并且有可能在财务上做出糟糕的选择。

2013年8月，理财咨询服务机构（the Money Advice Service）发布了一份报告，详细地描述了当前英国各地的人们如何管理他们的资金（Money Advice Service，2013）。该服务机构对5 000人进行了访问，在英国，这是自2006年英国金融服务管理局进行类似研究以来，对金融能力最深入的一次研究，这两次研究是在完全不同的经济环境下进行的，在深入分析收集到的数据之后，发现人们的金融能力水平出现了一些明显的变化。值得注意但不足为奇的是，人们的财务状况比2006年还要艰难（Money Advice Service，2013）。

在理财咨询服务机构的指导下，英国正在建立一种使用协作方法的新的金融能力策略（Money Advice Service，2015）。然后，在2015年3月进行的一项咨询反馈及后续步骤的报告指出了发展战略的进展，并提供了正式的回应。与此同时，理财咨询服务机构与布里斯托大学的个人金融研究中心（PFRC）合作开发推出了一个证据中心（An Evidence Hub）。这个新的证据中心把最新的研究成果汇集在一起，目的在于分析哪些学习方法对于提高人们的金融能力是有效的，哪些是无效的。它为资助者和实践者提供了一种简明易懂的形式，该中心的设计目的是支持各组织提高其方案的积极影响，并将在今后进一步发展。

该战略的核心目标之一是帮助提高金融能力的部门以稳健和一致的方式评估其服务和方案的影响。为了帮助实现这一目标，理财咨询服务公司委托开发了一套结果框架。这些努力旨在创造一种共同的语言，说明在提高金融能力方面的成功是什么样的。这些框架将构成更广泛的评估工具包的一部分，其中包括逐步指导和实用工具，以帮助组织决定如何最好地衡量其结果。其目的是支持增强金融能力方面证据的增长，并确保未来的资源集中在改善人们生活最有效的干预措施上。

24.5 近期发展

这一章最初是在2014年4月起草的，并在2015年初由年轻企业教育主管Steve Stillwell 更新，在此期间发生了很多事情。2000年，PFEG是作为一个慈善机构成立的，着重建立一个所有儿童和年轻人都有技能、知识和信心来管理其资金的社会，无论是在现在还是将来。PFEG通过提供专家咨询和优质教育资源，为学校、学院和大学提供支持和激励。PFEG还与其他部门合作，为英国的儿童和年轻人提供持续、优质的个人金融教育项目。

2014年9月，PFEG与青年企业机构合并，为学生和老师创建了一个专门的"一站式服务"，目的是培养年轻人在工作和生活中所需要的知识、技能和态度，这反映出一种认识，即在年轻人成长为成年人和融入工作生活的过程中，经济能力方面的发展问题不能与在此过程中所面临的其他挑战孤立开来。

企业教育将创造性思维应用于实践解决方案，它的目标是提高人们对所需要的心态和技能的意识，以应对机遇、需求和挑战，如解决问题、团队合作、沟通、创造力和适应力。它可以应用于整个课程，并且可以超越商业范围，广泛应用于实践和社交中。

金融教育是一项有计划的学习项目，让年轻人掌握管理其财务的知识、技能并培养其信心。它使得学习者逐步了解他们对风险的态度，并意识到自己有关于财务的行为和情绪。

金融和企业教育对于提高年轻人的生活技能至关重要。然而，他们共同为一个年轻人提供了一套强大的指导工具，这是现代世界生活的必需品。金融教育为学生提供了选择和理解风险的能力。企业教育为学生提供了在改变中适应和进步的技能的机会。企业教育和活动的参与促进了学生对金钱和风险的个人态度的发展——"通过实践学习"。从企业教育中所获得的知识和技能可以通过金融教育在个人层面上得以应用，反之亦然。这两个领域相辅相成，使相同的知识和技能在不同的情况和环境中得到应用。这两个学习领域注重知识建立的同时，还注重建立情感能力、灵感和抱负。PFEG与年轻企业的合并提供了一个很好的机会来发展一种长期的、可持续的技能战略，它是建立在企业和金融教育的基础上的，这一策略适用于教师、大学教师、青年工人、雇主和其他年轻人。

参考文献

CFEB/Consumer Financial Education Body. （2011）. Annual report 2010/11，London.

Department for Work and Pensions. （2013）. RPIJ Index，London.

FSA. （2006a）. Delivering change，London.

FSA. （2006b）. Financial capability in the UK：Establishing a baseline，London.

House of Commons All Party Parliamentary Group on Financial Education for Young People. （2011）. Financial education and the curriculum，London APPG.

Money Advice Service. （2013a）. Indebted lives：The complexities of life in debt，London.

Money Advice Service. （2013b）. The financial capability of the UK，London.

Money Advice Service. （2015）. Financial capability strategy for the UK：The consultation response and next steps，London.

OECD.（2013）. Country statistical profile：United Kingdom. Paris：OECD.

OECD.（2014a）. Society at a glance highlights：United Kingdom. Paris：OECD.

OECD.（2014b）. PISA 2012 Results：Students and money：Financial literacy skills for the 21st Century（Volume VI）. PISA，OECD Publishing.

Ofsted.（2013）. School inspection report，Yeading Junior School，London.

The Pearson Think Tank.（2014）. Enterprise and entrepreneurship education survey. London：Pearson.

第25章 美国对青少年的金融普及教育：一盘散沙①

Julia A. Health

摘要 尽管上次金融危机以来美国人的财务状况普遍有所改善，但FINRA最新的调查结果表明，美国国民仍难以做到财务收支平衡，为退休进行储蓄。美国过去的金融教育在全国范围内并没有统一标准，都是各州或各地区自主管理。大多数州都提出了K-12标准，但只有较少几个州监督执行，而为此进行测试的就更少了。此外，金融普及教育的质量也是一个问题。虽然行为的改变是最好的标准，但是我们难以辨别经过金融教育后的行为哪一些才是受到教育所改变的。同样，由于过去的研究有无数理论上的缺陷，所以我们也无法对知识储备到底提升了多少得出准确的结论。尽管人们想要改变美国的金融教育，但是往往力不从心。比如，尽管将金融教育纳入学校的必修课程受到了教师、家长和政策制定者的大力支持，但是，美国教育系统的分散性使这难以实施。有两种可行的办法：第一是为金融教育设置通用的核心标准；第二是设置一种各州的"智能"模型，这曾在田纳西州试点，并在其他几个州推行。总之，美国金融教育的最终解决方案是重点推进金融课程的概念化和课程建设，从而提高学科的严谨性，并且把金融的地位从一系列技能提升到一个完整的知识体系，这样才能使金融向其他更传统的学科看齐。

关键词 金融普及教育 金融教育 美国各州标准 美国教育体系 通用的核心标准

25.1 美国的金融状况

许多金融指标都表明美国金融状况在经济衰退后的几年中有所改善。按揭贷款拖欠率和丧失抵押品赎回权人数在最近几年一直不断下降。例如，丧失抵押品赎回权的消费者数量处于2005年以来的最低水平，如图25-1所示。

① J.A. Heath (&)
Economics Center, University of Cincinnati, 225 Calhoun, #370, Cincinnati, OH 45219, USA
e-mail: heathja@ucmail.uc.edu

© Springer Science+Business Media Singapore 2016
C. Aprea et al. (eds.), International Handbook of Financial Literacy,
DOI 10.1007/978-981-10-0360-8_25

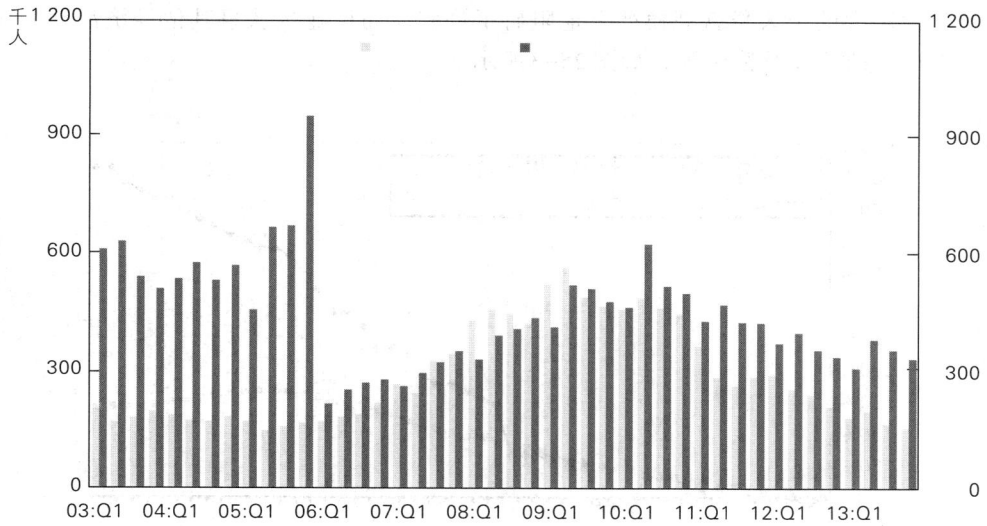

图25-1　新丧失抵押品赎回权或破产的消费者数量

数据来源：FRBNY consumer credit panel/equifax.

同样，房屋净值贷款严重拖欠率（HELOCs）从2013年开始也一直下降。信用卡拖欠率（90+天）较2013年底略有上涨。但如图25-2所示，学生贷款是唯一一种拖欠率上升的贷款。

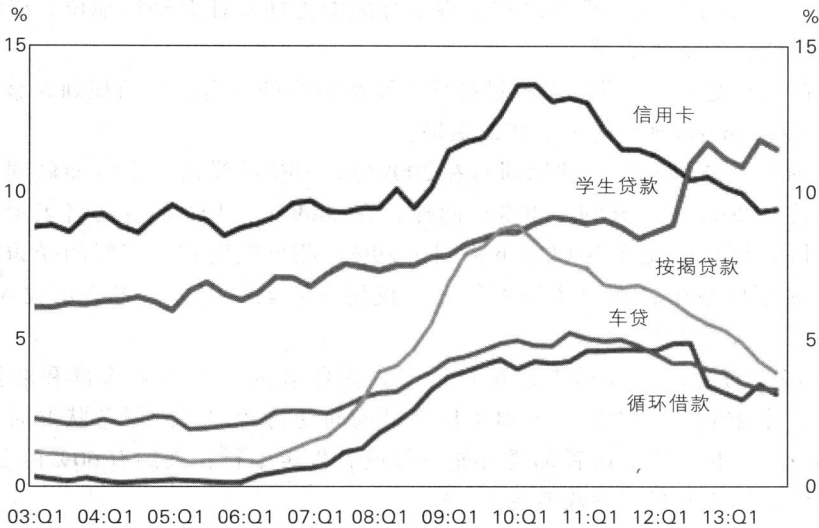

图25-2　各类贷款中拖欠超过90天占比趋势

数据来源：FRBNY consumer credit panel/equifax.

如今，学生贷款已高达1万亿美元，仅仅在2013年就增加了1 140亿美元。大约有12%的学生贷款拖欠超过90天或者违约。巨大的学生贷款规模说明了金融教育的不足。

同时，如此巨大的个人贷款规模严重地阻碍了许多应届毕业生从事其他经济活动的能力，如独立生活、结婚以及读研等，如图25-3所示。

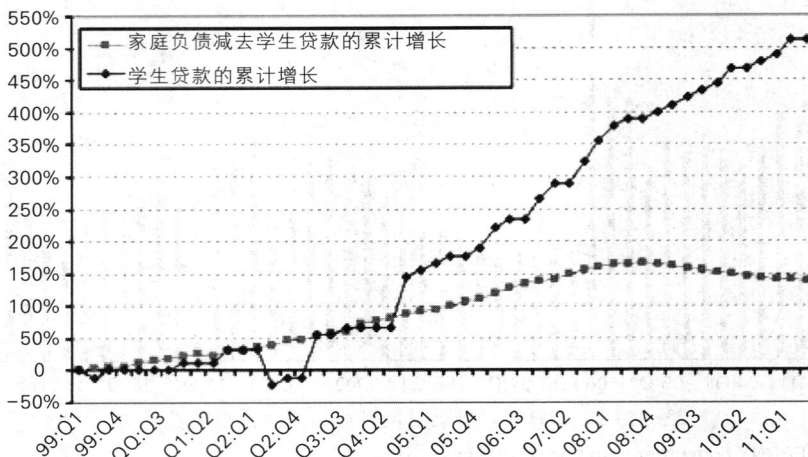

图25-3　学生贷款以及其他家庭债务的增长率

数据来源：New York Fed，Bureau of Economic Analysis.

在美国的金融人才想出这些测量指标的同时，FINRA投资教育基金会受托开展了一项更全面的研究，该研究属于国家金融能力研究的一部分。这项研究于2009年开始进行，在2012年修订并重新实施。研究调查发现了金融能力随着社会经济地位、受教育程度和年龄的不同而变化的整体情况。

该报告的重点是4个金融能力测量指标：平衡收支的能力、提前规划、金融产品的管理以及由5-question test测量的金融知识结果。

考虑在国家经济状况变化的期间：在2009年，36%的受访者表示能做到月度收支平衡，该百分比在2012年上升到了40%；同样，在2009年，40%的受访者表示收入有大幅度的意外下降，该百分比在2012年下降到了29%，相比较而言，年轻的受访者更有可能遇到收入的大幅度减少；在两个调查年度，仅仅只有41%的受访者表示收入大于支出，大约有20%表示入不敷出。

大约有22%的受访者表示支票账户透支，而年轻人、低收入人群和非洲裔美国人更可能如此。金融脆弱性的另一个测量指标是询问受访者"遇到紧急状况时，能否拿出2 000美元应急"，40%的受访者都说可能不行或者肯定不行；大约有60%的受访者表示，他们并不知道退休前要存多少钱养老。

五分之四的受访者至少背负了一种FINRA调查中涉及的债务，这些债务包括：医疗贷款、信用卡贷款、学生贷款、非银行抵押贷款、房屋贷款、汽车贷款；超过25%的受访者背负了三种或三种以上债务；近一半的受访者认为他们背负了太多的债务，如图25-4所示。

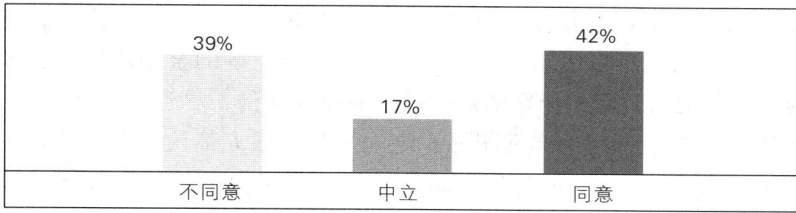

图25-4　"我现在有太多的债务了"

数据来源：Financial capability in the United States. Report findings of the 2012 financial capability study, May 2013.

　　尽管抵押贷款是美国人背负的最大一笔债务，但它并不是"受访者认为有太多债务"的最主要来源。实际上，在"太多债务"的报告中，抵押贷款的冲击仅仅排在了倒数第二，而最主要的来源是医疗债务，紧随其后的是信用卡债务。因为抵押贷款和学生贷款是可预测的，所以不可预见性是医疗债务和信用卡债务排名靠前的原因，如图25-5所示。

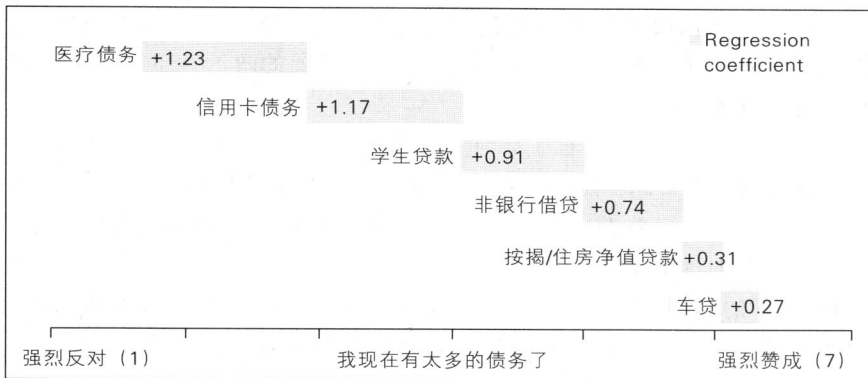

图25-5　"受访者认为有太多债务"的来源

数据来源：Financial capability in the United States. Report findings of the 2012 financial capability study, May 2013.

　　使用非银行贷款（发薪日贷款放贷人、产权贷款公司、私人租赁店、税收预付款和典当行）可能是金融不稳定的一个表现。这是因为信用记录较低的人最有可能使用这些贷款。在过去5年里，大约有三分之一的美国人至少使用过上述贷款实体中的一种，而典当行的使用频率是最高的。另外，年轻人、少数群体以及受教育程度低的人群是最主要的客户。

　　FINRA的研究中一项更有趣的结果是：美国人对自己知识水平的认知与其对金融问题的实际理解程度有显著的差异。当被问及他们的金融理解水平时，大约四分之三的受访者都表示自己至少有5分（一个7分制的测试）。这一表明自信的测量得分从上一报告期（2009）开始就一直上升，而同期而言在5-question test或金融普及小测试中所表现出的实际水平却在不断下降（平均分从2009年的3分下降到2012年的2.9分）。

　　FINRA将美国的金融普及教育和金融行为结合起来研究，发现其理性程度都很低。许多人难以做到收支平衡，难以为未来存钱或者难以做出正确的金融决策。美国人的借款习惯是有风险的，而且他们对基本金融知识的理解是很浅显的，尽管他们自己不这么认为。

　　通过这项研究，有一个结论非常明显：绝大多数美国人都认为金融教育应该纳入学校教育体系（89%的人都同意）。但是这一结论又将矛头指向了另一种差异，即理念与现实之间的差异，这是因为美国学校所采用的金融教育标准是不一致的。

25.2　美国学校的金融教育

　　虽然，本章所记载的许多国家关于金融教育的经验是采用集中的、统一的方法，但是，美国过去的做法与此大相径庭。美国教育体系的特点是分散化以及各州自我决策，这早已在美国根深蒂固。

　　联邦党人与民主共和党人（反联邦党人）在美国宪法起草时就开始辩论，前者相信一种强有力的中央集权管理办法，包括由联邦制定政策的教育体系；而后者强烈建议各州在大部分领域都自治，包括教育领域。因为美国当时刚刚摆脱了中央集权，所以民主共和党赢得了那天的辩论，从而民主原则传播到了教育领域以及政治领域（杰恩斯，2003）。因此，和其他许多国家一样，美国的教育体系反映了其发展的政治背景。最终，美国金融普及教育的发展与执行成了一盘散沙。

　　很明显，全美金融教育标准千差万别。谈到审核标准时，情况就更复杂了。43个州为金融普及教育设置了K–12标准，但是只有35个州执行了此标准。同样，仅19个州要求将个人理财课程纳入高中必修课；仅17个州要求学生必须修习理财课程后才能毕业；仅6个州对金融普及教育进行了某些概念测试。

　　美国金融教育的特殊性体现在政府所划拨的资金数额上。消费者金融保护局在2013年的报告中估计，除去教师薪水不算，每个学区每年在金融教育中的投资在500美元到1 500美元这个区间。那么全国约有13 500多个学区，在金融教育方面的总支出在700万美元到2 100万美元之间。

　　不仅学校对金融教育投资很少，而且还存在以下问题：这些投资是否正确？无论投资的多少，我们对学生的金融普及教育能不能有显著改善？

25.3　实证研究

25.3.1　面向大众的实证研究

　　向人民大众普及金融教育的第一步是确定金融教育不足的原因与不足之处。为此已经进行了几项研究来查明金融普及教育的主要影响因子。

　　其中最为著名的是卢萨尔迪等人的研究。卢萨尔迪和米切尔（2013）在其所在地进行了一系列研究，在最新的研究中利用FINRA问题（上文所提到的）的变式，更准确地得出了缺乏金融知识的原因。即，他们向50岁以上的美国人提出了以下三个问题，这也是2004年医疗与退休研究的一部分：

　　●假如你存款账户里有100美元，年利率是2%，你5年内不动用这笔资金，那么5年后你将得到多少钱？（a.大于102美元；b.刚好102美元；c.少于102美元；d.不知道；e.放

弃作答）

• 假如你存款账户年利率是1%，而通货膨胀率是2%，那么你将钱存一年后能购买的商品。（a.比一年前多；b.和一年前一样；c.比一年前少；d.不知道；e.放弃作答）

• 判断下列说法正误：单从风险来看，购买单只企业股票比购买股票共同基金更安全。（a.正确；b.错误；c.不知道；d.放弃作答）

第一个问题考查简单的复利应用与计算；第二个问题考查对通货膨胀率的理解；第三个问题考查对风险分散概念的理解。结果见表25-1。

表25-1 金融普及教育模型

金融普及教育的答题结果

回答结果	正确	错误	不知道	放弃作答
复利（%）	67.1	22.2	9.4	1.3
通货膨胀率（%）	75.2	13.4	9.9	1.5
股票风险（%）	52.3	13.2	33.7	0.9

金融普及教育答题正确率分布

	答对三题	答对两题	答对一题	全部回答错误
概率（%）	34.3	35.8	16.3	9.9

特别值得注意的是，尽管该年龄组的人一生都在进行各类金融行为并且经历过高通胀时期，但是能回答对所有问题的人仅占三分之一。

通常来说，人们的年龄段与金融知识掌握程度呈抛物线关系：青少年与年轻人掌握程度低，然后随着年龄增长而提高，之后再随着年龄增长而降低。同样，对金融知识的掌握程度也因性别而异。同一年龄阶段，男性的金融敏感性高于女性，而且，女性更可能回答"我不知道"。即使是单身女性或是具有高学历的女性也是如此（麦多维，2012）。另外，在美国，非洲裔与西班牙裔的金融知识水平也较低（卢萨尔迪和米切尔，2007；2011）。

评估金融教育在大众中所起效用的难点之一是确定怎么样才算是"有用"。如果金融教育的最终目的是改变人们的行为，那么确定什么是合理的行为结果对评估方案的成功而言至关重要。卢萨尔迪和米切尔（2013）曾说过，金融教育的目标之一是增加学习者的储蓄行为。但是，这一行为结果可能是不合理的。比如，学习者在低利率的环境下，明智的做法是及时付清高昂的债务，而不是储蓄。但是，根据上述评价标准，明智的做法反而表明金融教育是不成功的。

评估金融教育在大众中的效用所面临的更大问题是异质性。由于人们的年龄、种族、背景、经历等大相径庭，所以无论是在数量上还是在类型上都有限的金融教育资源不可能显著改变目前的状况。虽然针对某些具体问题进行定向干预貌似有效，但是若想将不同的人群和主题统一起来则问题重重。

25.3.2　面向年轻人的实证研究

关于年轻人的金融普及教育研究通常可以分为三大类：金融知识水平的决定因素、金融课程对金融知识水平的影响、金融课程所导致的金融知识水平变化。

1.金融知识水平的决定因素

虽然大多数研究的重点放在评估金融教育的影响，但是有两项著名的研究仅仅分析了决定学生群体金融知识掌握程度的因素。瓦伦丁和凯门（2005）分析了印第安纳州一所高中的金融普及教育测试结果，考虑了阶层因素和社会经济因素的影响，金融知识掌握情况不受城市或是农村居民这个因素的影响，但是有兼职工作的、有存款账户的以及出生在中等收入家庭的人群对金融知识掌握较好。陈和沃尔普（2002）发现，在大学阶段，就算考虑了专业、工作经验和班级排名等因素，男同学的金融知识水平也明显比女同学高。

2.金融课程对金融知识水平的影响

这一方面的研究主要分析了金融课程对学生测试成绩的影响。曼德尔（2008）曾发表其研究报告，在Jump$tart测试中，学习了一学期个人金融课程的高中生得分并没有比没学过的高中生高。彭等人（2007）发现了金融教育对高中生的投资知识掌握并没有显著影响（但是对大学生的确具有显著影响）。相反，其他人（如沃尔斯塔德等，2010）通过设置对照组分析，发现金融普及教育课程对学生的金融知识掌握情况有显著的积极作用。斯文顿等（2007）通过研究格鲁吉亚的经济学课程的期末测试成绩，发现教师的培训与学生的成绩之间有显著的正相关关系。

3.金融课程所导致的金融知识水平变化

大多数金融普及教育的研究都分析了金融教育的价值增值——学生学习金融课程后金融水平的提高。瓦尔科等（2005）发现在金融普及教育涉及的任何领域，青少年在金融课程中有所收获。哈特（2009）发现肯塔基东部的学生在学习了《生活中正确理财》这门课程后，其金融知识测试的分数有了显著的上升。同样，沃尔斯塔德等（2010）研究发现特定的金融普及教育课程有明显的效果。另外的一些研究分析了短期效应与长期效应。比如，丹麦等（1999）研究发现进行金融教育后青少年的金融知识水平与储蓄率立即提高，并在3个月后仍有效果。

但是这些研究难有说服力，因为它们的数据来源不统一。一些研究中，课程不一致；另一些研究中，无法控制教师培训这个变量；还有一些研究中，测试结果不具有可靠性或有效性。比如说，一项针对此前Jump$tart研究的分析中增加了一个变量，即各州对金融教育的要求（坦尼森和阮，2001）。这些研究者发现，如果州政府对金融教育提出了要求，那么学生的表现就会优秀得多。

如其他领域的项目评估一样，金融普及教育项目的效用评估金标准需要一个精心设计的控制变量法（柯林斯和欧洛克，2010）。在应用了这些办法的研究中（如沃尔斯塔德等，2010），研究人员发现，学校里针对性的金融教育对学生金融知识掌握程度有显著的积极影响。随着更多研究效仿这些新研究的严谨性设计，增加对学校金融教育的支持也指日可待。

最后，除了一些例外（如哈特，2009），人们对金融教育效用的重心一直放在高中生或者大学生上。如果金融教育与其他教育领域一样，那么要想真正有效，它将依赖于早期阶段获得的基础知识。既然有这一明显的相似之处，那么对早期金融教育研究的无人问津就令人费解了。正如麦考密克（2009）所提到的那样，我们没有充分重视小学的金融教育，并且对其理解也不够充分。

25.4　展望

对美国金融普及教育的展望是好坏不一的。正当我们越来越能意识到学校正式开展金融教育项目和课程的必要性时，美国教育体系的分散性成为最大的拦路虎，它不仅极大地阻碍了一个综合方法的形成，还极大地影响了该方法的有效性。

共同核心标准是教育界最近的一项创新，它给金融普及教育带来了希望。共同核心标准起源于全国州长协会最佳实践中心和州首席学校官员理事会的一个尝试，一方面是为了提高现有标准的严谨性，另一方面也为了提供一系列国家标准，来取代现有 50 多个州的标准。目前已经有 45 个州在数学、英语和语言艺术领域采用了共同核心标准。

共同核心标准为金融普及教育所创造的机遇是将个人的金融知识水平纳入统一标准，特别是数学方面的能力。为此，Jump$tart 个人金融普及教育联盟赞助了对数学在金融领域的应用和个人理财的实际重点的研究。这一倡议在 2013 年向总统的财政能力咨询委员会提出，并促成了一个网站的成立（www.moneyasyoulearn.org）。在没有综合金融教育提议的情况下，以共同核心标准为切入点，能一定程度上解决国家金融教育分散的问题。

实行"Smart"计划也有可能为学校金融教育提供一种更全面的方案。2006 年，田纳西州是全国第一个实行统一 K-8 金融普及教育模式的州。田纳西州的"Smart"计划将重心放在了教师培训和评估上（自愿参加），并利用"金融在生活中的正确应用"这门课程，使大约 20 万学生接受了金融教育。该计划使州政府和该州第一大银行——田纳西第一银行成为公私伙伴。田纳西州的"Smart"计划已经被得克萨斯州采纳，最近还被印第安纳州采纳。虽然具体的资金来源因州而异，但是各州均采用了一套覆盖全州的金融教育综合方案，尽管是自愿参与。

在没有全国范围的金融教育模型的情况下，"Smart X"计划有以下好处：它允许各州自由选取资金计划，其中包括公共和私人赞助的组合以及赞助来源的选取，从而使资金计划最有效并且最符合各州情况；它还允许各州灵活调整等级范围，田纳西州为高中生设置了一门必修的金融课程，准确地调整了 K-8 的覆盖范围，某些没有这门必修课的州也可以采用 K-12"Smart"计划；它还为金融教育的交流提供了统一模式，这是有效评估必不可少的部分。最后，公私合作的方法是政治上的一种流行手段，特别是应用在金融教育方面，金融是一门明显具有正外部性的学科。

除了美国教育体系的分散性外，金融教育面临的另一大难题是金融教育这个概念不是学术学科。金融普及教育往往被看作一门补充性课程，仅仅是一套技能而不是一整套知识体系。只要我们继续把它定义为平衡支票账户、构建预算或是其他类似的低水平技能，那么它将仍然居于次要地位。因此，就美国金融教育的未来而言，要受到更广泛关注的关键之一是使其在经济学中扎根，从而提高其学术严谨性。

我们对金融教育的定义会影响其被接受程度，最终影响它在课程中的地位。金融教育的基础是经济决策、对影响利率的更广泛宏观经济变量的理解以及对美联储和其政策的了解。而所有的这一切都是新设计的金融教育的基础。这些金融教育从学术上来看是严谨的，因此更容易在越来越重视成绩的课程中占有一席之地。

总之，如上所述，如果没有合适的评估手段，金融教育永远无法成功。教育通常会遇到的困难有：教师时间不足、地方预算不足以及公共支持不稳定。在这种情况下，应用我们最好的实证分析方法来评估金融教育至关重要。沃尔斯塔德等（2010）曾明确地阐述了其中的标准：（1）个人金融学习内容必须统一；（2）教师培训必须统一，从而教育者们可以提供优质的课程；（3）评估工具能有效判断关键内容；（4）同时具备事前和事后的评估；（5）具有能控制外生因素的严谨评估方法。

尽管金融教育没有全国统一的模式（而且也不能期望未来有），金融教育在教育政策分散的情况下仍然有大量提升的空间。共同核心标准将金融教育纳入了国家标准之中，从一定程度上来看，也为数学、英语和语言艺术增添了一些内容。尽管没有国家统一安排，各州执行的"Smart X"计划至少可以让现状有所改善，并且可以提高掌控能力，从而减少方案在传递中的变质，提高实证研究的稳定性，使人们更加相信金融教育的重要性。提高金融普及教育课程概念与设置的严谨性，不仅能使该学科在学术领域中占有一席之地，还能加强各州和地区的推行动力。

参考文献

Chen, H., & Volpe, R. P. (2002). Gender differences in personal financial literacy among college students. *Financial Services Review*, 11, 289–307.

Collins, J. M., & O'Rourke, C. M. (2010). Financial education and counseling: Still holding promise. *Journal of Consumer Affairs*, 44 (3), 483–489.

Council for Economic Education. (2014). *Survey of the States*.

Danes, S. M., Huddleston-Casas, C., & Boyce, L. (1999). Financial planning curriculum for teens: Impact evaluation. *Journal of Financial Counseling and Planning*, 10, 26–37.

Federal Reserve Bank of New York. (2013). http://www.newyorkfed.org/microeconomics/ccp.html.

Federal Reserve Bank of New York. (2013). *Student loan debt by age group*, http://www.newyorkfed.org/studentloandebt/.

FINRA Investor Education Foundation. (2012). *National financial capability study*.

Harter, C., & Harter, J. F. R. (2009). Assessing the effectiveness of *financial fitness for life* in Eastern Kentucky. Journal of Applied Economics and Policy, 28, 20–33.

Jeynes, W. S. (2003). The effects of religious education on the academic achievement of urban and other children. *In Education and Urban Society*. Sage Publications http://eus.sagepub.com/cgi/content/abstract/36/1/44.

Lusardi, A., & Mitchell, O. S. (2007a). Baby boomers' retirement security: The role of planning, financial literacy and housing wealth. *Journal of Monetary Economics*, 54, 205

224.

Lusardi, A., & Mitchell, O. S. (2007b). Financial literacy and retirement preparedness: Evidence and implications for financial education. *Business Economics*, 42, 35-44.

Lusardi, A., & Mitchell, O. S. (2011). Financial literacy and retirement planning in the United States. *Journal of Pension Economics and Finance*, 10 (4), 509-525.

Lusardi, A., & Mitchell, O. S. (2013). The economic importance of financial literacy: Theory and evidence. *Journal of Economic Literature*, 52 (1), 5-44.

Mahdavi, M. (2012). Financial literacy among educated women: Room for improvement. Working Paper, Smith College.

Mandell, L. (2008). Financial education in high schools. In A. Lusardi (Ed.), *Overcoming the saving slump: How to increase the effectiveness of financial education and saving programs* (pp. 257 279). Chicago: University of Chicago Press.

McCormick, M. (2009). The effectiveness of youth financial education: A review of the literature. *Journal of Financial Counseling and Planning*, 20, 70-83.

Peng, T., Bartholomae, S., Fox, J., & Cravener, G. (2007). The impact of personal finance education delivered in high school and college courses. *Journal of Family and Economic Issues*, 28, 265-284.

Swinton, J., DeBerry, T., Scafidi, B., & Woodard, H. C. (2007). The impact of financial education workshops for teachers on students' economic achievement. *The Journal of Consumer Education*, 24, 63-77.

Tennyson, S. & Nguyen, C. (2001). State curriculum mandates and student knowledge of personal finance. *Journal of Consumer Affairs*, 35 (2), 241-262.

Valentine, G. P., & Khayum, M. (2005). Financial literacy skills of students in urban and rural high schools. *Delta Pi Epsilon Journal*, 47, 1-9.

Varcoe, K. P., Martin, A., Devitto, Z., & Go, C. (2005). Using a financial education curriculum for teens. *Journal of Financial Counseling and Planning*, 16, 63-71.

Walstad, W., Rebeck, K., & MacDonald, R. (2010). The effects of financial education on the financial knowledge of high school students. *The Journal of Consumer Affairs*, 44, 336-357.

第四部分　金融普及教育的评估

Klaus Breuer

　　衡量一个群体对于金融方面的知识水平和理解水平，并评估其相关行为活动，是识别金融普及教育某些具体方面的潜在需求和不足的前提，也是识别风险群体的前提。

　　如果金融普及教育越来越重要，如果推进金融普及教育是每个教育体系的核心问题，那么我们应该知道的是，什么会引领人们走进（或导致人们忽略）这个领域，这也是一个重要的先决条件。要获得这些信息，就必须具有可靠的、有效的金融普及教育评估方法。迄今为止，大多数金融普及教育评估方法都仅仅停留在认知维度。大多数评估方法都是如此。只有极少数的评估方法（比如阿特金森和梅西，2012；巴里与布鲁尔，2012）考虑到了其他维度。比如，对金钱的态度及其相关问题（比如消费、支出、债务，巴里，2014），又或者是各类与金融问题相关的价值观、信念以及自信（比如本德，2012）。因此，这一部分将探讨如何全面地评估金融普及教育。

　　米迦勒·舒恩与苏珊·苏克曼注重有效性。其切入点是德国并未参与的PISA金融普及教育。德国的研究人员受访时提到，他们质疑OECD金融普及教育体系中初步工作与整体结构的有效性。尤其是金融普及教育与PISA研究评估的其他领域的相似性，比如数学或阅读理解任务，这似乎是一个问题（OECD，2013：144）。本章考虑到之前明确界定的金融普及教育内容的范围，提出了一个可行的研究方案。研究表明，由理论驱动的结构和对具体内容的评价是研究金融普及教育的基础，是在对PISA和其他金融普及教育评估的讨论中。

　　卡美拉·阿普利亚与艾芙琳·伍特克另外举例说明了一个评估方法，该方法将金融普及教育定义为了一种具体的能力。这个观点将金融普及教育的思考引入到对目前国际教育研究和能力评估的讨论中来。因此，有可能利用一个更加坚实的方法论基础来帮助解决金融普及教育评估中所遇到的难题。

　　李水彭与诺伊·康·科研究了学生日常生活中的金融决策。他们的重心放在了金融决策的元认知维度上，同时也讨论了其研究结果对金融普及教育的作用。

　　莎伦·M.丹尼斯，维罗妮卡·德拉拉与杨云习评论道，在研究金融普及教育的作用时，其重心放在了学生知识水平上。之前的研究忽略了学习环境所带来的影响。本章讨论的范围不仅仅局限于学生学习金融知识及其所导致的金融行为，还有教师在课堂上应用的根据实践课程与实践方法设置的学习情境。

达妮埃拉·巴里对金融普及教育评估方式中一维变量提出了质疑，她认为应该整合非认知变量，特别是对金钱的态度。她的文章提出了一个对这些态度的评估方法，来自一项对德国2 000名年轻人的研究。

巴勃罗·A.佩纳研究了性格特征与他定义的广义金融文化之间的关联。他使用能够代表全国的15岁到29岁之间的墨西哥青年作为研究对象，发现了性格特征（五大性格特征）与金融文化之间有显著的关系。这项研究的结果发现了性格特征与经济行为之间的更多联系，同时也告诉教育工作者和金融教育的相关人士，要想提高金融教育的效力，就必须考虑更多的因素。

参考文献

Atkinson，A.，& Messy，F.（2012）. Measuring financial literacy. OECD Working Papers on Finance，Insurance and Private Pensions，No. 15. Paris：OECD Publishing.

Barry，D.（2014）. Die Einstellungen zu Geld bei jungen Erwachsenen. Eine Grundlegung aus wirtschaftspädagogischer Sicht. VS Verlag.

Barry，D.，& Breuer，K.（2012）. Die Einstellung zu Geld bei Jugendlichen und jungen Erwachsenen. In Forschungscluster "Gesellschaftliche Abhängigkeiten und soziale Netzwerke" (Ed.)，Gesellschaftliche Teilhabe Trotz Schulden? Perspektiven Interdisziplinaren Wissenstransfers (pp. 9–25). VS Verlag.

OECD（2013）. PISA 2012 assessment and analytical framework. Mathematics，reading，science，problem solving and financial literacy. Paris（PISA）.

第26章　结构方程模型与结构有效性[①]

Michael Schuhen and Susanne Schürkmann

摘要　2012年，PISA中的一项对金融普及教育的额外评估引起了研究人员和媒体的关注。但是，德国和其他一些国家没有参与这次金融普及教育评估。德国的研究人员受访时提到，他们质疑OECD金融普及教育体系中初步工作与整体结构的有效性。尤其是金融普及教育与PISA研究评估的其他领域的相似性，比如数学或阅读理解任务，这似乎是一个问题（OECD，2013a）。FILS的一项计算机研究以德国15、16岁的普通学生为研究对象。FILS运用的是在之前金融普及教育内容中有明确定义的概念。内容涉及了学生所处的直接环境。本章告诉我们，由理论驱动的结构和对具体内容的评价是研究金融普及教育的基础，特别是在对PISA和其他金融普及教育评估的讨论中。因此，将把FILS和PISA中的金融普及教育对比起来讨论其内容的有效性。

关键词　金融普及教育　结构方程模型　结构有效性　内容范围

26.1　引言

近年来，金融普及教育受到了越来越多的关注。金融和经济危机以及在现代社会中正确进行金融决策越来越重要，不过这只是各国研究这个主题众多原因中的两个。这些对金融普及教育的研究采用的方法与结构都不同。有些研究甚至连金融普及教育到底能否被评估和该概念包括哪些内容都不清楚。因此，分析和理清研究方法及其基本思想是非常重要的。综上所述，本章以金融普及教育研究（FILS）为例，关注技术层面，重点研究了金融普及教育的结构有效性。

---

①　M. Schuhen

Universität Siegen, Zentrum für ökonomische Bildung in Siegen (ZöBiS), Kohlbettstraße 15, 57072 Siegen, Germany

e-mail: schuhen@zoebis.de

S. Schürkmann

Universität Siegen, Zentrum für ökonomische Bildung in Siegen (ZöBiS), Siegen, Germany

© Springer Science+Business Media Singapore 2016

C. Aprea et al. (eds.), *International Handbook of Financial Literacy*,

DOI 10.1007/978-981-10-0360-8_26

26.2　PISA之前的金融普及教育

很多研究涉及金融普及教育评估，但是到底有没有实际作用或者说金融知识到底能否测量都还说不清楚。在大多数研究中，金融普及教育是没有定义的，它在不同讨论背景下含义往往不一样。

随着对金融普及教育的研究越来越多，这一点不难被发现（比如：Lusardi等人），2010；Mandell，2008；Crossan等，2011；Disney等，2013；Fornero和Monticone，2011。所有的研究都涉及不同的内容范围。Lusardi等的研究从数字能力与基本经济主题这两个方面来探索金融普及教育。Jumpstart研究项目按照金融普及教育的精密程度，区分了高中生与大学生的金融普及教育。

与数学、科学和阅读等领域具有的能力标准不同，在金融普及教育领域还没有达成国际共识。迄今为止，上述领域都经PISA或是其他类似组织研究评估过。2010年，Huston对比分析了70多个关于金融普及教育的研究，她的研究以四个要求为导向，在Pedhazur and Schmelkin（2013）看来，这四个要求对结构的有效性来说是至关重要的，分别是：（1）即将分析的概念的定义；（2）特定领域的项目；（3）测量方法；（4）测量过程的描述。Huston分析的这些研究没有一个满足上述所有要求，而且只有13%的研究有一个明确的定义（Huston，2010）。

内容方面也是同样的情况。Huston（2010）还发现许多研究的重点大相径庭。她大致分了4个主要的内容范围：货币基础（比如：通胀率、购买力与个人财务状况）；借款（比如：储蓄、信用卡、消费信贷与投资基金）；保护资源（比如：保险产品与风险管理）；金融形式。最近，有更多Huston没有一一列举的研究也是如此（Gerardi等，2010；Van Rooij等，2011；Fornero和Monticone，2011）：Van Rooij和Lusardi在他们的研究的第一部分研究了与利率、通胀率和股价相关的金融普及教育问题。

初步的结论是结构内容没有一致性，而且测量模型也大相径庭。大多数研究都使用了"金融普及教育"一词，但是并没有定义或是引用定义。另外，目前仍然不清楚什么才是准确的评估。除了知识测试之外，自我评估和自我报告也被用来评估金融普及教育。但是，评估工具的选取往往是没有逻辑的。在大多数情况下，多项选择测试是纯知识测试，不符合对能力评估的要求。而在大多数的能力研究中，我们质疑，凭什么可以通过仅仅3到68项就能准确识别能力（Huston，2010）。

26.3　PISA 2012和金融普及教育

OECD将"金融普及教育"定义如下：金融普及教育是一种对金融概念与风险的理解，以及运用这种理解和认识的技能、动机和信心，从而在实际生活中做出一系列有效的金融决策，进而提高社会和个人的财富水平以及对经济生活的参与度（OECD，2014）。

在这个定义中，技能主要是指在遇到金融问题时的一般认知过程以及数学和语言能力。金融普及教育并没有被定义为个人能力。金融普及教育主要由知识、能力和策略组成，其中的能力又包括明确提到的技能。另外，金融普及教育的动机与信心是人们做出有效金融决策的保证（OECD，2014）。为了体现各自领域，OECD将内容、过程和背景划分为一个三维模型，以此来构建和衡量能力评估。这三个维度分别由三个具体的层次来描述。OECD将其维度描述如下：内容包括对金融普及教育至关重要的知识与理解；过程包括谈判的心理策略与方法；背景指从个人到全球范围内，对主要知识、技能和理解的应用情境（OECD，2013a）。

在内容方面，研究者们尝试着从不同国家现有的金融文化背景中获取内容范围进行比较研究。因此，如果此方法可行的话，该课题可能能够确定每个国家金融普及教育下可以找到的主题（参见 Financial Consumer Agency of Canada，2014；ASCI 2011，7；Commerzbank Ideenlabor，2004）。

回顾以下 PISA 所认为的内容范围：现金与交易、理财计划、风险与回报、金融环境。

图 26-1 显示了金融普及教育相关子领域的已被认可的内容范围。比如利息与复利、信用卡、投资策略等。这些主题在其各自内容范围内具有重要地位，同时也都包含在特定的内容范围之中（OECD，2013a）。但是，我们很难区分开这些内容范围。比如，开支既可以属于货币与交易，又可以属于理财计划。

现金和交易	理财计划	风险和回报	金融环境
日常支付	多种收入类型	风险管理	消费者权益和责任
支出	收入衡量标准	平衡和覆盖风险	金融协议中的主要含义
支出价值	预算计划	财务损失	信息资源
银行卡	常规支出	金融产品中的固有风险	法律调整
支票	储蓄		经济环境和国家政策变动
银行账户			
货币			

图 26-1 PISA 的内容范围

PISA 将过程分为以下几个步骤：识别金融信息、分析金融信息、评估金融问题和应用金融知识。Bloom（1972）认为过程应该是分级别的。测试设计中包含了关于行为及其影响的典型假设，以便通过观察行为来得出有关能力的结论。在实验之前，这些都需要很精确的分析与验证（Klieme 和 Leutner，2006）。实际上，PISA框架中在有关金融普及教育的部分这样描述："与认知过程相关的过程类别"（OECD，2013a）。但是该描述不够精确。虽然一个高度成熟的能力结构模型是构造能力与现实生活任务之间的联系，但考虑其他原因的话，这解释了为什么讨论金融普及教育是培养个人能力所需要的（OECD，2005；Aprea，2012）。要想评估能力，能力结构模型与能力层次模型（Hartig 和 Klieme，2006）是必不可少的，后者还应考虑到对能力层级的描述。回顾PISA之前以及PISA本身关于金融普及教育的不同研究，我们能清楚地发现，行为是不能够被充分考虑与显示的（Schürkmann 和 Schuhen，2013）。

与内容范围和过程相关的背景共有四个类别：教育和工作、家庭、个人以及社会。情境设置与学生环境类似，相当于 PIAAC（国际成人能力评估计划）的情境（OECD，2013a）。大多数研究都考察成人或学生的知识和能力。因此，研究中我们可以发现他们的许多相关问题，比如生活中的消费教育（Disney 和 Gathergood，2011），投资行为（Guso 和 Jappelli，2008），金融危机所造成的投资行为变化（Bucher-koenen and Ziegelmeyer，2011），投资行为随着对养老计划和债务的态度变化而变化（Lusardi 和 Mitchell，2011；Lusardi 和 Tufano，2009）。就背景而言，最近对 15 岁和 16 岁学生的研究显示出两个缺陷：结果只能被有条件地转换到学生的背景角度，因为他们的生活和经历都大相径庭。关于这里将要讨论的问题，我们对金融普及教育结构中知识与技能的应用是有疑问的。Sälzer and Prenzel 就此所看到的问题是 PISA 的金融普及教育结构限制太多（Sälzer 和 Prenzel，2014）。同样，所提到的四个与金融普及教育有关的能力层次没有被明确地区分，而且有待验证。在第一层次，学生应该知道基本数学技能在金融中的应用，以及他们应该能够区分愿望和需要。在第二层次，学生必须在日常生活中解释这种差异，并理解诸如保险和银行账户等金融概念。第三个层次包括金融决策所必需的以及学生将来需要的数学技能。最后一个能力层次涉及针对学生未来的数学运算能力问题，其中包括复杂的金融决策和理解过程（OECD，2013a；Sälzer 和 Prenzel，2014）。另一个问题是金融普及教育结构与数学普及教育结构不同。OECD 在内容层次上进行了相当简单的讨论，从而区分了两种结构。简单地说，其交集是那些既涉及大量数学运算又涉及各种金融问题的方面。金融普及教育结构的其他领域是指不需要使用数学工具的金融知识和内容。数学普及教育也是如此概括的。这意味着，数学不能与金融相结合的部分是在交集之外，而数学的其他部分则包含在其中。但是对这两种结构的区别没有进一步的描述。还缺少一个用于确认这一区别以及 PISA 金融普及教育结构在国际上应用的经验和初步试验。因此，PISA 2012 称自己是"首次对年轻人金融普及教育情况进行评估的大规模国际研究"。

2012 年，PISA 对金融普及教育的额外评估结果显示，在一些国家，青少年的金融技能有相当大的缺陷。然而，这些结果受到极大的质疑。这是因为这些结果缺乏对整个结构的验证。一维尺度考虑了测试者的国际比较，但是国家具体有关税收、信用卡和银行账户的金融状况仍然未被考虑。这些因素都会在一定程度上影响结果，但是 PISA 的研究只表明让学生提高金融技能能提高其生活质量（OECD，2014）。然而，这是否真实地反映出学生的能力和技能，或是否正确地评估了金融知识和数学技能，仍然值得怀疑，因为不同国家的条件不同也会导致结果不同。许多国家拒绝加入 FILS 2012。德国认为这种结构不适合 15 岁的德国学生。

26.4 结构方程模型是验证结构有效性的一个方法

要想对一个结构进行有效分类，就必须证明它的均匀性。而要做到这一点，研究的基础结构和解释事实的理论模型必须在一个路径模型中显示，并且必须有助于解释研究。

根据建模的基本思想，结构来源于现实生活，在模型中对事实加以刻画，并试图解释这些事实。这是在数学教学中常见的做法，其中模型构建周期被用于将复杂的实际问题转换成模型，从而使它们能够被处理、解决并应用到实际生活中（如图 26-2 所示）。

这个周期给出了一个示意图，几乎包含了所有的过程。从现实生活中的情况来看，存在的问题是重新构建一个精神情境模型（Ferri，2006）。类似于模型构建周期的过程，结构

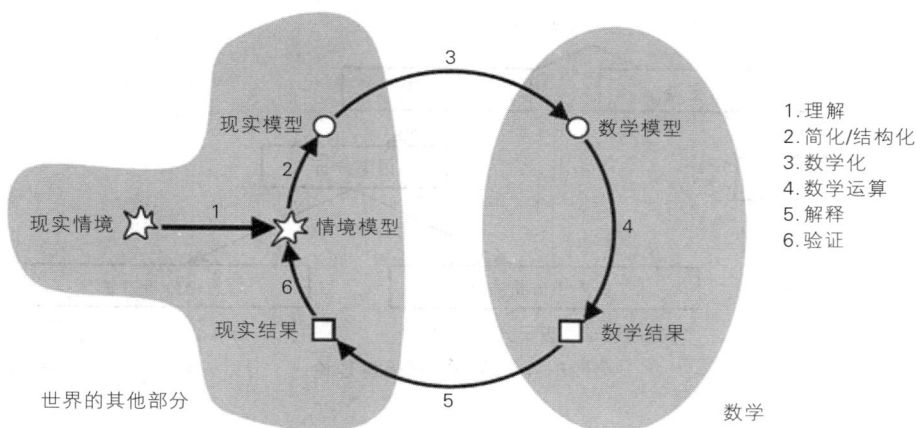

图26-2 雷ß/百隆2007模型构建周期

方程模型也捕捉到了模型中的真实数据。结构方程模型能够通过数学运算对模型进行构建，并借助特定的指标检验模型调整的质量，显示模型中数据的关系和其相关性。理论上，使用这种方法，可以通过制定潜在变量来展示其相关性。

这样就可以分析连续变量间的潜在联系，也可以描述和分析多个内生变量和外生变量之间的共同作用。外生变量在模型本身中没有被解释，但它们独立地作为外部条件起作用。然而，内生变量是由模型来解释的。这可以通过一个或多个变量来完成。测量模型需要将潜在变量通过能观察到的数据来测量，因此需要可观察变量（指示器）。

大多数模型假定潜在变量是不同指示器之间协方差的产生原因（Geiser，2011）。这就意味着，在反应模型中，潜在变量 η_i 是外生变量，而在测量模型中，它是一个内生变量（Weiber 和 Mühlhaus，2010）（如图26-3所示）。

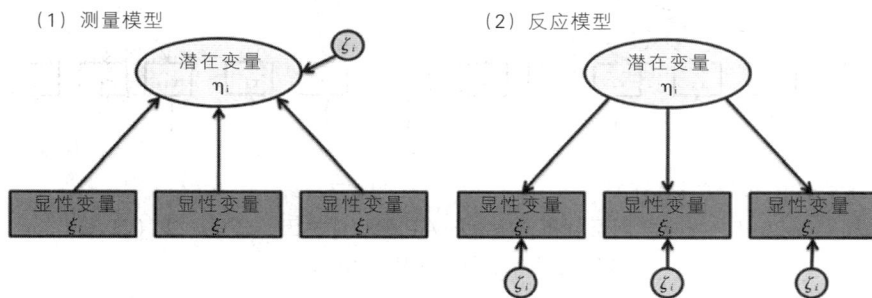

图26-3 Weiber 和 Mühlhaus（2010）的反应模型和测量模型

这两种不同的方法基于不同的假设。测量模型的决策必须事先进行，并且很依赖于结构方程模型的假设方式。下面，我们来看看反应模型，因为这是一个与大多数研究都相关的模型。

为了检验可观测变量之间的相互作用，结构方程模型中的路径分析可以根据下面的模型进行（如图26-4所示）。

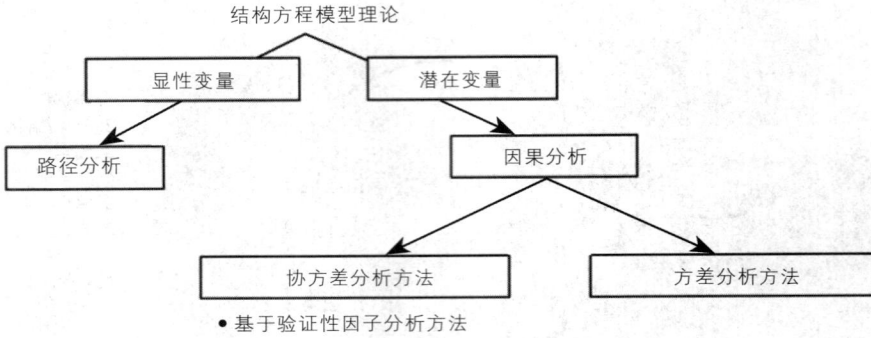

图26-4 结构方程模型理论

如果要描述潜在变量之间的相互关系，那么要采用基于因果分析和验证性因子分析的协方差分析方法。

协方差分析方法通过模型中的结构关系一起检验所有的潜在变量的结构，从而得到内生变量和外生变量之间的相互关系。相反地，方差分析方法则是将这两类测试分开，是在不同的过程中进行测试的（Weiber和mühlhaus，2010）。

验证性因子分析能够分析可观察指标之间的相互关系，这来源于测量的对象并能够显示在潜在结构或因子中（Brown，2006）。因此，特定的可观察变量也仅指预先构造的特定潜在变量。对潜在结构数量的假设基于要检查的结构的理论初步结论（如图26-5所示）。

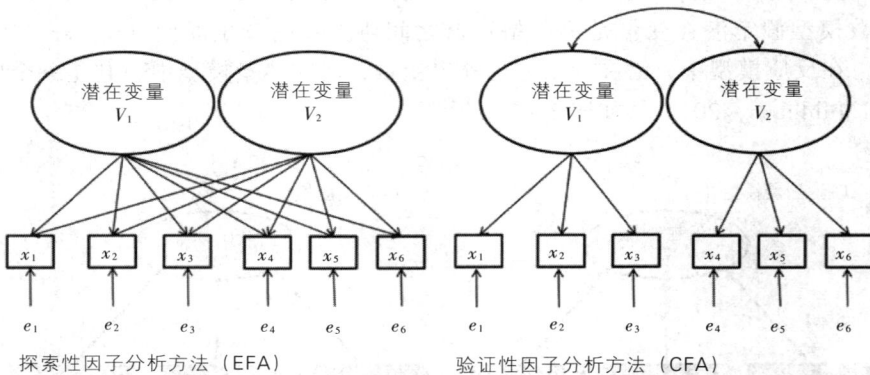

图26-5 探索性因子分析方法（EFA）和验证性因子分析方法（CFA）
（参见克里斯塔和施吕特，2010：23）

CFA是一种假设检验方法，它通过某种因素来检验一个结构或一个模型中与理论和内容相关的假设，从而显示了可观察变量的模型调整质量，这一质量是特定潜在变量配置的基础。通过路径模型所给出的方法来配置单个可观察变量（如图26-5，CFA方案所示）。收集数据之前应该全面分析其基本理论（Moosbrugger和Schermelleh-Engel，2008）。

26.5　金融普及教育研究（FILS）中金融普及教育结构的有效性

与PISA方法类似，FILS的内容范围也建立在一个实验总结的基础上。因为该研究最初集中在德国，所以把传统应用于分类业务教学的内容范围当做了基础，并与其他国际上更为常见的方向一起完成，这些方向源自"基础教育"、"消费教育"以及"经济普及教育"等领域。这就导致如下的内容范围。

结构发展的另一个假设是，学生对这个主题的态度对他们的能力有很大的影响。

态度检测是源自于Barry and Breuer的测量方法。他们根据权力/声望、财务规划、金钱的质量、金钱的重要性和贪婪的意义等标准，测量了青少年对金钱的态度（Barry和Breuer，2012）（如图26-6所示）。

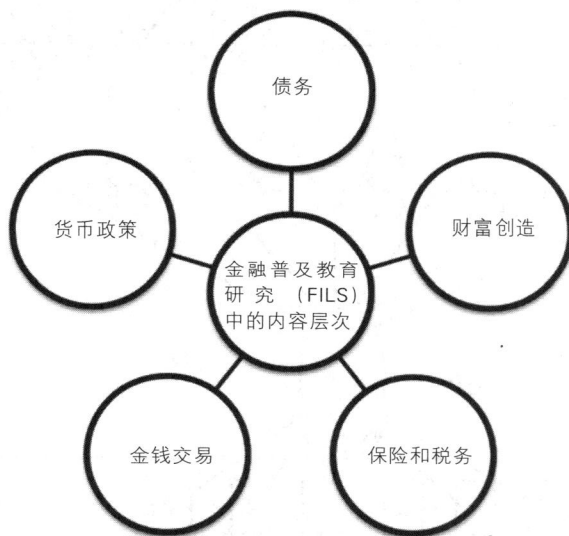

图26-6　FILS中的内容层次

FILS的问题将根据内容范围（如图26-6所示）和对应面向不同方向的以能力为导向的结构分类设置。比如，问题导向以及学生处理这些问题的角度与情境都是重要的考虑因素。2012年，FILS测试了346个在莱茵兰-普法尔茨州、北莱茵-威斯特法伦州以及巴登-符腾堡州的不同类型学校的学生。

结构方程模型的核心是金融普及教育潜在变量（η_7）。它受到可观测的外生变量影响，并解释了六种潜在的内生变量。这将有可能表明金融知识的比例在个人内容范围中占多高，个人能力参数的形成以及内容范围和态度标准是否能作为衡量金融普及教育的结构。当结构方程模型的质量标准在可接受范围内时，该结构是有效的。

在第一步，为了估计内容和行为范围，使用Rasch模型来计算个人能力参数。它们直接在结构方程模型的内生测量模型的一端生成。因为，我们认为金融普及教育受到不同态度的影响，并且能影响潜在变量。所以，态度的相关变量组成的外生测量模型在左侧（如图26-7所示）。

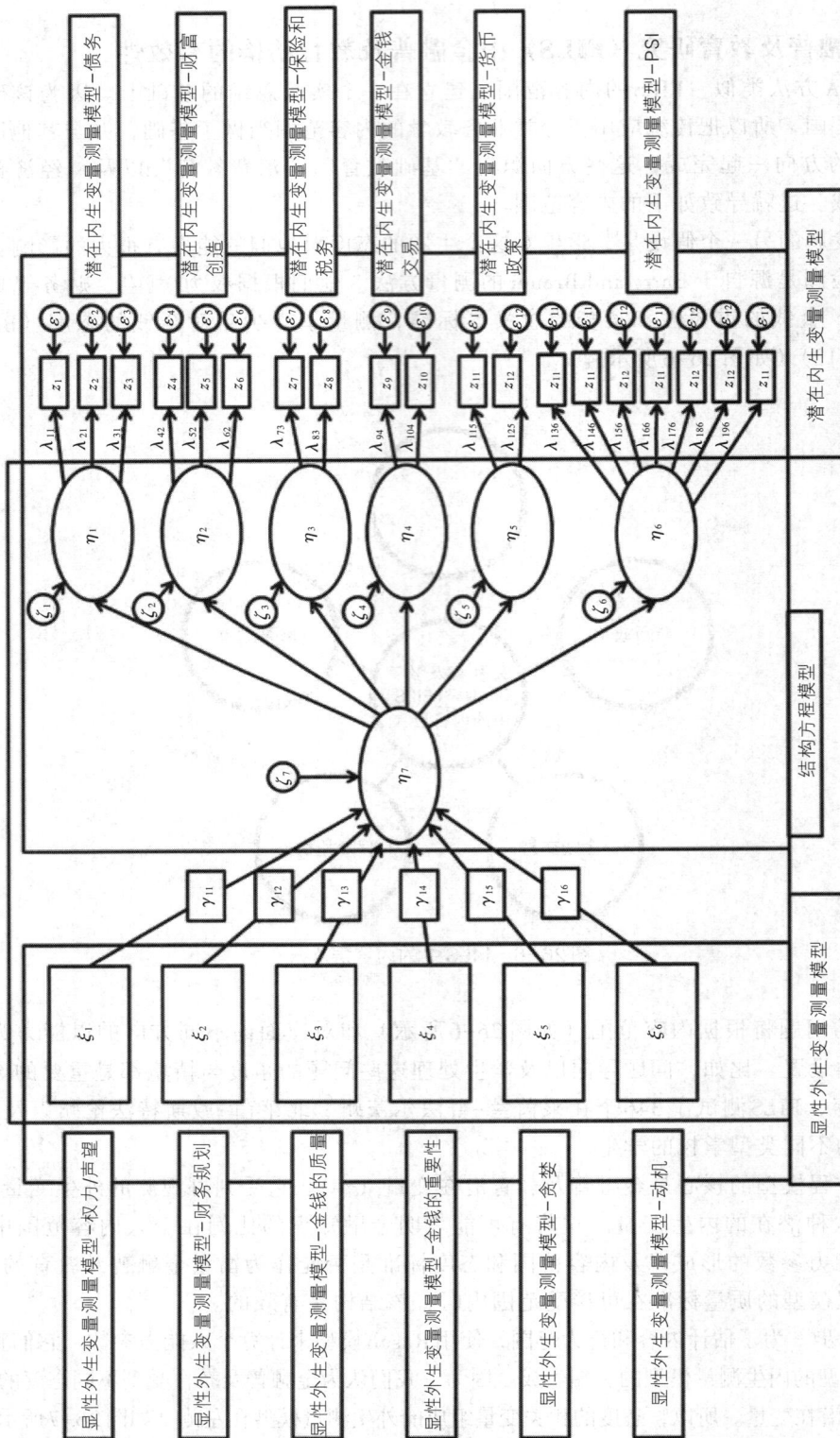

图26-7 FILS的结构方程模型

模型拟合信息显示 X^2 值为49.901，39个自由度和24个自由参数（自由参数个数）。由于P=0.1133，因此结构方程模型不显著，并且RMSEA值为0.028。X^2 检验值应该是不显著的，因此显著性参数应大于0.05。因此，X^2 指数可以被看做是一个调整的标准。高 X^2 值代表不好的调整，而低 X^2 值说明是一个很好的调整。当 X^2 等于零时，这是一个完美的调整（Wang 和 Wang，2012）。CFI的值为0.937。质量标准在一个可以接受的很好的范围之内，因而金融普及教育结构是有效的（Reinecke，2005；Wang 和 Wang，2012）。

整个结构方程模型的结果如图26-8所示。模型左侧的低因素负荷意味着态度标准只对潜在的金融普及教育结构有很小的影响。最高因素负荷的标准是"货币的相关性"，系数为0.240。然而，态度和动机标准并不是不相关的，因为它们在总的模型中占有相当大的份额。

模型右侧的结果是由金融普及教育潜在变量解释的，包括五个内容范围和使用在线工具的能力。内容范围中债务、财富创造以及金钱交易具有特别高的解释力度。

在线工具具有低因素负荷。这是由于在线工具专题的实施虽涉及金融普及教育，但在线工具的效用不是主要由金融普及教育引起的。其中与金融普及教育相关的部分与其内容相关程度更高。参与者必须从项目中获取信息并且正确地用在线计算器使其再现。事实上，这个部分受到其他能力的高度影响，解释了该部分为什么会有0.229的低因素负荷（如图26-8所示）。

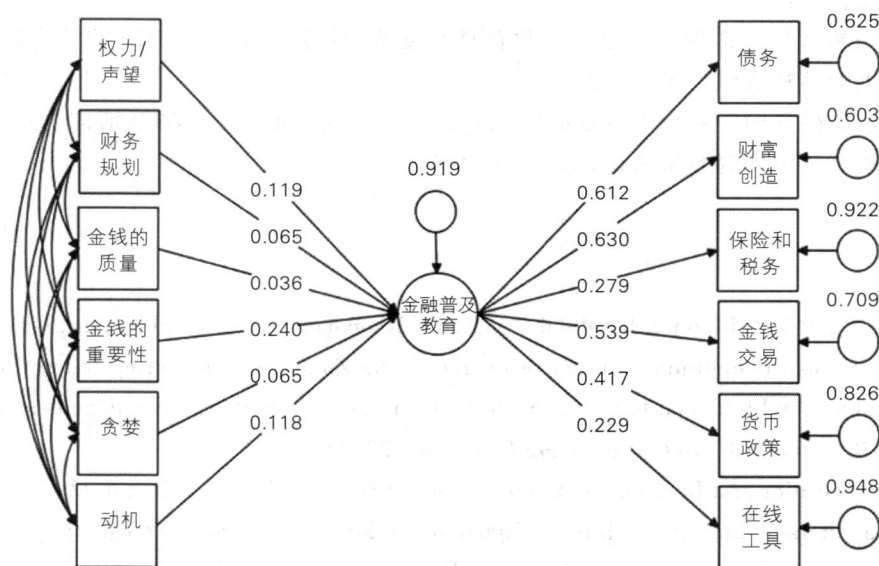

图26-8　结构方程模型的结果

R^2 显示的在线工具工作能力的内容范围百分比是可以解释的（Schuhen 和 Schürkmann，2014）。财富创造这一内容范围可以通过金融普及教育潜在变量解释40%，债务能由其解释37.5%，而在线工具只能由其解释5.6%（如图26-9所示）。

R²

观测变量	估计值	标准误差	双尾 估计值/标准误差	P值
债务	0.375	0.069	5.403	0.000
财富创造	0.400	0.077	5.169	0.000
保险和税务	0.078	0.036	2.155	0.031
金钱交易	0.285	0.063	4.554	0.000
货币政策	0.173	0.060	2.903	0.004
PSI	0.056	0.042	1.341	0.180

图26-9　结构方程模型的R²结果

结果清楚地表明，内容范围是由一个共同的结构来解释的。这种潜在的结构被称为"financial literacy"，它结合了态度和动机标准以及五个内容领域，还有使用在线工具的能力。

如果要测量诸如经济能力或金融普及教育等的结构，就必须去确认并推导出各个参数。只有在这样的条件下，能力评估才能使对参与者金融素养的分析有价值（Schuhen和Schürkmann，2014）。

FILS与方程模型表明，金融普及教育具有复杂的构造。此外，FILS的结构是有效的，且与理论上的结构有效性是一致的。

在一般的推导中，我们发现这些测试需要一个经过深思熟虑的适当结构，对其有效性进行检验对有效的解释结果来说是必不可少的。

参考文献

Aprea，C.（2012）Messung der Befähigung zum Umgang mit Geld und Finanzthemen：Ausgewählte Instrumente und alternative diagnostische Zugänge ［Measuring the ability to deal with money and financial themes：Selected instruments and alternative diagnostic approaches］. *Berufs-und Wirtschaftspädagogik-online*，22，1–21.

Australian Securities and Investments Commission（ASCI）.（2011）. Report 229：National financial literacy strategy. Online verfügbar unter http：//asic.gov.au/regulatory-resources/find-a-document/reports/rep-229-australian-national-financial-literacy-strategy/；www.financialliteracy.gov.au%2Fmedia%2F218312%2Fnational-financial-literacy-strategy.pdf&ei=ir6rVP2PLMqCPdvAgYgP&usg=AFQjCNFVu6cGdmuWyC9obZUU5gtwF6YoKQ&sig2=h4LMWZGN4hM6px7IxhwTyw&bvm=bv.82001339，d.ZWU

Barry，D.，& Breuer，K.（2012）. Die Einstellung zu Geld bei Jugendlichen und jungen Erwachsenen-Entwicklung eines Instruments in deutscher Sprache. In：*Gesellschaftliche Teilhabe trotz Schulden?*, S. 9–25. Berlin: Springer.

Bloom, B. S. (1972). *Taxonomy of educational objectives. Handbook 1: Cognitive Domain. David McKay Company, New York 1956.– Dt. Taxonomie von Lernzielen im kognitiven Bereich.* Beltz: Weinheim.

Brown, T. A. (2006). *Confirmatory factor analysis for applied research.* New York: Guilford Press.

Bucher-Koenen, T., & Ziegelmeyer, M. (2011). *Who lost the most?: Financial literacy, cognitive abilities, and the financial crisis.* European Central Bank.

Christ, O., & Schlüter, E. (2010) Strukturgleichungsmodelle mit Mplus. Eine praktische Einführung. In: *Strukturgleichungsmodelle mit Mplus.*

Commerzbank Ideenlabor. (2004). *Kanon der finanzielle Allgemeinbildung.*

Crossan, D., Feslier, D., & Hurnard, R. (2011). Financial literacy and retirement planning in New Zealand. *Journal of Pension Economics and Finance, 10* (04), 619–635.

Disney, R., & Gathergood, J. (2013). Financial literacy and consumer credit portfolios. *Journal of Banking & Finance, 37* (7), 2246–2254.

Disney, R., & Gathergood, J. (2011). Financial literacy and indebtedness: New evidence for UK Consumers. In: *The University of Nottingham.*

Ferri, R. B. (2006). Theoretical and empirical differentiations of phases in the modelling process. *ZDM, 38* (2), 86–95.

Financial Consumer Agency of Canada. (2014). Phase 3: Strengthening the financial literacy of young and adult Canadians. Online verfügbar unter http://www.fcac-acfc.gc.ca/Eng/financialLiteracy/financialLiteracyCanada/strategy/Pages/home-accueil.aspx

Fornero, E., & Monticone, C. (2011). Financial literacy and pension plan participation in Italy. *Journal of Pension Economics and Finance, 10* (04), 547–564. doi: 10.1017/S1474747211000473.

Geiser, C. (2011). *Datenanalyse mit Mplus. Eine anwendungsorientierte Einführung. 2. Aufl.* Wiesbaden: VS Verlag für Sozialwissenschaften (Lehrbuch).

Gerardi, K., Goette, L., & Meier, S. (2010). Financial literacy and subprime mortgage delinquency: Evidence from a survey matched to administrative data. In: *Federal Reserve Bank of Atlanta Working Paper Series* (2010–10).

Guiso, L., & Jappelli, T. (2008) *Financial literacy and portfolio diversification.*

Hartig, J., & Klieme, E. (2006). Kompetenz und Kompetenzdiagnostik. In: *Leistung und Leistungsdiagnostik* (S. 127–143). Berlin: Springer.

Huston, S. J. (2010). Measuring financial literacy. Journal of Consumer Affairs, 44 (2), 296–316.

Klieme, E., & Leutner, D. (2006) Kompetenzmodelle zur Erfassung individueller Lernergebnisse und zur Bilanzierung von Bildungsprozessen. Beschreibung eines neu eingerichteten Schwerpunktprogramms der DFG. *Zeitschrift für Pädagogik*, 52 (6), 876–903.

Lusardi, A., & Mitchell, O. S. (2011). *Financial literacy and planning: Implications for retirement wellbeing.* National Bureau of Economic Research.

Lusardi, A., Mitchell, O. S., & Curto, V. (2010). Financial literacy among the young. *Journal of Consumer Affairs*, 44 (2), 358–380.

Lusardi, A., & Tufano, P. (2009). *Debt literacy, financial experiences, and overindebtedness.* National Bureau of Economic Research.

Mandell, L. (2008). The financial literacy of young American adults. In: *Results of the 2008 national Jump $ tart Coalition survey of High School seniors and college students.*

Moosbrugger, H., & Schermelleh-Engel, K. (2008). Exploratorische (EFA) und Konfirmatorische Faktorenanalyse (CFA). In: H. Moosbrugger & A. Kelava (Hg.), *Testtheorie und Fragebogenkonstruktion* (S. 307–324). Springer Berlin Heidelberg (Springer–Lehrbuch). doi: 10.1007/978-3-540-71635-8_13

OECD. (2005). Literacy, improving financial. In: *Improving financial literacy: analysis of issues and policies* (S. 19).

OECD. (2013a) *PISA 2012 assessment and analytical framework. Mathematics, reading, science, problem solving and financial literacy.* Paris (PISA).

OECD. (2013b) *First results from the survey of adult skills.*

OECD. (2014) *PISA 2012 results. Students and money: financial literacy skills for the 21st century.*

Pedhazur, E. J., & Schmelkin, L. (2013). *Measurement, design, and analysis: An integrated approach.* UK: Psychology Press.

Reinecke, J. (2005). *Strukturgleichungsmodelle in den Sozialwissenschaften.* München [u.a.]: Oldenbourg.

Sälzer, C., & Prenzel, M. (2014). Financial Literacy im Rahmen der PISA–Studie. In T. Retzmann (Hg.) *Ökonomische Allgemeinbildung in der Sekundarstufe I und Primar–stuf. Konzepte, Analysen, Studien u. empirische Befunde., 1. Aufl* (S. 15–31). Schwalbach am Taunus: Wochenschau Verlag.

Schuhen, M., & Schürkmann, S. (2014). Construct validity of financial literacy. *International Review of Economics Education*, 16, 1–11.

Schürkmann, S., & Schuhen, M. (2013). Kompetenzmessung im Bereich financial literacy. In: *Zeitschrift für ökonomische Bildung Heft Nr* (S. 73–89).

Van Rooij, M., Lusardi, A., & Alessie, R. (2011). Financial literacy and stock market participation. *Journal of Financial Economics*, 101 (2), 449–472.

Wang, J., & Wang, X. (2012). *Structural equation modeling. Applications using Mplus.* Chichester (West Sussex): Wiley (Wiley series in probability and statistics).

Weiber, R., & Mühlhaus, D. (2010). *Strukturgleichungsmodellierung. Eine anwendungsorientierte Einführung in die Kausalanalyse mit.*

第27章 青少年与青年的金融普及教育：针对能力评估设置课程[①]

Carmela Aprea and Eveline Wuttke

摘要 本章介绍的研究活动旨在促进青少年和青年的金融普及教育，使其获得良好评价。特别是，本章描述了一个以能力为导向的评估工具的第一个版本的开发和试点，其中涉及德国的198名中学生。该工具主要包括23个测试项目，目的是反映不同阶段的金融决策。该工具还包括对动机和态度方面的自我报告以及学生的社会人口背景的问题。该研究的目的是为金融普及教育的测试提供模型，对试验性测试的结果进行报告和讨论，从而进一步推动评估工具的发展。

关键词 真实金融普及教育评估　能力测量　项目构建　情境判断测验

27.1 引言

能正确衡量学习者现有知识水平并确定其今后学习发展方向的评估方法，这是做出有效决策的必要条件。评估衡量教育研究领域的著名学者（比如：Biesta，2009；Shavelson，2008；Wilson，2005）指出，具有如此教育目的的方法必须着重考虑以下问题：

1.它应该基于一个明确的、连贯的、合理的基本规范。这是从教育的合法目标的角度来看的，教育不应该受商业利益和意识形态方面的影响，并与当代学习理论兼容。

2.为了提供有效的评估信息，不仅要求人们说明自己知道什么，还要知道他们能做什么，评估方法应该从真实（即真实或至少是现实的）问题和/或任务出发。因此，它不仅仅要注重单一和独立知识部分，还要包括学生更复杂的认知方面，比如认知、动机和态度方面。

---

① C. Aprea
Chair of Business and Economics Education，Friedrich Schiller University Jena，
Carl-Zeiss-Strasse 3，07743 Jena，Germany
e-mail：carmela.aprea@uni-jena.de
E. Wuttke
Chair of Business and Economics Education，Goethe University Frankfurt，
Frankfurt，Germany
© Springer Science+Business Media Singapore 2016
C. Aprea et al.（eds.），*International Handbook of Financial Literacy*，
DOI 10.1007/978-981-10-0360-8_27

3.最后，该方法还应该考虑心理因素以及评估理论的最新发展。

本章介绍的研究活动描述了以能力为导向的金融普及教育评估工具，开发和试点是解决这些问题的第一步。因此，它们是一个更大的研究计划的一部分，其目的是在于建模、测量，并促进金融普及教育，特别是关于那些德语国家里的即将开始或已经进入职业教育与培训课程的中学生目标群体（Aprea 和 Wuttke，2013）。本章的结构如下：27.2，简要回顾和评价当前可用的金融普及教育评估；27.3，研究的理论背景；27.4 和 27.5 分别描述了为发展和试点以能力为导向的评估工具而开展的活动；27.6，给出了试点测试的结果；27.7，对这些结果进行分析；27.8，最终得出关于对青少年和青年的金融普及教育评估的下一步的结论。

27.2 当前可用的金融普及教育评估

当前可用的金融普及教育评估主要是针对英语国家的成人或高中学生进行的，而在欧洲德语区和其他目标群体中，可以比较的措施很少。正如文献综述（Huston，2010；Marcolin 和 Abraham，2006；OECD，2005）所指出的那样，之前的金融普及教育评估不同于他们所使用的评估方式。在这方面，通常有两种不同的方法：主观的和客观的。主观的方法在现有的研究中占主导地位，其特点是使用自我报告问卷（例如，要求受访者对自己的财务知识、理解能力以及技能有主观认知）。比如在法国（AMF，2005）和英国（FSA，2006）都使用这种方法进行调查。然而，因为人们倾向于高估自己的金融知识和技能，自我报告是不足以充当有效和可靠的金融普及教育评估工具的（参见 Leutner 等）。第二种方法包括客观测试，并不像第一种那么普遍，通常为有限数量的测试题目，其将重点放在了各个金融知识上。图 27-1 所描述的三个财务知识问题就是一个典型的例子。这些问题通常用于国家间的比较或是在进行大规模金融普及教育调查的情况下使用（Lusardi 和 Mitchell，2014）。

> （1）假设你的储蓄账户里有100美金，年利率2%。如果将100美金留在账户中，那么五年之后账户里有多少钱？【多于102美金；等于102美金；少于102美金；不知道；拒绝回答】
>
> （2）如果你的储蓄账户年利率为1%，通货膨胀率为2%，一年之后你买东西需要的花费。【比目前账户余额更多的钱；和目前账户余额一样的钱；比目前账户余额更少的钱；不知道；拒绝回答】
>
> （3）你认为如下表述是否正确？"购买一家公司股票的收益，通常比购买股票共同基金更加安全。"【正确；错误；不知道；拒绝回答】

图27-1 以知识为导向的客观金融普及教育测试案例（参见 Lusardi and Mitchell，2014）

除了这两个"纯粹"的方法外（即主观与客观的方法），一些研究，如澳新银行集团2008年赞助的一项针对澳大利亚的研究使用了两种测量方法的组合。这一方法特别有用，因为它可以使研究人员比较受访者自我评估的情况以及他们真实拥有的知识或者技能程度（OECD，2005）。尽管在方法上有差异，但是现有的研究表明，一般人的金融普及教育程度出奇的低。（Atkinson 和 Messy，2012；Mandell，2008）。然而，虽然这些结果有力地证明了有必要紧急采取相应的教育措施（详见 Aprea，2012；Aprea and Wuttke，2013），但我们仍然要严谨地看待这个结果。这是因为，不是所有的研究都涉及了青少年这个目标群体，而且因为本章的重点，也就是之前所提到的教育目的，显示出了许多严重的缺点。其中，最大的阻碍可以确定如下：

• 大多数评估没有适当的理论基础。比如，Huston（2010）在其综述中提到71项分析研究中近四分之三没有详细说明他们的理论基础结构。Huston 解释说："这是一个关键的问题，因为其他所有阶段的评估及其发展都取决于有一个完整的和明确的理论基础结构。"另外，Arthur（2011）与 Pinto（2013）的批判性分析提出，许多金融普及教育倡议似乎主要是由商业或政治利益驱动的。

• 当前大多数评估方法所涵盖的范围是有限的。目前最主流的方法都局限于金融普及教育的单一部分，除了一些最近开发的评估模型（Mandell，2008；PISA，2012），但是这些评估模型也都没有解决本章所提到的目标群体问题。现在的评估方法很少基于真实或现实的问题或任务要求，同时也很少考虑到认知上具有更高要求的任务，例如，对在真实或现实环境中的金融决策或金融问题的解决。但是，Schmeiser 和 Seligman（2013）最近的研究表明，情境化对金融普及教育的表现似乎是有很大影响的。

• 最后，现有的金融研究和评估很少报告有关心理素质的数据，而如果心理素质是由其他研究人员评估，那么各自的数据结论很难让人满意（Lucey，2005）。这似乎特别符合目前使用的方法的有效性（Warmmath，2012）。

总之，现有方法与框架的问题减缓了提高合理处理货币和金融问题能力的进程，同时也无法对教育方案的意义与有效性提供更多的借鉴（Remund，2010）。

27.3　理论背景

为了克服上述缺陷，我们必须采用以能力为导向的观点，比如像 Weinert（2001）叙述的那样。在这种观点下，能力被认为是通过有效行动来应付特定情况的潜力。这种潜力基于可行性、活跃性、特定领域以及更一般的个性，如知识、技能、动机、兴趣、态度、价值观。然而，作为一种潜力，能力不是能被直接观察得到的，不过我们可以从行为中推断出来。例如，在相应的测试情境中，通过各自的心理测量尺度来确定。这一测试能力的观点被相应的行动调节理论附加论点（Frese 和 Zapf，1994；Hacker，2003）进一步证实了。选用它的原因是因为其适当性与当代学习理论相一致（Jonassen 和 Roher-Murphy，1999），因此，它为我们的研究提供了一个坚实的基础。事实上，行动调节理论起源于组织心理学，综合了俄罗斯的文化-历史心理学（比如：Leontjev，1978；Vygotsky，1962）与早期的控制论模型（Miller 等，1960）的概念以及心理学研究方法（Johnson-Laird，1983）。从这个框架出发，我们可以得出如下这些重要的假设：

• 人类活动，包括推理和决策等智力活动，被认为是人与生活环境之间的调节因素，因而是人类发展的主要动力。

• 人类活动按顺序和层次结构划分，可分为不同阶段，即规划阶段、执行阶段和（伴随和最后）控制阶段。完成这些阶段就生成了两种"产品"：一种是内在的心智模式；另一种是外在的可观察到的行动。

●由于具有中介的作用，这些活动以及不同的产品质量不仅受个人的影响，也受到形势的影响。由于它们直接影响认知需求，所以其任务特征特别有趣。

图27-2描述了这些与金融决策模型相关的假设，也是金融普及教育的核心关注点。由此，我们可以将"financial literacy"定义为一个人能够有效地计划、执行和控制财务决策的潜力。因此，它不仅基于个人的能力，即知识和技能，动机和兴趣，态度和价值观，还取决于形式特征。为了说明这个模型，想象一个做出金融决定的人，例如决定他或她的退休安排。这一决定是否做出以及如何决定：一方面，取决于任务的条件，例如雇主是否预先提供了养老金计划以及现有可供考虑的金融产品数量；另一方面，诸如财务顾问的可用性等形式特征可能会进一步影响条件，从而影响整个行动（即计划、执行、控制）。

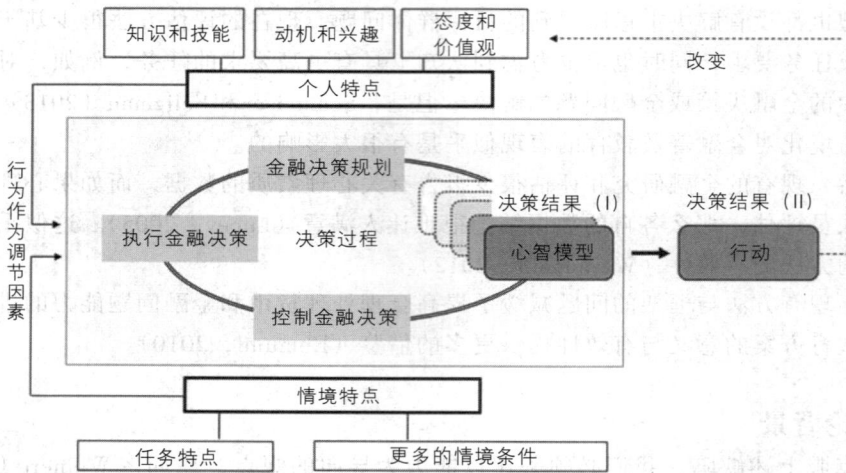

图27-2 以能力为导向的金融决策工作模型（参见Ebner，2005）

而且，行动的适当性也取决于个人的性格。根据领域知识和技能以及动机和态度的配置，这三个阶段或多或少地总能有效完成。在后面的章节中，我们将更详细地描述如何使用以能力为导向的工作模型作为（a）开发和（b）试点评估工具的初始版本。

27.4 以能力为导向的评估工具的发展

27.4.1 情境判断测验

以能力为导向的评估工具与当代学习理论相结合，为金融普及教育评估理论提供基础，并为目前以情境为导向的真实性评估方法搭建桥梁。Shavelson（2012）认为，上述的能力评估需要具有能够利用复杂能力和技能的方法，该方法可通过一系列高标准化的并且能准确地模拟现实的任务，使人们可以观察到这些能力和技能。为了开发符合这些要求的金融普及教育评估工具，采用了情境判断测试方法。情境判断测验（SJTs）或情境判断清单（SJIs）是一种心理测试，为现实的考生提出了假设的情况或情境，并让他们做出其认为最适当的选择与最合适的排名。情境判断测验包含一系列模拟因素，比如工作样本、评估中心、技术基础和视频支持测试环境。作为一种包含了有关常识多项选择题的特殊心理测试方法，SJTs往往具有工业组织心理学的设置，比如人员选择或者其他更为普遍的设置，以解决在工作环境中的问题。最近，它们还成功地被应用到了教育成果评估中（Garman等，2006；Jesiek和Woo，2011）。De Meijèr和Born（2009）指出SJTs具有以下优势：

1.SJTs可以通过混合了复合认知能力和人格的调查问卷预测出被测者的行为。因此，它们似乎可以捕捉到这些行为的特别之处。

2.SJTs较传统的认知能力测验而言，对少数民族的不良影响要少得多。

3.与工作样本和评估中心等其他类型的模拟方式不同，SJTs更易于进行质量管理，具有更强的客观性、可靠性、标准化程度、表面效度，还具有较低的成本。

此外，SJTs似乎有一个强大的激励效应：因为申请人认为SJTs与他们申请或被教育目标情况相关，所以他们会热情地回应SJTs（Ployhart和Ryan，1998）。

SJTs的表现形式可以不同。例如，它们可以是书面测试或者由多媒体场景组成的测试视频（Lievens和Sackett，2006）。SJTs还能有不同的反应指令。McDaniel和Nguyen（2001）确定了两种反应指令。第一种是知识反应指令，这通常要求受访者对反应的有效性进行排序，选择最有效的和/或最没有效的反应；第二种是行为趋势反应指令，这要求受访者就他们相同行为可能性进行评估，或者选择出最有可能和/或最没有可能所做的反应。然而Nguyen等（2005）的研究表明，知识反应指令较行为趋势反应指令而言，更为真实，而且具有更高的有效性和认知能力。

与其他大多数心理测试不同，SJTs没有获取"现成的"信息，而是使用特制的工具以适应特定的情境条件。更具体地说，要想设计这样的测试（即情境以及反应指令），就必须对目标行为领域进行深入分析（Weekley等，2006）。这种分析应该有助于确定目标行为的知识和技能要求。这一有关金融普及教育方面的问题将在下一段讨论。

27.4.2　金融决策活动的结构与认知任务分析

为了使SJTs的设计与以能力为导向的工作模式假设一致，研究团队的两名成员对金融决策进行了深入的分析。使用的是之前被批准的商业和经济学教育的认证程序（Aprea等，2010）。这个程序基于图形绘制工具的使用，是从与教育文献相关的任务分析方法中获得的启发（Jonassen等，1999）。值得注意的是，它将行为分析和认知分析相结合并分为两个步骤：在第一步中，各个活动的顺序和层次结构依次展开，这样就能够实现对金融决策的计划、执行与控制，即不同层次的行为与其附属阶段是不同的；在第二步中，定义了有效实现该活动及其附属阶段所必需的个体资源。如有必要，可以备注关于情况特定性的额外信息（例如，特定的决策选项或约束、辅助工具的使用）。为了演示其目的，图27-3提供了一个对结构和认知分析的简要版本，其中侧重于购买产品时金融决策的执行阶段。请注意，图的上半部分显示了执行金融决策的结构方面，而图的下半部分带有阴影的圆角矩形代表了认知分析的典型结果。

完成了结构和认知任务分析之后，（a）我们对金融决策进行了精细的描述；（b）我们详细阐述了金融决策所需的知识和技能要求。

27.4.3　评估工具中关于结构和项目的设计

结构和认知任务分析的结果为情境的设置和评估金融决策绩效的SJTs反应指令提

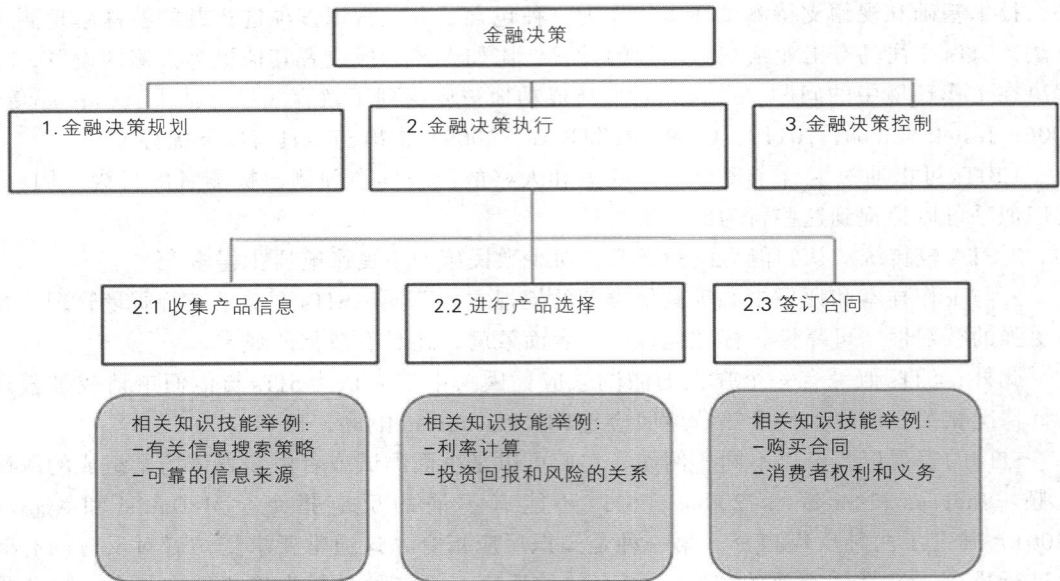

图27-3 结构和认知分析的简要版本（以金融决策执行阶段为重点）

供了依据。（a）从测试理论的角度来看，试点实验应该尽早并且高频[1]；（b）尽管我们对SJTs中实施金融普及教育提高金融决策能力的初步反馈感兴趣，但我们决定在第一次试点中只包括有限数量的项目。按照这一方法，我们设计了23个测试项目：8个属于"金融决策计划阶段"；12个属于"金融决策执行阶段"；3个属于"金融决策控制阶段"。计划阶段的项目包括确定愿望和需要、确定收入和支出以及预算分配的内容。执行阶段的项目涉及金融产品的信息收集、各自产品的实际选择（包括确定金融决策的优势和风险）以及缔结协议。最后，控制阶段的项目涉及检查单据，如发票或账单以及索赔的问题。测试项目包括十道多项选择题，十道简答题，三道算术题。所有项目的设置都按照现实生活中一个金融决策案例的时间顺序，即一个音乐商店的年轻员工如何解决他私生活中有关金融的问题（如获取宝贵的CD收藏，投资彩票获得的奖金，为他的婚礼融资）。为了激励，这个角色提到了一位著名的德国陪审员。所有项目都只有两个结果，即正确答案得一分，错误

---

① We particularly followed the recommendations from Saylor et al. (2003, p. 79), which suggest the following steps:

I.Instrument design:［Literature review］→［Conceptualization of components］→［Drafting of items］; These steps lead to version one.

II.Version one:［Formatting］→［Pilot testing］→［Administration(1)］→［Selecting items and/or drafting new items according to an examination of: item difficulty(1), Inter-item consistency(1), item discriminability(1), Instrument reliability(1)］; These steps lead to version two.

III.Version two:［Administration(2)］→［Comparison with version one-selecting and/or drafting new items according to an examination of: item difficulty(2), Inter-item consistency(2), item discriminability(2), Instrument reliability(2)］→［External criterion validity］; These steps lead to version three; The process is to be continued as long as a sufficient quality level is reached and resource constraints permit.

答案没有分。图27-4提供了两个情境描述的例子，一道简答题和一道多项选择题。

B.　Dohlen 先生是一位 25 岁的 Girvin Records 音像店店员，每月工资 2 000 欧元；他在 "Dohlen and the happy chicks" 乐队演奏，可以有额外 500 欧元的收入。Dohlen 先生有一辆宝马 320i 敞篷车，每月花费 160 欧元加上 40 欧元的油费。另外，他租住了一间两室的公寓，每月租金含水电费共 800 欧元。目前，每月的薪资扣除（例如个税和社会保险）大概是 40%。

> 根据以上信息，请用下方明细表创建一份 Dohlen 先生收入和支出的对比。目前可由他随意支配使用的金额是多少欧元？
>
> | 收入 | 支出 |
> | --- | --- |
> | | |
>
> 可随意支配使用的金额（欧元）：＿＿＿＿＿＿＿

Girvin Records 音像店最近有一个特价活动：终极奢华 CD 收藏集仅售 500 欧元，内含 20 世纪 60 年代到 90 年代的 400 多张精选专辑。Dohlen 先生作为资深音乐迷和收藏家，非常希望拥有这套收藏集，正在考虑是否要买下来。如果他没有可用的储蓄，你的建议是：

Dohlen 先生应该立刻买下收藏集，如果必要可以借款购买。
Dohlen 先生应该先攒钱，以后再买。
Dohlen 先生不应该购买这套收藏集。
不知道。

请简要说明你的回答：

＿＿＿＿＿＿＿＿＿＿＿＿＿＿＿＿＿＿＿＿＿＿＿＿＿＿＿＿＿＿

＿＿＿＿＿＿＿＿＿＿＿＿＿＿＿＿＿＿＿＿＿＿＿＿＿＿＿＿＿＿

图 27-4　金融决策计划阶段的情境描述和反应指令示例

情境描述和测试项目由两名专家（一名为商学院教师，另一名为金融经济学讲师）交叉验证。为了保证基本层面的可行性和可理解性，评估任务的第一版草案也对没有参加试点的四名学生（中等和低等中学的学生各两名）进行预先测试。也就是说，试点实验中的评估工具已经针对关于情况说明和试验项目的制定进行了相应修改。

除了 23 个测试项目外，评估工具中还包括四个自我报告问题，旨在评估金融普及教育的重要动机和态度。这些问题是改编自可行的以德国为背景的自我报告问卷（例如，德国商业银行，2003）。值得注意的是，受访者被要求说明他们对金钱和金融问题的重视程度、对金融主题和内容的兴趣以及对理财计划和金融控制决策必要性的认识。为了比较受访者客观测试项目的结果，还对他们进行了能否有效应对未来金融问题的自我信心评估。Likert 的四级量表被用来评估这些方面，即每个问题的结果可为 1（完全不）到 4（非常）之间的一个值。最后，评估工具还补充了一个信息部分，即受访者的相关问题（如年龄、性别、移民背景和受访者所在的学校）。在这一信息部分中，更多的问题被列入考虑，包括学生的个人财务背景，如可支配资金和主要的金融社会化代理（如父母、学校、同龄人）。然而，由于它们与试验的主要目标没多大关系，因此不在这里报告对它们各自的分析和结果。

27.5 以能力为导向的评估工具的试点实验

27.5.1 试点实验的目标

根据测试结构专家的建议（Saylor等，2003），试点实验的目标是提供关于可行性和可理解性以及评估工具的心理素质的首次检查，然后可以在未来的实验周期中进行修改和扩展。这将有助于在实验开发的早期阶段发现潜在问题，并有效地指导后续的实验构建活动。

27.5.2 样本

本试点实验共涉及198名学生，分别来自巴登符腾堡（德国）的两所中等技术学院（低等水平="普通中学"；n=101）以及两所中学（中等水平="实验中学"；n=97）中的四个八年级班级和四个九年级班级。大约25%的样本有移民的背景，因此母语不是德语。大约一半的学生是女性，年龄从14岁到17岁不等。这一目标群体对金融普及教育特别感兴趣，因为大多数学生在不久的将来就要开始做学徒，从而需要独立负责自己的财务以及承担责任。此外，从发展的角度来看（Berti和Bombi，1988），可以认为这个年龄组的受试者已经具备了理解相关的金融和经济问题所必需的基本知识和神经心理学的先决条件。样本的选择是基于教师能否参与研究来选定的。因此，我们的便利样本可能具有偏差。这项研究得到了教育和文化事务部、学校当局和家长委员会的认可。

27.6 方法

27.6.1 数据收集过程

数据是研究小组的一位成员在2009年5月的常规课程中收集的。该成员向学生简单介绍了研究目标之后，分发了包含了三部分评估的小册子。研究人员可以回答任何正式的问题，但不能回答与内容相关的问题。每个班级花了约60分钟完成评估表（40分钟的测试项目以及20分钟的自我报告以及信息部分）。

27.6.2 数据分析过程

数据分析过程需要对评估工具的所有部分进行分析。在客观题部分，与各阶段的金融决策（即计划、执行、控制）相关的测试总分等于单个行为测试项目的未加权算术平均数。心理素质项目取决于以下两个步骤（Saylor等，2003）：（1）项目分析，其中对项目难度指数（P_i=回答某一问题正确的学生的百分比）和区分能力（r_{ite}=特定项目分数和测试总分之间的Pearson相关）进行计算；（2）对客观性、可靠性和有效性的评估，其中评分者一致性（r_k=研究团队两名成员独立评级的协方差）以及内部相容性（峰值α）分别是测量客观性和可靠性的措施。为了估计（构造）以能力为导向的工作模式的有效性，对低等水平和中等水平学校学生的平均成绩使用了t检验并做了比较，比较结果作为认知能力的近似指标。同样，就学生对于金融主题和内容的兴趣高低对平均测试成绩产生的差异，作为动机特征的近似指标，也进行了 t 检验并做了比较。根据这种考虑，可以假定一个符合这个模型的结果：来自中等水平学校或者对金融主题和内容有高度兴趣的学生，其成绩会明显优于来自低等水平学校以及对金融主题或者内容不感兴趣的学生[①]。

27.7　试点实验结果的分析

27.7.1　描述性分析

表 27-1 列出了阶段测试的总分以及自我报告得分的平均值和标准差。由于是二分法计分（参见 27.4.3 部分），每个阶段相对总分可以获得的最低测试分数为零分，计划、执行和控制阶段最高分分别为 8、12 和 3。如前所述，自我报告问题的得分介于 1（完全不）到 4（非常）之间。

表 27-1　　　　　　　　　　测试和自我报告数据的描述性分析

	M	SD	Skew	Kurtosis
测试				
计划阶段总分（8项）	4.71	1.47	-0.47	0.85
执行阶段总分（12项）	5.20	2.55	0.11	-0.65
控制阶段总分（3项）	1.75	0.95	0.02	0.15
自我报告				
金钱和金融问题的重要性	3.08	0.80	0.41	-0.83
对金融主题内容的兴趣	2.36	0.87	0.01	-0.07
对金融决策重要性的了解	2.45	0.98	0.09	-0.73
自信能够处理金融问题	3.10	0.69	-0.52	-0.33

27.7.2　心理素质分析

（1）项目分析

高质量的测试应该能够区分不同程度的兴趣（在这种情况下：在不同金融决策阶段的完成能力是金融能力的指示器）。因此，重要的是，测量这个特性的项目应该既不太困难，也不太容易。在这方面，$p_i < 0.20$ 时，项目被认为太难；$p_i > 0.80$ 时，项目可能被视为太容易（如 Bühner，2006）。那么，超过这两个范围的项目应该被删除。因此，除了这两个项目外，项目难度（p_i）介于 0.20 至 0.80 之间被认为是可接受的。这两个例外都是涉

[①]　In order to evaluate whether the single items comply with the assumed three phases, a factor analysis could be additionally conducted. However, given the early and still formative state of the test development as well as the limited number of test items, this move was remitted to a future testing phase.

及计划阶段的项目。一个项目要求学生区分欲望和需求，这个项目太容易了（$p_i = 0.90$）。与此相反，在确定社会保障捐款条目以减少可用预算项目上，学生有严重的决策困难（$p_i =0.13$）。此外，费用和收入的比较对学生来说是相当有挑战性的（$p_i = 0.38$），尽管它不在可识别范围之外。其他比较困难的测试项目属于执行阶段，比如，确定适当的支付方法（$p_i = 0.39$）和对不同类型投资（$p_i = 0.36$）的风险估计。

关于区分能力，得分在 $r_{itc}=0.4$ 和 0.7 之间的是可以被接受的，而得分为负值或接近零的应该被舍弃（如 Bühner，2006）。对于测试项目而言，相关系数应该在 $r_{itc}=-0.08$ 和 0.53 之间。与项目难度得分情况类似，计划阶段的区分能力得分较低，例如，一个关于确定可用预算的范围的项目，学生们被要求确定工资总额，其得分为-0.08。另外，有关社会保障贡献的项目成为了又一个低得分的项目（$r_{itc}=0.11$）。不过，所有其他区分能力的项目的系数均在 0.40 以上。

（2）客观性、可靠性和有效性的估计

客观性是指对受访者独立性的测试，因此得分应尽可能地高。评分者的一致性（r_t）作为客观性的指标均在 0.95 以上，因此，所有测试项目得分都是足够高的。可靠性作为精确度的量度，其值理论上应该高于 0.80，但如果焦点集中于群体而不是个体差异，那么至少应达到 0.70。可靠性通过内部相容性（峰值 α）测量，结果表明控制阶段的项目的峰值 $\alpha=0.71$，执行阶段的项目的峰值 $\alpha=0.69$，其可靠性一般。相反，计划阶段的项目的峰值再次得到了 $\alpha=0.43$ 的低分。

对于对有效性的估计而言，推理分析显示了对知识能力指标方面的显著的平均差异：见表27-2，在三个金融决策阶段，中等水平学校的学生比低等水平学校的学生表现好。同样，与模型假设一致的是，对金融内容和主题有浓厚兴趣的学生在执行阶段的考试成绩显著高于兴趣低的学生，而控制阶段的分数也要高（但不显著）。但是在计划阶段，没有明显的差异。

表27-2　　不同学校（低等水平和中等水平）和不同兴趣程度（高和低）的学生
在每个阶段的测试分数的平均值与标准差

	中等学校	低等学校	α	兴趣高	兴趣低	α
	M（SD）	M（SD）		M（SD）	M（SD）	
测试						
计划阶段得分（8项）	3.57（1.03）	3.18（1.11）	0.05	3.45	3.30	ns
执行阶段得分（12项）	6.51（2.15）	3.94（2.05）	0.01	5.56（2.54）	4.82（2.52）	0.01
控制阶段得分（3项）	1.98（0.54）	1.52（0.90）	0.05	1.91（0.67）	1.60（0.72）	0.10

[a]按项目分析结果调整

27.8　讨论与总结

基于当前对金融普及教育措施的回顾和批判性反思，本章描述了一系列研究活动。

旨在为金融普及教育评估框架奠定一个合理的教育基础（即拥有良好的理论基础，决定性诊断以及高心理学知名度）。值得注意的是，本章描述了一个以能力为导向的评估方法，以及试点测试的发展。试点测试的主要目的是检测评估方法的可行性、可理解性以及心理测试的质量，从而在测试开发的早期阶段发现潜在问题并有效地指导后续的测试构建活动。

针对这一目标，试点测试在能力测试项目的难度和客观性方面取得了令人满意的结果。同样，执行和控制项目有效性的评估结果也令人满意。然而，在区分能力和可靠性方面，仍然存在一些问题，特别是在计划阶段的项目。虽然这些指标的低值在其他SJTs（情境判断实验）（Whetzel和McDaniel，2009）情况下似乎很常见，但在这里，它们强调了需要进一步优化工具。相应的方法包括：（a）删除在多个指标方面表现不好的测试项目；（b）通过认知访谈发现描述和反应指令的一些特殊问题；（c）设置新项目来扩展测试。为了进一步验证该评估工具心理测试的质量，预计将会设置更多更精细的可靠性和有效性指标。关于可靠性，应该重复测试，比如Schmeiser和Seligmann（2013）所建议的那样。关于有效性，可能会引入一个外部有效性的标准（Saylor等，2003）。另外，测试开发的下一步也应该考虑到不同级别的任务难度（Wilson，2005）。除了这些主要涉及测试项目的心理测试质量方面外，还应特别考虑以下问题：

● 需要有一个更大、更系统的样本。该样本应该考虑到其他学校的类型和教育层次（例如高中生，已经参与过不同职业教育计划的学生，大学生）、不同的地区（如农村/城市）、社会环境和社会经济地位以及其他许多因素。有了这个扩展的样本，就可以应用更复杂的统计方法（如因子分析、结构方程模型）。

● 除了这些方法上的要求外，我们还建议详细阐述该方法的概念基础。这些阐述应特别注意两方面。首先，样本的动机和态度方面需要被放大，如包括不同的延迟满足（Wuttke，2013）。此外，关于金融普及教育系统部分的扩展也是至关重要的（Davies等，2013）。

● 还需要更深入地研究学生的推理过程和演变（错误的）概念（例如在心智模型构建过程中）。在这方面，对金融普及教育的评估主要采用定量分析法，然而需要补充更多定性的分析方法，比如Aprea（2012）。

● 最后，技术评估方法的发展应该从长远来考虑，因为它们所设置的测试情境比笔试更接近于现实生活中的决策过程（Mayrath等，2012）。

正如导言中所提到的，这些问题将在一个更大的关于金融素养职业教育和培训的研究项目中被解决。

参考文献

ANZ Banking Group. （2008）. *Survey of adult financial literacy in Australia*. Available at http：//www.anz.com/about-us/corporate-responsibility/community/financial-literacy-inclusion/ research/.

Aprea, C. （2012）. Messung der Befähigung zum Umgang mit Geld und Finanzthemen：Ausgewählte Instrumente und alternative diagnostische Zugänge. bwp@ Berufs–und Wirtschaft-spädagogik—online, Vol. 22, http: //www.bwpat.de.

Aprea, C., Ebner, H. G., & Müller, W. (2010). "Ja mach nur einen Plan …" –Entwicklung und Erprobung eines heuristischen Ansatzes zur Planung kompetenzorientierter wirtschafts–beruflicher Lehr–Lern–Arrangements. *Wirtschaft und Erziehung*, 4 (2010), 91–99.

Aprea, C., & Wuttke, E. (2013). Modelling and measuring financial competence in vocational education and training (VET) Contexts. Internal working paper, Lugano & Frankfurt.

Arthur, C. (2011). Financial literacy in Ontario: Neoliberalism, Pierre Bourdieu and the citizen. *Journal for Critical Education Policy Studies*, 9 (1), 188–222.

Atkinson, A., & Messy, F. (2012). *Measuring financial literacy*. OECD Working Papers on Finance, Insurance and Private Pensions, No. 15. Paris: OECD Publishing.

Autorité des Marchés financiers (AMF). (2005). *Pour l'éducation économique et financière des épargnants*. Available at http: //www.amf–france.org/documents/general/6080_1.pdf.

Berti, A. E., & Bombi, A. S. (1988). *The child's construction of economics*. Cambridge: Camebridge University Press.

Biesta, G. (2009). Good education in an age of measurement: On the need to reconnect with the question of purpose in education. *Educational Assessment, Evaluation and Accountability (formerly: Journal of Personnel Evaluation in Education)*, 21 (1), 33–46.

Bühner, M. (2006). *Einführung in die Test–und Fragebogenkonstruktion. Munich: Pearson.*

Commerzbank. (2003). Finanzwirtschaftliches Grundwissen der deutschen Bevölkerung: Präsentation der Studienergebnisse. Unpublished manuscript, Frankfurt.

Davies, P., Syed, F., & Appleyard, L. (2013). *Secondary school students' understanding of the financial system*. Paper Presented at the 15th Biennial EARLI Conference for Research on Learning and Instruction, Munich, Germany, August 27–31, 2013.

De Meijer, L.A.L. & Born, M. Ph. (2009). The situational judgement test: Advantages and disadvantages. In M. Born, C.D. Foxcroft & R. Butter (Eds.), *Online readings in testing and assessment, international test commission*. Available at http: //www.intestcom.org/Publications/ ORTA.php Accessed March 2013.

Ebner, H. G. (2005). *Instruktionstheoretische Grundlagen der Gestaltung wirtschaftsberuflicher Lernumgebungen*. Manuskript zur Vorlesung an der Universität Mannheim.

Financial Service Authority (FSA). (2006). Financial capability in the UK. Consumer Research Study No. 47b. London: FSA.

Frese, M., & Zapf, D. (1994). Action as the core of work psychology: A German approach. In *Handbook of industrial and organizational psychology* (Vol. 4, pp. 271–340).

Garman, A. N., Johnson, M. P., & Howard, D. M. (2006). *Development of a situational judgment test to assess educational outcomes*. Poster presented at the annual meeting of the Society of Industrial/Organizational Psychologists, Dallas, TX, May 2006.

Hacker, W. (2003). Action regulation theory: a practical tool for the design of modern work processes? *European Journal of Work and Organizational Psychology*, *12* (2), 105–130.

Huston, S. J. (2010). Measuring financial literacy. *Journal of Consumer Affairs*, 44 (2), 296–316.

Jesiek, B. K., & Woo, S. E. (2011). Realistic assessment for realistic instruction: Situational assessment strategies for engineering education and practice. In: J. Bernardino & J. C. Quadrado (Eds.), *Proceedings of the World Engineering Education Flash Week (WEE2011)*, Lisbon, Portugal (pp. 205–212), 27–30 September 2011.

Johnson-Laird, P. N. (1983). *Mental models.* Cambridge, MA: Harvard University Press.

Jonassen, D. H., & Rohrer-Murphy, L. (1999). Activity theory as a framework for designing constructivist learning environments. *Educational Technology Research and Development*, *47* (1), 61–79.

Jonassen, D. H., Tessmer, M., & Hannum, W. H. (1999). *Task analysis methods for instructional design.* Mahwah, NJ: Lawrence Erlbaum Associates.

Leontjev, A. N. (1978). *Activity, consciousness, and personality.* Englewood Cliffs, NY: Prentice-Hall.

Leutner, D., Hartig, J., & Jude, N. (2008). Measuring competencies: Introduction to concepts and questions of assessment in education. In J. Hartig, E. Klieme, & D. Leutner (Eds.), *Assessment of competencies in educational contexts* (pp. 177–192). Göttingen: Hogrefe.

Lievens, F., & Sackett, P. R. (2006). Video-based versus written situational judgment tests: a comparison in terms of predictive validity. *Journal of Applied Psychology*, 91 (5), 1181–1188.

Lucey, T. A. (2005). Assessing the reliability and validity of the Jump$tart Survey of Financial Literacy. *Journal of Family and Economic Issues*, *26* (2), 283–294.

Lusardi, A., & Mitchell, O. (2014). The economic importance of financial literacy: Theory and evidence. *Journal of Economic Literature*, 52 (1), 5–44.

Mandell, L. (2008). *The financial literacy of young American adults.* Available at http://www.jumpstart.org.

Marcolin, S., & Abraham, A. (2006). Financial literacy research. In P. Basu, G. O'Neill & A. Travaglione (Eds.), *Proceedings of the 3rd International Conference on Contemporary Business*, Leura NSW, September 2006.

Mayrath, M. C., Clarke-Midure, J., Robinsohn, D. H., & Schraw, G. (2012). *Technology-based assessments for 21st century skills: Theoretical and practical implications from modern research.* Charlotte, NC: Information Age Publishing Inc.

McDaniel, M. A., & Nguyen, N. T. (2001). Situational judgment tests: A review of practice and constructs assessed. *International Journal of Selection and Assessment*, 9 (1/2), 103–113.

Miller, G. A., Galanter, E., & Pribram, K. A. (1960). *Plans and the structure of behaviour.* New York: Holt, Rhinehart, & Winston.

Nguyen, N. T., Biderman, M., & McDaniel, M. A. (2005). Effects of response instructions on faking in a situational judgment test. *International Journal of Selection and Assessment*, *13* (4), 250-260.

OECD. (2005). *Improving financial literacy*. Paris: OECD Publishing.

Pinto, L. (2013). When politics trump evidence: financial education literacy narratives following the global financial crisis. *Journal of Education Policy*, 28 (1), 95-120.

PISA. (2012). *Financial literacy assessment framework*. Available at http://www.oecd.org/pisa/pisaproducts/46962580.pdf. Accessed March 2013.

Ployhart, R. E., & Ryan, E. M. (1998). Applicants' reactions to the fairness of selection procedures: the effects of positive rule violations and time of measurement. *Journal of Applied Psychology*, *83* (1), 3-16.

Remund, D. L. (2010). Financial literacy explicated: The case for a clearer definition in an increasingly complex economy. *Journal of Consumer Affairs*, 44 (2), 276-295.

Saylor, S. T., Fishman, J. A., & Galguera, T. (2003). *Introduction to test construction in the social and behavioural sciences*. London: Rowman & Littlefield.

Schmeiser, D. M., & Seligman, J. S. (2013). Using the right yardstick: Assessing financial literacy measures by way of financial well-being. *Journal of Consumer Affairs*, 47 (2), 243-262.

Shavelson, R. J. (2008). Reflections on quantitative reasoning: An assessment perspective. In B. L. Madison & L. A. Steen (Eds.), *Calculation vs. context: Quantitative literacy and its implications for teacher education* (pp. 27-44). Washington, DC: Mathematical Association of America.

Shavelson, R. J. (2012). Assessing business-planning competence using the Collegiate Learning Assessment as a prototype. *Empirical Research in Vocational Education and Training*, *4* (1), 77-90.

Vygotsky, L. S. (1962). *Thought and language*. Cambridge, MA: University Press Group Ltd.

Warmath, D. (2012). *Does financial literacy improve financial outcomes*. University of Wisconsin-Madison Working Paper.

Weekley, J. A., Ployhart, R. E., & Holtz, B. C. (2006). On the development of situational judgment tests. In J. A. Weekley & R. E. Ployhart (Eds.), *Situational judgment tests: Theory, measurement and application* (pp. 157-182). Mahwah, NJ: Lawrence Erlbaum Associates.

Weinert, F. E. (2001). Concept of competence. In L. H. Salganik (Ed.), *Defining and selecting key competencies* (pp. 45-65). Seattle: Hogrefe.

Whetzel, D. L., & McDaniel, M. A. (2009). Situational judgment tests: An overview of current research. *Human Resource Management Review*, 19, 188-202.

Wilson, M. (2005). *Constructing measures*. Mahwah, NJ: Lawrence Erlbaum Associates.

Wuttke, E. (2013). *Knowledge and interest in financial issues—findings of a pilot study*. Paper presented at the 15th Biennial EARLI Conference for Research on Learning and Instruction, Munich, Germany, August 27-31, 2013.

第28章 孩子们的货币决策：元认知在日常生活中解决问题的作用[①]

Chwee Beng Lee and Noi Keng Koh

摘要 由于新加坡人的潜在和现有消费能力随着社会富裕程度的提高而不断提高，各国越来越重视对成年人和青年的金融普及教育。因此了解儿童在进行货币决策时的逻辑推理非常重要，这将有助于我们找到培养儿童货币决策能力的方法。元认知是解决问题的一个重要方面，因为它包括对与问题相关的思维意识、认知过程的监控、认知过程的调节和启发式的应用。这在解决一些高度紧急和结构不好的日常问题时特别重要。本章论述了在儿童的货币决策过程中元认知所发挥的作用。其次，本章还提出了在解决问题的过程中，利用元认知来培养儿童货币决策能力的重要性和意义。

关键词 决策　问题解决　认知　元认知　金融普及教育

28.1 引言

因为社会随着大量信息的涌入和对信息技术的日益依赖变得越来越复杂，所以个人的角色也随之发生变化，儿童和年轻人曾经是被动消费者，而现在他们成为了积极消费者。此外，在过去几年里，由于家庭变得更加富裕，他们的消费能力大幅度提高。这些社会经济过程的结果是：孩子和年轻人们不得不在年轻的时候进行复杂的财务决策（Lusardi等人，2010）。为了帮助年轻消费者养成使用金钱的正确态度和习惯，世界各地的各种机构开设课程和项目培养年轻人的理财能力，同时学校也将各种方案应用到了必修课之中，培养学生管理金钱的核心技能。对青年金融普及教育的研究也呈指数增长。虽然对"financial literacy"有各种各样的定义，但大多数人都认为它是解决金钱问题的必要能力。一些研究者进一步详细地阐述该定义，包括认知、价值判断、情感和行为方面（Magnavita in

① C.B. Lee
School of Education, University of Western Sydney, Locked Bag 1797, Penrith, NSW 2750, Australia
e-mail: chwee.lee@uws.edu.au
N.K. Koh
National Institute of Education, Nanyang Technological University, Singapore, Singapore

© Springer Science+Business Media Singapore 2016
C. Aprea et al. (eds.), *International Handbook of Financial Literacy*,
DOI 10.1007/978-981-10-0360-8_28

Theories of personality：Contemporary approaches to the science of personality. Wiley，New York，2002；Nucci in Education in the moral domain. Cambridge University Press，New York，2001）。我们在研究中从解决问题的视角来研究儿童和青少年的货币决策过程。这种方法为研究提供了真实的情境基础。

在这一章中，我们讨论了最近的一项关于儿童和年轻人货币决策过程的研究。值得注意的是，我们研究了学生的元认知与他们的货币决策过程之间的关系，还讨论了对研究和金融普及教育干预的影响。

28.2　日常生活中的问题解决

和成年人一样，学生每天也要解决各种各样的问题。其中包括教科书中的问题和日常生活中的问题。教课书中的问题都结构良好并且具有明确的初始状态、已知的目标和有限的规则和原则；而日常生活中的问题大多需要多种解决方法，并且要么有多种答案，要么没有答案（Jonassen，2004）。学生必须对他们的生活费、时间管理、社会状况（结交的朋友类型）以及未来的学习计划做出决策。解决日常问题需要元认知，因为日常生活中的问题的情况是在不断变化的，而且其成功的标准取决于学生如何来做出决策和协调各个有冲突的解决方案（Lee等，2009）。根据Jonassen的类别学（2004，2007），问题的类型会随着其结构、复杂性和动态性的改变而改变，因此决策是一个复杂的问题。决策需要多种技能和知识的相互联系，并且有一些问题往往根本不存在明确的或准确的解决方案。在做出决策时，问题解决者必须比较所有解决方案的优缺点，并证明他们选择的解决方案正确。根据规范理论，人们遵循线性决策过程：首先列出所有可能的解决方案，然后评估和选择方案，再根据评估调整方案，最后评估结果（Osana等，2003）。然而，日常问题的解决往往是复杂和多层面的（Lee等，2012）。在这一章中，我们认为规范理论不足以解释日常问题的解决，特别是对于那些高度复杂且涉及多种解决途径的问题。虽然已有决策模型，但是这些模型的目的是考虑成年人的决策过程，却很少描述或解释青少年是如何做出决策的（Brynes等，1999）。

28.3　元认知和决策之间的关系

在解决日常问题时，元认知是决定解决方案是否成功的一项重要因素。一般来说，元认知是对学习者思维过程的认识和调节。Baker和Brown（1984）把它定义为"孩子们对自己思想和学习活动的理解和控制"。尽管研究者对元认知及其构成成分的定义不同，但大多数人都认为它通常包括认知的知识和认知的自我调节，并且这两方面都有其子成分，这就进一步解释了元认知的复杂性。因为日常问题决策包括寻找所有解决方案的过程、评估备选解决方案的过程和定义成功标准集的过程，所以问题解决者往往需要加强自我认知意识及其实现和管理能力之间的关系。

当谈到决策，问题解决者在执行计划或做出决定之前，都依赖他们现有的元认知，也就是问题解决者记忆中的知识和学习到的方法（Sperling等，2004）。这些知识是指认知的知识，而其子成分是陈述性知识（自己的和策略的）（Schraw等，2006）、程序性知识（关于如何使用策略）（Kuhn和Dean，2004；Schraw等，2006）和条件性知识（关于什么时候和为什么使用策略）（Schraw 等，2006）。虽然这三个子成分可能不能被明确地访问，但它们在引导问题解决者想出解决方案中无疑起到了关键性的作用。例如，在一项对元认知与决策的研究中，Batha 和 Carroll（2007）发现了认知的知识影响着大学生的决策。有趣的是，在我们早期的研究中，我们发现儿童在货币决策中不仅使用了陈述性知识，而且还使用了陈述性知识的另一个领域，即父母的陈述性知识。这表明孩子们也了解他们父母的行为以及他们父母在解决日常问题时所能运用的策略（Lee 等人，2012）。许多研究者认为，认知管理是解决问题时的一个非常重要的部分，因为它能使问题解决者进入一个组织，监控他们思维的前进过程。一般来说，认知管理包括计划（计划使用策略，组织使用的材料）、评估（评估行动和决策），以及监控（不断检查各种策略的使用）。在解决没有明确目标或解决方案的日常问题时，问题解决者不仅需要知道他或她的解决日常问题的过程，而且还必须能管理这些过程。Batha 和 Carroll（2007）在对大学生决策能力进行研究时，发现认知管理能力和决策能力之间有更为紧密的联系。认知管理的重要性在我们早期的研究中（Lee 等，2012）也体现得很明显，我们发现，平均年龄为 11 岁的参与者，大多数在进行货币决策时都进行了计划、评估和监控工作。

28.4　一项关于学生货币决策的研究

为了了解元认知对儿童和青少年决策的影响，2014 年 4 月到 5 月，我们在新加坡进行了一项研究。本研究收集了 63 名学生的数据，其中，来自两所小学的 14 名学生的平均年龄为 11 岁，并且具有混合能力；另外，来自两所中学的 49 名学生的平均年龄为 14 岁，也具有混合能力。我们在中学进行了九场焦点小组访谈，在小学进行了三场（大约每场 50 分钟）。这些学生至少接受了五年的学校正规英语教育。他们能够理解书面和口头问题并回答访谈问题。学校领导和家长同意进行访谈。考虑到参与者的年龄，他们有多种机会可以就数据的收集过程进行提问。他们参与这项研究是自愿的，并且可以随时退出访谈。这些访谈是由训练有素的研究人员进行的，并且用假名进行转录和音频录制，目的是识别参与者。访谈前，研究人员向学生们简要介绍了研究的目的。

所有参与者都被要求描述他们的日常货币决策过程。因为有研究证明，脱离语境的自我报告数据与在具体情况下的实际活动难以一致（Veeman，2005；Veeman 等，2006），所以我们决定让参与者描述他们每天的决策过程。为了引导参与者和收集详细信息，我们在收集数据时使用了关键事件法（Jonassen 等，1999），通过半结构化访谈来从参与者那里获取信息。首先，我们采访有关金融普及教育概念的一般问题，目的是了解学生对金融普及教育的理解程度。接下来，我们要求学生们：

（a）描述他们最近做出的涉及使用金钱的重大决策。

（b）解释决策成功或失败的原因。

（c）描述决策发生的时间。

（d）描述他/她对这一决策过程的经验。

学生们轮流使用假名给出他们的答案，并且有机会详细阐明他们的观点。在分析中，我们采用了常量比较法，并且构建了元认知知识的编码框架。

28.5　认知知识的作用

与我们以前的研究一致（Lee等，2012），在这项研究中接受访谈的大多数学生都要给出在进行货币决策时计划的证据。当被问及计划时，一个学生说："我每周从我父母那儿拿零花钱。我一周能得到20美元，我尽量每周存10美元，当然我可以存起来，那么我一个月就能节省40美元左右。"

有几个学生说他们没有计划，因为他们花的钱很少。但对于大多数学生，不管他们是小学生还是中学生，当他们认为自己的行为有必要时，他们要制订储蓄或支出计划。该情况体现在对一个小学生的访谈回答中："如果我想买一些我认为很重要的东西时，我会为它而存钱。"

很明显，学生不仅能够在进行货币决策时计划，他们还经常通过比较策略或方案来评估他们的计划。这一过程在对中学生的访谈中表现得最为明显。例如，当被问及他们的决策策略时，一个学生说："因为我做了一件简单的事情，比如分析如何在网上购物并获益，所以我能发现网上购物会更具有成本效益。但是我最终不会选择网购，因为当你不知道实际产品是什么样的时候，会有很大的风险，所以我决定自己去商店看看，看是否能挑到最好的商品。"

小学生们通过比较选项来评估他们的计划，而这个过程总是需要比较价格。例如，一个学生说："我经常比较价格。如果我乱花钱，我的父母会生气。我总是比较价格，看看哪些比较便宜，哪些比较昂贵。"

然而，有趣的是，小学生们会像中学生们一样，利用互联网技术来帮助他们评估自己的选择。一名学生说："有一次，我真的需要买这双鞋。但是价钱太贵了，所以我买不起。我想上网查同款但要便宜一些的鞋子。所以我查了一些网站，最终我发现了Pasir Ris这个地方。然后我去那里花十美元买了这双鞋。所以我很高兴有技术来帮助我解决这个问题。"

另一个男孩也使用了同样的策略比较价格："有一次，我想买一些玩具枪，我去了玩具反斗城挑选它们。当时，我看到枪的价格是109.90美元，后来在网上搜索时，我发现最便宜的地方买一模一样的枪只要50美元。这个地方是新加坡。所以我真的很骄傲我没有犯傻……因为在玩具反斗城买枪要多花50%的钱。"

学生们还利用手机程序来评估他们的选择。比如有一个学生说："这听起来可能很简单，但麦当劳这个应用程序可以每天帮你省钱。这里每天都有不同的优惠，如果哪天我想买麦当劳，我会看那一天应用程序中什么是免费的。如果我喜欢它，我就会买它，因为它是免费的。所以，如果我想要的东西不是免费的，那么我会选择另一个更便宜的选项，这样我就能省钱。"

我们的研究结果表明，学生们使用因特网或手机程序来评估他们选择是相当普遍的。

在管理货币决策方面，学生们说他们会关注他们的储蓄和消费，他们不会超支。例如，一个小学生告诉我们："买新钢笔比买笔芯更贵，所以为了省钱，当我的钢笔墨水用完了，我就只是去买笔芯。"学生们也将管理消费和储蓄当做他们的任务。当被问及储蓄的理由时，一位学生说："如果我能控制我的消费，那么我就可以省下一部分钱。那么，我的母亲也许可以不需要给我那么多零花钱。"

另一个同学的回答也一样："作为一个学生，我们没有很多钱。因为我们的父母给我们钱……在存钱的时候，我们实际上可以帮助他们节约开支……是的，帮助父母，帮助我们的家庭。"

另一个中学生对管理他的钱有一个有趣的看法。他告诉采访者，按天给他零花钱使他感到不安，因为他可能花光了所有的钱，而没有一点储蓄，所以他要求父母按周给他零花钱，而无论何时他收到了零花钱，他都会立即留出一半用来储蓄。

储蓄罐的概念对于小学生来说并不陌生。他们中的大多数都说他们有一个储蓄罐，而且一些学生有管理储蓄的有趣方法。在一个特别的访谈中，一个学生说："在家里，我也有储蓄罐……我把钱分成不同的面值……一美元硬币进一个储蓄罐，50美分进另一个储蓄罐……所以我知道哪一个储蓄罐是哪种硬币。"

一个有趣的现象是，小学生管理他们的储蓄时，不会因为某个特定的原因而存钱。他们中的一些人说"只是为了存钱而存钱"。

无论是中学生还是小学生，他们在反思时都会想到这些字眼："后悔""总是考虑""检查""不应该/应该有""三思"等。同样，根据我们以前的研究，很明显，学生们从错误中吸取了教训。我们记录的16个实例中，学生们告诉我们，他们的学习经验来自"糟糕的决策"。他们犯下的错误或做出的糟糕决策会促使他们今后在面对类似的情况时思考得更多。当被问到一个关于班级T恤衫的决策时，一个学生说："首先我们想出了一个方案，然后我们决定在下一年的期中考试之前完成这个方案。然而，因为我们上周刚开始，所以有点匆忙，我们没有时间去找最便宜的供应商。很多同学都对这件事情感到很不安。"

然后她说："这是一个糟糕的决定，我和我的同学也许应该提前计划一下，不要用你的钱为你匆忙的决定买单。尤其是涉及许多人的时候。"

同样，一个小学生描述了他在学校放假时的糟糕决策。他说："一时冲动，我在游戏厅花了不该花的钱，却没有意识到这是一种浪费。也许我可以买一些评估方面的书来好好学习。"

同样明显的是，关于决策的反思也为他们现有的认知提供了反馈。

28.6　父母的作用

在以往的研究中，我们发现父母是影响儿童货币决策过程的最主要因素。在很大程度上，他们扮演财政支持或顾问的角色，而且他们的许可往往是对孩子储蓄或支出的认可。然而，家长的作用在这一过程中似乎有所改变。大多数情况下，父母的作用变得微妙，他们是与孩子们合作，共同决策。例如，一个学生说，当她需要一双符合她体型的定制鞋时，她与她的母亲一起讨论，并且一起做出决策。另一个小学生说："与其在课间休息时花太多时间排队买食物，我妈妈和我决定由她为我准备午餐，因为我不喜欢为排队花费太多时间……对我来说这太长了。"

在所有受访者之中，我们没有获得证据表明学生的货币决策必须经由他们父母的认可。事实上，我们的证据表明，在许多情况下，当学生面临决策困难并向父母征求意见时，父母往往会引导孩子自己做出决定，或鼓励他们寻找其他解决办法。例如，在决定到底购买"baby-G"（手表）限量版还是固定版时，一个小学生向他父母征求意见，他的父母让他考虑"他到底需要哪一个以及哪一个才是他想要的",然后叫他自己做出决策。有趣的是,学生们能够独立管理支出和储蓄。当被问及如何理财时,一个男孩说:"因为我每周都有零花钱,所以我得自己管理自己的钱。"另一个学生说:"我知道很多关于理财的知识。"

28.7 研究和实践的启示

在本章中,我们对学生的货币决策中元认知的意义进行了初步分析。我们的证据表明,有条件的,陈述性的和程序性的知识是相互关联的,这与该领域以前的研究是一致的。关于决策的研究主要集中在成年人身上,然而我们对儿童和年轻人如何决策,尤其是在金钱问题上的决策知之甚少。我们的研究结果进一步表明决策过程的复杂性,并且表明这样的过程不能充分由决策的规范模型(Osana 等,2003)所解释,特别是在解决日常问题这方面。

我们的研究结果表明,父母在孩子的货币决策过程中扮演了一个更加微妙的角色,这与我们2011年的报告(Lee 等,2012)不同,2011年的报告是,父母是孩子决策过程中的影响因素。由于父母角色的变化以及自己具有更大的金融决策权,孩子们了解了如何进行金融决策(Lucey 和 Cooter,2008)是很重要的。追踪儿童和青少年在货币决策中认知变化的纵向研究更有可能帮助研究者发现问题解决过程中的复杂本质。

我们的发现对金融普及教育项目显然有所影响。目前针对学生的大多数课程是根据已确定的重要金融知识概念构建的,并且主要是基于游戏或假设的情境。这些课程旨在培养儿童和青少年的良好习惯,如未雨绸缪,计划使用金钱,以及在使用金钱时评估选择。但是,我们认为案例中的有关使用金钱的决策方法违背了实际生活中解决问题的动态本质。因为,它并没有考虑决策的情境、复杂的认知以及元认知过程。为了使金融普及教育项目取得重要的成效,有必要考虑使用真实世界的学习经验。与该观点一致,Sherraden 等(2011)报告称,当儿童获得金融教育和储蓄账户时,他们的理财能力就提升了。根据我们以前的研究结果,我们已经证实了"从错误中学习"的重要性。同样,Zeelenberg 和 Pieters(2007)也宣称,经历遗憾会帮助人们记住错误,并在下次面对类似情况时表现得更适当。另外,O'Connor 等(2014)的研究发现,后悔经历与选择调整之间有重要的联系。这一发现表明,让学生承认错误并从中学习经验是非常重要的。

参考文献

Baker, L., & Brown, A.(1984). Metacognitive skills and reading. In P. D. Pearson, M. Kamil, R. Barr, & P. Mosenthal(Eds.), *Handbook of reading research*(pp. 353-394). New York: Longman.

Batha, K., & Carroll, M.(2007). Metacognitive training aids decision making. *Australian Journal of Psychology*, 59(2), 64-69.

Byrnes, J., Miller, D., & Reynolds, M.(1999). Learning to make good decisions: A self-regulated perspective. *Child Development*, 70(5), 1121-1140.

Jonassen, D. H. (2004). *Learning to solve problems: an instructional design guide*. Preiffer.

Jonassen, D. H. (2007). What makes scientific problems difficult? In D. H. Jonassen (Ed.), *Learning to solve complex scientific problems* (pp. 3-23). Mahwah, NJ: Lawrence Erlbaum Associates.

Jonassen, D., Tessmer, M., & Hannum, W. (1999). *Task analysis methods: For instructional design*. Mahwah, NJ: Erlbaum.

Kuhn, D., & Dean, D. (2004). A bridge between cognitive psychology and educational practice. *Theory Into Practice*, *43* (4), 268-273.

Lee, C. B., Koh, N. K., Cai, X. L., & Quek, C. L. (2012). Children's use of metacognition in solving everyday problems: Children's monetary decision making. *Australian Journal of Education*, *56* (1), 23-40.

Lee, C. B., Teo, T., & Bergin, D. (2009). Children's use of metacognition in solving everyday problem: An initial study from an Asian context. *Australian Educational Researcher Journal*, *36* (3), 89-104.

Lucey, T. A., & Cooter, K. S. (Eds.). (2008). *Financial literacy for children and youth*. Athens, GA: Digital Textbooks.

Lusardi, A., Olivia, S. M., & Curto, V. (2010). Financial literacy and financial literacy among the young. *Journal of Consumer Affairs*, *44* (2), 358-380.

Magnavita, J. (2002). *Theories of personality: Contemporary approaches to the science of personality*. New York, USA: Wiley.

Nucci, L. P. (2001). *Education in the moral domain*. New York, USA: Cambridge University Press.

O'Connor, E., McCormack, T., & Feenay, A. (2014). Do children who experienced regret make better decisions? A developmental study of the behavioural consequence of regret. *Child Development*, *85* (5), 1995-2000.

Osana, H. P., Tucker, B. J., & Bennett, T. (2003). Exploring adolescent decision making about equity: Ill-structured problem solving in social studies. *Contemporary Educational Psychology*, *28*, 357-383.

Schraw, G., Crippen, K. J., & Hartley, K. (2006). Promoting self-regulation in science education: Metacognition as part of a broader perspective on learning. *Research in Science Education*, *36*, 111-139.

Sherraden, M. S., Johnson, L., Guo, B., & Elliott, W. (2011). Financial capability in children: Effects of participation in a school-based financial education and savings program. *Journal of Family and Economic Issues*, *32* (2), 385-399.

Sperling, R. A., Howard, B. C., Staley, R., & DuBois, N. (2004). Metacognition and self-regulated learning constructs. *Education Research and Evaluation*, *10* (2), 117-139.

Veenman, M. (2005). The assessment of metacognitive skills: What can be learned from multi-method designs. In C. Artelt & B. Moschner (Eds.), *Lernstrategien und Metakogni-*

tion. Implikationen für Forschung und Praxis（pp. 77-100）. Münster: Waxmann.

Veenman, M., van Hout-Wolters, B., & Afflerbach, P.（2006）. Metacognition and learning: Conceptual and methodological considerations. *Metacognition and Learning*, *1*（1）, 3-14.

Zeelenberg, M., & Pieters, R.（2007）. A theory of regret regulation. *Journal of Consumer Psychology*, *17*, 3-18.

第29章 高中生金融普及教育的推广评估：纵向混合法研究[①]

Sharon M· Danes，Veronica Deenanath and Yunxi Yang

摘要 纵向混合法研究的目的有两个：（a）研究如何利用注重培养能力的金融规划影响金融知识的获取，并在考虑学生所处的社会环境的情况下短期内如何促进行为的转变；（b）研究学习一年后，学生在发生重大人生转变时会有什么样的长期金融行为模式。整合的理论有社会建构主义、家庭金融社会化理论和计划行为理论。将学习前收集到的有关基础知识，自我效能和行为转变的数据与学习后的得分相比较。焦点小组访谈让我们观测到行为的初期形式，如态度，信念，感知控制和意图。在学习之后的四次网络访谈中，随着时间的推移，行为改变的动机和障碍也随之增加。调查发现：1）完成以培养能力为重点的学习后，学生有更好的金融知识基础，以及更能了解正确金融行为的重要性，这大大改变了他们对健康金融行为的态度和使用目的；2）家庭互动和人际关系对学生在人生重大转折点上的金融社会化产生影响；3）学生需要把一种特定的金融行为看作在他们所处的社会环境中是相关的、理想的以及可行的，并且认为自己有能力进行这种行为；4）对于学生体验什么样的金融社会化及其对健康金融行为的长期影响来说，学生所处的社会环境（比如 SES，planning horizon）是关键因素。

关键词 培养能力为重点的学习　金融知识　金融行为　金融社会化

29.1 引言

个人理财教育有助于培养人们做出明智选择的能力，从而改善人们的财务状况（Arnone，1998）。但是，关于金融知识在学习后是否会随着时间的推移被应用于实践，我们

---

① S.M. Danes·V. Deenanath
Family Social Science Department，University of Minnesota，1985 Buford Avenue，
St. Paul，MN 55108，USA
e-mail：sdanes@umn.edu
Y. Yang
Sichuan Expanded Mental Health Network，Hong Kong Polytechnic University，
Hong Kong，China
© Springer Science+Business Media Singapore 2016
C. Aprea et al.（eds.），*International Handbook of Financial Literacy*，
DOI 10.1007/978-981-10-0360-8_29

知道的不多（Danes 和 Brewton，2013）。直到最近，金融普及教育获得的研究主要集中在金融知识的获取而不是行为能力的体现，而行为能力将促进健康金融行为的发生（Danes 和 Haberman，2007；Xiao，2008）。此外，该系列的研究还忽略了学习应用的社会建构环境（Danes 等，2013），而且研究中随着时间的推移，基本上没有对学生进行跟踪调查，研究其进行和持续健康金融行为的动机和障碍。本章旨在弥补金融知识获取文献中的这些漏洞。

高中是一个重要的学习阶段，在这个阶段学生们将重新形成对个人理财的社会意义和现实的看法，或者证实过去从其他环境中习得的想法，比如家庭中形成的观念（Gudmunson and Danes，2011）。父母影响孩子的人生准则和价值观，如节俭、游戏和物质主义（Shim 等，2009；Beutler 和 Gudmunson，2012）。课堂学习环境也显著影响学生的金融社会化（Barthdomae 和 Fox，2002；Danes 和 Haberman，2007；Sherraden 等，2011）。

Danes（1994）认为金融社会化较学习而言，与市场有效联系更为紧密。他将其描述为：“金融社会化是获得和发展价值、态度、标准、规范、知识和行为的过程，这些都是有助于提高个人财政状况和福祉的因素。”（p. 128）基于这个定义，教室是这样一个地方，即形成关于金钱的价值观、信仰、态度、期望和动机的地方，如果它们还不存在的话，或者如果他们已经从其他环境中获取了，那么教室是进一步验证或质疑它们的地方（Danes 和 Haberman，2007；Beutler 和 Gudmunson，2012）。

课堂学习环境包括学生的个人特点以及上课时教师与学生之间的互动（Cook-Gumperz，2006）。学生的理财经验是在教室内形成的，同时也来源于他们所生活的社区（Cook-Gumperz，2006）。过去的研究已经把学生或课堂特征作为控制变量来预测知识的变化。因此，我们知道某些特性有助于知识的获取，但我们不知道如何，以及为什么会导致这样的结果（Cook-Gumperz，2011）。而对于学生在离开课堂学习环境之后，并试图将所学知识应用于实践的时候，在其社会环境中所遇到的障碍或动机，就更是鲜为人知。

形成关于金钱的社会和现实意义并非完全基于对世界客观和公正的观察，也基于家庭、学校和社区中的历史和文化上的特定生活经验（Burr，2003）。因此，在调查知识和行为变化是如何发生的时候，不仅要考察学生的个人特点，还要考虑学生所处的社会环境，而非加以控制。

目前的研究主要集中在以培养能力为主的 NEFE（美国国家金融教育基金会）的高中财务规划课程（HSFPP）。本研究有两个目的：（a）研究如何利用注重培养能力的金融规划影响学生对金融知识的获取，并在考虑学生所处的社会环境的情况下短期内如何促进行为的转变；（b）研究学习一年后，学生在发生重大人生转变时会有什么样的长期金融行为模式。

为了实现这两个目标，本研究是纵向的，在学生开始学习时，它建立了知识和行为基线。如果没有建立比较的基线，研究学习后金融行为的改变可能会得出错误的结论。比如，Danes 和 Huberman（2007）在一次评估研究中分析基线数据时发现，虽然在开始金融规划课程之后，男生比女生知道的更多，但是女生相较于学习之前的水平提高得更多。目前的研究包含了一个衡量高中所在社区社会环境的衡量工具，因为研究表明，金融社会化和经验会随着人们做决策的环境特征的变化而变化。比如，收入水平影响个人风险承受能力和储蓄动机（Hilbert等，2003；Xiao and Olson，1993）。

29.2　理论基础

该混合方法的理论基础是三个部分的整合：社会建构主义、家庭金融社会化（FFS）理论和计划行为理论（TPB）。这三个部分是互补的，各自具有不同层次的抽象内容和重点。社会建构主义在学习过程中及其之后，指导我们理解学生发展的社会意义和现实。FFS理论将金融普及教育推广的社会建构主义原则情境化，并且告诉我们家庭金融社会化如何影响金融普及教育在学生中的推广。TPB帮助我们了解金融行为改变的初期形式，以及行为意愿转变为实际行动的过程。面向社会的社会建构主义、以家庭为中心的FFS和针对个体的TPB三者的综合为我们金融行为变化的动机和障碍提供了指导和解释。

社会建构主义的现实，知识和学习是社会建构主义理论的基本框架（Berger and Luckmann，1966）。个人在与他人交流时产生共同的理解，相应地，这种共同的理解形成了社会意义和现实。另一方面，已经存在的社会意义和现实对个人经历有着举足轻重的影响。我们认为青少年不断地从他们所处的环境中吸收信息，并加以调整或适应，然后创造与周围世界相适应的新知识结构（Greene，1990）。社会建构主义是本研究的一个重要部分，其目的是调查不同社会环境下学生的课堂学习效果。对于学生来说，课堂学习过程和学习效果都会因个人的信念、态度和习惯而有所不同。如果我们要真正理解知识是如何在情境中被创造和再现，以及如何影响学生的学习效果的，那么我们不能忽视社会环境。

家庭金融社会化理论以社会建构主义的主要原则为指导，Gudmunson和Danes（2011）开发的FFS理论旨在解释家庭金融社会化的多方面过程（如图29-1所示）。Danes和Yang（2013）通过发展可测试命题扩展了该理论。FFS理论兼顾了个体社会化的固有特征，以及金融社会化发生的社会建构家庭环境。FFS理论认识到有目的的金融社会化以及形成金融态度、知识和能力时家庭互动和关系的作用。它还认识到金融社会化是一个终生的过程，而不是一个单一的事件；它不仅限于儿童，而且在整个生命周期中都是相关的，这是因为我们在不同的生命周期阶段进行重大的转变和调整。

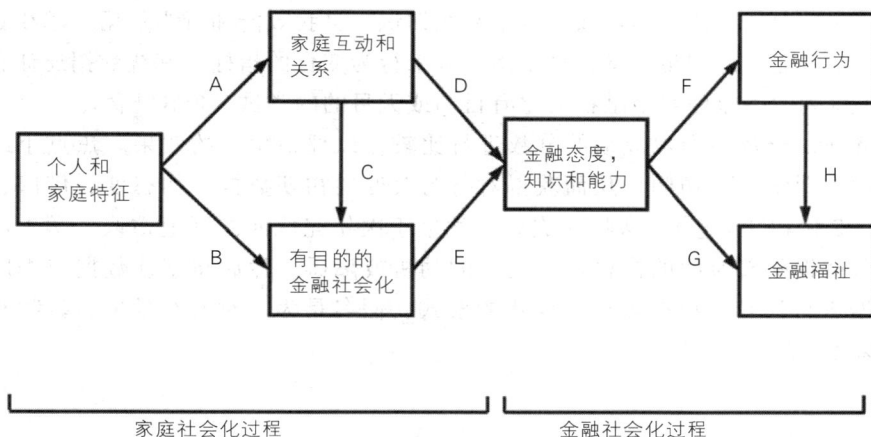

图29-1　家庭金融社会化的概念模型

与目前研究相关的理论空白是：（1）研究人员倾向于研究人的认知、意愿和行为，却不把个人放在一组特定资源、需求和互动模式的家庭背景当中，这些因素都能调解和/或调整其他社会影响；（2）研究人员将金融行为的改变限定在某一时间和具体情况，而不是一个贯穿不同生命周期阶段和领域的持续过程。金融普及教育推广的研究主要集中在金融社会化结果，而忽视了学生的家庭社会化过程。FFS指出，家庭可以过滤在其他社交场合遇到的信息。虽然这里的家庭金融社会化是有目的的，但是大多数家庭社会化都发生在无意识的和非意志的状态之下（Danes and Yang，2013）。许多基本的金融观念、态度和价值观都是后天获得的，仿佛是随着时间的推移，在与家人的互动和耳濡目染中获得的（Jorgensen and Savla，2010）。本研究的目的是通过研究学生在课堂学习中的知识获取和态度变化，同时考虑到学生所处的各种社会环境，从而改进研究。

计划行为理论（TPB）解释了行为的决定因素，表明人对行为有一定的控制能力（Ajzen，1991）。该理论源自理性行为理论，是用来解释意志和非意志因素的。根据TPB，影响人类行为的三个主要因素是：（1）对行为的可行性和相关性的态度；（2）感知与行为相关的社会规范；（3）控制执行（或不执行）行为。这三个因素共同导致了行为意愿的形成，而这种意愿则导致了取决于对个人行为进行控制的激励和障碍的实际行动。

基本态度、主观规范和感知行为控制是行为的基本信念。这些信念分别决定了基本态度、主观规范和感知行为控制的性质和程度，进而导致行为意愿的形成和最终的实际行为。在金融普及教育中，学生了解到金融知识和正确金融行为的好处、作为金融负责人的社会愿望和影响，以及制定和维持正确金融行为的实际步骤。因此，学生个人金融的行为信念、规范信念和控制信念是通过课堂学习形成或重塑的。TPB帮助我们找出与研究相关的三个问题：（a）学生的行为、规范和控制信念是如何通过课堂学习形成或强化的？（b）课堂学习是如何通过影响学生对正确金融行为的态度、主观规范和感知行为控制来引导学生意向的？（c）学生的实际控制是如何与行为意愿形成互动，并在重大生活决策时影响行为结果的？

29.3 研究过程

本研究采用混合方法。学习前，收集基线知识、自我效能和行为数据。基线数据提供了有关学生学习能力的初步信息，这是衡量未来行为变化的指标。基线数据还让我们在学习前深入了解到学生家庭对金融社会化有目的或无目的的尝试（FFS概念）。

然后将基线分数与学习成绩的分数进行比较，以评估学习的效果。焦点小组访谈在学校完成对上课学生的访问，从而获得对行为改变的初期数据，如态度、信仰、控制感和意愿（TPB和FFS概念）。课程完成后，学生于次年完成四次网上访谈。学生们被跟踪了一年，以捕捉随着时间的推移行为改变的动机或障碍。然后将基线数据与季度访谈收集到的数据进行比较，以捕捉行为变化的模式。假名是为了对所有学生、教师和学校地理位置的保密（见表29–1）。

表 29-1	HSFPP每单元的目标能力
第1单元	制订个人金融计划
第2单元	制订个人预算
第3单元	制订个人储蓄和投资计划
第4单元	选择有关管理信用卡和负债的策略
第5单元	描述如何使用各项金融服务
第6单元	制订个人保险计划来最小化自己的金融损失
第7单元	探究事业和生活如何影响自己的金融计划

29.4 学生学习的社会环境

该研究选择了美国各地不同社区的四所学校，社会经济地位（SES）是由学校和社区的特点而不是由学生的个人特点决定的，这是因为从学生那里获得的关于其父母收入的信息往往是无效的。三个数据点用于捕捉SES：（a）获得免费或打折午餐的学生的百分比；（b）对学校所在社区的收入的描述性统计数据；（c）教师对所有学生收入分配的描述。虽然SES往往是重加权的收益，但是这项研究的意义更大，它包括支持资源可用性的价值观、态度和信念。

低SES学校

该学校所属的社区有10 000人，远离大城市，经济增长率最近有所下降。老师对其学生的描述："我有家庭收入低于平均水平的学生。我离军事基地很近，所以我有一些学生的父母在军队或在当地工厂工作。我有一些收入非常低的学生，他们工作是因为他们的家庭需要他们的帮助。"学校有900个学生，约50%获得免费或减价午餐。在过去的一年里，有10例妇女妊娠。该班级精选了一些大三、大四的学生，他们都正在参加职业规划项目。每一个学生每周有16个多小时的选修课。班级里的男、女同学各占一半。

混合SES学校

该学校社区有超过5 000人。该镇是一个健康经济体。老师说："我们班上的同学五花八门。一些已经工作了两个月或一年了，一些还找父母要零花钱。"这所学校有400名学生。三分之一的学生获得免费或打折的午餐。这门课是一门选修课，叫做"独立生活"，由大三、大四学生共同选修。班级上的男、女同学各占一半。

中等SES学校

该学校位于一个离市区30分钟车程的城镇，没有自己的就业途径。学校有500名学生。今年新开的班级只有六名学生，比往年少了很多。该校百分之四十的学生获得免费或打折午餐。一些家庭离开城市搬到这个地区之后，在经济上都富裕起来。个人理财是一门大三、大四学生的选修课。班上有75%的女性和25%的男性。两个学生有工作，但大多数都是用父母的钱。

高SES学校

该私立学校坐落在一个200 000人口的大城市里。当被问及学生的家庭SES水平时，老师说："我会说中产阶级或者上层阶级，因为这是一所私立学校。学费每年略高于 10 000 美元。"个人理财课是选修的，主要由大三和大四学生选修。15 名学生中只有 2 名是女生。

29.5 学生样本的描述

六、七十名学生完成课程后填写调查问卷，其中 58.2% 为男性。大多数学生要么是大四学生（62%），要么是大三学生（38%）。大约 22.9% 的学生不是白人。其中包括西班牙裔（8.6%）、非洲裔（5.7%）、亚洲/太平洋岛民（4.3%）和美国印第安人（4.3%）。

是否拥有汽车在样本里区别特别大：超过百分之六十（63.6%）的低 SES 学生拥有汽车；略多于百分之十（11.1%）的混合 SES 学生拥有汽车；而略多于四分之一（26.7%）的高 SES 学生拥有汽车。

在课程完成后，有支票账户的学生从 44.4% 上涨到 58.9%。低 SES 班级中 58.9% 的学生都有支票账户，而混合 SES 班级中拥有支票账户的学生最少（44.4%）。只有 16.7% 的中等 SES 学生在完成课程时有储蓄账户，另外，高 SES 学生在完成课程时有储蓄账户的百分比最高（86.7%），低 SES 学生在完成课程时有储蓄账户的有 58.5%，而混合 SES 学生在完成课程时有储蓄账户只有 44.4%。在课程完成时，33.5% 的高 SES 学生、16.7% 的中等 SES 学生与 11.8% 的低 SES 学生拥有信用卡。混合 SES 学生全都没有信用卡。只有高 SES 学生有投资账户（13.3%）。

表 29-2 显示的是获得金钱的方式。低等 SES 和中等 SES 学生都没有零花钱，而 18.8% 的混合 SES 学生和 35.7% 的高 SES 学生有零花钱。每周零花钱从混合 SES 的 88.80 美元到高 SES 的 120.80 美元不等。

表 29-2　　　　　　　　　　　学生的金钱来源

	低 SES	混合 SES	中等 SES	高 SES
零花钱（%）	0	18.8	0	35.7
兼职（%）	86.7	53.3	50.0	26.7
零工（%）	9.1	46.7	33.3	66.7
贷款（%）	27.3	33.3	16.7	6.7
每周工作小时数	26.7	18.3	17.8	17.0
每周工作收入	$175.90	$118.10	$65.30	$115.70
每周零工收入	$10.00	$37.80	$36.70	$36.30
每周零花钱	0	$88.80	0	$120.80

50% 至 86.7% 的学生有兼职工作，除了高 SES 学生。只有 26.7% 的高 SES 学生有兼职工作。低 SES 学生每周工作超过 20 小时，而其他 SES 学生工作不到 20 小时。有趣的是，比较中、高 SES 学生的工作可以发现，他们的工作时间大致相同，但收入有很大的不同。

为什么会有这样的差异？是地理因素（农村与城市），地区SES水平，或是其他一些因素，尚不明确。

表29-3列出了样本中学生的平均支出和储蓄，以及学生欠金融机构或父母和朋友的钱数。支出最低的是高SES学生，每周花费19.10美元，而最高的是低SES学生，每周花费125.60美元。储蓄最低的是中等SES学生，每周储蓄19.20美元，而储蓄最高的是混合SES学生，每周储蓄43.13美元。支出最高的是有工作的学生，他们大多数生活独立，拥有汽车。贷款方面，低SES学生贷款最多，有2 000美元，而中等SES学生贷款最少，只有52美元，高SES学生仅次于低SES学生。

表29-3	学生的储蓄、支出与借款			
	低SES	混合SES	中等SES	高SES
每周储蓄	$40.00	$43.13	$19.20	$22.30
每周支出	$125.60	$48.13	$30.00	$19.10
贷款额	$2 000.00	$135.00	$52.00	$300.00

29.6　研究发现：金融知识、自我效能和行为转变

学习后的问卷包括金融知识（5）、自我效能（2）和行为（9）（见表29-4）。答案是基于5分制的Likert量表，"1"代表"几乎没有"，"5"代表"几乎总是"。对于所有问题，得分在学习前后有统计学意义的增加。学习前的得分是基线得分，学习后是否有统计意义上的显著的增加就是课程是否产生影响的证据。但是，这项研究的目标不仅仅是评估能力本位课程的直接影响，它研究的重点是随着时间的推移学习对行为的影响。因此，评估初始变化的程度是第二个基线，用来比较下一年的行为进展情况。

在前六种金融行为问题中，低SES成绩提升的学生不到50%（范围为17.7%至47.1%），而混合和中、高SES成绩提升的学生为50%。例外的是，高SES学生在购买前进行价格比较的人数仅增加了33.3%。而这一数值对中SES学生来说是100%，对混合SES学生来说是50%。

学生们被问及他们是否在学习前后与家人讨论了关于金钱管理的问题。文献表明，父母和孩子之间关于钱的沟通是孩子学习金融知识的一个关键过程（Bakir等，2006）。百分之六十的高SES学生在学习后增加了与父母有关金钱管理的讨论。与这个数字相比，中等SES学生只有16.7%，介于低和混合SES学生之间，低和混合SES学生分别为23.5%和27.8%。关于自信问题，大约50%的低和混合SES学生在学习结束后增加了他们的信心。相比之下，一个中等SES学生的报告说，他们都增加了自己的信心，而且79.9%的高SES学生也增加了他们的信心。

在金融知识获取数据中也发现了类似的趋势。对于投资和管理问题的有效性，在混合SES学生中，约有50%的学生增加了了解，相较而言，中等SES学生大约有80%，而高SES学生大约有70%。高SES学生大约90%学会了关于信贷成本和保险的知识。有趣的是，只有33.3%的高SES学生提升了关于需求和欲望之间的区别的知识得分。

表 29-4　　　　　　　　　　　HSFPP学习后行为与知识的提升　　　　　　　　　　单位：%

金融问题	低 SES	混合 SES	中 SES	高 SES
行为				
计算费用	47.1	61.1	100.0	60.1
购买商品前比较价格	17.7	50.0	100.0	33.3
为以后想要的商品存一笔钱	47.1	50.1	66.6	60.0
进行个人预算	35.3	55.6	66.6	53.4
设置金钱管理目标	29.4	50.0	66.7	46.7
实现金钱管理目标	41.2	61.1	66.7	53.3
与家庭成员讨论金钱管理	23.5	27.8	16.7	60.0
对进行货币决策有信心	47.1	50.1	100.0	79.9
考虑事业与理想生活的配比	29.4	50.0	50.0	46.6
知识与信仰				
我知道赊购的成本	53.0	55.6	83.4	93.4
我知道询问车险的关键问题	47.0	72.2	83.3	93.4
我知道有关投资的知识	47.0	66.7	83.4	73.4
我知道管理金钱会影响我的未来	41.7	50.0	83.4	73.4
我知道需求与欲望之间的区别	41.2	50.1	83.4	33.3

29.7　支出与储蓄的挑战

　　焦点小组询问了 TPB 和 FFS 的解释性概念。要求学生说出支出和储蓄时面临的挑战。因为 TPB 表明意愿对行为是否会发生变化有很大的影响，所以也要求学生讨论他们未来 6 个月的金融目标。数据来自对 SES 的调查。

低等 SES 班级

　　这些学生的反馈反映了一个短期的规划，因为即使许多学生不到18岁，但他们已经独立生活，而且有些人甚至通过参加工作来帮助他们的家庭。长期储蓄并不是眼前的问题，因为满足基本需求才是当务之急。传统的金融概念定义并不总是在 SES 水平上以相同的方式理解。尽管一些低等 SES 学生谈到了储蓄，但都是为了让他们的钱能够支付月底的必需品。这是一个学生短期的，且基于需要的答案："因为我一个人住，而不是和父母住在一起，所以我不得不为房租、汽车、到学校和公司所费的汽油、食品杂货和手机账单买单，几乎所有的一切。浴帘……牙膏，牙刷，你离家后注意到的你需要的东西。"

混合和中等SES班级

这些学生在回答关于支出和储蓄挑战的问题时，都集中在了长期目标这个问题上。下面的引述表明了储蓄目标的类型："我基本上是为了上大学和买房，或者如果我需要买一辆车。"一个学生反映了一种普遍的消费态度："我认为孩子们面临的一个挑战是存钱，因为一旦他们有了钱，他们就想花；这也就是我现在的生活，一拿到薪水就立即去买汽油或食物。"

高SES班级

与其他学生相比，这些学生侧重于长期规划，这反映出他们的金融更加安全。有学生表示，储蓄没有问题："我存钱没有问题……每当我拿到钱的时候，我会把一半的钱存进储蓄账户，然后把另一半放在借记卡里。"

29.7.1　未来6个月的金融目标

这个问题要求了解学生对未来的短期打算。这些计划与在长达一年的访谈中收集到的行为进行比较，研究金融行为转变的模式（Ajzen，1991）。请记住，TPB指出了产生行为意图的三个因素：对行为可取性的态度、对社会规范行为的感知以及对执行行为的有意识地控制。

低SES班级

一个学生表示，他在利用"复利"的概念。他把行为可取作为行为意愿的组成部分："我开始从每一份薪水中储存20美元，因为我知道如果我从18岁开始储存，那么到退休时，我就是百万富翁了，所以我很期待。"

下一个学生回答道："当资源有限时，为目标而不断地进行储蓄的金融斗争。"我们已经在这个年轻人身上看到了一种绝望的感觉，这种绝望开始渗透到他的态度中，表明他在追求目标时缺乏控制力（TPB）："我不得不一天一天地生活，或者靠薪水来维持生活，因为这就是我所拥有的一切，所以我的意思是没有太多的改变。我应该存钱去上大学，同时，我也这样尝试了。但我怀疑这是不可能的。我的意思是我所要做的就是偿还一大堆贷款，因为这是我唯一能做的，因为我的父母是如此的贪婪。"

低等SES群体中的一个学生的评论承认了来自朋友的社会压力，因为他们没有钱所以不能像他们的朋友那样出去玩乐。这个评论代表了所谓的社会规范对行为意愿的影响（TPB）。

中等SES班级

相对于最后一个低等SES学生的回答，中等SES学生的回答则体现了应用所学概念的希望。它也反映了延迟满足的取向，并认识到这需要长时间的等待："每当交完税回来或完成任何工作的收入，我打算持有这一部分钱，并设立储蓄账户，因为它有希望成为一笔钱，我不会花，这样，开始储存它用来上大学。"

高等SES班级

高等SES学生比其他SES水平的学生更倾向于追求未来。这个群体讨论的，更多是关于储蓄和投资。经过了课程学习，回答显示他们已经准备好了启动投资程序。学生们反映出的期望和他们的老师表达出的感知到的社会规范；他很注重IRAS和复利的影响："一旦我找到工作，我肯定会开立一个IRAS账户，那么等我长大了，就不用担心我的退休计划了。"

总之，在特定的社会环境中，学生的需要和资源之间的相互作用决定了什么样的储蓄模式才会被认为是现实的。这项研究是由 Garasky 等（2008）开展的，他们发现，低收入的个人和家庭的金融行为不同于那些高收入的，因为他们面对不同的金融问题，如金融服务、资产积累、住房、信贷的使用和健康保险。学生对某些金融行为有不同的行为态度和感知控制，这对他们的实际行为结果有显著的影响（TPB 的命题）。例如，混合和中 SES 班级的学生知道储蓄的可取性与他们未来的计划有关，但他们认为他们个人缺乏对支出的控制，而高 SES 学生则表示，储蓄对他们来说更容易。他们面对目标、成就挑战的意图与他们的行为态度和对感知行为的控制有关（TPB 理论）。

29.8　学生连续一年的金融行为模式

对每一个学生在学习过去一年后，进行了四个季度的互联网访谈，这提供了丰富的行为模式的数据，反映了正确金融行为的起始和终止。到第三次访谈时，许多学生正处于人生转折的边缘。到第四次访谈时，很多学生刚满 18 岁。他们的生活方式多样，包括开始读大学或进入劳动力市场，搬出父母的家，进入宿舍或公寓，以及谈恋爱。

虽然整个学生样本都反映了变化的模式，但我们通过五个学生案例展示具体的"变化诱因"。选择的这五个学生反映了所有参加学习的学生中最普遍的金融行为模式和学生特征。这五个案例反映了代表所有学生的性别、社会经济地位、就业和/或教育状况、未来计划和关系状况（如已婚或单身）。首先介绍学生案例，然后使用五个学生的消费行为和储蓄行为案例来演示整个样本的行为模式，以证明金融行为随时间变化的动态复杂性。

学生案例

马克斯，在第一次访谈时他是一个十二年级的混合 SES 学生。他在第二次和第三次访谈期间离开了大学，住在公寓里。这是他第一次离家生活。马克斯在第四次访谈时经历了工作变动，部分原因是他离开了家去上大学。对他进行第一次访谈时，他在当地一家餐馆工作；在第二次访谈中，他报告说他失去了那份工作。他的新工作是为他的父母做园艺，以及为他附近的家庭做零工。在第三次访谈中，他在另一个城市半工半读上大学，并持续到了第四次访谈。当马克斯失去了在餐馆的工作时，他并不关心或担心他的经济状况，因为他的"需要"，如衣服、保险、学校的宿舍和学费，都是由他的父母提供的。他说他经常用他父母的钱买东西，这样他就可以自己存钱了。然而，在后来的采访中，马克斯的态度有所转变，因为他报告说他放弃了自己的汽车等物品，这样他的父母就可以负担得起他在学校的学费和住宿费。由于他家里有很多孩子，他在大学教育期间的生活费完全由学生贷款资助，他计划一毕业就把钱归还。马克斯在最后一次访谈时有了女朋友。

艾迪，在第一次访谈中她是一个十二年级的低 SES 学生。每次访谈，她都和她的祖父母和兄弟姐妹住在一起。艾迪的祖父母负担她的一些费用，如学校费用和汽车的油费，而她支付的需求包括给他人的礼物的花费，以及与朋友外出的花费。艾迪在她前三次访谈时没有工作，因为她打垒球，而且她的时间安排不允许她有工作。由于费用，艾迪担心她是否能上大学。因此，艾迪在完成高中学业后立即找到了一份工作，以节省开支，以便她能申请州立大学。在对她进行最后一次访谈时，她正在工作和攒钱。艾迪整整一年都是单身。

艾米丽，在第一次访谈时她是一个十二年级的中 SES 学生。艾米丽与她的父母、妹妹和兄弟生活在一起，到对她进行第四次访谈时，她嫁给了她的丈夫。她在读高中时遇到了她的丈夫，在访谈过程中他被派往伊拉克。在对她进行第四次访谈之前，他们结婚了，那时她的丈夫刚刚从伊拉克回来。艾米丽说，她的父母希望她从小就学会独立，所以他们要求她在她16岁的时候找一份工作。她的父母认为她应该为自己的欲望和需求买单。在第二次和第三次访谈时，艾米丽在她母亲的咖啡店工作，但她挣的钱不多。在第四次访谈时，她的经济状况发生了变化，因为她的丈夫从伊拉克回来了，他们把各自的收入集中在一起，因此有更多的资金要管理。

洛根，在第一次访谈时她是一个十二年级的高SES学生。他和父母、弟弟和妹妹住在一起，直到第二次访谈后他才上大学。经济和投资状况是他的家中经常谈论的话题。洛根的父母为他的需要付了钱，比如衣服和食物，但他为自己的需要买了单，包括与朋友在学校以外的活动的花费。他通过裁判足球比赛和与他的弟弟封人行道来赚钱。后者是小家庭夏天的核心任务，与他的一个兄弟一起。洛根计划并最终考上大学，学习商业和经济学。整个访谈过程中他都是单身。

扎克，在第一次访谈中他是一个十二年级的中SES学生。在家庭农场对他的每一次访谈中，他都与父母、妹妹和兄弟住在一起。他的父母支付他的基本需求，如衣服和食物，而他支付他自己的需求，如与朋友的活动花费。工作方面，他为爷爷奶奶的花园做美化，并经营自己的生意。他购买和出售干草和稻草给当地的马厩。他高中毕业后的计划是和父亲一起在家庭农场工作，并继续做他的生意。扎克还计划成为一名消防员或军医，对他进行最后一次访谈时，他正在通过这种训练。对他进行第三次和第四次访谈时，扎克报告说他有一个女朋友，他说他喜欢当绅士，所以他们约会时他会付钱。

29.9　学生案例的整合与行为模式

为期一年的行为模式表明，一些学生连续执行或不执行行为（例如，储蓄），一些学生间歇性执行（如保存，停止储蓄）。制止和启动金融行为的"触发因素"，是本节的重点。五个案例中学生的具体行为被用来演示在所有学生中最常见的行为模式轨迹。这里的重点是支出和储蓄行为。

创建个人预算表

表29-5列出了样本中所有学生的预算使用模式。在一年的季度访谈中发现了5种不同的模式。

表 29-5　　　　　　　　　　　　　学生预算使用模式

使用模式	百分比（%）
模式1：一直在预算	38
模式2：有预算—没预算—有预算	25
模式3：一直不预算	17
模式4：没预算—有预算	12
模式5：没预算—有预算—没预算	8

模式1，学生的总样本中有38%使用了预算。扎克反映了这种使用模式，尽管他诚实地说有时很难做到"因为我的金融状况总是在变化的"。他的预算是写在脑子里的，他脑子里有一部分是专门为了他的生意和个人金融。

模式2，艾米丽展示了开始、停止和重新开始的模式。她开始记录她的花费，最初是学习的直接结果："我明白了制定预算和明智地花钱是很重要的，否则，将来在你需要的时候，你就没有钱了。"

她在脑子里预算：随着时间的推移，艾米丽停止了预算，因为她缺乏这样做的金融资源。当她丈夫从伊拉克回来时，她又重新开始预算。艾米丽说："我们真的要预算，所以我们给自己分配每周的零花钱，我们必须讨论需要的东西是否超过了每周的预算。"

当艾米丽完成了她在HSFPP的理财课程学习，她要约束的是她丈夫的理财风格："他倾向于买他想要的昂贵的东西，而不去检查我们的支票账户是否有足够的钱，除了杂货以外我从不买任何昂贵的东西！"她补充说："当问到他是否有预算时，他会回答'让我帮他预算！'"

模式4，马克斯和艾迪在任何时候都没有预算。预算不是马克斯的优先事项。艾迪表示，她没有工作，缺乏预算所需的金融资源。然而，她在HSFPP课程中学习到，预算是有价值的东西，所以她计划一旦进入大学就实施预算。

模式5，洛根展示了一个停止、开始和停止的预算使用模式。他最先没有预算，然后经过了HSFPP的理财课程学习后，他很快就开始了，"要开始我的事业，就必须有一个预算。"

在对洛根进行第二次访谈时，他正在做预算，因为他正在和他的兄弟一起工作，并且想出了一个对他有效的方法。后来洛根停止了预算，因为夏天结束了，他不再和他的兄弟一起工作了。他有较少的钱来管理，他认为不需要继续预算。

支票和储蓄账户

在每次访谈中，学生都会被问到是否有支票和储蓄账户。在一年的采访中超过半数的学生有过一个支票账户（见表29-6）。

表29-6	学生支票账户拥有模式
拥有模式	百分比（%）
模式1：一直有支票账户	54
模式2：有一个支票账户—没有支票账户	17
模式3：一直没有支票账户	17
模式4：没有支票账户—有一个支票账户	12

模式1，扎克、马克斯和艾米丽三个学生每一次访谈时都有一个支票账户。这些账户在学习之前就有了，因为学生们在赚钱，并且需要有效地管理账户。支票账户被认为是一种有用的工具，学生们很庆幸能很容易地将资金从支票账户转到储蓄账户。扎克和艾米丽的账户上绑定了借记卡。只有艾米丽使用纸质支票。马克斯有两个支票账户，一个在家，

另一个在大学。

模式2，洛根在采访初期有一个支票账户，但后来注销了。他这样做是因为他的父母换了储蓄的银行，而且他认为不需要开设支票户头。相反，他对自己既有储蓄账户又有借记卡的系统感到满意，他可以在需要时把钱转过去，他说："我把75%的收入放进储蓄账户，然后把剩余的钱放在我的借记卡或钱包里。当我的钱包或借记卡里有太多的钱时，我会把一半的钱转到我的储蓄账户上。"

模式4，艾迪为她最后一次访谈及时开了一个支票账户，因为她开始了一份新工作，从而有资金需要管理。因为她开设这个账户是在完成HSFPP课程的几个月后，所以她说她希望更重视物质上的"支票账户管理"。文献表明，低收入的人群，如艾迪，更可能没有银行账户（Berry，2004），而且他们经常生活在中低等收入社区，这里往往难以获得实惠的金融产品（Praeger，2009）。

表29-7显示，75%的学生有储蓄账户。这符合五个学生中有四人在一年的访谈中都有一个储蓄账户：扎克、马克斯、艾迪和洛根。如同支票账户，在HSFPP的理财课程完成之前也有同学设立了储蓄账户。这些账户被认为是省钱的辅助工具，因为它们提供了一个他们无法得到钱的地方。学生们一放钱在里边，就没有取出来过。

表29-7　　　　　　　　　　　　　　　学生储蓄账户拥有模式

拥有模式	百分比（%）
模式1：一直有储蓄账户	75
模式2：有一个储蓄账户—没有储蓄账户	8.5
模式3：一直没有储蓄账户	4
模式4：没有储蓄账户—有一个储蓄账户	8.5
模式5：没有储蓄账户—有一个储蓄账户—没有储蓄账户—有一个储蓄账户	4

模式2，艾米丽在她第一次访谈时有一个储蓄账户。随着时间的推移，她将她的账户与她未婚夫的账户合并，就在对她进行第四次访谈前，他们将联名账户注销。她报告说，她的丈夫不是一个储蓄者，并且他们最近搬家了。军方将为他们搬家支付费用，但还没有给。因此，情况决定了行动。

在四次访谈中，合理和不合理的行为改变的诱因是人际关系的转变。在学习后，马克斯有了正确的资金管理，他正在为了上大学而记录他的开支和储蓄。他将需求与欲望进行比较，并根据心中未来的计划做出正确的决定。在第四次访谈中，马克斯进入了一段新的关系，他的积极资金管理倒退了；他不再记录他的支出而且没有储蓄。相比之下，艾迪人际关系的变化导致了更合理的变化。艾迪在失去工作后赚不到钱，这时难以证明合理的理财方法。随着她进入新的关系和总资源的增加，她的行为随着预算和储蓄行为的开始而变得更加合理。

储蓄行为模式

79%的学生在他们的四次访谈中报告说储存了资金（见表29-8）。然而，我们需要记住的是，焦点小组在访谈中发现，不同SES组中对储蓄有不同的定义。

表29-8　　　　　　　　　　　　　学生储蓄行为模式

行为模式	百分比（%）
模式1：一直有储蓄	79
模式2：有储蓄—没有储蓄	13
模式3：没有储蓄	4
模式4：没有储蓄—有储蓄—没有储蓄	4

模式1，洛根和扎克是两个一直在储蓄的学生。扎克正在攒钱为了"买一辆新卡车"和"未来的大学计划和商业投资"——瞄准目标。他从学习中学到的东西是"为什么存钱很重要"以及"如何规划未来"。洛根说他一直都在攒钱，在对他进行第一次访谈时，他就在专门为上大学攒钱。在对他进行第二次和以后的访谈中，他报告："我存钱是为了上大学，以及养老。我现在有了更多的钱，希望以后还能有更多的钱。"

总之，一直在存钱的学生似乎是这样做的，因为这是他们认为自己能做的事情，同时也因为这为他们实现短期和长期的目标提供了方法。

模式2，在访谈中，艾米丽和艾迪很早就在存钱，然后就停了下来。在对她进行第一次访谈时，艾米丽正在存钱："没什么特别的，只是为了紧急情况或者将来可能需要买的贵重物品。"随着时间的推移，由于她失去了在温迪的工作，她无法储蓄，这是因为她没有金融资源这样做。相反，她说她需要把钱花在开支上。当她丈夫从伊拉克回来后，她又开始存钱了，尽管她的丈夫"一点也不"储蓄！她说她通过"不挥霍"来存钱。在对艾迪进行第一次访谈，她正在为音乐会门票、笔记本电脑、上大学以及应急需要而存钱。虽然她没有工作，但她从祖父母和礼物那里得到了钱。艾迪不再存钱了，这是因为她得到了大学的补助金，所以没有必要存钱，因为他们会给她急需的钱。

总之，学生们一开始存钱，然后停止，他们重视储蓄，并在一开始就这样做，因为这是他们觉得他们可以做的事情，同样也因为这为他们提供了一种实现他们目标的方法，特别是那些长期的目标。学生停止储蓄，可能是因为他们的情况改变，如金融资源的改变，或因为他们有一个现成的资金来源。

模式4，马克斯的储蓄行为反映了一种停止、开始和停止的模式。在访谈中，他没有说为什么他之前不存钱。在对他进行第二次访谈时，他开始攒钱上大学。他认为自己是一个成功的储蓄者，因为他"已经积攒了足够的钱买大学的书和食物"，在对他进行第三次访谈的时候，他仍然储存了一部分钱。而在对他进行第四次访谈的时候，马克斯又不存钱了。当他生活中加入另一个伙伴后，减少了他可以节省的钱，因为他说自从遇见她以后，他的资金管理计划就不一样了。马克斯起初没有看到立即为未来储蓄的必要，他在有了一个需要更大支出的伙伴时就没有储蓄了。显而易见的是，当他看到迫切需要这样做时，他就会开始储蓄。

29.10 总结与启示

本章研究利用了混合法，从学习过 NEFE HSFPP 课程的高中生那里获得的学习后一年的纵向数据以及对学生学习一年后的追踪。这项研究将课堂学习置于学生生活的社会环境中，学生在学习课程内容的同时，在一年中将他们所学到的知识融入到他们的日常生活中。本研究的目的有两个：（a）研究如何利用注重培养能力的金融计划课程影响金融知识的获取，并在考虑学生所处的社会环境情况下如何在短期内促进行为的转变；（b）研究学习一年后，学生在发生重大人生转变时会有什么样的长期金融行为模式。

对于在理论部分提出的问题，从这项研究结果中得出了一些初步的见解：（1）通过基于能力的学习，学生普遍意识到金融合理的重要性以及更好地理解了合理的金融行为，这大大影响了他们关于合理金融行为的行为态度和意图。（2）家庭互动和关系通过改变学生的资源和需求，以及他们对理想金融行为的实际行为控制，从而影响学生在人生重要转折点上的金融社会化。（3）感知对于激发学生的金融行为，使他们从不合理行为趋于合理行为是至关重要的。学生需要在他们所处的社会环境中找到一种相关的、适当的、可行的具体金融行为，以及认为自己有能力执行这种行为。这种观念深深扎根于学生所处的社会环境并受其影响，尤其是家庭或亲属环境。（4）学生所处的社会环境（如 SES）是决定学生经历什么样的有目的的金融社会化，以及其会对学生产生什么样的影响的关键因素。

由于学习效果会随着班级社会环境的不同而不同，金融知识和行为的改变也是不同的。当学生被问及改变的动机和障碍时，他们的许多评论都与可行性和相关性有关。例如，当学生从事兼职工作时，相关性更高，因为他们有他们可以控制的金融资源。然而，低 SES 学生存在着执行合理金融行为的障碍，因为这些金融资源常常不得不用来支持他们的家庭或用于基本需要，这是因为他们是靠自己生活的。

学生的计划视野因所处的社会环境而变化。那些有更多金融资源的学生和有机会上大学的学生有更长远计划的眼光。在他们的社会环境中，当教师对学生有更高的要求时，他们更强调高年级课程中的某些内容。这种计划视野的不同也反映在基于 SES 水平的基本 HS-FPP 结构定义中。例如，"储蓄"对于中、高 SES 学生比对于低 SES 学生而言，有更长的时间去向。低 SES 的学生把"储蓄"看作是从每月工资中扣除的钱，用以满足月底房租等基本需求，而对其他 SES 水平的学生而言，"储蓄"则意味着为"大件物品"如买汽车或大学储蓄。因此，研究人员在解释结果时需要注意到这些潜在的金融结构概念，因为如果发现有 60% 的学生"储蓄"了钱，那么如果不考虑 SES 水平，这一发现究竟意味着什么呢？

在对学生学习一年多后的金融行为模式进行研究以后，得出了一些结论。首先，一般来说，学生获得了许多正确的金融行为的知识，并承认这些行为在某个时刻对他们而言是重要的。然而，这种行为在现实生活中的相关性和可行性是改变意图的先决条件。而学生所处的社会环境则决定了他是否认为某一特定的金融行为是相关和可行的。那些认为诸如预算、储蓄、投资或长期规划等行为是相关或可行的学生，他们有资源这样做。教师发现，即使在学习过程中，如果所教的内容与学生的直接社会环境或 SES 水平不相关，那么有效地传授知识更困难，而且学生对这些内容的关注也较少。当一种金融行为在学生所处的社会环境中是相关和可行的，那么行为意愿决定因素开始起作用，其中包括行为态度、感知到的社会规范和知觉行为控制。在金融普及教育的情形下，行为态度来自学生对一种金融行为的正面和负面影响的信念，以及该信念是否在 HSFPP 之前或学习过程中就被建立。对理想金融行为的积极态度和对不履行该行为的消极态度都有助于行为意愿向合理方向发展。对理想金融行为的消极态度可能会成为学生履行这种行为的障碍，例如，信用卡使用的情况，这里学生担心债务。必须记住的重要一点是，行为态度与社会环境密切相关并且根据社会环境而变化。这就意味着不同 SES 水平的学生对同样的金融行为可以有不同的态度，同时，随着他们人生轨迹的变化，学生可以对一种金融行为表现出不同的态度。此外，对于他们对金融行为的态度而言，学生目前的生活阶段也很重要，例如，进入大学前节省钱来买书。当学生完成了一项行为并完成了他们的目标时，他们对行为的态度发生了变化。

知觉行为控制是使学生能够或无法执行期望金融行为的又一主要因素。学生自我效能感觉和对自己能力和意愿的信心是感知行为控制的重要组成部分，并且对他们的行为结果有显著的影响。如果学生们努力去寻找最适合自己的情况和个人的特点，如个性化的预算或储蓄方案，这更可能成为他们执行和维持理想行为所需的行为，因为自行设计的方法增加了他们对行为的控制感。最后，认为缺乏行为控制可以起到自我警示作用，例如信用卡的使用，这里如果学生不信任自己的行为控制，他们将向其他家庭成员求助。与行为态度相似，知觉行为控制也与社会环境密切相关。如果学生在他们的家庭中有一个榜样，表现出合理的金融行为，他们就会努力去效仿他们的行为。对于那些没有实践正确金融管理模式的学生来说，他们必须通过自己的生活经验来学习行为控制，同时，他们对自己的能力缺乏自信。实际行为控制是影响行为意愿是否成功导致实际行为的关键因素，学生账户就是一个明显的证据。例如，有些学生不能像他们所希望的那样执行金融行为，这是因为他们在与生活伙伴分享资源时或在工作收入不稳定时，对所有资源都没有绝对的控制权。因此，即使他们认为自己能够控制自己的行为来储蓄和预算，当资源与另一个人共享或超出他们的控制时，预期行为结果就不能实现。

最后，学生在学习后一年中的行为模式也支持 FFS 的主要原则。首先，FFS 模式由两部分构成，即家庭社会化过程和金融社会化过程。金融社会化过程、金融态度、导致金融行为和金融福祉的知识和能力在现有的金融普及教育推广研究中得到了全面的研究。然而，大多数的研究都忽略了家庭社会化过程，然而，它们对金融态度、知识和能力的发展是至关重要的。课堂上的知识获取过程是以家庭社会化过程为基础的，并不是凭空而来，并且其会影响金融普及教育推广的结果。

因此，这项研究有助于当前的金融普及教育推广研究，突出了家庭特征、家庭互动以及家庭关系对金融态度、知识和能力发展的最根本的影响作用，甚至考虑了一个学习的外界资源，即课堂学习环境。课堂学习后一年的学生案例包含了家庭环境，特别是需求、资源和就业状况。这些家庭环境影响了他们的态度和能力，使其表现出不同的金融行为，如在储蓄、预算和投资方面。另外，FFS 的重要原则是金融社会化是持续一生的而不仅限于童年，并且在生命周期中，找到生命中的另一半并一起共享资源使社会化进程加剧（Danes 和 Yang，2013）。从学生们的例子中，我们可以清楚地看到配偶如何影响一个人执行理想金融行为的能力。此人必须重新形成伙伴关系中的金融态度、知识和能力。总之，家庭相关的影响在未来的金融普及教育推广和金融行为变化研究中将获得更多的关注和研究。

参考文献

Ajzen，I.（1991）. The theory of planned behaviour. *Organizational Behaviour and Human Decision Processes*，50（2），179–211.

Arnone，B.（1998）. Oral comments made at the 1998 financial education seminars：Providing employees financial planning in the workplace sponsored by the conference board. In May，New York.

Bakir，A.，Rose，G. M.，& Shoham，A.（2006）. Family communication patterns：Mothers' and fathers' communication style and children's perceived influence in family decision making. *Journal of International Consumer Marketing*，19（2），75–99.

Bartholomae，S.，& Fox，J. J.（2002）. Teacher versus parent influence on financial efficacy and behaviour. In *Proceedings of the 2002 Annual Conference of the Association of Financial Counseling and Planning*（pp. 148–154）.

Berger，P.，& Luckmann，T.（1966）. *The social construction of knowledge：A treatise in the sociology of knowledge*. Garden City，NY：Doubleday.

Berry，C.（2004，February）. *To bank or not to bank? A survey of low - income households*（Joint Center for Housing Studies Working Paper BABC 04–3）. Cambridge，MA：Harvard University.

Beutler，I. F.，& Gudmunson，C.（2012）. New adolescent money attitude scales：Entitlement and consceientiousness. *Journal of Financial Counseling and Planning*，23（2），18–31.

Burr，V.（2003）. *Social constructionism*. London：Routledge.

Cook - Gumperz，J.（Ed.）.（2006）. *Social construction of literacy*. New York，NY：Cambridge University Press.

Danes，S. M.（1994）. Parental perceptions of children's financial socialization. *Financial Counseling and Planning*，5，127–146.

Danes，S. M.，& Brewton，K. E.（2013）. The Role of learning context in high school students' financial knowledge and behaviour acquisition. *Journal of Family and Economic Issues*，1–14.

Danes，S. M.，& Haberman，H. R.（2007）. Teen financial knowledge，self-efficacy，and behaviour：A gendered view. *Financial Counseling and Planning*，18（2），48–60.

Danes，S. M.，Rodriquez，M.，& Brewton，K. E.（2013）. The role of context：High school students' gains in financial knowledge and behaviour based on person，classroom and teacher characteristics. *Journal of Financial Counseling and Planning Education*，24（1），31–47.

Danes，S. M.，& Yang，Y.（2013）. Assessment of the use of theory within the Journal of Financial Counseling and Planning and the contribution of the family financial socialization conceptual model. *Journal of Financial Counseling and Planning* (Manuscript accepted).

Garasky, S., Nielsen, R. B., & Fletcher, C. N. (2008). Consumer finances of low-income families. In J. J. Xiao (Ed.), *Handbook of consumer finance research* (pp. 223–238). New York, NY: Springer.

Greene, A. L. (1990). Great expectations: Constructions of the life course during adolescence. *Journal of Youth and Adolescence*, 19 (4), 289–306.

Gudmunson, C. G., & Beutler, I. F. (2012). Relation of parental caring to conspicuous consumption attitudes in adolescents. *Journal of Family and Economic Issues*, 33 (4), 389–399.

Gudmunson, C. G., & Danes, S. M. (2011). Family financial socialization: Theory and critical review. *Journal of Family and Economic Issues*, 32, 644–667.

Hilgert, M. A., Hogarth, J. M., & Beverly, S. G. (2003). Household financial management: The connection between knowledge and behaviour. *Federal Reserve Bulletin*, 309–322.

Jorgensen, B. L., & Savla, J. (2010). Financial literacy of young adults: The importance of parental socialization. *Family Relations*, 59, 465–478.

Praeger, R. (2009) Determinants of the location of payday lenders, pawnshops and checkcashing outlets (Finance and Economics Discussion Series, Division of Research & Statistics and Monetary Affairs, Federal Reserve Board, Working Paper No. 2009–33). Washington, DC: Federal Reserve Board.

Sherraden, M. S., Johnson, L., Guo, B., & Elliott III, W. (2011). Financial capability in children: Effects of participation in a school-based financial education and savings program. *Journal of Family and Economic Issues*, 32 (3), 385–399.

Shim, S., Xiao, J. J., Barber, B. L., & Lyons, A. C. (2009). Pathways to life success: A conceptual model of financial well-being for young adults. *Journal of Applied Developmental Psychology*, 30, 708–723.

Xiao, J. J. (2008). Applying behaviour theories to financial behaviour. In J. J. Xiao (Ed.), *Handbook of consumer finance research* (pp. 69–81). NY, NY: Springer.

Xiao, J. J., & Olson, G. I. (1993). Mental accounting and saving behaviour. *Home Economics Research Journal*, 22 (1), 92–109.

第30章 测量青年人对金钱的态度①

Daniela Barry

摘要 作为一项21世纪的技能，对金融普及教育的理解往往得回归到金融知识。从教与学的角度来看，这样一个一维的概念是不够的。金融决策取决于金融需求以及个人的认知和非认知前提之间的相互作用。为了评估个人理财方案的有效性，则必须考虑评估相关变量的有效工具，如对待金钱的态度。该项目的目标群体是德国双重职业培训体系中的年轻人和本科学生。他们共同的需要是自主处理个人事务，包括有效使用自己的金钱。在更广泛的研究中，分析了德国年轻人对金钱的态度。为此，使用了 Barry（2014）编制的量表。

关键词 对金钱的态度 青年人 金融知识 金钱管理

30.1 理论基础

职业教育的综合目标强调的是将正规教学的部分技能传授给年轻人，帮助他们做出正确的行为并对职业、社会和私人负责（KMK②，2007）。其中一个方面涉及金融普及教育的技能。作为21世纪学习的国际讨论的一部分，Trilling and Fadell（2009）指出，金融普及教育是年轻人面临的主要挑战之一。年轻人（18至25岁）面临着自我调节生活方式和经济独立的要求。在德国，他们达到了成年这个阶段，就要完全自己负起责任。他们中的许多人搬出父母的家，并赚取自己的第一次定期收入（职业培训报酬）。大多数年轻人能应对金融挑战，没有发生重大问题。然而，越来越多的人不再这样做了。德国的统计数据表明，该群体的个人破产率不断攀升。过度负债的长期后果会导致贫困、社会剥夺以及心理和身体上的疾病，因此建议有必要在该领域有所行动（Münster 等，2010）。

为了应对这个问题，有了对更好的金融教育的重大公共请求（BMAS，2008），其中

① D. Barry
Konrad-Adenauer-Schule Kriftel，Auf der Hohlmauer 1-3，65830 Kriftel，Germany
e-mail：dani.barry@gmx.de

© Springer Science+Business Media Singapore 2016
C. Aprea et al.（eds.），International Handbook of Financial Literacy，
DOI 10.1007/978-981-10-0360-8_30

② Standing Conference of Ministers of Education and Cultural Affairs of the Länder in the Federal Republic of Germany.

主要是指更好的金融知识教学（Schufa Holding，2008）。更详细的关注点可以在OECD的PISA研究中被发现（OECD，2013）："'financial literacy'是对金融概念与风险的知识和认识，以及应用这些知识和认识的技能、动机和信心，其应用目的是在一系列的金融环境中做出有效决策，来提高个人和社会的财富水平，并使其能够参与到经济生活中来。"这个定义包括认知和实践技能，以及作为非认知因素的动机和信心。PISA的金融普及教育项目只考虑到了知识和技能。Lusardi和Mitchell（2007）金融普及教育规模也仅仅考虑到了这些因素。

从教育的角度来看，这种一维的方法是不够的。一个人的决策力不仅由他或她的知识决定，也由动机、意愿和社会等因素决定（Weinert，2001）。在这种能力被概念化之后，对金钱的态度也被认为是影响资金管理的一个因素。Atkinson和Messy（2012）对"financial literacy"的理解也是如此："这是一种认识、知识、技能、态度和行为的综合，这些因素都是做出正确的金融决策并最终提高个人金融水平所必须的。"态度直接被视为金融普及教育的一部分。因此，金融决策取决于金融需求以及个人的金融知识、特征和状态之间的相互作用。在文献中和在对资金管理的日常讨论中，金融知识被看作是成功管理个人财富资源的一个主要因素（Hurrelmann和Karch，2013）。此外，态度这个概念是解释和预测甚至控制行为和情绪的一个因素（Krech等，1992）。人们对金钱的态度被认为是对金融行为的激活和调节力量（Barry，2014）。特别是在谈论或测量金融普及教育时，通常不考虑态度等非认知因素。为了解决这一缺乏研究的问题，本研究对金钱的态度进行了操作上的定义。与知识不同，态度被认为是个人性格的一部分，在原则上是相对稳定的。接受教育时，知识有望增长，同时态度也可能能改变。考虑到经营规模价值，在调查中，态度可能会随着时间的推移而在方向和规模上都发生变化。除了这种差异，教学或学习过程对态度的影响可能不同于给定的关于在获取知识方面的效果优势经验。特征的整体稳定性将意味着零效应强度。相对稳定性可以包括测量误差以外的变化。然而，变化的范围是无法预测的，因为据我所知没有任何研究文献可以作为外部参考。这方面是研究的"未知领域"。

为了超越单纯描述性的研究结果，这项研究基于一种准实验的方法。样本包括了来自不同学习领域的和不同职业培训领域的学生们，这些领域包括技术和具体业务。追求金融职业和追求技术职业的各组年轻人的主要区别是他们对金融领域的态度不同。与技术领域的人相比，那些专注于商业的职业人应该表现出不同的对待金钱的态度。此外，学生的样本是根据研究或训练期间的独立变量而制定的。这两类是培训或学习方案的"开始"和"结束"。这应该可以测试出教育方案（或）发展随着时间的推移的影响。

30.2 衡量金钱态度量表的发展与验证

德国的研究报告没有透露任何测量金钱态度的调查问卷的信息。在国际文献中，有三篇发表了的关于金钱态度的科学调查问卷（Jonas等，2005）：Yamauchi和Templer（1982）的金钱态度量表、Furnham（1984）的金钱信仰与行为量表以及Tang（1992）的金钱伦理尺度。由于它们涵盖了不同的态度维度，所以我决定不单独采取任何一个，而是提取出这三种方法共同包含的层面。在一组翻译专家的帮助下，我们科学地将三种量表的所有内容翻译成德语，并对德语世界中决定金钱态度的主导因素进行了研究。

在第一次探索性研究中，因素分析包含了五个清晰可辨的因素：金钱的权力/声望（因素1）、财务规划（因素2）、金钱的质量（因素3）、金钱的重要性（因素4）和贪婪（因素5）。这些因素由 28 个项目来反映。该量表的解释总方差为 56.23%，代表每个维度的内部相关性的克龙巴赫 α 在 0.72 到 0.85 之间（Barry，2014）。维度中的项目与原始问卷中的项目相似。这是跨文化亲和力维度的一个指标。图 30-1 和表 30-1 显示了因素分析的结果。

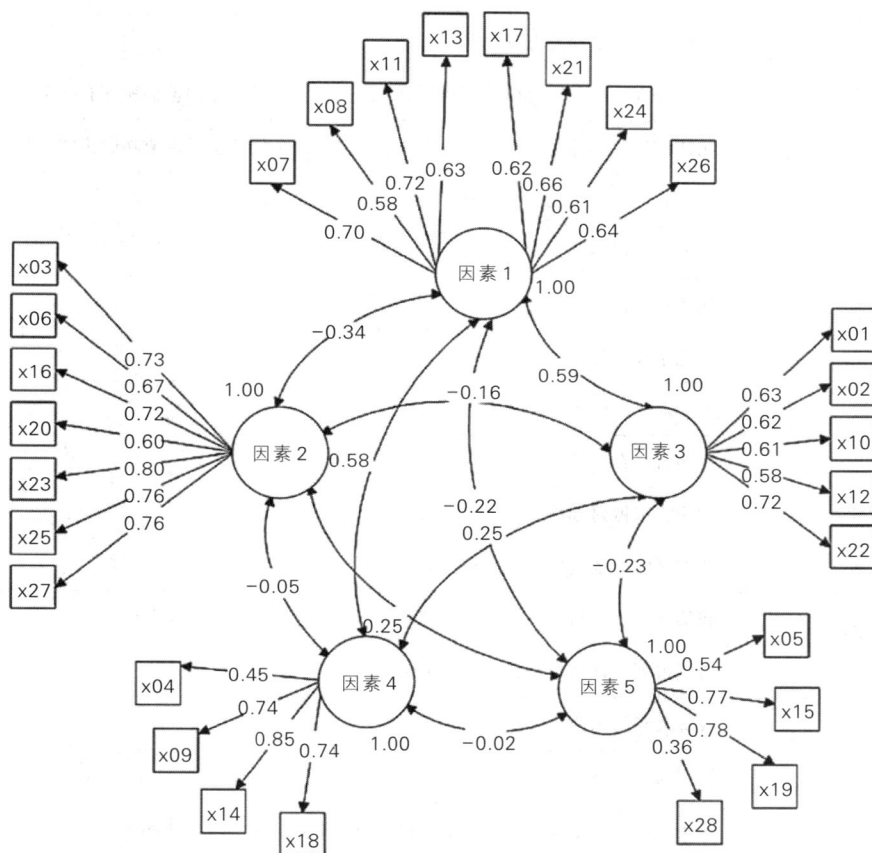

图 30-1　探索性因素分析结果

因素 1 解释了约 20% 方差，被称为"金钱的权力/声望"。该项目是指把金钱作为一种权力的手段。该因素得分高的人对金钱有这样一种态度，金钱可以使一个人拥有安全感，并且成为自己想成为的人或者影响他人。这些人把金钱看作是成功、权力和能力的象征。因素 2 解释了约 17% 方差，被称为"财务规划"。这个因素揭示了理财和理财规划的重要性。因素 3 解释了 9% 方差，并包含了可以用金钱购买的质量的项目。因此，这个因素被称为"金钱的质量"。对于该项目得分高的人来说，购买最好的产品是很重要的，即使他们知道他们必须付出高昂的代价。因素 4 约解释了约 8% 方差，代表着金钱是重要或有价值的观点。这个因素被贴上了"金钱的重要性"的标签。因素 5 得分高的人经常讨论或争

表 30-1　　衡量金钱态度的五维度量表的英语项目（源自原始的三个测量工具）

金钱的权力/声望	我表现得好像金钱是成功的终极象征
	我觉得钱是我唯一能指望的东西
	我坚信金钱能解决我所有的问题
	钱是我生命中最重要的东西（目标）
	我用金钱来使别人为我做事
	虽然我应该以人们的行为来判断他们的成功，但我更受到他们所拥有的金钱的影响
	我认识的人告诉我，我过分强调一个人拥有的金钱数量是他成功的标志
	金钱能帮助你体现你的能力
财务规划	我的预算很好
	我用我的钱非常小心
	我记录钱的使用情况
	我定期存钱以备将来之用
	我为自己存钱的能力感到自豪
	我为将来做财务规划
	我有足够的钱应付另一次经济萧条
金钱的质量	我买顶级的产品
	为了得到最好的东西，我花了更多的钱
	我买最贵的东西
	我买名牌产品
	我为某事付出更多，因为我知道这是为了得到最好的东西所必需的
金钱的重要性	钱是很重要的
	金钱是我们所有人生活中的一个重要因素
	钱是有价值的
	我非常看重金钱
贪婪	我争论或抱怨我买的东西的成本
	买了东西后，我想我是否可以在别处买到同样的东西
	当我买东西时，我抱怨我付出的代价
	我不得不为几乎所有我买的东西的成本进行争论或讨价还价

论他们购买的商品的成本或价格。这一因素解释了近6%方差，被称为"贪婪"。

　　德国量表的有效性已在后续研究中进行了测试。在第一项研究中，用来衡量金钱态度的德国新量表的结构效力已经经过了验证性因素分析（CFA）的测试。414名18至25岁的学生和受训者被要求回答问卷。[①]CFA的结果显示了五个维度的不受限制的确认，并表明了该量表的有效性。Moosbrugger 和 Schermelleh-Engel（2012）将我的五因素模型与另一个单因素模型相比，如果单因素模型拟合数据更好，那么我可以认为它是不可能区分为这五个因素的，同时可以认为没有区分效度（Geiser，2010）。表30-2显示了单因素模型和五因素模型的比较结果。五因素模型拟合指数均优于单因素模型的指标。[②]

表30-2　　　　　　　　　　　　单因素模型和五因素模型的CFA结果

	单因素模型	五因素模型
χ^2-value（df，p）	1 883.427（df=350，p=0.0000）	822.602（df=340，p=0.0000）
χ^2/df-value	5.381	2.419
RMSEA	0.127（p=0.000）	0.072（p=0.000）
CFI	0.397	0.810
SRMR	0.138	0.080
AIC	25 926.467	24 735.475

注：标准值参见 Moosbrugger and Schermelleh-Engel（2012），Geiser（2010），Weiber and Mühlhaus（2010）.

　　此外，我分析了以下参数：拟合指数，因素负荷，以及因素之间的相关性。在五因素模型中，各因素负荷均显著高于0.3，多数均在0.5以上。单因素模型的因素负荷低于五因素模型的因素负荷，有些因素不显著甚至为负。这支持了对金钱态度是多维的假设。表30-3显示了因素相关性。大多数因素的相关度都在0.3以下，除了金钱的权力/声望和金钱的质量以及金钱的权力/声望和金钱的重要性这两组相互关系之外。这表明大多数因素几乎不相关，或者只是轻微相关。拟合指数、因素负荷以及因素之间的相关性表明，该量表具有较高的有效性，支持了对金钱态度的多维性假设。

---

　　①　272 questionnaires could be used for the analysis for reasons of completeness.

　　②　One assumption for the testing of the model fit is the multivariate normal distribution. This assumption is not complied. I therefore used the MLR estimator for the CFA. According to Muthén und Muthén (1998—2010) this estimator is robust against the contravention of the assumption of normal distribution.

　　On the basis of the MLR estimator the χ^2-value cannot be used for the χ^2-difference test. The χ^2-value needs to be corrected by a Satorra and Bentler correction (Christ and Schlüter, 2012).

表30-3 因素相关性（标准差）

	金钱的权力/声望	财务规划	金钱的质量	金钱的重要性	贪婪
金钱的权力/声望		-0.344** (0.068)	0.592** (0.069)	0.578** (0.092)	-0.224** (0.086)
财务规划	-0.344** (0.068)		-0.160* (0.083)	-0.051* (0.090)	0.251** (0.083)
金钱的质量	0.592** (0.069)	-0.160* (0.083)		0.247** (0.088)	-0.232** (0.084)
金钱的重要性	0.578** (0.092)	-0.051* (0.090)	0.247** (0.088)		-0.017* (0.094)
贪婪	-0.224** (0.086)	0.251** (0.083)	-0.232** (0.084)	-0.017* (0.094)	

注：*p>0.05，**p<0.05。

在进行了正式的有效性调查后，一个额外的准实验研究集中对比研究了有负债的人与没有负债的人对金钱的态度。潜在的假设是，必须应对不同财务状况的人（即在一段时间内有无负债）会显示出对金钱的不同态度。这样做的目的是表明该测量工具能够捕捉到在处理金钱的态度上不同群体之间的极不相同的经验/需要。该方法遵循了Messick（1995）的经典观点："……有效性的广义定义是分数解释使用的真实或潜在结果及其证据两者的评价综合……。"研究对象被分为四组：（1）有债务的年轻人获得专业的理财建议（债务人咨询中心）；（2）没债务的年轻人获得专业的理财建议（债务人咨询中心）；（3）不同教育领域的青年学生和学员有债务却没有得到专业的理财建议；（4）不同教育领域的青年学生和学员没有债务也没有得到专业的理财建议。

表30-4描述了各自的多变量方差分析的核心部分。结果显示，五个因素都体现出不同组群在处理金融需求方面的经验极为不同。

表30-4 多变量方差分析的部分结果

	因变量	df	方差	F	Sig.
组别	因素1	3	9.830	7.867	0.000
	因素2	3	18.356	12.443	0.000
	因素3	3	7.288	5.193	0.002
	因素4	3	6.064	5.544	0.001
	因素5	3	4.453	3.449	0.017

不同的研究和相应的分析表明，我建立了一个有效的量表，该量表描述了不同组别参与者对金钱的态度，并捕捉到了不同组别参与者之间的显著差异。接下来，这一量表更广泛地被用于研究中，用准实验的方法比较年轻人对金钱的态度。

30.3 研究设计与目标群体

目标群体的选择必须回到开始的讨论，特别是年轻人在开始人生新阶段时面临新的发展任务。因此，研究的问题总的来说是，这些年轻人在三年的大学学习中以及在职业培训中，对金钱的态度是否有所改变。因此，我研究四个群体中的18至25岁的年轻成年人对金钱的不同态度。就准实验的设计而言，一方面，我将学生区分为哪些在学徒计划中（德国双元系统内的）和哪些在一所大学受到了高等教育（学士学位课程）。在大学生的主要生活资助来源于外界时，如他们的父母、助学贷款或者是政府的财政支持，德国职业培训的学生已经获得了他们的第一次定期收入（职业培训报酬）。因此，这两个群体在日常生活管理方面都有不同的经历。Streuli等（2008）表示，有不同的信息应对过程，这取决于某人花的是自己挣的钱还是其他人给他或她的钱（即父母和政府转移方案）。这项研究将探索的是，不同的经历是否会随着时间的流逝使人们对金钱有不同态度。另一方面，我区分了从事金融行业（工商管理、银行和保险中介）工作的学生和从事科学或技术行业（机电一体化、计算机科学和IT专家）工作的学生。金融方面的课题选择以及有关金融方面的职业培训分别都有可能涉及对金钱的态度的相关信息。对金融问题的态度可以反映在对金钱的态度上。另外，工商管理专业的本科生与银行保险业的学徒经常会在他们的学习和培训中遇到金融的相关内容。[①]相比之下，技术专业的学生在学习或进行职业培训时，不将金融科目作为课程的一部分。除了这两个因素（大学生与学徒，金融专业与技术专业）之外，再补充一个因素，那就是直接处理财务问题的时间。这第三个因素的原理是分别比较职员与即将毕业的学生，以及职员与学徒之间的差异。这两个测量点（在横截面调查）区分了学生和学徒是否至少有两年半的自我财务管理实践。

本研究设计的基本假设（如图30-2所示）是，对不同领域的职业倾向、对金融内容的不同接触程度以及自我管理金钱的经历长短都将会显著影响对金钱的态度。这个假设的前提是，年轻人已经有金钱社会化的个人历史。这些被选的年轻人已经在正规的义务教育中达到了高水平，这将有助于向人们推广金融普及教育。但是，自我决定的财务生活经历会对金钱态度的发展产生重大影响。

在1895年的调查中，年龄在18岁至25岁之间的年轻人回答了一份关于处理他们财务资源的问卷。表30-5显示的是其子部分。

---

① A curriculum analysis shows a broad view on financial topics that are taught in different courses and trainings in these financial domains. In the curriculum of the technical domains no or just a few financial aspects are mentioned(see Barry, 2014).

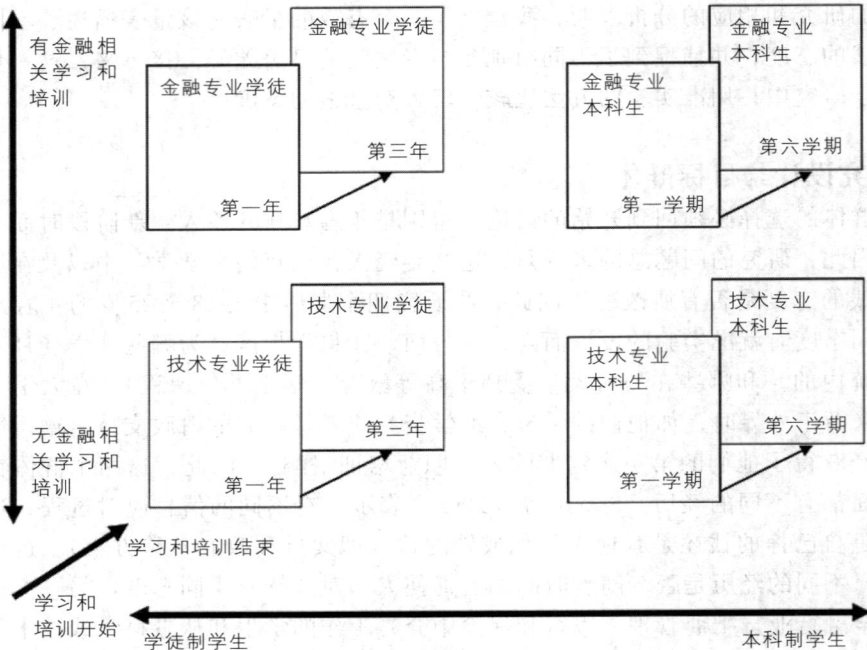

图30-2　研究设计

表30-5　　　　　　　　　　　　　样本分配

		本科生		学徒		汇总
		学习开始	学习结束	培训开始	培训结束	
领域	金融	257	168	296	282	1 003
	技术	183	217	214	278	892
汇总		440	385	510	560	1 895

　　不同年龄组的年龄分布大致相同：研究开始时学生平均年龄在19岁到20岁之间，而研究结束时学生的平均年龄在21岁到22岁之间。在金融领域，性别分布大致平衡。相比之下，在技术领域，80%至90%的年轻人都是男性。

　　学徒和大学本科学生的区别主要在于他们的生活方式。有65%至88%的学徒住在父母家里，然而只有不到一半的大学生这样做。这是基于德国教育系统的现状发现的。学生大多可以在自己的家乡或生活区参加学徒计划。而上大学的话，他们就必须搬到大学里去住。10%至20%的年轻人在学习期间搬出父母家。大学生们大都需要学习如何为自己的生计理财。表30-6显示，只有15%至24%的大学生有固定收入。这个群体中有65%的年轻人得到了家庭的经济支持。相比之下，德国双职工制家庭的学生中，有97%的人获得了职业培训工资，从而自己养活自己。

表 30-6	收入来源			
收入	职业培训中的学徒		大学里的学生	
	培训开始	培训结束	学习开始	学习结束
有收入（工资、奖金、职业培训报酬）	496 (97.3 %)	543 (97.0 %)	66 (15.0 %)	93 (24.0 %)
兼职的收入	115 (22.5 %)	120 (21.4 %)	150 (34.1 %)	143 (37.1 %)
父母和亲戚的资助	120 (23.5 %)	100 (17.9 %)	292 (66.4 %)	250 (64.9 %)
政府资助	2 (0.4 %)	12 (2.1 %)	69 (15.7 %)	84 (21.8 %)

　　群体比较的重要信息涉及青年学生的学校生涯。大多数被调查的学生具有高等教育的入学资格。唯一例外的是技术领域的学徒，在这个群体中，大多数人都有中学证书或应用科学大学的入学资格。总之，文化偏见在研究中可以被视为是可控的。

30.4　结论

　　前面的说法是，在大学学习开始和结束时，金融专业的大学生对金钱的态度没有显著差异。然而，在研究设计和量表因素结构所包含的八分之五的子部分中，对金钱的态度有显著差异（比较图30-3和表30-7）。在得出对金钱的态度是个人相对稳定的特征这个结论之前，评估这个结果是有必要的（Bornewasser等，1979）。在为期三年的职业培训计划和大学本科学习期间，对自我财务管理的需求是一项挑战，这项挑战会影响对金钱的态度。

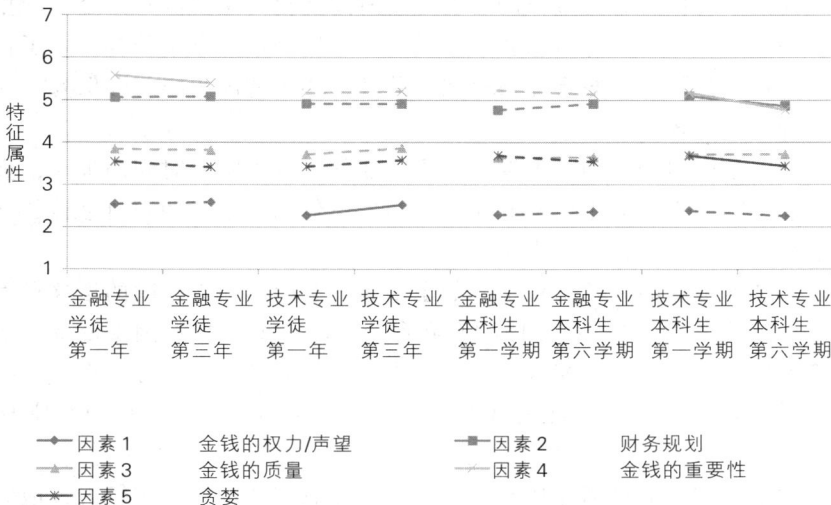

图30-3　不同群体的态度变化

表30-7　　　　　　　　　　　　　　　　多重比较

因变量	多重比较		III型				
	学习开始	学习结束	平方和	df	均方差	F	Sig.
因素1 金钱的权力/声望	金融专业的学徒	金融专业的学徒	0.000	1	0.000	0.006	0.940
	技术专业的学徒	技术专业的学徒	0.192	1	0.192	6.709	0.010
	技术专业的大学生	技术专业的大学生	1.564	1	1.564	2.004	0.158
因素2 财务规划	金融专业的学徒	金融专业的学徒	0.071	1	0.071	0.050	0.823
	技术专业的学徒	技术专业的学徒	0.003	1	0.003	0.002	0.965
	技术专业的大学生	技术专业的大学生	5.338	1	5.338	5.474	0.020
因素3 金钱的质量	金融专业的学徒	金融专业的学徒	0.103	1	0.103	0.084	0.772
	技术专业的学徒	技术专业的学徒	2.611	1	2.611	2.214	0.137
	技术专业的大学生	技术专业的大学生	0.003	1	0.003	0.003	0.954
因素4 金钱的重要性	金融专业的学徒	金融专业的学徒	4.597	1	4.597	4.785	0.029
	技术专业的学徒	技术专业的学徒	0.134	1	0.134	0.109	0.742
	技术专业的大学生	技术专业的大学生	16.522	1	16.522	17.476	0.000
因素5 贪婪	金融专业的学徒	金融专业的学徒	2.491	1	2.491	2.103	0.148
	技术专业的学徒	技术专业的学徒	2.630	1	2.630	1.940	0.164
	技术专业的大学生	技术专业的大学生	6.064	1	6.064	4.858	0.028

对金融专业的学徒而言，对金钱的态度随着时间变化的主要因素是金钱的重要性。在职业培训课程中，金钱变得不那么重要了。其中一个原因可能是学徒自己赚了钱，而且随着时间的推移，他们的培训报酬会显著增加。此外，还可能因为银行和保险中介的学徒在日常工作中管理金钱（现实或者虚拟）。

在技术领域，学生对金钱的态度发生了重大变化。其中随着时间的推移，金钱带来的权力感和声望感不断增强。对于金融专业的大学生，他们在学习期间对金钱的态度保持不变，任何因素都没有显著变化（见表30-7）。

与此相反，技术专业的大学生对金钱的态度有三个因素随着时间的推移显著改变，财务规划（因素2），金钱的重要性（因素4）和贪婪（因素5）。所有因素都变得不那么重要了，这意味着人们对财务规划的需求和金钱的重要性降低了。在学习结束时，技术专业的大学生往往比他们刚开始学习时花的钱要多得多。他们可能获得了解决日常财务问题的经验。

在进入大学学习或参加培训课程时，就对金融专业理解较多的年轻人，他们对金钱的态度并没有表现出显著的变化。他们对金钱的态度特征与专业课程开始前形成的态度倾向存在积极的相互作用。那些对金融专业理解较少的年轻人更多地受到自我导向财务行为经历的影响。

30.5　总结与讨论

这一系列研究的第一个目的是检验新开发的衡量金钱态度的量表的有效性。首先，将三个关于金钱态度的国际文献翻译成德文，并逐渐探索确立了一个新的量表。在进一步的研究中，使用这种量表来对不同的年轻人样本进行比较，以验证该量表的有效性。量表的五维结构可以用对验证性因素分析进行检验。根据 Messick（1995）定义的有效性，有效性是"分数解释使用的真实或潜在结果及其证据两者的评价综合"。不同的测试都支持同一观点，即量表是能够测量青少年对金钱的态度的显著差异的。结论是该测量对金钱态度的量表是有效的，而该态度对基于内生条件的发展过程非常敏感。

这项研究的第二个目标是分析德国的中学教育是否对德国年轻人对金钱的态度有重大影响。如开头所述，18 至 25 岁的年轻人面临一项重要的发展任务，他们必须学会自己应对个人的财务状况。由于新的情况和经历会对他们的态度产生影响，同理，我猜想他们对金钱的态度也会改变。

因此，有效的量表被用到一个更广泛的研究之中，用来比较不同群体的年轻人。首先，我区分了大学本科学生和学徒，金融和技术专业。然后，我补充了第三个因素，即处理自我财务问题的直接经历时间（即将入学/第一学期的学徒和学生与毕业/最后一学期的学徒和学生相比较）。这两个测量点（在横截面调查）区分了学生和学徒是否至少有两年半的自我财务管理实践。本研究设计的基本假设是，不同领域的不同态度、对金融内容的不同接触程度以及自我管理金钱的经历长短将会显著影响对金钱的态度。

尽管两组之间存在显著差异，但变化的程度还是很小的。这一效应被证实差异只在 0.047 至 0.06 之间。参照学习过程中熟悉的效果强度，这意味着变化是显著的，但是一点都不重要。对于所有的群体来说，对金钱的态度的表现似乎在可比的水平上，而且对金融领域涉及较少的年轻人来说，还有变化的趋势。然而，效果强度并没有绝对的意义。例如，这可以在体育领域中得到证明。一个具体的训练方案可能对一组业余运动员产生显著并且作用强度大的影响。同样的方案对一群优秀运动员仍有统计上的显著的影响。但是很明显，作用强度就小很多。这意味着判断、计算效果强度必须参照评估组内的先决条件。我知道，在我们的研究中，所有参与者都参与了较高水平的义务教育。在德国，这与社会地位有很大的相关性。这样的背景支持了这样的假设，在较高程度的金融普及教育下，人们发生实质性变化的可能性很低。

根据理论，人们对金钱的态度在社会化过程的早期就形成并巩固了，以后很难加以调整。看来，隐性学习会产生对金钱的强烈态度，例如，对父母、家庭成员和社会环境中其他重要人物的观察。这强调了家庭社会化对资金管理的高度重要性。在年轻人早期的学习经历中促进金融普及教育也是很有意义的。

令人惊讶的是，技术领域的大学生群体对金钱的态度表现出最显著的变化。这些学生在他们的学习计划中、在各自的职业培训课程上以及在他们管理资金的过程中预算由第三方提供资金（父母支持、学生贷款等）都没有任何金融相关信息的输入。这使我们又有了新的假设：成功管理短期资源的不确定性经历会影响人们对金钱的态度。这将在以后的研究中加以分析。

本研究的设计以准实验方法为基础。其中在纵向分析中没有分析发展因素。我认为纵向研究应该可以验证我的结论。为了衡量管理资金的金融知识和经验对金钱态度的直接影响，还需要制定衡量这些概念的有效量表。有一些研究项目正朝着这个方向发展。Schuhen and Schürkmann（2014）就是一个很好的例子。此外，他们还利用了我的量表，确认了五维结构。同时，他们还揭示了对金钱的态度和在金钱管理方面的金融知识之间的结构性联系。这说明金融普及教育是一个复杂的结构，其中包括对金钱的态度。

参考文献

Atkinson, A., & Messy, F. (2012). Measuring Financial Literacy: Results of the OECD/International Network on Financial Education (INFE) Pilot Study. OECD Working Papers on Finance, Insurance and Private Pensions, No. 15, OECD Publishing. http://www.oecd-ilibrary.org/docserver/download/5k9csfs90fr4.pdf?expires=1370513095&id=id&accname=guest&checksum=0509908118DA747FFA44B5B1C9F29317. Accessed 05 March 2013.

Barry, D. (2014). *Die Einstellung zu Geld bei jungen Erwachsenen. Eine Grundlegung aus wirtschaftspädagogischer Sicht.* Wiesbaden: Springer.

Bornewasser, M., Hesse, F. W., Mielke, R., & Mummendey, H. D. (1979). *Einführung in die Sozialpsychologie.* Heidelberg: Quelle & Meyer.

Bundesministerium für Arbeit und Soziales (BMAS). (2008). *Lebenslagen in Deutschland: Der 3. Armuts-und Reichtumsbericht der Bundesregierung.* Köln: Bundesanzeiger Verlag.

Christ, O., & Schlüter, E. (2012). *Strukturgleichungsmodelle mit Mplus-Eine praktische Einführung.* München: Oldenburg Verlag.

Furnham, A. (1984). Many sides of the coin. The psychology of money usage. *Personality and Individual Difference*, 5 (5), 501–509.

Geiser, C. (2010). *Datenanalyse mit Mplus: Eine anwendungsorientierte Einführung.* Wiesbaden: VS-Verlag für Sozialwissenschaften.

Hurrelmann, K., & Karch, H. (2013). *MetallRent Studie 2013. Jugend, Vorsorge, Finanzen. Von der Generation Praktikum zur Generation Altersarmut?* Weinheim, Basel: Beltz Juventa.

Jonas, E., Walper, S., & Frey, D. (2005). Geld. In D. Frey, L. von Rosenstiel, & C. Hoyos (Eds.), *Wirtschaftspsychologie.* Weinheim, Basel: Beltz Verlag.

Krech, D., Crutchfield, R. S., Livson, N., Wilson Jr., W. A., & Parducci, A. (1992). *Grundlagen der Psychologie. Band 7: Sozialpsychologie.* Weinheim: Beltz.

Kultusministerkonferenz (KMK) (Hrsg.). (2007). Handreichung für die Erarbeitung von Rahmenlehrplänen der Kultusministerkonferenz für den berufs-bezogenen Unterricht in der Berufsschule und ihre Abstimmung mit Ausbildungsordnungen des Bundes für anerkannte

Ausbildungsberufe. http：//www.kmk.org/fileadmin/veroeffentlichungen_beschluesse/ 2007/2007_09_01-Handreich-Rlpl-Berufsschule.pdf. Accessed 22 Sept 2010.

Lusardi，A.，& Mitchell，O.S.（2007）. *Financial literacy and retirement planning：New evidence from the rand American life panel.* http：//www.mrrc.isr.umich.edu/publications/papers/ pdf/ wp157.pdf. Accessed 12 Jan 2014.

Messick，S.（1995）. Validity of psychological assessment. Validation of inferences from persons' responses and performances as scientific inquiry into score meaning. *American Psychologist，* 50（9），741-749.

Moosbrugger，H.，& Schermelleh-Engel，K.（2012）. Exploratorische（EFA）und Konfirmatorische Faktorenanalyse（CFA）. In H. Moosbrugger & A. Kelava（Eds.），*Testtheorie und Fragebogenkonstruktion*（pp. 7-26）. Heidelberg：Springer.

Münster，E.，Münster，P.，& Letzel，S.（2010）. Soziale Integration in der Überschuldung-Wie bedeutsam ist dies für die Gesundheit? In Exzellenzcluster，Gesellschaftliche Abhängigkeiten und soziale Netzwerke '（Eds）.，*Gläubiger，Schuldner，Arme. Netzwerke und die Rolle des Vertrauens*（pp. 117-125）. Wiesbaden：VS Verlag.

Muthén，L. K.，& Muthén，B. O.（1998-2010）. *Mplus User's Guide.* Sixth Edition. Los Angeles，CA：Muthén & Muthén.

OECD.（2013）. "Financial Literacy Framework"，in PISA 2012 Assessment and Analytical Framework：Mathematics，Reading，Science，Problem Solving and Financial Literacy，OECD Publishing. http：//dx.doi.org/10.1787/9789264190511-7-en. Accessed 02 July 2013.

Schufa Holding，A. G.（Hrsg.）.（2008）. *Schuldenkompass 2008：Empirische Indikatoren der privaten Ver-und Überschuldung in Deutschland.* Wiesbaden.

Schuhen，M.，& Schürkmann，S.（2014）. Construct validity of financial literacy. *International Review of Economics Education，16，* 1-11.

Streuli，E.，Steiner，O.，Mattes，C.，& Shenton，F.（2008）. *Eigenes Geld und fremdes Geld. Jugendliche zwischen finanzieller Abhängigkeit und Mündigkeit. Eine empirische Untersuchung bei 500 Schülerinnen und Schülern.* Basel：Edition gesowip.

Tang，T. L.-P.（1992）. The meaning of money revisited. *Journal of Organizational Behaviour，* 13，197-202.

Trilling，B.，& Fadel，C.（2009）. *21st century skills. Learning for life in our times.* San Francisco：Jossey-Bass.

Weiber，R.，& Mühlhaus，D.（2010）. *Strukturgleichungsmodellierung.* Heidelberg：Springer.

Weinert，F. E.（2001）. Concept of competence：A conceptual clarification. In D. S. Rychen & L. H. Salganik（Eds.），*Defining and selecting key competencies*（pp. 45-65）. Seattle：Hogrefe-Verlag.

Yamauchi，K. T.，& Templer，D. I.（1982）. The development of a money attitude scale. *Journal of Personality Assessment，* 46（5），522-528.

第31章 人格与金融文化：墨西哥青年研究[①]

Pablo A. Peña

摘要 本章利用针对3 200个15岁至29岁的墨西哥青年的调查数据，研究了人格和金融文化之间的关系。人格是通过五大人格特征来衡量的。金融文化由41个项目来衡量，共分为八个不同的"金融文化"方面，并且通过主要成分分析法将其归纳成一个单一的指标。结果表明：（1）在金融文化的不同方面，人格特征起到的作用不同；（2）五大人格特征都与金融文化的指数显著相关；（3）不同年龄的受访者中，人格和金融文化之间的关系不同，甚至在年轻人之中也是这样。总之，在关于哪些人格特征与金融文化相关的文献中看到的变化的结果，在一定程度上可以由金融文化分析方面的不同和所用样本的受访者年龄的不同来解释。

关键词 金融文化 个性 五大人格特征 年轻人 墨西哥

31.1 引言

有机会进入正规金融市场的人数在不断增长。例如，在2004至2012年间，全球每100 000个成年人使用ATM机的数量几乎翻了一番，低收入国家增长得更快。[②]2002到2014年间，墨西哥的信用卡和借记卡的数量增加了两倍，达到了1亿3 000万张，超过了这个国家的人口数。[③]这是本研究的主题。近年来随着金融市场的不断发展，消费者的金融文化成为人们关注的焦点。[④]虽然由于它增加了消费者的选择，人们可以获得更多的金融服务，但也带来了风险。消费者有时会做出糟糕的金融选择，从而导致经济困难。

---

① P.A. Peña
Microanalitica, 1236 N. Marion Ct., Chicago IL 60622, USA
e-mail: pablo@uchicago.edu
© Springer Science+Business Media Singapore 2016
C. Aprea et al. (eds.), International Handbook of Financial Literacy,
DOI 10.1007/978-981-10-0360-8_31
② World Bank Statistics, series FB.ATM.TOTL.P5.
③ Statistics of Banco de México, series SF61870 and SF61871.
④ The term "financial culture" is used throughout this chapter to refer to people's perceptions, attitudes, and knowledge directly affecting their financial decisions. It is broader than financial literacy, financial education, and financial capabilities. It could include social norms, traditions, habits, and subjective opinions.

在这种情况下，人们越来越关心如何通过改进金融决策的方式来减少消费者在这方面所犯的错误。为此，政府设立了一系列组织，开展了一系列项目。从学校针对贫困儿童的Aflatoun，到可汗学院和美国银行设置的针对一般大众的BetterMoneyHabits.com。总之，向非专业人士普及金融文化的重要性越来越大。

原则上，金融教育的这种方法可以培养人们的金融文化，最终改善他们的财务状况。然而，对金融教育干预措施的评估，并没有提供明确的证据表明其产生显著的有利影响（Orton，2007；Atkinson，2008；Cole和Fermando，2008；Mundy，2009；O'Connell，2009；Agarwal等，2011）。Holzmann等（2013）总结道，"有限的经验证据不能有力地支持金融教育是有效的"。过去的干预措施不起作用并不意味着我们无能为力。寻找有效的方法应该着眼于能促进人们在生活中合理理财的更好的金融文化这个最终目标。从这个意义上讲，促进金融文化就相当于促进合理的生活方式。

许多人知道健康的生活方式要求不能吃某些类型的食物，并且要定期运动。然而，成功地改变这些生活方式需要控制进食美味的不健康食物的冲动。经常锻炼也需要很大的意志力。此外，由于健康的生活方式的一些好处不是马上就能感受到的，所以随着时间的推移，坚持下去还需要耐心和毅力。关于胆固醇含量或在不同体力活动中燃烧卡路里的信息不足，这难以让人养成健康的生活方式。同理，金融文化如何发展需要更多信息，人格可能会起到重要的作用。

有证据表明，儿童时期的人格特征会决定成年后的生活是否幸福（Hampson等，2007）。在人的一生中，人格与成功的相关性远远超过健康。许多研究发现，在预测能否在学校和工作场所成功时，毅力和自制力这些人格特征和智商一样重要（Becker等，2012；Almlund等，2011；Buckworth等，2007）。因此，有理由认为人格特征也会影响金融文化。

一些研究发现个性与金融文化之间有某种联系。Murphy（2013）利用健康与退休的调查数据，发现绝望和金融普及教育之间呈负相关关系。Su（2012）采用Wisconsin纵向研究发现，外倾性和神经质与能否意识到养老金和银行账户中的收支平衡呈负相关，而开放性与此正相关。Hershey和Mowen（2000）使用230名美国成年人的样本，发现金融理财知识和严谨性正相关，与情绪不稳定和内向负相关。Behrman等（2010）分析了智利的社会保护调查，发现自尊心较低的人所知晓的金融知识较少。Nga和Yien（2013）分析314个马来西亚大学生的样本，发现严谨性、开放性、易相处性分别与有风险厌恶情绪、认知偏差和社会责任投资有重大联系。

其他研究分析了人格和金融行为之间的联系。Brown和Taylor（2011）研究了对英国家庭小组的调查，发现开放性和外向性与家庭金融资产或负债的数量有关。Gathergood（2012）研究来自英国的家庭调查数据发现，缺乏自我控制能力与自我报告的金融债务过度、更多地使用快速获取的高成本贷款和消费信贷拖欠呈正相关。Letkiewicz（2012）研究1997年美国全国青年纵向调查发现，谨慎性与净资产和资产呈正相关关系，与信用卡债务、使用发薪日贷款和迟交按揭或租金呈负相关关系。Brounen等（2013）研究荷兰国家银行户口调查发现，"对自己的财务状况能进行强有力控制"的个人更有可能储蓄。

上述研究表明，与金融决策相关的态度、观念和知识与人格有关。然而，他们远不能解释个性和金融文化是如何相关的。要一同解释他们的结果是困难的，因为他们研究的人群的特征和使用的方法不同。更具体地说，他们分析不同年龄组，并且他们侧重于不同的行为或金融文化的不同方面。

人格和金融文化之间的关系可能在整个生命周期中不断变化。研究不同年龄组的样本可能产生不同的结果，但这些结果却可以兼容。同时，金融文化包含了许多方面，其中一些方面相比其他方面，可能会表现出与人格更紧密的联系（例如记录与阅读合同细则）。研究分析金融文化的不同方面可能会得出不同的结论，这没有必要是一致的。

本章为人格与金融文化的关系研究做出了三点贡献。首先，这是第一次使用代表全国的青年样本研究个性和金融文化。其他对青年的研究用的都是非代表性样本（Nga and Yien，2013）或研究财务结果（Letkiewicz，2012）而非金融文化。这里使用的样本包括3 200名墨西哥青年，年龄在15岁至29岁之间。其次，这项研究用41个项目来衡量金融文化，比其他个性研究中通常使用的项目数量更多。对这41个项目进行了两种不同的分析：将金融文化分为八个独立的"方面"，并用主要成分分析法将金融文化概括为一个单一的指标。最后，对三个年龄组进行了单独的分析，表明个性和金融文化之间的关系随着年龄的增长而变化。

本章节的结构如下：第31.2节提出了一个理论模型，为不同的金融文化测量研究提供了一个概念框架，强调人格和金融文化之间的关系是如何因年龄而有所不同的；第31.3节描述了在对墨西哥青年金融文化调查中关于金融文化和人格特征的数据；第31.4节描述了测量人格与金融文化关系的实证研究方法；第31.5节介绍了实证分析的结论；第31.6节讨论了研究结果。

31.2　模型

下文所述的理论模型的目的是说明人格和金融文化之间的关系在整个生命周期中的不同情况。这个模型极其简单，遗漏了许多潜在的重要因素。然而，它所提出的观点将继续在更丰富、更复杂的模型中研究。

模型中每个人的生活分为两个时期，分别是青年期和成年期。首先，我们假设青年期的金融文化是关于 α、p 和 X 的矢量函数。其中 α 是人格特征，p 是价格向量，而 X 是个人的社会特征。假设人格在生命周期中是稳定的，因此 α 从第一期到第二期不发生变化。[1] 价格向量 p 表示个人获取财务信息的成本。决定价格向量的因素包括金融部门的发展程度和促进金融文化发展的政策，比如，学校中的金融必修课或者金融中介机构有义务为其产品明确履行的相关条款和条件。向量 X 包括影响金融文化中的投资需求的个性特征，比如，智商、社会经济地位和性别。如果给定某些价格向量 p、某些社会特征 X 以及人格特征 α，就决定了金融教育的投资需求。第一时期的金融文化 F_1 的最佳缩减形式是：

$$F_1 = f_1(\alpha, p, X) \tag{31-1}$$

---

[1]　Soldz and Vaillant（1999）provide evidence of the stability of the Big Five personality traits using a 45-year longitudinal panel.

我们假设青年期的收入为 Y_1，是人格特征和其他个人特征的向量函数：

$$Y_1 = y_1(\alpha, X) \tag{31-2}$$

以后的收入也取决于人格特征和其他个人特征。另外，它还取决于在早期生活中的收入以及如何管理早期的收入。换言之，成年期的收入是人格特征、其他个人特征、青年期的收入以及青年期的金融文化的函数：

$$Y_2 = y_2(F_1, Y_1, \alpha, X) \tag{31-3}$$

第一期的金融文化有助于在第二期获得更多的金融文化。同时，在其他条件不变的情况下，要提供更多金融资源来支持学习，使人们掌握更多的金融知识。人格特征和价格也是未来金融文化的决定性因素。第二期的金融文化是：

$$F_2 = f_2(F_1, Y_1, \alpha, p, X) \tag{31-4}$$

一个人一生的财富状况是收入（产生要管理的资源量）和金融文化（跨期管理财富的好坏）相互作用的结果。就个人财富状况而言，金融文化与终身收益之间存在互补性。当有更多的资源被管理时，金融文化会产生更大的差异。同样，当一个人拥有更多的金融文化时，收入的增加会对他或她的财务状况产生更大的影响。让我们假设一个非常简单的函数式来描述一个人的财富状况，用 W 表示：

$$W = F_1 Y_1 + \beta F_2 Y_2 \tag{31-5}$$

β 是跨期贴现因子。W 可以被粗略地解释为个人收入的净现值。使用方程（31-1 至 31-5），财富状况 W 可以用人格特征 α、价格向量 P 和个人的社会特征 X 来表示：

$$W = f_1(\alpha, p, X) \times y_1(\alpha, X) + \beta f_2(f_1(\alpha, p, X), y_1(\alpha, X), \alpha, p, X) \times y_2(f_1(\alpha, p, X), y_1(\alpha, X), \alpha, X) \tag{31-6}$$

根据方程（31-6），在其他条件不变的情况下，人格通过三个不同的渠道来影响一个人的财富状况。第一，人格影响可管理的资源量：y_1 和 y_2，它们还取决于 α；第二，人格影响如何管理这些资源：f_1 和 f_2，它们也依赖于 α；第三，由于人格影响第一期的收入以及用作学习的资金，所以人格间接地影响了第二期的金融文化：f_2 取决于 y_1，相应地又取决于 α。

方程（31-6）为金融文化的实证研究提供了一种分类方法。一些研究想要测量出政策干预对第一期金融文化的影响，那么我们可以说，他们试图找出 dF_1/dp。Bruhm 等（2013）的研究就是一个例子。他们评估了金融教育方案对高中生储蓄和行为的影响，如比较和谈判价格。其他的研究集中在政策干预对第二期金融文化的影响，那么我们可以说，他们试图找出 dF_2/dp。Drexler 等（2014）的研究就是一个例子。他们测量了财务培训方案对多米尼加共和国小型企业管理实践的影响。另一个例子是，Collins（2010）评估金融必修课程对收入非常低的群体的住房券方案的影响，其中包括控制支出、按时支付账单、储蓄和信用评分等几个变量。

在关于人格的研究中，许多研究都把重心放在人格与第一期财富状况的关系上，也就是 $dY_1/d\alpha$。之前提到的 Letkiewicz（2012）的研究就是一个例子。另外的一些研究，比如 Browm 和 Taylor（2011）以及 Gathergood（2012）的研究，都测量了人格与第二期财富状况的关系，即他们试图找到 $dY_2/d\alpha$。

最后，Murphy（2013）的研究试图找到 $dF_2/d\alpha$。他测量了绝望和第二期金融文化的关系——测量群体的年龄在 50 岁及以上。

目前的研究测量的是人格与第一期金融文化的关系，因此可以表示为 dF₁/dα。据我所知，其他测量该关系的研究还包括 Nga 和 Yien（2013）的研究。

对第一期与第二期的估计之间的区别是很重要的，因为人格特征和金融文化之间的关系可能在整个生命周期中不固定。在模型中，人格通过收益的间接作用改变了它。为了明确这一点，可以简单地假设 $\partial F_2/\partial F_1=1$。以方程（31-6）的变式为例，我们可以将个性和金融文化之间的关系在不同时期的变化表达为：

$$\frac{dF_2}{d\alpha_i} - \frac{dF_1}{d\alpha_i} = \frac{\partial f_2}{\partial \alpha_i} + \frac{\partial f_2}{\partial y_i}\frac{\partial y_i}{\partial \alpha_i} \tag{31-7}$$

其中 α_i 代表的是第 i 个人格特征。右侧第一部分指的是人格对第二期金融文化的直接影响。右侧第二部分指的是人格通过第一期收入造成的间接影响。不妨设想一个直观的例子，比如说勇气。勇气与第一期的金融文化无关。但是有勇气的人能有更高的收入。这些收入可能促使人们在以后的生活中获得更多的金融文化，以便更好地管理他们的资源。因此，收入构成了一种间接的渠道，勇气通过这种渠道来影响第二期的金融文化。而就第一期而言，勇气与金融文化是没有关系的。相反，就第一期而言，勇气与金融文化是有关系的。

就我们分析的个性特征来看，年龄可能会加剧或削弱其与金融文化的关系。在这样的情况下，测量在生命周期中的不同时点，金融文化与具体人格特征之间的关系就显得非常有价值。

31.3　数据

为研究青年人的人格特征与金融文化的关系，我们利用对墨西哥青年的金融文化调查的数据。这项调查是由墨西哥民族自治大学政治和社会科学学院设计的，并于2014年2月进行。样本共有3 200个年龄在15岁至29岁之间的年轻人，能代表全国的情况。[①]调查问卷包括41个用于测量金融文化的项目和十个测量五大人格特征的项目。

31.3.1　金融文化的八大方面

最近的调查收集了有关对金融文化的态度和看法信息，表明它们之间是具有相关性的（Perotti 等，2013）。然而，定义一系列构成金融文化的态度和观念是不容易的，即使定义得当，测量它们也会有问题。

调查问卷提供了与金融文化相关的41个项目。这些项目包括的问题类似于那些在其他知名的国际调查问卷中的问题，如世界银行对财务能力的调查（Kempson等，2013）和经合组织的国际金融网络教育研究（Atkinson和Messy，2012）。41个项目在事前——看到调查结果之前，通过一种直观、常见的方式分为了八个方面。原则上，这八个方面旨在测量不同但可能相关的维度。从某种程度上说，这些方面与人格特征无关。[②]每一方面及其

①　A detailed description of the survey and the sample can be found in Banamex(2014).

②　A concrete example of an indicator affected by respondents' demographic characteristics is whether they have a credit card. Since people under 18-years-old by law cannot have a credit card, and getting one requires proof of income, an indicator of whether the respondent has a credit card is correlated with the respondent's age and employment status.

计算公式如下所述。内部一致性用克龙巴赫 α 计量（Cronbach，1951）。[①]

财务能力衡量的是受访者在多大程度上做好了进行财务决策的准备。原始分数计入下列问题的答案之和（2c 和 2d 带有负号），其内部一致性为 0.55。

1. 从 1 到 5 中选择，1 是"不"，5 是"很多"，你觉得自己在多大程度上准备好管理自己的资金？

2. 接下来我会读一些句子。对于每一个人，请告诉我，从 1 到 5 的范围内，1 是"完全不同意"，5 是"完全同意"，你在多大程度上同意或不同意？

a. 我是一个对自我财富负责的人。

b. 我准备为我未来的财富做打算。

c. 我不知道如何管理我的财富。

d. 我需要别人帮助管理我的财富。

远见衡量的是受访者对他或她未来财富的看法。原始分数计入下列问题的答案之和（是=1，否=0），其内部一致性为 0.61。

1. 你经常把收入中的一部分存起来吗？

2. 你想过为退休储蓄吗？

3. 把净资产用来积累，一个房子、一家企业或者一项投资，你有没有想过八年后你将能拥有什么？

4. 为了实现这个目标，你做了些什么呢？

财务状况记录衡量的是受访者是否记录收入、支出、债务、储蓄和预算。原始得分计入下列问题的答案之和（是=1，否=0），其内部一致性为 0.89。

你通常记录了：

a. 收入

b. 支出

c. 债务

d. 储蓄

e. 预算

跨期耐心衡量的是受访者对现在和未来的价值的看法。原始得分计算为下列问题的答案之和（所有都有负号），其内部一致性为 0.54。

请告诉我，从 1 到 5，1 是"完全不同意"，5 是"完全同意"，你在多大程度上同意或不同意以下陈述？

a. 我觉得今天花钱比明天存钱更令人满意。

b. 我只关心今天，明天的事明天说。

c. 储蓄就是把剩下的收入存起来。

冲动消费衡量的是被调查者在购买时的冲动。原始得分计算为下列问题（1，3a，3b

[①] Cronbach's alpha is indicative of the extent to which the items of an additive scale measure the same latent variable. A higher alpha means the items are more correlated.

和3c有负号）的答案之和，其内部一致性为0.64。

1.在一个月的时间内，你购买超出预算的产品或服务的频率大约是多少？所有时间（5）、高频（4）、有规律（3）、低频（2）、不频繁（1）。

2.请告诉我，从1到5的范围内，1是"完全不同意"，5是"完全同意"，你在多大程度上同意或不同意以下陈述？

a.我觉得我购买某些产品是因为不可避免的冲动，因为我并不需要它们。

b.当我感到不舒服时，去购物会让我振作起来。

c.有时候我担心我买不到所有我想买的东西。

d.对我来说，签一笔好的交易是困难的。

3.接下来，我要读一些句子。对于每一个，从1到5中选择，其中1意味着"你从来没有这样做"，5意味着"你总是这样做"，你有多频繁或根本不这样做？

a.在购物之前，我计划我要买什么。

b.一般来说，我在买东西之前，要比较不同牌子的价格。

c.一般来说，我在买东西之前，要比较不同商店的价格。

分析行为衡量的是被调查者在选择银行产品时的表现程度。原始得分计入下列问题的答案之和，所有都有负号（是=1，否=0），其内部一致性为0.82。

如果你不得不从我刚才提到的银行中选择一个银行产品（信用卡、支票账户和退休储蓄基金），你会做以下哪一件事？

a.核实产品的条款和条件。

b.检查不同的选项，直到找到最适合你的选项为止。

c.在做出决定之前考虑不同的选择。

d.分析你的财务状况，以决定购买是否有道理。

e.在不同银行间进行比较。

f.征求他人的意见。

创业精神衡量的是被调查者对创业或守业所持的态度和偏好的程度。原始得分计入下列问题的答案之和，其内部一致性为0.74。

在1到5之间选择，1是"完全不同意"，5是"完全同意"，请告诉我你在多大程度上同意或不同意以下陈述？

a.我宁可自己做决定或者主动采取行动，也不愿意被环境所迫。

b.我力求充分利用机会，即使风险很大，我还要评估替代其方案和成本。

c.我致力于实现我的目标，尽管它们意味着为克服困难而需要做出个人的牺牲。

d.我修改和评估我的目标，并且我愿意对我的行动做出调整或改变，以达到我的目标。

e.我更喜欢独立的职业而不是雇员，即使我的收入可能是可变的或者不确定的。

f.我倾向于与不同特点的人合作，以实现我为自己设定的目标。

g.我遵循预期的策略，以便影响和说服别人和我一起工作。

银行评价衡量的是受访者对银行的正面印象或负面印象及其程度。原始得分计入下列问题的答案之和，其内部一致性为0.21。

1.你认为谁能更好地指导你理财？银行（2）、其他（0）。

2.从1到5，1是"非常糟糕"，5是"非常好"，你对银行的印象如何？

3.你想更多地了解市场上的金融产品和服务吗？是（2）、否（0）。

图31-1根据受访者在金融文化八个方面的标准化得分，显示了他们的分布情况。平均值设置为零，标准偏差设置为1。

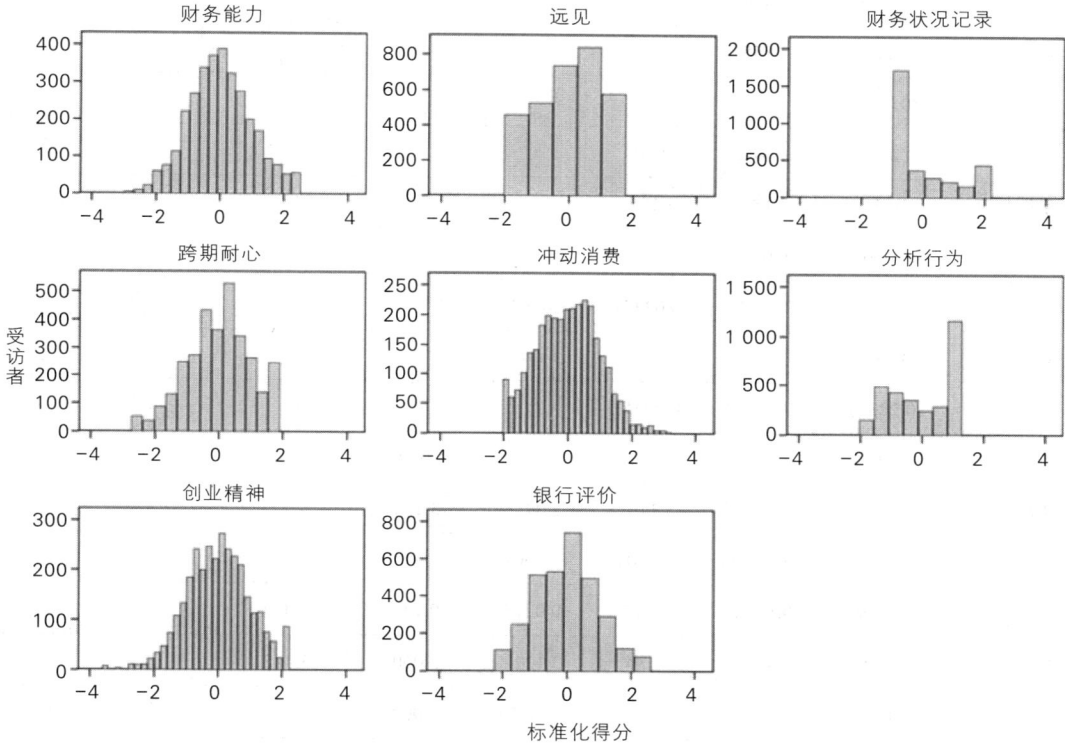

图31-1　受访者在金融文化八个方面的标准化得分分布

表31-1显示的是金融文化八个方面之间的Spearman相关系数。对于每一组，在相关系数下都显示了观测值和统计显著性（p值）。[①]正如预期的那样，金融文化的各个方面是相互关联的。财务状况记录和冲动消费与其他七个方面有显著的相关性（$p < 0.05$）。财务能力、远见、分析行为和银行评价与其他所有方面都有显著的相关性，除了与跨期耐心。跨期耐心只与财务状况记录和冲动消费密切相关。系数的值指的是八个方面之间某种程度上的独立变化。相关系数绝对值最大的是在财务状况记录和远见之间（0.3482），其次是创业精神和分析行为之间（0.2591），再次是远见和财务能力之间（0.2545）。

---

① Not all questions were answered by all respondents. The correlation coefficients were computed using respondents with valid scores for each pair of aspects shown.

表 31-1　　　　　　　　　　　　　金融文化八个方面之间的相关系数

	财务能力	远见	财务状况记录	跨期耐心	冲动消费	分析行为	创业精神	银行评价
财务能力	1.0000							
	3 155							
远见	0.2545	1.0000						
	3 111	3 155						
	(<0.0001)							
财务状况记录	0.2378	0.3482	1.0000					
	3 151	3 151	3 196					
	(<0.0001)	(<0.0001)						
跨期耐心	0.0218	0.0207	0.0375	1.0000				
	3 132	3 134	3 172	3 176				
	(0.2233)	(0.2457)	(0.0345)					
冲动消费	−0.1699	−0.1256	−0.1012	−0.2075	1.0000			
	3 074	3 071	3 110	3 091	3 114			
	(<0.0001)	(<0.0001)	(<0.0001)	(<0.0001)				
分析行为	0.0449	0.1752	0.1425	−0.0276	−0.1323	1.0000		
	3 101	3 099	3 139	3 122	3 060	3 143		
	(0.0125)	(<0.0001)	(<0.0001)	(0.1235)	(<0.0001)			
创业精神	0.1287	0.1384	0.1456	−0.0027	−0.1658	0.2591	1.0000	
	3 106	3 103	3 143	3 125	3 065	3 100	3 147	
	(<0.0001)	(<0.0001)	(<0.0001)	(0.8818)	(<0.0001)	(<0.0001)		
银行评价	0.0930	0.2177	0.1389	−0.0157	−0.0735	0.1353	0.1752	1.0000
	3 117	3 119	3 156	3 138	3 075	3 109	3 111	3 160
	(<0.0001)	(<0.0001)	(<0.0001)	(0.3795)	(<0.0001)	(<0.0001)	(<0.0001)	

表格显示 Spearman 相关系数。置信区间为 95%。每个系数的观测值在每个系数之下。P 值在括号中。

31.3.2　五大人格特征

五大人格特征可能是最著名的人格特征分类。五大人格特征已应用于心理学的许多方面：工作绩效和满意度（Barrick 和 Mount，1991；Judge，Heller 和 Mount，2002），学术上的成功（Poropat，2009）、创业现状（Zhao 和 Seibert，2006）、专门研究人格和金钱的态度和行为之间的关系（Brown 和 Taylor，2011；Hershey 和 Mowen，2000；Nga 和 Yien，2013；Su，2012）。

五大人格特征是：开放性、尽责性、外向性、宜人性、神经质。它们是通过一系列简单的陈述来衡量的，答辩人根据他或她认为这些陈述适用于自己的程度来回答。测量五大人格特征的工具是一个包含10个简短问题的问卷（Rammstedt 和 John，2007），做完只要不到1分钟。在 Benet-Martinez 和 John（1998）发明不久，这些问题就被翻译成西班牙语。下面描述了五大人格特征的每个特征，以及根据以下问题的答案来计算它们的分数。

对于下面的每一个特征，请选择1到5，其中5表示"很多"，1表示"完全不"，它对你的描述有多准确。

a.外向的，善于交际的

b.普遍信任

c.做一个彻底的工作

d.容易紧张

e.想象力丰富

f.容易找别人的错

g.经常懒惰

h.放松，处理压力能力强

i.保守

j.缺少艺术兴趣

开放性对艺术、情感、冒险、不同寻常的想法、想象力、好奇心和各种经验普遍感兴趣。经验开放性的人求知欲强、欣赏艺术、对美敏感。与封闭的人相比，他们往往更有创造力，更能觉察到自己的感受。原始分数为问题e的得分减去问题j的得分。

尽责性是一种表现自律，尽职尽责，依靠措施或外界期望一心一意地实现目标的倾向。它与人们控制、调节和引导自己冲动的方式有关。尽责性上的高分表明偏爱计划而非自发的行为。原始分数为问题e的得分减去问题g的得分。

外向性的特点是活动广度（而不是深度）。这一特征的特点是与外部世界显著地联系在一起。外向的人喜欢与人交往，并经常被认为是充满活力的。他们往往是热情的、注重行动的人。他们具有很高的群体知名度，喜欢交谈和自我主张。原始分数为问题a的得分减去问题i的得分。

宜人性体现在对和谐社会普遍关注的个体差异。讨人喜欢的人重视与别人相处的价值。他们通常是体贴的、善良的、慷慨的、信任他人也值得信赖的、乐于助人的、愿意为他人牺牲自己利益的。和蔼可亲的人对人性也有乐观的看法。原始分数为问题b的得分减去问题f的得分。

神经质是指具有消极情绪的倾向，如愤怒、焦虑或抑郁。它的反面通常被称为情绪稳定。那些神经质得分高的人情绪反应强烈，易受压力的影响。他们更可能把一般情况视为威胁，把小挫折视为令人绝望的困难。他们的消极情绪往往会持续相当长的一段时间，这就意味着他们经常有不良情绪。原始分数为问题d的得分减去问题h的得分。

图 31-2 根据受访者的五大人格特征的标准化得分，显示了他们的分布情况。应该强调的是，五大人格特征不是性格类型，而是性格特征。每个人在每个性格特征上都有一个得分。原则上，一个人可以在五大人格特征中的所有特征上都得分高（或低）。

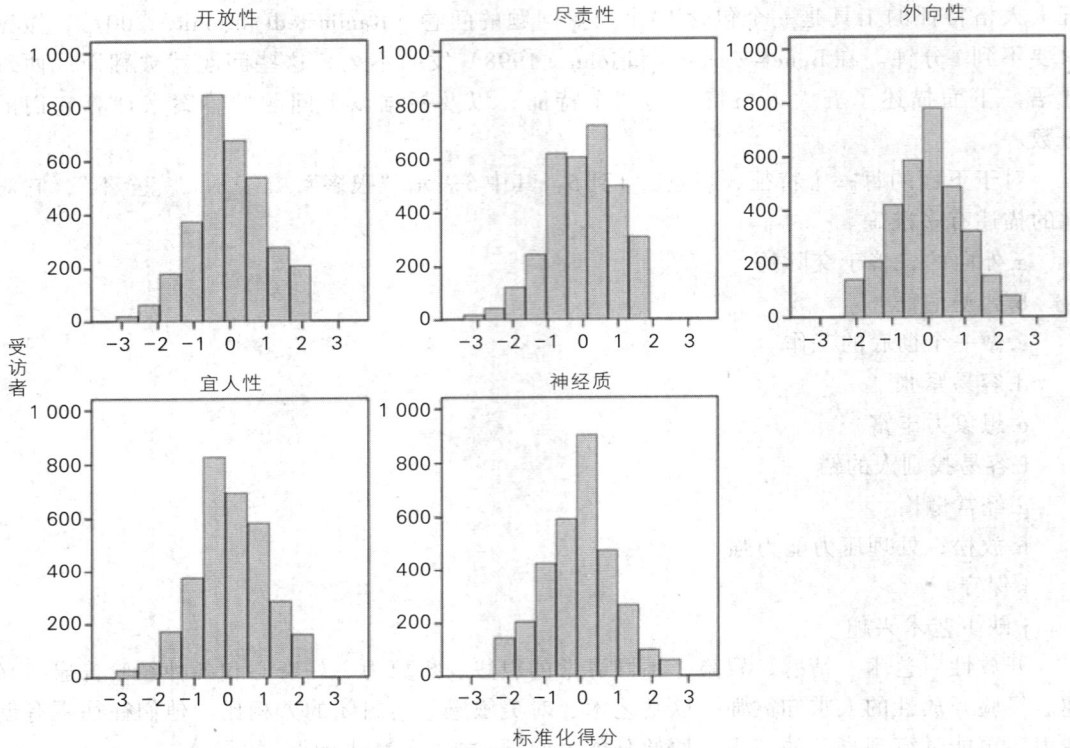

图 31-2　受访者的五大人格特征的标准化得分分布

在实证分析中，区分五大人格特征和认知技能等其他个人特征是很重要的。有证据表明，认知技能与风险厌恶和不耐烦是相关的（Dohmen 等，2010）。因此，分析时应该对这些认知技能进行控制。这项调查包含了一些能够测量认知技能的问题，要求受访者回答是否赞同四项陈述（Paulhus 和 Harms，2004）。调查问卷只包括这四项陈述中的三项。[①]认知技能得分为下面问题的得分之和。图 31-3 显示了标准化得分的分布。

每一个项目自我描述的准确性，从 1（低）到 9（高）中选择：

我是一个很聪明、博学的人。

我非常有天赋或有学术天赋。

我在学校的成绩通常是班上最高的。

表 31-2 显示的是五大人格特征之间的 Spearman 相关系数。它还包括与认知技能得分的

---

① The omitted statement is: "I'm considered exceptionally or unusually intelligent." Banamex, the sponsor of the survey, deemed that question impolite and excluded it.

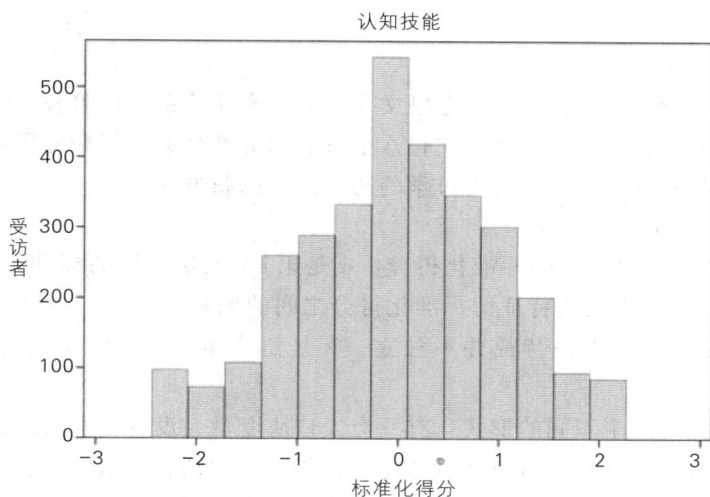

图 31-3 受访者的认知技能的标准化得分分布

相关性。该表列出了在每种情况下的相关系数，观测值，和 p 值。五大人格特征中只有尽责性和神经质与其他四个都显著相关（p < 0.05）。开放性和外向性与其他三个特征显著相关。宜人性与其他两个显著相关。五大人格特征中只有开放性和尽责性与认知技能显著相关。相关系数绝对值最大的是尽责性和认知技能（0.1654），其次是神经质和外向性（0.1637）。

表 31-2 五大人格特征之间的相关系数

	开放性	尽责性	外向性	宜人性	神经质	认知技能
开放性	1.0000					
	3 193					
尽责性	0.1136	1.0000				
	3 190	3 197				
	（<0.0001）					
外向性	0.0627	−0.0640	1.0000			
	3 189	3 193	3 196			
	（0.0004）	（0.0003）				
宜人性	0.0060	0.1537	−0.0313	1.0000		
	3 191	3 195	3 194	3 198		
	（0.7346）	（<0.0001）	（0.0766）			
神经质	−0.0358	−0.0817	0.1637	−0.1326	1.0000	
	3 192	3 196	3 195	3 197	3 199	
	（0.0434）	（<0.0001）	（<0.0001）	（<0.0001）		
认知技能	0.0705	0.1654	−0.0124	0.0181	−0.0293	1.0000
	3 152	3 156	3 155	3 157	3 158	3 159
	（0.0001）	（<0.0001）	（0.4846）	（0.3085）	（0.1000）	

注：表格显示 Spearman 相关系数。置信区间为 95%。每个系数的观测值在每个系数之下。P 值在括号中。

31.4 实证研究方法

检验的主要假设是墨西哥青年的金融文化与人格有无关系。检验假设的方法是分别使用普通最小二乘回归，因变量是金融文化八个方面的标准分数，解释变量是五大人格特征的标准分数，另外控制了一些社会人口学的协变量。回归方程是：

$$F_j = \beta_{j0} + \beta_{j1}\alpha_1 + \cdots + \beta_{jn}\alpha_n + \delta_j X + \varepsilon_j \tag{31-8}$$

F_j是第 j 个金融文化方面的标准化得分。α_i是第 i 个人格特征的标准化得分。β_{ji}是第 j 个金融文化方面与第 i 个人格特征的标准化得分之间的偏相关系数，如果在统计上不为 0，那么就说明金融文化与人格特征并不独立。X 是协变量。ε_j是误差项，假设观测是独立的。

每个回归估计有三个不同的形式：有社会人口协变量、没有社会人口协变量以及有认知技能的标准化得分。社会人口协变量考虑的是年龄、性别、婚姻状况、工作状态、是否有孩子以及他或她的社会经济地位（SES）。[1]在不同的金融文化方面，观察的数量不同，因为并不是所有的受访者都回答了所有的问题。估计的显著性用稳健标准误差计量。

由于受访者的年龄范围在 15 至 29 岁之间，所以通过回归方程（31-8），我们可以确定 $dF_1/d\alpha$。换句话说，我们估计了人格特征与第一期的金融文化之间的关系，这是在收入影响第二期金融文化的获取之前估计的。

表 31-1 说明的是前一节所界定的金融文化的八个方面是相关的。考虑到这一点，从实际的角度来看，用一种广义的金融文化来总结它们可能会有所帮助。为此，我们采用主要成分分析法。[2]我们把金融文化八个方面中最主要的组成部分定义为一个金融文化指数。[3]该指数是金融文化 F_1, $\cdots$, F_m 的线性组合：

$$I = w_1 F_2 + w_2 F_2 + \cdots + w_m F_m \tag{31-9}$$

权重 w_j 可能是正数、负数或零。图 31-4 显示的是金融文化八个方面的第一主要成分的权重。权重和预期一样：所有方面的权重都为正，只有冲动消费的权重为负。所有方面的权重的绝对值在 0.3 至 0.5 之间，但是跨期耐心除外。

图 31-5 显示的是所产生的金融文化指数的分布情况。由于指数需要八个方面共同测量，所以观测值有所减少（2 895）。该指数标准化均值为零，标准化标准差为 1。

---

[1] Socioeconomic status is defined in the survey according to the methodology known as "AMAI 8 × 7" of the Mexican Association of Market Intelligence and Opinion Agencies.

[2] Principal components analysis is a statistical procedure to convert a set of observations of correlated variables into a set of values of linearly uncorrelated variables called principal com-ponents(Jackson, 2003). The number of principal components is equal to or smaller than the number of original variables.

[3] The first principal component has the largest possible variance, and each succeeding component in turn has the highest variance possible under the constraint that it is orthogonal to(i.e. uncor-related with)the preceding components.

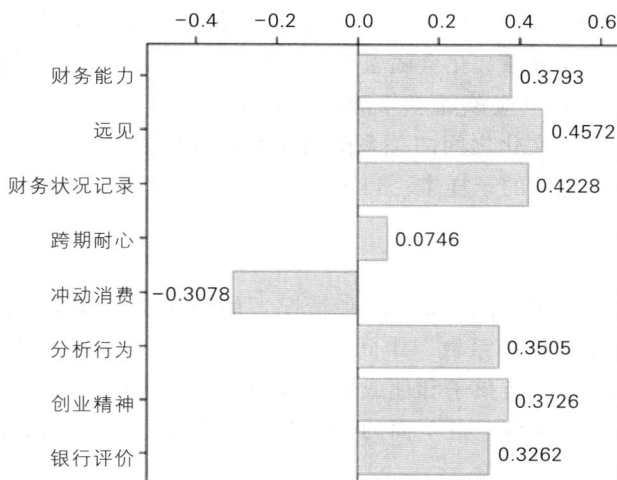

图31-4 金融文化的指标：金融文化八个方面的权重

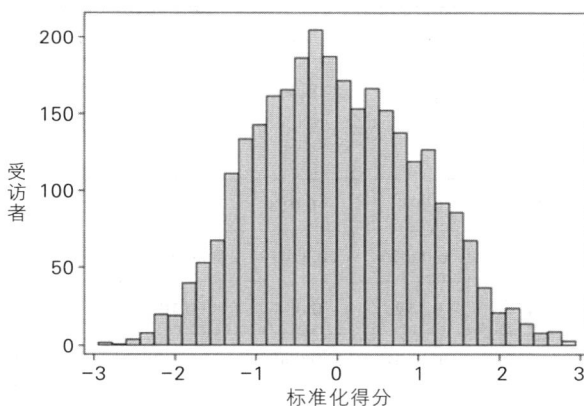

图31-5 金融文化指数的分布

为了确定五大人格特征与广义金融文化的关系，使用五大人格特征对金融文化指数回归，其中还包括了社会人口协变量和认知技能：

$$I = \varphi_0 + \varphi_1\alpha_1 + \cdots + \varphi_n\alpha_n + \delta X + \varepsilon \tag{31-10}$$

协相关系数 φ_i 代表的是由指标定义的广义金融文化与第 i 个人格特征之间的相关程度。根据八大方面在指数中的权重，它综合考虑了第 i 个人格特征对金融文化八个方面的影响。

使用金融文化指数（方程31-10）而不是分别用金融文化八个方面（方程31-8）进行估计的好处是，此方法估计出的偏相关系数没有遭到稀释。然而，分别估计的好处是，我们能够发现"黑箱"。不同人格特征可能通过不同渠道影响金融文化。具体而言，它们可能与金融文化的八个方面有着不同的联系。下面我们就这两个方面的结果，以及由指数衡量的广义金融文化进行展示和讨论。

从 15 岁至 29 岁（样本年龄范围），人们普遍增长了经验，并获得了更多的信息。因此，我们很自然地会认为金融文化会随着年龄的变化而变化。然而，这并不一定意味着人格和金融文化之间的关系也应该随着年龄的变化而变化。无论是与否，这是一个经验问题。为了探讨人格和金融文化之间的关系随着年龄增长的发展，模型（方程 31-10）也分别估计了三个不同年龄范围的子样本：15 至 19 岁，20 至 24 岁和 25 至 29 岁。

31.5 结论

表 31-3 显示了 32 次回归的结果（三种情况下的金融文化八个方面）。最上面显示的是没有社会人口协变量的回归系数。中间部分显示的是有社会人口协变量（年龄、性别、婚姻状况、工作状态、是否有孩子和他或她的社会经济状况）的回归系数，把它们作为分类变量并使用了每一个样本值。最下面的是认知技能协变量的标准化得分结果。显著性由稳健标准误差计量。

表 31-3　　　　　　　　　　金融文化八个方面与五大人格特征的回归结果

解释变量（标准化）	因变量（标准化）							
	财务能力	远见	财务状况记录	跨期耐心	冲动消费	分析行为	创业精神	银行评价
没有社会人口协变量								
开放性	0.092	0.066	0.061	−0.018	−0.027	0.008	0.050	0.073
	(<0.0001)	(0.0002)	(0.0007)	(0.3147)	(0.1544)	(0.6669)	(0.0060)	(<0.0001)
尽责性	0.147	0.147	0.119	0.088	−0.105	0.073	0.146	0.111
	(<0.0001)	(<0.0001)	(<0.0001)	(<0.0001)	(<0.0001)	(0.0001)	(<0.0001)	(<0.0001)
外向性	0.053	0.048	−0.013	−0.046	0.147	−0.056	−0.102	−0.014
	(0.0057)	(0.0077)	(0.4670)	(0.0141)	(<0.0001)	(0.0027)	(<0.0001)	(0.4552)
宜人性	−0.008	0.017	0.003	0.022	−0.003	0.007	0.057	0.044
	(0.6790)	(0.3406)	(0.8508)	(0.2486)	(0.8712)	(0.6930)	(0.0029)	(0.0178)
神经质	−0.076	−0.038	−0.010	0.009	0.054	−0.047	−0.018	−0.039
	(0.0001)	(0.0293)	(0.5905)	(0.6426)	(0.0031)	(0.0107)	(0.3541)	(0.0356)
R^2	0.041	0.033	0.020	0.012	0.042	0.013	0.046	0.026
观测值	3 139	3 138	3 179	3 161	3 098	3 128	3 131	3 143
有社会人口协变量								
开放性	0.075	0.041	0.052	−0.015	−0.023	−0.007	0.038	0.061
	(<0.0001)	(0.0167)	(0.0033)	(0.3901)	(0.2210)	(0.7021)	(0.0352)	(0.0007)

续表

解释变量	因变量（标准化）							
（标准化）	财务能力	远见	财务状况记录	跨期耐心	冲动消费	分析行为	创业精神	银行评价
尽责性	0.108	0.108	0.082	0.082	−0.097	0.057	0.132	0.098
	(<0.0001)	(<0.0001)	(<0.0001)	(<0.0001)	(<0.0001)	(0.0021)	(<0.0001)	(<0.0001)
外向性	0.031	0.008	−0.025	−0.038	0.140	−0.078	−0.118	−0.022
	(0.0917)	(0.6639)	(0.1538)	(0.0421)	(<0.0001)	(<0.0001)	(<0.0001)	(0.2274)
宜人性	0.013	0.033	0.019	0.028	−0.005	0.023	0.069	0.049
	(0.4874)	(0.0544)	(0.2886)	(0.1495)	(0.7883)	(0.2042)	(0.0003)	(0.0088)
神经质	−0.054	−0.006	0.000	0.006	0.051	−0.030	−0.002	−0.030
	(0.0038)	(0.7017)	(0.9969)	(0.7357)	(0.0057)	(0.0899)	(0.9221)	(0.1068)
R^2	0.107	0.161	0.084	0.034	0.065	0.064	0.069	0.049
观测值	3 139	3 138	3 179	3 161	3 098	3 128	3 131	3 143
有社会人口协变量以及认知技能								
开放性	0.074	0.034	0.045	−0.015	−0.015	−0.010	0.032	0.057
	(0.0001)	(0.0400)	(0.0113)	(0.4015)	(0.4289)	(0.5665)	(0.0704)	(0.0014)
尽责性	0.094	0.086	0.059	0.087	−0.086	0.038	0.097	0.080
	(<0.0001)	(<0.0001)	(0.0014)	(<0.0001)	(<0.0001)	(0.0453)	(<0.0001)	(<0.0001)
外向性	0.032	0.009	−0.024	−0.038	0.134	−0.073	−0.108	−0.016
	(0.0879)	(0.5861)	(0.1777)	(0.0444)	(<0.0001)	(0.0001)	(<0.0001)	(0.3885)
宜人性	0.014	0.033	0.018	0.028	−0.002	0.023	0.067	0.051
	(0.4609)	(0.0577)	(0.3170)	(0.1418)	(0.9167)	(0.2009)	(0.0004)	(0.0069)
神经质	−0.051	−0.004	0.001	0.008	0.053	−0.027	0.003	−0.030
	(0.0063)	(0.8065)	(0.9749)	(0.6762)	(0.0040)	(0.1301)	(0.8669)	(0.1039)
认知技能	0.091	0.130	0.132	−0.021	−0.073	0.115	0.233	0.122
	(<0.0001)	(<0.0001)	(<0.0001)	(0.2808)	(0.0001)	(<0.0001)	(<0.0001)	(<0.0001)
R^2	0.114	0.176	0.097	0.035	0.069	0.077	0.118	0.064
观测值	3 098	3 097	3 138	3 121	3 060	3 087	3 091	3 103

注：95%的置信度。P值在括号内，由稳健标准误差计算。社会人口协变量包括年龄、性别、婚姻状况、工作状态、是否有孩子和他或她的社会经济状况，把它们作为分类变量并使用了每一个样本值。

对于每一个金融文化方面，至少有一个人格特征与之相关：每列中至少有一个显著的系数（p < 0.05）。同样，对于每一个人格特征，至少有一个金融文化方面与之相关：每一行至少有一个系数在统计上是显著的。包含社会人口协变量之后，观测值和显著性都有所下降。然而，主要结果保持不变。在最下边的部分，每行每列都至少有一个显著的系数。

观测值是相当大的。比如，在最下边的第一列，一个青年在开放性和尽责性高于平均水平，在神经质低于平均水平，其他情况一致时，他的财务能力会高出平均水平 0.219。

在最下边的部分，与尽责性相关的金融文化方面最多（8），然后是开放性和外向性（4），再然后是宜人性和神经质（2）。最后，除了跨期耐心外，认知技能与所有金融文化方面都是相关的。

表 31-4 显示的是用金融文化指数作为因变量的回归分析的结果。与前面的分析一样，使用稳健标准误差计算显著性。A 到 F 只有五大人格特征中的一个或是认知技能作为解释变量。G、H、I 是多元估计：H 包含了社会人口协变量，I 包含了认知技能。首选 I，在这种情况下，五大人格特征的系数在 99% 的置信度下统计显著。开放性、尽责性和外向性的系数在 99.9% 的置信度下统计显著。开放性、尽责性、宜人性有正系数。外向性和神经质具有负相关关系。

表 31-4　　金融文化指数与五大人格特征的回归结果

解释变量（标准化）	因变量：金融文化指数（标准化）								
	A	B	C	D	E	F	G	H	I
开放性	0.131						0.104	0.079	0.070
	(<0.0001)						(<0.0001)	(<0.0001)	(<0.0001)
尽责性		0.254					0.229	0.182	0.146
		(<0.0001)					(<0.0001)	(<0.0001)	(<0.0001)
外向性			−0.078				−0.050	−0.081	−0.072
			(0.0001)				(0.0066)	(<0.0001)	(<0.0001)
宜人性				0.084			0.032	0.058	0.054
				(<0.0001)			(0.0844)	(0.0011)	(0.0018)
神经质					−0.120		−0.081	−0.052	−0.048
					(<0.0001)		(<0.0001)	(0.0032)	(0.0049)
认知技能						0.311			0.241
						(<0.0001)			(<0.0001)
社会人口协变量	No	No	No	No	No	No	No	Yes	Yes
R^2	0.017	0.064	0.006	0.007	0.014	0.095	0.088	0.193	0.245
观测值	2 890	2 892	2 892	2 894	2 894	2 860	2 882	2 882	2 847

注：95% 的置信度。P 值在括号内，由稳健标准误差计算。社会人口协变量包括年龄、性别、婚姻状况、工作状态、是否有孩子和他或她的社会经济状况，把它们作为分类变量并使用了每一个样本值。

　　表31-3和表31-4的结果说明了人格特征的预测能力。在五大人格特征的分数中很可能存在测量误差。测量误差引起的衰减偏差，五大人格特征和金融文化八个方面的关系偏向0。[1]尽管每个只测量了两个问题，但五大人格特征的一些系数是显著的。真正的偏相关系数可能更大。表31-3和表31-4中的系数可以被认为是真正的偏相关系数的下界。更准确的测量五大人格特征——还有许多问题——可能导致估计的波动幅度更大。

　　表31-5显示的是15至19岁、20至24岁和25至29岁三个不同年龄组的金融文化指数与五大人格特征的回归结果。三次回归结果均不同。对于15至19岁的受访者来说，五大特征中只有两个具有显著的系数：尽责性和外向性。对于20至24岁的受访者来说，开放性、尽责性和神经质具有显著的系数。最后，对于25至29岁的受访者来说，五大特征都具有显著的系数。在系数显著时，不同样本组的系数符号相同。总之，表31-5表明，人格和金融文化之间的关系取决于受访者的年龄。几年的年龄差异意味着具有不同的关系。

表31-5　　　　不同年龄组的金融文化指数与五大人格特征的回归结果

解释变量（标准化）	因变量：金融文化指数（标准化）		
	年龄组		
	15至19岁	20至24岁	25至29岁
开放性	0.039	0.085	0.071
	（0.1991）	（0.0024）	（0.0274）
尽责性	0.104	0.128	0.174
	（0.0005）	（0.0001）	（<0.0001）
外向性	−0.105	−0.008	−0.091
	（0.0002）	（0.7993）	（0.0021）
宜人性	0.045	0.059	0.074
	（0.1392）	（0.0657）	（0.0082）
神经质	0.035	−0.061	−0.102
	（0.2283）	（0.0421）	（0.0006）
认知技能	0.262	0.213	0.248
	（<0.0001）	（<0.0001）	（<0.0001）
社会人口协变量	Yes	Yes	Yes
R^2	0.174	0.222	0.344
观测值	977	950	920

　　注：95%的置信度。P值在括号内，由稳健标准误差计算。社会人口协变量包括年龄、性别、婚姻状况、工作状态、是否有孩子和他或她的社会经济状况，把它们作为分类变量并使用了每一个样本值。

---

[1]　For an explanation of how measurement error creates an attenuation bias see Wooldridge（2003），Chap. 9.

总的来说，这里提供的证据支持先前研究的结果，人格与金融文化有联系。然而，结果与以往的研究有一个重要的不同。表31-4中五大人格特征的系数都统计显著。其他研究的发现是，五大人格特征中只有一个子集与分析的变量显著相关（Hershey and Mowen，2000；Brown and Taylor，2011；Su，2012；Nga and Yien，2013）。结果的差异可能是因为这里所使用的金融文化定义是广义定义。更广泛的定义可能通过不同渠道发现更多的联系。表31-6描述了这些联系并总结了结果。

表31-6　　　　　　　　　　　　金融文化与五大人格特征的关系

变量	金融文化指数	金融文化八个方面							
		财务能力	远见	财务状况记录	跨期耐心	冲动消费	分析行为	创业精神	银行评价
开放性	+	+	+	+					+
尽责性	+	+			+		+	+	+
外向性	−				−	+	−	+	
宜人性	+							+	+
神经质	−	−				+			
认知技能	+	+	+	+		−	+	+	+

该表显示的是含有社会人口协变量（表31-3的最下边部分和表31-4的第一列）的回归系数，其在95%的置信度下是显著的。金融文化指数是金融文化八个方面的第一主要组成部分。

如表31-6所示，五大人格特征与金融文化有关——由指数定义的广义金融文化——通过一系列不同的渠道。例如，开放性和外向性的渠道不同：开放性通过财务能力、远见、财务状况记录和银行评价与金融文化联系在一起，而外向性通过跨期耐心、冲动消费、分析行为和创业精神与金融文化联系起来；宜人性和神经质的渠道不同：宜人性是通过创业精神和银行评价与金融文化联系在一起，而神经质是通过财务能力和冲动消费与金融文化联系在一起。

表31-6显示了该发现的含义，分析狭义的金融文化可能忽略某些金融文化与人格特征之间的关系。比如，如果分析狭义的金融文化，那么远见和财务状况记录与外向性、宜人性和神经质是不相关的。然而，使用相同的样本和相同的协变量集分析广义的金融文化时，它们是相关的。因此，在比较研究结果时，金融文化的定义至关重要。

31.6　讨论

与其他文献报道的结果相一致，本研究发现，在墨西哥青年的样本中，金融文化并不是独立于人格特征。金融文化在一定程度上似乎反映一个人的个性：年轻人在开放性、尽责性和宜人性方面会不断提升，而在外向性和神经质方面会不断下降，从而年轻人往往会获取更多的金融文化。

比较其他使用五大人格特征的研究，不同的是五大人格特征是如何相关的。Hershey 和 Mowen（2000）发现，美国人的金融理财知识与尽责性、外向性和神经质呈正相关关系。Brown 和 Taylor（2011）发现，在英国成年人中，尽责性和神经质与家庭金融资产或负债的数量没有关系，而开放性和外向性则有关系。Su（2012）发现，在威斯康星成年人中，外向性和神经质与养老金和银行账户余额呈负相关关系。Nga 和 Yien（2013）发现，尽责性与规避风险相关，开放性与认知偏差有关，而宜人性与社会责任有关。

正如31.2节中的理论模型所示，研究在生命周期的不同时间点的人格特征与金融文化和金融行为，发现其相关性具有差异是很自然的。同样，在不同人群中具有差异也是很自然的。对金融决策的认识和态度随着人群和地区的不同而不同。例如，美国或英国的成年人对墨西哥的金融服务可能具有不同的观点和看法。

这项研究的主要发现可以概括如下。

第一，实证分析表明，不同人格特征对金融文化的不同方面的影响是不同的。然而，当考虑金融文化的综合指数时，五大人格特征都与金融文化具有统计显著的关系。这一发现意味着，如果专注于狭义金融文化的研究，可能会发现不同的关系。

第二，实证分析还表明，五大人格特征和金融文化之间的关系在不同的年龄段，甚至在青年人之中都有所不同。这一发现表明，研究结果的差异可以在一定程度上由样本年龄组成的差异以及整个生命周期中五大人格特征和金融文化之间的演变关系来解释。

虽然这里没有提供政策建议，但调查结果指明了一个大方向。设计出更有效的政策以及促进金融文化的发展，都需要更好地理解人格与金融文化之间的相互作用。这一点可以通过未来在评估金融教育干预措施时纳入人格特征的测量来实现，比如，在分析调查中使用的五大人格特征的十项清单。纳入这些测量将有助于评估对待不同人格特征的有效性。那些丰富的影响评价结果加上对人格特征的筛选，可能产生更多有效的干预措施。根据受试者的个性特征，可以用最有效的方法来对待他们。表31-6中的调查结果为这种改进提供了一个开端。责任心较低的年轻人在财务状况方面的处境会更为不稳定。简短的问卷调查是又快又廉价的筛选过程，它适用于金融教育政策干预的潜在受益者，来筛选出原则上需要更多干预的责任心较少的个体。使用这种方式的瞄准方案可以以非常低的成本优化资源配置。

参考文献

Agarwal, S., Amromin, G., Ben-David, I., Chomsisengphet, S., & Evanoff, D. D. (2011). Financial counseling, financial literacy and household decision-making. In O. Mitchell & A. Lusardi (Eds.), *Financial literacy: Implications for retirement security and the financial marketplace*, chapter 10. New York: Oxford University Press.

Almlund, M., Angela, L. D., Heckman, J., & Kautz, T. (2011). Personality psychology and economics. In *Handbook of the economics of education* (Vol. 4, Chap. 1, pp. 1-181).

Atkinson, A. (2008) Evidence of impact: An overview of financial education evaluations. Consumer Research No. 68. London: FSA.

Atkinson, A., & Messy, F. (2012). *Measuring financial literacy: Results of the OECD/international network on financial education (INFE) pilot study*, OECD Working Papers on Finance, Insurance and Private Pensions, No. 15, OECD Publishing. doi: 10.1787/ 5k9cs-fs90fr4-en.

Banamex. (2014). Cultura financiera de los jóvenes en México. Síntesis de Resultados.

Barrick, M. R., & Mount, M. K. (1991). The Big Five personality dimensions and job performance: A meta-analysis. *Personnel Psychology*, 44 (1), 1–26.

Becker, A., Deckers, T., Dohmen, T., Falk, A., & Kosse, F. (2012). The relationship between economic preferences and psychological personality measures, IZA DP No. 6470.

Behrman, J. R., Mitchell, O. S., Soo, C. K., & Bravo, D. (2010). *Financial literacy, schooling, and wealth accumulation*, NBER Working Paper No. 16452.

Benet-Martínez, V., & John, O. P. (1998). Los Cinco grandes across cultures and ethnic groups: multitrait multimethod analysis of the Big Five in Spanish and English. *Journal of Personality and Social Psychology*, 75 (3), 729–750.

Brounen, D., Koedijk, K. G., & Pownall, R. A. J. (2013). *Financial responsibility, personality traits and financial decision making*, Working Paper, Tias Nimbas Business School, Tilburg University.

Brown, S., & Taylor, K. (2011). Household finances and the 'Big Five' personality traits, IZA DP No. 6191.

Bruhn, M., de Souza Leão, L., Legovini, A., Marchetti, R., & Zia, B. (2013). *The impact of high school financial education: Experimental evidence from Brazil*, Policy Research Working Paper 6723.

Cole, S., & Fernando, N. (2008). Assessing the importance of financial education. Manila: ADB.

Collins, J. M. (2010). Effects of mandatory financial education on low income clients. *Focus (Institute for Research on Poverty)*, 27 (1), 13–17.

Cronbach, L. J. (1951). Coefficient alpha and the internal structure of tests. *Psychometrika*, 16, 297–334.

Dohmen, T., Falk, A., Huffman, D., & Sunde, U. (2010). Are risk aversion and impatience related to cognitive ability? *American Economic Review*, 100 (3), 1238–1260.

Drexler, A., Fischer, G., & Schoar, A. (2014). Keeping it simple: Financial literacy and rules of thumb. *American Economic Journal: Applied Economics*, 6 (2), 1–31.

Duckworth, A. L., Matthews, M. D., Kelly, D. R., & Peterson, C. (2007). Grit: Perseverance and passion for long-term goals. *Journal of Personality and Social Psychology*, 92 (6), 1087–1101.

Gathergood, J. (2012). Self-control, financial literacy and consumer over-indebtedness. *Journal of Economic Psychology*, 33, 590–602.

Hampson, S. E., Goldberg, L. R., Vogt, T. M., & Dubanoski, J. P. (2007). Mechanisms by which childhood personality traits influence adult health status: educational attainment and healthy behaviours. *Health Psychology*, 26 (1), 121–125.

Hershey, D. A., & Mowen, J. C. (2000). Psychological determinants of financial preparedness for retirement. *The Gerontologist*, 40 (6), 687–697.

Holzmann, R., Mulaj, F., & Perotti, V. (2013). Financial capability in low-and middle-income countries: measurement and evaluation, The World Bank.

Jackson, J. E. (2003). *A user's guide to principal components.* New York: Wiley.

Judge, T. A., Heller, D., & Mount, M. K. (2002). Five-factor model of personality and job satisfaction: A meta-analysis. *Journal of Applied Psychology*, 87 (3), 530–541.

Kempson, E., Valeria, P., & Kinnon, S. (2013). *Measuring financial capability: A new instrument and results from low-and middle-income countries.* Financial Literacy and Education Russia Trust Fund. Washington, D.C: World Bank.

Letkiewicz, J. C. (2012). Self-control, financial literacy, and the financial behaviours of young adults. *PhD Dissertation, Graduate Program in Human Ecology*, The Ohio State University.

Mundy, S. (2009). *Financial education programmes in schools: Analysis of selected current programmes and literature-draft recommendations for best practices.* Mimeo: OECD.

Murphy, J. L. (2013). Psychosocial factors and financial literacy. *Social Security Bulletin*, 73 (1), 73–81.

Nga, J. K. H., & Ken Yien, L. (2013). The influence of personality trait and demographics on financial decision making among generation Y. *Young Consumers: Insight and Ideas for Responsible Marketers*, 14 (3), 230–243.

O'Connell, A. (2009). *Evaluating the effectiveness of financial education programmes.* Paris. Mimeo: OECD.

Orton, L. (2007). *Financial literacy: Lessons from international experience.* Canadian Policy Research Network CPRN Research Report. September.

Paulhus, D. L., & Harms, P. D. (2004). Measuring cognitive ability with the overclaiming technique. *Intelligence*, 32, 297–314.

Perotti, V., Zottel, S., Iarossi, G., & Bolaji-Adio, A. (2013). *Making sense of financial capability surveys around the world: a review of existing financial capability and literacy measurement instruments.* Washington, D.C: World Bank.

Poropat, A. E. (2009). A meta-analysis of the five-factor model of personality and academic performance. *Psychological Bulletin*, 135 (2), 322–338.

Rammstedt, B., & John, O. P. (2007). Measuring personality in one minute or less: A 10-item short version of the Big Five inventory in English and German. *Journal of Research in Personality*, 41, 203–212.

Stephen, S., & Vaillant, G. E. (1999). The Big Five personality traits and the life course: A

45-year longitudinal study. *Journal of Research in Personality*, 33, 208-232.

Su, Y. (2012). Three essays on financial literacy, financial self-awareness, and retirement well-being. *PhD Dissertation*, The University of Wisconsin-Madison.

Wooldridge, J. M. (2003) Introductory econometrics: A modern approach. Thomson South-Western.

Zhao, H., & Seibert, S. E. (2006). The Big Five personality dimensions and entrepreneurial status: A meta-analytical review. *Journal of Applied Psychology*, 91 (2), 259-271.

第五部分 教育政策促进金融普及教育

Noi Keng Koh

在全球范围内，金融普及教育正在成为学校课程的一部分，因此已经有大量关于金融普及教育方案的影响方面的研究数据。本手册的这一部分从方案实施和衡量学生进步到性别和人格在金融教育过程中的作用这些方面入手，概述了金融普及教育各方面的重要研究成果。

这一部分从 Noi Keng Koh 的贡献开始，她描绘了成立于 2007 年的新加坡国家教育学院的金融普及教育中心的路径。她将该中心作为个案研究，来讨论成功的金融普及教育方案的开发和实施。本章的重点是讨论以下几点内容的重要性：第一，通过个人财务研讨会和教师教育讲习班，与学校建立牢固的伙伴关系；第二，有关金融普及教育实践的研究；第三，新的学习和教学的启示，将数字技术应用到金融普及教育当中。这一贡献希望能抛砖引玉，让广大的教育者能够开创出更多、更优秀的金融普及教育项目。

Anna Emilia Berti 用图表描述了从学前班到小学零散地学习经济知识概念基础的这个过程。她的灵感来源于其他领域的知识获取，比如物理、生物学和其他科学领域。并且，她强调考虑"每个年龄阶段的儿童和青少年懂得什么和实际能够接受些什么"是很重要的。她的关于学习进步的概念把金融教育置于一个跨学科的背景中，通过强调生产消费和国家运作的金融知识与理解之间的联系来达到。Berti 坚持认为，只有当学生充分了解了经济机构和机构的作用时，他们才能成功地理解金融概念。

Stefania farsagli，Umberto Filotto 和 Francesca Traclò 描述了 Piedmont 高原意大利地区的金融教育方案的制订和实施情况。尽管该方案是地方性的，但其他区域和国家的教育工作者可以对该方案的制订方法进行有益的研究。作者详细介绍了该方案的制订情况，强调了政府机构、学术界专家和私营部门在其他地方引进类似方案时的作用。他们还强调了参与制订和实施这一金融教育方案时，学校教师具有关键性的作用，并且还强调了要想成功推广金融普及教育，那么自下而上的方法是非常重要的。

Andrew T.Hill 和 Carlos Asarta 的章节探讨的是金融教育成功中假设存在性别差异。他们的研究基于"金融成功的关键"，是美国东北部一个综合性的金融教育项目，它特别关注课程开发和教师培训。在项目实施前后进行的一系列事前事后测试，作者得出结论与以前的报告相反，事实上发现的唯一显著的性别差异是对女生有利。作者强调，明确界定知识领域和有效衡量金融教育方案真正影响的重要性。

　　Ella Y.N.Siu 和 Noi Keng Koh 报告了他们对 13 岁至 16 岁的新加坡学生进行互动金融普及教育的经验。他们详细描述了本地化测量工具的设计过程，其中包括知识和应用两个维度，以优化金融普及教育政策。作者们还支持金融普及教育的自下而上的实验设计方法。

　　这一部分的另外两个贡献是教育学和课程的发展。庞明凯探讨了学习变异理论对金融教育的贡献。变异理论侧重于通过接触变异和不变异模式以及关键的"阈值"概念，来加深对知识领域的概念理解。作者表示，就 18 岁至 20 岁的中国香港学生而言，在学习同样的内容时，如果他们的金融教育教师接受变异学习理论的指导，那么他们在金融学习过程中的收获就更大。

　　Josoph Yeo Kai Kour 研究了将金融普及教育课程纳入必修课的问题。他就将储蓄和资金管理等相关的金融知识纳入小学数学教学这些问题提出了详细的建议。作者主张更全面地学习金融知识，并强调通过其他科目的内容来学习金融知识的好处。

第32章　金融普及教育的方法：新加坡学校里的循证实践[①]

Noi Keng Koh

摘要　由于金融知识正迅速成为21世纪最重要的技能之一，世界各地的教育工作者正在努力制订和实施针对不同年龄群体和教育水平的金融普及教育方案。本章节提供了对财务教育中心的综述。该中心2007年在新加坡国立研究所内成立，并且成为金融普及教育方案的孵化器。这些方案能在从幼儿园到高等院校的不同层次内有效实施。本章概述了课程设立和方案实施的循证方法，同时考虑到了金融普及教育领域的最新研究成果。该中心的方法强调的是教育机构之间的合作，通过游戏化优化方案以及学习信息通信技术，因而该方法可作为全球金融普及教育的典范。

关键词　金融普及教育　必修课程的设立　游戏化　学习信息通信技术　经济知识普及教育

32.1　引言

金融普及教育是近年来的研究热点。由于全球化背景下日益复杂的经济形势和不断发展的金融服务行业，金融普及教育知识领域和相关研究课题日益重要。这一章，"金融普及教育"的定义是"为做出合理金融决策和提高个人财富水平所需具备的意识、知识、技能、态度和行为的组合（OECD INFE，2011，第3页）。正如卢萨尔迪等（2010）强调的那样，在当今世界，人们在年轻时便成为消费者并需要做出金融决定，甚至连上学的孩子都可能接受到金融服务。这种现象在像新加坡这样的高收入经济体内尤为常见。本章介绍了新加坡的成功故事：金融普及教育如何从十年前的完全不存在，发展到现在的成为新加坡学校必修课的一部分。

[①]　N.K.Koh
National Institute of Education，Nanyang Technological University，1 Nanyang Walk，
637616 Singapore，Singapore
e-mail：noikeng.koh@nie.edu.sg

© Springer Science+Business Media Singapore 2016
C.Aprea et al.(eds.)．International Handbook of Financial Literacy，
DOI 10.1007/978-981-10-0360-8_32

32.2 金融普及教育：挑战与启示

虽然人们通常认为大多数人都知道理财的基本知识，但数字统计结果却表明不是这样的。从丹麦和海拉研究年轻人——主要是大学生——的金融知识和行为开始，不少研究持续表明，年轻人缺乏现代社会市场有效运作所需的基本金融知识，比如，对信贷、保险和投资的深入了解。其他一系列探索年轻人的个人投资、信用和财务风险的研究（如马科维奇和德瓦尼，1997；陈和沃尔佩，1998；埃瓦德等，2005）都证实了这些观点。比尔和德巴奇（2003）调查另一个高收入经济体——澳大利亚时发现，普遍来说，其大学生的金融知识水平较低。徐和齐亚（2012）从大量研究中总结出金融普及教育程度与年龄的相关性，发现该关系呈"倒U形"，同时发现年轻人对金融问题的认识不足。

更令人不安的是亨利等的发现（2001），在他们的研究中，不到一半的美国大学生定期保持预算。因此，年轻人不仅缺乏金融方面的基本知识，而且还没有养成有效管理资金的基本习惯。这些结果与乔等的发现相呼应（2003）。他们在样本中发现，大约一半的大学生都有累计展期信用卡债务。另外，有40%的人不知道他们的信用卡债务被收取的利率。2010年，新加坡金融管理局报告显示，21岁到29岁的年轻人中，有39%频繁地使用展期信用卡债务，即他们的信用卡债务超过30天未偿还。根据信贷局数据处理部门（2012）的另一组数据，21岁到30岁的信用用户中，有6%拖欠还款，这与新加坡总人口2.7%拖欠还款的数据形成鲜明对比。在信用卡债务方面，数据类似，在21岁到30岁的用户中，有6.3%拖欠还款，而新加坡总人口的3.3%拖欠还款。这些研究结果表明，对进入劳动力市场的年轻人的金融普及教育不足，他们不仅缺乏良好的习惯以实现长期储蓄目标和更好的财务状况，更缺乏对资金的日常管理。

从不断上升的消费者债务和个人破产这一令人担忧的统计数字中可以看出，金融普及教育已成为现代社会正常运转的必要条件。许多评估金融普及教育方案影响的研究表明，金融普及教育的重点是储蓄、谨慎消费、中期和长期的财务计划以及信贷管理，重视这些方面不仅能提高项目的评估分数，还能提高知识、技能和行为水平。即使是对认知和情感测量产生积极影响的短期金融普及教育政策也是如此（福克斯等，2005）。然而，曼德尔（2006b、c，2009）发现，全日制高中和大学的个人理财课程对学习者的金融素养几乎没有什么影响。曼德尔和克莱茵（2007）认为，激励不足是主要问题。这是因为课程的内容没有直接涉及学生日常生活中的金融决策，而是注重投资策略和退休计划。贝克和奈塞（2009）认为，金融普及教育课程的内容应与学生的需求直接相关，以确保他们可以成功地应用他们在这些课程中习得的知识。当教授的课程符合学生的兴趣时，金融普及教育方案的分数就会显著提高（鲍恩和琼斯，2006）。因此，金融普及教育方案不应力求最大限度地扩大教学大纲的覆盖面，而应帮助青少年和年轻人在日常财务决策中应对真正的挑战。

自财务教育中心建立起，金融普及教育项目不应过度技术化。项目重点应该放在基础问题的回归上，建立以价值观为基础的金融普及教育项目。审慎的资金管理、目标设定、对费用的细致追踪以及遵守预算和长期的财务规划需要具备一套技术，但是在使用这些技术之前，从小树立正确的价值观、思维模式和习惯是十分必要的。早期的习惯性储蓄将在未来转变为有效的消费，但是这种转变需要吸收正确的价值观，且懂得如何将这种价值观运用到日常生活中。

金融普及教育最好不要从青春期开始，而是更早的时候。布乔尔和韦罗内西（2013）在他们的研究中发现，童年所受到的储蓄教育将会在成年后变成有效的储蓄行为。金融普及教育的另一个重要目标是在年轻的时候培养良好的习惯。这些习惯根植于一般心理结构，对教育政策来说，是可塑的也是可控的，其中包括有关学校金融普及教育方案的政策。

莫菲特（2012）对1 000个新西兰儿童从出生到成熟进行了30年的纵向研究，发现儿童时期自制力不足导致许多成年后的消极结果，如意外的单亲家庭、高中辍学、犯罪、吸毒、个人财务状况差、低收入、退休储蓄不足、身体健康不佳和疾病。即使在控制智力和家庭社会层次后，这个单向影响也很重要。其他研究还表明，儿童可以学会自我控制和延迟满足。因此，尽早开始金融普及教育，金融普及教育课程的内容符合学生的生活经历和需要，以及端正审慎的财务管理和获取必要的技能和习惯的积极态度，都是金融普及教育成功的必要条件。

信息技术的到来给学习带来新的启示，尤其是对金融普及教育有关学科。在这些学科中，知识和技能在现实环境中的应用是学习过程中的一个重要组成部分。金融普及教育方案可以使用翻转课堂的教学方法。在这样的教学方法下，学生能够在课堂教学之前参与与多媒体内容相关的协作工作。包括电子书和移动应用软件在内的新颖有效的内容分发模式能帮助学生更多地参与，更轻松地共享学习内容。但是，除此之外，数字游戏目前已经成为越来越重要的教学工具。基利（2007）发现，数字游戏通过设置真实的学习情境提供了有效的教育。因为金融普及教学非常强调现实情境中的问题解决，所以数字游戏是学生获取必备技能和习惯的自然选择。引入数字游戏也增强了学生的学习兴趣（伊娜尔和卡基塔，2007），这非常有利于金融普及教育，因为只有高度积极的学生才能认识到学习内容背后的价值。因此，信息通信技术和游戏化学习改变了学习环境，将真实情境教学变成可能。

方案评估是金融普及教育方案实施的一个组成部分，这是因为评估方案的有效性以循证实践为依据（如福克斯等，2012）。评估重点是要确定金融普及教育的基准，设计出符合正确认知水平的方案，同时要考虑到学生的价值观以及学习金融知识的兴趣和准备。评估也应该是真实的，因为金融知识是积极应用的，而不仅仅是被动习得的。

新加坡国家教育学院（NIE）在花旗集团基金会的资助下，率先尝试设计和实施一个从小学到大学覆盖各个教育层次的多管齐下的金融普及教育方案。新加坡教育部已经将理想的学习结果定义为开发孩子的全部潜力，最终使其成为一个自信、自主的，关心和积极贡献社会的学习者（http://www.moe.gov.sg/education/desired-outcomes/）。金融普及教育是这一计划的一个组成部分，因为只有具有金融知识的人才能成为一个富有成效和关心社会的成员。金融普及教育方案中获得的价值观和知识是社会化成功的重要组成部分。

本章介绍了新加坡金融普及教育中心自2007年以来制订和实施的大规模金融普及教育方案的演变情况。这一方案的规模和深度都是独一无二的，并以新颖的方式吸引师生。

32.3　使教育者有能力，使被教育者有兴趣

金融普及教育中心于2007年10月31日在新加坡国家教育学院（NIE）成立，此中心旨在帮助教师为年轻人提供金融普及教育。该中心的方案旨在为教师准备必要的技能和知识，以及使其能向学生传授必要的个人财务管理原理。同时，教师积极协助学生培养有效管理自己个人财产和资源的能力，并且磨炼学生的领导能力和沟通技巧。

该中心的目标有：

· 使教师具备必要的个人财务管理知识和技能。

· 通过职前教师、在职教师和学校领导促进学生的金融普及教育。

· 建立一个实践社区，该社区向教师提供金融普及教育教学资源和方法；同时创建为全国各地的教育工作者提供多媒体资源的数字储存库。

· 通过研究评估现有的金融普及教育方案的影响，并帮助改进。

32.4　教师培训项目

在学校推行金融普及教育，得从教师的个人和专业发展计划开始。

i.个人理财研讨会

个人理财研讨会指导教师有效管理个人财务。主题包括预算编制、信贷管理、风险规划和退休计划。获得成功的财务管理所必需的技能和知识以及对财务问题的认识，会帮助教师向学生推广金融普及教育，并且为教师教授金融普及教育课程做好准备。金融普及教育中心与新加坡证券交易所（SGX）研究院合作为教师推出了一项综合的金融普及教育课程，该课程由八个模块组成，涵盖的主题从金融普及教育的基本知识到技术分析和投资策略。

ii.教育研讨会

教育研讨会是指导教师如何传授给学生相关的金融知识、技能和价值观。指导者和促进者与一系列学校密切合作，提供基于需求评估调查的定制培训讲习班。这些讲习班旨在提供给教师对不同激励教育模式的概念性理解，以激励学生获得金融知识和技能的教育模式。

iii.指导课程

学校可以选择成为金融普及教育中心的合作学校，在合作学校中，金融普及教育中心的培训员将指导一队名为"专案组"的教师，来规划和实施学校的金融普及教育。该指导课程将用于培训作为项目领头人的专案组，包括协助团队实现预期的结果，并在需要时提供资金和人力资源的支持。该指导课程将通过结构化流程实施，该过程包括促进全学校金融普及教育的培训、咨询和设计有利于提高金融素养的学习环境。

32.5　金融普及教育方案的课程开发与项目实施

　　除了师资培训外，课程开发也是金融普及教育中心的重要任务。该中心的金融普及教育课程侧重于与中小学生真实生活最为相关的课程，即基本资金管理和财务规划。

　　金融普及教育课程是建立在经济素养的关键信息基础之上的。重要的是，要注意资源的稀缺性和需求的无限性；为了确保资源的最佳配置，需要区分需求和欲望，并理解每个决策都有机会成本。此外，重要的是要优先考虑收支平衡，以维持和提高生活质量。因此，让孩子学会如何进行其日常财务决策需要教育他们制订计划和了解影响他们欲望的因素，从而使他们能够更优化地配置自己有限的资源。他们还应该知道什么是可供选择的，并且明白他们只能在自己的可选择范围内花钱。有了这些知识，孩子将不太可能成为一个资金有限的冲动消费者，并且他们将承担更多的责任。表32-1总结了金融普及教育的重要主题和有待发展的基本标准。

表32-1　　　　　　　　　　　从经济普及教育到金融普及教育：关键性理解与标准

经济普及教育信息	金融普及教育：关键性理解	标准
资源有限，因而必须通过各种机制进行分配，这些机制包括定价、等待或配给和征税	个人资源是有限的，必须分配给不同的目的。因此，我们必须有计划地使用资源，以创造最大的利益	进行日常财务决策
政府支出来自当期或未来的税收收入	个人现在的支出来自过去、现在和未来挣来的收入（储蓄）。因此，我们必须确保收支平衡	理解不同金融资源的风险与收益
经济稳定是通过高储蓄、低通货膨胀和稳定汇率来实现的	个人财务稳定和福利是通过个人储蓄和财务规划来实现的。因此，我们必须以长远眼光进行财务决策，来维持和改善生活品质	储蓄并为未来计划

　　这些标准定义了关键的学习结果，即学习者的态度、技能、知识和价值观。前提是，对金融普及教育的正确态度会引导学生追求知识和技能，并且帮助其理解这些决策和储蓄是有价值的。

　　为确保取得关键的学习效果，应确定需要传授和发展的知识、技能、价值观和态度。这些因素包括影响购买决策的因素的相关知识以及购买决策对个人、社区以及环境的影响。这有助于促进消费者负责任地做出决策并有利于消费者的个性发展。此外，青少年还应学会短期和长期规划，并为未来的利益推迟当前所想要的满足感。这些知识、技能和价值观被进一步分成三个部分——储蓄、管理和分享——以便将金融普及教育注入学校的核心和非核心课程中。这些在表32-2中总结。

表 32-2   金融普及教育中心课程框架的学习主题

学习主题		
储蓄（S）	管理（M）	分享（S）
• 节约每一分钱 • 为心中的目标储蓄 • 为了长期的利益，我们需要抑制暂时的满足 • 区分长期目标和短期目标 • 减少浪费可以帮助我减少开支 • 个人储蓄和谨慎的资金管理有助于确保个人的金融稳定和安全 • 尽早并且定期储蓄 • 每当我得到零用钱时，我必须储蓄一部分	• 个人的消费来自于目前和未来的收入 • 制定预算并坚持，区分需求和欲望 • 描述预算的组成部分 • 编制个人预算方案 • 通过计划，我可以支付需要的费用（必需的），并决定需要分配多少钱 • 需求是基本的，但欲望是无限的，必须学会排序 • 保持收支平衡将使我们的财务稳定 • 费用分为必需的，如水电费，以及非必需的，如新的玩具。非必需的费用是欲望，是可以延迟获得的 • 用自己不会导致坏账的方法花钱，并承担可能的后果	• 个人资源有限，因此，做出理性的选择，并且区分自己的需要和欲望是非常重要的 • 花钱在你爱的人身上 • 与不幸者分享 • 在购买之前先估计一下钱的价值 • 敏锐的消费者能区分市场宣传 • 聪明的消费者知道需求和欲望之间的区别，并聪明地购物

　　因为在新加坡的学校中没有为金融普及教育设置单独的科目，所以金融普及教育要么纳入一个或几个核心课程科目，要么单独设立在课外的课程、讲座和活动中推广。该中心制订了许多金融普及教育课程计划，将这些课程纳入数学、社会学或其他学科的教学之中。这些计划都建立在与伙伴学校教师之间密切的合作关系基础之上，并且在向所有新加坡学校推广之前，在学生中进行了试验。专门为中小学生量身定制独立的金融普及教育课程，主要包括学习预算、风险管理和保险、储蓄和投资、理性购物、收入和职业以及资金管理，并且配合每天核心的必修课程。特殊的 6C（一致性、信心、爱心、细心、承诺、知足）金融普及教育课程框架设计，用来迎合幼儿园学生以及小学低年级学生的水平，并为他们提供金融普及教育价值观。本课程框架的目标概述见表 32-3。

表 32-3   6C课程框架的目标

一致性	信心	爱心	细心	承诺	知足
储蓄	管理	分享	为需求和欲望排序	目标设置	进行决策
目标： 每天节约一点钱将有助于我们未来的财务安全	目标： 管理预算是负责记录我们每天如何使用自己的钱	目标： 我们可以分享我们的金融资源来帮助那些不幸的人	目标： 需求是我们必须得有的，而欲望则是可以没有的	目标： 坚持意味着设置目标并持续努力去实现它	目标： 使用有限资源时，我们需要练习自我控制和管理来谨慎地做出决定，比如，时间、精力和金钱

续表

一致性	信心	爱心	细心	承诺	知足
探索性问题：为什么储蓄是很重要的？	探索性问题：为什么预算很重要？	探索性问题：为什么有些人比我们贫穷？	探索性问题：为什么不同的人有不同的欲望和需求？	探索性问题：为什么我们需要为未来计划？	探索性问题：为什么我们有时候会为决策而后悔？
什么情况下储蓄？	我们每天怎么用钱？	我们能与朋友分享什么？	你的欲望和需求是什么？	什么因素会让我们提前放弃自己的目标？	我们决策时需要哪些信息？
我们怎样开始储蓄，或者继续储蓄更多的钱？	我们如何记录我们的开支？	我们怎么知道什么时候该帮助别人？	我们如何分辨哪些是欲望，哪些是需求？	我们如何相互鼓励来达到我们的目标？	我们如何才能在决策时自我控制？

i. 幼儿园学习包和方案实施

针对幼儿园，该中心已经制定了一系列适合该年龄段的专业课程，旨在教导学生进行有效的资金管理和规划，区分需求以及欲望。一个独立方案的例子是与父亲共进早餐，这建立在亲子结合和联合预算活动的基础之上。除了与爸爸共进早餐之外，类似于为小学低年级学生设计的节目，通过股市为幼儿园学生提供计数和识字方面的金融普及课程。该中心为儿童提供早期教育，使他们成功达到6C课程框架的学习目标。

ii. 小学学习包和方案实施

针对小学生，教育中心精心设计，将数学和语言（英语和母语）、品格和公民教育、社会研究以及创业计划纳入金融普及教育课程中。此外，还有一项互动计划，让高年级的小学生起草商业计划书，并借此机会向他们介绍市场、预算和财务等商业概念。

在数学方面，将真实情境教学纳入金融普及教育。通过计算水电费或一罐果酱单价的数学问题，来讨论金钱的重要性以及储蓄和预算的好处。学会与穷人分享的价值观也贯穿于品格教育之中。该中心还通过真实的故事将金融普及教育融入小学英语课程中。通过身临其境的故事和故事重述的学习活动，小学一二年级的学生能知道区分需求和欲望的重要性、节约的重要性以及延迟满足。每个学习包都包括学习活动和教师资源。所有这些都可以通过纸质书或者互动电子书获取。

iii. 中学学习包和方案实施

对于中学生，学校专案组与中心协商，设计和实施学生自己的金融普及教育方案。中心提供后续指导，并帮助学校实施计划，之后再与同一组别中的其他学校进行资源共享。在新加坡，学校分为四个地理区，每个区的学校分为七组。

金融普及教育信息和活动也会渗透到数学、社会研究和艺术领域之中。金融普及教育可以丰富项目工作、国民教育和品格发展。这些资源包上传到中心的门户，从而与合作学校共享。近年来，随着食品和消费教育（FCE）成为初中一二年级的必修课，新加坡中学的金融普及教育范围急剧扩展。除了类似食品和营养这些传统家庭经济领域，修订的FCE

教学大纲在消费主义的社会中，也促进了对责任决策和资源管理的相关教学。FCE 已经发展到包括一系列的技能和知识，如自我赋权和实现幸福，促进自我发现、自我管理，以及个人资源开发（包括金融资源）和责任决策能力培养。FCE 教学大纲非常适合金融普及教育，因为它包含了消费者研究，其中包括资源、资金管理、消费意识和信用的使用。这些都是金融普及教育的核心内容，该教育涵盖了一系列类似的态度、技能、知识和价值观。金融普及教育中心率先创新教学方法，开发了在线游戏和应用程序，来为 FCE 的课程提供辅助并为其教师提供培训。鉴于对效率的要求，500 个 FCE 的教师在"理财有道"的赞助下，参加了由 NIE 领头的专业课程研发项目，并且成为新的学习和内容传递方式的变革者。

32.6　集群和全国活动的混合式分发

财务教育中心自建立以来一直在积极推广混合式分发。金融普及教育本质上具有跨学科性和应用性，这就需要有吸引力的真实情境教育。改变学习环境、鼓励自主学习和同伴合作，是该中心计划的重要组成部分。教学资源和学习资源以电子书的形式共享。这有助于建立一个由积极使用资源并为其发展做出贡献的教育工作者组成的网络社区。为了鼓励学生自主学习，中心使用了翻转课堂框架。学生使用电子书，可以相互合作并标注学习资源。学生获得了在以教师为中心的学习环境中难以获得的稀有内容，因此会产生一种心理所有权意识。该中心还使用谷歌和苹果的 iTunes U 平台进行内容分发。

金融普及教育中心在学期末会组织区域和集群活动，以补充课堂上所学的内容。在这些活动中，该中心的合作伙伴学校成为活动的中心。这些学校组织游戏、比赛、嘉年华会和夏令营等活动，来促进学生掌握金融知识并培养有益的金钱管理习惯。游戏和角色扮演活动一直是这些活动的一部分。经证明，它们是有效的教学法并且很能吸引参与者。该中心为中专（理工学院、初级学院）和大专学生举办活动，包括举办国家级别的棋类比赛。另外，该中心还向学校提供手机学习平台和手机游戏，以加强教学和学习。就小学的真实情境教学而言，该中心还设计了"mShopper"手机应用，来促进学生们的合作学习。学生们通过抵制常见的营销策略，来学习如何在预算内开销以及如何做出谨慎的消费决策。因此，游戏已经被成功地应用于金融普及教育中心的项目中，来帮助学生在现实背景中获取必要的技能和价值观。涉及 FCE 方案的金融普及教育特别受益于数字游戏和模拟。手机学习方法已被证明是非常成功的，现在被用于各个年龄段的学生，从小学到中学，以及大专学生。最新的发展是"SG50 企业家轨迹"。该项目是为中小学生设计的，用来庆祝新加坡独立 50 周年，以便让他们了解及欣赏创业在新加坡经济以及社会中的整体作用，了解企业家价值观以及金融知识的重要性。

32.7　研究

从一开始，研究一直是该中心活动的一个组成部分。对方案评估的需要促使优先研究设计可评估的方案。该中心刚成立时，进行了一项基线调查，以便更好地了解教师和学生的培训需求，现在正在研究调查该中心及其伙伴学校提供的方案的影响。本研究的目的是研究教师和学生对金融普及教育的态度和看法，分析金融普及教育方案的有用性，追踪金融普及教育方案的进展情况，以及确定改进的优先事项。本研究采用定量与定性相结合的方法，在2008年到2009年期间，对新加坡70所中学的5 055名中学生和1 056名教师进行了研究。在2010年，进行了一项后续研究，涉及81所学校中141名参加财务教育中心培训课程的教师，研究了学校实施金融普及教育方案的进展情况。研究结果显示，参与者对金融普及教育的积极态度和认识，以及对储蓄和预算等金融概念的理解，都有了明显的提高。教师们也高度评价了讲习班和教材的效用。这些结果在蒂欧等（2011）、科尔（2012）、李等（2012）、科尔和弗雷泽（2014）的研究中均有体现。金融普及教育中心组织的所有活动和项目包括调查和焦点小组讨论，都与参与者一起评估其影响。

32.8 结论

金融普及教育中心自成立以来，在新加坡培训了11 000名教师和导师。其中包括受过个人理财培训的学校领导和教师，以及接受了为学生提供金融普及教育教学培训的在职教师、职前教师和自助导师小组。金融普及教育中心已与90所学校合作，以便在这些学校积极推动金融普及教育，该中心共举办了430多场活动。据估计，来自300多所学校的320 000名学生、家长和教师参加了金融普及教育中心的金融普及教育项目和活动。尽管员工人数相对较少，但在7年内，该中心已成为新加坡金融普及教育的引领者。该中心对新加坡金融普及教育产生影响的主要因素可以概括如下：

- 通过个人财务讨论会和教育学讲习班吸引教师，为他们进行金融普及教育做好准备，并使他们具备所需的知识和技能。
- 与学校建立密切的伙伴关系，发展学习和教学包，组织项目和活动。
- 赋予教师权力，使他们成为导师，向同龄人传授知识和技能。
- 投资课程开发，在制定课程指导方针时，考虑所有利益相关者，并且将金融普及教育纳入主要的必修课程之中。
- 使用真实的吸引人的教学方法来传授金融普及教育知识内容。
- 利用数字技术传授金融普及教育知识内容。
- 使研究成为该中心活动的一部分，从而将金融普及教学实践转化为真正的循证教育。

因此，新加坡的教师金融普及教育中心在境外都是实施综合金融普及教育方案的典范。

致谢：本章报告的研究得到了花旗基金会的资助。

参考文献

Asarta, C.J., Hill, A.T., & Meszaros, B. (2014). The features and effectiveness of the *keys to financial success* curriculum. *International Review of Economics Education*, 16 (1), 39–50.

Avard, S., Manton, E., English, D., & Walker, J. (2005). The financial knowledge of college freshmen. *College Student Journal*, 39 (2), 321–338.

Beal, D.J., & Delpachitra, S.B. (2003). Financial literacy among Australian university students. *Economic Papers*, 22 (1), 65–78.

Beck, T., & Neiser, B. (2009). Learning and growing: Lessons learned in financial education. *Community Investments*, (Sum). 11–14.

Borden, L.M., Lee, S.A., Serido, J., & Collins, D. (2008). Changing college students' financial knowledge, attitudes, and behavior through seminar participation. *Journal of Family and Economic Issues*, 29 (1), 23–40.

Bowen, C.F., & Jones, H.M. (2006). Empowering young adults to control their financial future. *Journal of Family and Consumer Sciences*, 98 (1), 33–39.

Bucciol, A., & Veronesi, M. (2013). *Teaching children to save and lifetime savings: What is the best strategy*? Retrieved from http://leonardo3.dse.univr.it/home/workingpapers/save-duc.pdf

Chen, H., & Volpe, R.P. (1998). An analysis of personal financial literacy among college students. *Financial Services Review*, 7 (2), 107–128.

Danes, S.M. (2004). *Evaluation of the NEFE high school financial planning programme 2003–2004*. Retrieved from http://hsfpp.nefe.org/loadFile.cfm? contentid=27.

Danes, S.M., & Haberman, H.R. (2007). Teen financial knowledge, self-efficacy, and behavior: A gendered view. *Financial Counseling and Planning*, 18 (2), 48–60.

Danes, S.M., & Hira, T.K. (1987). Money management knowledge of college students. *Journal of Student Financial Aid*, 17 (1), 4–16.

De Grove, F., Bourgonjon, J., & Van Looy, J. (2012). Digital games in education? A contextual approach to teachers' adoption intention of digital games for learning purposes. *Computers in Human Behavior*, 28 (6), 2023–2033.

Deater-Deckard, K., Chang, M., & Evans, M. (2013). Engagement states and learning from educational games. *New Directions in Child and Adolescent Development*, 139, 21–30.

Fox, J., Bartholomae, S., & Lee, J. (2005). Building the case for financial education. *The Journal of Consumer Affairs*, 39 (1), 195–214.

Fox, J., Bartholomae, S., & Trombitas, K. (2012). Evaluating financial education programs. In D.B.Durband & S.L.Britt (Eds.), *Student financial literacy: Campus-based program development* (pp.141–166). New York, NY: Springer.

Fraser, B.J., & Tobin, K. (1991). Combining qualitative and quantitative methods in classroom environment research. In B.J.Fraser & H.J.Walberg (Eds.), *Educational environments: Evaluation, antecedents and consequences* (pp.271–292). Oxford, UK: Pergamon Press.

Furtuna, F. (2008). College students' personal financial literacy: Economic impact and public policy implications. *Undergraduate Economic Review*, *4 (1)*, 1–32. (a publication of Illinois Wesleyan University).

Henry, R.A., Weber, J.G., & Yarbrough, D. (2001). Money management practices of college students. *College Student Journal*, 35 (1), 6.

Inal, Y., & Cagiltay, K. (2007). Flow experiences of children in an interactive social game environment.*British Journal of Educational Technology*, 38 (3), 455-464.

Joo, S., Grable, J.E., & Bagwell, D.C. (2003). Credit card attitudes and behaviors of college students.*College Student Journal*, 37 (3), 1-11.

Jump Start Coalition. (1997). *High school seniors lack financial smarts, shows survey.* Retrieved from http://www.jumpstartcoalition.org/upload/news.cfm.recordid=37.

Jump Start Coalition. (2000). *Financial literacy declining among 12th graders.* Retrieved from http://www.jumpstartcoalition.org/upload/news.cfm? recordid=60.

Jump Start Coalition. (2002). *Personal financial survey of high school seniors: Executive summary.* Retrieved from http://www.jumpstartcoalition.org/upload/ExecutiveSummary2002.doc.

Jump Start Coalition. (2004). *Financial literacy improves among nation's high school students.* Retrieved from http://www.jumpstartcoalition.org/fileuptemp/FINAL_PR_Jump$tart_2004_S urvey.doc.

Kiili, K. (2007). Foundation for problem-based gaming.*British Journal of Educational Technology*, 38 (3), 394-404.

Klopfer, E., Osterweil, S., & Salen, K. (2009). *Moving learning games forward.* Cambridge, MA: The Education Arcade.

Koh, N.K. (2005). *Positioning financial literacy in Singapore schools.* Paper presented at Pacific Circle Consortium, Sydney, Australia.

Koh, N.K. (2009). *What's actually working? Latest developments in financial education impact assessment.* Paper presented at Citi-FT Financial Education Summit, Singapore.

Koh, N.K. (2012). Investigating attitudes towards financial literacy in schools: An impact study. *Journal of Education and Vocational Research*, 3 (7), 204-215.

Koh, N.K., & Fraser, B. (2014). Determinants of financial attitudes among secondary-school students in Singapore.*World Studies in Education*, 15 (2), 41-52.

Lage, M.J., Platt, G.J., & Treglia, M. (2000). Inverting the classroom: A gateway to creating an inclusive learning environment.*Journal of Economic Education*, 31 (1), 30-43.

Lee, C.B., Koh, N.K., Cai, X.L., & Quek, C.L. (2012). Children's use of metacognition in solving everyday problems: Children's monetary decision-making.*Australia Journal of Education*, 56 (1), 23-40.

Lusardi, A., Mitchell, O.S.and Curto, V. (2010). Financial Literacy among the Young.*Journal of Consumer Affairs*, 44: 358-380.doi: 10.1111/j.1745-6606.2010.01173.x.

Mandell, L. (2006a). *Teaching young dogs old tricks: The effectiveness of FL intervention in pre-high school grades.* Paper presented at the Academy of Financial Services 2006, Annual Conference Salt Lake City.

Mandell, L. (2006b). *Financial literacy: Improving education results of the 2006 national Jump Start survey.* Washington, DC: Jumpstart Coalition.

Mandell, L. (2006c). Financial literacy: If it's so Important, why isn't it improving? *Networks *Financial Institute Policy Brief 2006-PB-08*.Retrieved from http://www.networksfinancialinstitute.org/Lists/Publication%20Library/Attachments/30/2006-PB-08_Mandell.pdf.

Mandell, L. (2009). *The impact of financial education in high school and college on financial literacy and subsequent financial decision making*.Paper presented at the American Economic Association Meetings, San Francisco, CA.

Mandell, L., & Klein, L.S. (2007). Motivation and financial literacy.*Financial Services Review*, 16 (2007), 105-116.

Markovich, C.A., & DeVaney, S.A. (1997). College seniors'personal finance knowledge and practices.*Journal of Family and Consumer Sciences*, 89 (3), 21-28.

Mischel, W., Shoda, Y., & Rodriguez, M. (1989). Delay of gratification in children.*Science*, 244 (4907), 933-938.

Moffitt, T. (2012). *Children's self-control and the health and wealth of their nation: Tracking 1000 children from birth to maturity*.Retrieved from http://www.gresham.ac.uk/lectures-and-events/childrens-self-control-and-the-health-and-wealth-of-their-nation-tracking-1000.

INFE, OECD. (2011). *Measuring financial literacy: Questionnaire and guidance notes for conducting internationally comparable survey of financial literacy*.Paris: OECD.

Steinkuehler, C., Squire, K., & Barab, S. (Eds.), (2012). *Games, learning and society: Learning and meaning in a digital age*. New York: Cambridge University Press

Tennyson, S., & Nguyen, C. (2001). State curriculum mandates and student knowledge of personal finance.*The Journal of Consumer Affairs*, 35 (2), 241-265.

Teo, T., Koh, N.K., & Lee, C.B. (2011). Teachers'intention to teach financial literacy in Singapore: A path analysis of an extended theory of planned behaviour.*The Asia-Pacific Education Researcher*, 20 (2), 412-421.

Varcoe, K.P., Martin, A., Devitto, Z., & Go, G. (2005). Using a financial education curriculum for teens.*Association for Financial Counselling and Planning Education*, 16 (1), 63-71.

Walstad, W.B., Rebeck, K., & MacDonald, R.A. (2010). The effects of financial education on the financial knowledge of high school students. *The Journal of Consumer Affairs*, 44 (2), 336-357.

Xu, L., & Zia, B. (2012). *Financial Literacy around the world: An overview of the evidence with practical suggestions for the way forward*.World Bank Policy Research Working Paper 6107.

第33章 在经济教育的大背景下的金融教育认知部分可行性学习进程概述[①]

Anna Emilia Berti

摘要 各种与经济主题相关的学校，已经提出了教育学不同的目的和不同的名称，如经济教育（如国家经济教育委员会，2010）、消费者教育（2004），以及最近提出的金融教育（INFE，2012）。设计标准和课程以及实施干预性研究主要由经济学家和教育学家进行，而不是教育研究人员和认知教育心理学家。因此，经济概念及能力仍然停留在学科教学的理论争论与实证研究的边缘。从朴素理论、发展序列和学习进展的角度来看，这些争论和研究更多地集中在自然科学和数学方面。在这一章中，我将举例说明这些概念，并说明如何将经济概念引入金融教育。我对孩子们在没有接受过正式指导的情况下对经济世界的理解进行了总结。在此文献综述以及一些干预研究的基础上，我提出了一个针对K-8年龄（即5岁至14岁）学习经济和金融概念的学习进程，该计划基于发展和教育研究结果，可以指导学生渐渐地学会科学地思考或行动。

关键词 孩子的经济概念　经济教育　K-8　朴素经济学理论　经济学学习过程

经合组织给出的金融教育（FE）的定义是："金融消费者/投资者通过信息、教育和/或客观的建议，提高对金融产品、概念和风险的理解，并充分发挥其技能和自信，从而更清晰地意识到金融风险和机会，做出明智的决策，同时知道在哪里寻求帮助，也能采取其他有效措施，最终改善他们的财务状况的过程。"这个定义包括两个主要部分：金融概念的知识，以及精通一系列能力和生活技能，比如储蓄（包括延迟满足）、为近期或远期的未来规划（包括对时间的理解和站在未来的角度）、决策、考虑边际成本和边际收益等。本章只针对FE的认知部分，即金融概念的知识，以及如何成功地教授它。本章提出了科学教育领域中学习进程（LP）的概念，并讨论了如何将其应用于FE。我认为，金融知识

① A.E.Berti.
Department of Philosophy, Sociology, Pedagogy, and Applied Psychology,
University of Padua, Via Venezia 8, 35131 Padua, Italy
e-mail: ae.berti@unipd.it
© Springer Science+Business Media Singapore 2016
C.Aprea et al.(eds.). International Handbook of Financial Literacy,
DOI 10.1007/978-981-10-0360-8_33

包含了许多基本经济概念（如财产、生产、就业），因此应被视为经济知识的一部分。最后，我描述了从学前班到八年级的儿童对世界经济缺乏全面了解的历程，并且草拟了该年龄阶段的学习进程。

针对中小学生的 FE 项目近 10 年来快速增加，其增长速度超过了 FE 研究以及金融经济领域相关的知识和技能的发展速度。教育学和心理学的文献报道了大量关于环境是如何影响儿童经济行为和态度的研究结果，这些可为提升金融技能的教育政策提供建议。另外，与研究更完善的学科的文献相比，关于儿童对金融和经济概念理解的研究相当稀少。然而，对金融和经济教育工作者而言，结合一般理论方法和教育发展的研究结果，这些研究仍有指导借鉴的价值。

几十年来，对于不同年级的学生，对不同学科概念理解的实证研究（例如物理学、生物学、天文学）表明，正规教学的成果有限。许多学生不改变其学前观念，或者在中学甚至大学结束时再改变，这些令人失望的结果刺激了科学教育工作者、认知和发展心理学家以及教师，他们正努力找出阻碍学生理解和学习的障碍，并检验各种教学方法的有效性。这些研究得出的建议可以帮助相关教育机构和学者将 FE（或其他任何新主题）引入正式教学中，同时降低失败或者效果不佳的风险。

33.1 金融教育的学习进程

33.1.1 什么是学习进程

最近采用的方法中最有希望的一种是由布鲁纳（1996）在关于螺旋式课程提议上发展和详尽阐述的，该方法建议识别：（1）科学领域中最重要的"核心科学思想"，理解这个概念是学生在大学毕业前应达到的目标；（2）连接学生起点（即学生入学前的学前观念）和期望终点（教学的核心思想）的道路。这些路径就是学习进程，其定义为"描述孩子们在一个大的时间跨度内（如 6~8 年）学习和研究一个话题时的一个又一个复杂的思考方式。如果它们发生的话，它们在很大程度上依赖于教学实践"（杜施尔等，2007，第 214 页）。学习进程不应与发展序列相混淆，即描述某些通常不会被正式教导的概念或者能力，需要儿童在真实世界和社会中的互动以及非正式的教学中获得。这些序列的最高水平不属于科学范畴，而是像非该领域专长的成年人所了解的一样的常识概念。

发展心理学家通过横断面研究以及（更少见的）纵向研究，描述了很多发展序列。广义的研究主题包括道德推理；理解心理状态，如意图、信仰、欲望和情感（标记为"朴素心理理论"）；物理量；物理运动的解释；生命的概念，以及物质的概念。直到 20 世纪末，大多数研究都受到了皮亚杰开创性工作的启发。皮亚杰认为，综合的全面逻辑结构为儿童观念提供了基础以及信息，因此，他认为不同概念的发展是通过相似的通用序列发生的。最近的大多数研究遵循特定领域的方法，根据这些概念嵌入的不同理论有许多，如理论概念结构（朴素理论）。虽然这些结构是相互独立的，但由于某些概念或能力是另一个的前提条件，所以它们也可以互相影响。例如，数学知识涉及许多物理和经济概念。要了解经济和政治行为及制度，就必须了解人们的欲望和信仰，以及掌握道德和传统规则以及权威的概念。

此外，预计不会有太多的发展序列（至少在工业化国家是这样）。他们主要来源于非正式学习中，这取决于与大多数孩子共有的常识（观察自然现象和社会现象，以及与其他人的互动）和受大脑发育影响的执行功能的发展（如工作记忆、抑制控制、注意力）。例如，虽然时间不同，但研究已经在不同国家中发现关于银行业务类似的概念序列（墨西哥、意大利、波兰、南非、英国）。发展序列对学习进程的建构和针对单一年级或有限年级范围的干预是很重要的。它们展示了某一年龄段的学生如何思考主题以及他们可能具备何种预备知识。发展序列也能突出儿童的观念如何阻碍更深层次的理解和成功的学习。例如，人们已经发现，互惠的概念（如你必须把你所借的钱还给我）可能会阻止儿童了解贷款利息的概念。这些概念必须加以考虑和质疑。在上述情况下，应强调个人关系（如对家庭成员或朋友的贷款）和制度（如银行机构）背景下发生的行为之间的差异。银行应该被描述为一个需要钱来支付员工工资和其他费用并获利的企业。

33.1.2　如何构建学习进程

学习进程的发展规划有助于确定学生的起点，这应该被用来定义学习进程的基础（伊万斯等，2012）。一旦学习进程开始，学生在学习进程中后一个阶段的学习就会受到他们在之前阶段中的所学的影响和制约。这一过程的终点或上锚，由核心科学概念定义，即概念满足以下要求：（1）被相关学科的科学家认为是重要的；（2）排除学生上大学与否以及将来的职业选择等因素，对他们来说依然重要；（3）在特定时间内易于学习。易学性意味着着他们的标准或大纲（取决于学校系统）必须具有横向和纵向的连贯性。横向连贯性意味着学习进程中每一步提供的知识单元都必须包括构成相互关联概念结构所需的背景、学科概念和能力、符号系统、表现形式和话语。纵向连贯性意味着学习进程中的每一步都必须为后续步骤奠定基础。

核心科学概念的定义需要目标学科的学者们、社区政策制定者们以及教育工作者们的合作，他们应综合评价受过良好教育的人应具备哪些知识才能在某一社区充分行使公民权。定义最重要的科学概念的标准可根据目标的学科差异而变。例如，科学共识是数学和自然科学的标准，但这并不完全适用于社会科学。社会科学不仅具有更大的争议性，而且对社会应该如何运作也有不同的看法，从而为建设他们所描述和解释的社会做出贡献。因此，为了有能力做出明智的选择，公民需要了解在政治和经济舞台上相互竞争的政策背后的不同和常常相互冲突的观点。

一旦做出了关于核心科学理论的决定，不同专家之间的合作就显得更为重要了。学科概念结构分析不足以决定学习进程中所包含的步骤。这种分析也无法揭示科学思想中包含的，却可能会被学前概念阻碍概念和能力的构架。这一点可以用店主利润的例子来说明（指费用和收入之间的差额）。利润的概念在商店的背景下，比在农场、工厂或银行的背景下，更容易被孩子理解。因此，这可以是构建普适利润观的第一步。

在意大利，学生通常是在三年级的数学课上学习店主利润的例子。孩子们理所当然地认为店主根据成本提高价格并学习如何计算解题。然而，在不同的国家进行的一些研究表明，9~10岁的儿童才懂得根据成本定价，或者是根据成本降价。这个想法与孩子们对价格的看法是一致的。根据大多数孩子的看法，价格取决于货物的特性，而这是在商业链的各种通道中固定不变的。另外一些孩子认为付款是为了劳务：如果在工厂买，就向生产者付款；如果在商店买，就向店主付款。这些孩子认为生产商品比卖货难，因此店主的工资应该比生产者少。许多孩子对店主的利润感到困惑。有些孩子推断价格会随机变化，另一些孩子则认为店主不诚实。明确解决这一问题不仅要解决工资和货物支付的问题，还要帮助孩子明白，如果按（低于）成本销售，那么总收入（低于）等于总成本，而大多数7~8岁的孩子以及一些8~9岁的孩子是不清楚的。总之，一个看似简单的概念，如店主的利润，被嵌入在一个经济学家不太重视的概念网络中，那么只有通过调查研究学生的思维，如发展心理学家和认知心理学家的研究，才能揭示这一概念。

当经济学家被问及经济学中的重要概念时，他们自己不太可能想到店主的利润概念。基本思维就是一个例子，即有些概念之所以重要是因为它们是"有效学习的中心"（怀泽和史密斯，2009，第3页）。在这种情况下，因为这是一个更简单的抽象利润概念的例子，所以更接近于儿童的日常经历。基本思维只能通过追踪学前概念的发展或者研究非最优教学方案导致的错误概念才能得以实现。

33.1.3 金融教育

回顾金融素养教育（金融教育的目的）的定义以及金融教育研究中使用的评估手段，能发现这个词最基本的含义与一个人管理金钱的能力有关。休斯顿（2010）发现金融教育领域更容易提及以下几个内容：（1）货币（类型、功能、价值）；（2）贷款（包括信用卡、消费贷款和抵押贷款）；（3）储蓄和投资（包括储蓄账户、股票和信托基金；（4）保护性资源（即通过保险产品）。显然，这些概念虽然实际上非常重要且相互关联，但既不充分也无条理。

它们之所以是不充分的，是因为虽然它们在人们购买商品或者金融产品时能提供帮助，但是它们不能帮助人们作为公民理解以及民主地参与对金融问题的选择（如金融市场监管、个人或集体风险管理解决方案、税收政策，或如何处理金融危机）。这种参与需要了解金融体系运作以及与其他经济子系统互相作用的方式。根据经济学家彼得森在2013年书中所说，经济教育的目标是使学生"能够拥有批判性地评价新兴的经济趋势和情况，对未来的经济可能性进行创造性的思考，以及提问和解决问题的实践能力"，这就模糊了金融教育和经济教育之间的区别。

另一方面，金融教育定义中包含的概念之所以是无条理的，是因为除非某人已经拥有（或者学习）了涵盖其他概念网状系统，如财产（个人物品和生产资料、个人财产和股份公司）、就业与创业、银行业、国家与法律制度，否则将无法理解这些概念。由于金融教育不具备易学性所需的横向以及纵向连贯性，因此，金融教育无法构建独立的学习进程，金融概念应该作为经济学中一个更广泛的学习进程的组成部分来教授。

将金融教育和经济教育结合在一起并不是创新。儿童和青少年国际金融（2012b），一个最近的致力于提高儿童和青年理财能力的广泛网络，把金融教育当作公民经济教育更广泛项目的一部分，其定义是"包含了金融教育、社会教育及儿童和青年的生计教育三大模块的教育课程"（第55页）。青年商业社（2015），该领域最古老最大的国际组织之一，提供K-12项目（即5~18岁项目），其中包括三个"学生成功的支柱"：企业家精神、工作准备和金融素养。经济教育计划先于金融教育计划几十年。美国经济教育委员会（2010）提出了自愿性国家标准内容，它提供了广泛的和相互关联的概念集，并且有广泛的教育实践。

　　这些项目已经为中小学生（甚至学前班）提出了详细的课程建议，以及编制了适合不同年级的有用的书籍、练习和教学材料。它们通常以明确和有意义的方式提出基本的经济概念。然而，在决定如何以及以何种顺序呈现它们时，它们似乎没有考虑到学生的非正式概念。另外，它们因为意识形态上的偏差以及仅仅基于新自由主义的观点而受到批评。2008年金融危机之后，即使在学术界，传统经济教育的充分性也受到质疑，并且有人呼吁将经济史与经济思想史更广泛地纳入中学和大学经济学课程中。

　　理解经济系统（过去和现在）如何运作可能是中学经济学学习进程的上层支柱。经济学理论应该从历时和共时两个角度讨论。历时是对不同历史时期产生的问题的回答，共时是对某一时期的经济系统运行、国家作用和解决主要经济问题的对策的不同观点（Zamagni公司，1995；参见国际经济教育评论，2009，问题2，关于多元经济教育的论文集）。该学习进程的底层支柱是学前儿童对经济政治制度的概念，以及相关领域的背景知识（如数学、心理学）的理解。在中小学实施的中间步骤应该要逐步构建经济政治体制的概念。最初，这些步骤只能基于关于儿童学前教育的经济和政治概念的文献。一旦临时学习进程已实施和开始测试，那么就可以设计不同的学习进程，其中中间步骤建立在前面步骤中的教育结果之上。

33.2　不同年级的孩子们对经济和政治制度的理解，以及可以教他们什么

　　关于孩子对经济体系的理解的研究——理解人们在其生活的社会中为获取、生产和分配物资和专门服务而进行的一系列制度化活动——并没有那些关于儿童对自然世界的理解的研究那么多，但是它们足以描绘从学龄前到青春期早期所发生的主要变化。虽然我们已经发现了国家间与国家内部之间的不同（如莱泽尔等，1990），但是年龄差异具有共同趋势：从孤立的交流到整体的协调；从混淆个人和社会角色到能区别个人和社会角色；从只考虑个人的行动和动机到考虑许多人总体的行动和动机。理解政治制度是通过部分相似的序列进行的：从混淆公共服务与私营企业提供的服务到理解国家是一个具有复杂嵌套结构的独特组织（贝尔蒂，2005）。现在我将更详细地描述这些序列，并且从中提出一些建议。这些建议是关于应当包含在一个K-8年级课程中的垫脚石的概念。

33.2.1　学前班

　　5岁之前，孩子们有一个心理理解（或"心理理论"），这让他们能根据意图、愿望和信仰解释他们自己和他人的行为（格尔曼和勒加雷，2011）。可能由于他们熟悉意图，孩子们（成年人在某种程度上也是如此）倾向于将各种自然现象通通解释为了某个目的发生或存在的（例如，山是用来"爬"的）。孩子们根据自主性、努力性和愉悦性来区分不同的行为，并把幼儿园教师要求的活动当作工作任务，如整理、画画和唱歌。他们也能够识别出由家长或老师这样的"权威方"口述或制定的规则。与自然现象类似，孩子们会根据其一般用途，来解释一些与他们所知道的工作相关的活动（医生、教师、司机、警察、店主）：治愈人们，教孩子学习、抓小偷等等。因此，他们并不认为从事这些活动的人具有赚钱的动机。

　　从很小开始，孩子们就有一些关于所有权的想法：他们知道哪些玩具和衣服是他们

的，他们认为偷窃是不道德的行为，并且他们常常与同龄人在所有权问题上发生冲突。学龄前儿童似乎不能明显地区分送礼和借贷（诺尔斯和开尔，2011），但他们知道商店是可以买到东西的地方。孩子们从3岁开始就可以在模拟游戏中扮演购物者和收银员的角色，不仅使用金钱，还能使用信用卡（德兰登等，2008）。由于学龄前儿童算术知识有限和货币系统的复杂性，在真正购物时，孩子们只能使用一些钱（例如1美元或1/4美元，而不是单独的美分），并且要很久他们才能理解硬币和纸币价值之间的相关性。他们把买东西时需要给钱当作一种仪式，并不知道背后的原因。有些孩子甚至认为店主找给他们零钱是因为店主很慷慨，或者因为这是他们谋生所必须遵守的规则。他们认为银行是一个免费取钱的地方。尽管孩子们知道他们的父母去工作赚钱，但他们不知道这项工作是做什么的，并且认为父母只是去工作的地方拿钱。

这个年龄段的孩子对生产的理解十分有限，可能是因为在现代经济中，大多数生产过程都很复杂并且难以接触到。他们认为店主自己制造商品，或者他们从另一个店主那里得到货物等等。他们对工农业生产几乎一无所知。

总之，虽然这个年龄段的孩子接触到了各种经济活动和机构，但是他们似乎没有一点真正的经济思想。他们认为经济实体只包括两种行为者：一种是商品、服务甚至金钱的"分配者"，另一种是消费者。他们认为，除了人们给自己设定的合理限制外，金钱和货物都可以无限制地获得。所有这些活动都可以由目的论解释，即按需分配。一些"分配者"是公务员（警察、由国家雇用的从事医疗服务和学校教育的医生和教师），但是，孩子们没有就业的概念，因此无法将他们与其他身份相区别。对于地方或国家的政治当局（如市长、总统、国王或女王），孩子们可以在电视上看到或在家里听到他们，因此认为他们是"重要"的人，但是不知道他们是做什么的。因此，孩子们似乎对政治体制一无所知（贝尔蒂，2005）。

学前班教什么？

在某些儿童的概念中，虽然还没有学习专业的政治和经济知识，但通过灌输和说明，也可以为进一步理解奠定基础。掌握基本的知识可以帮助孩子在家里、在学校或在他们的城镇分清什么是他们自己的（例如衣服、私人玩具），什么是与他人分享的（例如房屋、家具、玩具和学校设施；道路、公园和公园设施），因此要教会他们非常简单地区别私人物品和公共物品。生产的概念可以通过展示一些商品的生产方式（从简单的商品开始，如新鲜的、存储的水果和蔬菜以及手工艺品）得到丰富和完善。理解货币是如何用于买卖的（消费者为商品支付货币，支付的钱多于商品的价格时，就应当找回）可以让他们正确理解零钱。在确定价值范围后，这可以通过模拟买卖游戏来实现。

33.2.2 一年级与二年级

在童年中期，经济世界的形象更加完整。已知活动的范围更广，个人和社会角色之间的混淆似乎已被解决。儿童表现出对机构角色的理解，其特点是正视个人意图与规定的职责义务的区别。例如，他们意识到教师不能按照自己的意志来对待学生（埃姆勒等，1987），并且人们之所以从事某些活动是因为他们以此为生（贝尔蒂和邦比，1988）。

孩子们现在也形成了对生产概念的基本认识，虽然只把它看作一种由一个或几个人执行的工艺。一开始，孩子们并不把他们所知道的工作理解为就业，因为所有的工作，或者说几乎所有的人，包括公务员，都被认为是为个人工作，均由他们的客户来埋单（例如教师的工资由学生的父母来支付，公交司机的工资由乘客来支付，并且都是生产资料的所有人，比如，公共汽车司机拥有公共汽车，工人拥有工厂（贝尔蒂等，1982）。这不仅限制了儿童对经济关系的理解，还妨碍了他们区分私人和公共机构。

孩子们在这个年龄段，由于算术技能和知识的提高，他们逐步开始了解金钱的价值以及金钱是如何用于买卖的。因此，付款成为真正的等价交换，而不是一种仪式。同样，孩子们开始将从工作中获得的报酬与从工作受益者那里获得的报酬联系起来。孩子们精心制定各种标准来推断商品的预期价格和各种工作的预期工资：就货物而言，考虑其内在品质，如美观、尺寸和实用性；就工作而言，考虑以小时、强度为单位的数量，以及生产的货物或服务的数量。银行不再被视为是免费发钱的地方了，你只能从银行得到你以前存下来的钱，以保护它不被小偷所盗窃。

一年级和二年级教什么？

在这时候，可以通过扩大硬币和纸币的使用范围，来帮助儿童更好地了解货币的价值和用途。个人和机构角色之间的区别可以通过与孩子讨论几个工作来加以区分，强调人们需要工作来谋生，找出那些从这些工作所提供的商品或服务中获益的人，以及为他们提供报酬的人。这样，孩子们也可以参照简单的等级结构（如理发店、工匠和他/她的雇员）来区分自雇人员和雇员。在处理这一问题时，应该使孩子们明白，某些工作（如警察部队、公园和道路的建设和维护）对所有居住在某一地区的人都有好处，那么就有了关于谁负责为这些工作付费的问题。这有助于进一步阐述公共利益的概念，并将其与公共机构的基本形式联系起来，告诉他们由被委托照看公共物品和收取费用（即税金）的一群人来做这些工作。最后，有关经常账户和电子货币是如何工作的知识，可以丰富孩子们对银行的认识，如银行的功能不仅限于存钱。这为理解雇主通过银行转账为员工发工资，而不是现金亲自转交奠定了基础。

33.2.3　三年级至五年级

儿童对社会理解的一个转折点发生在 7 岁到 8 岁之间，随着基本层次结构概念的出现，出现了两种新的行为人：发号施令并付钱的老板（而且，根据孩子们的说法，他们也有自己的生意）和雇员。孩子们逐渐将这种分层的观点扩展到越来越多的工作中。教师、垃圾收集工、工人、警察、士兵，被视为具有一个或多个头目的机构的成员。现在，工厂被公认为是制造大多数商品的地方。然而，孩子还不具备大工业的概念，这涉及成百上千的人，是一个复杂的层次结构。同时，孩子也不具备国家的概念，这是一个更大的组织，包括警察、军队和其他公益机构。

这时，孩子们理解两种交换模式：一种涉及消费者、店主、中间商和生产者，这里钱是用来买商品的；另一种涉及老板和工人，这里钱是用来买劳务的。这两种交换仍然被区分开，并且孩子们不明白老板是如何为自己和员工赚钱的。常见的回答是：他们已经很富有；从地方议会或国家免费获得资金；或者从工人那里得到钱，工人在开始工作时必须先付钱。孩子们也知道银行贷款，但他们不知道利息。

虽然提到州议会或地方议会，但许多孩子不知道它们到底是什么，并把它们描述成与私人组织非常相似的组织。当提到税收时，孩子们往往会把它与煤气、电和电话账单混淆。

孩子们在 7~8 岁时，其心理理论可能让他们认识到有意说服和欺骗性宣传的存在，这一点，再加上孩子们知道生产商有动机推销他们的产品，使他们意识到广告会对产品有偏向地描述，往往夸大其辞。

三年级至五年级教什么？

应当帮助孩子们把这两种交换（钱换商品、钱换劳务）联系起来，将商品的价格与生产所需的劳务联系起来，并使其可供消费者使用（从原材料的生产或提取到把最终产品运送到商店）。这可以在三年级达成。然而，孩子们首先需要明白，如果店主以成本价销售物品，那么他们只收回了购货成本。了解商业银行利润的前提是要知道银行贷款，同时要知道这需要通过存款来实现。孩子们很容易就能理解这一点，并且知道家庭和企业借钱的原因。理解贷款和存款利息是比较困难的，但它在五年级的一节课中有所涉及，而且它在一系列低年级的课程中也有所涉及（贝尔蒂，1999）。

对阶层式组织的理解可能使我们引入一个国家的概念，即通过征税筹集资金并提供公共物品（例如法律及其强制力、国防、管理、教育、医疗）的组织。政策研究表明，所有这些概念，甚至可以在三年级时就成功教会他们。了解税收是做什么的，可以培养孩子们对税收的积极态度，并且可以防止逃税。

33.2.4 六年级至八年级

只有在这一年龄段的孩子，才能在没有正式的指导下，独立地形成对经济系统的全面认识，他们知道老板付给工人的钱来自于他们的产品销售（商品或服务），并且相应地，他们也知道商品价格包括生产成本。儿童所认识的系统仍然是非常简单的：阶层式组织只涉及几个层次，企业的所有权和经营权是不分的，并且只能理解商店利润的概念，无法将其拓展到银行和工厂。孩子们知道各种工作在收入和声望方面的差异，并且根据不同的标准解释和接受它们，包括工作强度、责任和教育要求。另外，市场的力量几乎被忽略。一些关于商品价格机制的研究表明，需求法则比供给法则更容易被孩子们理解，甚至五年级的学生都可以在具体情况下理解需求法则，如用口香糖换巧克力。

六年级至八年级教什么？

孩子们对经济系统的整体理解还有许多漏洞，有很多细节需要补充。利润的概念应推广到所有的企业，从而为引入一般商品和服务价格机制的概念奠定基础。应增加新的行动者和机构，如工会、专业组织和政府机构、社会保障机构和非营利组织。对已经知道的子系统应该进行明确的区分，根据规模和形式（如个人独资、合伙企业、公司）以及所有权与控制权的不同关系来区分企业。这样，就有可能理解债券和股票，同时也能理解银行的新职能，从而能够区分商业银行和投资银行。

33.3 结束语

在八年级前，构建一个关于资本主义运作方式和国家主要职能的知识框架，尽管很粗糙，但也能为今后几年解决以下问题铺路：国际贸易、国际组织（国际货币基金组织、世界银行）；金融和资本市场的区别；金融危机的原因以及对实体经济的影响；对国家在经济中的作用的不同看法。上述问题是基于有关孩子学前经济和政治教育的文献依次提出的。经济学课程的设置可能会引发学习过程中的不同概念，而这些概念反过来也会为学习进展和进度提供依据。一旦临时学习进程开始测试和实施，基于不同的中间步骤和效果，将会设计出不同的学习进程。由于对不同教育政策的影响方面的数据非常稀少，在设计有效的经济和金融教育进程方面，还需要更多的实证研究。

参考文献

Ajello，A.M.，Bombi，A.S.，Pontecorvo，C.，& Zucchermaglio，C.（1986）. Children's understanding of agriculture as an economic activity：The role of figurative information.*European Journal of Psychology of Education*，1（3），67-80.

Ajello，A.M.，Bombi，A.S.，Pontecorvo，C.，& Zucchermaglio，C.（1987）. Teaching economics in primary school：The concepts of work and profit.*International Journal of Behavioral Development*，10（1），51-69.

Apple，M.W.，& King，N.（1990）. Economics and control in everyday school life.In M.W.Apple（Ed.），*Ideology and curriculum*.New York：Routledge.

Aprea，C.（2015）. Secondary school students'informal conceptions of complex economic phenomena.*International Journal of Educational Research*，69，12-22.

Arthur，C.（2012）. Consumers or critical citizens? Financial literacy education and freedom. *Critical Education*，3（6），http://ojs.library.ubc.ca/index.php/criticaled/article/view/182350.Accessed on April 2014.

Beder，S.（2006）. The role of "Economic Education" in achieving capitalist hegemony.*University of Wollongong Research on line*.http://ro.uow.edu.au/cgi/viewcontent.cgi? article=1067&con-text=artspapers.Accessed on April 2014.

Benn，A.（2004）. Consumer education between 'consumership'and citizenship：experiences from studies of young people.*International Journal of Consumer Studies*，28（2），108-116.

Berti，A.E.（1999）. Knowledge restructuring in an economic subdomain：Banking. In W.Schnotz，S.Vosniadou，& M.Carretero（Eds.），*New perspectives on conceptual change*（pp.113-133）. Oxford，UK：Pergamon.

Berti，A.E.（2005）. Children's understanding of politics.In M.Barrett，& E.Buchanan-Barrow（Eds.），*Children's understanding of society*（pp.69-103）. UK：Psycology Press.

Berti，A.E.，& Andriolo，A.（2001）. Third graders understanding of core political concepts（law，nation-state，government）before and after teaching.*Genetic，Social，and General Psychology Monographs*，127（4），346-377.

Berti，A.E.，& Benesso，M.（1998）. The concept of Nation-state in Italian elementary school children：spontaneous concepts and effects of teaching.*Genetic，Social，and General Psychology Monographs*，120（2），121-143.

Berti，A.E.，Bombi，A.S.（1988）. *The child's construction of economics*.Cambridge：Cambridge University Press.http://dpa.psy.unipd.it/it/index.php? p=24&id=102. Accessed on April 2014.

Berti, A.E., Bombi, A.S., & Lis, A. (1982). The child's conceptions about means of production and their owners.*European Journal of Social Psychology*, 12, 221–239.

Berti, A.E., & De Beni, R. (1988). Prerequisites for the concept of shop profit: Logic and memory.*British Journal of Developmental Psychology*, 6, 361–368.

Billimoria, J., Penner, J., & Knoote, F. (2013). Developing the next generation of economic citizens: financial inclusion and education for children and youth.*Enterprise Development and Microfinance*, 24 (3), 204–2018.

Brenner, M.E. (1998). *Meaning and money.Educational studies in Mathematics*, *36* *(2)*, 123–155.Bruner, J. (1996). The culture of education.Cambridge, MA: Harvard University Press.

Child and Youth Finance International (2012a). *Children and youth as economic citizens: review of research on financial capability, financial inclusion, and financial education.*Research Working Group Report.Amsterdam: CYFI.

Child and Youth Finance International (2012b). *A guide to economic citizenship education— Quality financial, social and livelihoods education for children and youth.*Amsterdam: CYFI.

Council for Economic Education. (2010). *Voluntary national content standards* (2nd ed.). New York: Council for Economic Education.http://www.councilforeconed.org/resource/national-standards-for-financial-literacy.Accessed on May 2014.

Delval, J. (1994). Stages in the child's construction of social knowledge.In M.Carretero & J.F. Voss (Eds.), *Cognitive and instructional processes in history and the social studies* (pp.77–102). Hillsdale, NJ: Erlbaum.

Diez-Martinez, E., & Delval, J. (2010). Mexican adolescents'comprehension about bank functions: Considerations regarding the development of school curricula.*Citizenship, Social and Economics Education*, 9 (2), 84–93.

Drenten, J., Peters, C.O., & Boyd, Thomas J. (2008). An exploratory investigation of the dramatic play of preschool children within a grocery storeshopping context.*International Journal of Retail & Distribution Management*, 36 (10), 831–855.

Duit, R. (2009). *Bibliography-STCSE: Students'and teachers'conceptions and Science Education.*http://www.ipn.uni-kiel.de/aktuell/stcse/stcse.html.Accessed on January 2015.

Duschl, R.A., Schweingruber, H.A., & Shouse, A.V. (2007). *Taking science to school: Learning and teaching science in grades K–8.*Washington, DC: National Academy Press.

Emler, N., & Dickinson, J. (2005). Children's understanding of social class and occupational groupings.In M.Barrett, & E.Buchanan-Barrow (Eds.), *Children's understanding of society.*UK: Psycology Press.

Emler, N., Ohana, J., & Moscovici, S. (1987). Children's beliefs about institutional roles: A cross-national study of representations of the teacher's role.*British Journal of Educational Psychology*, 57, 26–37.

Evans，E.M.，Rosengren，K.，Lane，J.D.，& Price，K.S.（2012）．Encountering counterin-tuitive ideas：Constructing a developmental learning progression for evolution understanding. In K.Rosengren，S.K.Brem，E.M.Evans，& G.M.Sinatra（Eds.），*Evolution challenges：Integrating research and practice in teaching and learning about evolution*（pp.174-199）. Oxford：Oxford University Press.

Furnham，A.（2005）．Understanding the meaning of tax：Young peoples'knowledge of the principles of taxation.*The Journal of Socio-Economics*，34，703-713.

Furnham，A.，& Cleare，A.（1988）．School children's conceptions of economics：Prices， wages，investments，and strikes.*Journal of Economic Psychology*，9，467-479.

Gelman，S.A.，& Legare，C.H.（2011）．Concepts and folk theories.*Annual Review of Anthro-pology*，*40（1）*，379-398.

Gibbs，J.（2014）．*Moral development and reality.*Beyond the theories of Kohlberg，Hoffman and Haidht.Oxford：Oxford University Press.

Gwartney，J.，& Shug，M.C.（2011）．What every high school student and teacher needs to know about economics.In M.C.Shug & W.C.Wood（Eds.），*Teaching economics in troubled times*（pp.11-36）．New York：Routledge.

Holden，K.，Kalish，C.，Scheinholtz，L.，Dietrich，D.，& Novak，B.（2009）．Financial literacy programs targeted on pre-school children：development and evaluation.Available at http://www.cunapfi.org/download/168_CUNA_Report_PHASE_ONE_FINAL_4-28-9.pdf.

Hung，A.A.，Parker，A.M.，& Yoog，J.K.（2009）．Defining and measuring financial literacy. *Working paper 708：RAND Labor and Population working paper series.*http://www.prgs. edu/content/dam/rand/pubs/workingpapers/2009/RANDWR708.pdf.Accessed on January 2015.

Huston，S.J.（2010）．Measuring financial literacy.*The Journal of Consumer Affairs*，44（2），296-316.

INFE（International Network on Financial Education）（2012）．Financial education in schools. http://www.financial-education.org.Accessed on January 2015.

Jahoda，G.（1979）．The construction of economic reality by some Glaswegian children.*Europe-an Journal of Social Psychology*，9，115-127.

Jahoda，G.（1981）．The development of thinking about economic institution：The bank.*Ca-hiers de Psychologie Cognitive*，1，55-73.

Junior Achievement.（2015）．unior achievement programs.https：//www.juniorachievement.org/ web/ja-usa/home.Accessed on January 2015.

Kelemen，D.（2012）．Teleological minds：How natural intuitions about agency and purpose in-fluence learning about evolution.In K.Rosengren & E.M.Evans（Eds.），*Evolution challeng-es：Integrating research and practice in teaching and learning about evolution*（pp.66-92）. Oxford：Oxford University Press.

Kołodziej，S.（2012）．How do Polish children understand economic concepts? *General and*

Professional Education, 1, 15-22.

Leiser, D., & Halachmi, R.B. (2006). Children's understanding of market forces.*Journal of Economic Psychology*, 27, 6-19.

Leiser, D., Sevon, G., & Lévi, D. (1990). Children's economic socialization: Summarizing the cross-cultural comparison of ten countries.*Journal of Economic Psychology*, 11 (4), 591-614.

McCormick, M.H. (2009). The effectiveness of youth financial education: A review of the literature.*Journal of Financial Counseling and Planning*, 20 (1), 70-83.

Moses, L.J., & Baldwin, D.A. (2005). How can the study of cognitive development reveal about children's ability to appreciate and cope with advertizing? *Journal of Public Policy & Marketing*, 24 (2), 186-201.

Noles, N.S., & Keil, F.C. (2011). Exploring ownership in a developmental context.In H.Ross & O.Friedman (Eds.), *Origins of ownership of property.New Directions for Child and Adolescent Development* (Vol.132, pp.91-103).

Nucci, L. (2001). *Education in the moral domain.*New York: Cambridge University Press.

OECD. (2013). *Advancing national strategies for financial education: A joint publication by Russia's G20 Presidency and the OECD.*Paris: OE.

Otto, A. (2012). Saving in childhood and adolescence.Insights from developmental psychology. *CSD Working Papers, No.12-20.*Washington: Washington University in St.Louis, Center for Social Development.

Peterson, J. (2013). Economic education after the crisis: Pluralism, history, and institutions. *Journal of Economic Issues*, 47 (2), 401-409.

Remund, D.L. (2010). Financial literacy explicated: The case for a clearer definition in an increasingly complex economy.*The Journal of Consumer Affairs*, 44 (2), 276-295.

Rupp, N.G. (January 13, 2012). Teaching economic concepts with a bag of chocolate: A classroom experiment for elementary school students. Available at SSRN: http://ssrn.com/abstract=1747284 or http://dx.doi.org/10.2139/ssrn.1747284.Accessed on April 2014.

Scheinholtz, L., Holden, K., & Kalish, C. (2012). Cognitive development and children's understanding of personal finance.In D.J.Lamdin (Ed.), *Consumer knowledge and financial decisions: Lifespan perspectives* (pp.29-47). Berlin: Springer Science + Business Media.

Shantz, C.U. (1987). Conflict between children.*Child Development*, 58, 283-305.

Stiglitz, J.E. (2000). Capital market liberalization, economic growth and instability.*World Development*, 28 (6), 1075-1086.

Turiel, E. (1983). *The development of social knowledge: Morality and convention.*Cambridge: Cambridge University Press.

Vosniadou, S. (2013). *International handbook of research on conceptual change* (2nd ed.). New York: Routledge.

Webley，P.（2005）．Children's understanding of economics.In M.Barrett & E.Buchanan-Barrow（Eds.），*Children's understanding of society*.Hove：Psychology Press.

Wellman，H.M.，& Gelman，S.A.（1998）．Knowledge acquisition in foundational domains.In D.Kuhn & R.S.Siegler（Eds.），*Handbook of child psychology，fifth editions，volume 2：Cognition，perception，and language*（pp.523-573）．New York：Wiley.

Wiser，M.，& Smith，M.（2009）．How does cognitive development inform the choice of core ideas in the physical sciences? *DRAFT of Commissioned Paper for NRC Conference：Expert Meeting on Core Ideas in Science Keck Center*，Room 100 Washington，DC，August 17，2009.

Zamagni，S.（1995）．Obiettivi e contenuti di una educazione economica di base.（Objectives and contents of a basic economic education）．In A.S.Bombi（Ed.），*Economia e processi di conoscenza*［Economics and cognitive processes］（pp.23-40）．Turin：Loescher.

第34章 面向大众的经济与金融教育——课程设置探讨：意大利的经验①

Stefania Farsagli, Umberto Filotto and Francesca Traclò

摘要 本章描述了在意大利北部地区皮埃蒙特开展的一项金融教育项目。在当地，该项目主要是应对一般性问题并采用了可复制的方法。该项目已经成功地进入第三年，其特点是：课程的定义和教育工具的选择是研究者、教师和学生相互讨论的结果，从而确保了参与度以及贡献度。此外，该项目利用了一种积极的经验教学方法，遵循儿童认知能力的一致性原则和教育工效学的基本原则。

关键词 致力于金融教育 经验教学 课程设置 教育工效学

34.1 引言

如何进行金融教育是科学界和教育界讨论得最积极的问题之一。虽然有些人对金融教育的积极贡献持怀疑态度，但其他许多人坚信提高儿童和成人的金融知识水平与他们金融决策和行为的正确性以及整体福利成正比。

虽然像模拟和游戏等其他方法以及主要针对儿童的入门性质的金融服务的发展、推广和推出，受到越来越多的关注，但从某种意义上来说，提高金融知识水平最传统、最自然的方式还是通过学校上课。但是，将金融纳入学校课程意味着首先要选择应该教什么以及如何去讲授。

本章报告了在意大利北部地区皮埃蒙特开展的一项金融教育项目的初步结果，该计划是在教师充分参与设计以及更新研究课程和方法的基础上制订的。

---

① U. Filotto
Università di Roma, "Tor Vergata", via Columbia 2, 00133 Rome, Italy
e-mail: u.filotto@assofin.it
F. Traclò
Associazione Rosselli, Torino, Italy
S. Farsagli
Forma Scienza—IFEL, Rome, Italy
© Springer Science+Business Media Singapore 2016
C. Aprea et al. (eds.), International Handbook of Financial Literacy,
DOI 10.1007/978-981-10-0360-8_34

这一经验成功地建立了一个可以作为发展学校经济和金融课程的基准模型。各学科教师参与教育工具的内容和程序的选择，使快速确定学校课程大纲成为可能。

虽然经验仅限于某一特定区域，但所处理的问题可以被视为具有普遍性，因为该项目旨在回答如下问题：

- 儿童、青春期少年和青少年必须具备哪些技能？
- 考虑到学生的学习能力，每个学年应当教授什么才合适？
- 应使用何种教育工具？
- 如何有效地监测和评估这些经验，以便不断改进该模式？

由于这些原因，源于本案例的一些事实和经验在其他情况下可能也有用，有助于找到解决提高人们金融素养问题的方法。

本章分为三部分：在第一部分中，我们解释了我们采用的方法，该方法是基于自下而上的课程设计过程而创立的，特别是参与式和体验式学习方法；第二部分描述了该研究案例；在最后一部分中，我们举例说明了在这一发展和实施过程中所吸取的关键经验教训。

34.2 参与、体验和学习：设计在校的金融教育方案

如何在学校教授经济学涉及两个方面的问题，并且两方面都应被考虑：首先是采取正确的经济学教学方法。有几项研究探索了儿童学习能力的发展，但基本上没有专门探索经济教育的研究（拜尔蒂和邦比，1988；拜尔蒂和莫娜奇，1998；韦伯利，2005）。这些研究表明，即使儿童能够更成功学习的概念类型是不同且变化的，一般的教学原则也适用，其中年龄是首要的变量。

除此之外，其他一些因素也很重要，如学习能力和意志，这与学习者周围的整体家庭、文化和社会环境密切相关。如果孩子生活在充满刺激的环境中，会迫使他/她解决涵盖经济方面的问题，无论这个问题的难易程度如何，都可能会加快孩子的学习速度。这证实了课堂内外具有很强的相关性，并且提醒我们学习进程深深地嵌入在各种价值观和社会关系中。

这样做的后果之一是，必须根据不同的学生（年龄、技能等）及其不同的背景（文化、社会和家庭）因材施教。这意味着很难制订一个适合不同情况的方案，因此，自上而下的做法可能是非常低效的。

虽然我们传统上倾向于认为学校课程应该由有能力和有身份的人来设计，但在经济和金融方面，未必如此。学习经济学特别适用于自下而上的方法。在选择哪些科目与学生最相关以及哪种方法最有效时，观察他们的偏好能够为今后的方案提供明确的建议；他们的行动从本质上来看是自我管理，同时证明教育对人的决策和社会技能的发展是至关重要的。

但是，个人的教育进程中需要具备哪些必备的技能呢？我们怎样才能确保每个人在他/她的生活中具备足够多的技能来理解并有意识地与社会经济现象互动呢？

世界卫生组织的生活技能项目为这些问题提供了一些答案（世界卫生组织，1997）。该项目旨在发展知识、性格和能力，从而使个人能够增强他们的心理潜能，从而改善他们的生活。这一战略希望超越功能化机械的医疗方式，以获取信息为基础，转向发展那些能

够帮助提升个人以及集体幸福的技能以及能力。

生活技能可以通过建构式与体验式教学法来培养。这些方法拒绝"说教",更多地是直接体验现实生活情景。尽管在一个"安全"、可控的环境中,学生可以通过自己的行为来表达自己。生活技能还可以通过直接实验、事后对经历的讨论以及从中所学到的经验教训来培养。教师成为"指导者",帮助学生评估他们的经验,帮助他们理解他们训练的方式是与生活和教育目标相一致的。该模型源于一个长期巩固的传统:自杜威(1938)以来,鉴于教育是一个伴随着人格以及人类潜能发展的动态的辩证的过程,人们对教育和经验之间的基本关系达成了共识。从这个角度讲,教师不仅仅"讲真话",更引导学生去体验符合连续性、成长性和互动性标准的经历。

放弃基于常规教授的自上而下的方法,而是通过发现对个人发展至关重要的主题来指导和教授学生。因此,在实验阶段获得的信息转化为学生的真实生活体验,并融入更广泛的教育环境中。

教学研究告诉我们,集体环境中的学习活动不是教师和学生之间投入和反馈的双向过程:课堂动态是复杂的,关系是多边的、横向的,不仅包括教师,还包括同学和同龄人。结果是,孩子们通过在一对多和多对多的社交网络环境中学习,获得了社交以及在复杂的文化和问题情境中必备的技能。因为这些都是现实生活中的经验,所以我们可以假设,多元化背景下的经济学体验式教学可以产生深远的社会影响。这确实是由方法论引起的,而不仅仅是由主题引起的。然而,在社会科学中,这些影响更为深远,其本质上是一种互动的练习(例如定价),这种方法有利于学习经济学。通过学习相关的概念,孩子们自然地开始在互动的环境中练习。理解价值——开始理解价格和金钱都是关于如何做出正确的个人决策,并使这样的决策具有更丰富的意义。买零食或玩具,计划如何使用零用钱,或暑期打工不再属于影响有限的自我决定,而是成为一系列生活选择中的一部分。

这强调了成功学习进程经验的重要性。经验的必要性不仅是为了有效地学习,还是为了将所学到的知识实施并付诸行动。最重要的是,虽然知识不能转化为行动或适当的决定,但经验是真正可以改变行为的。

体验式教学对所有年龄段都很重要:儿童喜欢实验性和基于游戏的学习,成人可能从经验学习中受益,因为传统的教学方法不一定对他们有益。众所周知,试图让成年人参加金融教育课程,只有在老年人利用丰富的空闲时间寻求刺激的情况下才会成功,而上班的人不太可能将他们闲暇的时间用于参加金融课程。向这些人传播金融知识的唯一方法是通过对经验和现实生活的学习来实现。这样看来,一个有效的解决办法就是在做出金融决策的时间和地点,准备好相应的信息,这样既不费事又不费力。这一领域的经验已经证明了决策支持工具的有效性:在帮助个人做出正确选择的同时,它们也有助于提高成人的金融素养。成年人不太可能想学习例如"可变利率和固定利率的差异"这样的问题。但是,当他们考虑贷款时,他们肯定有强烈和即时的学习动力。如果适当加强使用者可获取信息这一环节,这种帮助成人学习者在现实生活中做出选择的模拟训练就能成为有效的教学工具。其原因是,在任何情况下,教学方法都必须遵循人体工程学原理,成人已经无法再适应传统的学校教育。强迫他们进入课堂只会导致时间和资源的使用效率低下。因此,体验式学习是成人解决金融教育问题的首选方法。

儿童也是如此。虽然孩子们接受传统的教育方法，但他们的学习方式已经发生了巨大的变化。口头教导和口头讲故事正在失去作用。图像、图片、游戏和亲身经历正在成为孩子们获取信息和知识并将其与"真实世界"联系起来的方式。接收多种来源的信息，获得与任何地方、任何人接触的可能性，已经拆除了教室的壁垒：学习场所不是人工创造的围场，它无处不在，并且必须与日常生活紧密相联。面对现实时有一种紧迫感，因而真实世界（或模拟世界）已成为最好的老师。

34.3　案例研究：皮埃蒙特金融教育项目的发展

34.3.1　背景和项目

虽然金融教育的重要性在意大利得到了广泛的认可，但在金融素养教育方面，意大利并没有国家战略。虽然 86%[1]的学校工作人员报告说，经济和金融教育已经成为他们课程的一部分，但其中只有 47% 的人认为经济和金融教育应该从小学就开始推广。50% 的学校工作人员认为金融教育实际上已经被纳入目前提供的课程组合之中，同时 96% 的学校工作人员宣布他们已在 POFs[2]中采取了措施。在目前向学生提供的主题中，第一个主题是负责任地使用金钱（18%），其次是对金融中介的理解（14.6%），以及关于金钱和定价的认识（13.5%）。这些项目普遍涉及另一个主题——关于创业（10.6%）和家庭预算的教育，但主要针对高中教育。

然而，因为没有国家战略，所以这些项目缺乏协调。90% 的学校工作人员认为，教育部必须提供更明确的国家指导方针。大多数课程都是零散的，并且与正规学校课程无关。另外，这些项目均以自上而下的非系统的方式发展。

OECD/INFE[3]建议所有成员国制定国家金融教育策略，来提高所有教育行动的有效性。特别是，人们的注意力应该集中在教育目标，以及每个学年教授的技能上，也就是应集中在教什么和怎么教上。在评估 PISA 测试的结果时，也反复提到同样的建议，PISA 提供关于年轻人金融教育技能水平的信息，是对全球形式的一个快照。

为了应对这种特殊需要，在 2012—2013 学年，罗塞利基金会[4]与 USR[5]一同发起了一个题为"经济公民教育"[6]的研究项目。该项目的目的是确定从小学至中学必须要教授给学生的内容，以及应该使用什么教育方法和教育工具。该项目的概念框架是体验式学习，即通过真实生活模拟（游戏、角色扮演等）来创造一个实际的背景，然后通过与老师的互动来解释和归纳。该项目的另一个目标是克服"狭义的"金融教育概念，它可以被描述为"教授一些专家认为在现代的、复杂的经济环境中生存所必需的金融知识"。使用一种自下

---

① 所有的数据都来源于 Fondazione Rosselli 的调研。

② POF 是 Piano dell'Offerta Formativa 的缩写，这是一个程序文档，美国学校大都称其为"目录"。在这个程序文档中，学校描述其内部组织，并根据教育方法、教学目标、课程提纲和教学大纲来界定教育目标。

③ 经济合作与发展组织（2102）制定的"国家金融教育战略高级准则"。

④ www.Fondazionerosselli.it.

⑤ 教育部大学与研究司的区域理事会。

⑥ 主要贡献来源于都灵工农业商会的金融委员会。

而上的方法，以及赋予老师和学生更多的自主权，不仅仅是更有效的教学法，事实上，还赋予老师和学生选择何种概念和技能不仅经济上有意义，而且还能改善个人的生活条件的权利。例如，对储蓄和借款做出适当的决定，不仅对经济福利至关重要，而且还赋予个人成为一个完全成熟的公民所必需的自由以及独立。这样看来，通过该项目实现的金融素养水平的提高是实现全面经济公民权的基础。

基于皮埃蒙特学校的金融教育项目，人们就内容以及教育方法制订了一个协调方案，但这个方案却具有国家性质①。都灵大学教育科学系负责监测该项目的教育情况和成果，在2012年和2013年启动了两个教师培训计划。目前，该项目旨在让更多的机构参与，以确保未来教师能够获得适当的经济学培训。

该项目为期4年，旨在开创一个专门从小学至中学以连贯的框架促进金融教育的课程。

2012—2013年，两所小学参与了该项目②，并有10名教师参与了这一研究小组。该项目由11个班的13名教师实施，共涉及220名儿童。如今，该项目涉及3所中③小④学校、13名研究班和实验班教师（8名小学教师和5名中学教师）、13个班和280名学生。皮埃蒙特社会经济高中网络已经报名参加了这个项目，从而将该项目扩展到30多所学校和大约4 500名学生的规模（见图34-1）。

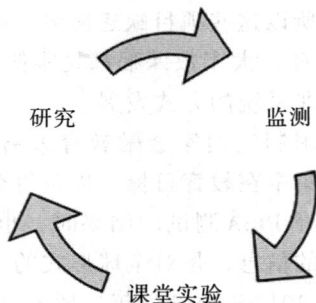

图34-1 研究步骤

研究小组第一年为小学逐年级设计教学大纲。2013—2014年，根据行动计划，该项目在另外10个班上进行了测试，从一年级到五年级。这是研究小组与教师密切合作的结果，改变并改进了所采用的教育内容和教育工具。

同时，在2013—2014年间，研究小组和新一组的教师确定了中学3个年级的教育目标

① 我们这里指的金融教育项目是意大利班卡银行、INPS、税务局和Patti Chiari-abi财团所推动的。它们不仅积极参与了该项目，还根据新课程不断地修订和完善。

② 来自于2010年10月10日教育部大学与研究司第249号文件，发布于2007年12月24日，依照244项法律规定，初中和高中教师的任教候选人需取得相应的硕士学位，包括"两年的硕士学位和随后一年的实习工作经验"。在实习结束后，经过期末考试，候选人被授权任教。

③ （I.C."I.Calvino" and I.C."F.D´ Assisi"）.

④ （I.C."N.Tommaseo" and I.C."F.D´ Assisi"）.

和教育内容。他们选择与"综合研究所"或与中小学一起工作①，目的是保证必要的连续性，这能让他们检测从小学开始就参加这个项目的学生的进展情况。

第一年，研究小组为小学设计了教育模型并进行了试验性测试。意大利的小学有一个非常特殊的组织：两位教师，一位是历史及文学科目教师，另一位是科学及数学科目教师，他们一起工作，以促进多学科的思考模式。该组织为该项目成功地进行实验研究提供了必要的条件。

第二年，实验继续在小学进行，而中学教师则对金融教育方案的内容进行了总体界定，注重其与历史、地理、数学和科学的联系，同时将经济学教学纳入日常教学大纲中，如意大利语、历史、数学等。

在项目的第一阶段，由皮埃蒙特USR综合主任组建了一个委员会并担任主席。该委员会包括大多数与推动金融教育方面有利益关系的区域以及国家实体，主要由经济、金融、数学教授以及其他参加研究小组的教师在背后提供支持。

在第一阶段，该项目主要基于研究活动。这一阶段的目标是开发一门以行为经济学为基础的课程。个人决策，包括其非理性和低效率的部分，被作为课程的核心。主要的研究课题与儿童的日常生活息息相关。从这些孩子已经知道的内容开始，该课程的目的是让他们把新的信息和能力融入现有的背景知识中。此外，该课程的主要目标之一是鼓励儿童，让他们享受学习经历。通过利用儿童的背景知识，以及根据他们的日常生活和经验制订方案，来实现这个目标。

委员会的国家和区域成员：
——教育部区域办事处
——皮埃蒙特地方政府
——意大利国税局
——意大利银行
——ABI培训
——Intesa San Paolo银行
——BRE银行
——Casartigiani
——都灵金融委员会商会
——Patti Chiari财团
——保险协会（消费者组织论坛）
——INPS（意大利国家养老金研究所）

专家和教师之间的紧密合作是项目成功的关键。与教师一起分析选择的主题，以便找到最有效的教育工具和跨学科教学的机会。教师和专家共同设计和开发了所有的教育工具，例如教案、游戏、图表、模拟等。因此，该方案提供了一个独特的机会，使专家们将经济学、金融学、数学和教育学的知识与教师多年从事儿童工作的经验结合起来。最终产

---

① 这种体制上的共同努力使我们有可能与教师开展一项包罗万象的项目,并监测学生对小学和中学所教主题的理解。

生一个新的实验模型，其中包括第一阶段涵盖的所有主题和新的课堂学习发展建议，同时也充分考虑了孩子的家庭和社会背景。

为了实现这一目标，在学校教学和家庭教学之间建立协同关系，以确保研究课题与儿童生活的不同领域之间的紧密联系。例如，不仅让孩子们学到生产理论，还应鼓励他们"生产"一些东西，如橙汁。随后，让他们在学校聚会上把橙汁卖给他们的父母。这允许孩子在学习生产链的同时，也进行试验。随后通过前往杂货店采访那些参与生产链中的人，完成这一整段经历。

教育，尤其是经济教育，必须为儿童提供决策工具，以帮助他们处理不同的生活问题。项目的第一部分已经成功地通过角色扮演和课堂活动实现了这一目标。然而，积极的学习必须通过适当的课堂讨论来维持，因为适当的课堂讨论能把经历与学习目标联系起来。

因此，实验模型已朝着融合的方向发展：

- 教授理论；
- 实际经历（角色扮演，班级和家庭活动，参观博物馆、工厂和当地商店等）；
- 课堂讨论。

通过下列方法来监测这一进展情况：

- 对儿童及其父母进行基线调查，以制订与他们日常经历有关的计划大纲；
- 由相关教师起草班级活动日记；
- 参与课堂观察。

34.3.2 初步结论

迄今为止，该项目取得的成果如下：

- 通过将现有的课程与经济学教育发展的六大重要主题相结合起草的教学模式：交换与货币；生产与劳动力；消费、储蓄与工作；决策与互动；绿色经济与可持续发展；政府支出与税收。
- 一开始就参与模式化制定的教师的积极参与，感激他们对宝贵知识和经验的认可。
- 教师的意识增强了：

——将经济教育纳入现有课程中的好处；

——向对学生提供更广泛的教育模式中注入经济教育的可能性。

- 孩子们对所学内容产生了浓厚兴趣，在学习的内容和他们的日常经历间建立联系，以及与其他班的学生一起参与实验。
- 孩子们在接受教育计划之前参加了一次考试，项目结束时再次参加了考试来验证他们学到的知识。正确率由30%提高到85%，这说明他们的经济知识水平有了显著提高。
- 有效利用了参与式教学技巧（即角色扮演、实践经验和小组讨论），提高了孩子们的参与度。
- 家长积极参与班级活动与家庭间接教学，这使学校教学和家庭教学之间建立了连贯性。
- 在项目的设计和实施阶段，外部利益相关者也积极参与。
- 与现有的经济教育和金融教育方案相联系，协调并将教材和活动纳入单一项目中。

34.4　结论

虽然这个项目是地方性的，但是它所解决的是普遍问题。首先，它告诉我们如何成功地根据学生的年龄来传授他们知识，从而与孩子学校生活中的整个教育进程建立关系。

课堂实验和教师的贡献让我们明白，学生需要什么程度的情感成熟度以及认知能力才能对选定的内容知识、方法和教育工具做出反应。只有在它们符合所选择学习目标的情况下，才能作为在个别学校推广相同内容以及教育方法的起点。对后者而言，为了保证参与项目学校结果的可复制性，国际经验和 OECD（OECD，2005a、b，2012，2014）以及 OECD/INFE（2011a、b，2012）的建议也被用于确定对学校课程的考量。每个学年都计划教育目标、教育工具以及活动，因为所有的教育目标、教育工具和教育活动都经过了检测，并且所有制作材料都可以在网站上下载，所以就确保了计划的完全可复制性和可扩展性。在 2014—2015 年，该项目实施的第三年，参加该项目的班级数增加了一倍，只是通过增加了一点实施计划所需的资源，就实现了该目标。

在这个案例研究中采用的方法是可以被复制的，这是因为它通过教师、研究人员和受训者的积极合作，监测学生的进步，他们作为外部观察员可以保证对结果进行中立和客观的评估。此外，教师和研究人员之间持续的交流，使从定性的角度评估学生的态度成为可能，并观测他们的兴趣、情感参与以及学习。项目期间开发的综合教育工具是广泛实地调查的产物。在必要的适应条件下，它的体系结构是可以复制的。通过实践经验，它可以创造出一个为学生提供了解复杂经济概念机会的学习环境。

如今，对内容的规划、人机工程学的教学法、教师的参与形式以及对结果的监控是本项目的驱动因素，而其发展的本质是由参与的学生和教师所获得的日常经验所推动的。

参考文献

Atkinson，A.，& Messy，F.（2013）. *Promoting financial inclusion through financial education：OECD/INFE evidence，policies and practice.*OECD Working Papers on Finance，Insurance and Private Pensions，No.34.OECD Publishing.

Bell，C.，Gorin，D.，& Hogarth，J.M.（2009）. *Does financial education affect soldier's financial behavior?* Networks Financial Institution at Indiana State University Working Paper 2009-WP-08.

Berti，A.E.，& Bombi A.S.（1988）. *The child's construction of economics.*Cambridge：Cambridge University Press.

Berti，A.E.，& Monaci，M.G.（1998）. Third graders acquisition of knowledge of banking：Restructuring or accretion? *British Journal of Educational Psychology*，68（3），357-371.

Brown，D.，& Solomon，D.（1983）. A model for prosocial learning：An in-progress field study.In D.Bridgeman（Ed.），*The nature of prosocial development.*New York NY：Academic Press.

Caprara，G.V.，Barbaranelli，C.，Pastorelli，C.，Bandura，A.，& Zimbardo，P.（2000）.

Prosocial foundations of children's academic achievement.*Psychological Science*, *11*（4）, 302–306.

Caratelli, M., Filotto, U., Naccarato, A., & Nicolini G.（2009）. Non è mai troppo tardi: l'imperativo ergonomico nella financial education. In AAVV, G. Bracchi e D. Masciandaro（Eds.）, *Dopo la crisi.L' industria finanziaria italiana tra stabilità e sviluppo*, *XIV Rapporto sul Sistema Finanziario Italiano*-Fondazione Rosselli, Edibank.Milano.

Dewey, J.（1938）. *Experience and education*.New York, NY: Kappa Delta Pi.

Filotto, U.（2009）. Conoscere rende liberi.Riflessioni sull' educazione finanziaria.*Bancaria*, *65*（10）, ottobre 2009, Bancaria Editrice, Roma.

Filotto, U., & Nicolini, G.（2010）. The role of self-accounting and financial capability in consumer credit decisions.*Journal of Modern Accounting and Auditing*, *6*（2）, 43–58.

Gale, W.G., & Levine, R.（2010）. *Financial literacy: What works? How could it be more effective?* Financial Security Project at Boston College Working Paper, FSP 2010–11.

Gigerenzer, G.（2000）. *Adaptive thinking.Rationality in the real world*.Oxford: Oxford University Press.

Hickman, L.A., Neubert, S., & Reich, K.（Eds.）.（2009）. *John dewey between pragmatism and constructivism*.New York City: Fordham American Philosophy.Fordham University Press.

Iverson, B.K., & Walberg, H.J.（1982）. Home environment and school learning: A quantitative synthesis.*The Journal of Experimental Educational*, 50, 144–151.

Lewis, S., & Messy, F.（2012）. *Financial education, savings and investments: An overview*.OECD Working Papers on Finance, Insurance and Private Pensions, No. 22. OECD Publishing.doi: 10.1787/5k94gxrw760v-en .

Mandell, L., & Klein, L.S.（2009）. The impact of financial literacy education on subsequent financial behavior.A review of the Literature.*Journal of Financial Counseling and Planning*, 20（1）, 70–83.

Martin, M.（2007）. *A literature review on the effectiveness of financial education*.Federal Reserve Bank of Richmond Working Paper No.07–03, June 15.

McDermott, R.P.（1977）. Social relations as contexts for learning in school.*Harvard Educational Review*, 47（2）, 198–213.

Ministero dell' Istruzione, dell' Università e della Ricerca, *L' educazione alla cittadinanza in Europa*, Agenzia Esecutiva per l' Istruzione, 2012.

OECD.（2005a）. *Improving financial literacy analysis of issues and policies*.Paris: OECD.

OECD.（2005b）. *Recommendation on principles and good practices for financial education and awareness*.Paris: OECD.

OECD.（2012）. PISA 2012, *Financial literacy framework*.Paris: OECD.

OECD.（2014）. PISA 2012 results: *Students and money financial literacy skills for the 21st century*（Vol.VI）. Paris: OECD.

OECD/INFE. （2011a）. *Guidelines on financial education at school and guidance on learning framework*.Paris：OECD.

OECD/INFE. （2011b）. *Guide to evaluating financial education programs*.Paris：OECD.

OECD/INFE. （2102）. *High-level principles on national strategies for financial education*.Paris：OECD.

Peng, T.M., Bartholomae, S., Fox, J., & Cravener, G. （2007）. The impact of personal finance education delivered in high school and college courses.*Journal of Family and Economic Issues*, 28（2）, 265-284.

Roche, R.O. （1991）. Violencia y parasocialidad：un programa para el desconocimiento frente a la violencia en la imagen y para la educacion de los comportamentos prosociales.Que miras？ *Publicaciones de la Generalitat Valenciana*, pp 291-313.

Sherraden, M.S., & Ansong, D. （2013）. *Research evidence on the CYFI model of children and youth as economic citizens*.CSD Research Report 13-04.St.Louis, MO：Washington University, Center for Social Development.

Trigwell, K., & Prosser, M. （1991）. Improving the quality of student learning：The influence of learning context and student approaches to learning on learning outcomes.*Higher Education*, 22（3）, 251-266.

Webley, P. （2005）. Children's understanding of economics.In M.Barret & E.Buchanan-Barrow （Eds.）, *Children understanding of society*.Hove, UK：Hove Psychology Press.

Willis, L.E. （2008）. *Evidence and ideology in assessing the effectiveness of financial literacy education*.Loyola—LA Legal Studies Paper No.2008-6.

World Health Organization. （1997）. Life skills education for children and adolescents in schools.Geneva：WHO.

第35章　性别和学生成绩对个人理财的影响：关于课程"财务成功之钥"的实证研究

Andrew T.Hill and Carlos J.Asarta

摘要　在本章中，我们分别考察了男女学生参加一个名叫"财务成功之钥"的独特且成功的高中课程的表现。经过仔细讨论课程的特点、课程和教师培训，我们考察了高中生金融适应测验（FFFL-HS）的结果，即965名参加了一个学期课程的学生的成绩，整体上事前测试水平没有发现性别差异。然而，我们在事后测试中发现了一个显著的有利于女学生的性别差异，这与课程测试规范中的结果一致。

关键词　性别差异　金融普及教育　金融教育　评估　FFFL　义务教育　K-12

35.1　引言

在金融普及教育方面性别差异受到重视，研究结果通常表明男性学生对个人理财知识的接收能力更强（Hanna等，2010）。然而，有少数研究表明，男女学生能够在个人理财中表现相同（Walstad等，2010）。虽然男女表现相同可能是精心设计、管理和评估的金融教育项目的结果，但是自2007—2009年全球金融危机以来，即使对金融普及教育的关注越来越多，能保证男女理财表现相同的项目也很难找到了（Asarta等，2014）。那么，有效的金融普及教育的主要特点是什么？据Fox等的观点（2005），成功的方案应该以Jacobs（1988）首先提出的五层应用和评估方法为基础。Jacobs的方法强调需要由受过适当培训的教师讲授明确的内容，然后用有效可靠的评估方法对比教育前后学生理解程度的变化，以确定学生的进步。

在本章中，我们首先讨论一个独特而有效的高中课程：财务成功之钥，并强调其课程和教师培养方案。

随后，我们分别对比了男女学生参加一学期课程前后在测试中的表现（数据来源于FFFL-HS）。我们发现，女生在四个FFFL-HS标准中的一个明显比男生表现更好，但在事前测试中整体测试水平不存在性别差异。令人惊讶的是，比照在国家层面进行的调查（Butters等，2012），我们发现，在事后的整体测试中，女同学明显有更突出的表现，这与上述结果一致。最后，我们认为对男女高中生提供同等的学习机会至关重要，包括使用经过精心设计的个人理财课程，以及由选拔出的专门受过训练的教师进行授课。

35.2　财务成功之钥

"财务成功之钥"和相关的教师培训是由特拉华大学经济教育与创业中心和费城联邦

储备银行联合制定实施的。课程作者以及项目协调员都是中心和储备银行的经济教育工作者。这些教育工作者在推动课程发展和教师培训计划方面拥有丰富的知识和经验，旨在提高义务教育中教师在教授经济学和个人理财方面的能力。自 2001 年，每年有超过 10 000 名学生在特拉华州、新泽西州和宾夕法尼亚州的 150 多所高中参与了这一课程。迄今为止，已有 350 多名教师接受过此课程培训。

此课程的设置是为了解决以下 3 个具体问题：

（1）在包括宾夕法尼亚州、新泽西州和特拉华州在内的地方，当地学校或学区通常在不经国家或国家当局授权的情况下自行做出课程决定，个人理财课程和其他教育课程的制定和实施通常由教师和校方行政人员组成的委员会负责，但是他们并不具备足够的经济学知识和个人理财素养。这导致每个当地学校、校区在制订并执行自己的计划时，不一定具备金融普及教育必备的知识基础与素养。制定这项课程的最初目标是，由全美顶尖的经济教育专家设计最高质量的金融课程，以保证新的修订过后的个人金融课程能在特拉华州、宾夕法尼亚州和新泽西州以最高效的方式实施。

（2）从 20 世纪 90 年代末开始至今，在美国，学校为接受义务教育的学生提供的个人金融普及教育方面的资源通常是免费的，且规模飞速扩大。然而，各种不同的课程资料和计划，给当地有意增加学生个人财务知识的教师和行政人员带来了疑惑。而且，由于他们自身并未接受过经济学和个人理财方面的培训，他们通常并没有能力在诸多课堂教授资源中选择出最优方案。其旨在为当地学校与校区提供一系列经过精心验证、能够增强学生对个人理财课题和概念认识的课程。此外，由于个人理财与经济学密切相关，此课程材料在教授个人财务的同时，确保能准确地解释和整合与个人理财内容相关的基本经济学概念。

（3）在此课程之前已有许多高质量的课程材料从"经济学思维模式"的角度教授个人理财，但是，这些课程材料（主要是 FFFL（Gellman 和 Laux，2011）和学习、收益和投资（LEI）（Caldwell 等，2004））没有提供足够数量的课程来涵盖个人财务课程所需的全部主题，其所需的学习时间也不足以跨越普遍的美国高中学期。此外，这些学习资源如 FFFL 和 LEI 让高中教师选择一部分独立的课程作为高中基本金融普及教育的补充或延展部分。虽然这种独立的方法提供了必要的灵活性，使教师能够利用最适合他们的学生和他们的具体班级设置的课程，但这并不能提供一个统一连贯的计划来教授整个学期的个人财务课程。更多的课程是必要的。此课程将 FFFL、LEI、其他现有资料以及本课程的资料整合在一起，形成了一个针对年轻人的连贯且具有逻辑性的金融普及教育计划。

35.2.1 "财务成功之钥"课程

为了解决以上 3 个问题，本课程计划提供了 52 门高质量的、容易实现的课程，从"经济学的思维方式"开始教授个人理财，整体构成了一个学期的个人理财课程。这个课程包含 9 个主题：（1）目标和决策；（2）职业和规划；（3）预算编制；（4）储蓄和投资；（5）信贷；（6）银行服务；（7）交通问题；（8）住房问题；（9）风险保护。在表 35-1 中，我们阐述了每门课程和相关标准与概念的对应关系（Walstad 和 Rebeck，2005）。这些标准和概念基于金融普及教育中的 Jump $tart 联盟国家标准（Jump $tart 联盟，2002）。52

门课程中的8个涉及收入标准，超过一半的课程涉及资金管理标准，18个课程涉及支出和信贷标准，9门课程涉及储蓄和投资标准。

表35-1　　　　　"财务成功之钥"课程和相关标准与概念的对应关系

课程编号	课程名称	标准	概念
(1) 目标和决策			
1.1	如何真正成为百万富翁	A、D	收入来源（A.1），储蓄和投资的原因（D.2）
1.2	经济学的思维方式	B、C	机会成本（B.2），个人经济责任（B.3），消费的收益与成本（C.1）
1.3	决策	B	资源约束下的选择（B.1），金融决策（B.4）
1.4	如何做决定？	B	资源约束下的选择（B.1），金融决策（B.4）
1.5	如何制定目标？	B	机会成本（B.2），金融决策（B.4）
(2) 职业和规划			
2.1	当你说我要开始赚钱了时在表达什么？	A	收入的决定因素（A.2）
2.2	进行工作	A	收入的决定因素（A.2）
2.3	自我投资	A、B	收入的决定因素（A.2），机会成本（B.2）
2.4	为什么一部分工作赚的更多？	A	收入的决定因素（A.2）
2.5	还可以如何获得收入？	A	收入的决定因素（A.2）
2.6	梦想与计划	A	收入的决定因素（A.2）
(3) 预算编制			
3.1	为什么要做预算？	B	预算（B.7）
3.2	通过预算筹资	B	金融决策（B.4），预算（B.7）
3.3	税收	A	税收与转移支付（A.3）
3.4	理财	B	预算（B.7）
3.5	个人预算	B	预算（B.7）
(4) 储蓄和投资			
4.1	首先、提前、经常消费	B、D	机会成本（B.2），储蓄和投资（D.1），投资收益率（D.5）
4.2	为什么需要储蓄计划？	D	储蓄和投资（D.1）
4.3	如何决定储蓄还是投资？	D	投资风险、收益、流动性（D.3），投资收益率（D.5）
4.4	投资没有免费的午餐	B、D	通货膨胀与投资（B.5），投资风险、收益、流动性（D.3），投资中的买卖（D.4）
4.5	美国经济中的金融机构		

续表

课程编号	课程名称	标准	概念
4.6	阅读财务报告	D	投资中的买卖（D.4），投资信息来源（D.6）
4.7	研究机构	B、D	机会成本（B.2），投资中的买卖（D.4），投资信息来源（D.6）
4.8	如何买卖股票债券	D	投资中的买卖（D.4）
（5）信贷			
5.1	额外的"信用"：现金或信贷	C	不同支付方法的成本与收益（C.3）
5.2	信贷是什么？	C	不同支付方法的成本与收益（C.3）
5.3	现金还是贷款？如何进行选择	C	不同支付方法的成本与收益（C.3）
5.4	进行贷款决策	B、C	金融决策（B.4），不同支付方法的成本与收益（C.3）
5.5	找到适合自己的信贷	C	不同支付方法的成本与收益（C.3）
5.6	申请贷款	C	信用历史记录（C.6）
5.7	利率相关	C	风险与信用（C.4），信用来源（C.5）
5.8	用信用卡购物	C	信用来源（C.5）
5.9	消费者信贷保护	C	买方、卖方和债权人的权利和责任（C.8）
（6）银行服务			
6.1	金融机构能为我做什么？	B、C	理财工具的使用（B.8），产品信息（C.2）
6.2	我应该如何支付我的商品和服务？	B、C	理财工具的使用（B.8），不同支付方法的成本与收益（C.3）
6.3	管理我的支票账户	B	预算（B.7），理财工具的使用（B.8）
（7）交通问题			
7.1	如何购买汽车及计算其成本？	B、C	金融决策（B.4），消费的成本与收益（C.1）
7.2	我需要什么，我能提供什么？	B	资源约束下的选择（B.1），金融决策（B.4）
7.3	什么是保修和服务合同，为什么需要它们？是否需要它们？	B	保险与风险管理（B.6）
7.4	我有一个交易！贷款还是租赁？	B、C	金融决策（B.4），不同支付方法的成本与收益（C.3）
7.5	我的汽车保险要花多少钱？	B	保险与风险管理（B.6）

课程编号	课程名称	标准	概念
（8）住房问题			
8.1	搬进自己家	B	金融决策（B.4），预算（B.7）
8.2	我的房间要多舒适？	B	金融决策（B.4），预算（B.7）
8.3	厌倦租房：我应该买一个自己的房子吗？	B	金融决策（B.4），预算（B.7）
8.4	我能买起房子吗？	B、C	金融决策（B.4），信用的来源（C.5）
8.5	获得融资：利用抵押贷款购买	C	信用的来源（C.5）
（9）风险保护			
9.1	让买方当心	C	买方、卖方和债权人的权利和责任（C.8）
9.2	信用欺诈、计划、身份盗用和隐私问题	C、D	信用的来源（C.5），买方、卖方和债权人的权利和责任（C.8），投资信息来源（D.6）
9.3	为什么购买保险，它是如何起作用的？	B	保险与风险管理（B.6）
9.4	人寿保险基本知识	B	保险与风险管理（B.6）
9.5	关于汽车保险你想知道的一切	B	保险与风险管理（B.6）
9.6	为什么购买承租保险？	B	保险与风险管理（B.6）

注：A表示收入标准，B表示货币管理标准，C表示支出和信贷标准，D表示储蓄和投资标准。

这52节课涵盖了所有FFFL-HS测试中涉及的概念，而且除了一节课程外的所有内容都得到了FFFL-HS的评估。课程强调"经济学的思维方式"，其基础是市场参与者在做出决策时所进行的关键成本效益分析，以及对这些决定产生的结果的分析。根据这一重点，12门课涉及了财务决策概念，4门课涉及了机会成本。课程涵盖的其他领域包括收入的决定因素（6课）、保险、风险管理（6课）、预算编制（8课）、不同支付方法的成本和收益（7课）和信贷来源（5课）。课程涉及不同主题的多个概念，如财务决策、机会成本、预算编制和保险与风险管理。这种概念的重复涉及旨在确保学生在一个典型的中学课程中了解如何将重要的个人金融概念和工具应用于多个主题中，包括储蓄和投资以及住房和交通问题。

正如Asarta等普遍提到的（2014），"财务成功之钥"课程主要是通过整合现有的、高质量的、来源权威的课程设置的。两组由经济教育委员会（原国家经济教育委员会）编写的教材是本课程项目中使用最多的课程材料：FFFL高中版和LEI高中版。FFFL-HS中的20门课程和LEI中的6门课程均被选为本课程项目的一部分，因为该类课程将经济学理念和个人理财教学有效结合。但是，课程开发委员会认为，这26门课程不足以全面涵盖上述九大课程项目目标所包含的所有内容。全面或部分地使用"实用生活理财技能（VISA，2000）"中的7门课程，以补充来自FFFL和LEI的26节课程。此外，52门课程中的23门是由本课程项目开发委员会编写的一些原创课程内容，这些内容仅用于扩展或补充从上述来源列出的学习材料。

课程项目的教师手册包括一个分步骤指南，以帮助确保教授该课程的教师在课程中涵盖了所有的9个主题。该步骤指南如图35-1所示。目标和决策（主题1）和风险保护（主题9）预计各需要一个半星期的课堂教学。职业和规划（主题2）和预算编制（主题3）预计每个主题一学期占两周的课时。预计储蓄和投资（主题4）和信贷（主题5）将花费最长课时，各需要3周课堂教学。银行服务（主题6）、交通问题（主题7）和住房问题（主题8）预计将各讲授一周。一般来说，一个典型的"财务成功之钥"课程包括在16个或更多的星期内，进行至少80个小时的课堂教学。

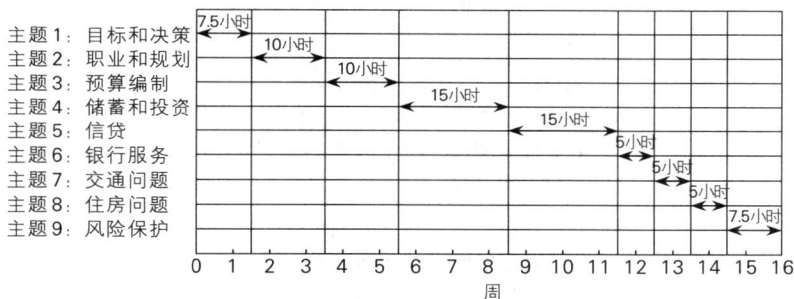

图35-1　"财务成功之钥"课程项目的一个课程举例

为了进一步引导学生了解财务成功人士所需的能力，课程项目引导学生调查在不同领域寻找工作所需的不同职业以及人力资本。学生首先在整个课程过程中选择一个感兴趣的职业，然后在本学期的不同阶段根据收入以及其他机会和限制来研究他们所选择的职业的预算、储蓄和投资，以及交通和住房问题。

课程项目的实施并不依赖教科书，而是教师分发从课程项目中复印的材料。另外，学生也被要求保留这些资料组合。这种方法产生两个主要优点：（1）鉴于金融市场和产品经常变化，让学生发展分布式资料组合创造了一门相对灵活的课程，比起传统的教科书和课程补充读物，成本更低，更容易适应金融市场的变化。（2）教科书是当地学校、校区的主要资本投入，被众多课程一遍又一遍地使用。因此，绝大多数学生在传统课程结束后除了自己的笔记本外，完全没有其他相关资料。而参加本课程项目的学生将获得即使高中毕业后他们也可以很好地使用的学习材料。

35.2.2 项目教师培养计划

教师培训是"财务成功之钥"课程项目的关键部分。鉴于课程项目的建议时间为一个学期，对此课程不了解的教师必须通过接受培训来了解课程结构、52门课程的范围以及每门课程中所采取的方法。每年7月份，费城联邦储备银行提供一周针对此课程项目的教师培训。培养计划摘要见表35-2。在这个课程中，教师将会被安排30个小时的课程项目专业发展培训，涵盖内容演示、计算机实证应用，以及课程项目教师手册中23门课程全部或者部分的演示。虽然培训计划确实包括对个人理财内容领域的一些直接指导，但该培养计划的重点在于"财务成功之钥"课程项目的结构和教授个人金融所需的教学方法。

表35-2　　　　　　"财务成功之钥"课程项目教师培养计划

第一天（6小时）	与会者介绍 教师水平测试 课程项目历史、课程设置 课程示范：1.1、1.2、2.1、2.3、2.4
第二天（6小时）	参观联邦储备银行费城货币博物馆 课程示范：3.1、3.2、3.3、4.1、4.3、4.5、4.6、4.7、4.8
第三天（6小时）	计算机实验室培训：课程材料的获取 在你的教室里使用联邦储备系统和录像 课程示范：4.4、5.1、5.3
第四天（6小时）	课程项目中的通用核心国家标准 内容介绍：信用评分和信用报告 计算机实验室培训：使用课程项目的网络资源 课程示范：6.2、6.3、7.1、7.2
第五天（6小时）	内容介绍：身份泄露和隐私问题 在你自己的教室里讲授课程 学生课程前后测试方案综述 教师测试 课程示范：9.1、9.2

年度教师培训方案中的培训教师将是项目的主要作者和项目主任。这些经济教育工作者在中学和大学课堂上都有丰富的教学经验，同时十分擅长开发针对K-12学生经济和个人金融的课程教材，以及培训K-12学生的教师有效地在自己的课堂上讲授经济学和个人理财。这些教师都有在教育、经济教育或经济方面的硕士学位或博士学位。费城联邦储备银行支付卡中心和法律部门的工作人员将分别讲授关于信用报告和分数的内容，以及关于身份泄露和隐私问题的内容。

本课程项目教师培训计划中最重要的培训实践是示范课。为了使新教师熟悉课程中所使用的结构和教学方法，培训老师将要求教师在很多教师培训计划的课程中设想自己是高中生，然后项目培训老师教授课程项目的具体课程。教师将体验与之后他们自己的学生完全相同的活动以及协作学习经历。这种方法使得刚开始参与课程项目的教师充分了解课程的内容和学习结果。[①]

35.3　个人理财课程中的教师培训、学生性别、学生成绩问题

在过去 30 年中已经出版了大量关于教师培训对义务教育学生学业成绩的重要性的教育文献。在这一开创性工作中，舒尔曼（1986，1987）提出了学科教学法知识（PDK）的概念，将教师的教学知识和内容知识结合成教学成功必不可少的一步。随后的教育研究人员和理论家将舒尔曼的工作进一步发展（Cochrane 等，1993；Ball，2000；Garet 等，2001；Ball 等，2008；Hill 等，2008）。罗伯茨等（2010）提供了一篇有价值的文献综述，介绍了与个人理财教学相关的大量专业文献。大量已发表的经济学文献都指出了教师的人力资本对学生在数学和阅读成绩方面的贡献和影响（Aaronson 等，2007；Ost，2014；Rockoff，2004）。

很少有研究表明教师人力资本对接受义务教育的学生金融普及教育的重要性。 Harter 和 Harter（2009）的研究表明，经过专业培训的 FFFL 课程教师的学生比没有接受过 FFFL 专业培训的教师的学生，获得了更多的个人财务知识。 然而，当研究"为未来融资"（FYF）课程时，Walstad 等（2010）没有发现教师对学生个人理财知识的影响。 Way 和 Holden（2009）认为，教师培训的差距是美国义务教育学校中金融普及教育的主要障碍。

在经济学教育中，有更多的证据表明教师培训对学生成绩具有积极影响。 Bosshardt 和 Watts（1990）发现，高素质的训练有素的教师对高中学生的经济学成绩有积极的影响。他们随后展示了高素质教师对小学、中学学生的经济学成绩同样有积极作用（Bosshardt 和 Watts，1994）。 Weaver 等（1987）调查发现教师对经济学知识的熟练掌握对学生的经济学成绩具有积极影响。 Allgood 和 Walstad（1999）通过研究来自内布拉斯加州多年教师培训计划的数据发现教师培训对经济学学生的学习具有积极影响。Butters 等（2011）和 Swinton 等（2012）也发现教师培训对高中学生的经济学成绩有积极影响。

性别问题在个人理财教育文献中受到相当多的关注。 Butters 等一项研究（2012）总结了这一领域的性别调查结果，指出以前的调查表明男性学生有着显著持续的优异表现（Hanna 等，2010；Danes 和 Haberman，2007；Varcoe 等，2005）。 Butters 等利用参加国家金融挑战大赛的 6 600 多名学生的样本，找到了与文献中相似的性别差距，即男性学生在 FFFL-HS 测试中所有标准与大部分概念领域的表现都明显优于女性学生。他们的发现与 Lusardi 等一致（2009），后者使用国家纵向青年调查（NLYS）发现男性的个人理财知识明显优于女性。然而也有少数研究发现个人理财教育中没有性别差距（Walstad 等，2010；Mandell 和 Klein，2007；Tennyson 和 Nguyen，2001）。

虽然性别中性的研究结果只是文献中相当零星的一部分，但它们的存在似乎表明个人理财中的性别差异具有尚未完全解决或尚未得到充分研究的可能性。通过各种教学课程以及向世界各地的教育工作者提供的不同层次的师资培训，性别差距是否可能是教师培训不足或教育材料偏倚的结果？我们下面利用参加一学期课程项目的 965 名学生的样本探讨这

[①]　暑期期间,义务教育的老师正式接受了 30 小时的训练,但在本学年期间课程项目的作者和项目主任将仍然与不同群组保持联系,为教师提供持续的教学和内容支持。同时通过电子邮件全年向教师提供补充课程和材料,以及在每年春季的一个晚上提供额外的课后教学,以确保教师在课程内容方面与个人理财有关的知识保持最新。

些问题。

35.4 实证研究

35.4.1 数据及说明

Walstad 等（2010）在评估个人财务计划的有效性时，建议遵循 Jacobs 的五级方法（1988），更具体地说，应该使用有效和可靠的工具来衡量学生的知识。在本节中，我们展示了金融健康生活高考，即 FFFL-HS 测试的学生分数，这是国家咨询委员会提供的一种有效的可靠衡量个人理财知识的测验。测试的内容有效性基于以下三个文件：K–12学生个人金融教育国家标准（Jump Start 联盟，2002），经济学自愿国家内容标准（NCEE，1997）和 FFFL 教师指南（Schug 和 Morton，2001）。FFFL-HS 测试具有良好的内部一致性（α系数0.86），能够准确地衡量金融普及教育。FFFL-HS 测试提供50个测试项目，由于"财务成功之钥"课程项目几乎使用了全部的 FFFL 课程，因此非常适合测试高中学生的知识。由于"财务成功之钥"课程中并未涵盖 FFFL-HS 中的两节课，同时增加了一些额外的个人理财内容，作者取消了4个 FFFL-HS 测试项目（问题12、13、16和49），并创建了4个额外的多项选择题补充差异。这4个"内部"项目没有规范，又因为本章的比较是来自 FFFL-HS 测试规范的结果，因此并未在本章节中提及这4个额外问题。

本研究中使用的数据有两个来源：2011—2012学年和2012—2013学年的秋季和春季学期中在宾夕法尼亚州、新泽西州和特拉华州进行的一学期"财务成功之钥"课程的结果，以及2003—2004学年进行的 FFFL-HS 标准测试结果。据我们所知，这是第一次将原始标准数据提供给 FFFL-HS 测试项目主管以外的研究人员。项目相关数据来自于在费城联邦储备银行接受过培训的教师的学生。这些老师或者是自愿接受培训和教授项目课程，或者是因为他们被分配到教授项目课程而由学校要求接受培训。在这两种情况下，学生都受益于教师和学校的积极性，他们充分发掘学生的学术潜力，提高学生的个人财务素养，这种情况类似于以前使用 FFFL-HS 测试的研究（Harter 和 Harter，2009；Butters 等，2012）。为了本研究的目的，我们将这组学生指定为 KEYS 组。

FFFL-HS 测试规范数据来自两组不同的学生。一组高中生使用 FFFL-HS 课程接受个人理财教学。我们将此组指定为 WITH FFFL 组。他们的老师在开始课程之前接受了两天关于如何使用 FFFL 材料进行个人理财教学的培训。来自同一所高中的另一批学生担任 FFFL-HS 测试规范的对照组，他们在2003—2004学年没有接受任何个人理财教育。我们将此组指定为 WITHOUT FFFL 组。[①]

表35-3展示了 KEYS、WITH FFFL 和 WITHOUT FFFL 学生样本包括百分比在内的描述性统计信息。本研究中共有965名参与"财务成功之钥"课程项目的学生参加了评估，其中女性占 KEYS 学生样本中的54%。另外，在测试前，样本中男性的37%为15岁或以下，样本中女性的42%为15岁以下。"财务成功之钥"课程项目通常在所有高中阶段为选修课。因此，调查中，学生报告了年龄而不是他们高中的年级。

---

① 更多 FFFL-HS 测试结果见 Walstad 和 Rebeck（2005）。

表35-3　描述统计

变量	接受"财务成功之钥"课程的学生样本			合理生活理财课程高中测试常模（接受高中理财课程的学生样本）			合理生活理财课程高中测试常模（未接受高中理财课程的学生样本）		
	总数	男	女	总数	男	女	总数	男	女
学生性别									
男	446 (46.22)	446 (100.00)	0 (0.00)	273 (54.60)	273 (100.00)	0 (0.00)	167 (52.52)	167 (100.00)	0 (0.00)
女	519 (53.78)	0 (0.00)	519 (100.00)	227 (45.40)	0 (0.00)	227 (100.00)	151 (47.48)	0 (0.00)	151 (0.00)
学生年龄									
15岁(含)或以下	383 (39.69)	165 (37.00)	218 (42.00)						
16岁	214 (22.18)	102 (22.87)	112 (21.58)						
17岁	206 (21.35)	92 (20.63)	114 (21.97)						
18岁	147 (15.23)	78 (17.49)	69 (13.29)						
19岁(含)或以上	15 (1.55)	9 (2.02)	6 (1.16)						
学生所在年级									
9				9 (1.80)	3 (1.10)	6 (2.64)	0 (0.00)	0 (0.00)	0 (0.00)
10				11 (2.20)	9 (3.30)	2 (0.88)	6 (1.89)	3 (1.80)	3 (1.99)
11				55 (11.00)	25 (9.16)	30 (13.22)	136 (42.77)	70 (41.92)	66 (43.71)
12				392 (78.40)	218 (79.85)	174 (76.65)	144 (45.28)	78 (46.71)	66 (43.71)
无信息				33 (6.60)	18 (6.59)	15 (6.61)	32 (10.06)	16 (9.58)	16 (10.60)

注：括号中为百分比

WITH FFFL样本包括参加FFFL-HS规范测试的500名接受个人理财指导的学生。在这个特殊的学生样本中，女性的代表性不足，男性占样本总数约55%。另外，WITH FFFL样本中接受FFFL-HS测试时约80%的男性和77%的女性在12年级。另一方面，WITHOUT FFFL样本包括318名学生。对于这个特定的群体，女性的代表性与男性的代表性几乎相当，占48%。而在FFFL-HS测试中，WITHOUT FFFL样本中有47%的男性和44%的女性都是12年级。

FFFL-HS测试旨在使用相同的方法对学生进行教学前后的测试。虽然这种方法对评估目的具有明显的好处，但由于潜在学生对测试内容熟悉，它也可能产生测量问题。Walstad和Rebeck（2005）按照严格的协议收集了KEYS和FFFL-HS测试的规范数据。具体来说，参与的教师被指示不教授与FFFL-HS测试项目及其答案有关的任何细节或参考。另外，要求KEYS老师在第一天上课后销毁所有预备测试，并在课程的最后一天进行后测。虽然我们无法完全确定KEYS和规范样本报告中的一些进步并不是教师分享考试细节或者学生记忆考试内容的结果，但我们相信参与的教师严格地遵守了协议，同时预测及后测（4个月以上）之间的显著间隔应该会限制学生因为熟悉测试工具而产生的任何潜在偏差。

35.5 实证结果

表35-4列出了KEYS样本组中男性和女性在课前测试中总体表现、达标状况和概念理解能力的结果。为了比较，我们还展示了通过WITHOUT FFFL样本计算的相应结果以及每个样本中男女学生的百分比差。我们认为这种比较是合适的，因为无论是KEYS学生在考试前还是WITHOUT FFFL组都没有接受个人理财教育。KEYS样本中接受教育课程前的测试中，男性总体平均成绩为41.36%，女性总体平均成绩为41.60%。WITHOUT FFFL样本中男女学生的相应FFFL-HS评分分别为44.36%和45.85%。两个样本中男女学生的总体考试成绩差异都在统计学上不显著，说明男女学生在教学前平均具有相似的财务知识水平。

表35-4　　　　　"财务成功之钥"课前测试和未接受高中理财课程的
学生在达标状况和概念理解能力方面的表现差异

题目（合理生活理财课程高中测试）	"财务成功之钥"课前测试的学生样本（%）			未接受高中理财课程的学生样本（%）		
		男	女	差距	男	女	差距
A 收入		48.98	48.58	0.40	48.77	50.26	-1.49
1.收入来源	1，11	57.06	57.23	-0.16	40.42	44.37	-3.95
2.收入的决定因素	9，14，15，17	49.05	48.70	0.35	51.50	55.96	-4.46
3.税和转移支付	18，19，20	43.50	42.65	0.85	50.70	46.58	4.12
B 资金管理		41.60	43.93	-2.33**	48.66	49.76	-1.09
1.资源限制下的选择	5，8	42.83	45.95	-3.13	47.90	38.74	9.16*

续表

	题目（合理生活理财课程高中测试）	"财务成功之钥"课前测试的学生样本（%）			未接受高中理财课程的学生样本（%）		
		男	女	差距	男	女	差距
2.机会成本	7	25.11	22.54	2.57	79.04	77.48	1.56
3.个人财务责任	6	76.68	83.43	-6.75**	79.04	88.08	-9.04*
4.财务决策	10	30.27	41.23	-10.96**	47.31	46.36	0.95
5.通货膨胀和投资	28	23.54	21.19	2.35	20.36	19.21	1.15
6.保险，风险管理	46，47，48，50	49.10	50.96	-1.86	47.90	51.82	-3.92
7.预算	41，42，43	37.22	36.87	0.35	36.33	39.51	-3.19
8.使用资金管理工具	44，45	37.33	42.10	-4.77*	53.89	55.96	-2.07
C 支出和信用		34.28	33.26	1.02	38.60	38.71	-0.12
1.支出的益处和成本	3，4	40.25	40.94	-0.70	45.81	47.68	-1.87
2.产品信息							
3.支付方式的成本和益处	31，32	44.73	47.50	-2.76	52.69	58.61	-5.92
4.风险和信用	35，36	46.97	47.11	-0.14	51.20	50.00	1.20
5.信用来源	37，40	24.44	21.00	3.44	31.14	29.80	1.34
6.信用历史和记录	33，34	22.87	18.50	4.37**	23.35	20.53	2.82
7.财务困难管理							
8.买家、卖家和债权人的权利、义务	38	18.61	15.80	2.81	16.17	12.58	3.59
D 储蓄和投资		41.89	41.04	0.85	40.66	44.07	-3.41*
1.储蓄和投资	21，23	24.78	23.03	1.75	25.45	27.81	-2.37
2.储蓄和投资的原因	2	84.75	89.21	-4.46*	86.23	89.40	-3.18
3.投资的风险、回报和流动性	25，26，27	45.52	43.80	1.71	42.91	42.83	0.09
4.投资买卖	29，30	45.63	44.22	1.41	49.10	52.65	-3.55
5.投资回报率	22，24	27.69	25.53	2.16	19.76	27.48	-7.72*
6.投资信息来源	39	43.27	45.28	-2.01	43.71	50.99	-7.28
7.政府、储蓄、投资							
合计		41.36	41.60	-0.23	44.36	45.85	-1.49

注：相关标准和概念源于 Walstad 和 Rebeck（2005）基于个人金融教育国家标准（Jump$tart 联盟，2002）。
*均数差统计显著性在5%
**均数差统计显著性在1%

对KEYS样本事前测试中的男女学生的差异进行进一步分析，发现FFFL-HS测试的四个标准中有三个没有性别差距。然而，KEYS样本中的女学生在资金管理标准中比男学生高出2.33个百分点，这个差异在1％的水平上具有统计显著性。在资金管理标准下进行细分，女学生在"个人财务责任"、"财务决策"和"使用资金管理工具"方面的表现均优于男学生。除了资金管理下的这三个概念之外，女学生在另一个概念测试——储蓄和投资的原因——中也显著优于男学生。男学生只有一个概念测试——信用历史和记录——显著优于女学生。

在WITHOUT FFFL样本中，我们也发现FFFL-HS测试的四个标准中的三个没有性别差距。然而对于这个群体，女学生在储蓄和投资标准方面显著超过男学生。与KEYS样本一样，WITHOUT FFFL样本中的女学生在个人财务责任概念上的得分明显高于男学生。WITHOUT FFFL样本中的男学生在资金管理标准中的资源限制下的选择概念以及储蓄和投资标准下的投资回报率概念，与女学生相比，得分明显更高。

综合来看，这些结果显示没有参加个人理财课程的男、女学生的个人理财成绩差距很小。总的来说，他们在FFFL-HS测试中的表现是相似的，少数不同的几个标准和概念因样品而异。然而，似乎有一些证据表明，没有接受个人理财指导的女学生比起男学生对于个人财务责任问题有更多的了解。

表35-5列出了KEYS样本中男女学生在接受课程教育后的测试中，总体表现、达标状况以及概念理解能力方面的平均成绩。如前所述，为了比较，我们还展示了WITH FFFL组学生相应的事后考试成绩以及每个样本中男女学生的百分比差异。我们认为这种比较是适当的，因为两组学生在评估之前都接受过个人理财教育。总体来说，KEYS和WITH FFFL两组样本中的女学生测试成绩显著超过男学生。具体来说，KEYS样本中女学生平均比男学生高出1.61个百分点，而FFFL样本则高出1.84个百分点。男女学生事后测验总体绩效的显著差异似乎表明，女学生在教学后平均有较高的财务知识水平。

表35-5 "财务成功之钥"课后测试和已接受高中理财课程的学生在达标状况和概念理解能力方面的表现差异

	题目（合理生活理财课程高中测试）	"财务成功之钥"课后测试的学生样本（%）			已接受高中理财课程的学生样本（%）		
		男	女	差距	男	女	差距
A 收入		73.97	76.00	−2.03*	62.80	66.76	−3.96**
1.收入来源	1，11	84.87	86.80	−1.94	63.92	71.37	−7.45*
2.收入的决定因素	9，14，15，17	75.45	76.59	−1.14	64.74	67.40	−2.66
3.税和转移支付	18，19，20	64.72	68.02	−3.29	59.46	62.85	−3.39
B 资金管理		65.64	67.90	−2.26**	55.46	57.00	−1.55
1.资源限制下的选择	5，8	61.55	63.29	−1.75	51.10	52.20	−1.10

续表

题目（合理生活理财课程高中测试）	"财务成功之钥"课后测试的学生样本（%）			已接受高中理财课程的学生样本（%）		
		男	女	差距	男	女	差距
2.机会成本	7	56.73	57.03	−0.31	84.25	86.34	−2.10
3.个人财务责任	6	87.22	91.72	−4.50*	78.75	80.18	−1.42
4.财务决策	10	72.42	78.81	−6.38*	52.75	58.59	−5.84
5.通货膨胀和投资	28	43.05	44.12	−1.07	21.98	20.26	1.71
6.保险、风险管理	46，47，48，50	67.04	67.82	−0.78	54.40	56.94	−2.54
7.预算	41，42，43	62.63	65.96	−3.33	48.72	47.28	1.44
8.使用资金管理工具	44，45	72.98	75.53	−2.55	64.10	67.84	−3.74
C 支出和信用		60.44	62.73	−2.29*	52.08	53.34	−1.26
1.支出的益处和成本	3，4	59.19	61.95	−2.75	53.48	59.25	−5.77
2.产品信息							
3.支付方式的成本和益处	31，32	71.75	74.08	−2.34	68.50	70.70	−2.21
4.风险和信用	35，36	65.58	68.88	−3.30	58.06	59.03	−0.97
5.信用来源	37，40	48.88	50.39	−1.51	47.07	42.07	−5.00
6.信用历史和记录	33，34	60.54	60.98	−0.44	35.35	39.21	−3.86
7.财务困难管理							
8.买家、卖家和债权人的权利、义务	38	52.91	57.42	−4.50	47.99	46.26	1.73
D 储蓄和投资		65.31	64.99	0.32	52.55	53.62	−1.08
1.储蓄和投资	21，23	50.78	48.65	2.13	37.36	38.33	−0.96
2.储蓄和投资的原因	2	94.84	97.50	−2.65*	91.58	96.92	−5.34*
3.投资的风险、回报和流动性	25，26，27	62.71	59.86	2.85	49.94	49.93	0.01
4.投资买卖	29，30	79.48	77.65	1.83	64.29	64.32	−0.03
5.投资回报率	22，24	46.75	47.50	−0.75	34.07	33.26	0.81
6.投资信息来源	39	68.16	72.06	−3.90	65.20	71.37	−6.16
7.政府、储蓄、投资							
合计		65.94	67.55	−1.61**	55.39	57.23	−1.84**

注：相关标准和概念源于Walstad和Rebeck（2005）基于个人金融教育国家标准（Jump$tart联盟，2002）。

*均数差统计显著性在5%

**均数差统计显著性在1%

在更加细分的水平上，KEYS样本中的女学生在FFFL-HS事后测试四项标准的三项中（收入、资金管理、支出与信用）显著优于男学生，没有性别差距的标准是储蓄和投资。类似于事前测试的结果，KEYS样本中女学生在个人财务责任、财务决策、储蓄和投资的原因的概念上保持了显著的知识优势。值得注意的是，在FFFL-HS测试涵盖的不同概念中，没有发现有利于男学生的重大性别差距。

再看WITH FFFL样本，我们在FFFL-HS事后测试四个标准的三个中没有发现性别差异。然而对于这个组，女学生的收入标准显著超过男学生。在更细分的层次上，只有三个概念，我们发现了显著的性别差异：男学生在"机会成本"概念中大大优于女学生，而女学生在个人财务责任和投资回报率概念方面显著优于男学生。[①]

35.6　结论

本章详细介绍了一门高效、个性化且成功的个人财务课程"财务成功之钥"中的教师培训计划。项目由特拉华大学经济教育创业中心与费城联邦储备银行联合制定和实施，为高中生个人金融普及教育提供了一个连贯且具有逻辑性的学期计划。根据课程前后的测试数据以及FFFL-HS测试的规范结果，本章还对男女学生在FFFL-HS测试中整体表现、达标状况、概念理解能力三个维度的表现进行了分析。分析结果特别重要，因为这是FFFL-HS测试项目首次将FFFL-HS测试的原始规范数据提供给主管以外的研究人员。

那么我们通过研究参加一学期课程项目的男女学生在FFFL-HS测试规范中的表现发现了什么呢？男女学生往往在受到理财教育之前具有相似的总体财务知识水平，但女学生可能从正式教学中受益更多。特别有趣的是，在其他研究中得出的男性比女性在个人理财方面表现更为突出的结论并不存在于KEYS样本或FFFL-HS测试范例样本中。事实上，该研究的结论是课程后期测试中女性表现更为突出，而在样本、标准和概念三个维度之间唯一一致的结果是女性学生比男性学生表现出对个人理财责任相关问题有更好的了解。基于这一独特的发现，我们认为，以往文献中披露的性别差异可能是由偏倚的教材或课堂教学、匮乏的教师培训以及不正确的测试方法导致的。

参考文献

Aaronson, D., Barrow, L., & Sander, W. (2007). Teachers and student achievement in the Chicago public high schools.*Journal of Labor Economics*, 25 (1), 95–135.

[①] 另有一个单独的分析来检查FFFL-HS测试所衡量的参加课程的学生的个人理财知识在事前测试与事后测试中男女是否有差异。KEYS组的女性学生在测试前和测试后提高了25.95个百分点，而男性学生提高了24.58个百分点，这个差异在1%的水平上显著。在收入标准中,KEYS组的女性学生从事前测试到事后测试后比男性学生同比增加了2.43个百分点(女性增长了27.42个百分点，男性增长了24.99个百分点)。这个差异在5%的水平上显著。在信用标准中,KEYS组的女性学生提高了29.46个百分点,男性学生提高26.15个百分点,这个差异在1%的水平上显著。然而,对于资金管理标准与储蓄和投资标准,女性与男性的提高没有统计学差异。在更为细分的概念层面上,KEYS样本中男性和女性的事前测试与事后测试增益之间的差异无统计学意义。这些结果共同显示了一些证据,即男女学生在接受个人理财教育后投资能力都有所提高,整体上对女学生的影响更大。

Allgood, S., & Walstad, W.B. (1999). The longitudinal effects of economic education on teachers and their students.*Journal of Economic Education*, 30 (2), 99–111.

Asarta, C.J., Hill, A.T., & Meszaros, B. (2014). The features and effectiveness of the keys to financial success curriculum.*International Review of Economics Education*, 16 (1), 39–50.

Ball, D.L. (2000). Bridging practices: Intertwining content and pedagogy in teaching and learning to teach.*Journal of Teacher Education*, 51 (3), 241–247.

Ball, D.L., Thames, M.H., & Phelps, G. (2008). Content knowledge for teaching what makes it special? *Journal of Teacher Education*, 59 (5), 389–407.

Bosshardt, W., & Watts, M. (1990). Instructor effects and their determinants in precollege economic education.*Journal of Economic Education*, 21 (3), 265–276.

Bosshardt, W., & Watts, M. (1994). Instructor effects in economics in elementary and junior high schools.*Journal of Economic Education*, 25 (3), 195–211.

Butters, R.B., Asarta, C.J., & Fischer, T. (2011). Human capital in the classroom: the role of teacher knowledge in economic literacy.*The American Economist*, 56 (2), 47–57.

Butters, R.B., Asarta, C.J., & McCoy, S. (2012). Financial literacy and gender in U.S.high schools.*Journal of Economic and Financial Education*, 11 (2), 142–149.

Caldwell, J., Davis, J., Gallagher, S., Lopus, J., Morton, J., Schug, M., et al. (2004). *Learning, earning and investing: High School.*New York: National Council on Economic Education.

Cochrane, K.F., DeRuiter, J.A., & King, R.A. (1993). Pedagogical content knowing: An interactive model for teacher preparation.*Journal of Teacher Education*, 44 (4), 263–272.

Danes, S.M., & Haberman, H.R. (2007). Teen financial knowledge, self-efficacy, and behavior: A gendered view.*Financial Counseling and Planning*, 18 (2), 48–60.

Fox, J., Bartholomae, S., & Lee, J. (2005). Building the case for financial education.*Journal of Consumer Affairs*, 39 (1), 195–214.

Garet, M., Porter A., Desimone L., Birman, B., & Yoon, K.S. (2001). What makes professional development effective? Results from a national sample of teachers. *American Educational Research Journal*, 38 (4), 915–945.

Gellman, S., & Laux, S. (2011). *Financial fitness for life (Grades 9–12)* (2nd ed.). New York: Council for Economic Education.

Hanna, M.E., Hill, R.R., & Perdue, G. (2010). School of study and financial literacy.*Journal of Economics and Economic Education Research*, 11 (3), 29–37.

Harter, C., & Harter, J. (2009). Assessing the effectiveness of Financial Fitness for Life in Eastern Kentucky.*Journal of Applied Economic Policy*, 28 (1), 20–33.

Hill, H.C., Ball, D.L., & Schilling, S.G. (2008). Unpacking pedagogical content knowledge: conceptualizing and measuring teachers'topic-specific knowledge of students.*Journal for Research in Mathematics Education*, 39 (4), 372–400.

Jacobs, F. (1988). The five-tiered approach to evaluation: Context and implementation.In H. Weiss & F.Jacobs (Eds.), *Evaluating family programs* (pp.36–68). New York: Aldine DeGruyter.

Jump Start Coalition. (2002). *National Standards in K-12 Personal Finance Education.*Accessed November 15, 2014, Available from: http://jumpstart.org/national-standards.html.

Lusardi, A., Mitchell, O.S., & Curto, V. (2009). Financial literacy among the young: Evidence and implications for consumer policy.*National Bureau of Economic Research* (NBER) Working Paper No.15352.Accessed November 20, 2014, Available from http://www.nber.org/papers/w15352

Mandell, L., & Klein, L. (2007). Motivation and financial literacy. *Financial Services Review*, 16 (2), 105–116.

National Council on Economic Education (NCEE). (1997). *Voluntary national content standards in economics.*New York: National Council on Economic Education.

Ost, B. (2014). How do teachers improve? The relative importance of specific and general human capital.*American Economic Journal: Applied Economics*, 6 (2), 127–151.

Roberts, H., Sorgman, M., & Parkison, K. (2010). Surveying the importance of economics and financial literacy descriptors. *Journal of Applied Business and Management Studies*, 1 (2), 1–18.

Rockoff, J.E. (2004). Impact of individual teachers on student achievement: evidence from panel data.*American Economic Review*, 94 (2), 247–252.

Schug, M., & Morton, J. (2001). *Financial fitness for life: bringing home the gold teacher guide (grades 9–12).* New York: National Council on Economic Education.

Schulman, L.S. (1986). Those who understand: knowledge growth in teaching. *Educational Researcher*, 15 (2), 4–14.

Schulman, L.S. (1987). Knowledge and teaching: foundations of the new reform.*Harvard Educational Review*, 57 (1), 1–22.

Swinton, J.R., Scafidi, B., & Woodard, H.C. (2012). The impact of the *Teaching High School Economics* workshop for teachers on student achievement.*Eastern Economic Journal*, 38 (3), 401–416.

Tennyson, S., & Nguyen, C. (2001). State curriculum mandates and student knowledge of personal finance.*Journal of Consumer Affairs*, 35 (2), 241–262.

Varcoe, K.P., Martin, A., Devitto, Z., & Go, C. (2005). Using a financial education curriculum for teens.*Journal of Financial Counseling and Planning*, 16 (1), 63–71.

VISA (2000). *Practical Money Skills for Life.*San Francisco: VISA, U.S.A., Inc.

Walstad, W.B., & Rebeck, K. (2005). *Financial fitness for life: High school test examiner's manual (grades 9–12).* New York: Council for Economic Education.

Walstad, W.B., Rebeck, K., & MacDonald, R.A. (2010). The effects of financial education on the financial knowledge of high school students. *Journal of Consumer Affairs*, 44

(2), 336-357.

Way, W.L., & Holden, K.C. (2009). Teachers'background and capacity to teach personal finance: Results from a national study. *Journal of Financial Counseling and Planning*, *20* (2), 64-78.

Weaver, A.M., Deaton, W.L., & Reach, S.A. (1987) The effects of economic education summer institutes for teachers on the achievement of their students. *Journal of Educational Research*, *80* (5), 296-300.

第36章　基于设计的干预方法: 新加坡青年金融普及教育交互学习之旅^①

Ella Y.N.Siu and Noi Keng Koh

摘要　随着金融素养在当今社会中愈发重要，教育工作者迫切需要探索和发展有效的金融普及教育的教学方法。在本章中，作者记录了花旗NIE金融普及教育教师中心与新加坡共和理工学院之间的合作，它们为新加坡13~16岁的中学生提供了金融普及教育互动学习之旅。通过采用基于设计的干预方式，逐步完善了互动旅程作为灌输金融素养的平台的发展，研究过程和调查结果将进行进一步完善和实施。

关键词　基于设计的干预方法　金融普及教育　互动学习之旅

36.1　背景

长期以来，研究人员和教育工作者一直认为，需要让年轻人了解他们的金融行为对他们未来经济稳定的长期影响（Rosacker等，2009a、b）。如果没有规划未来的习惯，年轻人在进入劳动力市场后可能就会面临严重的后果，因为他们的决定将会影响到他们未来几年的经济状况（Johnson和Sherraden，2007）。

金融素养被定义为"在资金和资源管理方面做出明智的判断和有效决策的能力"（Koh，2005），因为可以帮助年轻人了解财务知识并学习如何管理他们的财务，所以进行有效的金融普及教育是非常重要的。

36.1.1　新加坡背景

在新加坡，金融普及教育是由政府机构、金融机构和教育机构共同协调进行的。这三种机构都通过讲习班、公开讲座、活动和社交媒体积极推动公众参与。过去，金融不是官方课程的一部分，而且多年来，负债很重的家庭和个人大幅增加。随着更多种类、更高风险的金融产品和服务的供需增加，以及更高的生活成本和更多的信贷需求量，向新加坡信

①　E.Y.N.Siu.
Republic Polytechnic，9 Woodlands Avenue 9，Singapore 738964，Singapore
N.K.Koh
Nanyang Technological University，National Institute of Education，1 Nanyang Walk，
Singapore 637616，Singapore
© Springer Science+Business Media Singapore 2016
C.Aprea et al.(eds.). *International Handbook of Financial Literacy*，
DOI 10.1007/978-981-10-0360-8_36

贷辅导协会寻求帮助的平均人数在2009—2013年（"2014年商业时报"）已经从650个增加到了1 377个。这种趋势为提早进行金融普及教育提供了强有力的支持，也就是说，要确保在年轻人进入劳动力市场之前养成良好的财务习惯。金融普及教育现在被纳入必修课程中，成为食品和消费者教育课的一部分。这门课程包括预算编制等基本技能以及区分需要与想要的重要性，已经在新加坡初级中学推出。

当地的金融普及教育中有两项金融教育活动最为突出：一个是由新加坡政府在2003年启动的全国金融教育计划，叫作感知货币倡议，旨在提高公众的财务素养；另一个是由花旗NIE金融普及教育教师中心在2007年制订的全国教师发展教育计划，重点是开发教师培训课程，推动学校的金融普及教育，以及进行金融普及教育领域的基础和纵向研究。

36.1.2 当前对青少年进行金融普及教育的限制

36.1.2.1 部分年轻人缺乏财务决策的实际经验

金融普及教育必须是适应具体年龄的。由于学生平时的金融行为只限于日常消费和储蓄，因此缺乏长期决策的实际经验，限制了他们形成良好且长远的金融习惯，所以说必须推行金融普及教育，以期培养年轻人健全的财务习惯。

36.1.2.2 缺乏衡量金融知识水平的合适手段

另一个重要的局限是缺乏对金融知识水平的有效评估。为了制订有效的方案，必须首先找到一个完善的衡量金融知识水平的方法。

现有的针对年轻人金融素养的问卷其内容大多具有局限性。例如，Jump$tart金融调查就是在学生完成个人理财课程后进行的（Mandell，2008）。"公司债券"、"信用报告"、"股息"、"共同基金"或"存款凭证"等词语对未参加任何与金融相关的课程或没有接触过此类术语的人员来说，可能是不可理解的。像"美国营业税"和"SAT考试"这样的概念在新加坡也是不适用的。使用太长或难以理解的测试手段也可能导致问卷回复率较低甚至不准确。此外，所使用的方法必须适用于目标人群（Rubio等，2003）。由于金融普及教育主要针对21岁以下的青少年，因此开发适合年轻人、适合当地具体情况的金融普及教育项目是至关重要的。

36.2 文献综述

如2012年度国际学生评估项目发布的金融普及教育报告（OECD，2013）所强调的那样，年轻一代可能不仅面临金融产品、服务和市场日益复杂的问题，而且可能比他们的父母在成年期间承担更多的财务风险。相比于父辈，年轻一代更需要通过储蓄、投资、保险等方式来为退休做准备。

金融普及教育如何帮助青年人为这样一个充满挑战的未来做好准备？有人认为，虽然金融普及教育有利于青少年养成良好的习惯，但认知科学和行为经济学的研究表明，意图并不一定会导致相应的行为结果（Pathak等，2011）。知识（通过金融教育获得）和行为结果（财务习惯）之间缺少充分的联系。我们需要确定中间缺失的环节，以使年轻人能够从金融普及教育中获益（见图36-1）。

图 36-1　金融行为发展过程

36.3　金融知识

2012 年，国际学生评估项目提出的金融普及教育框架侧重于学生在现实生活中激活和应用知识的能力（OECD，2013），并提出了对知识范围进行有效评估的模型（见图 36-2）。有效的金融普及教育需要明确界定大纲范围、学习过程，并清楚地描述金融知识适用的具体情形。

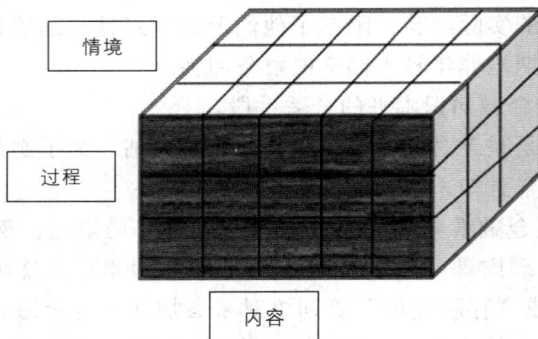

图 36-2　评估框架模型

国际学生评估项目 2012 年提出的这个金融普及教育框架确定了认知内容，包括学生识别和应用相关概念，并进一步了解、分析、评估所提出的解决方案的能力（OECD，2013）。这些过程从识别相关信息开始就需要知道财务术语。因此，金融普及教育需要培养青年人在具体情况下成功地运用相关金融知识。

36.4　操作方法

为了找出金融知识与金融行为之间缺失的联系，作者采取了基于设计的教育方式来展开互动学习之旅，希望能够追踪到金融素养水平的提高。这一计划旨在相关背景下应用金融知识，具体在教学评估和互动学习的专家的帮助下设计完成。

2011 年，花旗 NIE 金融普及教育教师中心与共和理工学院的一批工作人员共同努力建立了一个使用可扩展和可持续发展模式来教授金融知识的有效途径。这项研究和教育合作通过以下两个阶段完成：

研究 1：设计一种衡量新加坡年轻人财务素养水平的方法。

研究 2：设计一个互动学习之旅，并评估学习之旅的有效性。

为了解决 36.1.2 中提到的缺陷，有必要首先设计适用于当地情况的综合测量方法。此外，金融普及教育也需要包括超越参与者日常需求的长期决策教育。

36.5　基于设计的干预方法

"设计实验"（或"设计研究"）是在1992年首次引入作为形成机制研究测试和基于先前研究的原理提炼的教学设计中的术语（Collins等，2004）。这种方法已经在学习研究中变得流行，包括：（1）提供关于语境学习的理论问题的答案；（2）解决与现实世界中的学习有关的问题；（3）提供超越有限学习范围的方法；（4）从形成机制评价中得出研究结果。设计实验的基本前提是建立创新的学习环境，通常需要与教育从业者合作，改进学习和教学，并通过系统评估从这种方法产生的结果来推进学习和教学理论的研究（Pang，2008）。Collins（1999）认为，设计实验是一种结合研究工具和理论导向的干预研究。

Reeves（2006）认为，得出传统的实证目标的研究和目标为发展"设计原则"的研究之间有一个明确的界限。传统方法从假设形成开始，并进行实验来检验假设，而设计研究方法从研究人员和实践者集体对实际问题的分析开始，开发解决方案，并经历迭代循环的测试，最终得出改进方案建议。

36.5.1　研究1：研究一个可靠的心理测量方法来衡量新加坡青少年金融素养水平

为了制订有效的方案，必须首先设计一个完善的衡量金融素养水平的方法。我们遵循Collins等建议的步骤采用基于设计的方法（2004）：

（1）详述语境学习特点的理论问题；

（2）确定在现实世界中解决学习现象的必要性；

（3）超越狭隘的学习方法；

（4）从形成机制评估中得出研究结果（见图36-3）。

36.5.1.1　详述语境学习特点的理论问题

为了解决衡量金融素养水平这一难题，有必要确定一个明确的方法。在研究适应本地具体情况的金融知识水平的衡量工具时，我们根据Huston（2010）进行的大量研究来确定我们的方法。其中，财务素养可以表示为个人理解和使用个人财务相关信息的程度。与大众健康素养相似，金融素养可以被概念化为两个层面：掌握个人理财知识和个人理财知识应用（图36-4）（Huston，2009；Huston，2010）。然而，金融素养与金融知识是不一样的。金融素养具有一个额外的应用层面——个人必须有能力和自信利用他/她的财务知识做出财务决策。

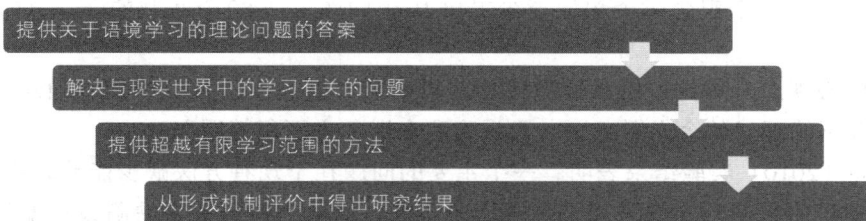

图36-3　基于设计的研究流程

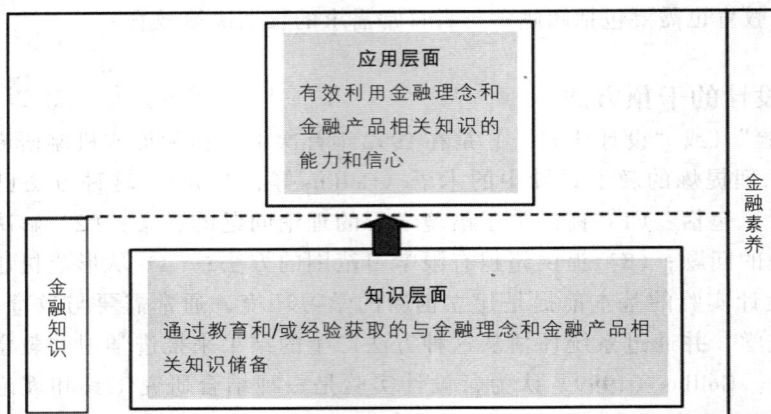

图36-4　金融素养概念（改编自 Huston 2010）

36.5.1.2　将知识应用到实际中

我们采用了基于诸如2005年的 Money SENSE 调查和美国广泛使用的 Jump$tart 调查的现有问卷调查的演绎规模方法。然而，正如最初认为的那样，调查中的许多项目都是技术性的，因此不适用我们的方法。我们依靠研究人员在相关领域的知识来创造新的项目，虽然这种方法非常耗时，而且要求研究人员掌握那一领域的知识，但是能够确保方法的有效性（Hinkin，1998）。

36.5.1.3　超越狭隘的学习方法

许多财务知识问卷只测试知识，而在我们设计的测试中，我们确定了三个观念：知识观念、应用观念和财务信心观念。

知识观念——Huston（2010）通过对现有文献进行分析确定的金融素养四个不同的领域：个人理财的基础（包括货币的时间价值、购买力以及个人财务会计概念），借用概念（把未来的资源通过使用信用卡进行即期消费，包括消费贷款或抵押贷款），储蓄/投资理念（通过储蓄账户、股票或债券储存现有资源以便未来使用）和资源保护（通过保险产品或其他风险管理技术）。比如："在2011，新加坡的 GST（商品和服务税税率）是7%"；"我的健康保险政策将涵盖当我在事故中受伤后所有的医疗费用"。

应用观念——包括上述四个领域的所有一般性有关金融普及教育的实践。这个观念下的项目的例子是："当我存够了足够的钱来支付日常开支时，我可以安心地退休"；"如果我把钱投资于一家声誉良好的银行，我可以100%依靠银行来打理我的投资"。作为一个经验法则，以上两个观念每个领域至少提出10个问题形成80个问题的问卷（Grounlund，2003）。

财务信心观念——这些条款衡量被调查者的财务信心。比如："我有信心在没有任何帮助的情况下管理我的个人财务"；"我认为我在财务方面很精明"。

Huston（2010）实验结果表明，一个主要的问题在于现有方法缺少能够确定被访者是否有财务知识的指标。我们采用了是否而非多选以消除一些可能有缺陷或有偏见的条款。这也是一种故意的尝试，使我们的测试不像一个问卷调查，从而使收集结果更能反映被调查者自己的理解。因此，金融知识量表中判断是否的问题并不少见。财务信心观念提出以 Likert 量表测量受访者的信心水平。此外，简短的陈述可以用来解决一个问题，从而避免问到两项内容（Hinkin，1998），同时确保对方即年轻人熟悉这样的表达方法。问题也被反向编写，以减少响应集偏差（Price 和 Mueller，1986）。此外，研究者通过四个问题来衡量受访者的财务信心水平。

36.5.1.4　形成机制评价的研究结果

在本研究中采用了迭代项目缩减过程（见图 36-5）。

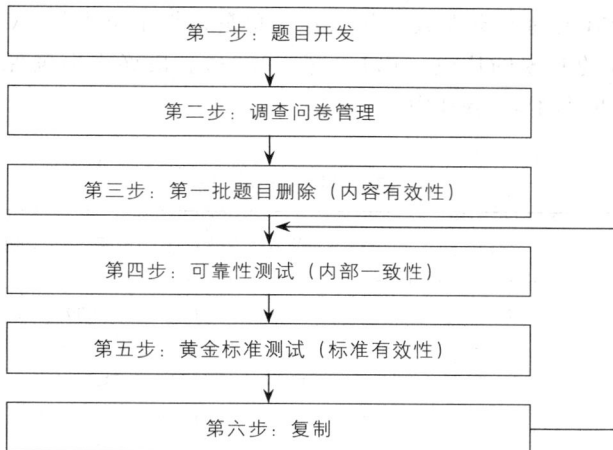

图 36-5　开发过程

为了进行试点测试，我们对 228 名年龄在 17~19 岁的青年进行了 80 项问题的在线调查。任何问题间相关性的变量小于 0.4 的都将被删除。此外，只有符合上述标准水平的问题（Ford 等，1986）同时满足比任何其他因素对一项问题的测试至少两倍有效才被认为是适当的并进行保留（Hinkin，1998）。最后进行因素确定分析，将所有的结构分别对应到四个因素中。在这一轮过后，知识和应用观念保留了 13 个问题，并保留了 3 个项目来衡量被调查者的财务信心，一共有 16 项内容。

为了进一步确定内容的有效性，这 16 项问题随后被送给 6 名地方高校的学术专家和 15 个新加坡的财务规划协会考试委员会（"农民专业合作社"）的行业专家进行审查。专家们询问这些项目的有效性，某一特定项目是否测试了某一特定领域的财务知识内容，以及该项目是否是一个表明项目难度的高级或有挑战性的问题。由于没有现存的标准来评估金融知识水平，我们采用 75% 相吻合的指数来确定每个项目的有效性（Hinkin，1998）。审查后确定了 18 项，其中有 8 项在应用方面，7 项在知识方面，3 项衡量受访者的财务信心。另一轮的试点试验针对 50 名没有参加上一轮研究的学生进行。

为了确保方法的观念有效性，通过计算每个人每个观念的 Cronbach's alpha 来确定方法的可靠性和内部一致性。对整体内部一致性产生不利影响的问题被排除。

为了验证标准的有效性，必须检验这种方法是否符合黄金标准。Mandell（2009）提供了一个方法，如果他们得分75%或更多就认为学生的金融知识是合格的。我们最初的专家小组提出了一个分界点，即能够回答80个合格问题和70个高级问题。根据Nunnally和Bernstein所说（如Rubio等所引用，2003），0.30的相关性表明标准具有适当的有效性。

在执行了步骤4和步骤5之后，最终形成了14项问题，其中有6项代表应用观念，5项代表知识观念，3项衡量被调查者的财务信心。为了进一步确保问题的有效性，我们采用Davis（1992）和Rubio等（2003）推荐的内容效度指数（CVI）计算其有效性。他们通过计算将该项目评为有效的专家人数，除以专家总数，得出每项的CVI，也就是得出了将该项目视为内容有效的专家的比例（Rubio等，2003）。最终文书确保了具有内部一致性和标准有效性。其结果列于表36-1中。

表36-1 内容有效性的检验结果

观念	个数	因素数量	累积解释方差（%）	Cronbach's alpha
总体观念（N=50）	14	3	49.09	0.71
知识观念	5	1	34.21	0.46
应用观念	6	1	33.14	0.54
财务信心观念	3	1	85.62	0.91

Chen和Volpe（1998）指出，年轻人比较了解他们熟悉的信息（例如信用卡和银行账户），并且在不熟悉的领域（例如人寿保险和投资）中具有较低的分数。这解释了知识观念内部一致性低的原因。

通过使用Davis（1992）开发的CVI评估内容有效性的方法，我们进一步确定了文书的有效性和内部一致性。有一个重要的观察结果是调查研究的有效性很弱但是可靠性很强（Babbie，1995；St.Louis等，2009）。通过计算文书中每个项目的CVI，我们可以看到新文书10个问题（不包括3个财务信任项）的CVI为0.80（Davis，1992；Rubio等，2003）。专家建议增加另外一项。

在对标准有效性进行测试时，我们发现Mandell的金融素养考试成绩达到75%的标准与我们专家小组的标准之间存在较高的相关性，高于由Nunnally和Bernstein设定的标准有效性的相关性0.30（Rubio等，2003）。

作者得出以下结论：在经过严格的项目缩减过程（Rubio等，2003）和达到推荐CVI标准后，开发的用于衡量金融知识、应用和财务信心的3种观念的问题在心理测量方面是有效的。在符合外部标准的情况下，它也达到了可接受的内部一致性水平，并在标准有效性方面得到了强化。

36.5.2　研究2：设计互动学习之旅并评估其有效性

36.5.2.1　详述语境学习特点的理论问题

在美国，尽管Mandell（2009）指出，已经深入推进了金融普及教育，但是那些接受金融教育课程的学生的金融素养并没有比未接受金融教育的人更高。

在审查金融普及教育项目的有效性时，Mandell认为，互动、相关、有趣的课程可能比那些纯粹的教学课程更为有效。因此，他鼓励未来的研究重点关注这些课程的有效性是否可以通过互动中的趣味得到实质性改进（Mandell，2009）。

有学者进一步认为，精心组织的活动可比讲座更有效地帮助学生达成学习目标（格里菲斯，2012）。金融普及教育迫切需要一项互动有趣的活动，以吸引学生并进行更深入的学习。为了制订有效的金融普及教育计划，基于设计的研究团队（DBR）于2012年开始创建互动学习之旅活动。这一活动的设计侧重于主题（参与者）、对象（金融知识概念）、工具（任务单、预算模板）和社区（环境、资源、车站主人和学生辅导员）之间的相互作用。根据Engeström等开发的活动结构理论（1999），通过这些互动中的活动、讨论、小组实验和反思都可以进行学习。图36-6显示了这种互动旅程的学习过程。

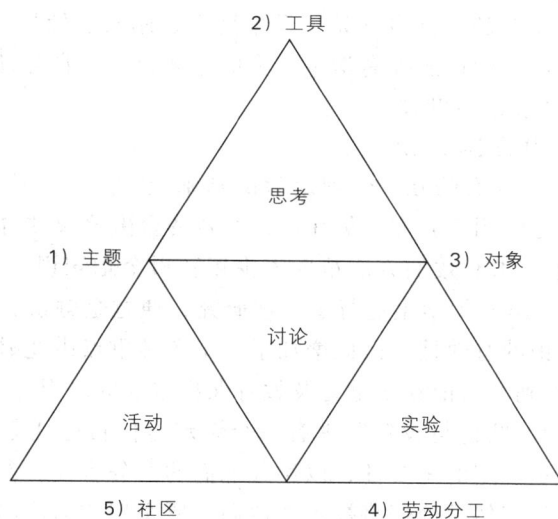

图36-6　金融普及教育互动学习之旅的学习过程

学习之旅的设计旨在涵盖实验（E）、讨论（D）、活动（A）和反思（R）4个层面的活动学习理论。实验和活动之间的差异在于，在实验中，学生必须为问题提供解决方案（例如，通过做出一系列选择来达到某一目标），而在活动中，学生需要完成任务（例如，将3种外币兑换为新加坡元）。完成每个车站的要求后，学生必须回答一些由车站主人在互动式的简报会中提出的反思性问题。

根据Remund（2010）对金融素养的定义，7个站台完整覆盖了这4个领域。表36-2显示了站台活动的内容和Remund提出的4部分金融素养的关系。

表36-2　　　　　　　金融知识学习之旅的站台与活动学习理论下Remund
提出的关于金融素养的操作性定义之间的关系

站台	站台名称	活动学习理论	Remund的操作性定义——四种金融素养
1	做出正确选择	E/D/R	储蓄与投资
2	寻宝游戏	A/D/R	投资
3	计算成本	E/D/R	借贷
4	增值税查找	A/D/R	预算
5	资产升值	A/D/R	预算、储蓄
6	规划资产组合	E/D/R	投资
7	保障资产	A/D/R	储蓄与投资

在设计学习之旅的过程中，也开展了基于活动结构的互动活动。通过受试者与工具和社区的互动，实现了金融知识概念（客体）的知识获得和应用。这些工具能起作用和互动的便利是由于从活动或实验的设计者开始，学生助手、站长、辅导员与学生的主动参与。这种深刻的归属感进一步推动达成提高学生能力的总体目标。在互动学习之旅的7站活动中，有3站是由车站主任和学生助理共同推动的。

36.5.2.2　解决现实中的学习问题

2013年，DBR团队在现有的互动学习之旅的基础上，进一步将学习过程与现实世界相适应。随后的文献综述强调了研究人员在设计有效的金融普及教育中制定目标的重要性（Maloney，2010）。为了寻求有效的方法帮助青少年获得金融知识，新加坡于2013年年底对10所中学的109名13~16岁的学生进行了一项研究，通过金融素养大赛评估通过金融普及教育互动学习金融知识的有效性，因此增加了一个车站重点讲述财务规划。这一设计的目的是解决36.1.2.1中提到的目前在金融普及教育课程方面的局限性。

在第5站"资产升值-储蓄与投资"中有一个设定退休目标任务。该站台旨在帮助学生了解不同的投资选择和规划的重要性，以达成他们的财务目标。参与者需要选择具有不同工作和收入水平的人物，然后他们将被告知他们需要实现的退休储蓄（在新加坡政府中央公积金网站提供的新加坡国民法定福利退休估计的帮助下）。

然后学生将接触各种储蓄和投资选择，以增加他们的资产。学生需要制订战略组队工作计划，从而达到退休目标。

36.5.2.3　超越狭隘的学习方法

学员在参加学习之旅的前后均进行了测试。最终得到进一步统计分析的总成绩来衡量财务知识而不仅仅是一个总得分。

36.5.2.4　形成机制评价的研究结果

99名参与者参与了前后问卷测验。采用配对样本t对前、后干预结果进行检验，发现参与互动学习前后学生财务素养得分差异无显著性。虽然在总体财务素养分数方面没有显著改善，但财务信心分数和金融知识素养分数在与退休规划财务目标设定有关的问题上有了重大进步（见表36-3）。

表36-3   配对样本t检验的结果

项目	P（T≤t）（单尾）	结论
金融素养总分	0.09142	接受
退休目标设定相关问题	4.5212E−05	拒绝
财务信心相关问题	5.6733E−05	拒绝
置信度 = 95 % 当 P（T≤t）≤ 0.025 拒绝原假设		

与退休计划有关的问题包括四个主题：新加坡政府管理中央公积金（公积金）、保险、退休资源和房产规划。

36.6　研究结果

设计实验在教育背景下进行了变通，但重点在于从这些实验推广到指导其他设计流程。他们填补了改进教育实践所需的一系列实验方法（Collins等，2004）。

基于设计的研究最重要的一个方面是反思制定的设计原则并加强解决方案实施的最后一步。以下总结了我们根据我们的研究提出的发现和设计原则。

36.6.1　研究1：研究一种可靠的心理测量方法来衡量新加坡青少年的金融素养水平

为了评估报告的总体金融知识水平分数与被访者的财务信心之间是否存在相关性，我们对结果进行了进一步分析。结果显示，金融信心得分与受访者的总体财务素养得分之间存在相关性（表36-4）。

表36-4   金融素养评分和财务信心评分之间的相关性

	金融素养评分	金融素养评分	财务信心评分
金融素养评分	Pearson correlation	1	0.261*
	Sig.（1-tailed）		0.033
	N	50	50
财务信心评分	Pearson correlation	0.261*	1
	Sig.（1-tailed）	0.033	
	N	50	50

*相关系数在 0.05 的水平上显著（单尾）

R = 0.261，皮尔森相关系数在 0.05 的水平上显著（单尾），P < 0.05。虽然这一发现并没有显示出 Bandura（1993）所提出的自我效能感和学业成就之间的高度相关性，但我们

注意到，被调查者的财务信心与实际金融素养之间仍然存在着显著的相关性。

研究结果还表明，财务信心的发展可以成为财务知识和随后的良性财务行为发展之间的联系。据此可以得出结论，金融普及教育的有效性衡量应认识到财务信心与应用金融知识之间的关系。

36.6.2 研究2：设计交互式学习旅程及其有效性的评价

从配对样本 t 检验的结果来看，财务信心分数和财务知识得分在与退休财务计划的目标设定有关的问题上有了显著的改善。这一结果表明，通过制订可供参与的金融普及教育方案，参与者的财务信心可以得到改善。

36.7 结论

这项研究合作起初为了确定财务知识和财务行为之间缺失的联系。通过与金融从业者和教师协作研究一个衡量金融知识水平的工具，建立了金融知识和财务信心之间的相关性。将本项目的调查结果作为金融行为的重要决定因素（OECD，2013），如国际学生评估项目2012年确定的非认知因素，如动机和信心等，未来的研究可能会从此受益。

在制定互动学习旅程财务目标的过程中，制定干预措施方面取得了积极成果，也通过设计研究为金融普及教育提供了强有力的支持。我们可以在研发周期中进行进一步的迭代，并进一步改进交互式学习旅程的设计。接下来一个可能的研究领域是探讨引入价值观，如动机出发与财务行为的影响之间的关系。定性研究和纵向研究也可以进行，目的是了解金融行为特别是年轻人的行为的发展。

参考文献

Babbie, E. (1995). *The practice of social research* (*7th ed.*). Belmont, CA: Wadsworth.

Bandura, A. (1993). Perceived self-efficacy in cognitive development and functioning. *Educational Psychologist*, 28 (2), 117-148.

Chen, H., & Volpe, R.P. (1998). An analysis of personal financial literacy among college students. *Financial Services Review*, 7 (2), 107-128.

Collins, A. (1999). The changing infrastructure of education research. In A. Lagemann & L. Shulman (Eds.), *Issues in education research*. San Francisco: Jossey-Bass.

Collins, A., Joseph, D., & Bielaczyc, K. (2004). Design research: theoretical and methodological issues. *The Journal of the Learning Sciences*, 13 (1), 15-42.

Davis, L. (1992). Instrument review: Getting the most from your panel of experts. *Applied Nursing Research*, 5, 194-197.

Engeström, Y., Miettinen, R., & Punamäki, R. (1999). *Perspectives on activity theory*. Cambridge: Cambridge Press.

Ford, J.K., MacCallum, R.C., & Tait, M. (1986). The application of exploratory factor analysis in applied psychology: A critical review and analysis. *Personnel Psychology*, 39, 291-314.

Griffith，L.M.（2012）．Bourdieu's game of life：using simulation to facilitate understanding of complex theories.*College Teaching*，60，147-153.

Grounlund，N.E.（2003）．*Assessment of student achievement.*Boston，MA：Publishers'Design and Production Services，Inc.

Hinkin，T.R.（1998）．A brief tutorial on the development of measures for use in survey questionnaires.*Organizational Research Methods*，1（1），104-121.

Huston，S.J.（2009，October）．The Concept and Measurement of FInancial Literacy：Preliminary Results from a New Surveyon Financial Literacy Assessment.Conference Presentation，Academy of FInancial Services Annual Conference，Anaheim，CA.

Huston，S.（2010）．Measuring financial literacy.*The Journal of Consumer Affairs*，44（2）.

Johnson，E.，& Sherraden，M.S.（2007）．From financial literacy to financial capability among young.*Journal of Sociology & Social Welfare*，Sep 1，2007.

Koh，N.K.（2005，January）．*Positioning financial literacy in Singapore schools.*Paper presented at Pacific Circle Consortium，Sydney，Australia.

Maloney，P.J.（2010）．Financial literacy：A practitioner's update on the status of integration in school curricula.*Journal of Personal Finance*，9，11-29.

Mandell，L.（2008）．Financial knowledge on high school seniors.In Jing J.Xiao（Ed.），*Advances in consumer finance research*（pp.170-171）．New York：Springer Publishing.

Mandell，L.（2009）．Financial education in high school.In Annamaria Lusardi（Ed.），*Overcoming the saving slump：How to increase the effectiveness of financial education and savings programs*（pp.257-279）．Chicago：The University of Chicago Press.

MoneySENSE Financial Steering Committee.（2005）．*Quantitative Research on Financial Literacy Levels in Singapore.*Retrieved on October 20，2011 from Monetary Authority of Singapore website：http://www.mas.gov.sg/resource/news_room/press_releases/2005/Financial %20Literacy%20Levels%20in%20Singapore，%20Full%20Report.pdf.

OECD Report on PISA 2012 Financial Literacy Framework.（2013）．*PISA 2012 assessment and analytical framework*，OECD 2013，pp.139-164.

Pang，M.F.（2008）．*Using the learning study grounded on the variation theory to improve students'mathematical understanding.*Paper presented at Topic Study Ground 37，ICME11 at Monterrey，Mexico，July 6-13，2008.

Pathak，P.，Holmes，J.，& Zimmerman，J.（2011）．*Accelerating financial capability among youth.*Retrieved on February 14，2015 from New America Foundation website：http://www.newamerica.net/sites/newamerica.net/files/policydocs/AcceleratingFinancialCapabilityamongYouth.pdf.

Price，J.L.，& Mueller，C.W.（1986）．*Handbook of organizational measurement.*Marshfield，MA：Pitman.

Reeves，T.C.（2006）．Design research from the technology perspective.In J.V.Akker，K.Gravemeijer，S.McKenney，& N.Nieveen（Eds.），*Educational design research*（pp.86-109）.

London：Routledge.

Remund，D.（2010）．Financial literacy explicated：The case for a clearer definition in an increasingly complex economy.*Journal of Consumer Affairs*，44（Summer），276–295.

Rosacker，K.M.，Ragothaman，S.，& Gillispie，M.（2009a）．Financial literacy of freshmen business school students.*College Student Journal*，43（2），391–399.

Rosacker，K.M.，Ragothaman，S.，& Gillispie，M.（2009b）．Financial literacy of freshmen business school students.*College Student Journal*，43（2），391–399.

Rubio，D.M.，Berg-Weger，M.，Tebb，S.S.，Lee，E.S.，& Rauch，S.（2003）．Objectifying content validity：Conducting a content validity study in social work research.*Social Work Research*，27（2），94–104.

St.Louis，K.O.，Lubker，B.B.，Yaruss，J.S.，& Aliveto，E.F.（2009）．Development of a prototype questionnaire to survey public attitudes toward stuttering：Reliability of the second prototype. *Contemporary Issues in Communication Science and Disorders*，36（Fall），101–107.

The Business Times.（2014）．Retrieved February 12，2015 from The Business Times website：http://www.businesstimes.com.sg/consumer/more-debtors-seek-help-from-credit-counselling-singapore.

第37章　提高青年的金融素养：基于变异理论学习的观念性方法①

Ming Fai Pang

摘要　除了与金融稳定和经济发展相关外，金融素养被认为是使年轻人能够参与现代社会的基本生活技能。然而，国家调查一直表明，与其他人口相比，年轻人的金融素养水平是最低的。越来越多的国家认识到金融普及教育的重要性，并正在为学童制订金融普及教育计划。这些计划的主要目标是为年轻人提供必要的金融知识，让他们以切实可行的方式有效管理他们的财务，如了解如何维护银行账户以及如何编制预算。这些教育的重点是在实践方面。

与这种普遍的做法相比，我们倡导基于学习变易理论的概念化方法来提升年轻人的金融素养。有人认为，通过识别可变属性和不变属性的理想模式，能够帮助学习者深入了解一系列核心金融概念，这将使学习者有可能建立一个基于经济金融学科的分析框架或"镜头"。以这种方式，学习者将能够以更复杂的方式评估财务状况，因为这个镜头将使他们能够考虑到他们以前没有看到的财务状况的关键方面。由此，他们将能够以新的眼光看待他们的财务状况，并有更大的机会做出理性决策。

关键词　金融素养　学习研究　课程研究　变异理论现象　描述学

37.1　引言

金融素养被认为是使年轻人能够参与现代社会的基本能力（Lusardi等，2010），同时与金融稳定和经济发展相关（G20，2012）。经合组织为金融普及教育发展提供了框架，强调金融素养对青年人的重要性。2012年，国际学生评估计划（PISA）将金融素养纳入其中。然而，全国调查显示，与其他人口相比，年轻人的金融素养水平始终是最低的。例如，根据2000年、2002年、2004年和2006年Jump $tart在美国进行的金融素养调查，发

①　M.F.Pang.
Faculty of Education,The University of Hong Kong,Pokfulam Road,
Hong Kong,SAR,China
e-mail:pangmf@hku.hk
© Springer Science+Business Media Singapore 2016
C.Aprea et al.(eds.). International Handbook of Financial Literacy,
DOI 10.1007/978-981-10-0360-8_37

现 12 年级学生的金融素养水平相对较低，平均得分为 51.9%（2000 年）、50.2%（2002 年）、52.3%（2004 年）和 52.4%（2006 年）。调查中发现年轻人甚至缺乏理解基本金融产品运作的能力，更令人担忧的是，他们还表现出对制订健全的财务计划缺乏兴趣（OECD，2013）。美国前美联储主席格林斯潘（2002）认为，改善学校金融教育可为提高全民金融素养提供良好的基础，从而帮助高中毕业生避免做出不利的财务决策。经合组织（2005）也提出了"金融普及教育应从学校开始，人们应该尽早在生活中对财务事宜进行教育"的建议。越来越多的国家正在认识到金融普及教育的重要性，并为其学校制订金融普及教育计划。

然而，研究结果显示，这些金融教育计划在提高金融素养方面的效力是多种多样的。一方面，根据 Danes（2004）以及 Danes，Casas 和 Boyce（1999）的观点，学生们在参加了国家金融教育基金会计划后，更好地了解了信用购物成本。其他研究，如 Walstad 和 Rebeck（2005）以及 Asarta，Hill 和 Meszaros（2014），都表明提供精心设计的金融普及教育课程大大提高了高中生平均个人理财知识水平。另一方面，由 Jump Start 个人金融普及教育联盟进行的高中生调查发现，学生的金融素养水平与学生是否参加了个人理财或资金管理课程（Mandell，2009）几乎没有相关性。Mandell 和 Klein（2009）的研究进一步表明，那些完成个人理财课程的高中毕业生的金融素养并没有比没有参加课程的人高。

此外，Remmele 和 Seeber（2012）指出，许多金融普及教育计划的学习目标是让人们掌握必要的知识，同时以切实可行的方式有效管理金融资源，如了解如何维持银行账户以及如何进行预算。在给定时间内，金融普及教育的重点应该在于给定环境中的实践知识。令人怀疑的是，学生是否能够深入了解金融决策背后的金融概念或原则，以便能够运用这些概念或原则来处理新的财务状况。在这方面，我们倡导基于学习变易理论的概念性方法（例如 Marton 和 Booth，1997；Marton 和 Pang，2006）来进行金融普及教育，旨在使学生掌握处理有关财务问题新情况的能力。

37.2 提升金融素养的概念性方法

Noctor 等（1992）将金融素养定义为"对情势做出明智的判断以及对使用和管理资金做出有效决定的能力"。Vitt 等（2000）进一步认为，为了具有金融素养，做出正确的金融决策，个人需要具有阅读、分析、管理和沟通关于影响物质福祉的个人财务状况的能力。它包括识别财务选择，不会（或尽管）不舒适地讨论资金和财务问题的能力，计划未来，并对影响日常财务决策的生活事件（包括总体经济中的事件）做出反应。

Remund（2010）将金融素养描述为"衡量一个人理解关键财务概念的程度，并具有通过适当的短期决策和健全的长期财务规划来管理个人财务的能力和信心，同时关注生活事件和不断变化的经济条件"。他强调人们对重要金融概念的理解的重要性，认为需要学习如何利用相关的金融概念和原则来帮助分析金融事项和解释金融数据。经合组织（2014）同样强调金融知识和理解金融概念的重要性，将金融素养作为"对金融概念和风险的认识和理解"，以及应用这些知识和理解的技能、动机和信心，以便在一系列金融环境下做出有效决策，改善个人和社会的金融福利，能够充分参与经济生活（OECD，2014）。

按照上述观点，基于学习变易理论的概念导向方法强调了金融概念和原则提供的概念知识或工具的重要性（Pang，2010）。为了使学生能够以更有准备和更有效的方式做出金融决策和金融行为，学生需要了解与新型金融状况相关的核心金融概念和原则。根据 Marton 和 Pang（2006）的观点，强有力的行动来自于强有力的观点理念。如何处理金融问题并做出金融决策在很大程度上取决于人们如何看待遇到的金融状况。这取决于决策者关注其所遇到的金融状况的哪一关键方面，同时他们具有的金融知识也会产生影响。换句话说，在一门学科的核心概念和原则之上建立的知识领域将为一个人提供一定的"镜头"或视角，通过它来解释和分析大量可用的数据，注意金融状况的具体关键方面。根据变易理论，金融素养可以被认为是"利用核心经济学概念，通过关注或考虑金融状况的关键方面，在新形势下做出合理的金融决策的能力"（Pang，2010）。金融素养被视为学生了解有限的相互关联的核心金融概念的一个功能，可以用作资源或工具来做出明智的财务决策。在这方面，为了研究金融素养是否可以通过基于学习变易理论的概念性方法以可持续的方式提升，我们着手通过以下实证研究来探寻学生在更长时间内的金融素养发展。

37.3 研究

37.3.1 理论框架

在早期的研究中（例如 Marton 和 Pang，2006、2008、2013；Pang 和 Marton，2003、2005、2007、2013），变易理论用课程设计来促进学生对经济概念的学习（如征收销售税和供需的协同变化如何影响价格）。不像其他认为学习方式对学生的学习有影响的学习理论（如将学生以小组方式学习与以班级形式学习相比），变易理论侧重于学习内容的组织方式对学习效果的影响（Pang 和 Marton，2013）。它被认为是学习特定内容的一般理论。

根据变易理论，学习者必须辨别学习对象是什么（Marton，2006）。Pang（2003）认为，学习与辨别变化有关，也就是说要能够辨别迄今为止没有关注的现象的关键方面。为了做出以上辨别，我们必须经历变化。当一个现象在某一方面发生变化，而在其他方面保持不变时，变化的方面需要重点关注并识别（Marton 和 Booth，1997）。因此，辨别一个方面意味着你经历了两个实体或同一实体的两部分之间的差异。例如，一个人只能通过至少多学习一种语言来发现英语是什么；同样地，当一个人遇到至少另一种其他等式（例如，线性）时，他才可以理解二次方程式是什么。为了达成学习目标，学生需要对其关键方面进行辨别。其实对于每一个重要的方面，学生都需要经历变与不变才能够辨别出它的模式（Pang 和 Marton，2013）。

早期研究的结果（Marton 和 Pang，2006；Pang 和 Marton，2013）一直表明，将变易理论应用于教学设计有力地增强了学生对特定概念的理解。更有趣的发现之一是，与其他设计相比，变易理论影响设计的效果差异似乎随着学习后经过的时间的增加而增加。换句话说，应用变易理论后的学习成果往往会越来越好。这是生成学习——由 Holmqvist 等确定的一种领域特定的"学习-学习"效应（2007）。他们研究中的一名学生已经"超越学习情境本身，并发现了一种在即将到来的情况下看到学习对象的方式，在每一种新情况下进一步深化知识"（第188页）。这个发现是非常重要的，因为学校学习最重要的功能之一是让学生在未来能够成为更好的学习者。

与提高金融素养所使用的普遍实践和零碎学习的方法不同，基于变易理论的概念性方法表明，对一系列相互关联的核心财务概念的彻底了解可以帮助学生在经济和金融学科的基础上建立分析框架或角度，从而以更复杂的方式评估财务状况。这个角度将使他们能够考虑到他们以前没有看到的财务状况的关键方面。因此，他们将能够以新的眼光看待自身的财务状况，并有更大的机会做出正确的财务决策。

本研究参与教师确定的核心金融概念是：储蓄、消费与投资之间的关系；做出财务决策的机会成本；风险、回报和流动性之间的关系；通货膨胀和投资回报的真正价值；现值和贴现。在一年内进行了一系列五项小型研究来分析这五个财务概念。

例如，机会成本被认为是在处理金融问题时需要掌握的非常基本的财务概念。为了做出合理的金融决策，人们需要考虑可用的各种财务选择，并选择最有价值的选项。通过考虑所做选择的机会成本（即放弃最高价值期权），人们不只是通过观察货币价值来做出财务决策；相反，人们会选择最小化机会成本的选项。换句话说，机会成本最低的选项则会有最大化收益。

此外，在金融选项中进行决策时，一般需要考虑风险和流动性问题。人们生活在一个不确定的世界，既没有完美的市场信息，也没有无限的资本或资金。在做出投资决策时，除了预期回报率外，还需要注意风险水平和流动资金的可用性。风险、回报和流动性之间的关系是拥有健全财务理念的核心财务概念或原则。此外，还需要考虑实际的投资回报率而不是名义价值。在现实世界中，随着通货膨胀和通货紧缩的发生，总体价格水平持续波动。通货膨胀是指一般价格水平的上涨或货币实际价值的下降，通货紧缩则相反。当投资需要较长时间才能资本化时，人们需要在做出财务决策时考虑价格波动。

同样，在对未来长期收入及其投资做出决策时，需要把握现值和贴现的金融概念以做出跨时期的投资选择。因此了解如何利用贴现/复利方法来获取各种投资期权的当前/未来价值，从而在同一时间点比较其价值和成本是至关重要的。了解上述所有财务概念对储蓄、消费和投资等基本财务行为很有用。要具备金融素养，需要深入了解收入、支出、储蓄、投资与上述核心财务概念的关系。

提高金融素养的这种概念性方法也与阈值概念（例如，Meyer 和 Land，2003、2006）有关，可以将其理解为"类似于开辟入口，关于某事采用新的、以前无法想到的思维方式，也就是说学习者在解释或观察某事时采用以前没有用过的方法"（Meyer 和 Land，2006，第3页）。为了能够从特定学科视角或"镜头"感知、理解或体验特殊现象，需要深入了解该学科的门槛概念。在金融普及教育中，通过获得上述可以看作是一些门槛概念的核心金融概念，希望学生们能够建立一种以金融和经济学学科为基础的学科思维和实践方法，从而能够以新的眼光看待金融问题和情况，拥有更有效地处理金融事项的能力。

37.3.2　方法

37.3.2.1　研究的设计

在这项研究中，12名中学经济学教师分两个小组分别计划课程，来帮助他们的学生提高金融素养。在这两组中，实验组和比较组均采用上述概念性方法，并采用下文将会提到的同样的程序来规划、实施和评估课程。两组之间唯一的重大差异在于，实验组的教师在规划课程中明确使用学习变易理论，而对照组则没有。

每组由6名教师组成，他们共同制定提高学生金融素养的教学方法。所有教师均接受过正规教师培训，实验组平均教学年限为10年，对照组为13年。

在中国香港，所有中学生分为3个等级，第一等级代表学术水平最高的学生，第三等级代表学术水平最低的学生。来自香港12所学校的193名6~12年级的学生参加了研究。为使两组样本相当，每组包括6所学校，其中两所属于"第一等级"，两所为"第二等级"，两所为"第三等级"。两组学生学业成绩之间的比较得到事前测试结果的进一步支持，其结果将在下一节中展示。其中没有观察到两组学生之间金融素养水平存在显著差异。样本中的学生都在18岁至20岁之间，均在学校学习过高级经济学。

为了评估学生对这些金融概念的理解及其最初的金融素养水平，所有学生都被要求在事前完成包含多项选择题和简答题的测试。所有老师在规划课程时都会使用这一测试结果。结合自己的教学经验和对其他金融普及教育教材的理解，每个小组的教师共同制订了一系列共16节40分钟的课程计划，然后在不同的教室进行教学。所有的教材都被收录，所有课程都被录像。同时为了在课后评估学生的金融素养水平，所有学生都被要求完成事后测试。在6个星期后再次完成事后测试。最后，大概6个月后（在这个暑假之后），学生们进行了第三次事后测试，以评估他们的金融素养水平是否持续。我们根据教学数据，进行了组间比较。

37.3.2.2　数据收集

数据通过事前测试、课堂录音和3次事后测试（即课后、6周后和6个月后）获得。

37.3.2.3　事前测试

事前测试由30个多项选择题和两个结构化简答题组成，用于评估参加课程的学生的金融理解力。有些问题来自美国和英国的金融素养考试（例如第6题），一些问题来自高级考试（例如第7题），其他则由研究人员特别为中国香港学生设定（例如第25题），这样的题由中国香港两位金融教育工作者验证了有效性。所有这些问题旨在评估学生的基本金融知识以及是否了解与金融素养相关的一个或多个核心概念，例如复利概念（例如第6题）、投资与实际回报率之间的关系（例如第7题）和关于中国香港可支配收入的基本知识（例如第25题）。每个正确的答案计一分。以下是3个样题：

6.Ron和Molly同龄。在25岁的时候，Molly开始每年储蓄2 000美元，而Ron什么都不做。50岁时，Ron意识到他需要退休金，开始每年储蓄4 000美元，而Molly继续储蓄2 000美元。现在他们都是75岁。在退休账户中谁的钱更多？

（a）他们有相同的金额，因为他们存的钱完全相同。

（b）Ron，因为他每年储蓄更多。

（c）Molly，因为她存了更多钱。

（d）Molly，因为她的钱在复利时间里增长了更长一段时间。

7.以下哪种情况对人力资本投入更多？

（a）早期消费对以后消费的溢价下降。

（b）实际利率下降。

（c）医疗进展导致预期寿命增加。

（d）以上所有。

25.在中国香港，您的可支配收入低于您赚取的总金额。最有可能从您的总薪酬中扣除以下哪项？

（a）薪俸税及强制性公积金。

（b）利得税和汽油税。

（c）工资税和财产税。

（d）医疗保险缴款和保险。

简答题是针对现实的复杂环境，要求学生利用他们所学到的多种金融概念应对金融状况。下面给出了两组关于投资的样题。

组A-问题2a

"假设您有10万美元要进行投资，您选择以下哪些投资方案：（i）在中国香港联交所购买股票（例如长江实业公司）；（ii）将资金投入当地银行进行为期6个月的定期存款；或（iii）投资于追踪基金（基于恒生指数）。为什么？

在做出这样的金融决策时，您会考虑什么因素？

组B-问题1a

假设您有1 000 000美元进行投资，您将选择以下哪些投资方案：（i）投资于在全球不同市场投资的全球基金；（ii）购买5年期美国国库券，或（iii）投资外币（例如澳元）。为什么？ 在做出这样的金融决策时，您会考虑什么因素？

这些问题旨在评估学生对金融状况中以下几个关键方面的了解，包括风险、回报与流动性，通货膨胀和投资回报的实际价值之间的关系等等，以支持他们进行决策。

为了分析学生对所有测试的开放式问题的答案，我们采用了以现象学为灵感的方法，其重点在于学生在答案中表达的现象的不同观念（详见Marton和Pang，2008）。所有学生的答案形成了一个"观念池"，研究者试图找出答案之间的关键差异。这些差异很重要，因为可以区分相关现象观察体验的不同方式。然后我们可以推导出一系列具有分层次序和包容性的描述类别，这些类别可以通过答案中表达或不表达的关键方面或变化的维度区分开来。学习者考虑到变化的越多维度与有关现象的关键方面有关，理解水平就越复杂。因此，对可以归类到更多关键方面的类别的答案，给予了更多的分数。

为了演示如何分析学生的答案，我们使用了上述两个示例问题。如下所示，导出了三个观念（观念A、B和C），观念C被认为是最先进的。因此属于观念A、B和C的答案的分数分别为1、2和3，这对应于对相关概念的理解程度。

观念A：只关注投资本身的预期盈利能力

表现这一观念的学生在考虑投资选择时，只专注于投资的预期盈利能力。来自学生C103的以下摘录表明，他只考虑到预期的盈利能力，并倾向于忽略其他关键方面，如风险、流动性和价格水平的变化率。这一层次的理解被认为是最不复杂的。

"选项（ii），因为美国的经济好而且公司会付钱给我，所以在做出决定之前，我会考虑收益"（C103，事前测试）。

观念B：同时关注现象的两个关键方面，如风险或流动性水平以及投资的预期盈利能力。

表达这个观念的学生将会分辨出投资的两个关键方面。例如，一些学生可能表现出一种认识：风险越高，预期收益越高，反之亦然；另有一些则考虑流动性如何影响盈利能力或投资回报。这个层次的理解被认为比观念A更复杂，下面的学生摘录是对这种理念的一个很好的例证。

"我会选择投资（ii）。这是因为当我投资6个月的定期存款会获得固定利息。如果我投资于（i）或（iii），由于利率不固定，可能不会有预期回报。我会考虑投资这些选择的风险和我承担投资风险的能力"（A302，事前测试）。

观念C：同时关注现象的3个或更多关键方面，如投资流动性水平和预期盈利能力、汇率波动等。

与观念A或B相比，持有这个观念的学生能够同时辨别并集中精力在更关键的方面，因此这个层次的理解被认为是最复杂的。例如，一些学生能够很好地了解给定的3种投资选择的风险、流动性和盈利能力之间的关系。此外，其中一些还进一步考虑了交易成本如何影响金融资产的选择。以下引用表明了这一层次的理解：

"我会选择选项（i）。这是因为投资风险相对较低，因为它多样化到世界不同的市场。期权（ii）和（iii）将承担更大的风险。此外，期权（i）可以享受更高的流动性。在做出财务决定时，我会考虑可能的回报、投资风险、流动性、具体条款和交易成本"（B308，事后测试）。

37.3.2.4　课程录音和课后测试

每个小组的老师共同制订出一个课程计划，并据此讲授自己的课程。所有的课程都被录像录制，并逐字转录以供分析。两组在教学中的关键区别在于教师是否试图从学科纪律或者学生对有关现象的经验中识别出关键方面，以及教师是否有意识地系统地比较变与不变，帮助学生识别和关注确定的关键方面。对于实验组，教师首先利用自己的学生掌握的学科知识和质量上的不同认识方式来寻找关键方面，指出经济学的理解方式、考察视角与外行人的区别。随后，他们展示系统示例，以引入与所确定的关键方面对应的变化的维度而变化，同时保持其他关键方面不变。他们更加有意识地系统地使用变化和不变性的模式：通过对比方式，他们一次改变一个关键方面，同时保持了其他方面的不变。因此，学生的重点可以分别针对每个关键方面。随后，他们利用融合方式来汇集所有关键方面，方便学生同时关注所有关键方面，更好地了解它们之间的相互关系。最后，他们应用了一般性方法，使学生利用所学的核心金融概念来处理超越特定概念的复杂的日常经济情况。对于对照组，老师只是依靠他们的学科知识来识别关键方面，引入概念之间的区别，没有明确和系统的规划。他们试图对有关的核心金融概念做出清晰详细的解释，而不考虑自己的学生的思想。

为了确定金融素养在多大程度上随着时间的推移而持续变化，我们共执行了3次课后测试：在课程完成后立即进行、6周后和6个月后。如上文所述，课前测试和第一次课后测试包含相同的问题。然而，为了确定学生利用所学到的核心金融概念处理新的财务状况的能力，在第二次和第三次课后测试中使用了两套新问题。这些问题是开放式的，要求学生综合他们在课程中学到的各种财务概念。以下是第三次课后测试的一个例子，邀请学生就偿还抵押贷款做出财务决定。

假设您通过抵押贷款来买房。您现在可以从中国香港银行获得 200 万美元的银行贷款，这笔贷款将在 120 个月中以每月等额的数额偿还。抵押贷款利率低于最优惠利率（P-2%）2%，最优惠利率为每年 10%。现值公式：

Y/r% x（1-1/（1+r%）^n）

（a）假设在您抵押契据之后，东亚银行向您提供更低的利率（P-2.5%）。所有其他要素保持不变，计算您每月可以通过更改抵押贷款（银行减少多少偿还金额）来偿还所减少金额。

（b）但是，要接受东亚银行的要约，您需要向中国香港银行支付 1 万元的附加费，并支付 5 000 元的法定费用。您会改变您的抵押贷款银行吗？进行计算以支持您的决定。（提示：市场利率为每年 5%）

（c）有人指出，有些人宁愿持有大量现金也不愿用所有的资金偿还抵押贷款，为什么？

37.4 调查结果

为了评价教学设计在提高学生金融素养方面的有效性，对两组学生在所有 4 项测试中的平均得分进行了比较，并分别评价了多项选择题和简答题。

表 37-1 显示，对于多项选择题，在课前测验中，实验组的平均得分（56.97）略高于对照组（55.93）。然而，这一差异没有统计学上的意义（t = 0.794，DF = 191，p = 0.428（> 0.01），效应量 = 0.115）。

表 37-1 多项选择题的平均分

	实验组（98 人）	对照组（95 人）	实验组和对照组之间差异的百分比	t	自由度	Sig.	效应量
课前测试	56.97	55.93	+1.04	0.794	191	0.428	0.115
第一次课后测试	67.89	62.56	+5.33	2.966	191	0.003	0.429
第二次课后测试	69.59	62.53	+7.06	4.087	191	0.000	0.592

在课后测试中，实验组的平均分为 67.89 分，而对照组的平均分为 62.56 分。这一差异具有统计学上的意义（t = 2.966，DF = 191，p = 0.003（< 0.01），效应量 = 0.429）。在第二次课后测试中，两组之间的成绩差距仍然存在。实验组（69.59）的平均得分高于对照组（62.53），差异仍然有统计学意义（t = 4.087，DF = 191，p = 0，效应量 = 0.592）。（注：第三次课后测试不包含多项选择题）。

表 37-2 表明，在简答题上，课前测试中实验组的平均分低于对照组，但差异无统计学意义（t = -1.595，DF = 191，P = 0.112（> 0.01），效应量 = -0.231）。

表 37-2　　　　　　　　　　　　　　　　　简答题的平均分数

	实验组 (98 人)	对照组 (95 人)	实验组和对照组 之间差异的百分比	t	自由度	Sig.	效应量
课前测试	19.39	21.78	−2.39	−1.595	191	0.112	−0.231
第一次课后测试	49.06	29.85	+19.21	7.580	191	0.000	1.097
第二次课后测试	39.98	23.92	+16.06	6.347	191	0.000	0.919
第三次课后测试	42.40	24.21	+18.19	9.389	191	0.000	1.359

在第一次课后测试中，实验组学生的成绩优于对照组，差异有统计学意义（$t = 7.580$，$DF = 191$，$p = 0$，效应量 $= 1.097$）。在第二次课后测试中，两组的平均得分差异持续存在，差异有统计学意义（$t = 6.347$，$DF = 191$，$p = 0$，效应量 $= 0.919$）。在第三次课后测试中，两组间的差距有所扩大，差异也有统计学意义（$t = 9.389$，$DF = 191$，$p = 0$，效应量 $= 1.359$）。

37.5　结论

我们对实验组和对照组学生的学习成绩的分析得出了非常有趣的结果。在所有 3 个课后测试中，实验组学生的成绩都优于对照组，学生学习成绩的差异在统计学上都是显著的。此外，尽管两组的考试成绩在第三次课后测试中自然下降（在为期 8 周的暑假后进行），但随着时间的推移，这两组学生之间的成绩差距持续扩大。

如图 37-1 所示，两组在 4 场不同测试中的效应量的差异随着时间的推移而保持或增加。实验组的学生似乎有了不同背景不同领域的通用能力，例如，将金融素养从现有的背景中举一反三到新的情形中，这支持了"生成性学习理念"（Holmqvist 等，2007）。

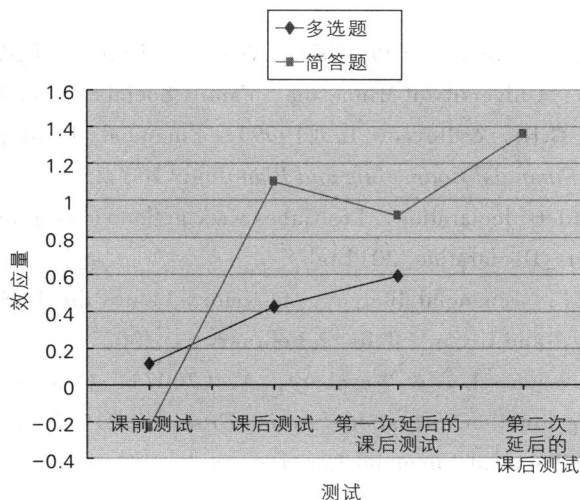

图 37-1　4 场测验中多项选择题和简答题的效应量变化

　　研究结果也支持用本研究所采用的观念性方法来提高学生的金融知识。帮助学生对一个集群的核心金融概念有更深入的理解，通过对变与不变模式的使用使他们具备了一个基于经济学和金融学学科的分析框架或"镜头"，通过它们学生将能够适应日趋复杂、不断变化的金融形势。这将使他们能够集中精力并洞悉这些关键方面，识别出他们所具备的金融知识和技能与新情况的关联。因此，他们可以从一个新的角度看待金融状况，并有更大的机会做出合理的金融决策。正如 Pang（2014）所说，"学习者能够以强有力的方式处理新情况的程度取决于他们在多大程度上具备了辨别这些情况的能力，而这些能力对处理这些情况至关重要"（第607页）。

　　研究结论认为，金融素养可以通过可持续的方式推进，变易理论是帮助学生恰当学习的有力工具。学生的金融素养可以通过两个方面提高。首先是通过教育，教育关注于建立在核心金融概念上的经济金融重要的概念性工具，并将其变与不变地穿插在任务、阐释、解释等过程中。其次是通过特定领域的"学习-学习"效应，使具备概念工具的学生能够运用金融知识从未来的情况中学习，从而在长期内继续提高他们的金融能力。教师的讲授不仅是为了更好地学习，而且是为了更好地继续学习。在当今日益复杂和快速变化的金融环境中，这种特定领域的"学习-学习"效应被认为是青年金融普及教育的关键。

致谢

　　本章的研究报告得到了中国香港研究资助局的资金支持。

参考文献

Asarta，C.J.，Hill，A.T.，& Meszaros，B.T.（2014）．The features and effectiveness of the keys to financial success curriculum. *International Review of Economics Education*，16，39–50.

Danes，S.M.（2004）．*Evaluation of the NEFE high school financial planning program 2003–2004*.St.Paul，MN：University of Minnesota，Family Social Science Department.

Danes，S.M.，Casas，C.H.，& Boyce，L.（1999）．Financial planning curriculum for teens：Impact evaluation.*Financial Counseling and Planning*，10，25–37.

G20.（2012）．G20 leaders declaration，Los Cabos.www.g20mexico.org/images/stories/docs/g20/conclu/G20_Leaders_Declaration_2012.pdf.

Greenspan，A.（2002）．Financial literacy，testimony before the U.S.Senate Committee on Banking，Housing，and Urban Affairs on February 5，2002.

Holmqvist，M.，Gustavsson，L.，& Wernberg，A.（2007）．Generative learning：Learning beyond the learning situation.*Educational Action Research*，15（2）．181–208.

Jump Start Coalition for Personal Financial Literacy［n.d.］［Online］．Available：http://www.jumpstart.org.

Lusardi，A.，Mitchell，O.S.，& Curto，V.（2010）．Financial literacy among the young.*Jour-

nal of Consumer Affairs，44（2）. 358-380.

Mandell，L.（2009）. Financial education in high school.In A.Lusardi（Ed.）. *Overcoming the saving slump：How to increase the effectiveness of financial education and saving programs*（pp.257-279）. Chicago：University of Chicago Press.

Mandell，L.，& Klein，L.S.（2009）. The impact of financial literacy education on subsequent financial behavior.*Journal of Financial Counseling and Planning*，20（1）. 15-24.

Marton，F.，& Booth，S.（1997）. *Learning and awareness.*Mahwah，NJ：Lawrence Erlbaum Associates.

Marton，F.，& Pang，M.F.（2006）. On some necessary conditions for learning.*Journal of the Learning Sciences*，15（2）. 193-220.

Marton，F.，& Pang，M.F.（2008）. The idea of phenomenography and the pedagogy for conceptual change.In S.Vosniadou（Ed.）.（2008）. *International handbook of research on conceptual change*（pp.533-559）. London：Routledge.

Marton，F.，& Pang，M.F.（2013）. Meanings are acquired from experiencing differences against a background of sameness，rather than from experiencing sameness against a background of difference：Putting a conjecture to the test by embedding it in a pedagogical tool. *Frontier Learning Research*，1（1）. 24-41.

Meyer，J.H.F.，& Land，R.（2003）. Threshold concepts and troublesome knowledge：Linkages to ways of thinking and practising.In C.Rust（Ed.）. *Improving student learning—ten years on.* Oxford：OCSLD.

Meyer，J.H.F.，& Land，R.（Eds.）.（2006）. *Overcoming barriers to student understanding：Threshold concepts and troublesome knowledge.*London and New York：Routledge.

Noctor，M.，Stoney，S.，& Stradling，R.（1992）. *Financial literacy：A discussion of concepts and competences of financial literacy and opportunities for its introduction into young people's learning.*Report prepared for the National Westminster Bank，National Foundation for Education Research，London.

OECD.（2005）. *Improving financial literacy：Analysis of issues and policies.*Paris：OECD Publishing.

OECD.（2013）. Financial literacy framework.In *PISA 2012 assessment and analytical framework：Mathematics，reading，science，problem solving and financial literacy.* Paris：OECD Publishing.

OECD.（2014）. *PISA 2012 results：Students and money：Financial literacy skills for the 21st century*（Vol.VI）. PISA：OECD Publishing.

Pang，M.F.（2003）. Two faces of variation—on continuity in the phenomenographic movement. *Scandinavian Journal of Educational Research*，47（2）. 145-156.

Pang，M.F.（2010）. Boosting financial literacy：Benefits from learning study.*Instructional Science*，38（6）. 659-677.

Pang，M.F.（2014）. A phenomenographic way of seeing and developing professional learning.

In S.Billett, C.Harteis, & H.Gruber (Eds.). *International handbook of research in professional and practice-based learning* (pp.591-609). New York: Springer.

Pang, M.F., & Marton, F. (2003). Beyond "lesson study" —comparing two ways of facilitating the grasp of economic concepts.*Instructional Science*, 31 (3). 175-194.

Pang, M.F., & Marton, F. (2005). Learning theory as teaching resource: Another example of radical enhancement of students'understanding of economic aspects of the world around them. *Instructional Science*, 33 (2). 159-191.

Pang, M.F., & Marton F. (2007). The Paradox of Pedagogy.The relative contribution of teachers and learners to learning.*Iskolakultura*, 1 (1). 1-29.

Pang, M.F., & Marton, F. (2013). Interaction between the learners'initial grasp of the object of learning and the learning resource afforded.*Instructional Science*, 41 (6). 1065-1082.

Remmele, B., & Seeber, G. (2012). Integrative economic education to combine citizenship education and financial literacy. *Citizenship, Social and Economics Education*, 11 (3). 189-201.

Remund, D.L. (2010). Financial literacy explicated: The case for a clearer definition in an increasingly complex economy.*Journal of Consumer Affairs*, 44 (2). 276-295.

Vitt, L.A., Anderson, C., Kent, J., Lyter, D.M., Siegenthaler, J.K., & Ward, J. (2000). *Personal finance and the rush to competence: Financial literacy education in the U.S.*Middleburg, Virginia: Institute for Socio-Financial Studies.

Walstad, W., & Rebeck, K. (2005). *Financial fitness for life: High school test examiner's manual (grades 9-12)*. New York: Council for Economic Education.

第38章　在初级数学中融入金融普及教育：一个教学框架建议①

Joseph Kai Kow Yeo

摘要　随着新加坡社会富裕程度的提高，青年人的消费潜力和占有的财富也在增加，因此金融知识正变得越来越重要，与生活息息相关。在小学阶段，年龄小于7岁的学生已经开始接受金融素养的核心因素的教育，例如货币与金融的基本概念。目前主要是通过课堂教学或丰富活动来讲授，在数学知识中讲授金融是十分罕见的。这是由于数学老师缺少特别是小学数学课程中的主题中可以使用的例子。本章介绍了金融普及教育的概念，金融普及教育在数学教育中的重要性，数学金融素养矩阵以及可以提升金融普及教育的各种数学任务。基于数学的金融普及教育完善了金融普及教育理念，并且突出了如何使用数学来理解与金融知识相关的关键问题。然后在这一框架内创建示例，其中包括与数学相关的内容知识与策略知识。老师在讲课中突出进行了六项数学任务，使学生可以掌握理性的资金管理原则。

关键词　小学数学教育　六项数学任务　基于数学的金融知识　矩阵　战略知识　内容知识

38.1　引言

培养孩子的储蓄习惯是孩子发展金融素养的关键。大部分的支出和储蓄习惯是由于从小进行良好的金融普及教育，其开始甚至早在幼儿园，这被视为掌握这一重要的生活技能的最佳途径（Mandell，2007）。此外，金融普及教育的进展也受到国际关注。数学教育家关心的是，许多学生在解决涉及金融交易的算术问题时，对具体的金融状况知之甚少。尽管理解的重要性在理论上早已被人们所认可，但在小学数学课程实践中，"金融素养"一词还是比较新的概念。数学教师需要警惕的是，金融素养不是一套在短时间

①　J.K.K.Yeo
ational Institute of Education，Nanyang Technological University，
1 Nanyang Walk，637616 Singapore，Singapore
e-mail：kaikow.yeo@nie.edu.sg
© Springer Science+Business Media Singapore 2016
C.Aprea et al.（eds.）.　*International Handbook of Financial Literacy*，
DOI 10.1007/978-981-10-0360-8_38

内能够独立提高的技能，也不是仅针对能力较高的学生，它必须是学生日常数学课的一部分，随着时间的推移慢慢地发展。因此，本章界定了金融普及教育的概念，讨论了其重要性，探讨了基于数学的金融知识矩阵，并分享了在初级阶段进行金融普及教育中的数学任务。

38.2 文献综述

38.2.1 金融普及教育①

在寻找足够和可行的金融素养定义时，有一些不同的观点要考虑。此外，在此研究领域没有两位教育工作者以同样的方式界定金融素养的概念。虽然大多数教育工作者可以毫不费力地识别金融知识，但是定义它是什么，以及如何讲授还是具有挑战性的。金融素养是一个广泛的概念，仅在过去20年左右才存在。说一个人有"金融素养"的意思是什么？许多研究人员试图界定这个概念。Noctor，Stoney 和 Stradling（1992）将金融素养定义为"对使用和管理资金明智的判断和有效决定的能力"。Schagen 和 Lines（1996）认为，具有金融素养的人将会展现出一系列的能力和态度，其中包括：了解货币管理的核心概念；有关金融机构、系统和服务的实用知识；一系列一般和具体的技能（分析和综合）；能够进行有效和负责任的财务管理的态度等。Hogarth（2002）描述了具有金融素养的个人在行为方面的一致性：（1）知识渊博，受过教育，精通管理资金的知识以及银行、投资、信贷、保险和税收方面的知识；（2）了解货币资产管理的基本概念；（3）利用自身的知识和理解来规划和实施财务决策。经合组织国际金融教育网络（2011）将金融素养定义为："将理念、知识、技能、态度和行为相结合，以进行健全的财务决策，最终实现个人财务福祉"（第3页）。尽管金融素养理念具有多种多样的意义，但一些教育家和研究人员认为，这应该意味着对金融教育有着广泛的理解。这种对金融素养的理解意味着所有学生都需要培养能在日常生活中应用金融知识的技能。金融素养对学生的意义和重要性十分突出，因为随着社会富裕程度的提高，学生的消费能力和获取财富的能力也随之提高。

38.2.2 金融知识在数学教育中的重要性

提高金融素养在数学教育中是至关重要的。在孩子上学之前，他们开始表现出的非常复杂的非正式的金融素养经常被忽视。具备早期金融素养的孩子能够识别少量资金，显示基本的计数技能，以及用钱进行小额购物。此外，早期的金融素养大多是直观的，由一系列日常游戏体验发展而成。为什么小学金融普及教育在数学课上如此重要？首先，许多数学教师和教育工作者都会同意，金融素养或有关资金使用和管理的有效决策能力是学生所需的基础知识。有金融素养的小学生在管理资金时，会体现出对财务事务的理解。虽然研究显示，父母在孩子的金融普及教育方面会发挥重要作用，但并非所有的家长都积极向孩子传授技能。因此，教育者的角色在教授财务知识技能和价值观上至关重要。其次，小学数学教师可以通过提出和解决数学问题，为学生处理金融事宜提供机会。但为什么要在数

---

① 下面就是用的金融素养,不知道为什么这个说法就没统一过。

学课堂上讨论金融问题呢？从我的角度来看，这个问题的简单答案是金融交易大部分包含计算。使用基本算术概念了解基础金融事宜是相对容易的。此外，当前数学教育的发展越来越重视数学应用，包括解决现实情况下的问题（Cockcroft，1982；Gravemeijer，1994；Dowling，1991）。数学的应用教学明确地将数学概念、技能和策略连接到有目的、相关的有意义的环境中。最后，对许多学生来说，学习数学的主要目的是掌握一系列技能和技巧，以便在考试中取得良好成绩。这对许多学生来说并不是一个吸引人的目标，所以他们经常向老师询问学习不同数学题目的原因，许多老师只能给出模糊的答案，如"你将在考试中测试"或"它在你的生活中有用"。事实上，Winter（2001）指出，"如果一个学生不能在现实中经历个人、社会和道德教育，从而知道何时使用那些非常珍贵的数学技能，那么它们就没有意义了"（第21页）。因此，将数学问题置于具体应用中将有助于学生理解数学概念的现实意义，为此目的提出了一系列建议。有些人认为，小学生应通过将其应用于文字上的现实问题来培养他们对数学的认识；其他人主张将数学应用于数学课堂之外的现实生活中。虽然新加坡最新的小学数学教科书系列引入了许多新的数学问题作为例子和练习，但一些学生可能还是不会理解数学在日常生活中的应用。许多数学教育家会同意在数学课程中进行金融普及教育，可以将数学知识应用于日常问题，并提高学生的技能和灵活性，以及对相关技能的理解、应用。因此应该在小学数学课上强调金融普及教育。金融普及教育需要得到认可、理解和适应。

38.2.3 基于数学的金融知识矩阵

由于金融普及教育与小学数学教学的相关性和适用性，新加坡2013年数学教学大纲表明，使用了基于数学的金融知识矩阵是恰当的，所以，在新加坡修订的数学教学大纲（教育部，2012）中，小学数学课程的重点之一就是学习经验的阐释。教师需要注意的是有价值的学习经验将使学生有机会巩固和扩展他们所知道的并激发数学学习兴趣。许多经验丰富的数学老师的经验证据表明，如果贯穿于数学课程的金融普及教育是一致的，那么这样的教育就会是最好的。金融普及教育不是一个一个学生或有或没有的有限的概念和技能，而是一个发展经验和知识的过程。大多数消费和储蓄习惯都是在幼年时期发展起来的，良好的金融普及教育应该早在幼儿园开始，这仍被视为金融普及教育的最佳方式（Mandell，2007）。开展金融普及教育需要老师自觉、持续的努力，以帮助学生理解它们的联系和意义。此外，数学教师需要熟练掌握和理解自己学到的金融知识，还要精通教学实践，这样才能为学生提供学习经验，探索和构建有关财务状况的想法。由于在数学课中承担的适当的数学任务是一个重要手段，基于数学的金融知识矩阵和6项数学任务提供了一种在数学课程中整合金融知识的方法。6项数学任务将帮助小学数学老师更少地关注算法，从而更直接地关注获取金融知识。新加坡小学数学课程旨在使所有学生能够获得日常使用和教学中不断学习的数学概念和技能（教育部，2012，第10页）。这样的目标需要在小学数学教学中注入金融普及教育。许多数学老师不知道如何进行这种融合。金融普及教育的成功不仅应该与课程相吻合，而且应该适应课堂上学生数学学习的不同阶段。这个建议的主要目标是开发基于数学的金融知识矩阵。所提出的矩阵有两个维度，分别是数学教育与金融知识，它们被分别分成了两个和三个部分。数学教育（ME）的维度分为两个部分：内容知识与战略知识。计算技能是解决问题所必需的（Knifong 和 Holton，1976；

Meyer，1978）。Cai等（1998）强调"数学算法是有效解决问题的有力工具，能够在对其正确应用时确保解决问题"（第218页）。这是内容知识所包含的内容。第二个组成部分战略知识是指通过数字、测量、几何和符号来推理、发现、预测、推测、解决问题和理解世界。这些问题解决的过程都需要了解战略。战略知识指导问题解决者使用相应的方法来解决问题。因此，内容知识和战略知识维度可能重叠，但是它们仍然有很大的不同，并且这种差异需要特别注意。它们在矩阵中单独显示，以突出显示特定任务的目标。金融知识维度可以分为三个部分：储蓄、管理和分享（Koh，2009）。储蓄部分涵盖个人储蓄和谨慎的资金管理，以确保自身的财务稳定和安全。管理部分包括以自己的手段消费，避免产生不良负债而面临消极的结果。它还强调个人资源有限，应该理性消费。因此，能够做出理性的选择，区分人的需要和想要是重要的。分享部分侧重于帮助那些不那么幸运的人（见表38-1）。

表 38-1　　　　　　　　　　　　　　　数学金融知识矩阵

		金融知识（FL）		
		储蓄	管理	分享
数学教育（ME）	内容知识	任务 1	任务 2	任务 3
	战略知识	任务 4	任务 5	任务 6

这个矩阵提供了一种更系统的方式来引导数学老师思考通过学校数学课进行金融普及教育。有人提出使用这一矩阵来帮助教师将金融普及教育融入数学教育活动中。这6项任务体现了实现这种融合的具体手段。该框架阐述了一个能够解释、组织和串联一些普遍认同的金融知识类别的规划。

38.3　基于数学的金融普及教育示例

要使用上述矩阵来设计课堂任务，教师可以从一个特定的单元格开始，也就是内容知识和储蓄。这可以通过向典型的数学问题添加金融交易背景来完成。这个问题可以进一步扩展，例如通过使用两种元认知问题：理解问题（找到问题的主要思想）和反思问题（Mevarech 和 Kramarski，2003）。理解问题旨在提醒学生在解决问题之前反思任务。在回答一个理解问题时，学生们必须大声读书，用自己的话解释这个任务，并试图理解这个任务的意义。反思问题旨在促使学生反思金融知识问题（例如"我们如何储蓄""为什么我们需要储蓄"）。良好的反思让老师和学生能够利用已知的知识来制定解决问题的策略，使旧知识成为获得新知识的基础。它还提供了一个结构化的基础，从中检查信息和想法有助于反思和元认知思维的发展。下面给出的6个任务说明了如何推行上述过程，也包括了诸如灌输好奇心和独立思考等数学习惯。George Polya（1957）强调了解决问题在实现这一目标中的作用：

因此，数学老师有很大空间。如果他进行填鸭式的教育，让他的学生在日复一日的枯燥学习中丧失自己的兴趣，就会妨碍他们的智力发展，使他们错过良好的机会。但是，如果把他们的问题与他们的知识相比较来挑战他们的好奇心，并帮助他们用刺激性的问题来解决他们的问题，数学老师就可以教给他们一个独立思考的理念和方法（第5页）。

以下部分描述了可以纳入小学数学教学和学习中的6个数学任务。

38.3.1　数学任务1：内容知识+储蓄

对仍然努力养成储蓄习惯的小学生来说，关注储蓄的问题特别重要。这些问题能够使学生了解，无论他们花费什么，都必须得到他们所储蓄的金钱的支持，并且这也是教导他们独立生活的好方法。对小学生来说，在学习花费所储蓄的金钱等知识时，还应该引入"需要"与"想要"的概念。数学任务1是与储蓄习惯相关的过程问题。这个过程问题要求学生建立相应的问题模式，并学习如何将过程问题转化为数学形式。教师应该创造机会提出反思问题，以便学生对自己的价值观和储蓄习惯进行更多的反思（见图38-1）。

数学任务1：内容知识+储蓄（小学四年级）

John在1月份储蓄了20美元。从2月到6月的每一个月，John都比前一个月多储蓄5美元。6月份，除了当月节省的金额外，John还从父亲那里收到了过生日的钱。John从1月到6月共储蓄270美元。约翰从父亲那里得到了多少钱？

理解问题：

1.John从哪个月份开始储蓄？

2.1月份John储蓄多少钱？

3.John在2月份储蓄多少钱？

4.John的父亲哪个月给他多少钱作为生日礼物？

5.1月至6月，John一共储蓄了多少钱？

6.你应该反思些什么？

关于储蓄习惯的反思：

1.你认为John应该花掉他的所有钱吗？说明原因。

2.我们如何进行储蓄？

3.为什么我们需要储蓄？

4.什么是最好的储蓄方法？

5.如果我们不储蓄，会发生什么？

6.我们如何培养良好的储蓄习惯？

图38-1　数学任务1：内容知识+储蓄

38.3.2　数学任务2：内容知识+管理

数学任务2是让学生意识到日常生活中利率所扮演的角色，这样他们就可以对利率的概念有一个透彻的了解。同时还应该教学生使用估计和近似法检查答案。数学任务2也提高了学生的估计能力：他们需要估计如果选项A（200毫升）花费5.80美元，大约是6美元，那么100毫升将花费大约3美元，50毫升将花费大约1.50美元。因此，250毫升将花费大约5.80美元+1.50美元=7.30美元。培养学生理财习惯不仅仅是告诉他们你想让他们做什么，学生也应该通过实践进行学习。后续活动就是带学生去超市。当学生们在购物时，应该说明为什么有些购买是必要的，而另一些是可选的。此外，学生应注意商品的价格，并应强调针对家庭物品的折扣券或每周销售的存在。因此，学生将被告知，在开支方面应该找到减少开支的办法，这样会使他们的钱包里有更多的钱。教师应该抓住机会教学生真实有效的资金管理的好处所在（见图38-2）。

数学任务2：内容知识+管理（小学五年级）

假设你和你的同学在超市里。

他看到了同一品牌的洗发水的以下选项：

给出了洗发水的容积和价格。

但是他不能决定哪个选择是物有所值的。

不使用计算器，你如何帮助你的同学决定他应该选择哪个选项？

选项A   选项B

200ml 洗发水   200ml + 50ml洗发水

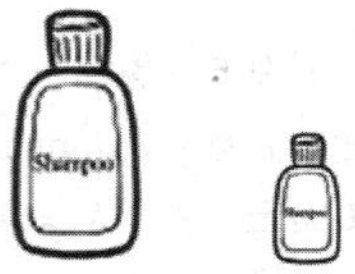

5.80美元   7.80美元

理解问题：

1. 根据选项A，估计100ml和50ml洗发水的价格。

2. 根据选项A，估计250ml洗发水的价格。

3. 哪个更好应该买？说明你的理由。

反思问题：

1. 如果你的金钱有限，你将如何管理你的支出？

2. 为什么我们需要比较不同产品的价格？

图38-2　数学任务2：内容知识+管理

38.3.3　数学任务3：内容知识+分享

数学任务3是一个需要基本算术运算的应用问题。虽然学生能够计算和执行基本的算术运算，但是在这里他们必须做出实际的假设和决策，需要推理才能找到答案。此外，当面对这样的应用题时，学生需要通过确定数量以及它们之间的关系来明确其结构，以便做出决定并阐述理由。数学老师也应该为学生提供解释思路的机会，让其他学生学习与自己不同的解决问题的方法。通过这个应用问题，老师也可以讨论分享的重要性：超越自己的需求去照顾那些不太幸运的人（见图38-3）。

数学任务3：内容知识+分享（小学五年级）

在新加坡的5个捷运公交站（MRT）站点设有电子广告牌，希望现场捐赠的公众人士可以在广告牌上点击他们的EZ-link卡，卡上的1美元将立即扣除。该活动预计将持续一年。如果有1 000人每天在每个捷运公交站的电子广告牌上轻敲EZ-link卡，一年（365天）能收集多少捐款？

理解问题：

1. 点击您的EZ-link卡一次，捐赠多少钱？

2. 如果有1 000人捐赠，估计一年内五个捷运站收取多少钱？

反思问题：

1. 哪些机构可以从这样的捐款中获益？

2. 你参加过哪些筹款或慈善活动？

3. 这些活动涉及哪些数学问题？

图38-3　数学任务3：内容知识+分享

38.3.4　数学任务4：战略知识+储蓄

为了让学生检查一组数值中的规律，数学任务4包括检查储蓄超过10天的钱数。乍看之下，Alex在第十天结束时几乎不会存多少钱。为了确定公式和关系，学生可以参加前5天的储蓄来研究货币数量的增长。老师还可以让学生分别计算前5天节省下来的钱，以便计算总数。在10天内，总共节省了10.23美元。小学生们对这种问题的通常反应是惊愕和完全不相信。这是因为小学生还不了解指数增长。解决这个问题将引导学生探索和欣赏数字的形式。此外，教师还可以讨论为特定的节省目标分配的储蓄方式和时间。一些小学生的注意力跨度较短，因此储蓄目标应该在短时间内实现。另外，如果学生年龄较大，可以改变储蓄模式，也就是说延长一段时间。这可以鼓励学生在能购买所需物品前储蓄几个星期，从而教会他们耐心和延迟满足的优点。储蓄习惯可以让学生发现他们拥有的实际货币随时间积累而更有效（见图38-4）。

数学任务4：战略知识+储蓄（小学三、四年级）

Alex用储蓄箱存钱。他在第一天存1美分，第二天存2美分，第三天存4美分，第四天存8美分，第五天存16美分，连续10天依此类推。Alex在10天内一共存了多少钱？

理解问题：

1. Alex在第五天结束时能存多少钱？

2. Alex在第十天当天存多少钱？

3. 储蓄方式是什么？

4. 你会用什么策略来解决这个问题？

反思问题：

1. 我们如何储蓄？

2. 为什么我们需要储蓄？

3. 什么是最好的储蓄方式？

4. 如果我们不储蓄会怎么样？

5. 我们如何培养良好的储蓄习惯？

图38-4　数学任务4：战略知识+储蓄

38.3.5　数学任务5：战略知识+管理

在传统的课堂中，小学生可能很少有机会解释和阐述他们的问题在解决过程中涉及的数学过程。有时，当他们试图解释他们自己的想法时，他们可能无法理解他们的目的。虽然他们可能执行某些计算，但是他们不知道如何解释其为什么这样做。即使老师坚持让学生解释他们的解决办法，他们也只是简单地模仿老师在课堂上所说的话。像数学任务5这样的问题可以给学生提供机会来识别计算过程中的每一个阶段，并理解它对整个过程的贡献。在这种情况下，推理过程包括考虑交易的灵活性和与整个交易有关的金额（84 500美元）。学生必须对金钱的使用和管理做出明智的判断和决定，这为他们提供了了解金融知识的机会。提高学生对数学推理如何帮助他们在金钱问题上进行真实的日常情境决策的认识是最终的学习结果。人们在日常生活中需要处理各种涉及金钱的问题，如购买午餐、在银行存钱、贷款购买汽车。金融普及教育可以教学生识别消费者。它还鼓励学生向父母提供良好的理财建议，尤其是当父母的购买涉及利率时（见图38-5）。

数学任务5：战略知识+管理（小学六年级）

　　Tan先生决定购买一辆售价84 500美元的新车。如果他付现金会得到折扣。

（a）计算他只需支付79 340美元现金的折扣百分比。

（b）如果他提供旧车交换，推销员愿意给他30 900美元，以减免新车的费用。Tan先生从融资公司借来的剩余款项，每年收取6%的利息。如果他从融资公司获得4年期贷款，计算：

（i）他必须支付的全部利息。

（ii）4年间他每月分期偿还债务时必须支付的金额。

（c）如果推销员能以84 500美元的价格出售汽车，他将在成本价上获利20%。计算每辆新车的成本价格。

理解问题：

1.你认为Tan先生应该用现金支付他的车吗？给出理由。

2.如果Tan先生用旧车置换的话，他需要借多少钱？

3."年利率为6%的简单利息"是什么意思？

4.如果推销员把汽车卖到84 500美元会赚多少钱？

反思问题：

1.不同的金融公司提供不同利率和条件的汽车贷款。了解更多关于这些贷款及其对预算的影响的信息。

2.如果你的钱有限，你怎么管理你的消费？

3.为什么我们需要比较不同的价格呢？

图38-5　数学任务5：战略知识+管理

38.3.6　数学任务6：战略知识+分享

"储蓄、管理和分享"的实践不仅为学生提供养成良好的理财习惯的机会，而且教导他们超越自己的需求，关心不那么幸运的人。为了吸收这些价值观，学生可以通过观察、模仿从家庭和课堂中学习。数学任务6"战略知识+分享"提供了一些实践背景。

　　学校有时用学校建设基金、学校零用钱来参加筹款项目，为低收入家庭、慈善机构的学生或自然灾害救助基金筹款。虽然父母可以教授这种奉献精神，但教师可以强化与我们的亲人或者更加不幸的人分享的这个非常重要的概念。在讲授百分比的数学课中，通过分配20%的储蓄以及一开始就有的10%的分享，学生将学习到分配剩余的用于支出的预算并做出相应计算。为了整合基于金融教育的理念，老师可以讨论家庭预算拨款，并强调分享的重要性。

　　这6个数学任务体现了教师和学生如何从小学数学课堂中融入的金融普及教育中获益。这是以有意义的方式在课堂上发展金融普及教育的第一步，其重点是过程（推理和思考）而不是结果（最终答案）（见图38-6）。

数学任务6：战略知识+分享（小学六年级）

　　一个长宽高分别为24厘米、8厘米、12厘米的矩形盒用来收集国旗日的公众捐款。

（a）画一个长方形盒子的平面图，然后造一个复制品。

（b）猜测需要多少钱才能把盒子装满不同大小的硬币。你可能希望通过实际收集来自全班的硬币来核对你的估计数。

（c）计算其体积。想出一个数学方法来估计它能容纳多少硬币。

　　理解问题：

1.什么是长方形盒子的平面图？

2.长方形盒子的体积的公式是什么？

　　反思问题：

1.为什么我们需要捐款？

2.我们应该捐给谁？

3.我们如何分享我们的资源？

4.什么时候是最好的分享时间？

5.你参加过哪些筹款活动或慈善活动？

图38-6　数学任务6：战略知识+分享

38.4　结语

　　上面提到的6个数学任务对任何学习数学的小学生来说都不是显而易见的，这增加了他们的价值。以上必须通过数学教师明智地选择任务，在较长的一段时间内进行金融普及教育。这里列出的数学任务清单并不是详尽无遗的；相反，本章的目的是提供一些小学数学教师可能考虑进行金融普及教育的数学任务概述。最后，我们希望培养学生积极的习惯，帮助他们成为具有批判性、创造性精神、能够自我调节的学习者。

参考文献

Cai，J.，Moyer，J.C.，& Lauglin，C.（1998）. Algorithms for solving non-routine mathematical problems.In L.J.Morrow & M.J.Kenney（Eds.），*The teaching and learning of algorithms in school mathematics*（pp.218-229）. Reston，VA：National Council of Teachers of

Mathematics.

Cockcroft, W.H. (1982). *Mathematics Counts: Reports of the committee of inquiry into teaching of mathematics in primary and secondary schools in England and Wales.*London: HMSO.

Dowling, P.C. (1991). The contextualising of mathematics: Towards a theoretical map.In M. Harris (Ed.), *Schools, mathematics and work.*London: Falmer.

Gravemeijer, K.P.E. (1994). *Developing realistic mathematics education.*Utrecht, Netherlands: CD-beta Press.

Hogarth, J.M. (2002). Financial literacy and family and consumer sciences.*Journal of Family and Consumer Sciences: From Research to Practice*, 94 (1), 14–28.

Infe, O. (2011). *Measuring financial literacy: Core questionnaire in measuring financial literacy: Questionnaire and guidance notes for conducting an internationally comparable survey of financial literacy.*Paris: OECD.

Knifong, J.D., & Holton, B. (1976). An analysis of children's solutions to word problems. *Journal for Research in Mathematics Education*, 7 (1), 106–111.

Koh. (2009). *Financial literacy in Singapore schools: Baseline survey and impact study results 2008/2009.*Market Research Report. Singapore.

Mandell, L. (2007). Financial education in high school.In A.Lusardi (Ed.), *Improving the effectiveness of financial education and savings programs: Conference handbooks* (pp.11–33). Cambridge, MA: NBER and Dartmouth College.

Mevarech, Z.R., & Kramarski, B. (2003). The effects of metacognitive training versus workedout examples on students'mathematical reasoning.*British Journal of Educational Psychology*, 73 (1), 449–471.

Meyer, R.A. (1978). Mathematical problem solving performance and intellectual abilities of fourth-grade children.*Journal for Research in Mathematics Education*, 9 (1), 334–348.

Ministry of Education. (2012). *Primary mathematics: Teaching and learning syllabus.*Singapore: Curriculum Planning and Development Division.

Noctor, M., Stoney, S., & Stradling, R. (1992). Financial literacy, a report prepared for the National Westminster Bank.

Polya, G. (1957). *How to solve it.*Garden City, New York: Doubleday.

Schagen, S., & Lines, A. (1996). *Financial literacy in adult life: A report to the Natwest group charitable trust.*Slough, Berkshire: National Foundation for Educational Research.

Winter, J. (2001). Personal, spiritual, moral, social and cultural issues in teaching mathematics.In P.Gates (Ed.), *Issues in mathematics teaching* (pp.197–213). London: Routledge Falmer.

第六部分　金融普及教育的教师教育与培训

Eveline Wuttke

前述一到五部分已经清楚表明了金融普及教育的一般必要性。这些部分的章节已经提出了定义、概念和能力模型；作者们描述了不同国家的政策背景和金融普及教育的发展。更重要的一点，是提出了评估和衡量金融知识水平的方法以及讲授它的方法。

经常被忽视的一个重要因素将在本部分的章节中进行讨论：金融普及教育中的教师教育和能力。

这个问题是最为关键的，因为我们知道，一方面，学生的表现受到学生特征（如智力、动力、情绪、信仰、自律等）和课堂特征（如课堂互动、老师、同龄人的课堂管理等）的影响。另一方面，最近的实证研究指出了一个更重要的因素：教学质量和教师的专业知识。教师被认为能够对学生的成绩产生决定性影响（Hattie，2009；Weinert，2001）。相当多的经验证据表明，他们的能力与教学质量相关，研究指出了教师能力、教学、学习活动以及学生成绩之间的重要关系（例如，Baumert 等，2010；Hill 等，2005；Lipowsky，2006）。

在教师专业能力建模方面，大多数研究采用 Shulman（1987）的专业知识概念及其延伸的含义（Bromme，1997），并广泛采用 Weinert（2001）对"能力"的综合定义。在这样做时，他们将教师的专业能力概念化为知识、信仰、自我调节技能和激励方向的综合（例如，Baumert 和 Kunter，2006）。

在解释专家表现方面，至关重要的因素被认为是专业知识（Krauss 等，2011）。根据 Shulman（1986）的观点，这相应地包括内容知识（CK）、教学内容知识（PCK）和教学知识（PK）。目前最受关注的是 CK（与教学相关的学科内容的知识）和 PCK（如何向学习者提供所学内容的专业知识）。

许多研究发现这些类型的知识对教师在教室的行为和学生成绩会产生重大影响（例如，Baumert 等，2010；Hill 等，2005；Lipowsky，2006；Seifried 和 Wuttke，2015）。CK 和 PCK 之间的中度至高度正相关表明它们是相关的，但可以根据经验区分（概述见 Seifried 和 Wuttke，2015），这意味着 CK 是良好教学的必要先决条件。

虽然"能力"目前是一个过度使用的术语，但是一些基本假设已经得到广泛的支持。一个理念在这一部分的背景下特别重要：教师能力可以通过对教师实施教育进行发展

（Baumert 和 Kunter，2006；Weinert，2001）。因此，可以得出结论，对教师教育不足将导致教师专业知识的缺陷，反过来可能会影响学生的成就（尽管迄今为止，对这种高度合理的影响链只做了很少的实证研究工作；Baumert 和 Kunter，2006；Beck，2005；Brunner 等，2006）。

调查发现，年轻人严重缺乏金融素养（例如，Beck，1993；Walstad 和 Rebeck，2001；Hoidn 和 Kaminski，2006；Müller 等，2007）。这些调查结果质疑了教师本身是否具有足够的经济学基础知识来充分支持学生的发展。结果表明情况并非如此；相反，有志于从事教学行业的大学生所具备的经济知识是不足的，与在校青少年的能力大致相同（Wuttke，2008）。因为金融素养是经济能力的一个方面，由此可能得出结论，从事金融普及教育的（潜在）教师与其学生的金融素养是十分接近的。

以下章节介绍了提高教师金融素养的方法，希望能提高（未来）年轻人的金融素养。在这个领域教师教育的一般性思考由两个美国专业发展模型来描述。Thomas A. Lucey 介绍了一项研究项目的结果，该研究项目比较了美国中西部一个大型公立高等教育机构的开始和结束学期对金融普及教育的态度。Roman Hašek 和 Vladimíra Petrášková 介绍了计算机支持金融教育的方法，以及多年来对学生进行研究的成果。Doreen Holtsch 和 Franz Eberle 从瑞士的角度介绍了在教师中金融普及教育的结果。

还有一点需要提及：对其他五个部分来说，通过征集论文的方式获取了很多对应稿件，但是教师的金融普及教育这一章节却很少。这可能表明，在金融普及教育中对教师的系统化培养的研究仍然缺乏！

参考文献

Baumert, J., & Kunter, M. (2006). Stichwort: Professionelle Kompetenz von Lehrkräften. *Zeitschrift für Erziehungswissenschaft*, 9, 469-520.

Baumert, J., Kunter, M., Blum, W., Brunner, M., Voss, T., Jordan, A., et al. (2010). Teachers'mathematical knowledge, cognitive activation in the classroom, and student progress. *American Educational Research Journal*, 47, 133-180.doi: 10.3102/0002831209345157

Beck, K. (1993). Dimensionen der ökonomischen Bildung: Meßinstrumente und Befunde. Abschlußbericht zum DFG-Projekt (Az.II A 4-Be 1077/3): Wirtschaftskundliche Bildung-Test (WBT). Normierung und internationaler Vergleich.Nürnberg: Universität Erlangen-Nürnberg.

Beck, K. (2005). Ergebnisse und Desiderate zur Lehr-Lern-Forschung in der kaufmännischen Berufsausbildung.*Zeitschrift für Berufs-und Wirtschaftspädagogik*, 101, 533-556.

Bromme, R. (1997). Kompetenzen, Funktionen und unterrichtliches Handeln des Lehrers. *Psychologie des Unterrichts und der Schule*, 3, 177-212.

Brunner, M., Kunter, M., Krauss, S., Klusmann, U., Baumert, J., Blum, W., et al. (2006). Die professionelle Kompetenz von Mathematiklehrkräften: Konzeptionalisierung, Erfassung und Bedeutung für den Unterricht.Eine Zwischenbilanz des COACTIV-Projekts.In M.Prenzel

& L.Allolio-Näcke（Hrsg.），*Untersuchungen zur Bildungsqualität von Schule.Abschlussbericht des DFG-Schwerpunktprogramms*（S.54-82）. Münster u.a.：Waxmann.

Hattie，J.（2009）. *Visible Learning.A synthesis of over 800 meta-analyses relating to achievement.* London：Routledge.

Hill，H.C.，Rowan，B.，& Ball，D.L.（2005）. Effects of teachers'mathematical knowledge for teaching on student achievement. *American Educational Research Journal*，42（2），371-406.

Hoidn，S.，& Kaminski，H.（2006）. Ökonomische Bildung in den USA.Trends in Bildung international. Available：http://www. pedocs. de / volltexte / 2012 / 5082 / pdf / tibi_2006_12_Hoidn_Kaminski_Oekonomische_Bildung_D_A.pdf.15 Nov 2014.

Krauss，S.，Blum，W.，Brunner，M.，Neubrand，M.，Baumert，J.，Kunter，M.，et al.（2011）. Konzeptualisierung und Testkonstruktion zum fachbezogenen Professionswissen von Mathematiklehrkräften.In M.Kunter，J.Baumert，W.Blum，U.Klusmann，S.Krauss，& M. Neubrand （Hrsg.），*Professionelle Kompetenz von Lehrkräften - Ergebnisse des Forschungsprogramms COACTIV*（S.135-161）. Münster：Waxmann.

Lipowsky，F.（2006）. Auf den Lehrer kommt es an.Empirische Evidenzen für Zusammenhänge zwischen Lehrerkompetenzen，Lehrerhandeln und dem Lernen der Schüler.In C. Allemann-Ghionda & E.Terhart （Hrsg.），*Kompetenzen und Kompetenzentwicklung von Lehrerinnen und Lehrern*（S.47-70）. Weinheim u.a.：Beltz.

Müller，K.，Fürstenau，B.，& Witt，R.（2007）. Ökonomische Kompetenz sächsischer Mittelschüler und Gymnasiasten. *Zeitschrift für Berufs - und Wirtschaftspädagogik*，103（10），227-247.

Shulman，L.S.（1986）. Those who understand：Knowledge growth in teaching. *Educational Researcher*，15，4-14.

Seifried，J.，& Wuttke，E.（2015）. Was wissen und können （angehende）Lehrkräfte an kaufmännischen Schulen？ —Empirische Befunde zur Modellierung und Messung der professionellen Kompetenz von Lehrkräften. In S. Schumann & F. Eberle （Hrsg.），*Ökonomische Kompetenzen in Schule，Ausbildung und Hochschule*（S. 125-145）. Empirische Pädagogik，29（1）Themenheft.Landau：Verlag Empirische Pädagogik.

Walstad，W.B.，& Rebeck，K.（2001）. Assessing the economic understanding of US high school students.*The American economic review*，91（2），452-457.

Weinert，F. E.（2001）. Vergleichende Leistungsmessung in Schulen - eine umstrittene Selbstverständlichkeit.In F.E.Weinert （Hrsg.），*Leistungsmessung in Schulen*（2.Auflage，S.17-31）. Weinheim und Basel：Beltz.

Wuttke，E.（2008）. Zur Notwendigkeit der Integration von ökonomischer Bildung in die Allgemeinbildung und in die Lehrerbildung. In D. Bolscho & K. Hauenschild （Hrsg.），*Ökonomische Grundbildung mit Kindern und Jugendlichen*（S.133-144）. Frankfurt：Lang.

第39章 Luca Pacioli 的观点——复式记账和金融普及教育[①]

Christopher Houghton Budd

摘要 本章讨论老师应如何讲授金融知识。它涉及了金融知识的教学能否效仿"复式记账之父"Luca Pacioli 的教学方法。第一部分是介绍性的，描述金融素养并识别重要的启发式思考方式。第二部分提出的课程（第2节和第3节）实际上分为两部分（内容和传授）。第三部分将多个案例研究作为评估试点案例方法的框架。

关键词 会计 认知学徒制 簿式记账法 课程开发 复式记账 金融普及教育

39.1 引言

金融普及教育通常是一个由政府牵头的话题[②]，对此几乎没有任何相关的教师培训。因此，金融普及教育通常归入公民身份或个人健康之类，归入后者大概是因为财务健康是个人健康的一个子集。如果金融素养只是意味着知道现在的金融系统如何工作（同样包括解释它），并以此来有效参与到系统中，则上述对金融素养的低估是可以理解的。但懂得这些是否足以改变与全球金融危机相关的金融行为，是否意味着它们是提高金融素养的首要原因呢？

据 Jacob Soll 所述[③]，更深层次的问题是整个社会都对金融不甚了解，Soll 在《纽约时报》（2014年4月27日）撰写的文章中指出：

德国经济思想家 Max Weber 认为工作中大家需要知道如何进行复式记账。这不仅仅

---

① C.Houghton Budd

Department of Technology, Policy and Management, Technology University,

Delft, The Netherlands

e-mail: chb@christopherhoughtonbudd.com

C.Houghton Budd

7 Riverside, Chartham, Canterbury CT4 7JR, England

© Springer Science+Business Media Singapore 2016

C.Aprea et al.(eds.), *International Handbook of Financial Literacy*,

DOI 10.1007/978-981-10-0360-8_39

② 例如，在英国，自2008年以来，金融普及教育已被纳入威尔士学校课程的识字和算术大纲。从2014年9月起，在英国成为义务教育内容。

③ Professor of history and accounting at the University of Southern California, and author of "The Reckoning: Financial Accountability and the Rise and Fall of Nations," Basic Books, New York 2014.

是因为这种会计记账方式可以通过平衡借项和贷项来计算利润和资本，也是因为健全的账簿在道德上也是"平衡的"……意大利文艺复兴时期（大多数）被遗忘的事实之一是拥有众多擅长会计工作的人。在15世纪的任何时候，佛罗伦萨的12万居民中都有4 000到5 000人上会计学院，同时也有足够的档案证据表明，即使是收入很少的工人也长期保持着记账习惯。

这种意识现在不是很普遍，Soll的想法是：

在过去的半个世纪里，人们已经停止学习复式记账并把这项任务转移给了专家和信息化的银行系统，以至于已经很少有人能够看懂复式账簿。如果我们想要一个稳定的、可持续的社会，一个好的开始就是在高中就讲授复式记账和基本金融知识，就像文艺复兴时期的佛罗伦萨和阿姆斯特丹一样。一个没有会计教育的社会，有一件事是确定的：未来算总账时会更麻烦。[1]

Lusardi，Samek，Kapteyn，Glinert，Hung和Heinberg最近的一篇美国国家经济研究局的文章也表达了类似的观点：金融知识，特别是作为金融决策基础的金融概念的知识，不仅在美国而且在全球范围内[2]都是制订退休计划的重要因素。但是，这篇文章讲述了一个重要的问题：如何理解金融知识以及它的目的是什么？美国国家经济研究局作者的答案是服从于传统观点的，但令人失望的是，与Soll教授长远的眼光和对社会的广泛关注不同，它涉及的范围狭窄而且是服务于自身的——主要关注于退休计划——却忽视了当下的养老金是依赖于养老基金的，其本身就是现代金融中最不稳定的力量之一。[3]

因此问题是仅仅有简单的金融普及教育（仅仅对金融概念做出解释而不是提出问题）是否能够适应目前复杂的状况。同时，我们需要考虑怎样才能提高教师的教学能力，以及怎样才会吸引或激发青少年学生。假设浅层的金融普及教育不会吸引他们，我们就以复式记账法[4]作为入门，以这一学科最早的名家Luca Pacioli[5]的方式讲授更深入的方法。

39.2　未来的课本

从理论和实践两方面来探讨金融普及教育，一个有用的方法是设想未来的教科书会是什么样子，后面将更详细地讨论这个想法。许多15～18岁学生的教科书都不会直接讨论金融知识。例如，很难找到对复式记账法的明确解释，即使这是所有财务知识与金融

---

[1]　http://opinionator.blogs.nytimes.com/2014/04/27/no-accounting-skills-no-moral-reckoning.

[2]　Lusardi et al.(2014).

[3]　今天的养老基金减少了对实体经济的需求,过度资本化的房地产过度使用收入无法支持的杠杆造成并维持了实体经济的不稳定。根据瑞士政府的统计,该国养老基金的资金比经济可以吸收的还要多近7倍(社会保障报告554-1100,Neuchatel,2013)。

[4]　在本章中,复式记账法实际上是一种将单个条目加入到更复杂的世界中的过程的速记,然后再将其输入到试算表中。

[5]　Luca Pacioli是一个圣方济各会修士以及Summade Arithmetica Geometria Proportioniet Proportionalità(A Compendium of Arithmetic,Geometry,Proportion and Proportionality)的作者,这本书于1494年出版,1974年由弗吉尼亚大学Scholars图书公司再版。

素养的核心。取而代之的是，人们可以粗略地找到关于利用会计手段获利的章节，以及对经济理论进行的一般性预演，由于没有预见到全球金融危机，这一理论已经不再有效。

教科书的内容应该补充或替换那些因为全球金融危机[1]而变得过时的内容，包括机械的而不是灵活[2]的金融概念导致不适应的后果、过时的国家经济框架，以及有效市场假说的"失败"[3]。课程应该是什么样的？从复式记账法和 Luca Pacioli 的教学方法来看，是否应该首先设法将现代金融知识传授给教师（无论是任职中还是任职前），然后再向学生传授？[4]（选择"传授"这个词是因为它是一个比死记硬背或非经验教学更高级的概念，也意味着教学能力，而不仅仅是"打勾"[5]）

39.3 金融普及教育

正如我们稍后讨论的那样，无论其规模或司法背景如何（营利性或非营利性），理想情况下金融普及教育的最终考验是，能否成功管理会计、资本化和现金流这三大要素。人们可以增加正的现金流量，因为这是一种经济主权的标志，其反过来又是以个人或道德主权为前提的。对于年轻人来说尤其重要的是，通过使用财务方法，他们能够在面对具体情况时不再被动。此外，要掌握这种方法也需要学习资产负债表，所以有必要展示一个由教师自己设计的包括融资和投资的项目，这将为所讲授的内容提供鲜活的背景或案例，以便获得实际经验。

可惜的是，事实证明中学的金融普及教育通常只是采取重复解释标准的形式[6]将大学课程转换为适合较低级别学生（15~18岁[7]）的课程。这让我们想到很多问题：尽管并不是直接体现了这一问题的核心，金融普及教育也应当至少被提及，因为在当前年轻人已经开始有意识地将理财思想应用于现实生活并开始表达他们的观点，金融普及教育会对他们的生活造成跳跃式的影响：

（1）假定金融的标准解释在概念上和实践上都是有效的，即使在有效市场假说"翻车"之后其理论上的确定性变得薄弱而且针对现代金融的批评又多又彻底。[8]

（2）无论准备教什么，都应该使教师（从而使他们的学生）的金融素养兼容而不是批判现在的正统观念与实践。举例来说，除了讲授如何使用信用卡外，是不是也应该考虑讲

---

[1] For example, Mishkin(2010).

[2] Soros(2014), Soros(1994 [1987]).

[3] 时任英国金融服务管理局局长的 Lord Adair Turner 用"翻车"来形容，见'How to tame global finance', Prospect, September(2009). Also Turner(2012)and The Financial Crisis Inquiry Report, Authorized Edition(2011).

[4] 在实践中，相同或相似的内容和格式可能正是老师和学生的需要。

[5] 用信用卡购物在今天十分平常，同时人们也应该知道这一运作机制。然而，通常情况下卖家不知道他向客户展示了什么，他的客户也通常相当的茫然，只是在刷卡消费时"打勾"。

[6] 例如，多年来英国央行为18岁的同学举办货币政策委员会比赛。银行博物馆的主要展览将财务事件与海上风暴相比较，面对它们就像遭遇那些自然事件时一样无奈，尽管是人为的，而且受到相关行为的影响。

[7] 我们利用增长的年龄的理念进行教育，将人文发展的图景分为不同的课程概念。

[8] 对这个话题的精彩论述见 Zarlenga's(2002).

解信用卡系统的优点和缺点，以进一步了解这个"没有智能的机器"？[①]

（3）关于我们对现代金融的技术、手段和结构的理解（所谓的全球金融体系），这本身就是一个问题，还是仅仅出于狭隘、利己的目的？例如，当投资者或债券市场不管借款人的能力如何，而坚持要求获得资本收益时，或者当租金作为投资于建筑物的资本额而不是建筑物使用者的盈利能力时。[②]

39.4　启发式的思考

在这些问题之外引发的问题是：一个没有财务知识的人会变成什么样？没有金融素养的人如何教别人？

商务人士通过自身对账户、行动的影响等进行反思来提升金融素养。然而，这些反思都是源于他们获得信贷和资金利用之时。大多数情况下，直接收取工资缴纳税款而不需要平衡预算的教师们该如何复制这种体验呢？

因此，我们认为进行金融普及教育的最佳方式是通过一种有意识的商务实践或者在课堂上进行细致的沙盘模拟。这意味着首先讲授在摘要中提到的复式记账的概念和原则；然后设计一种方式让教师（和/或他们的学生）在现实生活中体验这些原则；最后教他们如何反思和分析他们的经验。

这当然可以通过模拟（游戏等）来实现，但要使模拟贴近现实生活，那么它们应是一个对现实生活进行准确还原的抽象。此外，这些"游戏"可以使参与者在学习方面寻求得到什么，或者从什么而来？事实上，此处包含的练习实践是否与简单的角色模拟或者商务活动近似？

所有这一切都提出一个更大、更关键的启发式问题：金融素养的传授能否被证明是显而易见的？

这也许是一个不合理的要求，但有两个有价值的观察表明这可能是可以实现的。第一个观察是有关教师对数学和数学知识的普遍了解以及他们对商务经验（即使很少）的需求。1914年 John Geijsbeek 在他的书中介绍关于 Luca Pacioli 的部分中写道（Page Lawrence，CPA）[③]：

……复式记账就是源自古希腊数学家计算代数方程式的，实际应用于商业交易的科学记录……

第二个观察涉及 Luca Pacioli 本人使用的教学方法。Alan Sangster 和 Giovanna Scataglini

---

① 引用自英国广播电台4台的专家关于学校金融普及教育的专家小组讨论（2011年1月18日），强调了不提及道德仅讲授技术的危险，也警告不要把钱视为价值的来源，而应该视为交换手段。

② 经验丰富的财务总监兼学者 Anthony Hotson 在2012年4月20日介绍"货币标准与货币价值：从12世纪到21世纪的经验"时表示，对以租金为基础的财产资本化的回归是让经济平稳着陆的唯一途径。

③ Geijsbeek（2010 [1914]）.

（2010）①引用Pacioli的一篇文章，这种引用有两个目的：（1）阐明金融教学法；（2）制定标准，使得所提供的标准可以在实际教学中仿效。

Pacioli不仅制定了复式记账的原则，而且还提出了一种独特的却被大众遗忘的教学方法……他提出了一种生动的教学方法，与当前抽象且无意义的教学方法形成了鲜明对比。他一生中的挚爱和主要活动就是教学，他在有关簿记的论文中提出的方法有很多值得我们学习……

（论文）是用说教风格写的，在文章里他试图表达指导、启发和传达等目的。当在教室朗读（这是这篇文章的目的）时，我们可以重现传递的过程并收到它所传达的消息。Pacioli没有让他的学生以20世纪教育家常常采用的批判性方式质疑智慧。相反，在论文中体现了他想要告诉他们什么是"最好的"，并解释了为什么他们按照他的建议做是重要的。当论文印刷的时候，Pacioli已经有了30年的教学经验，（同时）他所写的关于记账的文章已经被视为课堂教材和……自我指导手册，就像现代的远程学习课本一样……

深入地阅读Sangster和Scataglini的文章，读者将备受鼓舞，因为在金融方面的诱惑太大以至于无法通过避免复杂性而不是接受复杂性来追求简单性。在下文第1部分给出的实践中，展示了从简单到复杂乃至最后解决的教学观点，这样做的意义在于在试算平衡的过程中，复式记账将单式记账引入了一个更复杂的世界。这本身就代表了重要的教学质量与关键，也许也是不言而喻的（自动启发式的）金融素养。这也是一个对于意识到自己对世界的影响的有意义的比喻。

39.5　认知学徒制

Sangster和Scataglini的论文也很有趣，他们将Pacioli的教学方法与当今的认知学徒方法相比较：

采用论文的教学方式，无论是在算术部分还是在关于记账的论文中，现在都被称为认知学徒制。在这种方式下，老师作为主人的角色来教他的学生（学徒）技能。在这个过程中，老师建立一个与学生在现实生活中有关的模型，从而促进学生的参与。一旦学生掌握并理解了任务的结构，主人就允许学徒执行简单的任务。关于复式记账，在Pacioli的论文中体现在以下例子中：在输入数值之前就在商业背景下引入了布局、结构、规则和审计线索。输入数值并不困难。复式记账的其他方面以及认识到它与企业的相关性和作用才是真正困难且重要的。

至少到20世纪70年代，关于认知学徒制才有了广泛的研究。在Collins等（1987）的研究之后大家普遍认同教学过程主要有以下六个步骤：

（1）建模，专家通过近似现实世界的模型展示他所擅长的内容。

（2）传授，专家指导学生扮演角色，指导学生达到他们的能力所及。

---

① 'Luca Pacioli, The Father of Accounting Education', a paper presented at the 22nd Annual Accounting, Business and Financial History Conference, Cardiff 6th and 7th September 2010 Sangster and Scataglini(2010). Alan Sangster is at Middlesex University Business School, London; Giovanna Scataglini at Balliol College, Oxford.

（3）课后支持，提供策略和方法，使学生能测试自己的技能以及理解了多少内容。

（4）互动，让学生表达他们所学到的东西。

（5）反思，学生将他们所理解的内容与老师或其他专家甚至同龄人理解的内容相比较。

（6）探索，允许学生利用自己的策略去解决问题，逐渐摆脱专家的影响。类似于父母们终于放手，不再搀扶，让孩子们自己骑车。

Sangster和Scataglini的论文总结了这些步骤，所以在本章第2部分论述中也可以看到这些步骤。

39.6 第1部分：拟议课程（内容）

下一个问题是，上一节所述的规律是否还可以像在15世纪一样以课程形式在21世纪引导我们。此处的课程形式指的是内容及其传播的方式和格式。关于内容，我们认为这需要是"可迁移的"——意思是不变的、一致的和普遍的——因为越是"可迁移"[①]，越可以如同重力定律一样传授给更多人。

也就是说，这样的内容应当是真实的、源于精心研究的想法和经验的，它既能从生活中获取，又能够进行严格的学术审查。理想情况下，它应该覆盖从复式记账到货币发行一直到信贷创造。从学生（和教师）微观世界里自己的现金流管理到中央银行和宏观经济政策的更大的范围，都是经济和金融的前置课程。但是上述内容却经常在中学教学大纲中被忽略，或其教导方式存在问题。这是不幸的，因为许多危机之所以是一场危机，正是因为那里的危机和那些观察危机的人缺失这些历史感——既不知道我们来自哪里，也不清楚我们可能将走向哪里。[②]

现代金融是一个复杂的科目，也是一部货币的历史，却很少出现在中学课堂上。为了指导教师讲授金融，我们需要削减一些我们所面对的难以解决的问题。在我们看来，至少在下面概述的过程中复式记账的技术就可以削减。它出现在欧洲的历史中，可以在老师和/或学生身上复制。就好像所有的经济和财政史，在更广泛的人类历史中，都被包装成"种子"。学生清晰的陈述和教师热情的教学为种子带来水和适宜的温度使其生长。以下内容改写自一组来自德国的联合国教科文组织教师[③]："如果把复式记账比作一个'衣架'，当我们了解复式记账的技术和意义之时，就已经有了各种各样的服装，我们也知道如何去挂，而缺少的其实是衣架上的'挂钩'，即复式记账的简明阐述。"

39.6.1 关注复式记账

本章的核心就是假设金融素养的实质是复式记账，这是因为如果一个人可以理解这个

---

① 教师能力是一件微妙的事情，本章不直接讨论。本章的假设是，金融教师都是能够胜任的，但如果他们必须教授那些不证自明的内容，那么他们的能力将得到提高或肯定。

② See Reinhart and Rogoff(2010)和Kindleberger(2005)。

③ Attendees at a workshop given by the writer, part of the 60th anniversary conference of UNESCO in Germany held in Karlsruhe, 25-28 September 2013. Written up, but not published, as Wrongly Thought; Wrongly Wrought—Teaching Financial Literacy. A Case Study: UNESCO Project Schools in Germany.

过程（理论上），并将其应用于自己的事务，那么就可以传授给其他的学生。在此处年龄不做要求①，这里只是假设不要迟于青春期。

　　强调将重点放在复式记账上的主要原因是它的逻辑具有重要的科学性，独立于我们是否理解或同意。复式记账法不与感觉相符，而是如同重力定律一样的客观存在，学会复式记账不仅取决于大多数人对生活的正常了解，而且与青少年智力发展阶段有关。这也是使金融、经济学成为更广泛、更"硬"科学的关键——建立在思考上而不是机械化的图像上。2013年5月在牛津大学Saïd商学院举行的为期两天的金融未来会议②考察了2008年以后理解财务状况的最新技术。有许多金融专业人士出席此次会议，一些金融普及教育的倡导者同时也提出了在世界各地的成千上万个教育计划。③会议的结论是，未来的主要挑战是从机械的隐喻中转移。这说起来很容易，但是向哪里去呢？比如说是三重底线还是三重输入？我们需要隐喻吗？为什么不依靠思维本身或者依赖与它关系很密切的会计呢？④

　　它仍然表达了以下诚信生活的隐喻：丁字式账户代表正直，资产负债表代表平衡、"主动"和"被动"的对称性等。如同著名的启蒙力学的例子，这些都是年轻人心中的重要形象，更不用说他们的老师了！

39.6.2　练习复式记账法

　　那么复式记账是什么意思呢？首先从单式记账法开始（见图39-1）。

	资金		
	借方	贷方	
应收账款	3		
所有者权益	4		
		6	已购资产
		1	费用支出
销售收入	2		

图39-1　单式记账法的例子

　　下一个任务是确定它们对应下述五套账户中的哪一个，包括粗体显示的资产（A）、

---

① UN-supported Child and Youth Finance International, based in Amsterdam, begins with Grade 1.
② Future of Finance(2013).
③ Min Lee(PlayMoolah), Jeroo Billimoria(Child and Youth Finance International), Lisa Halpern(Kiboo), Sharan Jaswal(MyBnk)and Maggie Philbin(TeenTech)在闭幕会议中提出"财富的真正未来——儿童和青少年"这一观点。他们讨论了如何让年轻人负责任地管理他们的钱，在教育儿童管理财务方面正在做什么，以及如何加强学校的金融普及教育。
④ 见Klamer和McCloskey(1992)，一个近期被McCloskey教授直接肯定的观点。另见John Hicks爵士和Arjo Klamer爵士两人在1989年Hicks逝世之前众所周知的对话，其结尾是"……预算资产负债表是做出业务决策的合理方式。很多这类数学模型，包括我自己的一些数学模型，流行开来真的非常可怕……"，Klamer(1989)。

负债（D）和所有者权益（E），以及正常字体显示的销售收入（I）和支出（X）（见图39-2）。

负债 （D） 借方	贷方	所有者权益 （E） 借方	贷方	资产 （A） 借方	贷方	支出 （X） 借方	贷方	销售收入 （I） 借方	贷方
	3		4	6		1			2

图39-2 复式记账法的例子

这些账户截止时（如下方粗体显示）所得到的差额转入资产负债表（见图39-3）。

负债（D）借方	贷方	所有者权益（E）借方	贷方	资产（A）借方	贷方	支出（X）借方	贷方	销售收入（I）借方	贷方	资金（A）借方	贷方
	3		4	6		1			2	3	6
										4	1
										2	
0	3	0	4	6	0	1	0	0	2	9	7
3		4			6		1	2			2
3	3	4	4	6	6	1	1	2	2	9	9

资产负债表

	借方	贷方	
A	6	3	D
	2	4	E
X	1	2	I
	9	9	

图39-3 复式簿记中的账户余额

需要记住的一个重要细节就是没有贷记（右侧）就永远不会有借记（左侧）的原则。这并不意味着初始单个条目框左侧的数字需要与右侧的数字相匹配，尽管双方最后总额确实需要相等。如果一个人能明白借记是因为它必须来自某个地方，所以它必须再去某个地方，则可以更准确地理解这个原则。换句话说，记账中需要寻找去向而不是对立面。这可能有助于设想：通过这种技术，人们可以像走在镜子后面一样看到（体验）自己的行为，就像世界所看到（体验）的一样。因此从本质上讲，复式记账反映了我们从世界角度看世界的能力，以及对应但很少考虑到的从世界角度来看待自己的能力。

在这个意义上讲，复式记账体现了技术和道德、结构和伦理。实际上，想要正确应用复式记账法，这两个维度就不能分开。

39.6.3 会计与现实世界（业务）

复式簿记应该成为2008年以后的金融核心[1]，还应强调现代会计五大要素的基础。通过复式记账，我们在思维中复制、在行为中掌握了实际经济活动（广义上的"商业"）。

（1）总分类账由5类账户组成，如表39-1所示：

表39-1 账户类别

	借记	贷记
R	资产	负债
R		所有者权益
N	支出	收入

R是指直接存在于资产负债表中的真实账户或永久账户，只要它们代表的活动存在，它们就存在。N表示名义的或短暂的，因为这些账户存在于交易的一瞬间，它们只是一个记录、跟踪。

（2）由单个条目组成的日记账是对所有交易每日按顺序记录。

（3）收入支出表显示交易结果，差额转入资产负债表上的自有资本账户。

（4）现金流量表确定所有已被预订但没有相应现金流动的交易（如果没有这个表，一个企业就可能会出现账面上有钱却缺乏流动性的现象。因此，实现和维持正现金流至关重要）。

（5）从试算表可以看出上述内容是否存在错误，在这种情况下，需要发现和纠正错误。

这里就不详细阐述或展示关于复式记账的其他讨论，比如认为复式记账是资本主义的附庸[2]，或讨论通用会计准则以及国际会计准则委员会和其他机构所进行的工作的优缺点。上述说明的目的是让读者"看到"关于复式记账的最新讨论。

人们可能还想知道为什么我们不提货币定义、货币政策或银行体系。对于这些问题，我们有一个简单的答案：这些内容衍生自复式记账的逻辑，而大家对这些内容的理解往往很肤浅。鉴于现代货币可以被视为一种会计（反之亦然），如果不理解复式记账就直接讨论货币问题往往会变得困难、难以信服并难以解决，这不足为奇。

39.7 第2部分：拟议课程（传播）

假设一个人有一个简明而真实的故事要讲，并且有能力讲，那么如何传授这些内容或如何传授给那些没有财务知识却被要求讲授财务知识的教师（在职或预备在职）？

39.7.1 五步骤

根据早先讨论的认知学徒制，金融知识的传播需要五个主要步骤，其中每一个步骤都

---

[1] 对于会计专业方面的这种情况的粗暴批评，见Cheffers和Pakaluk（2007）。

[2] See, for example, Gleeson-White（2012）.

会引起进一步的思考。①

步骤 1：用易获得的材料讲述"可迁移"内容来引入原则

其中的内容已在上面讨论过。易获得的材料包括教科书或教学手册。以这种方式组合教材可能是最好的，其中的内容以容易理解的形式呈现（书面说明），教师和/或学生通过他们的项目及展示（如论文、演讲、考试等）来"重复"所学的内容。这将促进双向的常规量化考核，得到可量化的结果：（1）可能的；（2）相关的。

步骤 2：教师和/或学生对内容的接受和理解

这里设想的过程有三个主要组成部分：

（1）教师和/或学生自己在必要条件下进行讨论，但主要是由教师和/或学生自己的知识、热情和发现感所驱动。

（2）完成将推理和直觉结合在一起的书面作业，并能以常规的方式对教师和/或学生进行适当的评价。

（3）向同伴、老师和/或学生介绍同伴的陈述，并讲出他们所认可的内容。这是检验知识掌握程度的一个重要方法，需要掌握内容、有表达能力、树立信心等。这样的演示也应该达到评估教师和/或学生反馈的目的。

步骤 3：有意识地将教师和/或学生掌握的内容融入专业人员指导下的项目

通过创建一个将财务原则纳入其结构和行为中的具体项目来展示对财务的理解。这些项目可能包括出售蛋糕资助学校旅行，或者资助更多的重要项目（学校咖啡馆、跳蚤市场），甚至学校本身。

步骤 4：展示

将理解的内容展示给主持人以及其他观众（在这种情况下也可能是考官）。演示文稿应该从概念（包括表达提议也很有意义）讲到操作，比如在展示的过程中筹集资本。报告应与常规考试标准相符合，但主要目的是向教师和/或学生反馈。

步骤 5：正式第三方评估

期末考试将是一个确定、评估和衡量教师和/或学生财务素养的重点。同样这种评价应该是常规的、切合主题的、综合的、通用的，从而证明其比许多（如果不是全部）被认可的制度更为有效。

39.7.2　格式

知识经传播到掌握的过程是怎样的？例如，金融普及教育可以直接被增加到现有教学模块中，还是要有自己的模块？

冒着被认为是重复的风险，我们的回应如下（基于具体经验）：由于现代金融是以复式记账为基础的，在实际经费增加、工作量却没有大幅增加的基础上让老师和学生同时进入更广泛的经济思想和事件中。虽然这是一个公认的奇闻，但它也反映了前面提到

① 值得一提的是，Sangster's 早期提到的 Luca Pacioli 教学方法中的第三个方法是以会计方法为基础的，而不是出于先验或随意的考虑。

的联合国教科文组织教师的观点，而他们都是德国中学的会计和经济学教师。①详细观察其他"现实世界从业人员"如英国央行讲授金融知识的情况，也可能产生实证见解和相关信息。

我们也许存在疑问：是否应该进行金融普及教育，或者说在金融普及教育中学生是否需要通过课堂教学到实践的过程来学习资本化（如下所述）。学习现金流管理显然是将关键原则与成功应用结合起来的典型例子，但问题是只是课堂式教学能否实现这一点？（例如老师仅仅是讲课，学生能够将自己所学知识运用到实践当中吗？）一个人不需要通过分析自己的行为来发现它们吗？

简而言之，能够通过理论学习获得金融素养吗？或者说，当资本化本身作为一种学习的工具被掌握时，不需要某些形式上的资本化吗？在这两个方面，新的理论都证实了需要将理论联系实际。但是，这样做的前提是，年轻人也可以独立获得资本和日常金融服务。如果金融普及教育只是一个教学手段而没有以某种方式近似或模拟财务实践，这样的情况是不可能发生的。

这个问题实际上意味着需要在中学课堂上就逐步开展金融普及教育，从引入纯粹的理论或观念（15岁前）到实践的检验（18岁前）。这种情况下，学生在15岁时学习复式记账，随着实际财务经验日益丰富，知识逐渐深化并逐渐得以应用。除了课堂的学费之外，通过学校资金赞助项目与外部金融机构的联系，学生可以在有真实世界的经历的基础上通过运用资本进行学习。

39.8 第3部分：实证研究

将金融素养概念化和讲授它是一回事，"践行"这项工作是另一回事。也就是说，纸上谈兵和实际应用的有效传播和转化是一个巨大的领域，在这里可以做的不仅仅是框架。如前所述，至关重要的是需要一个"可迁移"的常规内容，允许多样化的表达，因为内容越客观，老师就会越自由地表达自己的意图。但是，与任何模式或假设一样，从指导直觉（这是本研究的性质）转向客观事实和可复制内容需要进行测试。本章的这一部分的目的是概述建立这种实证框架的初步步骤。

39.8.1 多案例研究

临时科目如金融普及教育的实证检验，是一项充满活力的工作。使其易于进行的一种方法是多案例研究（Yin，2007）。理想情况下这些案例将处于各种情况（例如，教师培训设置或课堂实习），并有金融和教育专业人员的观察员参与。

这种案例研究将需要持续一段时间，并且最终成为金融普及教育实践的实例。然后他们就可以为研究目的寻找相应的数据。换句话说，这个过程需要在实践经验和学术定式之间穿梭，所以讲授的内容都要面临实践检验而不仅仅适用于某个场景。

下一步考虑对每项研究进行框架搭建和评估，以区分其通用和具体要素，以及在内容

---

① 当然也可能有一种情况，教科文组织中的教师认为应在热情中找到方法，将教科文组织的目标融入常规课程中，而这些教师也表明学习如何讲授金融需要同样的课外兴趣。

和传播之间进行更准确的区分 ——基于已经被注意的理由，即越是内容不变而传播手段多样化，其内容就越客观。相反地，传播方式也可以随意地选择，这取决于演示者的偏好。不管规模、形状和结果如何，文化多样性都不应该被牺牲，而是应该被金融素养支持。

39.8.2　可衡量证据的挑战

现在的问题是需要获取什么样的数据来代表金融素养，以及如何获取这些数据。这个问题的答案并不能简单地给出，但留有的余地也并不多。因此，我们只能反思自己所面临的挑战。

在多案例研究方面，部分答案无疑将包含问卷调查和访谈。但另一个重要方法（在论述五个步骤时已经暗示）是使用传统的评估方法，尽管为了切合主题而加以调整。也可以以一种构建而不是总结的理念用更多的方式来绘制进步的几个维度。

更具体地说，关于金融普及教育本身这样一个小的主题的可衡量的指标并不是不可想象的，但它们关系着现代金融，因此现代金融素养并不是物理科学那种"硬"现象。像毕达哥拉斯定理一样，与其说金融可观察，不如说它是可思考的，或者说它取决于我们思考的能力。1923年凯恩斯在现代金融时代开始之际思考黄金标准的消亡时提出了这样一个著名的观点："交易开始波动的点以及最终停止的点……本身不是一个固定的点……"[1]而后来在1938年，他提出"就好像苹果掉到地上这个事实不仅仅依赖于苹果是否想掉下去，也取决于是否值得坠落到地上、地面是否要苹果掉下来，以及苹果是否错误计算了它距离地球的中心有多远。"[2]这两个观点强化了我们早前将复式记账与重力定律相对应的观点。但他们也认为，如果有任何一个原因可能造成了全球金融危机，那就是把牛顿的思想本身当成金融。

也就是说，应该考虑到金融普及教育可以通过它的影响来衡量。例如，通过显示一个人在拥有金融素养之后，他的盈利能力以及现金流的管理能力得到了改善，这就是所有MBA项目的意义！

39.9　结论

显然，对于如此新的和未经检验的想法（复制 Luca Pacioli 的课堂），人们不能提供其价值或有效性的证据。这不是我们的目标。我们的目标是从新的途径开始做一个试验的事例，希望在这个过程中能开发一种金融普及教育的形式，以成功地普及金融知识，从而在我们的时代重现文艺复兴时期的公民及其金融素养。

参考文献

Cheffers, M., & Pakaluk, M. (2007). *Understanding accounting ethics.* Manchaug: Allen

---

① Keynes(1923),p. 89.
② In a letter to Roy Harrod,10 July 1938.

David Press.

Collins, A., Brown, J.S., & Newman, S.E. (1987). *Cognitive apprenticeship: Teaching the craft of reading, writing and mathematics (Technical Report No. 403)*. BBN Laboratories, Cambridge, MA.Centre for the Study of Reading, University of Illinois.

Future of Finance. (2013). *Report of financial service knowledge transfer network*.Oxford.

Geijsbeek, J. (2010 [1914]). *Ancient double-entry bookkeeping, Lucas Pacioli's treatise 1494—the earliest known writer on bookkeeping*.Charleston: Biblio Bazaar.

Gleeson-White, J. (2012). *Double entry: How the Merchants of Venice created modern finance.* London: W.W.Norton.

Keynes, J.M. (1923). *A tract on monetary reform.London*: Macmillan.

Kindleberger, C.P. (2005). *Manias, panics and crashes: A history of financial crises.*New York: Palgrave Macmillan.

Klamer, A. (1989). An accountant among economists: Conversations with Sir John Hicks.*The Journal of Economic Perspectives*, 3 (4), 167-180.

Klamer, A., & McCloskey, D. (1992). Accounting as the master metaphor in economics. *European Accounting Review*, 1 (1), 145-160.

Lusardi, A., Samek, A.S., Kapteyn, A., Glinert, L., Hung, A., & Heinberg, A. (2014). Visual tools and narratives: New ways to improve financial literacy. *Working Paper 20229.* Cambridge, MA: National Bureau of Economic Research.

Mishkin, F. (2010). *The economics of money, banking and financial markets* (9th ed). Upper Saddle River (N.J.): Pearson Global.

Pacioli, L. (1974 [1494]). *Summa de Arithmetica Geometria Proportioni et Proportionalità (A compendium of arithmetic, geometry, proportion and proportionality).* Charlottesville: Scholars Book Co., University of Virginia.

Prospect. (2009 September). No.162.

Reinhart, C.M., & Rogoff, K.S. (2010). *This time is different: Eight centuries of financial folly.*Princeton: Princeton University Press.

Sangster, S., & Scataglini, G. (2010). Luca Pacioli, the father of accounting education. *Accounting Education 01/2010, 19* (4), 423-438.doi: 10.1080/09639284.2010.501955.

Soll, J. (2014). *The reckoning: Financial accountability and the rise and fall of nations.*New York: Basic Books.

Soros, G. (1994 [1987]). *The alchemy of finance-reading the mind of the market.* New York: Wiley.

Soros, G. (2014). Fallability, reflexivity, and the human uncertainty principle.*The Journal of Economic Methodology, 20* (4), 309-329.

The Financial Crisis Inquiry Report, Authorized Edition. (2011). *Final report of the national commission on the causes of the financial and economic crisis in the United States.*Financial Crisis Inquiry Commission.

Turner, A. (2012). *Economics after the crisis: Objectives and means.* (Lionel Robbins Lectures). Cambridge, Massachussets: The MIT Press.

Yin, R. (2007). *Case study research-design and methods.* Beverley Hills: Sage.

Zarlenga, S. (2002). *Science of money.* American Monetary Institute. New York: Valatie.

第40章　培养教师的金融教育能力：有用吗？[①]

Barbara M.O'Neill and Billy J.Hensley

摘要　本章探讨了教育者讲授个人金融课程和编写专业发展方案的准备工作，旨在培养金融教育能力。如果教师自己不了解金融，或者说不能让学生参与其中，教师就不能很好地讲授个人金融。可惜的是，有证据表明许多教师缺乏通过正式和非正式教育经历获得的知识。随着各国在全球金融危机之后纷纷开始重视金融普及教育，它们也开始致力于提高教师专业发展经验并记录他们的影响。本章首先介绍一般的金融普及教育面临的挑战和社会上对金融教育日益增长的兴趣，其次讲述了关于教师金融普及教育能力水平的文献综述，包括个人金融教师培训计划及其影响的研究。随后描述了美国最近两个金融教育专业发展计划模式的内容和形式，讨论了这些金融教育培训计划的影响力评估以及衡量教师知识和信心变化的具体方法。最后本章提出了关于教师培训政策和实践的建议。

关键词　金融素养　金融教育　教师培训　教师职业发展　项目评估

40.1　引言

也许对金融教育的需求在历史上任何时候都不会与今天一样多。全球金融危机清楚地表明，当人们不了解复杂的金融工具（例如可调利率贷款期权和衍生证券）时会发生什么。此外，现在许多人需要自己制定复杂的财务决策（例如选择健康保险计划）以及自筹资金进行退休储蓄计划。后者包括投到哪里（例如成长型共同基金）和投资多少以及如何在退休期间将积累了一生的储蓄结构资产抽离。此外，许多国家都出现了以下现象：家庭债务众多而储蓄率较低，政府和雇主的财政支持（例如明确的福利养老金）渐少，财务欺诈日趋繁杂，且通过学术研究培养的金融素质较低。显然此处有一个"完美

① B.M.O'Neill

Department of Agricultural,Food and Resource Economics,Rutgers University,
Cook Office Building Room-107,55 Dudley Road,New Brunswick,NJ,USA
e-mail:oneill@aesop.rutgers.edu
B.J.Hensley
National Endowment for Financial Education,Denver,USA

© Springer Science+Business Media Singapore 2016
C.Aprea et al.(eds.), *International Handbook of Financial Literacy*,
DOI 10.1007/978-981-10-0360-8_40

风暴"的条件：要求民众具有金融素养与经济实力。金融教育以及监管有助于解决上述问题，但只有当教师有能力传播关键的个人金融概念（例如货币的时间价值）时才有帮助。本章探讨教育者讲授个人金融的准备工作和能力以及旨在提升金融教育能力的计划的影响。

在美国，有充足的证据显示有必要进行金融普及教育。由 FINRA 投资者教育基金会赞助的 2012 年度"国家财务能力研究"（NFCS）发现，在一个超过 25 000 名成年人的样本中，有 19% 的受访者表示，在过去的一年他们的支出大于收入，超过一半（56%）的受访者没有足够的储蓄以支付 3 个月的费用。在一个包含 5 道与基本财务主题相关问题的金融素养测验中（见 http://www.usfinancialcapability.org/quiz.php），全国平均答对 2.88 个问题（FINRA Foundation，2013）。Lusardi（2011）利用 2009 年 NFCS 首发的数据发现，1/5 以上的美国人使用昂贵的替代借款方式（例如发薪日贷款和典当店），大多数人缺乏对基本经济原则（如通货膨胀）及相关计算的知识，不了解风险多元化、资产价值与利率之间的关系。"消费者金融素养调查"（2013 年）发现，60% 的美国成年人没有预算，且不会记录他们的支出，40% 的人对自己财务知识方面的评分为 C 或以下。受调查的 2 037 名美国成年人中，有 43% 的人担心紧急储蓄不足，38% 即将退休的人没有准备足够的退休金。

2008 年全球金融危机及其后果在全球范围内提高了消费者有效管理财务决策的复杂性（"2013 年金融普及教育年报"）和对自身财务技能的需求。在美国，有 13 个州把个人理财课程作为高中毕业要求，36 个州将个人金融内容标准（2012 年国家调查）作为高中毕业要求。2012 年，经济合作与发展组织（OCED）在其国际学生评估计划（PISA）中增加了金融素养主题，这是首个关于年轻人金融素养的大型国际研究（PISA，2012）。英国自 2014 年起，把个人金融的普及教育作为数学和公民学习课程（Kadlec，2013）的一部分，澳大利亚自 2011 年起就开始了金融教育任务（Karvelas，2010）。德国的研究表明，年轻人的债务问题日益严峻，需要外部指导来帮助他们有效地管理资金（新研究计划，2013）。

随着金融教育计划的不断扩大，对优质教师培训和记录其影响方面的需求有所增加。如果教师自己不了解内容、不能吸引学生，或者不完全了解他们所讲授知识的特征和具体实践，他就不能很好地讲授个人金融。Taylor 等（2012）发现，金融素养课程中的学习者比教育工作者更具种族多样性，他们敦促教育工作者扩大包容性，在文化上采用更加灵活的教学法。在对未来金融教育计划（Abdul-Rahman 等，2013）的"热点话题"的研究中，个人金融教育工作者和非教育工作者对重要的个人金融课题的观点差异很大，教育工作者被认为应该在编写教案时考虑学习者利益（相对于自己）。

金融教育成功的关键因素是教师的知识和态度。这要求为教师提供支持和培训（"青年，金融知识与学习 2012"）。Kiviat 和 Morduch（2012，p.18）在关于进行金融普及教育的战略文件中指出，"金融普及教育从业者必须拓宽世界观"。优质的专业发展经验可以让教育工作者对个人理财问题、现有的金融教育资源、有效的教学方法、个人金融决策的文化和行为方面等增进了解。下面的文献回顾了对教师个人金融能力的研究以及能力培养专业性发展经验的影响。

40.2 文献综述

40.2.1 作为职业发展学习者的教师

通过对教师学习能力的深入研究，教师的职业发展对于解决知识和信心差距至关重要（Raider-Roth 等，2012）。大多数对教师职业发展举措的评估都侧重于传统的方法，试图用教学方法"更新"教师。此类策略一般有固定模式，即在半天或一天时间内使得教师通过工作表、讲义和讲座获得信息（Ball 和 Cohen，1999；Garet 等，2001）。由于高质量的职业发展（最理想的情况是在最理想的学习环境与时间中进行）是昂贵的，而且需要与其他紧迫的优先事项相竞争，大多数学区和职业发展组织只会选择一天或一次会话进行培训。他们甚至无法完成针对一个特定主题进行的一系列研讨会（Garet 等，2001）。

虽然对于举办有效的职业发展研讨会的意义一直没有统一的定论，也没有人明确描述过导致职业发展规划变数的无数语境因素，但是关于如何研究老师的专业发展还是有些进展，甚至在某些方面达成共识（Guskey，2003；Hill 等，2013）。例如，Borko（2004）研究职业发展的三阶段方法侧重于教师发展的各个方面，如在单一场所试点战略，在具有多个协调人员的场所进行学习，然后比较多个站点——所有阶段都将教师作为学习者。在单一的场所学习，然后推广到多个地点的想法已被成功采纳（Heller，2012），这也是本章后面讨论的模型的基础。

通过建立在作为学习者的教师观念的基础上，利用自己的知识方式（Raider-Roth 等，2012），教育工作者有机会与学习重新建立联系，从而获得有意义的知识收益。因为个人的成长是随着生命的延续而延续的，这也证明了当教师被视为学习者时他们的职业发展是最有效的（Duckworth，2001；Raider-Roth 等，2012）。正如 Duckworth（2001）所解释的，成年人"基于当前想法发展思想"。进一步地，成年人努力使他们的日常生活具有意义（Merizow，1997；Taylor，2008）。这意味着，如果成年人能够利用自己的知识，并被教导以所学概念指导自己的生活，那么他们所学的内容就更容易被应用。因此，使用允许教师与内容交互的成人学习模型（Raider-Roth 和 Holzer，2009）来增强他们对个人金融话题的理解，最有希望增强他们对个人理财教学的信心和能力。

40.2.2 教师的金融教育能力

根据 Haynes 和 Chinadle（2007）的观点，教育工作者必须对所讲授的材料和教学方法有自信，才能最大限度地讲授个人金融课程，而教育者培训对树立自信至关重要。2012年经合组织青年金融教育会议恰好反映了这一主题，并鼓励其国际听众"与教师及协会合作，提高信心"，"参与必要的教师培训"（OECD，2012）。在美国联邦政府的提案（全民金融普及计划，2012）中，教师的职业发展也是十分突出的一点。

不过，许多回溯几十年的研究都得出结论，许多学科的教师缺乏提供金融教育内容的能力，但可以经过培训获得相应技能（McCormick，2009）。Lofrgren 和 Suzuki（1979）根据俄勒冈州的个人金融标准向四个主题组的教师提供了一份50项问题的问卷，四个主题分别是商业、家庭经济学（现称为家庭和消费科学）、数学和社会研究。该问卷涉及五个专题领域。四组之间的知识总体平均得分虽然没有显著差异，但能够观察到数学教师在"货币管理"主题领域的成绩有显著提高。调查结果显示，所有抽样人员都需要进行培训。

其中只有1/3的教师取得至少70分的成绩（按百分制计，下同）；而只有不到8%的受访者，得分为80分及以上。

最近，Way和Holden（2009）对8个州的1 200多名中小学教师进行了在线调查，发现那些上过金融教育相关大学课程的老师比其他老师更有可能认为自己有能力教授财务知识主题。然而，只有37%的受访者曾经上过关于金融普及教育的大学课程，少于3%的受访者本人上过个人金融教育课程。只有18.9%的受访者表示在过去的3年内参加了非信用金融教育研讨会。大多数被调查的教师指出，他们达不到Jump$tart联盟（71%）和他们本州（64%）的金融素养课程标准的要求。他们在教学主题和教学方面的准备工作也受到限制，特别是在风险管理、保险以及储蓄和投资等更具技术性的主题方面。这项研究的主要意义是显示职前和在职教师获得个人金融教育学习机会的极大必要性。该研究还发现，教师对自己的个人经济福利感到担忧，特别是退休储蓄和投资策略的充分性。

Otter（2010）将美国两个州的181位研究型教师作为样本，研究了教师在金融普及教育方面的信念和知识。Way和Holden（2009）发现教师对个人理财教学内容的讲授以及提高自己的金融素养有兴趣。受访者确定的个人金融教学的主要障碍包括：缺乏合适的课程、课堂材料、指导时间和主题知识。12个个人金融问题的平均分为37.5分，表明了受访者个人理财理论知识的匮乏。受访者对职业发展的首选模式是提高自身的金融素养，同时参加用其他方法（包括网站、书籍、其他教师和自己）组织的研讨会。Lucey和Norton（2011）对211名美国职前教师进行了调查，发现受访者对退休理念知之甚少，并担心有限的资源会阻碍他们退休。

40.2.3 教师职业发展计划的有效性

研究发现，无论职业培训的主题内容如何，教师经过职业发展培训后都会产生好的效果。例如，教师的自信心以及借助培训提高教学水平的信念都会在培训中提升（Parsad等，2001）。许多研究也证明了对教师进行金融教育的有效性。Turner和Travnichek（1992）研究了教师在4小时的培训之后，对理财教育基金会组织的高中财务规划课程教学的信心。事前和事后测试的数据表明，通过培训，他们的金融知识显著增加。

最近，Baron-Donovan等（2005）通过多重综合评估方法来评估为期两天的金融素养培训师计划，所评估的内容包括核心小组、知识、态度以及课堂行为观察（例如使用训练课程中所讲授的技术）。受过培训的教师报告说，他们已经准备好开始授课了，客观数据上也表现出9%的财务知识增长和积极的态度变化（例如讲授信贷和预算的信心）。结果表明，他们能够在授课中充分运用培训中学到的技能讲授新获得的知识、材料和活动。

对教师培训的许多评估侧重于课前和课后知识测试（例如定义个人理财术语）以及关于教师使用课件和材料的调查。此处有一个例子来自Bosshardt等（2011）关于联邦储备委员会教师讲习班的研究。他们的研究发现，后续评估中73%的受访者感受到知识有所增加，同时他们也开始能够充分利用相关训练材料。其他的评估工作通过在培训结束时对前测和后测展开评估来进行，并要求计划参与者回顾在以前的一个时间点上他们的知识和信心。Nielsen（2011）的研究发现，教师对自己讲授各种个人金融课题的能力以及管理自己的个人财务能力的信心有所增加。

另一种教师培训评估方法是考察教师在培训班的出席情况对学生考试成绩的影响。在

Swinton 等（2007）的研究中，从经济教育财务健康促进委员会（FFFL）组织的课程研讨会的出席情况上看，老师的出席情况对学生的考试成绩有统计学上显著的小幅影响。通过将参加与不参加的老师两者学生的成绩进行对比，研究人员得出结论，金融教育研讨会的出席人数增加能以相对较低的成本提高学生平均成绩。

研究还比较了不同类型教师培训方法的有效性。Harter 和 Harter（2012）没有针对提高学生的金融知识考试成绩进行研究，而是比较了研究生课程和 FFFL 课程研讨会的成效。两种教师培训方法都导致了学生成绩的提高，但是只有在 FFFL 研讨会中学生知识的提高有统计学上的意义。此外，可能由于讨论组培训的补助相对较少，研究生班里教师的学生与参加研讨会教师的学生的表现并不相同。

学者也研究了金融认证计划对教育者的金融素养和能力水平的影响。例如，Linfield（2012）发现，参加专业认证计划能促使相应知识增加 12%，对于金融话题的回答的信心增加 25%。此外，参与者对债务管理和退休计划的自我了解程度也分别上升了 117% 和 89%。无论他们的种族、性别或专业和财务经验如何，都会发现认证前后的评估结果有所增加。

美国的教育工作者有以下几个金融教育认证计划，包括美国家庭与消费者科学学会对个人和家庭财务教育者（CPFFE）的认证、Heartland 金融教育研究所对金融教育者（CFEd）的认证、金融普及教育分支机构 Fincert.org 财务认证中心的个人金融教育家（CEPF®）的认证，以及国家金融教育工作者理事会的财务教育指导员（CFEI）认证。

40.2.4　两个美国职业发展模式

以下是两个美国金融教育专业发展计划在过去三年中的方法论及影响：Jump$tart Coalition 教师培训联盟模式（Hensley 等，2012；Hensley，2013）和金融教育训练营（FEBC）（O'Neill，2011）。前者为项目发起人提供了结构化的形式与具体的教学材料以开办培训讲习班，后者开始为项目发起人提供现场培训人员。

40.2.4.1　Jump$tart 教师培训联盟

Jump$tart 教师培训联盟（J$TTA）是依据 Way 和 Holden（2009）的研究创建的一个合作性的教师职业发展项目，他们发现相对较少的教师认为有足够的准备来讲授个人理财或执行国家课程标准。J$TTA 成立了一个国家咨询委员会，由经济教育委员会、美国个人金融普及教育联盟、美国青年成就奖、国家金融教育基金会和美国亚利桑那大学的美国收购协会组成，来为义务教育工作者制定研究型培训模式。

培训模式侧重于以学习者为中心的方法，以建立教师的信心和在课堂内外使用个人金融原则的能力。许多教师培训计划集中在如何讲授个人金融课程，因为这是一个必要的策略。然而，这一模式更强调了对个人金融概念、信息和行为的指导，使教师有自己的工具和信心实施积极的财务管理，然后自信地向课堂上的学生讲授重要的财务概念。

J$TTA 的目标是通过提供经过研究的一致有效的专业经验，来帮助当地有关组织向从事义务教育的教师开展 3 至 5 天的讲授个人金融的培训课程。作为一个工具包，这种模式有助于确保跨州的个人金融教师都具有足够的、一致的能力水平，无论他们专攻的学科是什么（如社会学、消费科学、数学等）。

2010—2013 年，这种模式在美国伊利诺伊州、科罗拉多州、佛蒙特州、亚利桑那州和南卡罗来纳州的 5 个地点进行了试点，培训了 700 多名教育工作者。一个试点地区从一个大城市的学区招聘了教师，而其余的试点地区招聘了来自各州的教师。本地策划团队在国家合作伙伴联盟的协助和指导下，聚集了众多非营利组织、教育工作者、国家机构、企业主、财务策划人员和大学合作伙伴，他们共同策划和实施了各种教学活动，对来自各个年级、各种背景的教师进行了培训。

每个试点地区都将其纳入了当地相应的教育评分系统（例如研究生学分、继续教育学分等），不仅激励大家参与，同时也使得这个课程在官方层面得到认可。在其中三个试点地区，大学教师分别评估了内容、学习成果和评估工具后，为研讨会分配适当的毕业生学分。另外，国家区域教育中心（由国家拨款管理的职业发展办公室）将试点内容与教师的继续教育要求相统一。

基于 Borko（2004）的三阶段职业发展模式，培训初步在一个试点地区进行了测试。第一个试点地区（IL）为职业发展研讨会测试了个人理财学习成果。它作为第一个试点地区，强调需要采取额外的实施步骤（例如演示者导向），并允许规划团队检验需要进一步改进的内容/课程。另一个试点地区（AZ）实施了已经到位的教师培训计划，并向其他试点地区通报了教师和组织者的定性反馈。

其余试点地区（CO、VT 和 SC）将规划目标的各个方面落实到各自的培训中，其中包括：将学习成果作为试点课程的指导；以演示者为导向，确保所有讲习班辅导员了解自己班级的目标和补充活动；在事前和 6 个月后分别针对以下内容展开评估后向所有的试点通报，评估内容包括行为变化（25 个多项选择题，例如在过去 6 个月内我已经回顾了我的信用报告）、态度和信心（18 个多项选择题，例如我觉得我能控制我的财务未来）；提供证书和/或课程分数，鼓励相关人员参与其中并将研讨会与国家和/或当地的继续教育要求联系起来，通过设计的课堂活动为参与者提供应用他们所学习内容的机会。

为期 3 天的实践研讨会上，每天开办 2 次每次 3 小时、总计至少 18 个小时的课程，课程涵盖几乎所有的个人理财课题，旨在提高教师在课堂内外的财务能力。参加 J$TTA 培训的教师可以选择 9 个 3 小时课程中的 6 个，其中包括：（1）考察经济趋势如何影响个人金融状况；（2）制定个人金融策略；（3）确定通过储蓄和投资获取财富的途径；（4）评估职业规划如何影响个人的盈利能力；（5）比较多个金融服务和产品；（6）制定防范欺诈的策略；（7）考虑使用信贷和管理债务时所需要的期权；（8）制订计划以尽量减少财务风险；（9）探求个人金融资源。

通过扩大自己的知识库，教师围绕着这些金融课题将学到的知识应用到自己的生活中，并将学到的策略迅速融入课堂学习体验中。这种方法使教师对自己的财务状况更为关注，同时也活跃了课堂的氛围。试点过程中关于所有参加者的一些重要发现如下：

- 采取措施提高信用评分的参与者从 39% 增加到 71%；
- 参与者计算退休时所需的金额，并根据该金额为退休账户提供资金的比例从 28% 增加到 56%；
- 参与者认同为大规模采购设定财务目标至关重要的比例从 36% 上升到 59%；
- 审阅信用报告的参与者从 50% 增加到 72%；
- 认同自己有必要学习知识来有效地教导学生个人理财的参与者从 38% 上升到 80%；
- 将金融教育纳入课堂教学的参与者从 61% 上升到 90%（这一数字事前在科罗拉多

州低至51%，而在佛蒙特州事后测试中高达100%）。

此外，几乎所有参与试点教学的老师（99.1%）都报告说他们学到了新的东西。考虑到部分老师曾经参加过金融教育培训或个人金融课程（2011年为56.4%，2012年为38.2%），这种进步是鼓舞人心的。据此推测，尽管以前参加过类似培训，参与者也学习了新的知识，而教师作为学习者的观点——借鉴生活经验来补充学习，产生了积极的影响。同样，几乎所有的参与者（99.1%）认为其他教师参加类似的培训会有所帮助，并指出他们认为培训对自己的个人理财（93%）和他们的课堂教学（94.7%）都有积极的影响。

J$TTA利用四种评估模式来评估教师职业发展计划的实施情况：态度多选题、行为多选题、包括教师访谈和焦点小组在内的定性措施以及为寻求认证和/或毕业成绩完成学分（以前强调的态度和行为措施的例子显示了培训6个月后的变化）。通过收集这些数据，我们可以更清楚地了解向义务教育教师提供核心知识的影响，也就是说能够使他们对所讲授的内容有更好的理解，从而决定了他们如何记住这些内容，展示了他们如何在个人生活中使用信息，并解释了他们如何将金融话题融入课堂教学中。

此外，收集人口统计信息（例如年龄、性别等）以更好地了解其他发生更大变化的地方。（例如新老师或退休老师对某些内容和/或他们的讲授方式的回应是否更积极？）使用J$TTA模式的每个试点教学都需要进行评估，以便使培训组织者可用的数据质量在每个试点地区都是一致的。同时也需要及时提供更广泛的有关教师行为和信心变化的数据。试点的数据完整版可以在http://jumpstart.org/teacher-training-alliance.html上找到。

J$TTA模式旨在为教师提供基于内容的专业培训。测量结果显示，他们的个人财务状况发生了重大变化，同时也有证据表明他们对于自己能够有效地讲授课程的信心增加。特别明显的是，在这两个没有将个人理财列入课程大纲的州，将金融教育话题融入课堂教学的人数也在急剧增加。

40.2.4.2　金融教育培训营

金融教育培训营（FEBC）是一个提供个人理财课题和创新教学方法培训的能力建设项目，由新西兰金融教育联盟（NJCFE）在2010—2012年度进行了开发和试点，由花旗银行和经济教育委员会资助，现在可由NJCFE培训师在全国范围内开展。金融教育培训营是为了应对2008年金融危机后新泽西州对于培养金融教育工作者的强烈需求而成立的，这些需求源于危机后的三个积极事件的"完美风暴"：新的国家个人理财课程标准、高中毕业要求和八个试点学校所需要的个人理财课程的法律要求评估（Alloway，2010）。

根据时间长度和内容深度，金融教育培训营分为五种不同的形式，面授培训近750名教育工作者，在线培训1 000多人。该计划将简短的主题内容演示与教师学生的互动活动相结合。它遵循通常被称为"CPR"的培训方法，CPR按顺序分别代表内容演示、参与/小组活动和评论/讨论。

3小时迷你金融教育培训营——FEBC Level I Light（为期1天）和FEBC I级（为期2天，讲授基本内容）——所包含的5项内容分别为财务概念、收入管理、信贷、税收和保险，以及储蓄和投资。FEBC II级（为期2天，更高阶的内容）所涉及的7项内容模块是现金流量管理、所得税、信贷、货币时间价值、保险、储蓄和投资，以及创造财富。终极FEBC计划——核心金融教育训练营（为期1天，讲授最前沿的内容）为克服Way和

Holden（2009）提出的缺陷提供针对信贷、储蓄和投资以及保险的指导。核心 FEBC 内容演示文稿录像，可在 http://njaes.rutgers.edu/money/bootcamp/上获取。

FEBC 为期 2 天的 I 级和 II 级启动训练营最初是 75 分钟的内容概述。然后，教师继续在小组活动（百万富翁和危险游戏：金钱的时间价值问题和财务案例研究）中学习内容。午饭后，他们参加互动活动并进行小组讨论。该计划还包括个人金融专业知识的前后测试、后期书面评估、参与者创造并体验游戏以及在 3 个月进行后续评估。

特别是随着内容变得更加前沿，各种金融教育培训营形式的评估结果都表现出了对参与教师的积极影响。2010 年第一次测试在两个试点地区举行。在第一个试点地区，教师在考试前后的平均分数分别为 87.7% 和 94.7%，及格率从 92.3% 上升到 100%。在第二个试点地区，教师的平均得分从考试前的 82.9% 上升到考试后的 91.9%，及格率从 95.8% 上升到 100%。有趣的是，虽然这些分数表明参与者已经知道了很多内容，但没有人抱怨说这个活动太基础了。相反，57% 的受访者（来自两个不同试点地区的 58 位参与者）在后续评估中评价 FEBC I 级"非常有价值"，并赞扬了互动活动、免费材料、与同龄人联网的机会和讲授者的教学模式。在为期 3 个月的跟进评估中，15 个受访者中有 12 个（80%）报告了已经针对 850 名学生使用培训信息。

为教师提供了更高级内容的 FEBC II 级在 2011 年的两个试点地区进行了测试。两个不同项目的网站使参与者不需要长时间的等待就能更方便地参加。在这里，参与者得到的知识收益更是令人印象深刻。第一个试点地区中的教师在前测和后测的平均分数分别为 67.2 分和 80.1 分，及格率从 46% 上升到 88%。在第二个试点，平均分数从前测的 69.7 分上升到了后测的 84.35 分，及格率从 62% 上升到 100%。在为期 3 个月的跟进评估中，24 名受访者中有 18 人（75%）报告了已经针对 980 名学生使用了培训资料。除了一个参与者以外，其余人（96%）都表示参与了 FEBC 后，教学技能有所增加，所增加的幅度从 1 分到 6 分不等。从这些数据可以看出，提供更高级的内容可以极大地挖掘教师汲取知识的潜力。

核心 FEBC 是训练系列的主要课程，于 2012 年在两个试点地区进行了测试。由于一些老师正在全天录制他们对其他教师的教学策略和建议，所以决定放弃书面知识评估并依赖参与者关于知识收益课后评估形式的自我报告。在第一个试点地区，报告的知识收益是："很多"（48.7%）、"一些"（38.5%）和"一点"（12.8%）。在第二个试点地区，这三项自我评估分别为 39.1%、56.6% 和 4.3%。与上述的 FEBC 计划一样，参与者对项目形式、内容呈现、免费资料、在线资源、演示者与参与者的互动，以及允许同伴进行网络学习和小组活动均表示赞赏。在为期 3 个月的跟进评估中，9 人中有 8 人（89%）报告针对 400 名学生使用了培训信息。除了两名受访者外，其他人（78%）都表示自己的教育技能在参加了核心 FEBC 后有所增加，增加的幅度在 1 分至 5 分。

40.3 结论和建议

仅仅是制定金融普及教育的课程大纲还不足以提升青少年的理财能力。教育者讲授个人理财的能力也是一个关键的成功因素。本章介绍了教育者对金融课程教学和各种专业发展经验影响的准备和信心的研究，还描述了两个最近正在进行的美国个人理财教师培训模式的方法和影响。综合来看，显然随着教育工作者对相关学科领域的了解越来越多，他们越能获得更多宝贵的资源，更有可能有效地讲授金融知识。另外，对教师培训个人理财不仅可以帮助教师向学生展示内容，而且还有助于教师个人理财水平的提高。以下是针对建立有效的金融教育教师讲习班的10个简要建议：

- 包括技能实践——教师为学生演练理财技能（如建立预算），比较三种竞争产品（如信用卡和共同基金）其功能，阅读信用报告和计算每月偿还车贷的财务能力。
- "大块的"培训时间——区别于一次性地讲完所有内容，好的方法应该是每次"一小口"地讲完整个模块，期间穿插一些让参与者实践的学习活动。
- 利用"教学时刻"——也就是参与者对职业发展有强烈兴趣的时候，包括完成金融教育任务以及继续教育信用周期的开始和结束。
- 让参与者进行个人理财——为教学提供信息和工具，让他们进行个人理财（例如退休储蓄计算器），并强调讲习班对个人的意义。
- 鼓励使用网络——金融教育教师经常单独工作并享受与同事的会面。美国消费者金融保护局的 Richard Cordray 指出："汇集热衷于金融教育的人们会产生传染性的热情（Cordeline，2013）。"
- 保持课堂内容真实且紧跟热点——为教师提供与学生分享策略的机会，并定期更新有关税法与个人理财趋势和统计变更的培训材料。
- 使用技术辅导员——教师培训师的角色不同于传统角色，教师被视为"舞台上的圣人"。相反，教师培训师是一个"在旁指导"的人，负责提供一个学习、教授和讨论的框架。
- 考虑创新的培训方法——在全球范围内挖掘中小学教师潜力的一个重要方式是提供大量开放的在线课程，或已经在高等教育中流行的MOOC。
- 训练培训师——确保讲习班的培训内容为参加者提供了可迁移的课程、制定了清晰简明的学习目标。
- 评估课程影响——利用评估反馈（例如知识收益、信心改变、态度变化和行为变化）跟踪教师（及其学生）的进步。培训结果越明确，持续投资继续教育就越容易。

在当今日益复杂的全球知识经济中理财能力是必要的。教师是金融普及教育的重要渠道。许多教师过去对于讲授个人理财没有足够的准备。提高教师的金融教育能力，可以增加教师、学生乃至本国的经济福祉。

越来越多的来自不同国家、不同背景的在职教师与预备教师参加了基于研究的金融教育职业发展培训，所带来的巨大进步远远超出了本章所强调的范例，许多个人和家庭因此受益。如果这种培训能与其他优秀课程一起向教师提供，将会产生更好的效果。

致谢

本章作者感谢国家金融教育基金会（NEFE）的 Susan Sharkey 针对提高本章质量的评论。

参考文献

Abdul-Rahman, F., O'Neil, M., & O'Neill, B. (2013). *Personal finance "hot topics": A comparison between educators and non-educators.* (Manuscript submitted for publication).

Alloway, K. (2010, June 25). Eight N.J. high schools teach students personal finance, budgeting in pilot program. *The Star-Ledger.* http://www.nj.com/news/index.ssf/2010/06/nine_nj_high_schools_to_teach.html.Accessed 7 January 2014.

Ball, D.L., & Cohen, D.K. (1999). Developing practice, developing practitioners: Toward a practice-based theory of professional education. In L. Darling-Hammond & G. Sykes (Eds.), *Teaching as the learning profession: Handbook of policy and practice* (pp.3–32). San Francisco: Jossey-Bass.

Baron-Donovan, C., Wiener, R.L., Gross, K., & Block-Lieb, S. (2005). Financial literacy teacher training: A multiple-measure evaluation.*Financial Counseling and Planning, 16* (2), 63–75.http://www.afcpe.org/assets/pdf/vol1626.pdf.Accessed 6 January 2014.

Borko, H. (2004). Professional development and teacher learning: Mapping the terrain.*Educational Researcher, 33* (8), 3–15.

Bosshardt, W., Grimes, P., & Suiter, M. (2011, January). Teacher workshops chip away at economic illiteracy.*St.Louis Federal Reserve.*http://www.stlouisfed.org/publications/re/articles/? id=2064. Accessed 7 January 2014.

Director Cordray remarks at the annual financial literacy and economic education conference. (2013). *Council for Economic Education.*http://www.consumerfinance.gov/newsroom/director-cordray-remarks-at-the-annual-financial-literacy-and-economic-education-conference/. Accessed 7 January 2014.

Duckworth, E. (2001). Teaching/learning research.In E.Duckworth (Ed.), *"Tell me more": Listening to learners explain* (pp.181–187). New York: Teachers College Press.

Every American Financially Empowered. (2012, May). *The White House: President's Advisory Council on financial capability.*http://www.whitehouse.gov/sites/default/files/financial_capability_toolkit_5.10.2012.pdf.Accessed 6 January 2014.

Financial Literacy Annual Report. (2013). Consumer financial protection Bureau.http://files.consumerfinance.gov/f/201307_cfpb_report_financial-literacy-annual.pdf.Accessed 6 January 2014.

FINRA Foundation releases nation's state-by-state financial capability survey. (2013). *FINRA Investor Education Foundation.* http://www.usfinancialcapability.org/page.php? page=51a60731f2ee1.page.Accessed 3 January 2014.

Garet, M.S., Porter, A.C., Desimone, L., Birman, B.F., & Yoon, K.S. (2001). What makes professional development effective? Results from a national sample of teachers.*Amer-

ican Educational Research Journal, 38（4）, 915-945.

Guskey, T.R. (2003). What makes professional development effective? *Phi Delta Kappan*, 84 (10), 748-750.

Harter, C.L., & Harter, J.F. (2012). Does a graduate course in personal finance for teachers lead to higher student financial literacy than a teacher workshop? *Journal of Consumer Education*, *29*, 35-46. http://www.cefe.illinois.edu/JCE/archives/2012_vol_29/2012_vol_29_pg35-46_Harter_and_Harter.pdf.Accessed 7 January 2014.

Haynes, D.C., & Chinadle, N. (2007). Private sector/educator project improves economic literacy. *Journal of Family and Consumer Sciences*, 99 (1), 8-10.

Heller, J.I., Daehler, K.R., Wong, N., Shinohara, M., & Miratrix, L.W. (2012). Differential effects of three professional development models on teacher knowledge and student achievement in elementary science. *Journal of Research in Science Teaching*, 49 (3), 333-362.

Hensley, B. (2013, November 12). Stepping up: Educating teacher and building a research-based professional development model.*Presentation given at the global financial literacy summit.*http://www.globalfinlitsummit.com/presentations-2013/.Accessed 8 January 2014.

Hensley, B., Richards, K.V., & Hansell, W. (2012). Responding to the teacher training challenge: Constructing a research-based professional development model.In *Proceedings of the Association for Financial Counseling and Planning Education* (pp.88-95). http://www.afcpe.org/conference/past-conferences.php.Accessed 8 January 2014.

Hill, H.C., Beisiegel, M., & Jacob, R. (2013). Professional development research: Consensus, crossroads, and challenges.*Educational Researcher*, 42 (9), 476-487.

Kadlec, D. (2013, February 14). Bold new rule: Students in the U.K. must study personal finance. *Time.*http://business.time.com/2013/02/14/bold-new-rule-students-in-the-u-k-must-studypersonal-finance/.Accessed 6 January 2014.

Karvelas, P. (2010, August 18). Students to learn financial literacy. *The Australian.*http://www.theaustralian.com.au/national-affairs/students-to-learn-financial-literacy/story-fn59ni-ix-1225906555067.Accessed 6 January 2014.

Kiviat, B., & Morduch, J. (2012). *From financial literacy to financial action.*McGraw-Hill Research Foundation.http://mcgraw-hillresearchfoundation.org/wp-content/uploads/2012/01/Financial_Literacy_WP.pdf.Accessed 6 January 2014.

Linfield, L.E. (2012). Financial certification: A study of the impact on professionals' financial literacy levels and competency.*Social Science Research Network.*http://papers.ssrn.com/sol3/papers.cfm?abstract_id=2050405.Accessed 7 January 2014.

Lofgren, W.L., & Suzuki, W.N. (1979). An assessment of the competency of secondary school teachers in consumer education, economics, and personal finance.*Journal of Consumer Affairs*, 13 (2), 280-385. http://onlinelibrary.wiley.com/doi/10.1111/j.1745-6606.1979.tb00153.x/abstract.Accessed 6 January 2014.

Lucey, T.A., & Norton, E.A. (2011). Understandings of retirement concepts among pre-service teachers.*Citizenship, Social, and Economics Education*, 10 (1), 14–26.http://www.wwwords. co.uk/rss/abstract.asp?j=csee&aid=4710&doi=1.Accessed 6 January 2014.

Lusardi, A. (2011). *Americans' financial capability.National Bureau of Economic Research.* http://www.nber.org/papers/w17103.Accessed 3 January 2014.

McCormick, M.H. (2009). The effectiveness of youth financial education.*Journal of Financial Counseling and Planning*, 20 (1). http://www.afcpe.org/assets/pdf/martha_henn_mccormick. pdf.Accessed 6 January 2014.

Mezirow, J. (1997). Transformative learning: Theory to practice.*New Directions for Adult and Continuing Education*, 74, 5–12.

New Research Project Examines German Financial Literacy. (2013, April 30). *Johannes Gutenberg University Mainz.*http://www.uni-mainz.de/presse/16341_ENG_HTML.php. Accessed 6 January 2014.

Nielsen, R.B. (2011). A retrospective pretest-posttest evaluation of a one-time personal finance training.*Journal of Extension*, 49 (1). http://www.joe.org/joe/2011february/a4.php. Accessed 7 January 2014.

O'Neill, B. (2011). Financial education boot camp: Building educators' capacity to teach personal finance.In *Proceedings of the Association for Financial Counseling and Planning Education* (pp. 127–128). http://6aa7f5c4a9901a3e1a1682793cd11f5a6b732d29. gripelements. com/documents/conferences/2011_proceedings_final.pdf.Accessed 7 January 2014.

OECD Special Workshop on Financial Education for Youth and in Schools. (2012, May). *OECD, Madrid, Spain.*http://www.oecd.org/daf/fin/financial-education/Summary%20record%20WS2%20-%20Madrid%202012.pdf.Accessed 6 January 2014.

Otter, D. (2010). Teaching financial literacy in K–12 Schools: A survey of teacher beliefs and knowledge. (Doctoral dissertation, The University of New Mexico, 2010). http://pollinateproject.org/pdf/DanOtter_Dissertation_December2009.pdf.Accessed 6 January 2014.

Parsad, B., Lewis, L., Farris, E., & Greene, B. (2001). Teacher preparation and professional develpment: 2000. *Education Statistics Quarterly*, 3 (3). http://nces. ed. gov / pubs2001/2001088. pdf.Accessed 6 January 2014.

PISA. (2012). Financial Literacy Assessment.2013.*Organisation for Economic Co-operation and Development (OCED).* http://www.oecd.org/daf/fin/financial-education/oecdpisafinancial-literacyassessment.htm.Accessed 6 January 2014.

Raider-Roth, M.B., & Holzer, E. (2009). Learning to be present: How Hevruta learning can activate teachers' relationships to self, other and text.*Journal of Jewish Education*, 75 (3), 216–239.

Raider-Roth, M.B., Stieha, V., & Hensley, B. (2012). Rupture and repair: Episodes of resistance and resilience in teachers' learning.*Teaching and Teacher Education*, 28 (4), 493–502.

Survey of the States: Economic and Personal Finance Education in Our Nation's Schools 2011 (2012). *Council for Economic Education and C.K. Kazanjian Foundation.*http://www.councilforeconed.org/wp/wp-content/uploads/2011/11/2011-Survey-of-the-States.pdf.Accessed 6 January 2014.

Swinton, J., DeBerry, T., Scafidi, B., & Woodard, H. (2007). Teacher training in personal finance and student's test scores.*Journal of Consumer Education*, 24, 63-77.http://www.cefe.illinois.edu/JCE/archives/2007_vol_24/Swinton%20et%20al%202007.pdf. Accessed 7 January 2014.

Taylor, E.W. (2008). Transformative learning theory.*New Directions for Adult and Continuing Education*, 119, 5-15.

Taylor, E.W., Tisdell, E.J., & Forte, K.S. (2012). Teaching financial literacy: A survey of community-based educators.*International Journal of Consumer Studies*, 36 (5), 531-538.

The 2013 Consumer Financial Literacy Survey. (2013). *Harris Interactive, Inc.*http://www.nfcc.org/newsroom/FinancialLiteracy/files2013/NFCC_NBPCA_2013%20FinancialLiteracy_survey_datasheet_key%20findings_032913.pdf.Accessed 3 January 2014.

Turner, J., & Travnichek, R.J. (1992). Measuring the success of teacher training.*Journal of Extension*, 30 (4). http://www.joe.org/joe/1992winter/rb3.php.Accessed 6 January 2014.

Way, W.L., & Holden, K.C. (2009). Teachers' background and capacity to teach personal finance: Results of a national study.*Journal of Financial Counseling and Planning*, 20 (2). http://www.afcpe.org/assets/pdf/vol20_2way_holden.pdf.Accessed 6 January 2014.

Youth, Financial Literacy, and Learning: The Role of In-school Financial Education in Building Financial Literacy. (2012). *Center for Financial Security*, University of Madison-Wisconsin.http://www.cfs.wisc.edu/briefs/CFS_Research_Brief_2012-5.2.pdf.Accessed 6 January 2014.

第41章 更广阔的构想：让小学教师参与金融普及教育[①]

Thomas A.Lucey

摘要 本章介绍了一个研究项目，这个项目将美国中西部一个大型公立高等教育机构提供的社会学习方法课程的注册学员分为四个不同的小组，比较他们在学期开始前和学期开始后对金融素养的不同态度。整个学期中两个小组将金融素养与各个社会学习领域相联系，将金融素养理解为与社会正义相关的话题以及在实践中需要的社会管理要素。其他两个小组讲述了一般的社会学内容，但并不注重金融，而是关注各个主要的社会学主题。研究发现，在整个课程中学习金融素养的学生更多地表达了对该课题的信心，体悟到与这个主题相关的更强的道德和社会意识，认为金融素养有较少的争议性，并且认同年龄较小的儿童也成熟到足以讨论相关的社会和道德问题。他们还将财务知识与规划相关联，更少地涉及投资和资金管理。研究结果体现了对职前小学老师进行金融普及教育的重要性，明确了他们所学习的金融素养的重要性。

关键词 教师培训 小学教育 金融普及教育 社会管理 道德教育

41.1 引言

本章阐述了一项研究结果，该研究通过职前小学教师的简单例子，反映了培训前后小学教师讲授金融素养知识信心和态度的转变。金融素养是公民发展的一个重要方面。财务决策的模式除了影响人们的社会地位，还会影响社会发展的特征（Cozzarelli 等，2001；Wilkinson 和 Pickett，2009）。

金融普及教育工作往往侧重于中高年级，小学毕业生最近才成为名义上的立法重点（经济教育委员会，2009，2011；全国经济教育委员会，2005，2007）。文献表明情感和认知是相互依赖的（Cozolino，2006；LeDoux，2002；Panksepp 和 Biven，2012）而不是单独

---

① T.A.Lucey
School of Teaching and Learning, Illinois State University,
Campus Box 5330, Normal, IL 61790-5300, USA
e-mail: tlucey@ilstu.edu
© Springer Science+Business Media Singapore 2016
C.Aprea et al.(eds.), International Handbook of Financial Literacy,
DOI 10.1007/978-981-10-0360-8_41

的心理过程，表明引导财务决策的情感基础也是金融学习的一个重要方面。由于小学教师有责任为学生的情感发展做出贡献，所以职前教师（PSTs）需要一些关于课程和教学原则的指导，促使他们发现这些重要问题。这些过程让小学生获得在关注经济的社会环境中取得成功所需的财务知识、应对方法和相关技能成为可能。

对小学教师进行讲授金融素养的培训是这个过程的重要组成部分。如果教师缺乏相关的知识来讲授审慎的、有约束的财务行为，他们就不能与儿童有效地交流和讨论这些信息。

在全球意识不断提高、自然资源减少和财富差距日益扩大的情况下，一个关注财富积累的课程的适当性就成了问题。挑战消费主义倾向的适当性并在金融教育中肯定道德原则的文献表明，金融普及教育的新未来可能与社会健康有关（Lucey，2012；McGregor，2010；Pinto，2012；Sandlin 和 McLaren，2009；Wilkinson 和 Pickett，2009）。同时这样一个广泛的概念可能挑战传统的财富集中的权力结构，并为满足所有人的需求（Pinto，2012；Pinto 和 Coulson，2011）制定课程流程。

本章展示了这样一项研究结果，该研究通过设计项目向小学职前教师讲授金融普及教育中的广义财务知识概念。本研究的相关背景：考虑了小学教师缺乏个人理财知识和教学准备的两个难点；探讨了内容理念、教学方法与金融素养教学三者之间的关系；研究了基层社会学的边缘化特征及其与金融素养的讲授与学习的关系。

41.2　文献综述

41.2.1　教师准备

内容理解。有两个影响小学教师对个人理财教学进行准备的难点。第一个难点涉及小学教师对金融缺乏了解，这影响了他们为学生构建真实学习体验的能力。研究一再表明，小学教师缺乏对财务原理的基本理解（McKenzie，1971；McKinney 等，1990；Way 和 Holden，2009）。因为缺乏基础知识，小学教师就缺乏对教学内容的理解能力，而且他们依赖于可能在未来发展中不恰当或提供不准确信息的商业化课程材料（Stanger，1997）。

数学实践。第二个难点涉及美国金融教育方式的脱节。虽然专家倾向于倡导在中学开展金融普及教育，但是小学课程对于读写和算术的强调，使得其难以要求学生具有信息处理和数学过程这类技术化的能力。社会学受到的关注较少，教学效果较差（例如，Fitchett 和 Heafner，2010；Hubbard，2013）。

针对内容理解和教学实践之间的关系的研究表明了鼓励职前教师提前了解他们将讲授的内容的重要性（Brownlee，2004；Brownlee 等，2001；White，2000）。虽然一些研究（例如 Swinton 等，2007）表明，教师自己的知识并不一定代表学生所能学习到的知识，但有证据表明，向在职教师和职前教师讲授个人理财知识是有显著效果的（例如，Schug 等，2002；Lucey，2008）。

小学教育课程强调语文和算术，而对科学和社会学的关注较少。这似乎是一个审慎进行金融教育的合理机会，比如讲述与审慎的金融行为有关的故事、学习相关数学问题等。然而，政策制定者和学者（例如，Bernanke，2006；Suiter 和 Maszeros，2005）的观点是将小学金融教育工作纳入阅读和数学学习中可能会使得学生提前面对一些只有在社会真实情境中才会接触到的复杂的金融概念（Brenner，1998；Hamburg，2009；Maxwell，2008）。例如在数学学习中，强调通过死记硬背和作业强化来进行的文本化教育方式可能会过于强调计算原理，这会使得学生难以理解货币和其内在价值（Brenner，1998；Hamburg，2009）。实际上，这意味着孩子们将财务管理当作一种机械学习过程，而缺乏理解金融决策中体现的人类价值所需的社会意识和同情心。

以阅读为重点的学习也可能限制儿童理解与社会控制有关的数据之间复杂关系的能力（Wiest 等，2007）。虽然儿童文学是一种将金融实践与日常经历联系起来的工具（VanFossen，2003），但教师强调故事的中心意义的教学方法可能会弱化儿童的各种看法（Bacigalupa，2008）。特别是在金融普及教育中，强调努力工作获取报酬的思想，可能会与来自各种不可预见或灾难性情况下有长期支出家庭的儿童的财务经验相悖。通常使用的做邻居柠檬水生意的年轻企业家的例子可能不符合住在公寓内的城市儿童的生活经验。

因为小学教师往往缺乏对数学、文学内容及其与社会学的联系的批判性理解，他们难以创造出真实的学习体验，来帮助学生深入理解内容。批判性观念是创造互相尊重的学习环境的必要条件，这样才能给学生和课堂带来个人金融各方面的体验。

41.2.2　社会学和金融普及教育的概念

有些文献表明小学教师持有浅层次、非批判性的、保护主义的社会学观点（例如James，2008；Lucey 等，2010）。研究表明，这些内容观点可能与教师所处的立法环境等有关（Heafner 等，2006）。

教师和职前教师都受益于涉及经济学和个人金融的探究学习过程（Lucey，2008；Schug 等，2002）。接受经济学教育的老师（如 Bosshardt 和 Watts，1994）教导学生时，他们的学生会获取更多的知识。小学教师的经济和金融学习的简单强化就可以提高学生的潜力。

不同的观点。Carr（2008）认为小学教师申请人无力表达"厚重"的民主公民观，这可能会造成他们对经济学和金融普及教育有着相似的理解。对金融普及教育持有不同的观点的学者认为，关于个人金融的教学可能比简单地说明与财富积累有关的个人消费和储蓄行为（Lucey，2012；Lucey 和 Cooter，2008）更为复杂。Carr（2012）在理解社会/政治观念与金融素养之间的关系时，将金融实践作为一种重要的政治行为。

持有这种不同的观点可能不足以产生对社会关系的同情。一般来说，一个人对社会的看法可能会在很大程度上塑造他关于金钱使用的理念。LeDoux（2002）认识到理性和感性过程是相互作用以指导思维模式的，也会进一步解释他们的政治和金融态度/行为。Lakoff（2004）所阐述的父性社会观和母性世界观的区别也可以作为一种情感解释。父性态度就是将财富积累视为独立、自力更生和竞争的过程，这种观点鼓励大家基于竞争优势而工作并赚取回报。母性的观点认为财富是一个合作和关怀的问题。无论是彼此的经济生产力还是物质财富，大家都能够相互接受，而不用经济实力评价别人。

这个相互欣赏的社会首先需要自我欣赏。然而，Wilkinson 和 Pickett（2009）对两种自尊的讨论表明，这两种类型的基础都是相关的。

……更健康的一种类型似乎建立在相当充分的信心上，这种信心来自于以相当准确的方式看待自己在不同情况下的优势和认识自己的弱点的能力。另一种类型似乎主要是防御性的，涉及一种否认弱点——在自尊的威胁下自我辩解、保持自我——的积极意识。（p.37）

尊重的基础强调了社会关系的基础。金融普及教育如何或是否重视财富发展或社会管理？对这个问题的回答涉及社会所倡导的公民品质。社会管理或者对所在的社区有同情心，源于内生的自我维系的信任感（例如Narvaez和Gleason，2013）。

在教师和学生中提倡相互关爱的态度，是创造一个不论财富差异如何都尊重所有成员的富有同情心的社会的重要一步。艺术和可以激发课堂参与者情感回应的社会调查，有效地证明了这是一种提升社会责任感的可行方法（Lucey和Laney，2012）。

这种关切的态度是金融普及教育观念结构变化的基础。Westheimer和Kahne（2004）分析了三种类型市民（负责任型、参与型和公平导向型）的区别以及为这三种类型市民提供教育的难度，这为构建金融普及教育的传统观点和激进观点的区别提供了框架。在与Westheimer和Kahne（2004）划分的公民类型相似的金融普及教育框架下，一种关切或同情的金融普及教育的方法提供了一种以公平为导向的观点，代表了基于财富积累和控制概念框架的互补结构。这种思考挑战了现有的剥削结构（限制人们获得特权商品和服务的机会），也为无论如何衡量工作绩效，都可以实现公平的财务状况做出了努力。

文献表明小学教师缺乏对经济学和个人金融的理解。这种情况可能会因为缺乏在内容理解中指导职前教师的准备工作而恶化，从而形成了一种通过阅读和数学课来学习金融的狭隘观点。倡导承担社会责任、社会关怀和社会管理可以将金融素养和各种社会学领域联系起来，从而帮助职前小学教师为金融教育做准备。这些努力将促成积极的教学方法，同时引发职前教师明确的公民愿景。

41.3 方法

41.3.1 样本

本章数据来源于一项研究，这项研究涉及一个坐落于中西部社区的中等公立大学的社会学方法课程，包含四个部分的样本。样本包含73名职前教师，其中53人完成了所有前测和后测项目。

在完成这两项调查的职前教师中，有7人是男性，46人是女性。其中31人来自郊区，14人来自小城镇或社区，8人来自其他地区；23人的家庭收入超过80 000美元，24人的家庭收入在40 000美元至80 000美元之间，6人的家庭收入在20 000美元至39 999美元之间。近3/4（38人或71.70%）的受访者表示，他们的信用卡没有余额，14人表示自己的余额为1 000美元及以下，另有1个人的余额超过1 500美元。

41.3.2 研究方法

该研究采用了教师申请人的金融教育教学信心方法（修订版），这是过往的研究（Lucey，2008）中研发和修订的一种方法。这种方法包含63项，其中58项与财务知识和学生性格有关，其余5项与身份信息有关（例如性别、家乡）。前50个项目，测量受访者对于4年级和8年级的各种金融教育标准的信心，使用5分量表从1（无）到5（完成）衡量。这项研究几乎一字不差地执行了"中小学个人理财教育国家标准"第三版（Jump$tart Coalition，2007）。例如，在与财务责任和决策相关的前10项中，受访者表示他们有信心按照第一个标准"人们因为财力有限而进行决策，而且不能拥有想要的一切"来授课。出于验证的考虑，这个子量表中的一个项目作为连续项目出现两次。而在分析中，研究只考虑了对项目第一次出现时的回复。

第二组10个项目涉及与收入和职业有关的话题；接下来的6项有关预算与资金管理；其后8项与信用和债务相关；接着是涉及风险管理和保险的4个问题；最后12项与储蓄和投资有关。表41-1根据对课程前的调查展示了相关子量表的项目间相关性。所有的α都处于可接受的水平。

表41-1　　教师申请人金融教育教学信心方法（修订版）的子量表项目间相关性

	α	α 减去一项
财务责任和决策（9）	0.832	0.843
收入与职业（10）	0.893	0.897
预算与资金管理（6）	0.879	—
信用与负债（8）	0.922	
风险管理与保险（4）	0.874	0.880
储蓄与投资（12）	0.944	—

调查还包含8个项目，来衡量受访者对金融教育和社会正义教学的看法。前6个项目使用Likert式的尺度衡量后以5分法进行格式化，代表从强烈不同意到强烈同意的变化。这些项目涉及金融普及教育是否有前途的争议、与金融普及教育相关的道德问题的前景、金融普及教育的重点，以及金融普及教育的年级适用性。最后两项要求学生从小学、初中社会学教师的角色和金融普及教育人员的定义中进行选择。前一项为社会学教师的角色提供了3个可选项，其范围从"小学社会学教师的角色是培养具有良好品格、诚实、负责、守法的公民"到"小学社会学教师的作用是当既定系统和结构随着时间的推移不再公正时，开发公民质疑讨论和改变既定的系统和结构的能力"。后一项为有财务素养的人的定义提供了4种选项，其范围从"有金融素养的人赚取可观的收入，按时支付账单，明智地投资"到"有金融素养的人挑战过于昂贵的商品和服务的价格体系，致力于为所有人带来公平的经济条件"。

41.3.3　流程

在学期开始和结束时，在与本研究无关的学校对职前教师进行了调查。在初次调查期间，每个申请人为他的调查创建了一个独一无二的五位数的识别码。每个职前教师在索引卡上记录他的代码。这些卡由无关的教师保存。

研究人员负责两组（实验组）的讲授。另外两组（对照组）由其他导师讲授。两组的教学材料和基本教学大纲相同。虽然对照组与实验组采用了相同的社会学方法，但实验组也学习了与所学内容相关的 Lucey 和 Cooter（2008）的读物。此外，实验组还有一个基于货币的课堂管理系统和三个不同的课程任务：第一个任务是开展需要协作的学生研究和创立以公正为导向的公民教育课程（Westheimer 和 Kahne，2004）；第二个任务是调查个人金融标准并合作开展金融普及教育课程；第三个任务是开发基于技术的咨询课程（Lucey 和 Grant，2010）。

研究人员所做的这项安排能够确保两部分的申请人学到相同的达到课程要求的基本内容。额外的阅读、课堂管理过程和课程分配为实验组的参与者提供了丰富的金融经济概念的内容和方法。例如，基于货币的课堂管理系统和个人理财课程涉及对适当行为的补偿和对传统的个人理财概念的研究。额外的读物和社会正义与探究课程中涉及的各种财务概念也通过课堂活动予以重申。

41.3.4 分析

首先用描述统计方法进行分析，研究者计算了学生讲授各种金融教育领域内容的信心的平均值，研究了对金融教育的具体安排、相关社会公正话题以及教师的责任感。比较了两组之间事前和事后调查的区别。

调查中还包括了三个开放性问题，分别是金融普及教育的定义、讲授金融最大的挑战和金融普及教育与公民的关系。我们把对这些问题的回答放在结果展示的最后。

41.4 结果

本节以四个部分来展示我们的研究结果。第一部分关注受访者讲授不同金融领域内容的信心变化；第二部分与金融素养定义的方式有关，这一部分总结了关于金融普及教育的讨论及其与社会公正有关的问题。

41.4.1 信心

表 41-2 展示了学期开始和结束时受访者讲授不同金融领域内容的信心的统计数据。在与其他社会学领域相比较的同时强调金融普及教育组中的职前教师（实验组）和没有与其他社会学领域相联系的组（对照组）相比，对于讲授金融的信心明显有更大的增长。统计数据来源于回答了所有问题的受访者。

两组之间最大的不同是在预算与资金管理领域的信心。换句话说，实验组的平均信心比对照组多了 0.43。其次，在财务责任与决策领域的信心上，实验组比对照组平均多增长了 0.42，虽然略少于上一个话题但仍然非常高（总分 5 分）。由于研究没有涉及随机分配，所以对于统计显著性将不做分析。

由于回应中有一种对金融概念的了解趋于综合但并不细致的迹象，研究者要求职前教师们针对金融素养的六个领域所占比例进行评分，这六个部分的划分标准来自国家标准（Jump$tart Coalition，2007），结果见表 41-3。

表 41-2　　　　　　　　　　讲授不同金融领域内容的信心（n=53）

	前测均值（SD）	后测均值（SD）	变化	差额
财务责任与决策				
实验组（22）	3.60（0.59）	4.30（0.53）	0.70	0.42
对照组（31）	3.84（0.59）	4.12（0.45）	0.28	
收入与职业				
实验组（22）	3.40（0.87）	3.89（0.67）	0.49	0.31
对照组（31）	3.48（0.64）	3.66（0.56）	0.18	
预算与资金管理				
实验组（22）	3.81（0.81）	4.42（0.53）	0.61	0.43
对照组（31）	3.83（0.56）	4.01（0.52）	0.18	
信用与负债				
实验组（22）	3.69（0.93）	4.19（0.74）	0.50	0.32
对照组（31）	3.68（0.62）	3.86（0.66）	0.18	
风险管理与保险				
实验组（22）	3.55（0.96）	4.10（0.71）	0.55	0.36
对照组（31）	3.62（0.73）	3.81（0.69）	0.19	
储蓄与投资				
实验组（22）	3.16（0.96）	3.59（0.77）	0.43	0.17
对照组（31）	3.21（0.71）	3.47（0.60）	0.26	

表 41-3　　　　　　　　　　金融素养中具体领域的频数

	前测	后测	变化
财务责任与决策			
实验组	6	13	7
对照组	6	6	0
收入与职业			
实验组	5	5	0
对照组	6	7	（1）
预算与资金管理			
实验组	19	12	（7）
对照组	18	21	3
信用与负债			
实验组	3	2	（1）
对照组	6	8	2
风险管理与保险			
实验组	0	0	0
对照组	0	1	（1）
储蓄与投资			
实验组	20	8	（12）
对照组	14	16	2

调查显示，实验组成员在学期结束时倾向于将金融素养理解为相关规划和财务责任观；在学期开始时，他们把金融素养理解为理财、储蓄和投资的相关知识。而对照组中对金融素养的理解无实质性变化。

尽管课程中包含金融教育中的道德与正义话题，实验组中的职前教师在前面的测试中并没有明确表达有关道德的观点，而是认为金融教育中应该包含社会意识与责任感的元素。例如，一份问卷中这样回答："金融普及教育依照 Jump\$tart Coalition 所列出的所有标准来进行，致力于为所有的经济阶层提供平等的财务教育机会。"也有其他人表示："金融普及教育是为了让个人通过理财来最大化自身、社区乃至整个社会的利益。"最后有人揭示："金融教育可以让一个人在了解金融和整个系统后有所改变。"而对照组的答卷中并没有涉及金融普及教育对社会的意义。

41.4.2 金融普及教育的相关观点

表 41-4 中的统计数据显示实验组的职前教师认为金融教育存在一些有争议的特征；他们更容易指出其中存在的道德问题并承认金融中的人类本性，实验组成员在这一问题上的平均变化不少于 0.35，比对照组的答案多出很多。

表 41-4 有关对金融教育看法的问题

	前测均值（SD）	后测均值（SD）	变化	差异
金融普及教育是有争议的				
实验组（22）	3.09（0.75）	4.18（0.80）	1.09	0.74
对照组（31）	2.97（0.95）	3.32（1.01）	0.35	
关于金融普及教育有很多可探讨的话题				
实验组（22）	3.59（0.67）	4.32（0.57）	0.73	0.69
对照组（31）	3.77（0.56）	3.81（0.60）	0.04	
金融教育与金钱相关，而不是与人相关				
实验组（22）	2.86（0.89）	2.41（0.96）	（0.45）	（0.35）
对照组（31）	2.84（0.68）	2.74（0.89）	（0.10）	

对金融知识中各种特征和他们与其他社会领域如公民权之间关系的探寻推动着实验组中的成员识别出与讲授金融有关的人文话题，并让他们有能力推测出对于金融决策的结果的可能答案。

表 41-5 展示了经常提到的教学挑战说明了项目参与者对与金融教育相关的社会问题的意识的提高。虽然这两组都表达了关于讲授个人理财的不同观点，但实验组对激励职前教师进行相关教学表现了极大的关注。例如，一份问卷反馈说："有些学生可能不会觉得他们可以亲自体验我教的话题，因此他们也许不感兴趣。"另一个人表示："确定信息是不

是孩子可以识别的是最难的。另外，以对孩子友善的方式教学也很困难。"最后，也有人表示："确保我通过使用各种资源和方法来适当地教学很困难。"

表 41-5　　　　　　　　　　　金融普及教育的挑战的频数

实验组前测 (n = 33)	频数（%）	实验组后测 (n = 34)	频数（%）
观点	8（24.24）	观点	15（44.11）
复杂性	4（12.12）	学生激励	8（23.53）
学生能力	4（12.12）	教学背景	4（11.76）
学生理财习惯	4（12.12）	老师的知识储备	3（8.82）
术语	3（9.09）	术语	1（2.94）
老师的知识储备	3（9.09）	储蓄	1（2.94）
储蓄	2（6.06）	偏见	1（2.94）
对照组前测 (n = 34)	频数（%）	对照组后测 (n = 34)	频数（%）
观点	10（29.41）	观点	15（44.11）
学生理财习惯	3（8.82）	内容	3（8.82）
学生能力	3（8.82）	激励	2（5.88）
激励	2（5.88）	老师的知识储备	2（5.88）
学生无经验	2（5.88）	学生能力	2（5.88）
复杂的话题	2（5.88）	与学生先前的知识有关	2（5.88）
内容	2（5.88）	储蓄	2（5.88）

注：受访者的回答可能与多个种类相关。

实验组的受访者对小学、初中学生学习与经济相关的社会正义问题的能力进行了更为深入的了解。表 41-6 的统计资料显示，实验组的受访者更加重视小学生学习社会公平问题的能力。对于初中学生能力的了解，实验组的增长少于对照组；但是在最终的净值上，实验组仍然更高。

两项调查问题的统计资料见表 41-7。第一个问题涉及对社会学教师角色的看法。受访者从四个选项中选择一个描述。受访者可以在所给的选项中选择他所认为社会学教师的真正角色之间的数值，越是相似，数值越大。其中 1 分是培养有责任感的公民，另外 4 分是培养公平导向的公民。

表41-6　　　　　　　　　　　　　　　"学生是否成熟到讨论社会公平"

	前测均值（SD）	后测均值（SD）	变化	差异
三年级以下学生足够成熟到讨论社会公平				
实验组（22）	2.82（0.80）	3.55（1.14）	0.73	0.54
对照组（31）	2.94（0.85）	3.13（0.67）	0.19	
四到六年级学生足够成熟到讨论社会公平				
实验组（22）	3.77（0.69）	4.23（0.81）	0.46	0.01
对照组（31）	3.65（0.66）	4.10（0.60）	0.45	
七到九年级学生足够成熟到讨论社会公平				
实验组（22）	4.45（0.51）	4.60（0.50）	0.15	（0.17）
对照组（31）	4.29（0.53）	4.61（0.50）	0.32	

　　表41-7的统计数据显示，实验组中的受访者对于社会学教师的角色的观点从"培养有责任感的公民"转变为"培养公平导向的公民"。而对照组中的观点却变得更加保守，他们的观点转向了"培养有责任感的公民"。

表41-7　　　　　　　　　　　　　　　"社会学教学和金融素养观念"

	前测均值（SD）	后测均值（SD）	变化	差异
社会学教师的角色				
实验组（22）	1.95（1.00）	2.50（0.86）	0.55	0.71
对照组（31）	2.03（0.95）	1.87（0.92）	（0.16）	
对于有金融素养的人的定义				
实验组（22）	1.32（0.89）	2.91（1.48）	1.59	1.59
对照组（31）	1.58（1.15）	1.58（1.15）	0	

　　注：对社会学教师角色的回复选择范围从1（小学社会学教师的角色是培养具有良好品格、诚实、负责、守法的公民）到3（小学社会学教师的作用是当既定系统和结构随着时间的推移不再公正时，开发公民质疑、讨论和改变既定的系统和结构的能力）。

　　对于有金融素养的人的特征的看法也有所改变。在前面的测试中，实验组的受访者认为，有金融素养的公民赚取可观的收入，按时支付账单、明智地投资（类似于负责任的公民）。在后面的测试中实验组的观点具有更多的社会参与性，包括对机构资源进行有价值的管理，在系统内部工作以提供公平的市场并帮助不那么幸运的人。对照组没有改变对这一术语的看法，仍然认为有财务素养的公民主要是去履行财务义务。

　　受访者对金融素养与公民身份有关的理解情况见表41-8。在前测中所有受访者都将其理解为具有责任感，而在后测中实验组成员的观点有所变化。

表41-8　　　　　　　　　　　　金融素养与公民身份的关系

	前测	后测
有责任感的公民		
实验组	27	23
对照组	26	12
有参与感的公民		
实验组	0	9
对照组	0	0
公平导向的公民		
实验组	0	5
对照组	0	0

对有金融素养的公民的定义的选项范围从1（有金融素养的人赚取可观的收入、按时支付账单、明智地投资）到4（有金融素养的人挑战过于昂贵的商品和服务的价格体系，致力于为所有人带来公平的经济条件）。

41.5　讨论

研究（例如Harter和Harter，2009；Swinton等，2007）记录了通过采用模块化方法的商业化计划来培训教师讲授有关金融素养的狭义观点的成功。目前的研究表明了当社会公平概念被纳入课程时，教师对与金融教育有关的社会公平问题的接受能力。

在后面的测试中，这些调查结果的难点在于实验组在他们对金融知识的定义中对资金管理和储蓄的关注减少。对社会公平原则的关注可能会使这些参与者在讲授金融实践原则时分散注意力。需要进一步的研究来解释将社会公平要素融入金融普及教育会不会分散对于讲授金融实践的基本要素的关注。

这些分散的关注也可能表明实验组中的成员认为财务规划的意义比对照组所理解的更为重要。除了考虑财富之外，金融普及教育需要对人类成果进行富有同情心的解释。实验组成员在后面的测试中将金融素养与公平导向的公民身份相联系（Westheimer和Kahne，2004）。在一个层面上，财务规划涉及随时间分配资源的过程。而考虑金融素养的更广泛的观点则涉及更复杂的规划，因为决策还考虑人文和环境结果。

还应该针对财务规划的解释如何随着金融素养的不同而改变进行研究。

41.5.1　批判性分析的解释

这项研究表明实验组的参与者由于接触相关课程的阅读和活动而对金融素养表达了批判性的观点。虽然这些研究结果有望让教师成为社会公平的代理人，但却引发了对于参与者对材料的接受度的考虑。换句话说，受访者的意见并没有被包含在多样化的金融素养观念至关重要的任何内容中。因此，课程只是强调了一个特殊的观点，而不是让学生针对每个观点的优缺点进行讨论。

Darling-Hammond 等（2005）对教师培训中的非批判性实践经验表示悲观，并提出职前教师可以简单地接受研究人员提供的材料。换句话说，职前教师的调查反馈不仅是常规金融素养观念重要的观点，也是非常规观念的不重要的观点。教师培训人员应该反思他们的方法与职前教师接受或质疑观点的倾向之间的关系。

41.5.2　局限

我们还应该认识到结果受限于教师的偏见和样本量。也需要承认，态度调查反馈可能不完全反映受访者未来的职业决策。这一结果不能普遍适用于大多数职前教师，也并不代表这一经验的长期结果。

目前的研究只解释了经历了实验方法的职前教师和对照组两者对金融教育的不同理解。后续的研究应该解释学习方法不同是如何导致对金融教育的解释的差异的。

本研究也没有衡量受访者的金融素养。对社会公平和道德问题的处理也可能与缺乏金融素养有关。换句话说，研究对道德问题的解释可能与普遍接受的经济原则是对立的，会使学生受到这些想法的困扰，扭曲他们对经济学概念的理解。

41.6　结论

当参加提倡公平导向的公民观的金融教育活动时，这个样本中的职前教师对于金融素养教学更有信心，并承认社会公平与教学和金融素养有关联。研究证明了采用模块化课程方法来培养学生财务知识的商业化计划的评估工具的使用对于培养教师讲授金融这一观点的成功（例如，Harter 和 Harter，2009；Swinton 等，2007）。然而，学生参与课程的具体情况可能与所产生的财务效能模式有关（Smith 等，2010）。因此，在设计金融普及教育计划时，其内容应与学习者的背景有关。

本研究的意义在于发现小学教师的申请人可以首先被传授各类金融知识，同时展示了对讲授有关教育标准的信心提升、寻求对教学话题的解释的回应，并对内容和教学问题等进行开放性的回答。这些过程能够引起学生对多样化的金融素养观念的认知。

在此基础上，我们推荐对于金融教育中涉及教师培训课程的教学方法和内容进行研究。鼓励使用随机分配的方法来比较：（1）不同的教学方法（例如讲座、提问、合作学习）如何影响职前教师的学习和实践的模式；（2）如何将体现多样化的金融素养观念的教学同职前教师理解的既定模式相关联；（3）职前教师在多大程度上将大学金融学习的内容应用于课堂，并利用学过的知识来评估商业化课程材料。

越来越多的文献（例如，Agnello 和 Lucey，2008；Arthur，2012；Lucey 和 Cooter，2008；Lucey，2012；McGregor，2010；Pinto，2012；Sandlin 和 McLaren，2009）引发了对经济学和个人金融的替代观点的关注，他们对于传统经济和金融观念的有效性提出质疑。在全球人口日益增长、自然资源日益减少的情况下，传统经济和金融教育者可能会声称这种观念涉及偏见或传递"反经济"观念。本章并不否认这些可能性。

尽管如此，有人认为，金融经济学的传统观点——相关研究的假设和方法——也存在偏见（Wight，正在进行中）。"Jumpstart 金融普及教育调查"（Lucey，2005）对社会偏见的展示提供了对这些想法的支持。通过培训小学教师来阐述这些问题，并让他们与学生们就相关的观念进行对话，也许会建立一个尊重不同信仰的社会。

　　培训讲授多门课程的社会学教师，使他们承认偏见，并与不同观点对话，这些都是发展更加富有同情心和公平的金融素养观的过程。同等重视每个人的观点是集思广益的必要部分，这个过程可以改变传统的理念，并为广泛存在的财务问题提供有意义的解决方案。

参考文献

Agnello, M.A., & Lucey, T.A. (2008). More than "Water under the Bridge": *Initiating a critical democratic interpretation of economics education.* International Journal of Critical Pedagogy, 1 (2), 115–128.

Arthur, C. (2012). Consumers or critical citizens? Financial education and freedom. *Critical Education*, 3 (6), Retrieved from http://ojs.library.ubc.ca/index.php/criticaled/issue/view/182259.

Bacigalupa, C. (2008). Using stories to teach complex moral concepts to young children. In T.A. Lucey & K.S. Cooter (Eds.), *Financial literacy for children and youth* (pp.522–540). Athens, GA: Digitaltextbooks.

Bernanke, B.S. (2006, May 23). Testimony before the Committee on Banking, Housing, and Urban Affairs of the United States Senate. http://www.federalreserve.gov/newsevents/testimony/bernanke20060523a.htm.

Bosshardt, W.J., & Watts, M. (1994). Instructor effects in economics in elementary and junior high schools. *Journal of Economic Education*, 25 (3), 195–211.

Brenner, M.E. (1998). Meaning and money. *Educational Studies in Mathematics*, *36* (2), 123–155.

Brownlee, J. (2004). An investigation of teacher education students' epistemological beliefs: Developing a relational model of teaching. *Research in Education*, 72, 1–18.

Brownlee, J., Purdie, N., & Boulton-Lewis, G. (2001). Changing epistemological beliefs in pre-service teacher education students. *Teaching in Higher Education*, 6 (2), 247–268.

Carr, P. (2008). Educators and education for democracy: Moving beyond "thin" democracy. *Interamerican Journal of Education for Democracy*, 1 (2), 147–165.

Carr, P. R. (2012). Connecting financial literacy and political literacy through critical pedagogy. In T.A. Lucey & J.D. Laney (Eds.), *Reframing financial literacy: Exploring the value of social currency* (pp.3–25). Charlotte, NC: Information Age Publishing.

Cozolino, L. (2006). *The neuroscience of human relationships: Attachment and the developing social brain.* New York, NY: W.W. Norton & Company.

Council for Economic Education. (2009). *Survey of the states.* New York, NY: The Council for Economic Education. Retrieved December 4, 2009 from http://www.councilforeconed.org/about/survey2009/CEE_2009_Survey.pdf.

Council for Economic Education. (2011). *Survey of the states.* New York: The Council for

Economic Education.Retrieved June 12，2012 from http://www.councilforeconed.org/wp/ wpcontent/uploads/2011/11/2011-Survey-of-the-States.pdf.

Cozzarelli, C., Wilkinson, A.V., & Tagler, M.J. (2001). Attitudes toward the poor and attributions for poverty. *Journal of Social Issues*, 57, 207-227.

Darling - Hammond, L., Hammerness, K., Grossman, P., Rust, F., & Shulman, L. (2005). The design of teacher education programs.In L.Darling-Hammond & J.Bransford (Eds.), *Preparing teachers for a changing world:What teachers should learn and be able to do?* (pp.390-441). San Francisco, CA: Wiley.

Fitchett, P.G., & Heafner, T.L. (2010). A national perspective on the effects of high-stakes testing and standardization on elementary social studies marginalization.*Theory and Research in Social Education*, 38 (1), 114-130.

Hamburg, M. (2009). *Financial mathematical tasks in a middle school mathematics textbook series: A content analysis* (unpublished doctoral dissertation). Akron, OH: The University of Akron.Retrieved January 3, 2010 from http://etd.ohiolink.edu/send-pdf.cgi/ Hamburg% 20Maryanna%20P.pdf? acc_num=akron1258164585.

Harter, C., & Harter, J.F.R. (2009). Assessing the effectiveness of Financial Fitness for Life in Eastern Kentucky.*Journal of Applied Economics and Policy*, 28 (1), 20-33.

Heafner, T., Lipscomb, G., & Rock, T. (2006). To test or not to test? The role of testing in elementary social studies a collaborative study conducted by NCPSSE and SCPSSE.*Social Studies Research and Practice*, 1 (2), 145-164.

Hubbard, J.G. (2013). Social studies marginalization: Examining the effects on K-6 pre-service teachers and students.*Journal of Social Studies Research*, 37 (3), 137-150.

James, J.H. (2008). Teachers as protectors: Making sense of methods students' resistance to interpretation in elementary history teaching.*Theory and Research in Social Education*, 36 (3), 172-205.

Jump$tart Coalition. (2007). *National standards in K-12 personal finance administration with benchmarks, knowledge statements, and glossary* (3rd ed.). Washington, DC: Jump $tart Coalition. Retrieved June 6, 2010 from http://www. jumpstart. org / assets / files / standard_book-ALL.pdf.

Lakoff, G. (2004). *Don't think of an elephant! Know your values and frame the debate.*White River Junction, VT: Chelsea Green Publishing.

LeDoux, J. (2002). *Synaptic self - How our brains become who we are.* New York, NY: Penguin Group.

Lucey, T.A. (2005). Assessing the reliability and validity of the Jump$tart survey of financial literacy.*Journal of Family and Economic Issues*, 26 (2), 283-294.

Lucey, T.A. (2008). Exploring pre-service elementary teachers' confidence in teaching financial education: The effects of discovery-based student-centered activities. *Teacher Educators' Journal (VA)*, 15, 1-6.

Lucey，T.A.（2012）．Conceptualizing financial morality.In T.A.Lucey & J.D.Laney （Eds.），*Reframing financial literacy： Exploring the value of social currency* （pp. 47−63）．Charlotte，NC：Information Age Publishing．

Lucey，T.A.，& Cooter，K.S.（2008）．*Financial literacy for children and youth.*Athens，GA：Digitaltextbooks．

Lucey，T.A.，& Grant，M.M.（2010）．Using technology to prepare critically thinking global citizens.*Social Studies Research and Practice*，5（3），119−138．

Lucey，T.A.，& Laney，J.D.（2012）．From classroom to community：Preparing PSTs in the art of teaching about social justice.In A.Honigsfeld & A.Cohan （Eds.），*Breaking the mold of education for culturally and linguistically diverse students： Innovative and successful practices for 21st century schools* （Vol.3，pp.53−60）．Lanham：Rowman and Littlefield．

Lucey，T.A.，Hatch，D.D.，& Giannangelo，D.M.（2010）．Tell me about it：How PSTs interpret US History.*Journal of Curriculum and Instruction*，4（2），71−88．

Maxwell，S.A.（2008）．Mathematics and financial literacy：Collaboration or conflict？ What are mathematics educators' responsibilities？ In T. A. Lucey & K. S. Cooter （Eds.），*Financial literacy for children and youth* （pp.149−169）．Athens，GA：Digitaltextbooks．

McGregor，S.L.T.（2010）．*Consumer moral leadership.*Rotterdam：Sense Publishers．

McKenzie，R.B.（1971）．An exploratory study of the economic understanding of elementary school teachers.*The Journal of Economic Education*，3（1），26−31．

McKinney，C.W.，McKinney，K.C.，Larkins，A.G.，Gilmore，A.C.，& Ford，M.J.（1990）．Preservice elementary education majors' knowledge of economics. *Journal of Social Studies Research*，14（2），26−38．

Narvaez，D.，& Gleason，T.R.（2013）．Developmental optimization. In D. Narvaez，J. Panksepp，A.N.Schore，& T.R.Gleason （Eds.），*Evolution， early experience， and human development： From research to practice and policy* （pp.307−325）．Oxford，UK：Oxford University Press．

National Council on Economic Education.（2005）．*Survey of the States： Economic and personal finance education in our nation's schools in 2004.*Retrieved July 6，2005 from http://www.ncee.net．

National Council on Economic Education.（2007）．*Survey of the States： Economic and personal finance education in our nation's schools in 2007.*Retrieved January 11，2009 from http:// www.ncee.net．

Panksepp，J.，& Biven，L.（2012）．*The archeology of mind： Neuroevoluntionary origins of human emotions.*New York，NY：W.W.Norton．

Pinto，L.E.（2012）．One size does not fit all：Conceptual concerns and moral imperatives surrounding gender - inclusive financial literacy education. *Citizenship， Social， and Economics Education*，11（3），177−188．

Pinto，L.E.，& Coulson，E.（2011）．Social justice and the gender politics of financial literacy education.*Journal of the Canadian Association for Curriculum Studies*, 9 (2), 54-85.

Sandlin, J., & McLaren, P. (Eds.) (2009). *Critical pedagogies of consumption: Living and learning in the shadow of the "Shopacalyse"*.New York, NY: Routledge.

Schug, M.C., Wynn, R.L, I.I., & Posnanski, T.J. (2002). Improving financial and economic education: A program for urban schools.*Social Education*, 66 (4), 239-244.

Smith, R.C., Sharp, E.H., & Campbell, R. (2010). Evaluation of Financial Fitness for Life program and outlook in the Mississippi Delta. In A. Carland & J. Carland (Eds.), *Proceedings of the Allied Academies Internet Conference* (Vol.12, pp.19-23). Retrieved June 5, 2012 from http://www. alliedacademies. com / Public / Proceedings / InternetProceedings/paai-12.pdf#page=27.

Stanger, T. (1997). Future debtors of America.*Consumer Reports*, 62 (12), 16-19.

Suiter, M., & Meszaros, B. (2005). Teaching about saving and investing in the elementary and middle school grades.*Social Education*, 69 (2), 92-95.

Swinton, J.E., De Berry, T.E., Scafidi, B., & Woodard, H.C. (2007). The impact of financial education workshops on students' economic achievement. *The Journal of Consumer Education*, 24, 63-77.

VanFossen, P. (2003). Best practice economic education for young children? It's elementary! Kickball or four-square at recess? Pack lunch or buy it? Spend aunt Edna's $10 birthday check or save it for a larger gift in the future? Do math homework or play soccer after school. *Social Education*, 67 (2), 90-94.

Way, W.L., & Holden, K.C. (2009). Teachers' background and capacity to teach personal finance: A national study.*Journal of Financial Counseling and Planning*, 20 (2), 64-78.

Westheimer, J., & Kahne, J. (2004). What kind of citizen? The politics of educating for democracy.*American Educational Research Journal.*, 41 (2), 237-269.

White, B.C. (2000). Pre-service teachers'epistemology viewed through perspectives on problematic classroom situations.*Journal of Education for Teaching*, 26 (3), 279-305.

Wiest, L.R., Higgins, H.J., & Frost, J. (2007). Quantitative literacy for social justice. *Equity & Excellence in Education*, 40, 47-55.

Wight, J. (2012). *The ethical economist.*Work in progress.

Wilkinson, R., & Pickett, K. (2009). *The spirit level: Why greater equality makes societies stronger.*New York, NY: Bloomsbury Press.

第42章 技术支持下的金融教育教师培训[①]

Roman Hašek and Vladimíra Petrášková

　　摘要 根据经合组织的建议，金融普及教育标准全面落实到了大多数国家的中小学教育的主要课程文件中。很显然，教师应该为这种情况做好充分的准备。因此这些标准应纳入与职前和在职教师培训相关的研究领域的课程中。为顺应这一需求，教育学院的作者展开了一个名叫"金融导论"的项目，其内容反映了经合组织发布的文件"提高金融普及教育水平"中强调金融知识重要性的五个因素。这一章基于作者在这门学科教学中的经验，主要介绍了作者开发的关于金融教育的计算机支持方法，以及几年来这种方法运用在教学实践中的成果。除了电子表格和在线计算器等常见的金融计算工具，作者还发现计算机代数系统 Maple 也十分有用。因此，本章也会介绍此软件中使用的所谓的智能文档的方法。这种方法可以使学生在数学学习的过程中体会到金融问题的本质。

　　关键词 金融教育　教师培训　计算机支持方法　电子表格　在线计算器　智能文档　调查研究

42.1 引言

　　本章主要涉及捷克共和国布杰约维采的南波希米亚大学（USB）教育学院对于未来数学教师的金融教育。内容是基于作者在教授"金融导论"课程时的经验，这一课程主要面向接受培训课程的数学老师。本章重点介绍作者开发的金融教育的计算机支持方法。大部分内容是介绍几年来对该学院学生进行研究的成果。

　　我们看到越来越多的家庭无力清偿债务。许多人在不考虑实际财务状况的情况下就进行消费，从而无力偿还所有的债务。他们这样不节制的行为经常最终导致抵押物、担保物

---

　　① R.Hašek！V.Petrášková

Faculty of Education，University of South Bohemia，Jeronřmova 10，

371 15 České Budějovice，Czech Republic

e-mail：petrasek@pf.jcu.cz

R.Hašek

e-mail：hasek@pf.jcu.cz

© Springer Science+Business Media Singapore 2016

C.Aprea et al.（eds.），*International Handbook of Financial Literacy*，

DOI 10.1007/978-981-10-0360-8_42

被执行甚至个人的破产。为了使一个人能够负责且明智地支配其财富，掌握一些知识和技能是十分必要的。在这里我们谈论的是消费者金融素养的提高。一个国家的教育制度在这个过程中起着至关重要的作用，特别是对于儿童和青少年来说。具体而言，就是有必要把金融普及教育纳入学校各级课程。

毫无疑问，提高金融素养进程中的关键人物是一名精通业务且受过良好培训、深入了解金融世界运作的教师，简而言之，就是一个有能力的老师（Westera，2001）。为了培养这样的老师，我们遵循 Shulman 的方法将相关知识划分为三类：主题内容知识、教学内容知识和课程知识（Shulman，1986）。对金融问题的深刻理解以及对主导课程的地位和教育方法的了解可以使得老师有效地帮助学生获得知识，同时满足保持学生良好财务状况的基本要求。

在次贷危机暴露出当前全球各个国家的金融知识水平普遍较低（Lusardi，2013）的背景下经合组织创建了国际金融教育网（OECD，2012），目的是推动全球范围内经验与技术的共享，促进分析工作和政策建议的发展（Atkinson 和 Messy，2010）。从这个网站上也能看到 OECD 成员方有关金融教育的国际战略。

例如，通过研究这些文件，我们了解到各个国家将金融教育纳入课程的方式并不统一。一方面，一些国家将金融教育纳入不同的科目，如数学、历史、商业研究或地理学。另一方面，也有一些国家将金融教育列为独立科目（如冰岛、意大利和西班牙）。此外，学生接受金融教育的年龄也存在差异。例如，在日本、意大利、英国和美国，儿童在学龄前（4～5 岁）已接受一些金融教育。在捷克共和国，自 2013 年 1 月起，金融教育进入小学和中学的课堂（6～15 岁的学生）。相对地，有大量国家的学生 13～15 岁才开始接受金融教育（例如，加拿大、西班牙和爱尔兰）（Petrášková 和 Hošpesová，2013）。

在国际金融教育网（OECD，2012）上专门针对捷克共和国的部分，我们发现了"金融教育战略"文件（MFČR，2007a）（其实际版本是以 2010 年"国际金融教育战略"为题）。这个文件来自 2007 年发布的文件"中小学金融教育制度"（MFČR，2007b），这个文件定义了各阶段学生的金融素养标准，类似于成人的金融素养标准（Hašek 和 Petrášková，2010a）。

按照上述方法，捷克教育部要求将金融素养标准纳入大学教育计划。捷克布杰约维采的南波希米亚大学教育学院响应了这一要求，具体措施是在数学科目中加入金融导论课程。其他教育学院也响应了这一要求，并把这个问题纳入了其学习计划。每个学校的方法不同，但它们的共同目标是提供货币和价格问题领域的导向能力。学生还应该能够负责任地管理他的个人或家庭预算，包括考虑到生活状况变化的金融资产和负债的管理（MFCR，2010）。当然，这些学生也应该有能力对他们的学生进行金融教育。

由于金融产品报价频繁变化，以及商业广告中经常出现不清楚、不诚实、混乱的陈述，要了解金融领域的基本条款、相互关系和功能是不容易的。本章作者根据各种软件编写了一系列教材，帮助学生深化对实际金融问题的理解。

42.2　捷克共和国的金融教育

金融教育应从学校开始。人们应该尽早在生活中学习金融事务（OECD，2005b）。

42.2.1　中学的金融教育

促进学生金融素养的发展和提高是捷克共和国基础教育和中等教育的目标之一。要在学校以外的生活中取得成功，毕业生应熟悉所有典型的当代金融问题；他们应该具备所有必要的技能、负责任地管理资金，并能够做出可靠的个人财务决策。这些要求被正确地反映在小学和中学的数学和公民课程中（VÚP，2009，2013）。

正如引言所述，文件定义了金融素养对于特定学生的三个标准。这三个标准包括：货币、家庭管理和金融产品。中学生的金融素养标准包含额外的消费者权益话题。

这些标准已在捷克教育系统的课程文件"教育计划框架（FEP）"中实施。这些课程内容分布在多个教育领域，其中小学课程9个、中学课程8个。首先，在2008年和2009年，教育计划框架就已经在中等教育（15~19岁的学生）中执行了金融素养标准（VÚP，2009）。随后到2013年初，进一步实现了基础教育中金融素养标准的实施（VÚP，2013）。在这两种情况下，金融素养标准主要应用在"人力与劳务""数学及其应用"等教育领域。以下内容恰当地描述了这些领域与金融教育的关系（Dvořákováet等，2011）：

"人力与劳务"教育领域确定了财务资源管理、自由市场经济、国民经济和国家在经济中的作用等中学生需要掌握的知识和技能。"数学及其应用"领域介绍了学生如果掌握财务关系的运作规律、拥有数学素养等，就可以对提供的产品进行分析。

上述两个领域涉及的财务话题反映了金融知识与计算能力之间的密切关系。毫无疑问，理解并解决各种金融问题的能力与一个人的数学素养密切相关，这在某种程度上被视为金融素养的必要条件。例如，Huston（2010）认为"如果个人努力学习算术技能，这肯定会影响他的财务素养"。此外，经合组织（2013）声称"熟练应用数学，如数字感觉、对数字的多样表示的熟悉程度、心算能力、估计能力以及对结果的合理评估等技能，与金融素养密切相关"。

42.2.2　金融教育中的教师培训

南波希米亚大学教育学院为职前和在职教师提供培训课程，该课程可以为金融世界的运作提供实用的见解。我们认为受过良好教育的老师是对学生进行有效教育的前提，他们在成功提高学生金融素养的过程中发挥重要作用，即教导人们负责任地处理自己的钱。

自2007年以来，教师财务教育已从"金融导论"展开。其课程和方法反映了经合组织材料（OECD，2005a）第25页所阐述的金融教育和金融素养的定义：

金融教育是使个人提高对金融产品和理念的认识的过程，例如通过相关信息、指导和/或客观咨询提高自身的技能和信心，增强对财务风险和机遇的认识，做出明智的决策，知道到哪里去寻求帮助，采取其他有效行动来改善财务状况等。金融素养是消费者/投资者对金融产品及其概念、对财务风险和机会的理解与信心的组合，使人们做出明智决策，知道去哪里寻求帮助，并采取其他有效行动来改善他们的财务状况等。

教育学院的金融教育内容也反映了上面提到的中小学教育的国家金融教育标准，完全符合经合组织建议的"增强金融教育的五个因素"（OECD，2005a）：（1）金融产品的复杂性，即在购买时通常难以评估金融产品的质量；（2）金融产品数量的增加；（3）养老金安排的变化，养老金的风险更多地从提供者转移到获得者身上；（4）资本市场变化，即消费者需要获得金融市场运作的基本信息，了解不同类型投资的信息及所带来的风险等；（5）消费者的金融素养水平较低。

具体来说，该课程主要内容是利息的支付、经常项目及其管理、处理剩余资金（开始储蓄、扩大储蓄、建立储蓄账户、购买有价证券——汇票、股票、债券）和解决资金短缺（银行贷款——消费信贷、抵押贷款、信用卡、租赁）。

经合组织提出建议，国家金融素养标准和对不同学校教师角色的理解等是课程设计的出发点。这个过程的主要目标是研发最符合课程目标的特殊教学方法。课程创作过程的一个必不可少的部分是评估。作者对完成"金融导论"课程的初中二年级和三年级数学的学生（12~15岁）进行了相应的评估研究。有关本研究的更多信息请参见报告的4.1节。研究结果和结论的完整陈述见 Hašek 和 Petrášková（2010b）。

42.3　教师金融教育的方法与手段

对于倾向于利用教室的课程，应该推进适当教育并提高教育者的能力，因此应鼓励制订"培训培训人员"方案，并为这些培训人员提供具体的信息材料和工具（OECD，2005b）。

"金融导论"课程属于金融数学领域，运用的是数学方法、观念和理论基础。金融数学只涉及数学在金融领域的应用。这个学科的一部分涉及中学数学（例如函数概念——线性函数、反比例函数、指数函数和对数函数），另一部分涉及大学数学的一些原则（例如数列和级数）。

多年来，南波希米亚大学教育学院一直在教授金融数学课程，其内容与上述课程"金融导论"的一部分完全相同。这个课程特别针对金融数学本科的学生设计。虽然这些学生接受了数学和经济学的教育，但长期的经验（约10年）表明，他们在理解特定金融产品（信用证、证券等）的功能方面有困难。问题是没有上过经济相关课程的数学师范专业学生如何理解财务世界中的术语，以及专门设计的教学环境是否有助于他们更好地了解各自的专业。因此，我们决定进行上述研究，研究重点是在"金融导论"实施之前找到有效的方法论来支持。这项研究的结论让作者决定通过在计算机代数系统 Maple（Maplesoft，2014）中创建一套基于计算机的交互式文档来支持该学科的教学，即所谓的"智能文档"。

42.3.1　智能文档——基于 Maple 的金融教育工具

作者准备了一系列教育互动材料来帮助数学师范专业的学生提高对实际财务问题的理解。这些材料中的每一种都与实例的解决方案相关，这些例子都是涉及最新金融产品的现实生活中的问题。这些问题由作者以举例的方式阐释，例子解释了问题的各个方面，并展示了大多数毫不知情的用户可能面临的风险。这样的方法让用户与呈现的解决方案进行交互，例如，任意改变输入参数的值，并随后重新计算整个解决过程。捷克语的材料在 http://www.pf.jcu.cz/stru/katedry/m/uf 网站上可以查到，该网站还提供了教育文本和转到其他信息来源的链接。本章中介绍的被翻译成英文的材料可在http://www.pf.jcu.cz/stru/katedry/m/uvodfinengl.html网站上获得。

为了创建这些材料，特别是在所谓的智能文档环境中，作者利用了Maple软件（第13版和更高版本）中的工具（http://www.maplesoft.com/products/Maple/features）。智能文档（参见图42-1，有关债券的智能文档的介绍部分）也称为交互式文档，表示能够使用户与呈现的信息交互的环境。它结合了用Maple代码编写的文本、公式和数值计算（见图42-2和图42-4），并可以控制输入输出参数（例如输入输出字段、滚动条或选择按钮等，见图42-3）的表格和图形。一眼看去，智能文档似乎是对具体任务的解决方案的详细描述，文档中使用的数学公式是文本的一部分。然而，通过Maple函数"执行整个工作表"中输入值的变化以及后续转变的可能性，它与文本文档相比具有显著优势。它为用户提供了强大的工具，用于实践和检验解决方案对输入值的依赖性。为了说明上述观点，我们以下面与债券有关的智能文档为例说明示例1的解决方案，见图42-1。

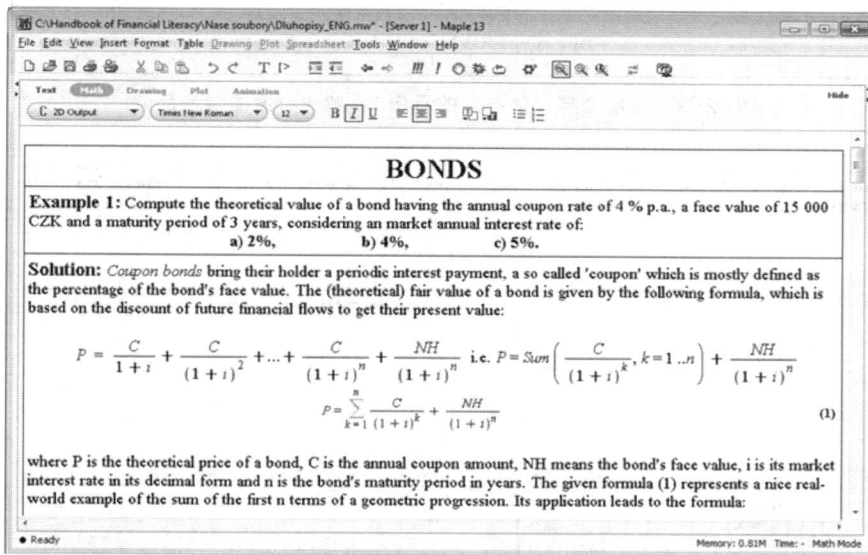

图42-1　智能文档"债券"的开始

用户可以在智能文档中利用Maple的许多特性。例如，在理解债券时，用户可以使用Maple的符号工具来探索债券年利率与其理论价值之间的关系，如图42-2所示。

智能文档主要可以让用户练习他们所学到的东西。这些练习借助例子来为用户解答。用户可以研究扩展的样本答案（图42-3，练习1），或尝试遮住答案自行解答（图42-4，练习2）。

智能文档允许在教学过程中使用不同的方法，包括每个学生按自己的进度进行学习的自学模式以及在讲师的控制下针对给定问题的协作讨论。为了检验学生对智能文档中内容的了解，每个话题都以简短的书面测试结束，并提供了与此主题相关的3~5个开放性问题。

Solution: *Coupon bonds* bring their holder a periodic interest payment, a so called 'coupon' which is mostly defined as the percentage of the bond's face value. The (theoretical) fair value of a bond is given by the following formula, which is based on the discount of future financial flows to get their present value:

$$P = \frac{C}{1+i} + \frac{C}{(1+i)^2} + \ldots + \frac{C}{(1+i)^n} + \frac{NH}{(1+i)^n} \quad \text{i.e.} \quad P = Sum\left(\frac{C}{(1+i)^k}, k=1..n\right) + \frac{NH}{(1+i)^n}$$

$$P = \sum_{k=1}^{n} \frac{C}{(1+i)^k} + \frac{NH}{(1+i)^n} \tag{1}$$

where P is the theoretical price of a bond, C is the annual coupon amount, NH means the bond's face value, i is its market interest rate in its decimal form and n is the bond's maturity period in years. The given formula (1) represents a nice real-world example of the sum of the first n terms of a geometric progression. Its application leads to the formula:

$$P = simplify\left(\frac{C}{1+i} \cdot \frac{1 - \left(\frac{1}{1+i}\right)^n}{1 - \frac{1}{1+i}} + \frac{NH}{(1+i)^n}\right)$$

$$P = -\frac{-C + C\left(\frac{1}{1+i}\right)^n - NH(1+i)^{-n} i}{i} \tag{2}$$

that we use, after a slight modification, to define the function P of the four variables C, i, n and NH in Maple:

$$P := (C, n, i, NH) \rightarrow \frac{C(1+i)^n - C + NHi}{i(1+i)^n}$$

$$(C, n, i, NH) \rightarrow \frac{C(1+i)^n - C + NHi}{i(1+i)^n} \tag{3}$$

图 42-2 智能文档"债券"的示例1：解决方案的导言部分

To get a deeper insight into the laws of the functioning of formula (3) the experimentation with the values of its variables is very useful.

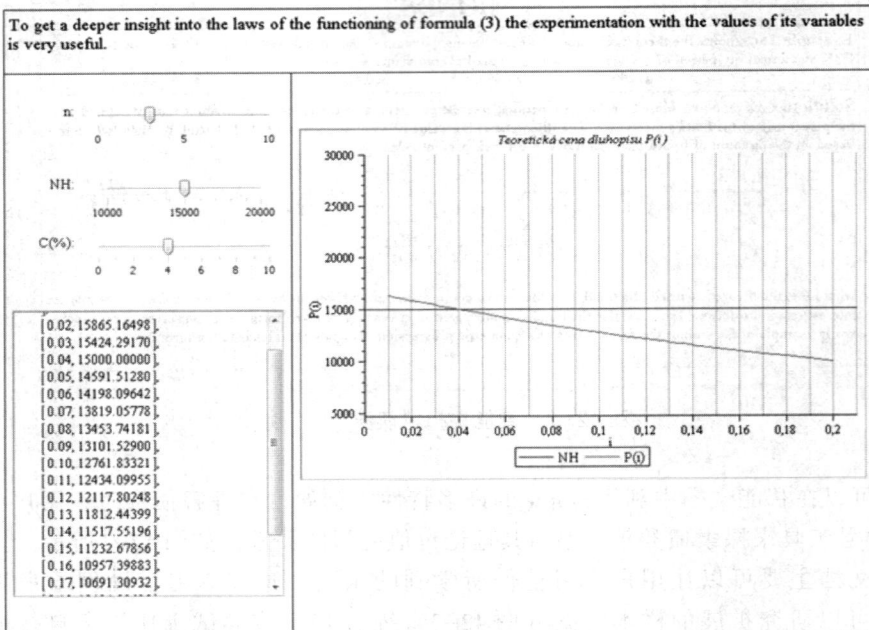

图 42-3 有关债券的智能文档的交互元素

有些人可能认为，如果可以使用免费的在线计算器就没有必要使用智能文档。然而，智能文档与在线计算器相比仍然有一些明显的优势，作者证明了两者结合起来是有益的。智能文档相对于在线计算器的明显优势是对于计算背后的所有关系和公式的揭示，这将智

Exercise 1: Determine the theoretical value of a bond with the face value of 10 000 CZK on the 15th April 2008 with the annual coupon rate of 4 % p.a., if its maturity day is on the 15th October 2012. The coupons are always paid biannually on the 15th April and the 15th October. Consider the market annual interest rate of 5 % p.a.

▼ **Solution**

First, we assign values to variables:

Face value:	$NH := 10000$:
Number of coupon periods:	$n := 7$:
Coupon rate:	$c := 0.04$:
Payments per year:	$m := 2$:
Interest rate:	$i_y := 0.05$:

Because of the semi-annual payments it is necessary to divide both the coupon rate and the interest rate by two (generally by the amount of payments per year m):

$$C := \frac{c}{m} \cdot NH = 200,00 \text{ Kč} \qquad i := \frac{i_y}{m} = 0,0250$$

Then we merely evaluate the function (3):

$$P(C, n, i, NH) = 9\ 682,53 \text{ Kč}$$

Answer: The theoretical value of the bond is 9 682,53 CZK on 15th April 2008.

Exercise 2: A bond with a face value of 20 000 CZK and a coupon rate of 5 % p.a. pays the total coupon per year always on 1st September every year. It was bought on 1st April 2010 and its maturity date is on 1st September 2014. Estimate the price of the bond if an average annual rate of profit on capital market for the investments with comparable parameters is 7 %.

▶ **Solution**

图42-4 "债券"练习

能文档提升到辅助教学的水平。智能文档的另一个优点是其适应性。与一次性计算器不同,智能文档一次可以表达多个任务。例如,通过使用智能文档,我们可以比较两种国家补贴的产品——养老保险和扩大储蓄。虽然它们都有明确的目的,但是捷克共和国目前的立法允许使用这些产品作为投资。

智能文档在教学中还有一个重要优点,即可以根据金融产品市场的现状不断更新。

具有标准Maple输出文件格式"mw"的智能文档是以Maple的文档模式创建的。感兴趣的读者可以通过程序的详细帮助(设置命令-文档模式)以及软件网页(Maplesoft,2014)上提供的材料,获取有关如何创建此类材料的更多信息。通过上述2010年对教育学院学生进行的研究,验证了使用智能文档教学的有效性。

42.3.2 电子表格

一项主要的甚或是不可缺少的金融教育软件支持,毫无疑问是电子表格。它为用户提供了解决其共同金融问题的理想功能。学习金融导论课程的学生使用电子表格作为解决日常实际金融任务的基本手段。例如,他们利用它来创建个人或家庭预算,或检查所考虑的金融服务的不同变体,从而避免错误决策的风险。

除了这个实践目的,电子表格还具有教育作用。为了更深入地了解金融产品的功能性规律,对其变量值的实验是最有用的,而电子表格就是这种实验的适当手段。捷克国家课程要求学生掌握使用电子表格解决实际问题的技能。每个毕业生都应熟悉如何使用电子表格来解决与以下类似的任务。

示例（分期付款计划）：为 20 000 美元贷款创建自己的分期付款计划，月利率为 2.22%，分期付款为 1 600 美元。假设没有额外的管理费用，确定贷款债务的总额。

利用微软 Excel 电子表格解决示例，如图 42-5 所示。

Loan - Installment plan

	A	B	C	D	E	F
3	Interest rate:		0,0222			
4	Installment:		1600,00	Total:	23688,00	
6	**Period**	**Installment**	**Interest**	**Amortization**	**Balance**	
7	0				20000,00	
8	1	1600	444,00	1156,00	18844,00	
9	2	1600	418,34	1181,66	17662,34	
10	3	1600	392,10	1207,90	16454,44	
11	4	1600	365,29	1234,71	15219,73	
12	5	1600	337,88	1262,12	13957,61	
13	6	1600	309,86	1290,14	12667,47	
14	7	1600	281,22	1318,78	11348,68	
15	8	1600	251,94	1348,06	10000,62	
16	9	1600	222,01	1377,99	8622,64	
17	10	1600	191,42	1408,58	7214,06	
18	11	1600	160,15	1439,85	5774,21	
19	12	1600	128,19	1471,81	4302,40	
20	13	1600	95,51	1504,49	2797,91	
21	14	1600	62,11	1537,89	1260,03	
22	15	1288,0004	27,97	1260,03	0,00	

图 42-5　微软 Excel 中的分期付款计划

作者已经体会到，尽管现有的电子表格（如 Microsoft Excel（MS Office，2014）或 Calc（Open Office，2014））有着强大的功能，但也有必要使用 GeoGebra 软件（GeoGebra，2013）来讲授一些金融问题。与其他电子表格相比，GeoGebra 具有许多独特的功能，如内容以简单直观的图形表示、通过滑块控制参数值的可能性、丰富的工具和功能、数学表达式的符号运算能力、简单导出到动态工作表、与 Microsoft Excel 的兼容性等。以下是在金融教育中使用 GeoGebra 的一个例子，这是在在职教师培训课程中的成功实践。

示例（复利与单利）：假设将 1 000 美元存入一个年利率 5% 的账户。分别使用复利和单利确定 5 年储蓄后的账户余额。考虑每年不同的计息期间对最后总额造成的影响（例如，考虑每半年、每月、每周、每天等的利息支付）。描述每年计息期不断增长的影响（Hašek 和 Petrášková，2013）。

如图 42-6 所示，一个简单的对于 GeoGebra 电子表格中有滑块的图形的应用揭示了单利和复利效果之间的差异。这种使用滑块得到的动态性使用户能够发现问题的一些数学特征。例如，如果每年的利息期数增加，那么账户余额对年数的依赖程度就接近指数函数。

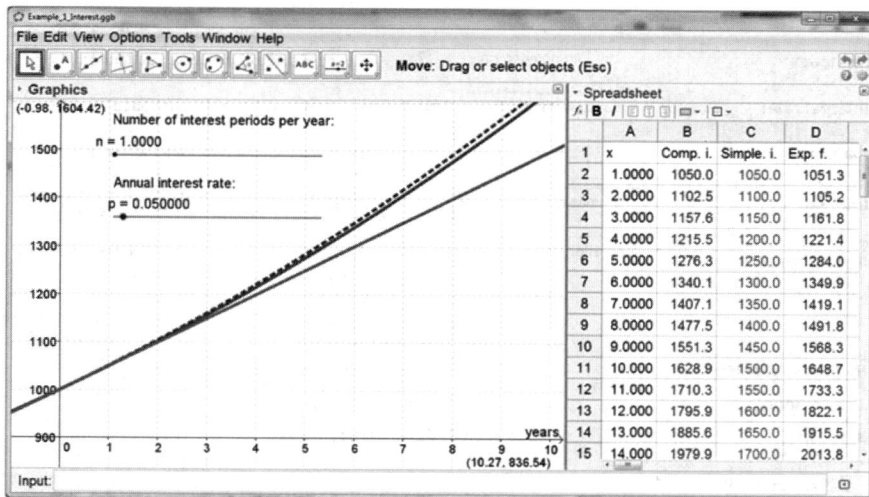

图 42-6　GeoGebra 电子表格中的单利与复利

各种教学手段都特别适用于金融普及教育。比如给学生一个现实生活中的问题，他们必须选择一种方法和工具自己解决。以下举例说明这一点。在作者的经历中，学生一般喜欢使用电子表格来解决问题。

> 问题（家庭预算）：自 2016 年 1 月 1 日起，捷克共和国实行统一的 17.5% 的增值税。这种变化将如何反映在个人的家庭预算中？（为简单起见，假设通货膨胀率为零）

42.3.3　在线计算器

与电子表格一起被认为是成功处理日常财务问题的必要手段就是在线计算器。几乎每一个日常用的金融产品都可以在网上找到对应的在线计算器。了解在线计算器的可靠来源应该是金融教育的必要部分。任何一个人都可能面对的典型情况是，我们最擅长使用的在线计算器是抵押贷款的再融资。关于此话题的一个典型例子在"金融导论"中解决。

示例（抵押贷款）：拥有足够收入（被授予抵押贷款）的年轻夫妇决定新建一栋住房。根据初步计算，需要 317 万克朗。目前他们有结婚时父母给的 100 万克朗。为了实现他们的计划，他们决定通过抵押贷款获得 217 万克朗。银行向他们提供年利率 4.9%、20 年到期、每月分期支付 14 201 克朗的抵押贷款。

①这对夫妇认为 14 201 克朗的分期付款太多。如果到期期限分别延长到 25 年、30 年和 35 年，每月分期付款多少？这些期限的延长对利息有何影响？

②4.9% 利率的贷款的固定期是 5 年，到期期限为 20 年，每月分期付 14 201 克朗。现在，固定期即将结束，这对夫妇有可能在 XY 银行再贷款，期限 15 年，年利率 4.3%。他们将省下多少钱？假设两银行的银行费用相同，更换银行需要一次性支付 2 500 克朗。

我们使用捷克在线计算器（http://kalkulacky.idnes.cz/cr_hypotecni-kalkulacka.php）来解决示例中的问题，图42-7给出了利用这种方法解答示例①）的例子。

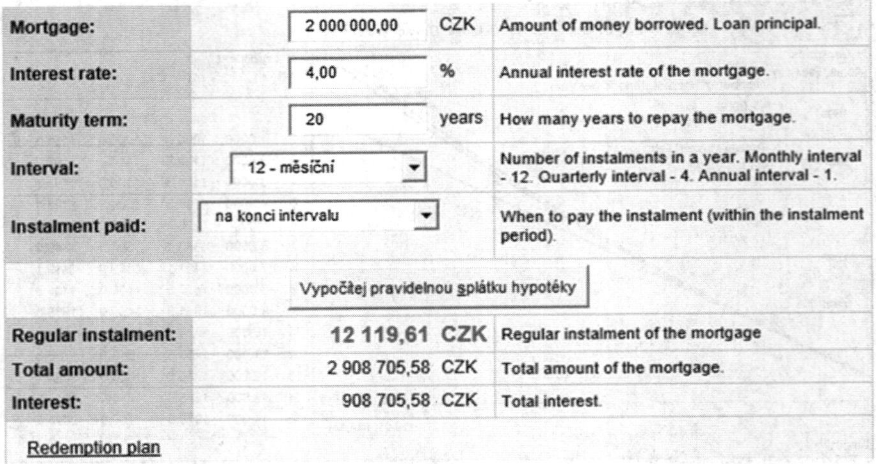

图42-7　按月分期付款的在线计算器

42.4　更新金融教育内容

金融教育计划应重点关注高度优先的问题。根据国情，优先的问题可能包括财务生活规划的重要方面，如基本储蓄、私人债务管理或保险以及财务意识的先决条件，如基础金融数学和经济学。同时应该鼓励未来退休人员认识到需要评估目前的公共或私人退休金计划的财务充足程度，并在需要时采取适当行动（OECD，2005b）。

42.4.1　研究1——智能文档的影响

我们在南波希米亚大学教育学院的数学师范专业的学生中测试了使用智能文档的效果。根据 Orton（2007）的说法，为了使这项测试的评估尽可能准确，我们区分了金融知识与金融能力的概念。金融知识被理解为一个较窄的概念（Dixon，2006），它表达了对于客观知识的储备；相应地，金融能力与应用金融知识的能力有关。这个测试的目的是发现使用互动材料可能对提高学生的金融素养和能力的影响。这项比较测试有助于确定"金融导论"课程的内容和教学方法，Hašek 和 Petrášková（2010b）对其结果有详细介绍。

我们对60名参加"金融导论"课程的学生进行了测试。测试期为一个学期（3个月）。所有参与的学生已经完成了数学中的计算机科学课程，他们已经熟悉了 Maple 和 GeoGebra 的程序。测试开始时，学生被分为两组。每组以不同的方式完成课程。两组都使用标准教材和教学工具（教学文本、MS Excel、在线计算器），除此之外第一组的学生同时使用交互式智能文档来支持学习。

在本学期结束时，两组学生进行了同样的最终书面考试。考试分为两部分，每部分包括五项任务。要解决第一部分的问题，学生需要掌握金融数学领域的标准知识，即掌握基本公式并利用公式得出正确答案的能力，简单来说，即测试他们是否掌握了一定的金融知识。测试的第二部分更加困难，需要学生解决具体生活问题。要解决这些问题，学生必须表现出自己的金融能力，即有能力正确应用金融知识来解决更复杂的问题。为了简洁起见，我们仅显示每个部分的一个示例问题：

选自第一部分测试题

存款15 000克朗，期限为3年零5个月，利率为1.5%，最后将获得多少利息？（分别将半年、4个月、每个月作为计息期间）

选自第二部分测试题

Martin先生计划在3年内购买一辆新车，预计购买价格为320 000克朗。他打算将现在买了两年的车卖掉，这辆车预计销售收入为80 000克朗。对于新车价款的剩余部分，Martin希望定期向他的账户存入新车总价的2.5%，半年计息。每笔存款金额是多少？

每个问题的答案的正确性由以下标准确定：

正确的答案："学生正确进行，达到正确的结果"或"学生正确进行，计算错误造成结果错误"。

错误的答案：在正确的公式中代入错误的参数（例如给定的参数不会转换为指定的计息期间）或"将正确的参数代入错误的公式"或"无回答"。

根据上述标准对学生的金融知识（第一部分）和金融能力（第二部分）进行评估。因此，正确的答案也包括了学生仅是计算错误的答案。

结果和观察

由于使用智能文档对提高金融知识没有影响，我们重点关注第二部分测试的结果。表42-1显示了测试第二部分两组学生的特定问题的正确答案的数量和比率，揭示了互动材料的使用对提高学生财务能力的巨大影响。使用智能文档的第一组学生在解决财务问题方面的正确答案数量是只使用标准学习材料的第二组学生的2倍。这个结果显示了不在实际中应用的纯粹理论学习是无用的。

表42-1　　　　对测试的第二部分的评估（Hašek和Petrášková，2010b）

任务	第一组		第二组	
	频数	比率（%）	频数	比率（%）
1.抵押贷款	22	73.3	11	36.7
2.消费信贷	12	40	5	16.7
3.储蓄	11	36.7	5	16.7
4.汇票	27	90	14	46.7
5.通货膨胀	14	46.7	8	26.7

测试结果也显示了更多有趣的事实。例如，很少有学生在处理汇票业务的任务方面遇到问题，然而他们大多数人永远都不会在他们的生活中使用汇票。相反，最困难的任务似乎是解决消费信贷、储蓄和通货膨胀的问题，毫无疑问，每个人都将在生活中遇到这些情

况。学生甚至通常不会试着去解决这些现实生活中存在的问题。测试结果还指出，学生很少能抵制银行广告的简单营销策略，仅仅根据月利率在视觉上优于年利率的情况做出判断。

42.4.2　研究二——申请人的财务素养

由于前面介绍中提到的措施，我们可以期待现在的中学毕业生与5年前的同龄人相比，他们的金融素养有明显变化。教育学院应该为学生提供一个完整、最新的金融教育，使他们能够更充分地传授给学生。未来教师的金融教育的主要手段就是上述"金融导论"课程。

作者决定勾勒现有大学申请人的金融素养结构和水平，并利用结果进一步完善课程的内容和教育方法。研究问题的设置如下："新生的金融素养水平是多少？在职前教师培训中应该进一步讲授哪些金融素养的内容？"调查对象是教育学院47名大学一年级数学师范专业（针对11~15岁的学生）的学生。调查表包含5个问题。这些问题来自美国的"国家金融知识调查"（FINRA，2011）。

金融素养测试

1.假设您将100克朗存入储蓄账户，年利率至少为2%。在此之后，您既不存款也不取回。5年后您的账户有多少钱？不考虑利息税。

（a）超过110克朗

（b）正好110克朗

（c）低于110克朗

（d）我不知道

2.假设您的储蓄账户的年利率为1%，年通货膨胀率为2%。1年后您账户里的钱的购买力是多少？

（a）超过今天

（b）完全相同

（c）少于今天

（d）我不知道

3.如果利率上涨，债券价格会发生什么变化？

（a）上升

（b）下降

（c）保持一致

（d）没有关系

（e）我不知道

4.一个为期15年的抵押贷款通常需要比30年期抵押贷款更高的月偿还额，但支付的总利息将较少。

（a）是的

（b）不是

（c）我不知道

5.单一公司的股票通常比共同基金能得到更安全的回报。

（a）是的

（b）不是

（c）我不知道

其中一些问题也用于其他经合组织成员国的调查。作者认为，这些问题在涉及当前个人金融相关问题的趋势方面处理得很好。经过银行危机，人们发现把所有的钱都存在银行风险太高，所以越来越多的人试图通过投资股票和债券来降低风险。

问卷中包括选择题。每个问题只有一个答案是正确的，其中总有一个选项是"我不知道"。测试是在"金融导论"课程开始时进行的。

这项研究是定量的。数据处理按以下步骤进行：（1）说明每个问题的正确答案的数量和比率；（2）说明由正确答案数量显示的随机变量的模式；（3）分析错误。

结果和观察

我们对 Petrášková（2013）、Hašek 和 Petrášková（2012）的研究进行了全面的评估。此处我们展示了问题的唯一可能的答案，以及为中学数学教育设计的一些应用和数学教师培训课程。

表 42-2 显示了问题的正确和不正确答案的数量和比率。很容易看出受访者在回答问题 1 方面是最好的，其次在问题 2 和问题 4 中的表现也比较好，而最困难的问题是问题 3 和问题 5。这两个问题都与证券有关。可以认为做出正确回答的难点与学生在这些金融产品方面缺乏经验有关。他们的经验往往仅限于使用学生银行账户和网上银行，选择最佳电话运营商或使用借记卡、信用卡。

表 42-2　　　　测试评价表（Petrášková，2013）

问题	正确答案数量 （比率）	错误答案数量 （比率）	"我不知道"数量 （比率）
1. 复利	42（89.4%）	5（10.6%）	0（0）
2. 通货膨胀	33（70.2%）	11（23.4%）	3（6.4%）
3. 债券价格	5（10.6%）	38（80.9%）	4（8.5%）
4. 抵押贷款	33（70.2%）	13（27.7%）	1（2.1%）
5. 分散风险	28（59.6%）	9（19.1%）	10（21.3%）

表 42-3 给出了分别正确回答了不同数量的题目的学生人数。我们可以看到，最常见的正确数量为 3 个。3 个对应于这个随机变量的中位数和平均值。

表 42-3　　　分别正确回答了不同数量的题目的学生人数（Petrášková，2013）

分别正确回答了不同数量的题目的学生人数					
0~0	1~3	2~10	3~20	4~12	5~2

由于学生对问题 3 的回答最不理想，对此问题进行了重点错误分析。符号*表示正确答案（表 42-4）。

表 42-4　　　　　　　　　　　　错误答案分析（PetrášKová，2013）

问题					
3	（a）—24	（b）*—5	（c）—6	（d）—8	（e）—4

如果学生选择错误答案（a）和（c），他们似乎了解利率对投资工具价格的影响，但他们不知道价格变化的方向。选择错误的答案（d）更严重。学生选择错误答案的原因之一就是他们不了解金融市场如何运作。在分析这些错误时，也可以考虑到受访者可能不了解债券的概念。

研究问题1："未来作为数学老师"的新生的金融素养水平是多少？

根据表42-3的数据，学生在刚入学时的金融素养水平是平均水平。可以认为这个水平对应于他们在金融产品方面的经验——使用学生银行账户、借记卡和信用卡、支付某些服务（如手机话费）。所有这些情况都涉及利率、通货膨胀和偿还贷款的能力（信用卡）。

研究问题2：学生对哪个部分了解最好？

如果至少有70%的学生正确解决了相关问题，则学生对该部分的掌握被认为是足够的。从表42-2可以看出，以下部分学生掌握得比较好：（1）单利和复利的原则；（2）通货膨胀对储蓄的影响；（3）偿还债务的原则。

研究问题3：职前培训中应该进一步学习哪些财务知识？

调查结果清楚地表明，职前数学教师的培训应更加注重股票市场。虽然有一些互动文档涉及公司债券，但它们已假设学生知道利率的任何变化都会影响债券的价格。调查显示，情况并非如此。因此，现有学习材料必须进行扩充，为掌握影响债券价格的因素提供解决方案（Petrášková，2013）。

对结果的反思

要正确回答问题，回答者显然必须对相关金融问题的运作有一些了解。在我们看来，我们可以追溯到这些问题与中学数学课程的明显联系。具体而言，第1、2、4题的解答与数学课程中的算术及几何级数相关。

问题1、2、4符合数学课程的内容，所以学生回答的正确率很高，而问题3和5的正确率很低。作为这些问题的主题的股票交易通常不涉及中学数学中的任何问题。在"人力与劳务"教学范畴，学生只能获得有关金融交易的基本信息。

研究结果表明，数学教育在中学生金融素养形成过程中具有重要作用。作者建议在中学数学课"算术和几何级数"中包括处理股票和债券的现实问题。有关例子的具体建议见Petrášková和Hašek（2012）的文章。在数学教师培训课程中应该使用相同的方法。以这种方式，作者实现了"金融导论"中关于股票和债券交易问题的学习，其主要步骤是处理股票和债券的现实问题，以及利用方便的软件来展示解决方案。

参考文献

Atkinson, A., & Messy, F.A. (2010). *Assessing financial literacy in 12 countries an OECD Pilot Exercise.*http://arno.uvt.nl/show.cgi? fid=114072.Accessed January 28, 2014.

Dixon, M. (2006). *Rethinking financial capability: Lessons from economic psychology and behavioural finance.*London: Institute for Public Policy Research.

Dvořáková, Z., Smrčka, L., et al. (2011). *Finanční vzdělávání pro střední školy.*Se sbírkou řešených příkladů na CD.Praha: C.H.Beck.

FINRA. (2011). *Financial capability study.* http://www. usfinancialcapability. org. Accessed January 28, 2014.

GeoGebra. (2013). http://www.geogebra.org.Accessed January 25, 2014.

Hašek, R., & Petrášková, V. (2010a). A way to improve financial literacy of future teachers. In T. Bianco & V.Ulm (Eds.), *Mathematics education with technology—Experiences in Europe* (pp.199–218). Augsburg: University of Augsburg.

Hašek, R., & Petrášková, V. (2010b). Issue of financial capability.*The International Journal for Technology in Mathematics Education*, 17 (4), 183–190.

Hašek, R., & Petrášková, V. (2012). IBME in teaching and learning financial literacy topics—Selected teaching methods for financial education.In P.Baptist & D.Raab (Eds.), *Implementing inquiry in mathematics education* (pp.94–105). Bayreuth: University of Bayreuth.

Hašek, R., & Petrášková, V. (2013). GeoGebra in financial education. *North American GeoGebra Journal*, 2 (1), 31–36.

Huston, S.J. (2010). Measuring financial literacy.*The Journal of Consumer Affairs*, 44 (2), 296–316.

Lusardi, A. (2013, April). *Financial literacy around the World (FLAT World), insights: Financial capability.FINRA Investor Education Foundation.*http://www.finrafoundation.org/web/groups/foundation/@foundation/documents/foundation/p240590.pdf.Accessed July 20, 2014.

Maplesoft. (2014). http://www.maplesoft.com.Accessed January 30, 2014.

MFČR. (2007a). *Strategie finančního vzdělávání.*http://www.mfcr.cz/cps/rde/xchg/mfcr/xsl/ft_strategie_financniho_vzdelavani.html? year=2009.Accessed January 30, 2014.

MFČR. (2007b). *Systém budování finanční gramotnosti na základních a středních školách.* http://www.mfcr.cz/cps/rde/xbcr/mfcr/SBFG_25_326–07_.pdf.Accessed January 30, 2014.

MF CR. (2010). *Národní strategie finančního vzdělávání.*http://www.mfcr.cz/cps/rde/xchg/mfcr/xsl/ft_strategie_financniho_vzdelavani_55251.html.Accessed January 30, 2014.

MS Office. (2014). http://office.microsoft.com.Accessed January 28, 2014.

OECD. （2005a）. *Improving financial literacy.* Analysis of issues and policies. http://www. oecdilibrary. org/finance - and - investment/improving - financial - literacy_9789264012578-en. Accessed January 28, 2014.

OECD. （2005b）. *Recommendation on principles and good practices for financial education and awareness.* http://www.oecd.org/finance/financial-education/35108560.pdf.Accessed January 28, 2014.

OECD. （2012）. *International gateway for financial education.* http://www.financial - education. org. Accessed January 30, 2014.

OECD. （2013）. *"Financial Literacy Framework", in PISA 2012. Assessment and Analytical Framework: Mathematics, Reading, Science, Problem Solving and Financial Literacy.* OECD Publishing.doi: 10.1787/9789264190511-7-en.Accessed January 29, 2014.

Open Office. （2014）. http://www.openoffice.org.Accessed January 28, 2014.

Orton, L. （2007, September）. *Financial literacy: Lessons from international experience.* Research report.Canadian Policy Research Networks Inc. （CPRN）. http://www.cprn. org/ documents/48647_EN.pdf.Accessed July 20, 2014.

Petrášková, V. （2013）. Pre-service mathematics teachers'financial literacy.*The New Educational Review*, 34 （4）, 280-291.

Petrášková, V., & Hašek, R. （2012）. Financial education demands concerning teacher training. *Acta Didactica Universitatis Comenianae, Mathematics, 12*, 65-82.

Petrášková, V., & Hošpesová, A. （2013）. Beginning with financial literacy on primary school level? In J. Novotná & H. Moraová （Eds.）, *Tasks and tools in elementary mathematics* （pp.351-353）. Praha: Charles University.

Shulman, L.S. （1986, Febuary）. Those who understand: Knowledge growth in teaching. *Educational Researcher, 15* （2）, 4-14.

VÚP. （2009）. Rámcový vzdělávací program pro základní vzdělávání （se změnami provedený mik 1.9.2013.http://www.vuppraha.cz/wp-content/uploads/2009/12/RVPZV_2007-07.pdf. Accessed January 26, 2014.

VÚP. （2013）. Rámcový vzdělávací program pro gymnázia （RVP G）. http://www.vuppraha.cz/ wpcontent/uploads/2009/12/RVPG-2007-07_final.pdf.Accessed 28 January 2014.

Westera, W. （2001）. Competences in education: A confusion of tongues. *Journal of Curriculum Studies*, 1, 75-88.

第43章 瑞士教师的金融普及教育[①]

Doreen Holtsch and Franz Eberle

摘要 在本章中,我们介绍了对瑞士教师金融素养的调查结果。对瑞士学校不同层次和类型课程的分析显示,应该讲授金融素养。然而,关于金融素养的学习目标和课程内容在细节和期限方面有所不同。要讲授金融课程,教师必须掌握适当的知识。国际实证结果表明,教师的经济和金融素养水平较低。其他的国际实证结果表明,正规的学习机会能够为教师提供内容和教学知识以讲授经济和金融素养。然而,瑞士的教师教育和培训目前正在进行改革,并且仍然是多种多样的。

关键词 教师的金融素养 教师的教育和培训 教师的教学知识 教师的内容知识瑞士教师培训

43.1 引言

金融普及教育的目的[②]是促进个人主动且负责任地参与经济和社会生活。金融素养被视为经济素养的一个必要但不充分的方面。金融知识能优化个人对资金的利用以维持资本、避免债务(Ackermann 和 Eberle,2016;OECD,2012)。

金融素养已被广泛讨论。Barry(2014)总结并比较了了不同学者对于金融素养的基本概念的不同看法,如经济合作与发展组织(OECD,2012)、Vitt 等(2000),以及Atkinson 和 Messy(2012)[③]。此外,Aprea(2014)系统地讨论了金融素养的不同概念。她研究了一种方法,从个人和系统两个角度阐述了金融能力。Atkinson 和 Messy(2012)

[①] D.Holtsch,F.Eberle
Institut für Erziehungswissenschaft,University of Zurich,
Kantonsschulstrasse 3,Zurich,Switzerland
e-mail:doreen.holtsch@ife.uzh.ch
© Springer Science+Business Media Singapore 2016
C.Aprea et al.(eds.),International Handbook of Financial Literacy,
DOI 10.1007/978-981-10-0360-8_43
[②] 在本章中,金融普及教育与经济普及教育同义。
[③] Atkinson 和 Messy(2012)的研究是关于经济合作与发展组织创立的国际金融教育网(INFE)的一项试点研究。

将金融素养分为三类：金融知识[①]、金融行为和金融态度。Manz（2011）提出了一种定义金融素养的三维能力立方体模型。第一个维度总结了以下五个活动领域：赚钱、消费、负债、储蓄投资以及应对风险。第二个维度涉及金融活动领域的知识，包括必要的技能和对这些领域的态度。第三个维度涉及必要的专业、社会和个人能力。因此 Manz（2011）的模式提供了一种全面和差异化的金融素养建模方法。这种模式与 Aprea（2014）、Atkinson 和 Messy（2012）的方法不谋而合。我们采用将知识、行为和态度与金融素养相结合的方法。

在本章中，我们首先介绍了教师在金融教育方面面临的挑战。金融教育与各级学校相关。然而，随着目标群体的成长（例如初中生与高中生），学校类型变得更具体（例如预科学校与职业学校），学习内容变得更为复杂。虽然针对年轻的学习者的教育目标主要是掌握信息（例如商品和货币以及运作模式），但再大一点的学生，应该为其具体的决策和行动做准备（例如预算计划和交易合同）（Ackermann 和 Eberle，2016）。由于金融课程在不同的学校层面和类型上有很大差异，所以教师的知识需求也有很大差异。

教师必须根据金融教育在课程中的相关性来应对不同的需求。这些需求要求教师掌握金融教育相关的内容知识和教学知识。在缺乏瑞士数据的情况下，我们将考察关于教师知识的国际调查结果（43.2.2节）及其与学生的相关性（43.2.3节）。

此外，自1990年以来，瑞士师范教育和培训一直在进行基础性改革。通过这些改革，教师教育和培训应该变得更加有学术性和自主性（Criblez，2012）。无论这些改革工作如何，很明显金融教育的内容根据不同学校级别和不同类型而有所不同，如义务教育学校、预科学校和职业学校等（Hofacher 和 Rhyn，2008，p.23）。因此，教师要接受不同的培训。在43.3节我们讨论了教师学习内容知识和教学知识的机会。我们描述了三种学校类型中教师可以参与的正式学习机会。另外，我们讨论了职业学校教师的教育和工作途径。最后，确定了现有教师金融素养的（研究）差距。

43.2 瑞士学校课程中金融教育与教师金融素养调查结果的相关性

43.2.1 瑞士学校课程中金融教育的相关性

在瑞士，学生在完成义务教育（一至九年级）后可以选择不同类型的学校。一个选择是上预科学校，其重点是学术教育，下一步是去大学上学。在2014年，大约20%的18岁至19岁的瑞士人从预科学校毕业。[②]上述瑞士人口中约有75%从职业教育和培训学校（VET）毕业。[③][④]不同类型的学校有不同的课程。教师应针对金融教育讲述相关课程和内容，课程体现了金融教育的要求。下面我们将重点介绍不同类型的学校开设的金融课程。

---

① Atkinson 和 Messy（2012）定义了以下八个主要财务概念：分红、货币时间价值、贷款利息、复利计算原理、复利、风险和收益、通货膨胀的定义和多样化。

② http://www.bfs.admin.ch/bfs/portal/de/index/themen/15/06/dos/blank/05/01.html（2015-05-05）.

③ 瑞士的双重职业教育和培训体系与德国的双重职业教育和培训体系相当。学员在职业教育和培训学校中学习公司和行业课程。

④ http://www.bfs.admin.ch/bfs/portal/de/index/themen/15/04/00/blank/uebersicht.html（2015-05-08）.

• 义务教育课程

Ackermann 和 Eberle（2016）描述了瑞士义务教育学校和其他教育项目的金融教育。此外，他们还分析了伯尔尼和苏黎世 1~9 年级的义务教育课程。Ackermann 和 Eberle（2016）的分析表明，经济和金融教育一般被纳入社会和自然科学课程中，而经济、劳动和家庭以及数学被归入传播和信息技术课程中。作者还分析了 "Lehrplan 21"。[①]这是一个最近推行的德语州的普通课程，以更明确和卓越的方式进行经济和金融教育。Ackermann 和 Eberle（2016）认为，这个课程几乎涵盖了所有的 Manz（2011）所说的金融相关活动领域。

• 预科学校课程

与义务教育学校的 "Lehrplan 21" 不同，预科学校课程规划权属于各州，差异很大。我们分析了伯尔尼州 9~12 年级的课程。经济学和法学[②]的一般教育目标如下：整体目标是使学生了解经济学的功能，从而了解经济学、法律和社会事件，解释并做出自己的决定（Bern，2005）。对圣加仑州经济与法律课程的调查显示，他们要求学生有能力应对变化的经济、法律和社会制度，并成为成熟的公民（St. Gallen，2006）。对于以上两个州的经济学、商业管理、法律和会计学的综述显示，内容主要集中在 Manz（2011）所述的广泛的活动领域。[③]

此外，课程学习目标，如税收、公共财政、公共收入和债务，更多地侧重于宏观经济金融视角而不是个人财务决策。

• 职业学校课程

瑞士职业学校的经济教育可追溯到 Dubs（2014）的建设性工作。他认为经济教育帮助学生为未来就业和参与经济社会活动做好准备。对于商业学员来说，经济与社会的双重目标是教育计划中的关键。[④]

对经济和社会这两个目标的回顾显示，Manz（2011）所述的活动领域主要从商业角度出发讲述金融教育，如会计。此外，金融教育目标包括了很多宏观经济金融观点，如税收、公共财政、公共收入和债务。同时也侧重于一些个人理财问题，如制订个人预算计划、解释融资方式的优缺点（Bundesamtfür Berufsbildung und Technologie，2011；Anlage Leistungszielkatalog Wirtschaft und Gesellschaft-W & G，p.13）。

应在职业学校的语言、交流和社会学（LCS）[⑤]中讲授经济学内容。金融教育的目标是模糊的。Aprea 等（2014）在讲授 "适应金融" 项目的瑞士职业学校中进行了调查，结果显示，大多数 "语言、交流和社会学" 教师认为，学生的个人理财（例如预算编制）应成为普通学校教育的一部分。该项目的目标是在职业学校中制订一个全面的金融素养教育计划。

---

① 细节见：http://www.lehrplan.ch。
② 分别作为小学科和主要学科。
③ 学科学习目标通常在主要学科经济学和法学中有更详细的解释。
④ 经济和社会课程包括经济学、商业管理学、会计学和法学。
⑤ 德语：Allgemeinbildender Unterricht（ABU）。

- **教师金融知识相关性总结**

对义务教育学校、预科学校和职业学校课程的调查分为两个方面。首先，学习者无论选择了什么教育都应该接受金融教育。然而，金融教育的强度取决于学校的水平和类型。其次，在没有明确的讲授经济学的老师的情况下，语言、交流和社会学与经济和社会学的教师也被要求讲授金融。因此，教师必须具备金融素养，他们应准备符合课程要求的适当的内容知识和学科教学知识。"Lehrplan 21"创新目的对于小学（1~9岁，不包括幼儿园）老师特别有意义。我们现在介绍教师金融素养现状的调查结果。

43.2.2 教师金融素养的调查结果

瑞士没有对教师的金融素养进行相关研究。以下研究是在美国和德国进行的。这些研究可能提供了如何衡量和建立其他国家的教师金融素养的见解。

Grimes等（2010）使用经济水平测试（TEL）[1]调查了密西西比州从幼儿园到高中的教师的金融素养（N = 350）。测试内容包括经济学基础、微观经济学、宏观经济学和国际经济学等概念。测试的每个分测验中，小学教师（N = 246）成绩均低于高中教师（N = 104）。小学教师的成绩与国家学生规范样本相当。虽然高中教师的表现要优于小学教师和学生规范小组，但他们的表现不尽如人意（Grimes等，2010，pp.11，17）。这些调查结果的解释如下：小学教师在经济学方面只进行了低水平的正式培训，且小学教师在经济学上的学习时间要比高中教师少（Grimes等，2010，p.12）。随着时间的推移，教师通过经济学必修课而拥有更多的经济学知识（Grimes等，2010，p.18）。讲授综合学科的教师的测验分数低于讲授独立科目（如经济学）教师的分数（Grimes等，2010，p.18）。

Lucey和Norton（2011）采用了不同的方法。他们对中西部大学的职前教师进行了调查，以确定他们对退休概念的认识以及对退休计划问题的处理。他们认为退休概念是金融素养的一部分（Lucey和Norton，2011，p.14）。他们的结论基于211名职前教师的样本[2]，结果显示他们只有较少的经济和金融知识（Lucey和Norton，2011，p.14）。调查中受访者需要测试对于以下知识有关项目的个人理解程度：（1）退休计划的类型；（2）退休金的类型；（3）退休术语。此外，作者评估了参与者对资助责任、挑战和期望、信任（Lucey和Norton，2011，pp.17-19）的态度。受访老师所显示出来的知识水平很低（Lucey和Norton 2011，p.19）。Lucey和Norton（2011，p.22）发现了教师自我评估与做出退休计划决策所需的信息需求之间的关联。

在德国，Bank和Retzmann（2012）对教师的金融素养进行了探索性的研究。这一研究的中期目标是确定教师进一步培训的必要性。Bank和Retzmann（2012，pp.21-22）利用了德国版"美国经济水平测试"（TEL）的"Wirtschaftskundlichen Bildungs Test"（WBT）[3]，并收集了以下四个内容类别的信息：经济学基础概念、微观经济学概念、宏观经济学概念和国际经济学概念。受访者包括来自德国联邦萨克森州、北莱茵-威斯特法

---

[1] 他们主要使用Walstad和Rebeck(2001)的Form A。

[2] 作者报告的收益率非常低,仅为4.81%(Lucey和Norton,2011,p.17)。

[3] Bank和Retzmann(2012,pp.40-41)利用了稍微修改的德国版Beck和Krumm(1998,由Bank和Retzmann,2012引用)的方法,该版本更新了定义和货币。

伦州以及石勒苏益格-荷尔斯泰因州的176名中学[①]教师。Beck和Wuttke（2004）（Bank和Retzmann，2012，p.44）的研究结果显示，教师的测验结果与第三学期初的学生[②]相似。虽然有106名教师教经济学和商学，但其中只有28人是经济学和商学专业的，其余78人都是社会科学专业（Bank和Retzmann，2012，pp.116-117）。测验结果中经济学和商学、社会科学或相关学科专业毕业的教师的考试成绩往往高于无相关学术背景的教师（Bank和Retzmann，2012，pp.62-63）。而无论他们教什么科目（经济学和商学、综合科目、相关科目和无关科目），教师的测验结果都是相似的，因此，老师所讲授的科目对测试结果没有系统性的影响（Bank和Retzmann，2012，pp.63-64）。[③]

我们假设在瑞士进行类似研究将有类似的结果。瑞士教师的金融素养取决于他们所在的年级和他们所在学校的类型。如果他们在更专门的学校教年龄更大的学生，他们的金融素养应该更突出。此外，教师的培训、教育和正规学习机会可能影响他们的金融素养。如果一位老师在经济或金融方面进行了相关培训，但没有相关的应用经验，那么他的金融素养可能会低于那些没有受过培训但在这方面有深刻体验的人。下一节将说明教师的金融素养如何影响他们的学生。

43.2.3 教师知识与学生成绩之间关系的研究结果

在教学相关研究方面，Baumert和Kunter（2011，p.163）指出，教师自身的知识是影响其教学质量的重要决定因素。然而，这也意味着需要相关研究支持这一看法。作者得出结论，当教师的学位较高时，学生在中学的成绩较高。Baumert和Kunter（2011，pp.181-183）通过实证方法展示了数学教师的学科教学知识对学生学习进度的影响。与内容知识相比，学科教学知识对学生发展的影响更大。学科教学知识是指对学生的认知激发和建设性支持。虽然对学科（内容知识）的理解至关重要，但这还不够（Baumert和Kunter，2011，pp.167，182-183）[④]。因此，尽管教师的金融素养对学生的金融教育的影响至关重要，但这是不够的，教师必须具有学科教学知识来向特定目标群体传授金融知识，并开发一种有意义的方法来提升学生的知识量。图43-1显示了教师教育水平、教师知识、教学与学生成绩之间的关系。

图43-1显示，教师的学习机会是他们的内容知识和学科教学知识的基础（Kunter等，2011，p.59）。学习机会取决于个人的先决条件和背景。在21世纪数学教学研究（MT21）中，Blömeke等（2010）提出了数学学科的实证结果。在专注于讲授一门课程的国家里，未来的中学数学教师的数学知识要比那些讲授多个科目的国家里的中学数学教师拥有更广泛的数学内容知识。产生这个结果的一个原因是在一个学科中集中了更多的正规学习时

---

① 根据联邦政策，学生可以在主要学校（Hauptschule）、实科学校（Realschule）、中学（Mittelschule）或高中上学。它们的学位水平是相似的。

② Beck和Wuttke（2004年，p.118）调查了767名经济、商业管理和商业教育的初学者。

③ 关于教师学习领域和他们所讲授的课程之间的差异，作者建议慎用解释结果，因为相关和无关只分别由两位和四位教师代表。

④ Baumert和Kunter（2011，pp.182-183）的研究表明，内容知识和教学知识相关，但对学生成绩具有不同的影响。增加的内容知识导致对课程基础有更多的需求。教学知识几乎只会影响认知激发和个人建设性支持。

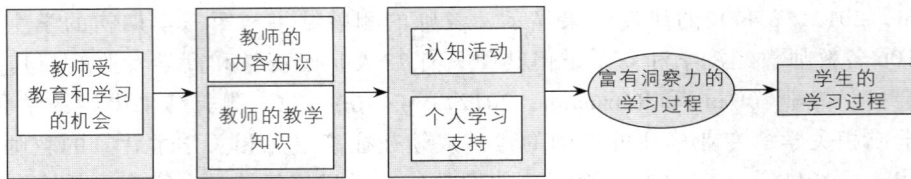

图 43-1　教师的知识和学生成绩（kunter 等，2011，p.59）

间。数学学习机会与教师数学测验成绩以及数学内容知识呈正相关。然而，在数学教学内容学习机会中还没有数学教学内容知识的预测。[①]职前教师的内容知识和教学内容学习机会之间，以及内容知识和数学教学内容知识之间呈正相关。该结果回应了 43.2.2 节中Grimes 等（2010）以及 Bank 和 Retzmann（2012）关于教师金融素养和正规教师教育水平的实证研究结果。

总而言之，本章的研究结果表明，教师的学习机会可能会影响到他们有关金融知识的内容和教学内容知识。此外，教师对金融素养的认识也可以作为学生金融素养的预测因素。以下部分介绍了瑞士德语区的教师学习机会，并提出了有关教师金融素养的假设。

43.3　瑞士教师的学习机会

43.3.1　瑞士教师教育概述

Criblez（2012）详细介绍了瑞士教师培训的历史。正如引言中所指出的那样，自20世纪90年代以来，这些改革工作与普通教育改革高度相关，到目前为止还没有最终的定论。Eberle 等（2009）概述了教师教育改革的现状。

根据瑞士州教育主任会议（Schweizerische Konferenz der kantonalen Erziehungsdirektoren），（EDK）（1999），获得联邦或联邦认可的州级毕业证书（学士学位）的毕业生被允许参加瑞士义务教育教学文凭课程。然而，各州也允许师范大学的小学专业和中学专业学生参加培训（Hofacher 和 Rhyn，2008，pp.47-48；Lehmann 等，2007，p.20；Lehmann 和 Criblez，2007，p.380）。另外，教师资源的短缺也使得具有各种教育背景的人能够从其他领域进入教学行业（瑞士教育研究协调中心（SCCRE），2014，pp.233-234）。这些事实使得我们很难去比较教师的培训路径和学习机会。

图 43-2 概述了成为义务教育学校、预科学校或职业学校教师的三个主要途径。联系前文，我们描述了瑞士德语区教师教育的现状。

如图 43-2 所示，义务教育学校的教师培训只有一个阶段。这与德国不同，教师没有单独的侧重于教学实践和有关学科的教学培训（Referendariat）。在瑞士，这些内容被纳入本科和硕士期间的学习。小学和初中的教师通常接受过可以讲授几门课程的通才培养（Oser 等，2010，p.10）。义务教育学校通常遵循并行或综合模式，内容知识和专业实践的内容相互关联（Eberle 等，2009，p.2）。

---

① 根据文献，这可以追溯到数学和讲授数学内容知识的不同概念。

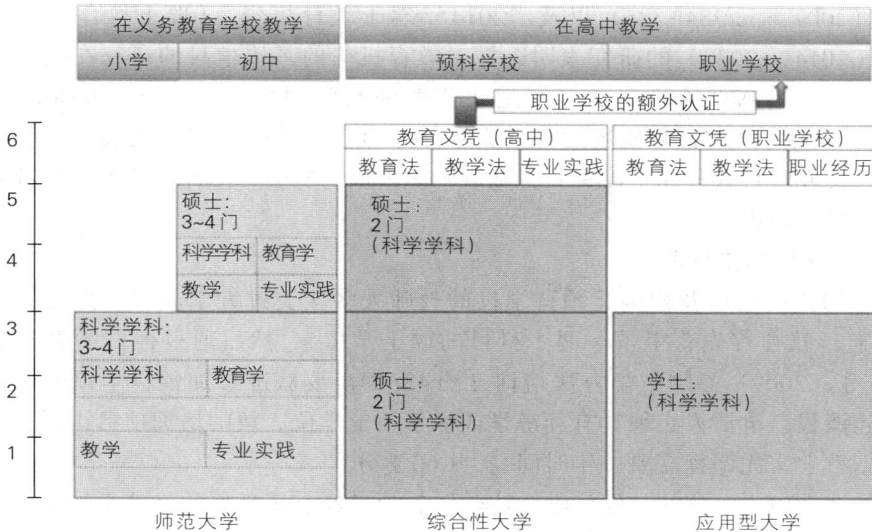

图43-2 瑞士教师教育的主要途径（自制插图）

连续的学习模式适用于预科学校和职业学校的教师培训，在技术和科学教育后有一年的教学文凭课程。这个第二阶段与德国 Referendariat 也不相同，因为瑞士有包括专业实践和普通教育以及有关学科的教学训练。因此，这些老师更有可能对两科都很熟悉。

不同大学的录取和课程结构本身都存在很大差异，不同层次和类型的学校的教学内容要求也各不相同。教师依靠学校层面不同的学习机会来提高他们的金融相关内容知识和学科教学知识。在职业学校教书，应用型大学的内容知识就足够了。但是，预科学校的教师必须在内容知识方面达到最高的专业水准；他们必须具有他们所教授学科的硕士学位。与学科相关的教学内容被纳入到教学培训中，共需要60个学分。

由于学校层级和学校类型不同，教师培训模式也不同，因此难以评估教师教育和培训的有效性。我们也要考虑到教师的教学水平横向与纵向的灵活性，即教师不同的专业水准和社会化水平。因此，本章详细介绍了三个主要途径，下面进一步介绍金融知识的学习机会。这里只把讲授金融知识作为学校课程的一部分的教师作为研究对象。

43.3.2 义务教育学校教师

瑞士的义务教育学校包括学前班①、小学②和初中③。在德语区的大多数州，小学教师接受七个学科的教育（Hofacher 和 Rhyn，2008，p.30）。小学教师在从师范大学获得学士学位后就有资格从事专业工作（Eberle 等，2009，p.2）。中学教师通常接受过2~5年的教学培训（Hofacher 和 Rhyn，2008，p.31），需要硕士学位。

义务教育学校的师资培训结合了学科特定或相关的教学和实践方面的研究。Lehmann

---

① 这个级别通常包括2年的幼儿园（托儿所）(Hofacher 和 Rhyn，2008，p.30)。
② 小学的学习时间通常为6年(Hofacher 和 Rhyn，2008，p.30)。
③ 初中在许多州包括7~9年级，仍然属于义务教育(Hofacher 和 Rhyn，2008，p.31)。

和 Criblez（2007，pp.384-385）以及"2014年瑞士教育报告"（瑞士教育研究协调中心（SCCRE），2014，p.232）的研究表明，针对教育机构的具体学科的研究在数量上分布不均，平均来说，38%[1]的研究具有特定或相关的教学内容（Lehmann 和 Criblez，2007，pp.384-385）。除了43.2.2节概述的研究成果外，师范大学的教育实践表明由于学习科目普遍一致，义务教育教师几乎没有获得金融知识培训的机会，因此缺乏专业的或者与学科相关的金融教学知识。

43.3.3　预科学校教师

在瑞士的德语区以及德国，预科学校的教师大多接受过大学教育。然而，与德国不同，在瑞士，教师首先获得了一两个科目的硕士学位[2]，然后通过他们的教学文凭课程（cp.Eberle 等，2009）参加教学方法培训（图43-2）。要获准参加预科学校的经济学和法学教学文凭课程，申请人必须具有经济学或法学硕士学位。教师培训项目讲授相关学科的教学知识。教学文凭课程需要一年时间[3]，共60学分[4]。

具有经济学硕士学位的"经济学和法学"教师已经有了良好的经济学知识，在教学文凭课程中辅以学习与学科相关的教学知识。拥有法学硕士学位的申请人有资格参加教学文凭课程，需要90学分才能毕业。

因此，选择在高中阶段讲授"经济学和法学"的教师有更多的差异化学习机会，从而在教学实践中能够回归广泛的经济和金融知识。学习金融知识的机会似乎在各个学术机构中是差不多的（见43.3.5节中的细节）。

43.3.4　职业学校教师

虽然正式的学习机会对于预科学校教师来说明显有限，但对于职业学校的教师来说更加有限。这些教师在师范大学参加培训，部分人只是与大学合作。此外，州级机构和第三方供应商也可以颁发职业教育和培训证书（Lehmann 等，2007，pp.11-12）。"经济学和社会学"教师通常接受过类似于预科学校教师的教育（Lehmann 等，2007，p.12）。"语言、交流和社会学"的教师根据他们以前的资质有不同的学习机会（瑞士联邦委员会，2015）。然而，这些教师不需要接受全面的经济学教育，金融教育的教学知识水平也较低。

为了进一步了解商业职业学校教师的真实教育水平和职业发展路线，我们调查了94名"经济与社会学"教师[5]的职业教育水平和工作经验。80名教师提供了有关其教育水平和职业途径的详细资料。大多数老师上过大学（n=64）。此外，大部分教师都有硕士学位。一些教师（n=16）接受过类似教育，比如在应用技术大学接受教育。

---

[1]　这个百分比也取决于获得教学质量认证的科目数量。

[2]　在获得硕士学位之前，他们可以开始参加教师培训，但在授予学位之前不能完成培训。

[3]　实际的学习时间可以根据学生是否已经讲过和/或是否需要在经济学、工商管理和/或法律方面获得更多学分而有所不同。

[4]　1个学分要求有30个学时。

[5]　由于课程是随机抽选的，这些样本对教师的真实教育水平和职业道路提供了相对有代表性的表现。

　　如图43-3所示，讲授"经济学和社会学"（A）教师最常见的职业途径是从预科学校
到大学的硕士学位，再到综合或连续的教学文凭。[①]第二个常见的职业路径（B）是从预
科学校到大学的硕士学位，选择工商管理或法律等科目。这些老师只有在积累了工作经验
后才选择获取教学文凭。一些教师透露了第三种职业道路（C）。这个路径是相当实际的，
它从商业职业教育开始，通过工作经验提升技能，然后到应用技术大学。进入应用技术大
学的大多数教师获得了本科学位。他们似乎只有在积累了工作经验后才获得教学文凭。另
外还有除这三个途径以外的教师职业生涯路径，但这里显示的路径是适用于大多数教师申
请人的典型路径。

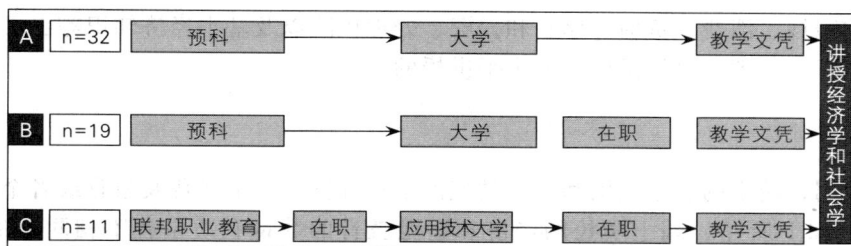

图43-3　商业职业学校教师的教育水平和职业路径

　　总而言之，大多数被调查的商业职业学校教师在大学这一阶段有不同的学习机会。近
1/4的教师完成了利用不同的机会获得经济和金融素养的替代教育。比较教师的学习机会，
尤其是考虑经济和财务内容的学习机会时一般是一个很大的挑战。因此，适用于预科学校
和商业职业学校的大多数教师的课程分析如下。

43.3.5　预科学校和商业职业学校教师的具体学科教育比较

　　为进一步了解在课程中讲授金融知识的教师的学习机会，我们进行了课程分析。我们
把分析局限于在预科学校讲授"经济学与法学"的教师和在商业职业学校讲授"经济学与
社会学"的教师，因为二者有着近似的职业发展路径（Lehmann等，2007，p.12）。我们
没有考虑其他老师（例如小学和技术职业学校的老师），因为这样的分析会相当复杂，超
出了本研究的范围。[②]我们选择圣加仑大学、苏黎世大学、伯尔尼大学和苏黎世应用科技
大学进行分析，因为它们有大量的攻读经济学和商业管理课程的学生。金融普及教育通常
被纳入经济学课程中。此外，本课程分析[③]侧重于上述三所大学和应用技术大学的学士学
位课程的必修经济学课程。比较课程时，必须考虑以下几个方面：

　　（1）标题相同的模块可以关注不同的内容。

　　（2）不同标题的模块可以关注类似的内容。

---

　　①　32名经济学专业毕业后获得教学文凭的经济学和社会学教师也被纳入考虑。因此,也包括在完成学士学位教
育之前完成职业教育和培训的教师。

　　②　正如对学校课程的分析中所示,数学、社会和自然科学以及媒体和信息技术的教师也应该被纳入这一分析。

　　③　这个分析基于2014年的"商业学徒学习与指导"（LINCA）项目。感谢KübraSaglam-Isik和Ilona Zimmermann
在准备课程中的支持。同时国家教育研究与创新秘书处(SERI)资助了LINCA(2011—2016年)。

（3）小模块的内容可以积累到更大的模块中。

（4）可比的学习内容可以获得不同的学分。

（5）没有有效的系统化经济学内涵的结构。

据此我们比较了模块标题和内容。为了收集和比较相似的模块和内容，我们根据经济学教科书（Samuelson 和 Nordhaus）和对经济学的了解（Beck）进行了客观聚类。关于瑞士学士学位课程的义务性经济内容课程的分析显示出相当大的重叠。所有四所大学学士学位的义务性课程均提供微观经济学（如消费者行为、生产和成本理论以及市场和价格决定）和宏观经济学（如（国际）经济学、劳动力市场和失业、经济周期以及货币和财政政策等）。[①]然而，具体的学时因机构而异。尽管课程相当规范，但 Manz（2011）研究的活动领域中的赚钱、消费、负债、储蓄和投资、处理风险以及基本经济知识等也可以在所有学士学位课程中找到，尽管是以学术水平讲授的。

43.4　结论

本章表明，瑞士的多个级别和多种类型的学校都推行了金融普及教育或者金融教育的一些方面。如上所述，瑞士学校的经济和金融教育的数量和质量各不相同。Baumert 和 Kunter（2011）的实证结果表明，教师的金融素养对于学生的金融教育至关重要。瑞士教师活动对学生成绩的总体影响缺乏研究结果（瑞士教育研究协调中心（SCCRE），2014，pp.234-235）。[②]

此外，教师在应用技术大学或大学的正式学习机会可能会影响他们的知识。教师可以在自己的教育过程以及教学过程中提升自己的金融素养，Grimes 等（2010）的研究结果也是如此。关于教师金融知识、对教师和教师学习机会的需求的实证结果表明，瑞士教师的经济和金融知识差异很大。然而，本章所做的推定和课程分析不能说明教师利用学习机会的方式，只能通过直接衡量教师金融方面的内容知识和教学知识来评估。同时缺乏对瑞士教师选择的职业途径的相应影响的实证研究结果。因此，下列问题应该在今后的研究中得到解决：

（1）应该衡量在不同类型和不同层次实施预期金融普及教育的程度。

（2）对不同层级和不同类型的学校中的教师金融素养分别进行衡量。

（3）应调查教师的不同学习机会对自身知识的影响。除内容知识外，还应考虑教师的教学知识。

（4）应该考察教师的金融素养与学生的金融素养之间的关系。

Swiss Leading House LINCA 将为填补商业职业学校教师和学生的这些研究空白做出初步贡献。首个实证结果在 2016 年底之前做出。

---

① 唯一的例外是苏黎世应用科技大学（ZHAW）的义务课程中没有明确列出货币政策内容。

② Schweizerische Koordinationsstelle für Bildungsforschung (SKBF) (2014, p. 241).

参考文献

Ackermann, N., & Eberle, F. (2016). Financial literacy in Switzerland. In C. Aprea et al. (Eds.), *International Handbook of Financial Literacy.* Springer: Singapore. doi: 10.1007/978-981-10-0360-8_23.

Aprea, C. (2014). Finanzielle Allgemeinbildung: Entwurf einer bildungstheoretisch verankerten Konzeptualisierung. *Zeitschrift für Didaktik der Gesellschaftswissenschaften. Themenschwerpunkt "Bildung"*, 5 (2), 68-89.

Aprea, C., Leumann, S., & Gerber, Ch. (2014). Finanzielle Allgemeinbildung bei Berufslernenden. *Soziale Sicherheit CHSS*, 1, 22-24.

Atkinson, A., & Messy, F. (2012). *Measuring financial literacy: Results of the OECD/International Network on Financial Education (INFE) Pilot Study.* OECD Working Papers on Finance, Insurance and Private Pensions, No. 15, OECD Publishing. doi: 10.1787/5k9csfs90fr4-en.

Bank, V., & Retzmann, T. (2012). *Fachkompetenz von Wirtschaftslehrern. Grundlagen und Befunde einer Weiterbildungsanalyse.* Schwalbach/TS.: Wochenschau Verlag.

Barry, D. (2014). *Die Einstellung zu Geld bei jungen Erwachsenen. Eine Grundlegung aus wirtschaftspädagogischer Sicht.* Wiesbaden: Springer VS.

Baumert, J., & Kunter, M. (2011). Das mathematikspezifische Wissen von Lehrkräften, kognitive Aktivierung im Unterricht und Lernfortschritte von Schülerinnen und Schülern. In M. Kunter, J. Baumert, W. Blum, U. Klusmann, S. Krauss, & M. Neubrand (Eds.), *Professionelle Kompetenz von Lehrkräften. Ergebnisse des Forschungsprogramms COACTIV* (pp. 163-192). Münster: Waxmann.

Beck, K., & Wuttke, E. (2004). Eingangsbedingungen von Studienanfängern – Die Prognostische Validität wirtschaftskundlichen Wissens für das Vordiplom bei Studierenden der Wirtschaftswissenschaften. *Zeitschrift für Berufs-und Wirtschaftspädagogik*, 100 (1), 116-124.

Blömeke, S., Suhl, U., Kaiser, G., Felbrich, A., & Schmotz, Ch. (2010). Lerngelegenheiten und Kompetenzerwerb angehender Mathematiklehrkräfte im internationalen Vergleich. *Unterrichtswissenschaft*, 38 (1), 29-50.

Bundesamt für Berufsbildung und Technologie. (2011). *Bildungsplan Kauffrau/Kaufmann EFZ vom 26. September 2011 für die betrieblich organisierte Grundbildung und Leistungszielkataloge für die Branchen und für die Schulen.* Bern.

Criblez, L. (2012). Lehrerbildung in der Schweiz – Reformprozesse, aktuelle Situation und Perspektiven. In D. Bosse, L. Criblez, & T. Hascher (Eds.), *Reform der Lehrerbildung in Deutschland, Österreich und der Schweiz – Teil 1: Analyse, Perspektiven und Forschung Immenhausen bei Kassel:* Prolog-Verlag. 47-62.

Der Schweizerische Bundesrat. （2015）. Verordnung über die Berufsbildung （Berufsbildungs-verordnung, BBV） vom 19.November 2003 （Stand am 1.January 2015）.

Dubs, R. （2014）. *Unterrichtsplanung in der Praxis. Ein Handbuch für den Lernbereich Wirtschaft.* Stuttgart: Franz Steiner Verlag.

Eberle, F., Brüggenbrock, C., & Schumann, S. （2009）. Bologna, Tertiarisierung und Standortkonzentration – der Reformprozess der schweizerischen Lehrerausbildung vor seinem Abschluss.*Pädagogische Rundschau*, 63 （6）, 683–694.

Erziehungsdirektion des Kantons Bern. （2005）. *Lehrplan gymnasialer Bildungsgang. 9.* bis 12. Schuljahr.Bern: Erziehungsdirektion des Kantons Bern. 712 D.Holtsch and F.Eberle.

Erziehungsrat im Kanton St.Gallen. （2006）. *Lehrplan für das Gymnasium im Kanton St.Gallen.* St.Gallen: Erziehungsrat im Kanton St.Gallen.

Grimes, P.W., Millea, M.J., & Thomas, M.K. （2010）. *Testing the economic literacy of K–12 Teachers: A state-wide baseline analysis.*American Secondary Education, 38 （1）, 4–20.

Hofacher, K., & Rhyn, H. （2008）. *Lehrberuf.Analyse der Veränderungen und Folgerungen für die Zukunft* （Studien+Berichte 27A）. Bern: Schweizerische Konferenz der kantonalen Erziehungsdirektoren （EDK）.

Kunter, M., Kleickmann, T., Klusmann, U., & Richter, D. （2011）. Die Entwicklung professioneller Kompetenz von Lehrkräften.In M.Kunter, J.Baumert, W.Blum, U.Klusmann, S.Krauss, & M.Neubrand （Eds.）, *Professionelle Kompetenz von Lehrkräften. Ergebnisse des Forschungsprogramms COACTIV.* （pp.55–68）. Münster: Waxmann.

Lehmann, L., & Criblez, L. （2007）. Lehrerinnen-und Lehrerbildung in der Schweiz.Ausgewählte Ergebnisse aus der Bildungsberichterstattung.*Beiträge zur Lehrerbildung*, 25 （3）, 377–391.

Lehmann, L., Criblez, L., Guldimann, T., Fuchs, W., &Périsset Bagnoud, D.L. （2007）. *Lehrerinnenund Lehrerbildung in der Schweiz: Bericht im Rahmen der Bildungsberichterstattung 2006.* Aarau: Schweizerische Koordinationsstelle für Bildungsforschung.

Lucey, T.A., & Norton, E.A. （2011）. Understandings of retirement concepts among pre-service teachers. *Citizenship, Social and Economics Education*, 10 （1）, 14–26. DOI: 10.2304/csee.2011.10.1.14.

Manz, M. （2011）. Financial education—Rolle und internationale Entwicklungen. *Die Volkswirtschaft*, 6, 57–60.

Organisation for Economic Co-operation and Development （OECD）. （2012）. PISA 2012 Financial Literacy Assessment Framework. URL: http://www. oecd. org / pisa / pisaproducts / 46962580.pdf （Januar, 1st 2015）.

Oser, F., Biedermann, H., Brühwiler, C., Kopp, M., Krattenmacher, S., & Steinmann, S. （2010）. *Deutschschweizer Lehrerausbildung auf dem Prüfstand.Wie gut werden unsere angehenden Lehrpersonen ausgebildet? Ein internationaler Vergleich.*Online unter: http:// www.teds-m.ch/download/erste_ergebnisse.html.

Schweizerische Konferenz der kantonalen Erziehungsdirektoren （EDK）. （1999）. *Reglement über die Anerkennung von Hochschuldiplomen für Lehrkräfte der Sekundarstufe I vom 26. August 1999.*

Schweizerische Koordinationsstelle für Bildungsforschung （SKBF）. （2014）. *Bildungsbericht Schweiz 2014.*Aarau：Schweizerische Koordinationsstelle für Bildungsforschung.

Swiss Coordination Centre for Research in Education （SCCRE）. （2014）. *Swiss Education Report 2014.*Aarau：Swiss Coordination Centre for Research in Education.

Vitt, L. A., Anderson, C., Kent, J., Lyter, D. M., Siegenthaler, J. K., & Ward, J. （2000）. *Personal finance and the rush to competence：Financial literacy education in the U.S.*Middlburg, VG：Fannie Mae Foundation.

Walstad, W.B., & Rebeck, K. （2001）. *Test of economic literacy* （3rd ed.）. New York：National Council on Economic Education.

译者后记

　　百年之计，教育为先。同样地，金融教育，尤其是金融普及教育，对于金融业的长期健康发展至关重要。2006年，美国率先制定了第一个金融普及教育国家战略。2013年，中国人民银行会同中国银监会、证监会和保监会制定了《中国金融教育国家战略》，明确了我国金融教育的治理机制、工作目标和实施措施。一直以来，清华大学五道口金融学院创办的《清华金融评论》持续关注金融普及教育的发展，曾做过两期封面专题，组织专家专门探讨金融普及教育的经验和发展方向，旨在推动中国金融普及教育真正普及大众。后来，在与东北财经出版社编辑李季的交流沟通中，我们发现了这本专门探讨金融普及教育的专著，立即萌生了翻译这本书的想法。经过近两年的努力，我们终于完成了这本书的翻译、校正、编辑和出版，希望这本书可以帮助大家就金融普及教育相关的前沿性、学术性的话题进行思考和探究。参与本书翻译的是学院2017级四位硕士生——葛赟华、桑晨、张顺和宋佳，他们分别翻译了1~14章，15~24章，25~34章和35~44章。参与本书校订的是我的两位同事，一位是校友办前同事刘婧，另一位是《清华金融评论》杂志的同事曲悦，我负责统筹和校订。鉴于原书信息量巨大，研究方法众多，学术性较强，译者虽然做了极大的努力，但是，也难免有不当之处，敬请广大读者批评指正。

张　伟
2019年12月